金融理财师认证考试参考用书

金融理财原理

下

现代国际金融理财标准（上海）有限公司 / 指导
北京当代金融培训有限公司 / 组织编写

Fundamentals
of
Financial
Planning

中国人民大学出版社
·北京·

丛书序

自2004年被引进到中国以来，CFP系列认证经过10多年的发展，已经成为金融机构和理财专业人士广泛认可的专业资质，并逐步为社会大众所认知。CFP的英文全称是Certified Financial Planner（中文译为国际金融理财师），它是一个全球性的金融理财师专业认证，至今已有近50年的历史。它以公众利益为核心，以理财相关各方（理财专业人士、金融机构、监管机构、消费者、教育机构、政府代表等）的经验为基础，恪守“客户至上”的理念，遵循严格的“4E”标准［即教育（培训）以及继续教育标准（Education & Continuing Education）、考试标准（Examination）、从业经验标准（Experience）和职业道德标准（Ethics）］，推行严格的金融理财执业标准，赢得了全球金融机构、理财专业人士和社会大众的广泛认可与尊重。

一、关于国际金融理财标准委员会和国际标准

国际金融理财标准委员会（Financial Planning Standards Board，简称FPSB）是一个非营利组织，它为各类金融理财机构开发、管理和运作认证、教育和其他相关项目，通过在金融理财领域建立、维护和推广全球职业标准，使社会各方受益。FPSB的总部在美国丹佛，现有26个成员组织，覆盖了全球主要的国家和地区。截至2017年年底，全球CFP持证人达到175 573人。此外，还有亚洲、欧洲和南美洲的10多个金融理财组织正在积极地申请加入国际金融理财标准委员会。

CFP认证的历史可以追溯到20世纪60年代末。1969年，美国金融咨询业的一些专业人员创立了首家金融理财的专业协会——国际金融理财协会（International Association for Financial Planning，简称IAFP）。3年后，IAFP创立了自己下属的专门的教育、培训机构——美国金融理财学院（College for Financial Planning）。此后，该学院毕业生发起设立了国际金融理财师协会（Institute of Certified Financial Planners，简称ICFP）。经过10余年的努力，美国金融理财学院和国际金融理财师协会在1985年共同设立了国际金融理财师标准和实践委员会（International Board of Standards and Practices for Certified Financial Planners，简称IBCFP）。1994年，IBCFP改名为美国金融理财标准委员会（CFP Board of Standards）。

CFP认证制度的国际化始于1990年。澳大利亚是第一个与IBCFP签署联署协议获得CFP商标国际许可证的国家。两年之后，在1992年，IBCFP与日本签署了协议。随后，

英国、加拿大、新西兰、法国、德国等陆续加入。为了管理这些国际成员组织，IBCFP 于 1994 年成立了国际金融理财理事会（International CFP Council）。国际金融理财理事会于 2004 年发展成为国际金融理财标准委员会。

CFP 认证制度至今已有近 50 年的历史，中间历经多个经济周期，为什么依然保持着强大的生命力，而且越来越受到社会的认可和尊重？这个问题的答案可以从 FPSB 的使命中找到。FPSB 的使命是“在金融理财领域通过建立、维护和推广全球性的职业标准来造福社会”。为此，FPSB 针对金融理财建立了一系列标准，并在全球范围内推广。这些标准主要包括：

1.《金融理财师竞争力标准》

《金融理财师竞争力标准》规定了金融理财专业人士与客户共同制定金融理财规划时所需要的知识、技能、能力、态度和判断力。它是高质量职业认证的基石。

2.《金融理财执业标准》

《金融理财执业标准》规定了金融理财师无论在何时何地、何种背景、何种报酬方式下提供金融理财服务都应该达到的执业标准。

3.《金融理财师道德准则和专业责任》

在《金融理财师道德准则和专业责任》中，FPSB 规定并界定了金融理财专业人士在日常的金融理财活动中应遵守的 8 大道德准则：客户至上、正直诚信、客观公正、公平合理、专业精神、专业胜任、保守秘密和恪尽职守。

4.《金融理财师行为准则》

《金融理财师行为准则》是《金融理财师道德准则和专业责任》及《金融理财执业标准》的补充强化机制。《金融理财师行为准则》中规定了金融理财专业人士应当遵守的 37 条行为准则，对使用 FPSB 商标系列的个人和单位均具有约束力。

5.《金融理财教育体系》

《金融理财教育体系》用来指导成员组织的金融理财教育，尤其是用来反映 CFP 专业人士所需要的认知水平和学习成果。它为构建理财规划培训模块和课程提供了指导框架，提高了全球各地区课程教学要求和标准的一致性。

上述一系列标准为金融理财师从培训、认证到执业提出了全面的规范要求，从而使获得 CFP 系列认证的从业人员具备良好的职业道德、素养和技能，能够更好地服务社会大众，也因此得到社会的广泛认可与尊重。

二、关于 FPSB China 和 CFP 系列认证

2002 年 11 月，中美金融策划论坛在北京举行，拉开了 CFP 认证进入中国的序幕。经过数年的沟通和准备，在 2005 年，中国以准会员身份加入 FPSB，并在 2006 年成为 FPSB 第 19 个正式会员。FPSB China 是唯一取得 FPSB 授权在中国进行 CFP 认证和 CFP 商标管理的机构。FPSB China 由两部分组成，即金融理财标准指导委员会（FPSB China Advisory Panel）和现代国际金融理财标准（上海）有限公司（FPSB China Ltd.）。

金融理财标准指导委员会由业界和学术界有丰富从业经验和学术地位、有社会责任感

和热心金融理财事业的人士组成，指导 CFP 系列认证在中国的组织和实施。作为 FPSB 的会员单位，现代国际金融理财标准（上海）有限公司负责 CFP 认证项目的全面管理和运营。

在过去的 10 多年里，FPSB China 与授权培训机构一起付出了巨大的心血，建立了一套包括培训、考试、认证、继续教育、再认证的完整体系。从这个意义上讲，CFP 认证在中国不仅仅是一个证书，更像理财专业人士的职业生涯导师和伙伴。

CFP 认证体系的一个很大的特点就是将国际标准和本土实践相结合。在 FPSB 全球统一标准的指导和要求下，各成员组织要根据本国或本地区的实际情况来制定适宜的标准用以指导该国或该地区持证人的学习和实践。中国的 CFP 系列认证包括 CFP（国际金融理财师）、AFP（金融理财师）、EFP（金融理财管理师）、CPB（认证私人银行家）认证。其中，AFP 是 CFP 的初级阶段；EFP 主要面向金融理财管理人员；CPB 面向服务于高端财富人士的专业人员。所有的标准均由 FPSB 制定或认定，委托 FPSB China 在中国执行，并由 FPSB 统一颁发证书。这种“接地气”的制度安排，使得 CFP 系列认证在全球和中国都取得了长足的发展。

2004 年 11—12 月，在北京举行了首期 240 学时的 CFP 认证培训班。2005 年 6 月，经 FPSB 认可，CFP 认证在中国实施两级认证制度，即 AFP 认证和 CFP 认证，培训也相应地分为两个部分，即 AFP 培训（108 学时）和 CFP 培训（132 学时）。2006 年 9 月，首届 EFP 培训班开班。2008 年年初，首届 CPB 培训班开班。之后，CFP 事业蒸蒸日上，参与学习和认证的专业人士越来越多。截至 2018 年 6 月 30 日，由 FPSB 认证的中国 CFP 系列持证人总数为 220 618 人，其中 AFP 持证人 185 899 人，CFP 持证人 28 504 人，EFP 持证人 3 853 人，CPB 持证人 2 362 人。他们为成千上万的客户提供优质的理财服务，是中国金融理财行业的中坚力量。

随着持证人队伍的不断壮大，不仅社会对 CFP 认证的认可度越来越高，一些地方政府也纷纷将 CFP 持证人作为高端金融人才特别予以优待。例如，上海、深圳、杭州、成都等地的政府将 CFP 认证列入当地金融业发展的“十三五”规划，广州将 CFP 持证人列为金融高级专业人才，等等。我们坚信，在未来，随着金融理财师队伍的不断壮大，CFP 认证一定会越来越受到社会的认可，越来越具有特殊的品牌价值。同时，中国大众也能享受到更多专业的、符合国际标准的、有职业道德的金融理财服务。

FPSB China

现代国际金融理财标准（上海）有限公司

2018 年 10 月

2019 年版前言

CFP®系列认证来到中国，已经走过了 15 个年头。

CFP 的英文全称是 Certified Financial Planner®（中文译为国际金融理财师），是全球性的金融理财师专业认证，至今已有近 50 年的历史。管理运作 CFP 认证项目的国际金融理财标准委员会（Financial Planning Standards Board，简称 FPSB）是一个非营利组织，总部设在美国丹佛，现有 26 个成员组织，覆盖了全球主要的国家和地区，通过在金融理财领域建立、维护和推广全球职业标准，使社会各方受益。

早在 2000 年，CFP 认证制度就进入了中国金融界有识之士的视野，引进 CFP 认证制度逐渐成为共识。经过不懈努力，在 2005 年中国以准会员身份加入 FPSB，并在 2006 年成为 FPSB 第 19 个正式会员。

与国外发达国家的理财业相比，我国的个人金融理财业起步较晚，但发展前景十分广阔。多家研究机构发布的中国财富管理市场报告均指出，中国已经成为世界财富管理业务增长速度最快、发展潜力最大的理财市场。随着中国改革开放的不断深入，社会经济结构转型加快，经济金融领域发生了一系列重大变革，尤其在个人理财领域，其市场规模不断扩大已成为不争的事实。

金融理财业务是理财专业人士以他们的服务对象的个人或家庭资产和收入为基础数据，帮助客户梳理自己的人生财务目标，制定科学的、可操作的、同时可实现的规划方案，以期实现财务资源与人生目标的完美契合。事实上，理财不是单纯地为了保值增值，理财规划还应该是一个标准化的程序，从建立客户关系到提出理财方案，并监督这个方案的执行，整个工作流程都要按照标准运行，这就要求从事个人金融理财工作的从业人员接受严格的培训，具备良好的专业水平和较高的道德水平。

引进 CFP 系列认证，借鉴国外个人理财业的制度经验，是提升我国金融理财业从业人员整体素质水平和专业技能所做的有益探索。CFP 制度的核心，体现于 FPSB 所奉行的“在金融理财领域通过建立、维护和推广全球性的职业标准来造福社会”的使命，以及其倡导的核心理念与价值观。在 40 余年的不断摸索和实践过程中，FPSB 建立、完善了金融理财师职业认证的“4E”标准，从培训、认证、执业操作、道德准则到行为规范等方面对金融理财师提出了全面要求。

作为 FPSB 系列标准之一的金融理财教育体系，用以指导成员组织的金融理财教育，尤其反映了 CFP 专业人士所需要的认知水平和学习成果。在 FPSB 构建的理财规划培训模块和课程框架指导下，中国首套 CFP 系列教材共 5 本于 2004 年 11 月出版。随着 CFP 认证在中国实施两级认证制度，即 AFP 认证和 CFP 认证，专门为 AFP 认证组织编写的《金融理财原理》教材上、下两册于 2007 年 2 月出版。此后，在现代国际金融理财标准（上海）有限公司的指导下，北京当代金融培训有限公司先后参与修订、编写了《金融理财原理》2009 年修订版、2010 年第二版，以及 CFP 系列（含 AFP 认证教材）2011 年版和 2014 年版全套 7 本教材，及与之相关的教辅图书。自 2004 年来，该系列教材发行量已累计近百万册。

北京当代金融培训有限公司获得现代国际金融理财标准（上海）有限公司的培训授权，多年来通过提供专业的金融理财培训教材和课程体系，帮助数以万计的金融机构从业人员学习认证课程，取得 CFP 系列认证，使他们在金融服务过程中能够更加专业化、规范化和标准化。

2019 年，我们将迎来 CFP 系列认证进入中国 15 周年。CFP 系列认证教材 2019 年版将同读者见面。修订出版 2019 年版系列教材是北京当代金融培训有限公司最近 5 年内所从事的较为庞大的一项工程。在修订过程中，我们对所有的知识模块都重新做了梳理，将当前全球最前沿的业界发展动态、经济政策变化，及大众最关心的热点问题领域与理论知识进行了关联整合。教材出版前经过了一线专家、学者及金融界知名实务工作者们的认真审读及校对，我们希望呈现给大家的不仅仅是一套教材，更是一部精致的作品。

作为 AFP 认证教材，2019 年版《金融理财原理》的更新主要有以下几方面。

第一，家庭财务部分进一步梳理了公司财务与家庭财务的关系，新增了财务自由度专题研究；法律部分依照《民法总则》的体例与规定，着重对民事法律部分进行了修正；税务部分是这版教材变动较大的模块，在介绍当前我国个人所得税相关新法规的基础上，结合实务操作性，对税务优化策略进行了重新设计，此外新增了境外 6 个国家和地区个人所得税扣除项目的内容介绍，为相关知识延展和后面的 CFP 税务部分做了铺垫；投资部分进一步说明了投资理论章节中的效用曲线与最优配置部分的关系，根据资管新规调整了理财产品部分的内容；保险部分重新阐述了保险利益和最大诚信原则，对遗属需求法和生命价值法计算保额的核心区别和适用对象进行了深入讨论，帮助学员理解相关概念背后的理论基础；居住规划部分将购房能力测算和人生不同阶段的购房和换房重点进行了调整；教育金规划中将子女教育金规划工具的相关内容删除，重新调整了教育投资收益率部分的内容；信用与债务部分简化了存单质押、信用卡利息的计算。

第二，将原知识体系中已经不符合当前环境和条件的知识点和数据进行了更新，力求使文字表达更为简洁、精练。对于多个章节同时提及的知识点进行了集中阐述，提升了教材的完整性和及时性。

第三，对教材中的例题、案例和软件运用进行了大幅度的更换，从贴近现实、解决实际问题的角度出发，对数据假设、问题提出和软件升级等方面重新设计，提高学员的实践能力。

2019 年版教材修订工作由阚小兰、张珊珊负责统稿；参与新编工作的老师包括：刘东华（金融理财法律）、宋健（财务自由度）、石光（财务自由度）、屠卫（理财产品投资）、闫淑青（个人所得税及其税务优化）、林鸿钧（综合理财规划）。参与更新工作的老师包括：张珊珊、刘雪莹、王雅楠、娄慧涵、王爱云、石光、田伟星、屠卫、李奕霖、霍丽芳、邴文超、曹渊、陶芳、李经纬、李向燕等。参与终审的老师包括：宋健、林鸿钧、陶芳、刘伟、张庆元、翟继光、魏绍玲、纪崴、李秀芳、范娟娟、黎强、邢恩泉、黄桦、胡乃军。

自2004年11月国内首套CFP系列教材出版至今，众多专家、学者、授课教师和相关工作人员参与了教材的编订工作，在各版教材前言中已有列示。本次教材更新工作得到了以往各版教材编写人员的大力支持，许多参与CFP认证培训教学的教师也提出了宝贵意见，中国人民大学出版社相关编辑为2019年版教材的出版提供了大量帮助，在此一并致谢。

当然，我们没有理由相信，前面提到的各位专家会完全认同我们在教材中的全部观点，但是，他们的观点对于本教材的付梓提供了非常有建设性的帮助。

最后，仅以此教材向默默为中国金融理财行业的发展不断付出努力的各位同仁致敬，“心诚求之，虽不中，不远矣”，让我们以此共勉。

北京当代金融培训有限公司教材编写组

2018年10月于北京

目录

第3篇　投资规划

CONTENTS

CONTENTS

第3篇

投资规划

第十四章

投资基础

本章提要

本章分为4部分，包括投资规划基础知识、金融市场概述、金融机构概述以及投资收益与投资风险。首先，我们介绍投资者为什么要投资、投资的类别以及投资的过程，讲解家庭投资规划的概念、影响家庭投资选择的因素以及投资规划制定的流程；其次，介绍金融市场的概念、市场中主要的金融工具和融资模式、金融市场的分类以及金融监管的内容；再次，介绍市场上的主要金融机构及其基本特点；最后，讲解单一资产的收益和风险的概念及衡量指标。

本章内容包括：

- 投资规划基础知识；
- 金融市场概述；
- 金融机构概述；
- 投资收益与投资风险。

通过本章学习，读者应该能够：

- 理解投资的概念、投资目标的设立和投资规划的方法；
- 理解国际和国内投资工具的种类和特点；
- 掌握金融市场和金融机构运行的基本特点和规律；
- 掌握投资收益和投资风险的基本概念及计算方法。

第一节　投资规划基础知识

一、投资的基本概念

（一）投资者为什么要投资

对于多数人来说，由于收入和支出在时点上、金额上不匹配，因此在面对当前和未来收入时，必须做出消费选择：是现在消费还是将来消费？投资就是为了满足将来消费的需要而牺牲当前消费，将资金投入到能保值增值的投资工具上的过程。因此，投资的成本可以理解为牺牲当前消费的机会成本。就个人或家庭理财规划而言，投资者是指希望通过牺牲当前消费以取得未来更高消费水平的个人。

投资可能会产生收益，而面向未来的投资活动一定会有风险。投资收益有两种形式：当前收入和资本利得。例如，银行存款产生的定期利息收入为当前收入，购买股票产生价差的收入为资本利得。

投资决策就是通过对收益和风险的权衡，主要解决如何投（投资策略）、投在何处（投资选择）和何时投（投资时机）的问题。此外，还应考虑投资者的风险承担能力与预期回报是否匹配、投资者的权利和义务、投资者的权益是否有保障等问题。投资者在进行投资决策时要对以上因素进行全盘考量，以在限定的时间内实现既定的投资目标（如图 14－1 所示）。

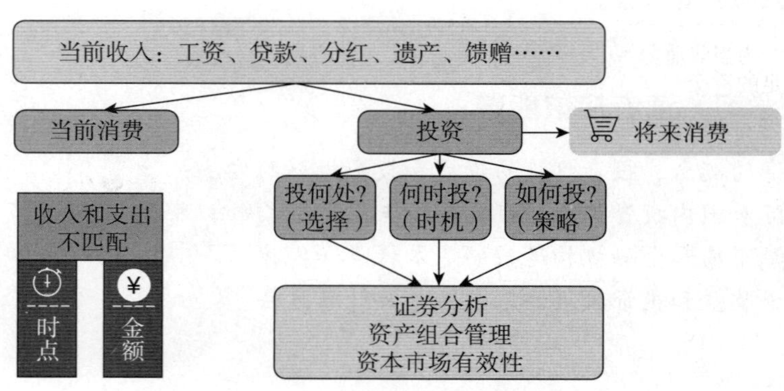

图 14－1　投资者的投资决策

（二）如何做投资规划？

1. 投资规划的概念

投资规划，是金融理财规划的重要组成部分，金融理财规划主要包括设定理财目标（未来需要多少钱）、分析客户当前的资产状况以及每年收入扣除支出后的净余额（当前财富加上未来储蓄）。将后者和前者联系起来的途径便是投资，而投资规划的目的就是更好地实现这种联系，即合理地将当前财富和未来储蓄配置在各种投资工具上，以便更好地达到所设定的理财目标。

2. 投资的适宜性

对一般的个人和家庭来说，投资并不要求以获取最大的投资收益为目的，而要根据个人和家庭在短期和长期对资金的需要，建立适宜的投资目标。投资的适宜性应至少考虑四个方面的内容，即投资的可获取性（availability）、投资的安全性（safety）、投资的流动性（liquidity）和投资的收益性（yield）。一些欧美国家的法律甚至规定，理财师或投资顾问在向客户推荐投资产品时，必须充分考虑投资的适宜性，为客户选择和推荐适宜的投资产品，否则客户有权在投资失败时将其告上法庭。例如，向离退休人员推荐高风险股票和期权期货投资就违背了这一原则。实际上，欧美的一些投资顾问和资产管理公司在市场低迷时经常收到投资者的投诉，并为此吃尽苦头。因此，他们现在都非常谨慎。那么，什么样的投资最适合呢？不同的投资者应该具有不同的投资目标，例如，60 岁以上的退休人员需要的是当期收入，当期收入目标多于增长目标；30 岁以下的年轻人需要积累资金用于购房购车，增长目标多于当期收入目标。对于不同的投资目标，应该选择不同的投资工具。例如，要满足紧急性开支，应该投资于流动性强、安全性高的短期投资工具，如国库券、活期储蓄等；要满足长远的养老需要，应该购买人寿保单、长期国债等既安全又能满足长期需要的投资工具。对于不同的投资工具，应该在可获取性、安全性、流动性和收益性等方面具有不同的特征，这些特征是否适合投资者的需要还要具体分析。

3. 投资规划的步骤

投资规划一般遵循以下几个步骤（如图 14－2 所示）。

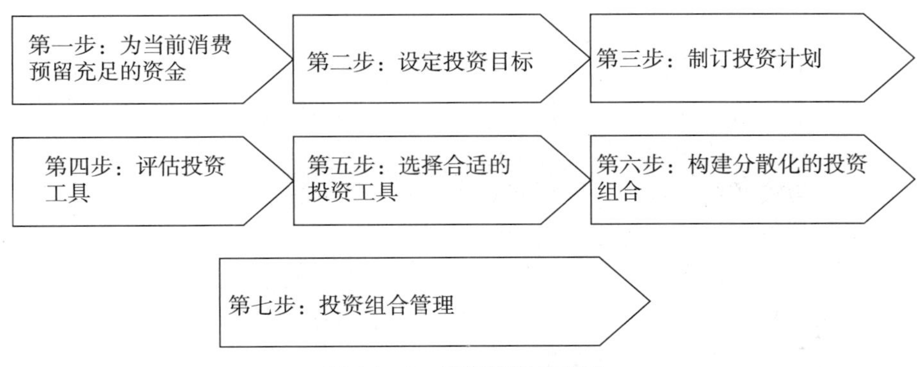

图 14－2　投资规划的步骤

（1）为当前消费预留充足的资金：主要为客户预留供衣食住行、娱乐及医疗等基本生活开支需要的资金，剩余的部分方可用于投资。

（2）设定投资目标：要根据客户的特征和需求，设定恰当的投资目标。具体目标如本节第二部分所述。

（3）制订投资计划：在为客户设定合适的投资目标的基础上，可以初步拟订投资计划书，内容包括投资目标、金额、实现时间等。

（4）评估投资工具：主要是评估每个投资工具的收益和风险之间的关系，这一过程将在随后的章节中详细讨论。

（5）选择合适的投资工具：在这一步，主要是收集具体的投资信息，选取与投资目标相一致的投资工具。最好的投资工具未必是收益最高的工具，其他的因素如风险和税负的考量可能影响更大。例如，一个客户想获得最大的红利收入，理论上应购买发放高红利的股票，但是如果发行这只股票的公司破产的可能性比较大，且一旦这个公司破产，客户将失去所有投资，那么此时建议客户购买红利发放相对较少，但破产可能性小的公司的股票就更明智。仔细挑选投资工具是投资成功的关键所在。投资工具的选择应该与投资目标一致，并应考虑投资收益与风险的平衡。

（6）构建分散化的投资组合：投资组合一般由股票、债券和短期投资构成。投资分散化是指通过持有一定数量的不同投资工具以增加投资收益，降低投资风险。也就是我们通常说的，不要把所有鸡蛋放在同一个篮子里。

（7）投资组合管理：投资组合确定后，应不时监控投资组合的表现，比较其实际投资业绩和期望投资业绩之间的关系，并及时做出调整。在这一过程中有时需要卖出一些投资工具，重新购买新的投资工具。

4. 投资过程及其参与者

投资过程（investment process）如图 14－3 所示。金融理财师或投资顾问先要对投资者的风险承担能力、投资期限和税负状况进行分析，再根据投资者的需要建立投资目标。然后，根据投资目标选择投资工具，为投资者进行资产配置。资产配置是一个动态过程，主要是根据投资者的风险承担能力、投资期限和税负状况，将现金、债券和股票以及实物资产等资产类别在不同的投资期限设立不同的比例，从而使收益和风险达到合理的平衡。资产配置是投资的核心环节。其中，在资产类别的比例设定后，应就不同类别选择投资工具，如在股票类别里选择不同行业的股票，在债券类别里选择国债或公司债，短期债券或长期债券。下一个环节是选择适当的时机进行投资。这是一个动态连续的过程，由于市场条件和投资者自身目标的变化，资产配置的内容也要不断变化和修正。资产配置、选股和择时的策略与投资者和投资顾问对市场有效性的理解有着密切的关系。如果投资者相信市场有效，他将采取被动的投资策略；如果不相信市场有效，他往往会采取主动的投资策略。这些将在后续章节中详述。最后，要对投资绩效进行评估，一方面检验投资的结果是否满足了投资目标，另一方面，要看一看这项投资计划是否优于或差于市场平均水平。

投资过程中的参与者包括赤字单位和盈余单位。赤字单位如政府，通过发行国债和国库券以及征税来筹集资金进行公共设施的建设和建立社会保障系统；企业通过发行公司债和股票为企业经营和发展筹集资金；个人和家庭通过向金融机构借贷进行当前消费（包括房屋、教育、汽车等）。盈余单位有机构投资者和个人投资者。机构投资者包括商业银行、投资银行、保险公司、基金公司等；个人投资者指那些由自己管理资金的个人，他们通过银行存款、债券和股票投资，获

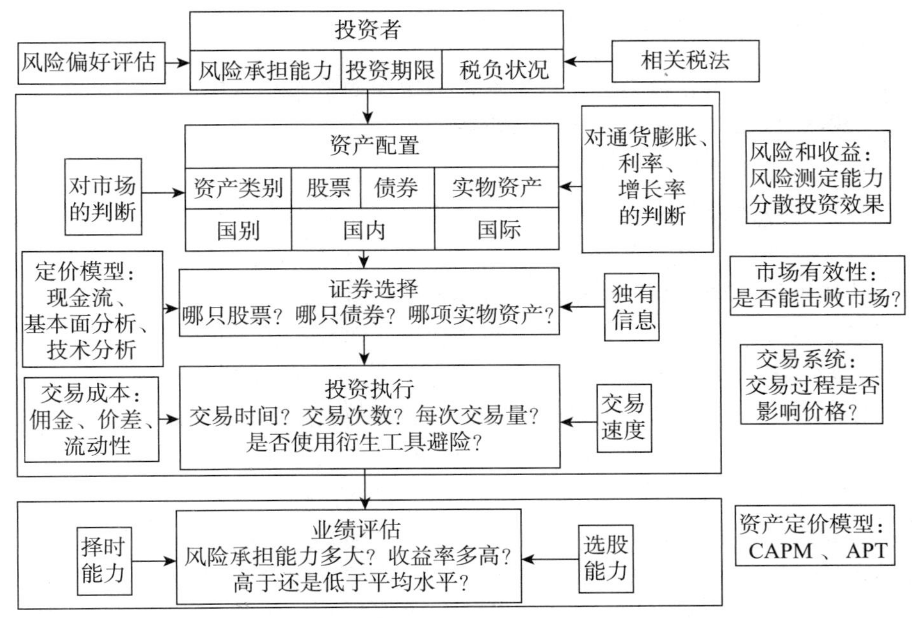

图 14－3 投资过程

取投资收益为未来消费和养老准备资金。由于投资需要时间和专业知识，许多人宁愿付费雇用专业人员或委托机构投资者为自己打理钱财。

（三）生命周期与投资规划

处在不同生命周期的投资者有着不同的投资理念。一般来说，年轻时投资者的理念都比较激进，随着年龄的增长，他们的理念也会趋于保守。我们将投资者的生命周期分为以下三个主要阶段：

（1）累积阶段：通常为 20～45 岁；

（2）巩固阶段：通常为 45～60 岁；

（3）支付阶段：通常为 60 岁至寿终正寝。

在累积阶段，投资者倾向于成长性的投资，即偏好资本利得收入而非当前收入。此时的年轻投资者往往没有充足的可用于投资的资金，因此他们特别偏好具有高成长性和高投机性的投资工具，特别是具有高风险的股票和期货投资方式。

在巩固阶段，由于家庭的需要与责任，子女教育和养老基金储备都变得越来越重要，他们便会将投资组合转入“高质量”的投资组合。低风险的成长型和收入型的股票、高评级的债券、优先股、可转换债券和共同基金，都会是这个阶段投资者的首选。

投资者退休后，进入支付阶段，对已积累的财富的保护和当前收入的需求就变得非常重要。这时的投资组合就会变得“高度保守”，由低风险的收益型股票、高收益的政府债券、高质量的公司债券和银行定期存款以及其他短期投资工具构成。也就是说，在这一阶段，投资者主要是享受终生获得的储蓄结果。

（四）经济周期与投资规划

在投资者的生命周期中会经过一系列经济周期的变化，因此投资者在进行投资规划时应充分考虑经济环境的变化对投资收益的影响。也就是说，投资者应了解在“什么时候”选择什么样的投资工具进行投资。

选择什么样的投资工具进行投资往往相对容易，因为它只涉及风险和收益目标是否匹配。例如，如果投资者风险承担能力比较高，那么投机性的投资活动比较合适；如果投资者是一个投资新手而且希望获得比较公平的收益，那么成长型的共同基金可能比较合适。不幸的是，尽管投机性股票和成长型共同基金可能在扩张的时候表现良好，但是它们可能在其他的经济环境下变成灾难。也就是说，投资者要回答一个更困难的问题，即什么样的市场条件会对投资收益产生影响。要回答这个问题，也就是我们经常提起的投资择时问题是比较困难的。这是因为，事实上即使是非常有名的经济学家和职业投资经理，也很难持续地准确预估未来经济和股票市场的繁荣和衰退。也就是说，知晓经济或市场是处于增长状态或衰退状态与知道它们什么时候会增长或衰退是两件非常不同的事情。因此，我们可以把市场择时定义为确定经济和市场的当前状态，并评估该状态持续下去的可能性。

作为一个投资者，应该清楚地了解经济运行的周期，这个周期有 4 个阶段，分别是经济的复苏、繁荣、衰退和萧条阶段，以及经济运动方向的不确定阶段，如图 14－4 所示。在图中，我们发现，扩张阶段（复苏和繁荣）和收缩阶段（衰退和萧条）比较容易确定，比较困难的是确定波峰和波谷。在波峰和波谷的时间点，我们很难知道经济是继续沿当前的方向上升或下降，还是会改变方向。投资者所持有的投资工具决定了其在不同经济环境下的投资收益状况。

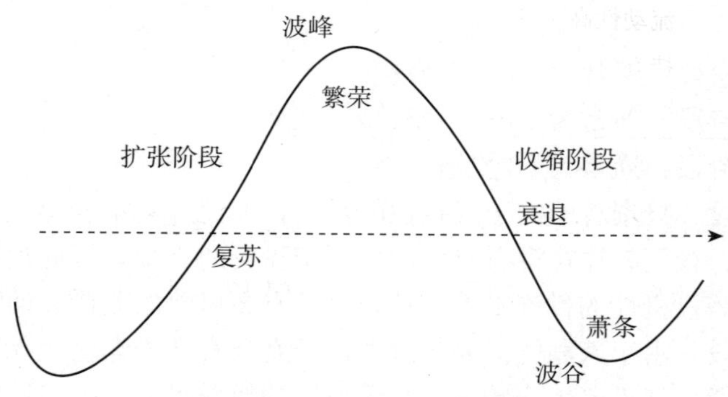

图 14－4　经济运行的周期

首先来看看股票和经济周期的关系。股票和其他股权类证券，如优先股、股票类共同基金、股票期权和股票指数期货与经济周期的关系非常紧密。经济周期反映了各种不同经济变量的当前状态。这些经济变量包括国内生产总值、工业产值、个人可支配收入和失业率等。经济周期处于扩张阶段表现为经济强劲，这时企业的利润上升，股票价值增加且收益率提高，特别是高成长性和高投机性股票，都会表现良好。低风险的股票和收入型股票表现就会次之。相反，当经济处于收缩阶段时，这些股票的价值和收益都会显著下降。

再来看看经济周期对债券和利率的影响。债券和其他固定收益类证券，例如可转换债券和债券基金，对利率的变化非常敏感。事实上，利率是决定债券类证券价格和收益的重要变量。利率与债券价格朝相反方向变动。因此利率的升高会严重影响投资者投资组合内的债券收益。同时，新债券在发行时必须采用更高的利率以吸引投资者。

二、投资类别

投资活动可以进行如下划分：

（一）按照投资对象，分为证券投资与实物投资

证券投资（对应金融资产）是指投资者（法人或自然人）买卖股票、债券、基金等有价证券以及这些有价证券的衍生品，以获取利息和资本利得的投资行为和投资过程，是直接投资的重要形式。实物投资（对应实物资产）是对实物财产或有形的个人财产的投资。实物财产是指土地、建筑物和永久性附属于土地的财产、知识和可以运用这些资产的人力资本等。有形的个人财产包括黄金、艺术品、古玩和其他有价收藏品。金融资产对社会生产力只有间接的作用，而实物资产对社会生产力有直接的贡献，两者的区别如表 14 - 1 所示。

表 14 - 1　　金融资产和实物资产的区别

金融资产	实物资产
无形	有形
可分割	不可分割
流动性高	流动性低
持有时间短	持有时间长
资讯易获得	资讯不易获得

（二）按照投资方式，分为直接投资和间接投资

直接投资指投资者直接购买证券或实物的投资。比如投资者购买了一只股票或债券，就是进行了一项直接投资。间接投资是指对于投资组合产品进行的投资，这个投资组合通常由各类证券组成，或由证券和各种实物共同组成。这些投资组合一般是为了满足一个或多个投资目标而构造的。例如，对共同基金的投资就是间接投资，因为购买一个单位的共同基金，只是取得了该投资组合中一个单位的索取权，而非对某一证券的索取权。

（三）按照投资工具，分为债权投资、股权投资和衍生金融工具投资

债权表示持有人借出资金以换取在未来给定的时间取得利息和收回本金的权利。当投资者购买一只债券时，实际是将钱借给了债券发行人，债券发行人承诺

在约定时间内偿还本金和支付利息。股权代表的是一个企业或资产的持续所有权，股权投资往往与一项特殊的资产相联系，例如上市公司的普通股。衍生证券既不是债券也不是股票。衍生证券的价值“衍生于”其标的资产，例如期权就是一种衍生证券。期权的投资者拥有以某一指定的价格在指定的时间期限内买入或卖出标的资产的权利。尽管不像债权和股权投资那样大众化，但是期权和其他衍生类证券投资在近年内有非常迅猛的发展。

（四）按照投资风险，分为低风险投资和高风险投资

由于投资活动所产生的收益都是在将来的某个时间点发生，因此收益是不确定的，即存在风险。投资的风险取决于投资的类型，例如股票投资的风险一般被认为高于债券投资。低风险投资一般被认为是比较安全的，能获得正的投资收益。而高风险投资往往是那些被认为具有投机性的投资，这些投资的收益往往具有很高的不确定性。投机（speculation）也是一种投资，它是一种高风险投资。由于投机活动具有高风险性，因此投机的预期收益也比较高。应该指出的是，投资和投机都不是赌博，赌博只是一种概率游戏。

（五）按照投资期限，分为短期投资和长期投资

短期投资一般指投资期限短于 1 年的投资。长期投资指投资期限长于 1 年的投资。例如，股票从理论上讲具有无限生命，前提是该公司不破产。应该说，投资者在资本市场上总可以找到与自己的投资期限相匹配的长期或短期投资。

（六）按照投资地域，分为境内投资和境外投资

境内投资指在境内对本国证券或实物的投资。境外投资是指对境外证券或实物的投资。在 15～20 年前，我国的个人投资者一般只能进行境内投资。由于资本市场的全球化发展，境外投资对境内投资者具有越来越大的吸引力，可以以更低的风险获得更高的回报，因此也有越来越多的投资者将境外投资纳入自己的投资组合中。

第二节　金融市场概述

金融市场是资金融通市场，是指资金供应者和资金需求者双方通过信用工具进行交易而融通资金的市场。换言之，金融市场是实现货币借贷和资金融通、办理各种票据和有价证券交易活动的市场。

一、两种基本的融资模式

金融市场的融资方式主要分为两类：直接融资和间接融资。

直接融资是指盈余单位直接买入赤字单位发行的证券（称为直接证券）的融资方式。直接证券包括商业本票、债券和股票等工具。很多公司需要在市场上公开发行直接证券并寻找盈余单位作为买家，因此通常会雇用投资银行或经纪人对证券进行定价、设计发行方案、实施发行计划并承销或包销有关证券。我们通常称这些投资银行或经纪人为市场专家。市场专家不同于金融中介的根本点在于市场专家不发行自己的证券，而金融中介正像下文所介绍的那样，向盈余单位出售自己发行的证券。经纪人和投资银行的区别是，经纪人通常是通过促成赤字单位和盈余单位交易的完成来赚取佣金，而投资银行自己直接参与证券的买卖并实现利润或亏损。很多作为市场专家的金融机构，例如我国的综合类证券公司，常常既提供投资银行服务，又提供经纪业务。

很多大企业和大公司采用直接融资方式获得资金，原因之一在于这些公司具有更高的市场知名度，证券的发行更容易获得成功；原因之二在于相对较高的承销费用是一个固定成本，大公司资金需求更大，从而更容易实现规模经济；原因之三则在于其资金使用方向可能具有较大风险，难以取得足够的或者期限合适的银行贷款。

间接融资是赤字单位向金融中介发行直接证券，而金融中介向盈余单位出售自身发行的证券（称为间接证券，如存单、存折）的融资方式。金融中介的作用在于将直接证券转化为间接证券。

在间接融资过程中，通过贷款交易，直接证券从赤字单位流向金融中介，资金则从金融中介（通常是商业银行）流向赤字单位；而通过存款交易，间接证券从金融中介流向盈余单位，而资金则从盈余单位流向金融中介。这一过程可用图 14－5 表示。

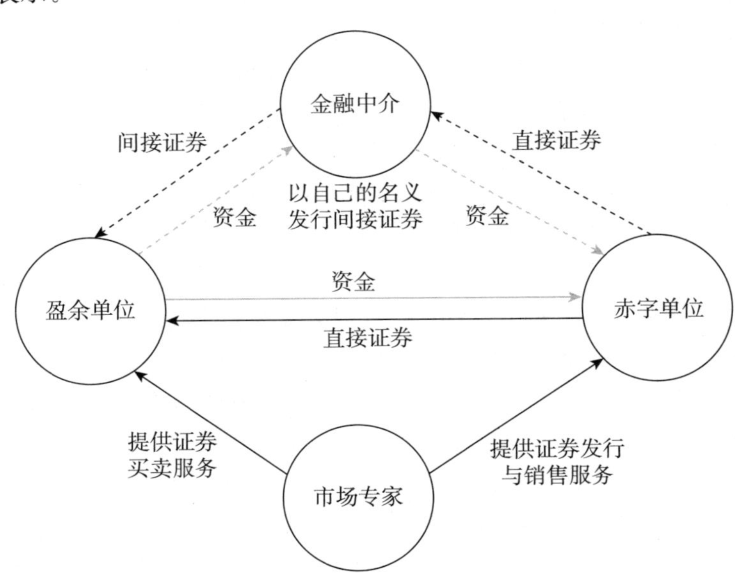

图 14－5　直接融资和间接融资

如前所述，间接融资相对于直接融资而言，能够较好地解决信息不对称的问题，降低信息成本，提供更多交易机会，并提高投资的灵活性和流动性，有效降低风险和提高收益率。

我国的金融市场仍是一个以间接融资为主要融资方式的市场。

二、主要的金融工具

所有融资行为都需要一定的载体，这个载体就是金融工具。金融工具是保证交易双方权利义务的法律凭证。金融工具可以是在一个公开市场上进行广泛交易的标准化产品，例如股票、债券、期货等；也可以是不可公开交易的非标准化产品，例如存款、贷款、远期合约等。这里，我们把金融投资工具分为四个品种来进行介绍：债权工具、股权工具、混合资本工具和衍生产品。

（一）债权工具

债权工具是债权及债务关系的书面凭证，它表明债务人有义务在特定的期限、按约定的票面利率向债权人支付利息，并偿还债务本金。债权工具包括：存款（企业存款、居民储蓄存款、同业存款、财政存款等）、贷款（非金融企业贷款、按揭贷款、同业拆借等）、国债（国库券、中期国债、长期国债等）、地方政府债券、政府机构债券、公司债券（企业债券、短期融资券、金融债券）和资产证券化产品［抵押支持证券（MBS）、资产支持证券（ABS）等］。

银行存款是银行资金的主要来源，银行存款可以分为三类：活期存款、定期存款和储蓄存款。活期存款指的是客户可以随时存取的存款，投资者进行活期存款一般得不到收益，而是为了享受支付的便利；定期存款为客户与银行事先约定存款的期限并到期取出本金和事先约定的利息。定期存款的收益比活期存款高且安全，但是流动性不足，适合长期投资的投资者。储蓄存款是客户可以用存折随时自由存取的存款，银行支付一定的利息，但是储蓄存款账户不能签发支票。储蓄存款既有流动性，又有一定的收益性。到2017年年底，中国个人存款已达到649 341.50亿元。

政府债券是中央政府、地方政府或者政府担保的公用事业单位发行的债券。政府债券有短期、中期和长期三种。国库券（treasury bill）为政府发行的期限为1年以内的短期债券，一般按低于面值的价格折价发行，到期时按面值兑付。国库券的发行采取拍卖的方式。国库券是货币市场上流动性最强的工具，对于要求较高流动性的投资者很有吸引力。中期国债（treasury note）的期限最长可达10年，而长期国债（treasury bond）一般都在10年到30年之间。国债由于有国家信用做担保，违约风险很低，是最安全的投资工具之一。

公司债券是公司根据法定程序发行的、约定在一定时期还本付息的债券。公司债券与国债相比风险较高，具有违约风险，因此为了吸引投资者，一些公司发行以明确抵押品作为担保的担保债券（secured bond）。如果没有抵押品的担保，则为无担保债券（debenture），这类债券的偿还全靠公司的信用。公司破产时，如果债券对公司的索取权比一般债券的等级低，则该债券是次级无担保债券（subordinated debenture）。从风险来看，次级无担保债券的风险最大，其次是无担保债券，最后是担保债券，所以投资者对次级无担保债券要求的收益率也是最高的。公司债券通常附带一个期权。可赎回债券给予公司以赎回价格从债券持有者手中购回债券的选择权。可转换债券给予债券持有者将债券转换为一定的股票份额的选择权。

资产证券化是以特定资产组合或特定现金流为支持，发行可交易证券的一种融资形式。在资产证券化过程中发行的以资产池为基础的证券称为资产证券化产品。资产证券化产品包括 MBS、ABS 等，具体内容将在 CFP 课程中学习。

在中国的债券市场上交易的债券主要有三类：一是政府债券，包括国债、财政债券等。国家为了鼓励人们购买国债，规定国债的利息收入免征个人所得税。二是金融债券，即银行和非银行金融机构发行的债券。中国目前的金融债券主要由国家开发银行、中国进出口银行等机构发行。三是企业债券，按不同的债券发行形式可以分为实物债券、凭证式债券和记账式债券；按不同的期限可以分为 1 年以下的短期债券、1～10 年的中期债券和 10 年以上的长期债券。

（二）股权工具

股权工具是股份公司股东权益的凭证。根据股权工具是否具有表决权和股息分派方式，股权工具可分为：普通股（没有固定的股息收益率，剩余财产清偿顺序在债权、优先股之后）和优先股（通常具有固定的股息收益率，没有表决权，清偿顺序在债券之后、普通股之前）。

普通股（common share）是指享有普通权利、承担普通义务的股份，是公司股份最基本的形式。普通股股东有对公司盈余的剩余索取权，这一权利受法律保护。为了保障这一权利，普通股股东有权参加股东大会，并对公司的重大经营决策以及董事会和高管选举享有表决权。表决权的大小取决于所持有的股份数量。公司对普通股的红利分配要视公司业绩和股利分配情况而定。如果公司亏损，一般来说普通股没有红利；如果有盈利，但是要扩大生产规模，增加投资，则普通股也可能没有红利。在企业破产时，普通股股东对剩余财产的索取权在债权人和优先股股东之后，因此投资普通股的风险一般高于债券和优先股。普通股可以在一个或者几个市场上同时上市交易，因此具有较好的流动性。普通股的流动性使得公司的兼并收购成为可能，从而提高了市场资源的配置效率。

优先股（preferred stock）是指股东享有某些优先权（如优先分配公司盈利）的股票。公司承诺向优先股股东分红，但是这种承诺并不具有法律保障，这一点与必须向债券持有者支付利息不同。作为股权凭证，优先股代表对公司的所有权，但是优先股股东和债券持有者一样都没有表决权。公司对优先股没有还本付息的压力，只需在条件允许的时候支付一定的红利，所以优先股具有永续债券的特征。与债券不同，优先股股利的支付不能作为利息费用，所以不能从应税收入中扣除。优先股股利的支付在普通股之前，在公司破产时，优先股的资产索取权在债券之后而在普通股之前。由于优先股具有普通股和债券的特征，因此公司在一定条件下，可以将优先股像债券一样提前赎回，也可以在一定条件下将其转化成普通股。

中国的证券市场起步较晚，但发展迅速。1990 年 12 月后，上海证券交易所和深圳证券交易所相继成立。截至 2017 年年底，沪深交易所共有上市公司 3 485 家，总市值 56.71 万亿元。股票投资的收益来自上市公司的分红和买卖的价差。但我国股票市场由于制度性的缺陷，上市公司分红很少，投机性较强，因此要求参与股票投资的机构和个人具有较强的资金实力、财务分析及信息搜集能力以及良好的判断力和心理承受力，其技术性要求较高。

（三）混合资本工具

混合资本工具是由公司发行的混合要求权资本工具，它兼有债务和股权两者之属性，通常附有特殊的期权条款。

混合资本工具首先具有传统债券的偿还性、安全性、收益性和非参与性等特征，同时呈现出其特有的资本属性。

（1）期限：10 年以上定期或永久。

（2）利息递延：当出现资本金不足、经营亏损、未能支付普通股股息等规定情形时，发行人可以延期支付利息，但必须在派发股息前付清。

（3）暂停索偿权和吸收损失：债券到期日，若发行人资不抵债、经营亏损或无力支付，则发行人有权选择延期支付本金和利息而不构成违约。这与利息递延共同成为混合资本工具的最本质特征。

（4）偿还次序：等同于长期次级债务或在其之后。

（5）息票加码与提前赎回条款：债务条款中常常规定在一定期限（一般至少 5 年）后发行人可以选择提前赎回，但需经监管机关批准。如不赎回，则债券利率按约定上升。

（四）衍生产品

衍生产品是从传统的基础金融工具，如货币、利率、股票等的交易过程中衍生出来的新金融产品，其主要形式有期权、远期、期货和掉期等。

期权（option）是一种合约，该合约赋予买方在将来某一特定时间以约定的某一执行价格，买入或卖出某一特定标的资产的权利，而不需要承担相应的义务。合约的多方向空方支付一定数量的费用（指期权价格），拥有以执行价格向空方购买或出售约定数量的标的资产的权利，而没有必须行权的义务。合约的空方在多方要求行权时有必须执行的义务。赋予期权的多方购买指定标的资产权利的期权是看涨期权或买权；赋予期权的多方卖出指定标的资产权利的期权是看跌期权或卖权。如果期权合约只能在到期日行权，则为欧式期权；如果期权合约可在发行日开始至到期日间的任何时间内行权，则为美式期权。由于美式期权在行权方面给予持有者较大弹性，所以期权价格一般比同类的欧式期权高。按照标的物的不同，期权也可以分为商品期权、证券期权、指数期权、外汇期权等。

远期合约（forward contract）是指交易双方约定在未来某个日期以约定的价格交割某种标的资本的合约。

期货（futures）为标准化的远期合约。双方约定的价格就是期货价格。承诺在交割日购买标的资产的交易方为多方（long position），承诺在交割日卖出标的

资产的交易方为空方（short position）。期货是由交易所制定的标准合约，标的商品的数量、质量、交货时间和地点都由交易所统一规定。期货交易要求交易者缴纳一定比例（一般是5%～10%）的保证金以控制违约风险，然后根据交易商品每天的价格波动情况来计算交易者的盈亏，以决定是否需要补充保证金，即逐日盯市制度。因为期货采取的是保证金交易，所以有以小博大的杠杆作用。期货商品主要有4个主要类别：农产品期货、金属与矿产品期货、能源期货和金融期货。金融期货主要有3种类型：外汇期货、利率期货和股票指数期货。目前我国的期货市场主要有4个：大连期货交易所，主要交易品种是大豆；上海期货交易所，主要交易品种是天然橡胶及铜、铝等有色金属；郑州期货交易所，主要交易品种是小麦；中国金融期货交易所，上市品种包括沪深300指数期货和5年期国债期货等。中国期货业协会最新数据显示，2017年全国期货市场单边累计成交30.76亿手，成交金额为187.90万亿元。

掉期（swap）是指交易双方在未来某一约定时点或者一段时间内相互交换一系列的现金流。比较常见的掉期包括货币掉期和利率掉期。货币掉期是指交易双方在一定期限内将一定数量的货币与另一种一定数量的货币进行交换。货币掉期是一项常用的债务保值工具，主要用来控制中长期汇率风险。货币掉期的利率形式可以是固定换浮动，也可以是浮动换浮动，还可以是固定换固定。货币掉期中所规定的汇率可以用即期汇率（spot rate），也可以用远期汇率（forward rate）。利率掉期是交易双方将同种货币但不同利率形式的资产或者债务相互交换。债务人根据国际资本市场利率走势，通过运用利率掉期，将其自身的浮动利率债务转换为固定利率债务，或将固定利率债务转换为浮动利率债务。利率掉期不涉及债务本金的交换。

认股权证（warrant）是上市公司发行的给予投资者在未来某个时间或者一段时间以确定的价格购买一定数量该公司股票的权利。认股权证基本上是公司发行的看涨期权，它与看涨期权的主要区别在于执行认股权证需要公司发行新股，增加了总的股票数量，而执行看涨期权只是股东之间的股票转让，并不增加新的股份。

三、金融市场及其分类

对于金融市场，我们可以根据不同分类标准进行分类。

（一）根据投资期限，分为货币市场和资本市场

金融市场根据证券到期日和融资期限的不同可以划分为货币市场和资本市场。

货币市场（money market）是期限为1年或1年以下短期金融工具（通常是债务证券）发行和流通的市场，实质为短期资金市场。货币市场证券包括大额可转让存单、商业本票、银行承兑汇票、国库券、银行同业拆借、央行贴现窗口贷款、央行票据、短期融资券等。货币市场证券的特点是期限较短，具有较好的安全性和流动性。货币市场的主要功能是提供流动性。

我国的货币市场包括全国银行间同业拆借市场、银行间短期债券市场和票据

市场。其中全国银行间同业拆借市场形成的同业拆借利率称为CHIBOR，是短期利率的重要指标。

资本市场（capital market）是1年以上的债务证券和股权证券发行和交易的市场，实质上是1年期以上的中长期资金市场。资本市场证券包括普通股股票、优先股股票、公司债券（企业债）、国债、可转换债、次级债等。资本市场的功能是提供资本化投资所需资金。

按照投资工具的性质划分，资本市场主要由股票市场和债券市场组成。债券市场是债务证券发行、转让和流通的市场，而股票市场是股权证券发行、转让和流通的市场。

（二）根据交易标的，分为信贷市场、股票市场、债券市场、外汇市场和衍生品市场

信贷市场包括商业银行的存、贷款市场；股票市场是股票的交易市场；债券市场是各种债券的交易市场，包括国债市场、地方债市场、公司债市场、资产证券化产品市场等；外汇市场是各种货币的即期交易和远期交易市场；衍生品市场包括期货、期权、掉期等金融衍生品交易市场。

（三）根据交易模式，分为一级市场和二级市场

根据证券市场的职能不同，可以分为一级市场和二级市场，如图14－6所示。

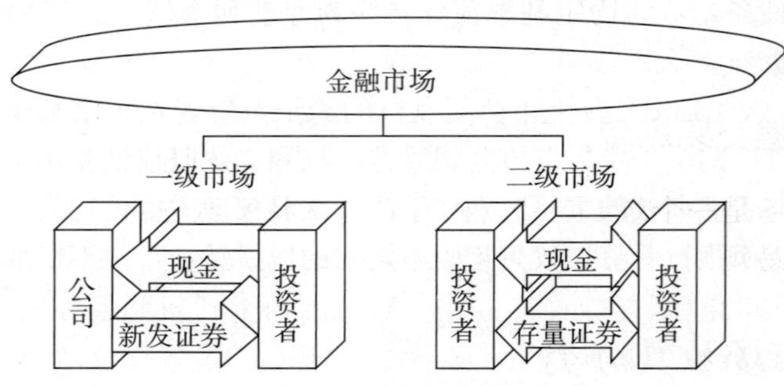

图14－6　一级市场和二级市场

一级市场又称发行市场，是发行人以筹集资金为目的，按照法律和发行程序向投资者出售证券的市场。一级市场可以再次划分为首发市场和增发市场，首发指的是证券第一次向公众公开发行，增发指的是增加发行一种已经发行的证券。一级市场通常无固定场所，是一个无形的市场。一级市场的功能包括资源配置功能和融资功能，能形成金融资产，改变企业产权结构。在现代证券发行中，除了审批机关外，所涉及的参与人主要是发行人、投资者和中介。

如图14－7所示，当公司需要募集资金时，可以在资本市场发行证券，例如发行债券或股票。投资者在资本市场上购买公司发行的证券，资金转移到公司方。公司可以用筹集的资金购买机器、设备等资产，用于扩大再生产。公司扩大再生产产生的现金流，一部分留存在公司，用于公司的资本性支出、研究开发费

用、购并交易等，一部分向政府上缴税款，还有一部分是以支付债务利息、派发股息、偿还债务的形式给投资者以回报。对于投资者，出让盈余资金是为了获取投资收益，而对于公司方，投资者要求的投资收益是公司募集资金的成本。一个可持续的融资活动，需要公司有能力利用募集到的资金产生高额的回报，且这个回报应该高于公司的融资成本。在市场自由选择的过程中，真正能够吸引资金的是那些能够提供高回报的公司，它们所发行的证券也易为投资者所购买。

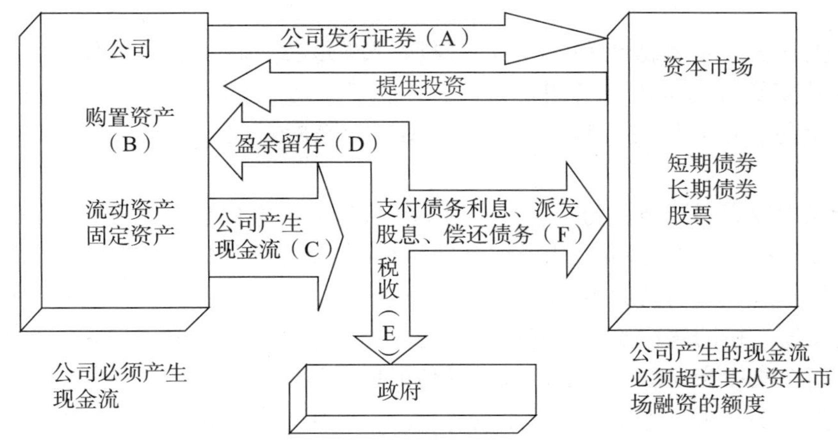

图 14－7　公司和资本市场间的资本流动

二级市场又称证券流通市场或证券交易市场，是指已发行的证券在不同投资者之间进行交易和流转的场所的总称。二级市场的组织形式主要是证券交易所，以及场外交易市场，如柜台交易市场、第三市场、第四市场等。

（四）根据交易场所，分为场内市场与场外市场

交易所市场是一个组织严密、由有固定交易所席位的经纪人参加、有严格交易原则和交易规则、提供交割清算服务的市场。主要的交易原则包括公开竞价、价格优先和时间优先等。典型的交易所市场包括纽约证券交易所、香港联合交易所、上海证券交易所和深圳证券交易所等。多数交易所市场实行的是拍卖制度。

证券交易所通常有两种组织形式，即公司制和会员制。公司制是为证券商提供证券交易所需的交易场地、交易设备和服务人员，以便证券商独立进行证券买卖的证券交易所形式。公司制交易所一般是以股份有限公司的形式组织，通常以营利为目的的法人团体，一般由金融机构和各类民营公司组建。通常都必须设有股东大会、董事会、监事会、董事长和总经理等。这种证券交易所要收取发行公司的上市费与证券成交的佣金，而且经营这种交易所的人员不能参与证券买卖，因此在一定程度上可以保证交易的公平。

会员制证券交易所是由会员自愿组成、自治自律、互相约束，不以营利为目的的社会法人团体。只有会员派出的入市代表才能进行证券交易，其他人的证券交易必须经过会员进行。目前，世界上许多著名的证券交易所都采取会员制证券交易所形式。

会员制证券交易所在组织形式上和组织结构上不同于公司制证券交易所。会员制证券交易所设会员大会、理事会和监事会，交易所的成员并非投资者或股东，其最高权力机关为会员大会而非股东大会，证券交易所的执行机构则称为理事会而非董事会。理事会的职责主要有：决定政策，并由总经理负责编制预算，送成员大会审定；维持会员纪律，对违反规章的会员给予罚款，停止营业与除名处分；批准新会员进入；核定新股票上市；决定如何将上市股票分配到交易厅专柜等。

根据我国《证券法》和《证券交易所管理办法》的规定，目前上海和深圳两家证券交易所均采用会员制，大连、郑州、上海三家商品期货交易所以及上海黄金交易所均采用会员制，中国金融期货交易所采用公司制，但不以营利为目的。

为保护投资者利益，防止信息不对称对投资者利益的侵害，交易所对上市公司实行严格的信息披露制度。由于进入证券交易所交易的证券必须符合一定的标准，必须经过交易所的会员才能买卖，因此要向经纪会员交付一定数量的佣金。为了规避较严格的法律条件，降低交易成本，产生了场外交易的需求。场外交易市场是指在集中交易的交易所以外的其他场所进行交易的市场。场外交易市场由柜台交易市场、第三市场、第四市场等构成，其中最主要的是柜台交易市场。在证券市场发展初期，许多有价证券的买卖都是在柜台上进行交易，因此称之为柜台交易市场或店头交易市场。随着通信技术的发展，目前许多场外市场的交易并不直接在证券经营机构柜台前进行，而是由客户与证券经营机构通过电话、电传计算机网络进行，但由于习惯等因素，通常仍然称这些交易为柜台交易。美国的纳斯达克（NASDAQ）市场是最为著名的柜台交易市场。第三市场也称柜台外市场，是由非证券交易所会员的证券商在交易所之外组织已在证交所上市的大宗证券买卖的市场。世界范围内的外汇交易也主要是通过柜台交易市场来完成的。多数柜台交易市场实行做市商制度。第四市场是机构在交易所之外直接进行大宗证券买卖的市场。二级市场的功能包括增加证券交易的流动性、资本定价、资源配置、支持一级市场的发展、完善投资者的投资渠道、实现企业的产权变更。

由于交易所对于证券发行的规定十分严格，从融资总量来衡量，场外交易市场是证券发行的主要渠道。从二级市场来看，场外交易市场是交易所市场的重要补充，并为难以取得交易所上市资格的证券提供了转让流通的机会。

（五）根据交割时间，分为即期市场和远期市场

根据交割时间，金融市场又可分为即期市场和远期市场。

即期市场（spot market）是约定在交易达成的几个工作日内立即完成交易标的交割的市场。外汇、国债、商品交易都存在即期市场。

远期市场（forward market）是交易双方约定在未来某一时间按约定价格、数量和质量完成交易标的交割的市场。外汇交易存在一个全球化的、范围很大的远期市场。

专栏 14-1

新三板的发展历程及交易规则

一、新三板的发展历程

2006 年经国务院批准，在证券公司代办股份转让系统基础上，正式启动“中关村科技园区非上市股份有限公司股份报价转让系统”。因挂牌企业均为高科技企业而不同于原转让系统内的退市企业及原 STAQ 系统（全国证券交易自动报价系统）、NET 系统（全国电子交易系统）挂牌公司，故形象地称为“新三板”。

2009 年 7 月，《中关村报价转让试点办法》正式实施。

2011 年年初，新三板规则制度设计初步完成。

2012 年 7 月，国务院批准设立全国中小企业股份转让系统。

2013 年 1 月，全国中小企业股份转让系统正式揭牌。

2013 年 2 月，全国中小企业股份转让系统有限责任公司发布了《全国中小企业股份转让系统业务规则（试行）》。

2013 年 12 月，新三板扩容至全国。当月，全国中小企业股份转让系统有限责任公司发布了《全国中小企业股份转让系统股票转让细则》。

2014 年 6 月，《全国中小企业股份转让系统做市商业务管理规定（试行）》发布实施。

截至 2017 年 12 月 31 日，新三板挂牌公司共计 11 630 家，成交量 433.22 亿股，成交金额 2 271.80 亿元。

二、新三板的交易规则（部分）

1. 交易方式

股票转让可以采取协议方式、做市方式、竞价方式或其他中国证监会批准的转让方式。经全国股份转让系统公司同意，挂牌股票可以转换转让方式。

2. 股票委托数量

买卖挂牌公司股票，申报数量应当为 1 000 股或其整数倍。卖出挂牌公司股票时，余额不足 1 000 股部分，应当一次性申报卖出。

期货市场是期货合约交易的市场。期货合约实质上是一种标准化的远期合约，按交易标的可分为金融期货和商品期货。如果期货合约要求交割的是金融工具，那么该合约为金融期货合约。外汇、国债都是金融期货合约交易的对象。

我国商品期货市场主要有铜、铝、天然橡胶、螺纹钢、燃料油、小麦、棉花、白糖、大豆、豆粕和豆油等商品期货。金融期货市场目前有上证 50、沪深 300、中证 500 的指数期货，2 年期、5 年期和 10 年期的国债期货。

四、金融监管

（一）金融监管的基本含义

金融监管（regulation of financial institutions）是一个国家和地区的金融法律制度和金融管理当局依法对金融机构进行监督管理活动的总称。有效的金融监管对于约束金融机构的行为，降低金融风险，保护债权债务关系，保证金融交易的顺利进行起着重要的作用。

金融监管的主要目标是确保金融机构的稳健运作，降低金融机构的个别风险和金融市场的系统风险，维护金融业的稳定和安全。

（二）实行金融监管的必要性

金融业是一个信息高度密集的行业，信息的不透明、不对称会损害金融消费者和投资者的权益，因此要对金融机构的活动进行严格监管。

金融机构的经营活动不仅会对其股东权益产生影响，还会影响到相关利益人（stakeholders）的权益。例如，一家商业银行由于风险过高发生了破产事件，那么遭受损失的不仅有其股东，还可能有其存款人。

此外，金融机构的经营活动有时甚至会对整个社会产生影响。例如，2008年美国金融危机对美国经济及世界经济都产生了巨大冲击。

（三）我国的金融监管体系

我国的金融监管当局由中国人民银行、国家外汇管理局、中国银行保险监督管理委员会、中国证券监督管理委员会 4 家机构组成，形成一行一局两会的管理格局。

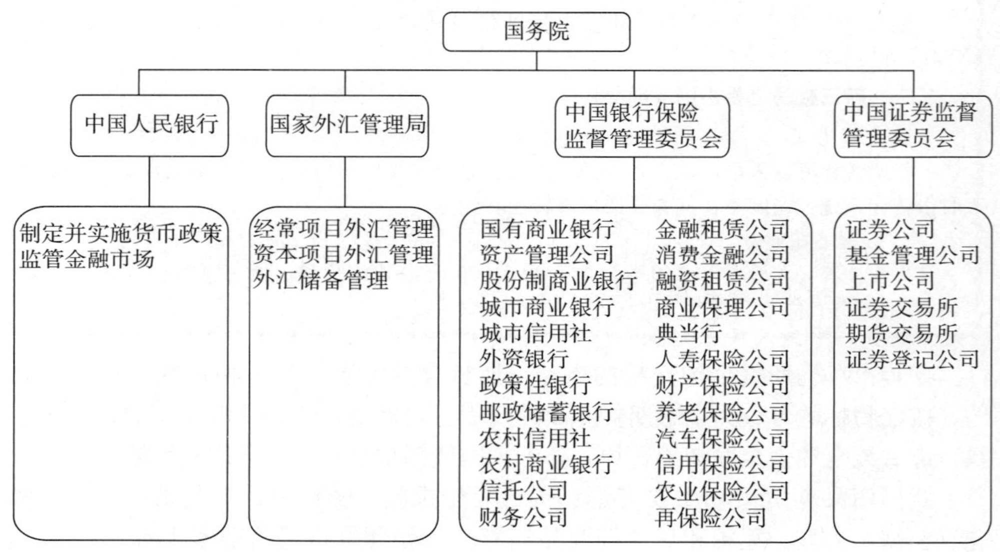

图 14－8　中国的金融监管框架

1. 中国人民银行

中国人民银行主要负责金融体系的整体稳健运行，避免发生系统风险。主要职责如下：

- 拟订金融业改革和发展战略规划，承担综合研究并协调解决金融运行中的重大问题、促进金融业协调健康发展的责任，参与评估重大金融并购活动对国家金融安全的影响并提出政策建议，促进金融业有序开放。
- 起草有关法律和行政法规草案，完善有关金融机构运行规则，发布与履行职责有关的命令和规章。

- 依法制定和执行货币政策；制定和实施宏观信贷指导政策。
- 完善金融宏观调控体系，负责防范、化解系统性金融风险，维护国家金融稳定与安全。
- 负责制定和实施人民币汇率政策，不断完善汇率形成机制，维护国际收支平衡，实施外汇管理，负责对国际金融市场的跟踪监测和风险预警，监测和管理跨境资本流动，持有、管理和经营国家外汇储备和黄金储备。
- 监督管理银行间同业拆借市场、银行间债券市场、银行间票据市场、银行间外汇市场和黄金市场及上述市场的有关衍生产品交易。
- 负责会同金融监管部门制定金融控股公司的监管规则和交叉性金融业务的标准、规范，负责金融控股公司和交叉性金融工具的监测。
- 承担最后贷款人的责任，负责对因化解金融风险而使用中央银行资金机构的行为进行检查监督。
- 制定和组织实施金融业综合统计制度，负责数据汇总和宏观经济分析与预测，统一编制全国金融统计数据、报表，并按国家有关规定予以公布。
- 组织制定金融业信息化发展规划，负责金融标准化的组织管理协调工作，指导金融业信息安全工作。
- 发行人民币，管理人民币流通。
- 制定全国支付体系发展规划，统筹协调全国支付体系建设，会同有关部门制定支付结算规则，负责全国支付、清算系统的正常运行。
- 经理国库。
- 承担全国反洗钱工作的组织协调和监督管理的责任，负责涉嫌洗钱及恐怖活动的资金监测。
- 管理征信业，推动建立社会信用体系。
- 从事与中国人民银行业务有关的国际金融活动。
- 按照有关规定从事金融业务活动。
- 承办国务院交办的其他事项。

2. 国家外汇管理局

国家外汇管理局主要负责监管外汇市场和资金的跨境流动。

3. 中国银行保险监督管理委员会

2018 年 3 月 13 日，国务院机构改革方案提请十三届全国人大一次会议审议，方案提出将组建中国银行保险监督管理委员会，不再保留银监会、保监会。同时，还将银监会和保监会拟订银行业、保险业重要法律法规草案和审慎监管基本制度的职责划入中国人民银行。

2018 年 4 月 8 日上午，中国银行保险监督管理委员会（简称“银保监会”）在北京金融街的鑫茂大厦南楼正式挂牌，银保监会新牌匾的悬挂，也意味着一个新的监管时代即将到来。

中国银行保险监督管理委员会的主要职责是：依照法律法规统一监督管理银行业和保险业，维护银行业和保险业合法、稳健运行，防范和化解金融风险，保护金融消费者合法权益，维护金融稳定。

4. 中国证券监督管理委员会

中国证券监督管理委员会成立于 1992 年 10 月，其主要职责是依照法律、法规和国务院授权，统一监督管理全国证券期货市场，维护证券期货市场秩序，保障其合法运行。

（四）金融监管的法律法规

金融监管强调依法监管和系统监管。我国金融监管的法律法规体系由以下几个层次组成。

1. 金融法律

金融法律涉及中华人民共和国颁布实施的相关法律，例如《中华人民共和国中国人民银行法》《中华人民共和国商业银行法》《中华人民共和国银行业监督管理法》《中华人民共和国反洗钱法》《中华人民共和国票据法》《中华人民共和国证券法》《中华人民共和国证券投资基金法》《中华人民共和国保险法》《中华人民共和国信托法》。

2. 金融法规

金融法规涉及国务院颁布实施的相关法规、条例，例如《存款保险条例》《征信业管理条例》《中华人民共和国外汇管理条例》。

3. 金融规章

金融规章涉及中国人民银行和银保监会、证监会颁布的相关规章、决定、办法等，例如《中国人民银行关于修改〈金融机构大额交易和可疑交易报告管理办法〉的决定》《银行卡清算机构管理办法》。

4. 规范性文件

规范性文件涉及中国人民银行和银保监会、证监会颁布的相关通知、公告等，例如：《中国人民银行关于加强反洗钱客户身份识别有关工作的通知》《中国人民银行关于加强电子商业汇票交易管理有关事项的通知》《中国人民银行 中国证券监督管理委员会关于内地与香港股票市场交易互联互通机制有关问题的通知》。

（五）金融监管的主要内容

金融监管当局实施监管的主要内容包括 3 个方面，即市场准入的监管、机构运作的监管和市场退出的监管。

1. 市场准入的监管

监管机关对金融机构的监管开始于市场准入的监管。中国人民银行、银保监会、证监会分别负责受理不同银行、证券公司、保险公司、基金公司、信托公司、租赁公司、财务公司和外资金融机构设立申请，并负责开业的审查批准。

对市场准入的监管可以通过审核金融业高级管理人员任职资格、审批金融业务许可证、组织从业人员资格考试等方式实施。

2. 机构运作的监管

为实现其监管目标，金融监管当局在金融机构营业运作的过程中，依法对其进行监管，以确保其合规、稳健经营。这一范畴的监管涉及以下方面。

(1) 业务范围 (business scope)。为确保金融机构的稳健经营，维护存款者利益和整个信用体系的安全性，我国金融业目前实行分业经营的管理模式，依法划定各类不同金融机构的营业范围，尤其是把商业银行业务与投资银行业务严格分开，禁止商业银行投资于股票市场，并限制商业银行对工商企业的直接投资。

为确保分业经营得到有效实施，监管当局通过现场和非现场的方式检查金融机构的业务经营情况，以确保其在法律允许的范围内规范运作，防止并纠正超范围经营和跨行业经营的情况。

(2) 资本充足性 (capital adequacy)。按照国际清算银行 (BIS)《巴塞尔协议》的要求，商业银行必须满足 8%的资本充足率要求。监管当局通过对加权风险资产资本充足率的监管，能够较好地以资本规模制约资产特别是风险资产的规模，防止银行利用高财务杠杆过度扩张。由于资本是银行抵御风险的最终资金来源，保证资本充足率可以降低银行的总体经营风险，保障金融体系的稳定和安全。

(3) 资产负债管理和利率风险 (asset liability management & interest rate risk)。通过对资产负债管理，例如资产负债的期限结构、利率结构、资产负债比例、单一客户授信比率的监管，监管当局可以检查督促商业银行有效地管理流动性风险、利率风险和信用风险。

(4) 准备金管理和流动性风险 (reserve management and liquidity risk)。规定和调整商业银行和其他存款性金融机构上缴中央银行的存款准备金率，是保证金融机构的支付能力、防范金融风险和保障整体金融稳定的重要措施，也是有效调整基础货币量、实施货币政策和稳定宏观经济的重要手段。

监管当局对于金融机构流动性管理的监管，可以有效防范金融机构的流动性风险，并避免多米诺骨牌效应的发酵，降低金融体系的系统风险。

(5) 资产质量和信用风险 (asset quality & credit risk)。监管当局对金融机构资产组合的总量、比例、分类、质量和风险评级等方面的检查和稽核，可以促使商业银行加强资产质量的监控管理，及时、足额计提贷款损失准备，加强抵御和消化风险的能力，降低整体信用风险。

(6) 运作风险 (operation risk)。监管当局对金融机构内部控制制度的监管，具体包括对公司治理、内部审计、分级授权、规章制度、操作手册、信息管理、守法经营等方面的检查和评价，可以促使商业银行加强自身内控制度的建设和实施，降低运作风险。

(7) 利率监管 (interest rate regulation)。在市场经济环境下，尽管利率作为资金这样一种特殊资源的价格应该是价值规律和供求关系的反映，但是为了防止金融机构的恶性竞争，保证金融体系的稳定和效率，目前我国对利率仍实行统一监管。换言之，利率在我国还没有真正市场化。监管当局通过依法确定基准利率，并明确规定浮动区间，对金融机构本外币存贷款利率在合法区间内浮动实行监管，促使商业银行加强自身经营管理水平，提高核心竞争力，避免恶性利率竞争。

（8）经营的合规性（compliance）。监管当局通常还专门针对商业银行和其他金融机构经营的合规性进行检查，以确保政府和金融监管当局的法律、法令、法规、条例能够得到遵守和执行，避免违规经营的发生，纠正违规行为，并打击、处理违规活动。

3. 市场退出的监管

由于金融体系的系统风险远远大于其他行业，金融机构的市场退出是各国政府所关注的重要问题。一般来说，市场退出的主要形式包括存款保险、兼并收购、接管重组、注资救助和破产清算等。

（1）存款保险。美国、日本和很多欧洲国家都建立了存款保险制度，存款性金融机构按照存款的一定比率向存款保险公司缴纳保费，存款保险公司在投保金融机构出现支付危机时提供资金支持，或直接向存款人支付部分或全部存款，从而避免出现系统性的信用危机。截至 2011 年年底，全球已有 111 个国家建立存款保险制度。2015 年 5 月 1 日起，存款保险制度在中国实施，银行业金融机构向保险机构统一缴纳保险费，一旦银行出现危机，保险机构将对存款人提供最高 50 万元的赔付额。

（2）兼并收购（merger & acquisition）。兼并收购是企业常见的资本运作形式。作为金融市场退出的一种选择，兼并是指寻找一家健康的金融机构，将其全部资产和负债与问题金融机构的资产和负债合并，在双方股东对各自股票协议定价的基础上，成立一家新的由双方合并而成的公司。作为金融市场退出的另一种选择，收购是指一家健康的金融机构，以支付现金或发行股票的方式购买问题金融机构全部或多数股权。交易完成后两家机构中只剩健康金融机构一家，问题金融机构不复存在。

以并购形式完成市场退出是市场监管当局的首选方案之一，其主要优点在于并购方案经济成本和社会成本较低，能够很好地保护存款人的利益，保护金融机构的信誉，稳定金融秩序。

（3）接管重组（takeover & restructuring）。接管重组是指接管人通过整顿和改组，对问题金融机构的公司组织结构、经营管理、高管人员进行全面调整，力求在接管期内改善问题金融机构的财务状况，帮助其渡过支付危机。当问题得到解决、危机解除后，接管人——通常是监管当局包括存款保险公司，会把问题金融机构交还给公司股东管理。

（4）注资救助。当金融机构出现严重支付困难或流动性危机时，央行、存款保险公司、政府、其他金融机构、公司股东可以通过无偿救助、紧急贷款、认购股份等形式，对其注资或增资进行救助，使其避免进入破产清算程序。

（5）破产清算。如果问题金融机构的流动性危机十分严重，可能难以选择上述市场退出的方案，不得不进入破产清算程序。监管当局和相关债权人成立清算小组，宣布问题金融机构的破产和关闭，冻结其资产负债，进行必要的资产评估和破产审计，按照法定清偿顺序变卖、转让问题金融机构的资产，并优先偿付债权人的债权，如果有剩余资产，可以用于向股东返还股本。由于进入破产程序的金融机构往往财务状况很差，债权人的债权往往会有一部分难以实现，而股东往往会失去全部股权。

（六）金融监管的主要措施和手段

结合上述监管内容，监管当局主要的监管措施包括以下几方面。

- 制定监管法规：建立健全的金融业务经营管理制度。
- 规定审批程序：严格执行金融机构设立的审查批准程序。
- 非现场监管：通过报表制度建立风险预警机制。
- 现场检查：监督检查机构的经营状况，金融机构的风险评估。
- 危机管理：紧急介入问题金融机构，做出市场退出安排。

金融监管当局实施监管的手段分为窗口指导、诫勉谈话、金融监管报告及金融监管通报等。

1. 窗口指导

窗口指导是一种劝谕式监管手段，指监管机构向金融机构解释说明相关政策意图，提出指导性意见，或者根据监管信息向金融机构提示风险。窗口指导是监管机构利用其在金融体系中特殊的地位和影响，引导金融机构主动采取措施防范风险，进而实现监管目标的监管行为。

窗口指导是监管机构向被监管对象进行风险预警的一种形式，这种监管手段没有固定的使用频率，与现场检查和非现场监管等常规监管手段不同，具有较强的灵活性，可以视具体情况随时、迅速地采用。通常情况下，窗口指导采取口头通知、电话通知、座谈会等各种非书面函件的形式，不具有法律效力，非强制执行。

窗口指导是监管机构与被监管对象保持密切联系、提高监管有效性的重要手段。通过窗口指导，监管机构可以向被监管对象诠释相关监管政策意图，提供宏观层面的监管信息，帮助金融机构分析宏观经济形势，指导金融机构有效管理风险。该手段的效果取决于监管机构的专业水平和权威性。实践证明，窗口指导是一种成本低、传导快、意图明确、效果明显的银行监管方式。

2. 诫勉谈话

诫勉谈话是指被监管对象经营管理出现潜在的倾向性问题和风险时，监管机构针对所发现问题和风险约见被监管对象的高级管理人员进行谈话的监管行为。

诫勉谈话是监管机构与被监管对象之间的一种有针对性的谈话，《股份制商业银行非现场监管规程》第二十三条规定，出现下列四种情形之一，监管部门可以根据需要约见商业银行高级管理人员：（1）商业银行存在严重的问题或风险；（2）商业银行没有按要求报送整改和纠正计划；（3）商业银行报送的整改和纠正计划不能有效管理和控制商业银行风险；（4）监管部门认为需要约见的其他情形。

诫勉谈话的形式比较规范，监管机构在约见谈话前发送《约见金融机构高级管理人员谈话通知书》。谈话可以采取集体座谈或个别谈话的方式。谈话过程中，监管机构要针对问题提出质询，并听取商业银行的解释说明。

监管部门通过诫勉谈话可以促使被监管对象及时了解其面临的问题和风险，以及产生这些问题和风险的原因，共同商讨解决问题和化解风险的措施。与窗口指导手段相比，这种监管手段更强调与商业银行的联系沟通，更具针对性和强制性，通常效力更强。同样，诫勉谈话也具有较强的灵活性，是制度化的、非固定频率的监管手段。

3. 金融监管报告及金融监管通报

金融监管报告是对被监管对象的数量、结构、分布、发展动态和市场需求等情况的概述，还包括对被监管对象主要风险因素和金融市场动态的分析与预测，对被监管对象风险处置情况的分析和建议，对被监管对象市场准入、退出和现场与非现场监管工作的具体意见和建议等内容的综合报告。

监管机构在金融监管报告基础上形成金融监管通报，主要指出被监管对象存在的问题，并提出监管意见和要求。

金融监管报告可以是监管机构的一份独立文件，也可以是其工作报告或年报的一个组成部分。根据需要，金融监管报告经监管机构负责人审签，上报国务院，可以部分或全部对外公布。撰写金融监管报告是监管部门日常工作中的重要组成部分。金融监管报告的信息来源主要有：（1）监管机构分支机构的金融监管工作报告；（2）非现场监管报表和分析报告；（3）现场检查报告；（4）其他。

金融监管通报要在商业银行股东大会上宣读。各家商业银行要针对金融监管通报中提出的问题制订整改计划，在规定期限内上报监管机构。金融监管报告和监管通报均有固定频率（年度）。

金融监管报告是对监管规划执行和金融监管运作情况的系统分析和总结，是对金融监管的政策指导性文件，既是对上一报告期工作的全面分析总结，也是制定或调整下一个报告期金融监管规划的基础和依据。金融监管通报是监管机构与商业银行保持定期交流的重要工具。金融监管机构以监管通报的形式定期评价商业银行的经营状况，指出其不足，责令其在下一报告期及时做出有效调整。与前两种监管手段相比，金融监管通报是一种制度化、规范化、定期化的监管手段，对金融机构具有较强的约束力。

总之，窗口指导、诫勉谈话、金融监管报告与金融监管通报是监管部门在日常监管工作中经常使用的几种专门监管手段，均具有明确的监管效用。窗口指导属道义劝说，其方式灵活，充分填补了法规约束的不足，但约束力较弱；诫勉谈话比窗口指导更具针对性和强制性；金融监管报告及金融监管通报是固定频率和制度化的监管手段，所涉及的内容最全面，规范性和约束力最强。

第三节　金融机构概述

金融体系的正常运行需要各类金融机构的共同作用，其中既有为间接融资服务的金融中介，也有为直接融资服务的金融机构。

除中央银行——中国人民银行——外，我国主要的银行类金融机构包括政策性银行、国有商业银行、股份制商业银行、城市商业银行、农村商业银行、邮政储蓄银行、外资银行；非银行类金融机构包括信托公司、财务公司、租赁公司、保险公司、证券公司、基金公司、期货公司等；合作金融组织主要有农村信用社；还有一类比较特殊的是金融控股公司。

在本节中我们将重点介绍中央银行、政策性银行、商业银行、保险公司、证券公司、基金管理公司、信托公司、财务公司和金融租赁公司。

一、中央银行

与西方金融机构体系不同，我国的中央银行（简称央行），即中国人民银行从属于国务院，其制定和执行货币政策主要服从于政府的经济发展目标。前面已经介绍了央行执行货币政策的主要工具与目标以及央行在金融市场监管体系中的职责，此处不再赘述。

二、政策性银行

政策性银行是指由政府创立，以贯彻政府的经济政策为目标，在特定领域开展金融业务的不以营利为目的的专业性金融机构。

1994 年，我国将原国有商业银行政策性金融业务分离出来，先后成立了国家开发银行（China Development Bank）、中国进出口银行（The Export-Import Bank of China）和中国农业发展银行（Agricultural Development Bank of China）三家政策性银行，分别承担国家重点建设、大型设备或项目进出口贸易融资和农业政策性贷款的任务。2015 年 3 月，国务院明确将国家开发银行定位为开发性金融机构，从政策银行序列中剥离。

（一）中国进出口银行

中国进出口银行成立于 1994 年，是由国家出资设立、直属国务院领导、支持中国对外经济贸易投资发展与国际经济合作、具有独立法人地位的国有政策性银行。中国进出口银行国际信用评级与国家主权评级一致。截至 2016 年年末，在国内设有 29 家营业性分支机构和香港代表处，在境外设有巴黎分行、东南非代表处、圣彼得堡代表处和西北非代表处。

中国进出口银行依托国家信用支持，积极发挥在稳增长、调结构、支持外贸发展、实施“走出去”战略等方面的重要作用，加大对重点领域和薄弱环节的支持力度，促进经济社会持续健康发展。中国进出口银行支持领域主要包括外经贸发展和跨境投资，“一带一路”建设，国际产能和装备制造合作，科技、文化以及中小企业“走出去”和开放型经济建设等。主要业务范围包括但不限于：经批准办理配合国家对外贸易和“走出去”领域的短期、中期和长期贷款，含出口信贷、进口信贷、对外承包工程贷款、境外投资贷款、中国政府援外优惠贷款和优惠出口买方信贷等。

（二）中国农业发展银行

中国农业发展银行成立于1994年，直属国务院领导。目前，全系统共有31家省级分行、339家二级分行和1 816家县域营业机构，员工5万多人，服务网络遍布中国。

中国农业发展银行的主要任务是以国家信用为基础，以市场为依托，筹集支农资金，支持“三农”事业发展，发挥国家战略支撑作用。

中国农业发展银行的主要业务范围包括但不限于：办理粮食、棉花、油料收购、储备、调销贷款，办理农业小企业贷款和农业科技贷款等。

三、商业银行

（一）商业银行的定义

根据《中华人民共和国商业银行法》，商业银行是指根据本法和《中华人民共和国公司法》设立的吸收公众存款、发放贷款、办理结算等业务的企业法人。

（二）商业银行的功能

商业银行功能很多，主要有以下4个。

1. 结算中介

企业、居民家庭经济活动很多通过商业银行完成支付与结算，信用卡、支票、本票、汇票等支付工具的使用，都需要通过商业银行系统完成。

2. 投/融资的信用中介

商业银行是间接融资的主要渠道，通过吸收存款聚集企业、居民家庭等盈余单位的资金，再通过贷款将资金投放到赤字单位。一般情况下贷款利率高于存款利率，由此形成的存贷息差收入构成商业银行收入的主要部分。

3. 货币创造

商业银行可以通过存、贷款转换产生派生存款，完成货币创造。

4. 金融服务

现代商业银行为客户提供财富管理等多项金融服务。

（三）商业银行的业务

商业银行出售一种具有一定流动性、风险和收益的资产，并购买另一种具有一定流动性、风险和收益的资产，并获得利润，这一过程称为资产转换。银行将储蓄转化为贷款产生息差，扣除商业银行的经营管理成本，就转化为银行的利润。

商业银行的主要业务划分为负债业务、资产业务和中间业务。

1. 负债业务

负债业务是商业银行获得资金来源的业务，只有支付一定成本获得资金后，

商业银行才能运用资金获得利润。主要负债业务包括：

（1）支票存款或活期存款。支票存款，又称活期存款，是可以随时支取或签发支票的存款。对于银行而言，支票存款或者不支付利息，或者按照很低的利率水平支付利息，因而利息成本很低。实际生活中，由于支票存款量很大，会在银行账面上形成一个稳定而低成本的资金来源。

（2）定期存款。定期存款是指银行与存款人双方在存款时事先约定期限、利率，到期后支取本息的存款，提前支取会有一定的利息损失。在我国，定期存款和活期存款均是指储蓄存款；在国外，储蓄存款是一种银行账户，称为储蓄账户。

（3）借款。银行还可以通过借款方式筹集资金。借款来源主要有以下几个：中央银行借款、同业拆借、证券回购协议、金融债券发行、国际金融市场借款、结算中的资金占用等。

2. 资产业务

资产业务是银行利用负债业务筹集的资金加以运用取得收入的过程。一般资产业务的利息收入大于负债业务的利息成本，因此银行可实现利润。主要资产业务包括：

（1）现金类资产。现金类资产包括法定存款准备金、超额存款准备金、应收现金、同业存款，收益较低，但是具有最高的流动性。

（2）贷款。贷款是商业银行最基本也是最重要的资产业务。由于贷款一般不可提前收回，在排除信用衍生产品的情况下也难以转让，因而流动性较差。此外，贷款存在较大的信用风险。最后，对于固定利率贷款而言，利率风险也是贷款银行面临的一个重要风险。因此，银行对贷款要求的风险溢价较高，表现为较高的贷款利率。

银行贷款按照抵押情况可以划分为信用贷款、保证贷款、抵押贷款和质押贷款。按照贷款对象可划分为工业贷款、商业贷款、农业贷款、建筑业贷款、消费者贷款、住房抵押贷款、商业住房抵押贷款、房地产开发贷款等。按照还款方式则可分为一次偿还和分期偿还两种。按照信用性质可划分为定期贷款和循环信用额度。

商业银行贷款最重要的问题是，了解借款人的信用记录，确定每一单贷款的风险评级，有效规避和解决逆向选择风险和道德风险。

（3）证券投资。商业银行可以通过资金运用购买并持有债券，从而获得利息收入。由于我国目前是实行严格的分业管理，所以银行不能购买并持有公司股票。

证券投资可以增加收益并改善资产流动性。流动性好的证券投资甚至可以作为商业银行的二级准备金，在面临支付危机时迅速转化为现金。

（4）其他资产。其他资产包括自用不动产和设备等。

3. 中间业务

中间业务是影响商业银行的收入和利润，但不反映在资产负债表上的业务。反映在资产负债表内的业务通常称为信用业务。

中间业务有时也称为表外业务。广义的表外业务就是中间业务，狭义的表外业务是指 20 世纪六七十年代金融市场上大量使用的有风险但不列入资产负债表的业务。

历史上，银行中间业务的出现早于信用业务。20 世纪 70 年代以后，中间业务取得了很大的发展。许多中间业务是在传统金融工具的基础上发展起来的，例如在商业本票基础上发展起来的备用信用证业务。有些中间业务则是金融创新的结果。

在西方发达国家的商业银行，中间业务收入一般可以占到其总收入的一半以上。通过提供大量中间业务服务，商业银行成为金融超市和金融百货商店，满足客户多方面的需求。

商业银行主要的中间业务包括：支付结算类业务、银行卡业务、代理类业务、担保类业务、承诺类业务、交易类业务、基金托管业务、咨询顾问类业务、其他类中间业务。

四、保险公司

（一）保险公司的定义

保险公司是指依据《中华人民共和国保险法》和《中华人民共和国公司法》设立的公司法人。根据《中华人民共和国保险法》，保险是指投保人根据合同约定，向保险人支付保险费，保险人对于合同约定的可能发生的事故因其发生所造成的财产损失承担赔偿保险金责任，或者当被保险人死亡、伤残、疾病或者达到合同约定的年龄、期限等条件时承担给付保险金责任的商业保险行为。由此可见，保险公司是作为保险人收取投保人缴纳的保费，并承担风险补偿责任、拥有专业化风险管理技术的金融组织机构。

（二）保险公司的功能

保险公司在承保风险过程中，具有独特的社会功能和重要的经济功能：一是向受益人提供经济补偿和风险保障的功能。保险公司通过向众多投保个人和单位收取保险费，建立保险基金，为不幸遭受损失的被保险人提供经济保障、分摊损失。二是储蓄投资的功能。保险公司将保费所得资本投资于债券、股票、贷款等资产，运用这些资产所得收入支付保单所确定的保险赔偿。在整个运作过程中，保险公司向金融市场提供了大量资金，促进了储蓄向投资的转化。

（三）保险公司的业务

保险公司可分为人寿保险公司和财产保险公司，相应承保的风险分别是人身险、财产险和责任险。人身险主要可分为寿险、健康险和意外伤害险。根据投保人保障内容的不同，寿险又可分为定期寿险、终身寿险和两全寿险。有些保单除提供保障功能外，还可以结合投保人的投资需要提供投资机会，因而具有现金价值，有人称之为复合型保险。财产险和责任险可细分为企业财产险、家庭财产险、机动车辆险、船舶险、货物运输险、卫星及核能险、建筑安装工程保险及责任保险、保证保险、出口信用保险和农业险等。

根据我国保险业 2017 年的经营情况，我国人身险产品的收入总体大于财产险和责任险产品的收入。寿险、健康险和意外伤害险是人身险的主要保费收入来源，也是主要的赔付支出。2017 年我国保险公司总的保费收入为 365 810 073.85 万元，赔付支出为 111 807 932.57 万元。其中人身险收入 267 463 494.80 万元，赔付支出 60 933 436 万元；财产险收入 98 346 579.05 万元，赔付支出 50 874 495.97 万元。人身险中的寿险收入 214 555 650.29 万元，赔付支出 45 748 906.94 万元。

五、证券公司

（一）证券公司的定义

证券公司是指依照《中华人民共和国证券法》和《中华人民共和国公司法》的规定设立的由中国证监会审批的经营证券业务的有限责任公司或者股份有限公司。需要注意的是，在其他国家，证券公司的称谓和业务范围可能与我国存在差异，比如在美国，证券公司与投资银行概念相同，而在英国，证券公司通常叫作商人银行（merchant bank）。

（二）证券公司的业务

我国证券公司分为综合类证券公司和经纪类证券公司两类。

综合类证券公司可以经营证券经纪业务、证券自营业务、证券承销业务（债券和股票的发行、承销、包销），以及证监会核定的其他投资银行业务如并购、反并购、杠杆收购（leverage buyout，简称 LBO）、管理层收购（management buyout，简称 MBO）、债务和股权重组及资产管理等。

经纪类证券公司只允许专门从事证券经纪业务。

六、基金管理公司

（一）基金管理公司的定义

基金管理公司是管理和运作基金资金的机构。

按照《中华人民共和国证券投资基金法》的规定，在我国境内公开或者非公开设立的证券投资基金的基金资产，应当委托基金管理人管理和运用；而基金管理人由依法设立的公司或者合伙企业担任。特别地，公开募集基金的基金管理人由基金管理公司或者经国务院证券监督管理机构按照规定核准的其他机构担任。

截至 2018 年 7 月底，我国境内共有基金管理公司 118 家，其中中外合资公司 44 家，内资公司 74 家；取得公募基金管理资格的证券公司或证券公司资管子公司共 13 家，保险资管公司 2 家。以上机构管理的公募基金资产合计 13.83 万亿元。

（二）基金管理公司的功能

基金管理公司凭借专门的知识与经验，运用所管理基金的资产，根据法律、法规及基金章程或基金契约的规定，按照科学的投资组合原理进行投资决策，谋求所管理的基金资产不断增值，并使基金持有人获取尽可能多的收益。

基金管理公司一方面为投资者提供专业的投资服务，另一方面也降低了持有多样化投资组合的成本，使更多的投资者有机会进行分散投资。同时基金管理公司作为专业机构投资者参与金融市场，可以增强金融市场的稳定性。

（三）基金管理公司的业务

证券投资基金业务是基金管理公司最核心的一项业务，包括基金的募集与销售、基金的投资管理和基金的运营服务。对于资金规模较大的投资者，基金管理公司可以通过资产管理业务向其提供“量体裁衣”式服务。此外，基金管理公司还可以开展投资咨询业务、全国社会保险基金管理业务及企业年金管理业务。

七、信托公司

（一）信托公司的定义

信托公司是指依照《中华人民共和国公司法》和《信托投资公司管理办法》设立的主要经营信托业务的金融机构。

信托的核心是“受人之托，代人理财”，是一种严格受法律保障的财产管理制度。信托公司以信任委托为基础，将融资与融物相结合，进行货币资金和实物财产的经营管理。

（二）信托公司的功能

我国的信托公司兼具私募股权、资产管理和银行的特点。在国内金融业实行分业经营、分业监管的体制下，信托公司是可以合法跨越货币市场、资本市场和实业领域投资的金融机构，其灵活的运作方式有效地满足了日益扩大的资产管理需求，提升了财产管理效率。

（三）信托公司的业务

信托公司的主营业务是信托业务，信托业务是指信托公司以营业和收取报酬为目的，以受托人身份承诺信托和处理信托事务的经营行为。信托公司可以根据信托目的、信托财产种类或信托财产管理方式设置不同的信托业务品种。比如根据投资者风险偏好的不同对信托受益权进行分层设置的结构化信托、将稳定可靠的现金流打包出售的类资产证券化信托和与其他投资载体综合运用的信托。

除此之外，信托公司还可以开展存放同业、拆放同业、贷款、租赁、投资等固有业务，以及投资基金业务、投资银行业务或居间业务等其他业务。

八、财务公司

国内的财务公司是指企业集团财务公司，是以加强企业集团资金集中管理和提高企业集团资金使用效率为目的，为企业集团成员单位提供财务管理服务的非银行金融机构，产生于 20 世纪 80 年代国家发展大公司、大集团的战略背景之下。1987 年 5 月 7 日，国内第一家企业集团财务公司——东风汽车财务有限公司——成立。经过几十年的发展，财务公司在增强集团公司的融资能力、降低财务费用及降低市场风险方面发挥着越来越重要的作用。

美国模式的财务公司主要指依附于大型耐用消费品制造厂商，为零售商提供融资服务的金融机构。其主要为母公司产品的消费者提供分期付款，对促进商品流通起到了非常重要的作用。典型的例子如美国通用汽车财务公司，为通用汽车公司的汽车销售和汽车租赁提供贷款服务。

九、金融租赁公司

金融租赁公司是指经中国银监会批准，以经营融资租赁业务为主的非银行金融机构。金融租赁公司主要经营直接租赁、回租、转租赁、委托租赁等融资租赁业务，也可以开展经营租赁业务。

融资租赁业务，是指出租人根据承租人对出卖人、租赁物的选择，向出卖人购买租赁物件，提供给承租人使用，向承租人收取租金的交易，它以出租人保留租赁物的所有权和收取租金为条件，使承租人在租赁合同期内对租赁物取得占有、使用和受益的权利。

专栏 14－2

金融租赁公司在我国的发展

在改革开放之初，荣毅仁先生借鉴国外经验，在我国开创了融资租赁业务。1980 年，中国国际信托投资公司为河北省涿县塑料厂引进编织机生产线；同年中国民航在中国国际信托投资公司的推动下，与美国汉诺威尔制造租赁公司和美国劳埃得银行合作，利用杠杆租赁方式从美国租进第一架波音 747SP 飞机，标志着我国金融租赁的开始。1981 年，中国国际信托投资公司组建了东方国际租赁有限公司和中国租赁有限公司。到 1997 年经原中国人民银行批准的金融租赁公司共计 16 家。这段时间金融租赁公司虽然发展迅速，但管理不够规范。

1997 年后，随着国家金融整顿的力度加大，海南国际租赁有限公司、广东国际租赁有限公司、武汉国际租赁公司和中国华阳金融租赁有限公司先后退出市场。2000 年，中国人民银行发布《金融租赁公司管理办法》，完善了监管框架。该办法经修订后又于 2007 年由中国银监会发布，允许商业银行、大型设备制造商、合格外资机构设立或参股金融租赁公司。此后金融租赁公司在我国的发展进入了新的阶段。

截至 2017 年年底，国内已成立的金融租赁公司达 66 家，累计注册资本达到 1 933.31 亿元。在已成立的金融租赁公司中，银行系金融租赁公司达到 46 家，占比 69.7%。

在经营中，金融租赁公司可以接受法人或机构委托租赁资金、接受有关租赁当事人的租赁保证金；可向承租人提供租赁项下的流动资金贷款；可参与有价证券投资、金融机构股权投资；可以经批准发行金融债券或向金融机构借款；可参与同业拆借业务；可变卖及处理租赁物品残值；还可以提供经济咨询和担保服务。

第四节　投资收益与投资风险

投资的目的在于放弃目前的消费以谋求将来更多的消费。因此当谈论一项投资的回报时，投资者会关心他的财富是否增值了。财富的增值可以表现为每年从投资中得到分红或者是投资资产的价格上涨。为了准确计量投资绩效并进行适当的对比，必须计算投资收益率。那么，收益率是如何计算的呢？

一、投资收益

（一）持有期收益和持有期收益率

投资的时间区间为投资持有期，而这期间的收益是持有期收益（holding period return，HPR）。应该注意的是，投资的持有期可以是任意时间段，如 20 年、10 年、5 年、1 年、6 个月、1 个月、1 周、1 天等。收益额为当期收益与资本利得之和。

收益额＝当期收益＋资本利得

但投资者一般倾向于用年收益率来评价投资收益，便于直接比较具有不同特性可供选择的投资。收益率为当期收益与资本利得之和占原始投资的百分比，这种用百分率表示的持有期收益称为持有期收益率（holding period yield，HPY）。持有期收益率的计算公式为

$$持有期收益率=\frac{当期收益+资本利得}{初始投资}$$

实例 14－1　假定某投资者在去年的今天以每股 25 元的价格购买了 100 股某企业股票。过去一年中该投资者得到 20 元的红利(＝0.2 元/股×100 股)，年底时股票价格为每股 30 元，则其持有期收益率为多少？

解析　投资者的投资：25×100＝2 500(元)。

年末投资者的股票价值 3 000 元，同时还拥有现金红利 20 元。

收益额为：20＋(3 000－2 500)＝520(元)。

持有期收益率即

$$\frac{520}{2\ 500}=20.8\%$$

多期持有期收益率是指投资者在持有某种投资品 n 年内获得的总的收益率。计算公式如下：

$$多期持有期收益率=(1+R_1)\times(1+R_2)\times\cdots\times(1+R_n)-1$$

其中，第 i 年持有期收益率记为 R_i。

多期持有期的年平均持有期收益率，常用的计算方式有两种：几何平均持有期收益率和算术平均持有期收益率。

几何平均持有期收益率是指投资者在持有某种投资品 n 年内按照复利原理计算的实际获得的年平均收益率，其中 R_i 表示第 i 年持有期收益率（$i=1，2，\cdots，n$）。持有期的各期几何平均收益率为

$$\overline{R}=[(1+R_1)\times(1+R_2)\times(1+R_3)\times\cdots\times(1+R_n)]^{1/n}-1$$

算术平均持有期收益率是按照单利原理计算的年均收益率。其中 R_i 表示第 i 年持有期收益率（$i=1，2，\cdots，n$）。算术平均持有期收益率为

$$\overline{R}=(R_1+R_2+R_3+\cdots+R_n)/n$$

一般地，算术平均持有期收益率不低于几何平均持有期收益率；在各持有期收益率均相等时，算术平均持有期收益率等于几何平均持有期收益率。

实例 14-2 假设某种投资品在 4 年之内有如下回报（见表 14-2），计算持有期收益率和年平均持有期收益率。

表 14-2 **各年度收益率**

年度	收益率（%）
1	10
2	−5
3	20
4	15

解析

$$\begin{aligned}持有期收益率&=(1+R_1)\times(1+R_2)\times(1+R_3)\times(1+R_4)-1\\&=1.10\times0.95\times1.20\times1.15-1\\&=0.442\ 1=44.21\%\end{aligned}$$

应该注意的是，在本例中几何平均持有期收益率不同于算术平均持有期收益率。

$$\begin{aligned}几何平均持有期收益率&=\sqrt[4]{(1.10)\times(0.95)\times(1.20)\times(1.15)}-1\\&=0.095\ 8=9.58\%\end{aligned}$$

$$\begin{aligned}算术平均持有期收益率&=\frac{R_1+R_2+R_3+R_4}{4}\\&=\frac{10\%-5\%+20\%+15\%}{4}=10\%\end{aligned}$$

因此该投资 4 年的几何平均持有期收益率为 9.58%，算术平均持有期收益率为 10%，4 年持有期收益率为 44.21%。

考虑到利率计算的复利因素，一般以几何平均持有期收益率为准计算历史年

平均收益率。图 14－9 显示了美国市场普通股、长期债券和短期国库券的历史年平均收益率。

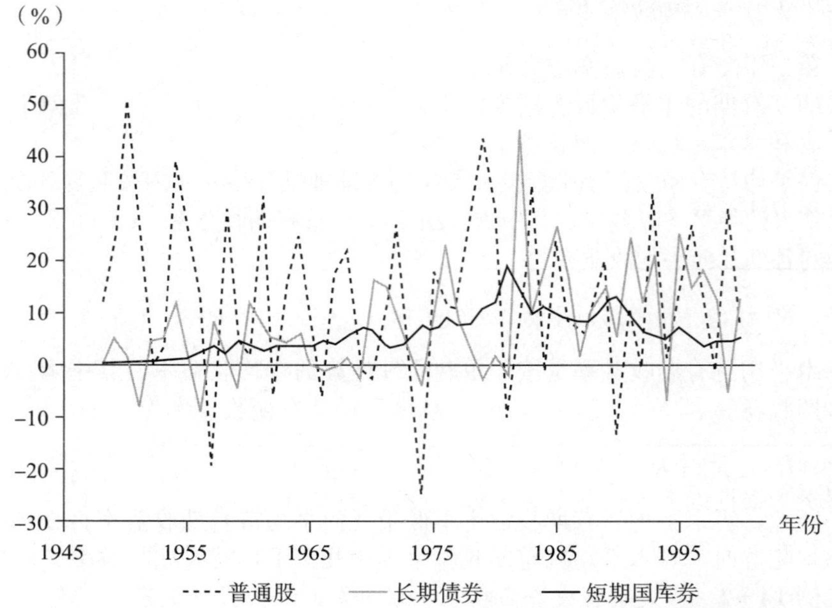

图 14－9　美国市场普通股、长期债券和短期国库券的历史年平均收益率

（二）预期收益率

任何投资活动都是面向未来的，而投资的未来收益是不确定的，即有风险的。为了对这种不确定的收益进行衡量，便于比较和决策，我们用期望收益或期望收益率这一概念来描述投资者对投资收益的预期。

投资者评估一项投资的收益率时，他可能希望获得 10％的收益率，但这只是他的期望而已，或者说是他的估计。也许下一年的收益率是 50％，抑或 20％、－20％等。投资者显然知道他的估计具有很大的不确定性。这里的关键是，一项投资所带来的收益具有多大的变动范围，对此的详细说明反映了投资者对于实际收益率不确定性的度量。因此，一个较大的预期收益率区间使该项投资具有较大的风险。

通过分析预期收益率，投资者可以估计一项投资的预期收益率的确定程度。方法是投资者对每一种可能出现的结果都赋予一个概率值，当然这个值是个人主观估计。这些概率值的取值区间是［0，1］。0 表示这种收益率没有机会出现，1 表示这种收益率肯定要出现，投资者可以基于历史和其他因素做出修正。运用这一信息，以及关于经济情况的未来预期，可以得出未来可能发生的一种估计值。

投资的预期收益率计算如下：

$$E(R)=p_1R_1+p_2R_2+\cdots+p_nR_n=\sum_{i=1}^{n}p_iR_i$$

其中，R_i为某一资产在第i种情形下的投资收益率，p_i为该投资收益率可能发生的概率。

实例 14－3　预期收益率的计算

如表 14－3 所示，在可供选择的投资中，假定投资收益可能会由于经济运行情况的不同出现几种结果，在经济运行良好时，该项投资在下一年的收益率可能将达到 20%，而经济衰退时，投资收益率可能是－20%。如果经济正常运行，投资收益率是 10%。投资者可以根据历史资料推测出以上三种经济运行情况的概率分别为 15%、15%和 70%。

表 14－3　　计算预期收益率

经济状况	概率	收益率
经济运行良好，无通货膨胀	15%	20%
经济衰退，高通货膨胀	15%	－20%
正常运行	70%	10%

解析　根据以上数据即可算出该项投资的预期收益率，计算如下：

$$E(R)=15\%\times 20\%+15\%\times(-20\%)+70\%\times 10\%=0.07=7\%$$

（三）必要收益率

必要收益率是指某投资者进行某项投资所要求获得的最低收益率，也称必要收益率。投资者的必要收益率由三部分构成：（1）投资期货币的纯时间价值；（2）该期间的预期通货膨胀率；（3）投资所包含的风险。

投资者放弃了当前消费而投资，应该得到相应的补偿，即将来得到的货币总量的实际购买力要比当前投入的货币的实际购买力有所增加。在没有通货膨胀和任何其他投资风险的情况下，这个增量就是投资的真实收益，也就是货币的纯时间价值。货币的纯时间价值可以用某一确定的利率表示，它由资本市场上用于投资的货币的供给和需求的关系决定。举例来说，例如投资者现在愿意借出 100 元，以换取一年后超过 100 元的消费，如果投资者预期的未来收益是 103 元，则多出的 3 元就代表 100 元货币的纯时间价值，是用来补偿投资者推迟消费的真实收益，收益率为 3%。

如果投资者预期价格在投资期内会上涨，即存在通货膨胀，他必将考虑通货膨胀对货币购买力的影响，要求得到通货膨胀的补偿，以保持真实收益率不变。假如上例中的投资者预期在投资期间通货膨胀率为 5%，那么投资者将要求得到 8%×100=8(元)的收益，其中 5%为通货膨胀补偿，3%为要求的真实收益率。

除通货膨胀外，投资收益通常还会受到其他各种不确定性因素的影响。假如投资者对投资的将来收益不能确定，那么他将要求对该不确定性进行补偿，即投资的风险补偿。在上面的例子中，投资者可能要求增加 2%的补偿风险的收益，那么投资者总的必要收益率为 10%，其中包括 3%的货币的纯时间价值，5%的通货膨胀补偿和 2%的风险补偿。

这三种成分的总和被称为必要收益率。作为对延期消费的补偿，这是进行一项投资可能接受的最低收益率。

（四）真实无风险收益率和名义无风险收益率

真实无风险收益率是基础利率，是指在不存在通货膨胀和关于未来现金流的不确定性条件下投资者要求的投资收益率，即货币的纯时间价值。因为投资者所做出的牺牲是延迟一段时间使用这些货币，这种真实无风险收益率是在目前商品之间进行交换所支付的价格。影响这种交换的价格的因素有两个：主观因素和客观因素。主观因素是个人对其收入进行消费的时间偏好。当某人放弃这一年 100 元价值的消费时，他希望从现在算起的一年后得到多少消费以补偿做出的牺牲？人们对目前消费的意愿影响了所需要的补偿利率。时间偏好因人而异，因而市场会产生一个包括所有投资者偏好的均衡利率。这种均衡利率随时间的变化而变化。客观因素是在经济中存在的投资机会。这种投资机会取决于经济的长期真实增长率。当经济快速增长时，就会有更多更好的投资机会并且呈现出正的收益率。经济长期真实增长率的变化引起所有投资机会的变化和所有投资必要收益率的变化。当真实增长率较高时，提供资本的投资者应当要求较高的收益率，而那些需要资金的人因为较高的增长率应当愿意并能够支付较高的利率。因此，经济中的真实增长率和真实无风险收益率之间存在一种正向关系。

用无风险收益率作为一种交换比率，投资者会愿意放弃目前的消费以增加将来的消费。这种交换比率是根据真实的价值来计量的，因为投资者希望增加实际商品的消费而不是支付更多的货币来消费相同量的商品。因此，当我们讨论利率时，需要区别经一般价格水平变化而调整的真实利率和与此对应的根据货币计量的名义利率。即名义利率不仅取决于真实利率，还取决于影响当前市场名义利率的其他因素。名义无风险利率主要受两个因素影响：(1) 资本市场的相对宽松或相对紧张程度；(2) 预期通货膨胀率。

金融市场的一个重要功能是将投资者与公司或政府联结在一起，其中前者是资金的供给者，后者需要为资本扩张或为预算赤字筹资。在任何时候，资金的成本（利率）是使目前资本供求相等的价格。资本市场中相对宽松或紧张的变化是一种短期现象，它是由资本供给与需求暂时不平衡引起的。举例来说，一项未预期到的货币政策的变化（如货币供给增长率的变化）或财政政策的变化（如政府赤字的改变）将引起名义无风险收益率的改变。利率的上升会导致储蓄增加，从而增加了资金供给，同时降低了公司或个人对资金的需求。这些变化将使利率回到长期均衡值，后者是基于经济的长期增长率。

如果投资者预期投资期内价格水平上升，他们会要求收益率包括对通货膨胀的补偿。假设投资者对一项无风险投资要求 4%的真实收益率，但投资者预期在投资期内价格水平上涨 3%。在这种情况下，投资者会提高其必要收益率至约 7%的水平。如果不提高预期收益率，年末投资者获得的真实收益率将仅表现为 1%而不是 4%。因为该年价格水平已经上涨了 3%，以前需要支付 100 元的现在需要支付 103 元，这样在年末投资者仅可以多消费约 1%。如果投资者要求 7%

的名义收益率，其真实消费可以增加4%。因此，一个投资者的名义无风险收益率是

1+名义无风险收益率=(1+真实无风险收益率)×(1+预期通货膨胀率)

将该公式整理，可计算出真实无风险收益率：

真实无风险收益率=(1+名义无风险收益率)/(1+预期通货膨胀率)−1

上式的近似公式为

真实无风险收益率≈名义无风险收益率−预期通货膨胀率

实例14-4 真实无风险收益率的计算

假设在某一特定年份美国短期国库券的名义收益率是9%，此时的通货膨胀率是5%。在这个例子中，该美国短期国库券的真实无风险收益率是3.8%，计算如下：

真实无风险收益率=[(1+0.09)/(1+0.05)]−1
=1.038−1=0.038=3.8%

以上讨论清楚地表明，一项无风险投资的名义利率不是真实无风险收益率的一种好的估计值，这是因为短期内名义利率可以剧烈变动，以反映暂时性的资本市场的松紧程度，或预期通货膨胀率的变化。

二、投资风险

（一）风险和风险的测定

投资收益率的不确定性通常称为风险（risk）。无风险投资是指投资者从投资中获得的预期收益的大小与时间是确定的。而大多数投资由于面向未来，投资收益是不确定的。对于不同的资产投资，投资收益率的不确定性是不同的。图14-10对历史收益的描述表明，股票的投资收益率的不确定性最大，即波动性最大；长期债券次之；短期国库券的波动性最小。我们通常用概率统计学中的方差来描述这种投资收益的变化，即不确定性或波动性，并用其作为风险的测度。方差是一组数据偏离其均值的程度，其计算公式为

$$方差=\sigma^2=\sum_{i=1}^{n}p_i\cdot[R_i-E(R)]^2$$

方差越大，这组数据就越离散，数据的波动也就越大；方差越小，这组数据就越聚合，数据的波动也就越小。预期收益率的方差越大，预期收益率的分布也越分散，不确定性及风险也越大。如果一组数据服从正态分布（如图14-10所示），其均值和方差可以完全描述该组数据的特征。方差的开平方σ为标准差，即一组数据偏离其均值的平均距离。投资收益率是否服从正态分布直接影响用方差或标准差测量风险的准确性。我们发现投资收益率（如图14-11所示的股票指数的收益率）基本服从正态分布。

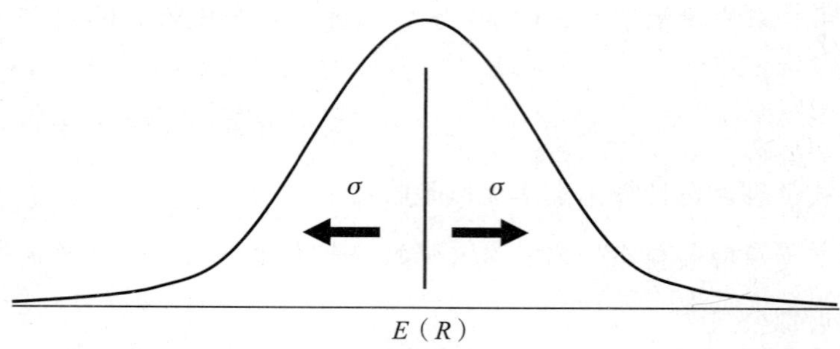

图 14－10　正态分布

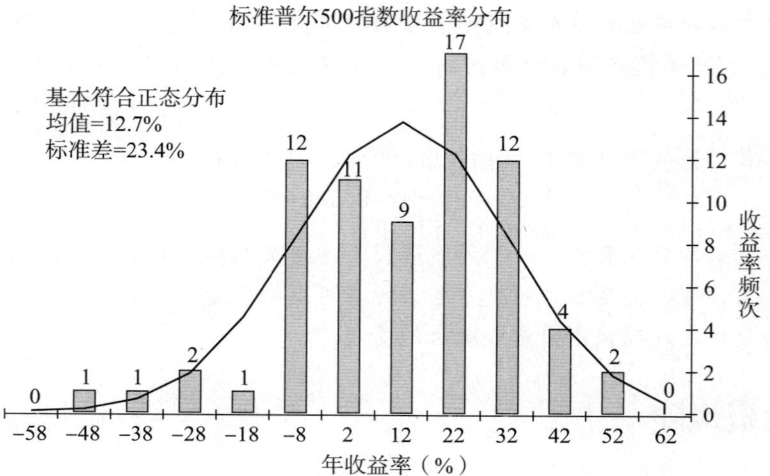

图 14－11　股票指数的收益率分布（历史收益率，1948—2000 年）

（二）风险溢价和风险源

无风险投资是指投资者从投资中获得的预期收益是确定的。而现实中大多数的投资收益是不确定的。投资的不确定性的区间可从基本的无风险证券到具有高度投机性的投资，前者的例子如短期国库券，后者的例子如从事高风险经营的小公司的普通股票。对于任何不确定性带来的风险，投资者要求较高的投资收益作为补偿。这种无风险收益率之上的必要收益率的增加就是风险溢价。虽然所要求的风险溢价代表对所有不确定性的综合，难以全面衡量，但考虑几种基础的风险源也是可能的。我们识别并简要讨论几种主要的风险源，包括经营风险、财务风险、流动性风险、汇率风险和国家风险。

经营风险是由企业经营性质所引起的收入现金流的不确定性而产生的风险。该企业收入现金流的不确定性越强，其投资者的收入现金流的不确定性就越强。因此，投资者将根据企业基本经营所带来的不确定性来要求风险溢价。例如，一家食品公司会在将来的一段时间内呈现非常稳定的销售和收益增长，与汽车行业中的一家企业相比应具有较低的经营风险；而汽车行业中的企业销售和收益在经济周期中显著波动，这隐含着较高的经营风险。因此，投资者投资汽车企业所要求的风险溢价将高于投资食品公司所要求的风险溢价。

财务风险是企业由于采用不同的融资方法而引起的不确定性。如果一家企业仅仅运用普通股票来筹资，那么这仅仅产生经营风险。如果一家企业以借款方式为其生产经营筹资，那么它必须在对普通股股东提供收入之前支付固定的财务费用，因此股权投资者的不确定性增加。固定成本筹资被称为财务风险或财务杠杆，这增加了不确定性并引起了股票风险溢价的增加。

流动性风险是二级市场所引入的不确定性。当一个投资者获得一项资产时，他预期该投资将会到期（对于一份债券来说）或可以卖给别人。在这两种情况下，该投资者预期能够将该证券转换成现金并将其收入用于即时消费或用作其他投资。这种转换越难，交易成本越高，流动性风险越大。评价一项投资的流动性风险时，投资者必须考虑关于流动性的两个问题：（1）将该项投资转换成现金所需时间？（2）所获得价格的确定性如何？希望获得一项资产的投资者也面临着类似的问题：获得该项资产需要多久？所支付的价格的不确定性如何？有关可以购买或卖出一项投资的迅速程度的不确定性，或有关价格不确定性的存在，增加了流动性风险。一般来说，短期国库券几乎不存在流动性风险，因为它可以马上以几乎与报价相同的价格买入或卖出。相反，流动性差的投资的例子包括艺术品、古董和房地产等，因为这样的投资可能需要很长的时间才能找到买主，并且价格可能与预期相差很大。投资者将增加其必要收益率以补偿流动性风险。

汇率风险是指投资者获得以外币为标价的收益时的不确定性。当投资者在全球范围内投资时，这种风险会变大。购买以日元标价的日本股票的美国投资者，不仅必须考虑日元标价的收益的不确定性，还要考虑日元兑美元汇率的任何变化。即除了外国企业的经营风险、财务风险和证券的流动性风险外，该投资者还必须考虑当日元转换成美元时汇率的不确定性。例如，如果投资者在汇率为 100 日元兑换 1 美元时，以每股 1 050 日元的价格买入 100 股日本东芝公司的股票。这项投资的美元成本是每股 10.50 美元。一年以后，当汇率是 110 日元兑换 1 美元时，投资者以每股 1 200 日元的价格卖出这些股票，当投资者计算这次投资的收益时，结果应该是 14%，但这只是以日元计算的结果。因为这期间的日元贬值了约 10%，所以美国投资者实际上只获得了非常低（4%）的收益率，而对于日本投资者来说则是 14%。很明显，汇率也可能向另外一个方向变动，如果美元对日元贬值，那么此时美国投资者的收益率将会大于 14%，高于日本本国投资者。

国家风险，也称为政治风险，是一个国家政治或经济环境发生重大变化的可能性导致的收益率的不确定性。在具有不稳定的政治和经济体制的国家投资的个人，当确定其必要收益率时应该加上一个国家风险溢价。当在全球范围内投资时，投资者必须考虑这些额外的不确定性：该国股票和债券二级市场的流动性如何？该国证券是否在美国、英国、日本或德国等主要证券交易所交易？投资期内的汇率将会如何变化？对投资收益率带来不利影响的政治或经济体制变化的概率如何？汇率风险和国家风险因国而异。

因此，风险溢价可表示为以上各类风险的函数，即

风险溢价$=f$(经营风险，流动性风险，财务风险，汇率风险和国家风险)

当然，从现代投资组合理论的观点来看，并不是上述所有风险都需要风险溢价。某一给定水平的风险溢价是否足以补偿投资的风险，这个问题由来已久。在健全的资本市场中测定风险并确定投资者预期的风险溢价是金融理论的核心问题之一。

总之，可选投资的必要收益率决定于三个变量：(1) 经济的真实无风险收益率，它受到经济中投资机会（即长期真实收益率）的影响；(2) 影响名义无风险收益率的变量，包括资本市场短期的松紧程度和预期通货膨胀；(3) 投资的风险溢价。

（三）系统风险和非系统风险

现代投资理论往往将投资风险分为系统风险和非系统风险两类。如果站在组合投资的角度去看待投资风险的话，并不是所有的风险都需要溢价补偿。

系统风险是指由于某种全局性的因素而对所有证券收益都产生作用的风险。这种风险来源于宏观方面的变化并对金融市场总体产生影响，又称为宏观风险。系统风险具体包括市场风险、利率风险、汇率风险、购买力风险、政策风险等。前面我们分析了汇率风险，这里不再赘述。市场风险是指证券市场行情变化引起的风险。引起证券市场行情变化的因素很多，比如政治局势、经济周期、股市中的操纵等，都可能引起整个行情的大起大落。这类风险的一个共同点是不易被市场中的投资者事先预料，所以对投资者造成的影响也是巨大的。利率风险是影响股市价格的重要因素。利率变动会使资金供应量发生变化，从而引起股市供求关系的变化，导致价格波动，构成风险。一般来说，利率下调，股市资金注入，价格上涨；利率上调，股市资金流出，价格下跌。利率调整属于宏观经济管理的政策范畴，其调整的时间、方向和幅度，一般投资者事先无从得知，因而是个现实的系统风险。购买力风险又称通胀风险，是通货膨胀、货币贬值引起投资者的实际收益下降的风险。对于货币收益固定的投资工具，比如债券、银行存款来说，购买力风险就比较高。而对于股票、房地产这样的实物或者以实物为标的的投资工具来说，通货膨胀风险则较低。通货膨胀可分为期望型通货膨胀和意外型通货膨胀两种，前者是投资者根据以往的数据资料对未来通货膨胀的预期，也是他们对未来投资索求补偿的依据和基础，而后者则是他们始料不及的，也不可能得到任何补偿。政策风险是指国家政策变动给投资者带来的不确定性。前面提到的利率调整也是一种政策，还有涉及股票市场扩充规模和速度的政策、财政收支政策、关于制止过度投机和规范市场的有关政策等。

非系统风险也称微观风险，是因个别上市公司特殊情况造成的风险。这类风险只与上市公司本身相联系，而与整个市场没有关联。非系统风险具体包括财务风险、经营风险、信用风险、偶然事件风险等。同样，我们在前面介绍了财务风险和经营风险，这里不再介绍。信用风险又称违约风险，是指企业在债务到期时无力还本付息而产生的风险。证券投资者所承担的信用风险，一个是上市公司债务过重，不能还本付息，对公司经营造成恶劣冲击，进而对证券价格产生影响；

另一个就是公司信用危机导致不能分红或减少分红，从而对价格产生直接影响。偶然事件风险是由企业的突发性事件引起的。这种风险是绝大多数投资者必须承担的，且其剧烈程度和时效性因事而异。法律诉讼、专利申请、兼并重组、信用等级的调整都会引起证券价格的急剧变化，从而带来风险。

系统风险不可能通过证券资产组合来加以分散，因此又称为不可分散风险。非系统风险可以通过资产组合弱化甚至完全消除，因此又称为可分散风险。

第十五章

现金及其等价物

本章提要

在本章，我们介绍现金及其等价物的基本知识。首先，介绍现金等价物的概念和特点；其次，分别介绍家庭和企业现金资产的分类和特征。

本章内容包括：

- 现金等价物的概念；
- 现金等价物的种类。

通过本章学习，读者应该能够：

- 掌握现金等价物的概念；
- 了解现金和储蓄存款的特征；
- 掌握货币市场基金的特点；
- 理解同业拆借、回购协议、商业票据、银行承兑汇票、大额可转让定期存单以及短期政府债券的概念和特点。

第一节　现金等价物的概念

一、现金等价物与现金的区别

现金是可任意支配、随时使用的纸币、硬币。现金具有普遍的可接受性，可以立即用来购买商品、货物、劳务或偿还债务。家庭持有的现金通常用以满足日常生活开支。

现金等价物是指持有期限短、流动性强、易于转换为确定金额的现金、价值变动风险很小的金融工具。

二、现金等价物的特点

从上述定义中可以看出，现金等价物具有以下 4 个特点：(1) 期限短；(2) 流动性强；(3) 易于转换为确定金额的现金；(4) 价值变动的风险较小。

其中，期限短、流动性强所强调的是现金等价物的变现能力，而易于转换为确定金额的现金、价值变动的风险较小则强调了现金等价物的安全性。这里所说的期限较短，一般是指从购买之日起，3 个月内到期。因此，通常自投资之日起 3 个月到期或清偿的国库券、商业本票、货币市场基金、可转让定期存单及银行承兑汇票等皆可列为现金等价物。特别是 3 个月以内的银行承兑汇票，是非常标准的现金等价物。基于短期投资而购入的可流通股票，尽管期限短，变现的能力也很强，但由于其变现的金额并不确定，价值变动的风险也较大，因而不属于现金等价物。

第二节　现金等价物的种类

家庭与企业在持有现金的动机与规模上并不相同。对家庭来说，持有现金主要是为了预防不时之需。而企业持有现金主要是基于交易性需求、预防性需求和投机性需求。家庭持有现金主要以现金、储蓄存款和货币市场基金为主，而企业持有的现金资产除上述外还有其他类型的货币市场工具。

一、个人和家庭持有的现金等价物

对于个人和家庭来说，现金规划的一般工具包括：现金、储蓄存款、货币市场基金。

（一）储蓄存款

目前，国内储蓄机构的储蓄业务一般包括：活期储蓄、定活两便、整存整取、零存整取、存本取息、个人通知存款、定额定期等。其中，一般认为能在 3 个月内到期或者能够随时变现的储蓄存款可视同为个人或者家庭的现金等价物，例如活期存款、定活两便等。

（二）货币市场基金[①]

货币市场基金是指投资于货币市场上的短期（1 年以内，平均期限 120 天）有价证券的一种投资基金。该基金资产主要投资于短期货币工具，如国库券、商业票

① 详见第二十一章第六节。

据、银行承兑汇票、政府短期债券、企业债券等短期有价证券，是一种功能类似于银行活期存款，而收益却高于短期银行存款的低风险投资产品。其特点如下：

（1）流动性强。货币市场基金有类似于活期存款的便利。其买卖方便，资金到账时间短，T+1 或 T+2 就可以取得资金（银行 7 天通知存款需要 T+7 日到账），流动性很强。

（2）安全性高。根据《货币市场基金监督管理办法》，货币市场基金是只能投资于货币市场工具，每个交易日可办理基金份额申购、赎回的基金。投资品种的特性基本决定了货币市场基金的本金风险接近于零。

（3）收益率相对活期储蓄较高。货币市场基金的收益率远高于 7 天通知存款。

（4）投资成本低。买卖货币市场基金没有认购费、申购费和赎回费，只有管理费，总成本较低。

（5）分红免税。货币市场基金的分红免收所得税。

二、货币市场工具

货币市场是期限在 1 年以内的短期金融工具交易的市场。通过货币市场有助于保持和增强资金的流动性，以便随时可以变现得到真实的货币。它一方面满足了资金需求者的短期资金需要，另一方面也为资金盈余者的暂时性闲置资金提供了盈利机会。在货币市场中，短期金融工具的存在是其发展的基础。短期金融工具将资金供应者和资金需求者联系起来，并为中央银行实施货币政策提供操作手段。在货币市场上交易的短期金融工具，一般期限较短，最短的只有 1 天，最长的也不超过 1 年，较为普遍的是 3～6 个月。正因为这些工具期限短，可随时变现，具有较强的货币性，所以短期金融工具又有“准货币”之称，主要包括同业拆借、回购与逆回购、商业票据、银行承兑汇票、大额可转让定期存单、短期政府债券等，具体介绍如下。

（一）同业拆借

同业拆借是指金融机构（主要是商业银行）之间为了调剂资金余缺，利用资金融通过程的时间差、空间差、行际差来调剂资金而进行的短期借贷。同业拆借的资金主要用于弥补短期资金的不足、票据清算的差额以及解决临时性的资金短缺需要。同业拆借市场交易量大，能敏感地反映资金供求关系和货币政策意图，影响货币市场利率，因而是货币市场体系的重要组成部分。

同业拆借利率的形成机制分为两种：一种是由拆借双方当事人协定，这种机制下形成的利率主要取决于拆借双方拆借资金愿望的强烈程度，利率弹性较大；另一种是借助经纪商，通过公开竞价确定。后一种机制下形成的利率主要取决于市场拆借资金的供求状况，利率弹性较小。在国际货币市场上，最典型的、最有代表性的同业拆借利率是伦敦银行同业拆借利率（LIBOR），它是浮动利率融资工具的发行依据和参照。

同业拆借市场的参与者包括各类商业性金融机构，主要有商业银行以及非银

行金融机构。它们根据自身资产负债状况决定对同业拆借的供应或需求。同业拆借的期限一般以 1～2 天最为常见，期限最短的是隔夜拆借，期限较短的拆借称为头寸拆借，期限较长的拆借则称为同业借贷。

（二）回购与逆回购

回购市场是通过回购协议进行短期货币资金借贷所形成的市场。回购是指在出售证券时，与证券的购买商签订协议，约定在一定期限后按原价或约定价格购回所卖证券，从而获得即时可用资金的一种交易行为。从本质上说，回购协议是一种以证券为抵押品的抵押贷款。

回购协议市场多以电讯方式完成交易，通常没有集中、固定而有形的场所。只有少数交易通过市场交易商完成。

逆回购协议与回购协议实际上是一个问题的两个方面。逆回购协议是从资金供应者的角度出发，相对于回购协议而言的。在回购协议中，卖出证券取得资金的一方同意按约定期限以约定价格购回所卖出证券。在逆回购协议中，买入证券的一方同意按约定期限以约定价格出售其所买入的证券。从资金供应者的角度看，逆回购协议是回购协议的逆操作（如图 15－1 所示）。

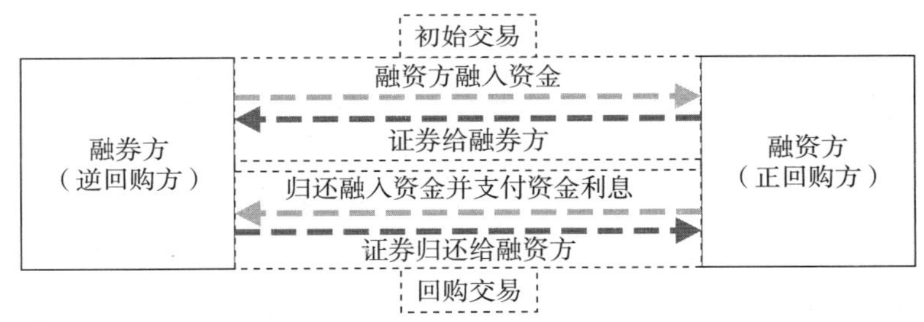

图 15－1　回购与逆回购

以央行回购协议为例，正回购是中国人民银行作为融资方以手中所持有的债券做质押向金融机构融入资金，并承诺到期再买回债券并付出一定利息。逆回购为中国人民银行作为融券方向一级交易商购买有价证券，并约定在未来特定日期将有价证券卖给一级交易商的交易行为，逆回购为央行向市场上投放流动性的操作。

在回购市场中，利率是不统一的，利率的确定取决于多种因素，这些因素主要有：

（1）用于回购的证券的品种和特性。证券的信用度越高，流动性越强，回购利率就越低，否则，利率就会相对高一些。

（2）回购期限的长短。一般来说，期限越长，不确定因素也就越多，因而利率也应高一些，但这并不是一定的，实际上利率是可以随时调整的。

（3）交割的条件。如果采用实物交割的方式，回购利率就会较低，如果采用其他交割方式，利率就会相对高一些。

（4）货币市场其他子市场的利率水平。回购协议的利率水平不可能脱离货币市场其他子市场的利率水平单独决定，否则该市场将失去吸引力。它一般是参照同业拆借市场利率确定的。由于回购交易实际上是一种用较高信用的证券特别是政府证券作抵押的贷款方式，风险相对较小，因而利率也较低。

根据 2017 年 5 月 22 日起实施的新修改的《上海证券交易所交易规则》及《上海证券交易所债券交易实施细则》，普通个人投资者可以作为逆回购方通过债券质押式回购融出资金，但不能作为正回购方融入资金。另外，普通个人投资者可以参与股票质押式回购交易。

（三）商业票据

商业票据是指由公司而非银行发行的可流通转让的票据。

商业票据的到期日最短为隔夜，实际发行的大多数商业票据的到期时间小于 45 天。商业票据通常不支付利息，而是贴现发行，到期时公司按票面价值支付。

商业票据的优点是流动性很强，而且它的到期日比较有弹性，投资者可以较好地确定自身的投资期限。投资者还可以购买不同行业和领域的商业票据，进而做到分散风险。

商业票据市场的发展通常要以商业票据的流通为基础，一国商业票据市场发达与否，同该国商业票据流通是否广泛直接相关。

商业票据市场通常涉及如下市场要素：

（1）发行者，包括金融性和非金融性公司；

（2）面额及期限；

（3）销售，包括销售渠道与销售方式；

（4）信用评估，这是销售的前提；

（5）发行商业票据的非利息成本，包括三项费用，即信用额度支持的费用、代理费用和信用评估费用；

（6）投资者，包括中央银行、非金融性企业、投资公司、政府部门、退休基金、其他基金组织及个人。

（四）银行承兑汇票

银行承兑汇票是银行对未到期的商业汇票予以承兑，以自己的信用为担保，成为票据的第一债务人，出票人只负第二责任的票据。

银行承兑汇票具有如下特点：

（1）信用好，承兑性强。银行承兑汇票经银行承兑到期无条件付款，把企业之间的商业信用转化为银行信用。对企业来说，收到银行承兑汇票，就如同收到了现金。

（2）流通性强，灵活性高。银行承兑汇票可以背书转让，也可以申请贴现，不会占压企业的资金。

（3）节约资金成本。对于实力较强，银行比较信得过的企业，只需交纳规定的保证金，就能申请开立银行承兑汇票，用以进行正常的购销业务，待付款日期临近时再将资金交付给银行。由于银行承兑汇票具有上述优点，因而它受到企业的欢迎。

（五）大额可转让定期存单

大额可转让定期存单市场是银行大额可转让定期存单发行和买卖的场所。大额可转让定期存单是银行发行的有固定面额、可转让流通的存款凭证。

大额可转让定期存单的特点主要有：

（1）不记名，可以流通转让；

（2）按标准单位发行，面额较大；

（3）利率既有固定的，又有浮动的，且一般来说比同期限的定期存款利率高；

（4）不能提前支取，但可在二级市场流通转让。

大额可转让定期存单与定期存款的区别如表 15－1 所示。

表 15－1　　大额可转让定期存单与定期存款的区别

	利率	金额	可流通性	是否记名
大额可转让定期存单	有固定利率，也有浮动利率	有固定面额，按标准单位发行	不得提前支取，可在二级市场转让	不记名
定期存款	利率固定	存款金额不固定，可有零数	若提前支取，按支取日挂牌公告的活期储蓄存款利率结付，不可转让	记名

（六）短期政府债券

短期政府债券是一国政府部门为满足短期资金需求而发行的一种期限在 1 年以内的债务凭证。政府在遇到资金困难时，可通过发行政府债券来筹集社会闲散资金，以弥补资金缺口。短期政府债券是指各级政府或由政府提供信用担保的单位发行的短期债券，是政府承担责任的短期信用凭证，期限为 3、6、9、12 个月。

广义上看，政府债券不仅包括国家财政部门发行的债券，还包括地方政府及政府代理机构发行的债券。但从狭义上说，政府债券仅指国家财政部门所发行的债券。西方国家一般将财政部发行的期限在 1 年以内的短期债券称为国库券。所以从狭义上说，短期政府债券市场就是指国库券市场。

短期政府债券具有违约风险小、流动性强、交易成本低和收入免税的特点。

第十六章

债券市场与债券投资

本章提要

本章包括7部分，依次为债券概述、债券市场、债券投资的收益与风险、债券价格与收益率、利率风险结构、债券信用评级和债券投资策略。首先，介绍债券的概念、构成要素、投资特性和分类；其次，介绍债券市场、交易制度和我国债券市场体系；再次，讲解债券投资的收益和风险、债券的定价方法及影响债券价格的各种因素；最后，概要介绍利率的风险结构、债券信用评级以及债券的投资策略。

本章内容包括：

- 债券概述；
- 债券市场；
- 债券投资的收益与风险；
- 债券价格与收益率；
- 利率风险结构；
- 债券信用评级；
- 债券投资策略。

通过本章学习，读者应该能够：

- 理解债券的概念、种类和投资特性；
- 了解债券市场及交易机制；
- 掌握债券的风险与收益特征；
- 掌握债券价格与收益率的计算；
- 掌握债券价格的影响因素；
- 理解利率风险结构的概念；
- 了解债券信用评级的概念和方法；
- 了解债券的投资策略。

第一节　债券概述

一、债券的概念

债券是一种契约，是政府、企业等机构直接从社会筹措资金时，向投资者发行，承诺按一定利率支付利息，并按约定条件偿还本金的债权债务凭证。债券是一种表明债权债务关系的凭证，证明持券者有按约定的条件（如面值、票面利率和偿还期等）向发行人取得利息和到期收回本金的权利。具体地说，持券者就是债权人，债券的发行者，包括国家、地方政府、公司或金融机构，是债务人。

与其他投资工具一样，债券向投资者提供两种收益：当期收益和资本利得。当期收益一般来源于债券发行人向投资者定期支付的利息，这基本上在债券发行时就确定了，因此，债券又被称为固定收益证券。资本利得来源于债券买卖差价，这一般是由市场利率下跌引起的。如果市场利率上升，债券价格将下跌，因此，债券投资也有可能造成投资者的资本损失。

由于收益相对固定，投资风险相对较低，一些债券还具有税收优势，因此，债券往往成为人们最青睐的投资品种。特别是在高利率时期，投资者更愿意投资债券，以确保获得稳定的高收益率。在许多国家，债券市场规模已经超过了股票市场规模。

二、债券的构成要素

债券一般包括面值、息票率、到期日等基本要素。这些要素对债券的价格具有重要的影响。

（一）面值

债券一般都有面值。面值是指债券票面上所标明的价值，它代表了发行人的债务和持有人的债权。面值确定了债券到期时发行人必须向持有人偿还的金额，该金额通常被称为本金（principal）。债券的面值包括计价币种和面额两个内容，例如美国中长期国债的面值为 1 000 美元，我国国债的面值为人民币 100 元。

（二）息票率

一般地，发行人每年向持有人付息 1 次，少数债券每 1 个月或每半年付息 1 次。债券每次支付的利息由息票（coupon）或息票率（coupon rate）（也称票面利率）确定。息票是指债券每年支付的利息额，息票率则是指息票与面值的比率。例如，对于面值为 100 元、息票率为 8%、每半年付息 1 次的债券，它的息票或年利息额为 8 元，因此，半年的利息额为 4 元。

息票率为 0 的债券被称为零息债券（zero-coupon bond），例如贴现发行的国库券就是零息债券。相反，息票率不为 0 的债券被称为附息债券（coupon bond），例如美国的中长期国债。如果债券的息票率不是固定的，而是根据通货膨胀率、发行的信用状况、市场利率水平等因素而变化，那么该债券被称为浮动利率债券。相反，如果债券的息票率是固定的，那么该债券被称为固定利率债券。

（三）到期日

与普通股不一样，除了永续债券之外，债券一般都是有期限的。债券在发行时，一般要规定债券的到期日（maturity date）。债券的到期日是指债券偿还本金的日期。除可赎回债券之外，债券仅仅在到期日偿还本金。债券的偿还期（term to maturity）是指从债券发行之日起至清偿本息之日止的时间，而债券的剩余偿还期是指发行一段时间之后的债券距离到期日剩余的时间长度。例如，某 20 年的长期国债是 2000 年 5 月 10 日发行的，该债券的偿还期为 20 年，到期日为 2020 年 5 月 10 日，在 2005 年 5 月 10 日，该债券的剩余偿还期为 15 年。

按照期限长短，债券可以分为短期债券、中期债券和长期债券。期限在 1 年或 1 年以下的债券被称为短期债券，期限在 1 年以上 10 年以下的债券被称为中期债券，期限在 10 年以上的债券被称为长期债券。按照到期日数量的不同，债券可以分为定期债券（term bond）和分期债券（serial bond）。定期债券是指只有一个固定到期日的债券，大部分债券属于定期债券。相反，分期债券是指有一系列到期日的债券。对于分期债券，在每一个到期日，同一次发行的债券就有一部分到期并被清偿。例如，对于 2000 年 5 月 10 日发行的 20 年期定期债券，它的到期日将是 2020 年 5 月 10 日；而 2000 年 5 月 10 日发行的 20 年期分期债券，可能有 20 个到期日。

三、债券的投资特性

债券作为一种有价证券，从投资者角度看具有以下 4 个特征：

（1）返还性。债券一般都规定了偿还期限，由债务人按期向债权人支付利息并偿还本金。

（2）流动性。如果债券的发行人信誉卓著，或者二级市场较为发达，那么债券持有者能够将债券迅速转让而不会在价值上遭受损失。

（3）安全性。债券安全性是相对于债券价格下跌的风险性而言的。一般来说，具有高流动性的债券其安全性也较高。而且，债券的安全性与发行者的资信密切相关。通常，国家公债、地方政府债券有国家和地方政府的信誉担保，信用（违约）风险很低，因此其安全性最高；金融债券的安全性与银行存款相当；公司债券的安全性差异较大，评级公司按其偿债能力进行评级，从高等级债到垃圾债都有。由于债券发行时有一套严格的资信审查制度，如果发行人提供担保或抵押，那么公司债券的安全性也会提升。与股票相比，债券通常规定了固定的利率。与企业绩效没有直接联系，收益比较稳定，风险较小，在企业破产时，债券持有者相对股票持有者对企业剩余资产有优先索取权。

（4）收益性。债券的收益率通常比银行存款高，且比股票的收益率要稳定。

债券的返还性、流动性、安全性与收益性之间存在一定的转换关系。如果某种债券流动性强，安全性高，在市场上供不应求，那么其价格会上涨，其收益率也就随之降低；反之，如果某种债券风险大，流动性差，供过于求，那么其价格必然下降，其收益率随之上升。

四、债券的种类

债券的种类繁多，相应地也有多种分类方法，以下按照不同分类方法分别进行介绍。

（一）按发行主体，可分为政府债券、金融债券、公司债券

1. 政府债券

政府债券是指中央政府、政府机构和地方政府发行的债券，它以政府的信誉做保证，因而通常无须抵押，其风险在各种投资工具中是最小的。

（1）中央政府债券。中央政府债券是财政部发行的以国家财政收入为偿还保证的债券，也称为国家公债（简称国债）。其特点突出表现在：一般不存在违约风险，又称为“金边债券”；可享受税收优惠，其利息收入可豁免所得税（在西方国家，债券的利息收入将作为一般收入缴纳所得税）。

国债按期限可分为1年以内的短期国库券、1～10年的中期国债，以及10～30年的长期国债。第一种属于货币市场工具，是一种贴现证券（discount security），后面两种属资本市场工具，是息票证券（coupon security），通常每6个月付一次息，到期偿还本金。

（2）政府机构债券。在美国、日本等发达国家，除了财政部外，一些政府机构也可发行债券。这些债券的收支偿付均不列入政府预算，而是由发行单位自行负责。有权发行债券的政府机构有两种：一是政府机构和直属企事业单位，如美国联邦住宅和城市发展部下属的政府全国抵押贷款协会（GNMA）；二是虽然由政府主办却属于私营的机构，如联邦全国抵押贷款协会（FNMA）和联邦住宅抵押贷款公司（FHLMC）。这些政府机构或政府资助的企业具有某些社会功能，它们通过发行债券增加信贷资金、降低融资成本，其债券最终以中央政府做后盾，因而信誉也很高。

（3）地方政府债券。在多数国家，地方政府都可以发行债券。这些债券也是由政府担保的，其信用风险仅次于国债及政府机构债券，同时也具有税收豁免优惠。若按偿还的资金来源，可分为普通债券和收益债券两大类。前者是以发行人的无限征税能力为保证来筹集资金用于提供基本的政府服务，如教育、治安、防灾等，其偿还列入地方政府的预算；后者则是为了给某一特定的盈利建设项目（如公用电力事业、自来水设施等）筹资而发行的，其偿还依靠这些项目建成后获取的收入。

2. 金融债券

金融债券是银行和非银行金融机构为筹集资金而发行的债权债务凭证。作为

债券的一种，金融债券具有债券的一般特性。在欧美国家，由于金融机构大多属于股份公司制组织，金融债券的发行、流通和转让均被纳入公司债券的范畴管理。

发行金融债券，表面看来同银行吸收存款一样，但由于债券有明确的期限规定，不能提前兑现，所以筹集的资金要比存款稳定得多。更重要的是，金融机构可以根据经营管理的需要，主动选择适当时机发行必要数量的债券以吸引低利率资金，因此金融债券的发行通常被看作银行资产负债管理的重要手段。由于银行的信誉比一般公司要好，金融债券的信用风险也较一般的公司债券低，因而很受投资者的欢迎。

金融债券通常有以下两种分类办法：

（1）按利息支付方式不同，分为附息金融债券和贴现金融债券。附息金融债券是在债券的票面上附有各期息票的金融债券，通常为中长期债券。其利息支付及本金偿还方式与一般附息债券相同。贴现金融债券是按规定的折扣率（贴现率）以低于票面金额的价格发行，到期仍按票面金额偿还本金的金融债券，发行价与票面金额的差价即为发行人向投资者支付的利息。

（2）按发行条件的不同，分为普通金融债券、累进利息金融债券和贴现金融债券。普通金融债券是一种类似于定期偿还式的债券，平价发行，不计复利，到期一次还本付息。累进利息金融债券是一种浮动期限式、利率与期限挂钩的金融债券，其期限短的为 1 年，长的可达 5 年，债券持有者可在这一期限内随时到发行银行兑付。该种债券采取累进制计息，即将债券的利率按债券的期限分成几个不同的等级，每一个时间段按相应的利率计算，然后将几个等级部分的利息相加便可得出该债券的总的利息收入。

3. 公司债券（企业债券）

公司债券是公司为筹集营运资本而发行的债权债务凭证。公司债券的持有者是公司的债权人，而不是公司的所有者，这是与股票持有者的最大区别。债券持有者有按约定条件从公司取得利息和到期收回本金的权利。债券的求偿次序要先于股票，不管公司业绩如何都应先于股票偿还其利息和本金，否则将在相应破产法的裁决下寻求解决，因而其风险小于股票，但比政府债券高。

（二）按付息方式，可分为零息债券和附息债券

零息债券是以低于面值的贴现方式发行，到期按面值兑现，不再另付利息的债券，它与短期国库券相似，可以消除利息再投资的麻烦，但该债券价格对利率变动极为敏感。

附息债券也可称为分期付息债券和息票债券，是指在债券票面上附有息票的债券，或是按照债券票面载明的利率及支付方式支付利息的债券。

（三）按票面利率是否浮动，可分为固定利率债券和浮动利率债券

固定利率债券是指事先确定利率，通常每半年或一年付息一次，或一次还本付息的债券。这是最常见的债券。

浮动利率债券是在某一基础利率（如同期政府债券收益率、优惠利率、

LIBOR 等）之上增加一个固定的溢价，如 100 个基点（即 1%），以防止未来市场利率变动可能造成价值损失的债券。对某些中小型公司或经营不太稳定的大公司来说，发行固定利率债券困难或成本过高时，可考虑浮动利率债券。

（四）按偿还期限长短，可分为短期债券、中期债券和长期债券

一般来说，短期债券是偿还期限在 1 年以下的债券，中期债券是偿还期限在 1 年以上（包括 1 年）10 年以下（包括 10 年）的债券，长期债券是偿还期限在 10 年以上的债券。①

（五）按有无担保，可分为信用债券和抵押担保债券

信用债券是指完全凭公司信誉，不提供任何抵押品而发行的债券。这种债券大多由信用良好的大公司发行，期限较短，利率较高。

抵押担保债券是一种综合体现了分期支付证券和分级支付证券的特点的多层次的转付证券。该债券结构的核心技术在于根据支持资产未来每期所产生的收入的多寡而分别创造短、中、长期不同级别的证券，从而达到降低投资者所面临的系统风险的目的。

抵押担保债券的典型形式一般包含四级债券：A 级、B 级、C 级和 Z 债券。贷款组合的现金流首先用于支付 A 级债券的本金，当完全偿付后，转而支付 B 级债券的本金，再行支付 C 级债券本金。A 级、B 级、C 级债券在发行日开始即按票面利率支付利息，当前三类债券本息都被偿付后，从资产池中产生的剩余现金流方可用于支付 Z 债券的本息。Z 债券是应计利息累积债券，在其前面各级证券本息被清偿后，才开始享有利息和本金收入，未支付的当期利息累积起来加入其本金余额。②

（六）按是否含选择权，可分为可赎回债券、可回售债券、偿还基金债券、可转换债券和带认股权证的债券

可赎回债券是指公司债券附加早赎和以新偿旧条款，允许发行公司选择于到期日之前购回全部或部分债券。当市场利率降到债券利率之下时，发行公司往往赎回债券并重新发行低利率债券以降低融资成本，这对债券持有人是不利的，因而一般规定在债券发行后至少 5 年内不允许赎回。

可回售债券是指附加提前回售条款、允许持有人按照事先规定的条件将债券于到期日之前卖还给发行人的债券。当市场利率上涨超过债券利率时，债券持有人往往提前卖还债券，收回资金，再投资于收益率更高的其他债券工具，这对债券发行人不利，因而此类债券的票面利率一般低于普通债券。

偿还基金债券是要求发行公司每年从盈利中提存一定比例存入信托基金，定期从债券持有人手中购回一定量的债券以偿还本金。

可转换债券简称“可转债”，是指公司债券附加可转换条款，赋予债券持有

---

① 吴世亮．中国金融市场理论与实务．北京：中国经济出版社，2006.

② 李学军，陈向东．美国住房抵押贷款证券化的工具分析．石家庄经济学院学报，2001（6）.

人按预先确定的比例（转换比率）转换为该公司普通股的选择权，债券持有人可按照发行时约定的价格将债券转换成公司普通股的债券。1997 年，我国颁发了《可转换公司债券管理暂行办法》；2006 年，证监会颁布《上市公司证券发行管理办法》，对我国可转债发行重新进行了规范；2017 年，证监会开始收紧再融资，而可转债融资不受融资频率限制，作为定增的重要替代产品，可转债迎来了不可多得的发展机遇。

带认股权证的债券是指公司债券把认股权证作为合同的一部分附带发行。与可转换债券类似，认股权证允许债券持有人购买发行人的普通股。

五、我国的债券类投资工具

（一）国债

我国国债品种有储蓄式国债与记账式国债两种。其中，储蓄式国债按照记录债权形式的不同又分为凭证式国债和电子式储蓄国债，而记账式国债按照支付利息方式的不同分为记账式附息国债和记账式贴现国债。两者区别如表 16－1 所示。

表 16－1　　储蓄式国债与记账式国债的比较

分类		流动性	到期前是否可以确定收益	发行对象	付息次数
储蓄式国债	凭证式国债	只能在发行期认购，不能上市流通。可以提前兑取，靠档计息	可以。若持有到期，则获得约定收益；若提前兑取，则按发行前就对提前兑取做出的规定	个人	到期一次性还本付息
	电子式储蓄国债				按年付息
记账式国债		可以上市流通，可以在二级市场买卖。不可以提前兑取	不可以。若持有到期，则获得约定利息；若未持有到期在二级市场变现，则需要承担价差风险	个人或机构	附息债券每年一次或多次付息，零息债券到期按票面金额兑付

在我国，投资国债免缴利息税。投资者选择债券时，往往需要比较各种债券的收益状况，为此必须考虑税收因素。一种方法是先将纳税债券的收益率调整为纳税之后的收益率，再与免税债券的收益率进行比较；另一种方法是先将免税债券的收益率调整为相应税收级别的纳税之前的收益率，再与纳税债券的收益率进行比较。通常，把税后收益率相对应的税前收益率称为应税等价收益率（equivalent taxable yield），用公式表示为

$$R_{TFY}=R_{ETY}\cdot(1-t)$$

其中，R_{ETY}表示应税等价收益率，R_{TFY}表示税后收益率，t 表示适用边际税率。

如果免税债券的收益率高于纳税债券的税后收益率，那么，理财师应该建议客户购买免税债券；相反，如果免税债券的收益率低于纳税债券的税后收益率，那么，理财师应该建议客户购买纳税债券。

实例 16－1 假设某免税债券的收益率为 7.5%，纳税债券的收益率为 9%，客户的适用边际税率为 25%。那么，根据上述信息，应该给客户提供什么样的投资建议？

解析 首先，计算纳税债券的税后收益率：

$$R_{TFY}=9\%\times(1-25\%)=6.75\%$$

其次，比较收益率大小。很明显，7.5%＞6.75%，即免税债券的收益率大于纳税债券的税后收益率。如果在这两种债券中选择，理财师应该建议客户投资免税债券。

（二）公司债券或企业债券

公司债券是指公司依照法定程序发行、约定在 1 年以上期限内还本付息的有价证券。在我国，早期的公司债券仅限于上市公司发行。上市公司发行公司债券，应当由保荐人保荐，并向中国证监会申报。2015 年证监会修改了公司债券监管规则，规定所有按照《中华人民共和国公司法》成立的公司除城投类公司外均可发行公司债券。

我国的企业债券包括中央企业债券、地方企业债券和短期融资券。《中央企业债券发行管理暂行办法》规定，中央企业公开发行企业债券、公司债券等中长期债券，需先报中国国务院国有资产监督管理委员会审核，获准后再向有关主管部门报送发行申请。目前，我国中长期企业债券和公司债券的发行主管部门主要包括国家发展和改革委员会及证监会。前者负责审核企业债券的发行，后者负责制定公司债券的发行规则，并负责审核公开发行的公司债券。

短期融资券是指中国境内具有法人资格的非金融企业发行的短期融资券，目前仅限机构投资者持有。证券公司发行的短期融资券不属于本类，而是记入非银行金融债券的范畴。2005 年 5 月，中国人民银行发布《短期融资券管理办法》以及《短期融资券承销规程》、《短期融资券信息披露规程》两个配套文件，允许符合条件的企业在银行间债券市场向合格机构投资者发行短期融资券。2017 年，中国债券市场发行债券 18.96 万亿元，其中短期融资券 2.34 万亿元。①

（三）金融债券

我国从 1985 年开始发行人民币金融债券，发行机构包括原各专业银行、综合性银行和其他金融机构，发行对象主要是城乡居民。目前，我国的金融债券包括中央银行债券、政策性金融债券、商业银行债券、非银行金融机构债券、证券公司债券和证券公司短期融资券等。

中央银行债券是由中央银行发行的，也称作央行票据，简称央票。我国的中央银行债由中国人民银行发行，期限从 3 个月到 3 年不等，而且以 1 年期以下的短期票据为主。我国的央行票据在银行间债券市场发行和交易，从 2002 年起成为中国人民银行进行公开市场操作的主要工具之一。中国人民银行通过央行票据

① 中央国债登记结算有限责任公司统计监测部. 2017 年债券市场统计分析报告.

的发行与到期控制基础货币供应量、调节市场流动性：发行央行票据是一种向市场出售证券、回笼基础货币的行为；而央行票据到期则体现为基础货币的投放。

政策性金融债券的发债主体是我国的政策性银行。1994 年以来，国家开发银行、中国进出口银行和中国农业发展银行，先后多次发行人民币和外币政策性金融债券。政策性金融债券的发行对象是银行与非银行金融机构。

商业银行债券的发债主体是各商业银行。商业银行债券包括商业银行次级债券和商业银行普通债券。商业银行次级债券本金和利息的清偿顺序列于商业银行其他负债之后，而先于商业银行股权资本，因此被称为次级债券。

（四）国际债券

国际债券是一国政府、金融机构、工商企业或国家组织为筹措资金，在国际金融市场上发行的以外国货币为面值的债券。国际债券的重要特征是发行者和投资者属于不同的国家，筹集的资金来源于国际金融市场。国际债券的发行和交易，既可用来平衡发行国的国际收支，也可用来为发行国政府、企业或其他机构引入资金。发行国际债券筹集到的资金是外国货币，汇率的波动会使发行人和投资者面临汇率风险。

（五）债券型理财产品

债券型理财产品包括债券型基金、债券型信托产品、债券型结构产品等。

根据中国证监会对基金类别的分类标准，债券型基金是指基金资产 80%以上投资于债券的基金。

债券型信托产品通过发行单一或集合资金信托募集资金。投资方式主要是购入债券持有、现券买卖和债券代持。

债券型结构产品将固定收益产品（通常是附息债券）与金融衍生品（如远期、期权、掉期等）合二为一，增强产品收益或将投资者对未来市场走势的预期产品化。

实例 16－2　招商安心收益债券型证券投资基金

基金代码：217011。

投资风格：稳健成长型。

投资标准：本基金对债券等固定收益类品种的投资比例不低于基金资产的 80%（其中，企业债投资比例为 0～40%，可转债投资比例为 0～40%），股票等权益类品种的投资比例不高于基金资产的 20%，现金或到期日在 1 年以内的政府债券的投资比例不低于 5%。

风险收益特征：本基金为主动管理的债券型基金，在证券投资基金中属于中低等风险品种，其预期风险收益水平低于股票基金及混合基金，高于货币市场基金。

投资目标：在严格控制投资风险的基础上，追求稳定的当期收益和基金资产的稳健增值。

（六）国债期货及其他衍生产品

国债期货合约是买卖双方签订的在未来一个确定时间按确定价格购买或出售国债现货的协议。国债期货交易是买卖双方通过有组织的期货交易场所，约定在未来特定时间按预先确定的价格和数量进行标准化国债期货合约买卖的交易。国债期货是国际上历史悠久、运作成熟、使用广泛的基础金融衍生品和利率风险管理工具。①

除了国债期货外，其他衍生产品是价值由其债券类金融原生产品价格的变动决定的金融合约，包括中期政府债券期货期权、证券组合互换等品种。②

第二节　债券市场

一、发行市场和交易市场

债券市场包括发行市场和交易市场两个层次。债券发行市场，又称一级市场，指发行人以募集资金为目的，按照一定的法律法规和发行程序，向投资者出售新债券所形成的市场。发行市场由发行人、投资者、中介服务机构、监管机构构成。发行方式包括定向发行、承购包销和招标发行。债券交易市场又称二级市场，指已发行债券买卖转让的市场。

在国外，大部分债券在柜台市场交易，只有少部分债券上市交易。在我国，债券的交易场所主要有商业银行柜台市场、银行间市场与证券交易所三类。

二、我国的债券市场体系

我国债券市场从1981年恢复发行国债开始至今，经历了曲折的探索阶段和快速的发展阶段。我国债券市场包括银行间债券市场、交易所债券市场和商业银行柜台债券市场三个子市场，其中交易所债券市场属于场内交易市场，银行间债券市场和商业银行柜台债券市场属于场外交易市场，具体如图16-1所示。

（一）银行间债券市场

1997年6月开办的全国银行间债券市场，是我国债券市场的主体。与其他各个子市场相比，在银行间债券市场中交易的债券，其交易品种、面值总额和成交数量都处于绝对的优势地位。银行间债券市场的参与者是银行、保险公司、基金公司等各类机构投资者，个人投资者无法进入该市场直接参与交易，只能通过

---

① 中国证券监督管理委员会网站.

② 李心丹．金融市场与金融机构．北京：中国人民大学出版社，2013.

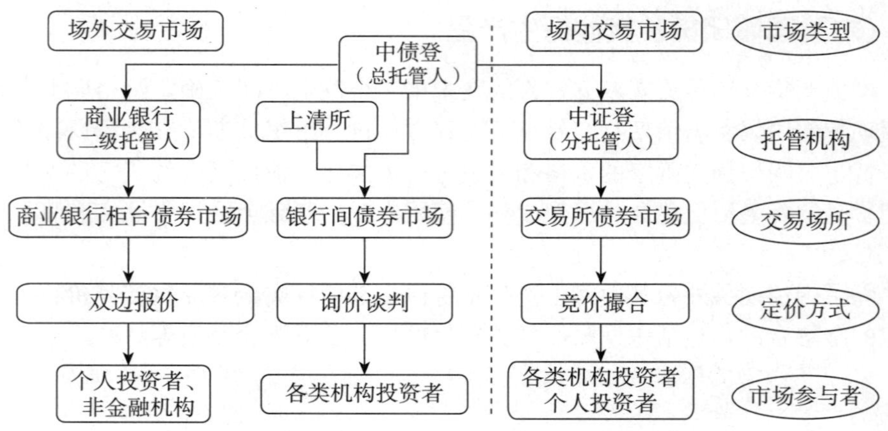

图 16-1　我国的债券市场体系

说明："中债登"为中央国债登记结算有限责任公司的简称；"中证登"为中国证券登记结算有限责任公司的简称；"上清所"为上海清算所的简称。后文同。

购买保险产品、投资债券型基金等方式间接参与。

银行间债券市场是机构投资者进行大宗交易的市场，是债券的批发市场。该市场实行双边谈判、逐笔结算的交易方式，即交易双方通过询价谈判的方式确定交易的品种、方向、价格和数量，并对每一笔交易单独进行结算。也有双边报价和小额报价等通过点击确认、单向撮合的方式成交。中国正在逐步推动债市对外开放，允许境外机构参与中国银行间债市。如中国人民银行早在 2011 年年底即与奥地利国家银行（即奥地利中央银行）签署了奥央行投资中国银行间债券市场的代理协议，促进双方央行合作。

（二）交易所债券市场

交易所债券市场是我国债券市场的重要组成部分，该市场的参与者是各类机构投资者[①]和个人，也就是说，个人投资者可以参与交易所市场的债券买卖。

交易所债券市场属于集中撮合交易的零售市场，实行净额结算。目前我国上海证券交易所和深圳证券交易所都有国债和企业债交易，其交易方式与股票交易相同，均采用买卖双方集中报价、由电脑撮合成交的方式。与银行间债券市场中逐笔结算不同，交易所债券市场实行净额结算，即在交易日结束后，证券登记结算机构根据每一账户的买入卖出交易计算出余额，仅针对净额部分进行交收。

表 16-2 是我国交易所债券市场的债券交易行情表，在这个行情表上，各栏依次列出了债券的代码、名称、涨幅、现价等相关信息，与股票交易行情十分相似。

① 2011 年 3 月 29 日，上海证券交易所发布了《关于上市商业银行租用会员交易单元参与债券交易有关事项的通知》，明确上市银行参与交易所债券市场，应租用交易所会员交易单元来进行。

表 16-2　我国交易所债券市场 2017 年 11 月 15 日部分债券（国债、企业债、可转债）报价

代码	名称	涨幅（%）	现价	日涨跌	买入价	卖出价	总量	现量	今开	昨收	最高	最低
019534	16 国债 06	0.49	94.00	0.46	93.60	94.10	548	506	94.90	94.30	94.90	93.54
019536	16 国债 08	−0.68	84.51	−0.58	84.44	84.52	6 982	50	85.10	85.09	85.10	84.50
111050	09 华菱债	0.04	99.000	0.040	99.000	99.049	12 453	60	99.000	98.960	99.000	99.000
120306	03 中电投	−0.05	100.10	−0.05	100.10	100.39	113	10	100.06	100.15	100.10	100.05
123001	蓝标转债	−0.60	101.800	−0.616	101.830	101.850	3 471	8	102.410	102.416	102.555	101.650
110031	航信转债	0.32	105.32	0.34	105.32	105.49	14 249	30	104.84	104.98	105.50	104.84

说明：该报价为净价，加上应计利息为全价，即全价＝净价＋应计利息。

该行情表中的报价均为净价，加上应计利息即债券的全价。净价是与全价相对应的概念，债券的全价＝净价＋应计利息，其中应计利息是指债券持有人从上一利息支付日到卖出债券日之间，因持有该债券而应当获得的利息收入。

以每百元债券所含利息额列示：

应计利息＝票面利率÷365(天)×已计息天数×票面金额

交易所每个交易日公布各债券的应计利息。

我国交易所债券市场于 2002 年开始实行净价交易、全价结算的交易方式，也就是以净价报价并成交，在结算交割时则根据全价进行资金划转。

采用净价交易的重要原因是，由于交易价格不含有应计利息，其价格形成及变动能够更加准确地体现债券的内在价值、供求关系及市场利率的变动趋势。

实例 16-3　投资者在 2018 年 8 月 16 日以 100.04 元的价格购入一手 2018 年 5 月 16 日发行的 18 国债 11，面值 100 元，票面利率为 3.69%。请问该日报价应为多少？

解析　债券采用净价交易，买卖双方都以国债的净价进行报价，而实际的交割价仍是全价（即净价＋应计利息）。

本题中，买价 100.04 元（即全价或实际交割价）不但包含债券本金的当日市价（即净价），还包含自 2018 年 5 月 16 日至 2018 年 8 月 16 日共 92 天的应计利息。

应计利息＝票面利率÷365（天）×已计息天数×票面金额＝3.69%×92÷365×100＝0.930 1(元)。

净价＝全价 100.04－应计利息 0.930 1＝99.109 9(元)。

（三）商业银行柜台债券市场

商业银行柜台债券市场是指商业银行通过营业网点（含电子银行系统）与投资者进行债券买卖的市场，属于零售市场。商业银行根据每天全国银行间债券市场交易的行情，在营业网点柜台挂出国债买入和卖出价，以方便个人和企业投资者及时买卖国债。在商业银行柜台债券市场中交易的主要是记账式国债。

商业银行柜台债券市场实行双边报价，商业银行在该市场中扮演着做市商的角色，表 16-3 是某银行柜台交易市场国债的报价，这一报价中包含买入价和卖出价，投资者按照其中的卖出价买入国债，而按照买入价卖出国债。以交易代码为 080003 的 2008 年第 3 期记账式国债为例，个人投资者或非金融机构在当个交易日买入的价格是 100.24 元，而卖出的价格是 100.07 元。

表 16－3　　2017 年 11 月 15 日某银行柜台债券市场部分国债的报价

债券代码	净价		应计利息	全价		剩余期限（年）
	买入	卖出		买入	卖出	
080003	100.07	100.24	0.63	100.70	100.87	0.34
080010	100.33	100.63	1.75	102.08	102.38	0.60
090003	98.96	99.60	0.54	99.50	100.14	1.32
090027	99.56	100.50	0.10	99.66	100.60	1.97
100002	98.92	99.97	0.96	99.88	100.93	2.22
100012	98.3	99.47	0.02	98.32	99.49	2.49

（四）不同市场间的比较

1. 交易机制的比较

（1）交易主体不同。银行间债券市场的交易主体包括境内商业银行、非银行金融机构、非金融机构、可经营人民币业务的外国银行分行等；交易所债券市场的交易主体包括非银行金融机构和个人；商业银行柜台债券市场的交易主体包括社会公众、企业和其他机构。

（2）债券品种不同。目前，我国银行间债券市场的债券品种包括国债、金融债券、地方政府债券、企业债券、资产支持证券、样票、短期融资券、超短期融资券、中期票据等；交易所债券市场的债券品种包括国债、金融债券、地方政府债券、企业债券、公司债券（公募、私募）、资产支持证券等；商业银行柜台债券市场的债券品种包括国债、地方政府债券、国家开发银行债券、政策性银行债券和发行对象包括柜台业务投资者的新发行债券。

其中，只有国债、金融债券、地方政府债券、企业债券和资产支持证券可以在银行间和交易所两个市场发行。其他债券均只能在一个债券交易市场发行。

（3）交易方式不同。我国银行间债券市场的主要交易方式包括债券现货交易和债券回购；交易所债券的交易方式以现券交易为主，但只有合格机构投资者才能进行正回购操作，个人只能参与逆回购操作；商业银行柜台债券市场的交易方式包括现券买卖、质押式回购、买断式回购等。

（4）定价方式。我国银行间债券市场的债券定价采用一对一询价、双边报价的方式；交易所债券市场采用集中竞价、撮合成交的方式；商业银行柜台债券市场采用双边报价、请求报价的方式。

2. 托管结算制度的比较

（1）托管场所的比较。图 16－2 中列出了不同债券市场的托管场所。

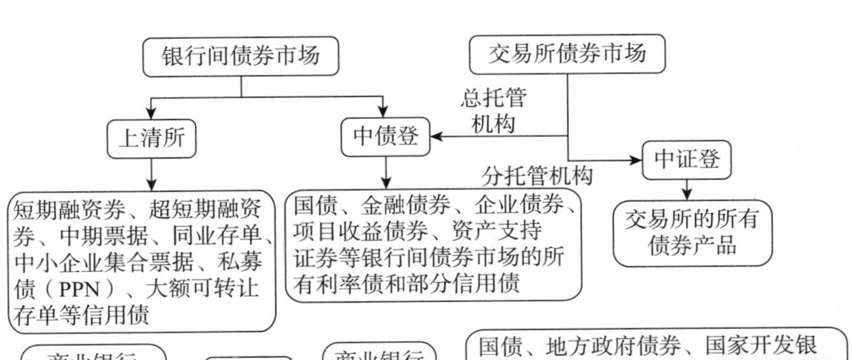

图 16－2　托管场所的比较

（2）结算和转托管制度的比较。我国银行间债券市场的债券托管结算和资金清算分别通过中央国债登记结算有限公司和中国人民银行支付系统进行。实行“见券付款”、“见款付券”和“券款对付”三种清算方式。交易所债券市场由中国证券登记结算有限公司与各结算参与人通过交易所与各结算参与人指定的清算银行结算。交易商之间实行净额结算，交易商与客户之间实行纯券交割。商业银行柜台债券市场采用券款对付的方式为投资者办理资金清算和债券结算。

目前我国市场分割现象非常严重，只有国债、企业债券可以在银行间债券市场和交易所债券市场进行跨市场双向托管。并且转托管的时间成本很高，至少需要 3 天，即使有套利机会也早已错过，想通过转托管跨市场操作套利交易基本不可能，其结果是两市场价格发现效率下降，加重了市场的无效和分割。在商业银行柜台债券市场中，投资者可以在不同开办机构开立债券账户，并可以在已开立的债券账户之间申请债券的转托管。

（3）管理制度的比较。一是不同债券的审批部门不同。企业债券发行由发改委审批，公司债券发行由证监会审批，短期融资券和中期票据发行由银行间交易商协会审批。

二是不同部门的审批标准不同。不同部门对各自管辖的券种制定了一套成文的审批文件，造成各债券在发行过程中存在较大的差异，市场分割凸显。

（4）监管制度的比较。从监管制度来看，我国的债券市场存在多头监管、分割市场监管等。

多头监管使得机构监管和功能监管交织在一起，造成监管效率低下，同时也提高了发债主体的发债成本；监管标准的不一致容易导致监管套利现象的产生。比如，中债登受多机构的监管：财政部监管资产和财务管理，央行监管登记，证监会、发改委和银行间交易商协会分别承担公司债券、企业债券和中期票据的发行审批和监管职能。

分割市场监管会影响对场内市场和场外市场的产品创新。证监会监管场内市场（交易所债券市场），央行监管场外市场（银行间债券市场和商业银行柜台债券市场）。

三、市场监管

债券市场的监管涵盖发行、交易、中介机构监管、登记结算体系、监管执法和责任追究等内容，目前，我国债券市场的监管体制高度分散，其特点如下：

（1）发行管理。国债由财政部代表中央政府发行，企业债券发行由发改委审批，公司债券发行由证监会审批，而短融发行由银行间交易商协会核准。

（2）市场监管。银行间市场、商业银行柜台债券市场归中国人民银行监管，交易所市场归证监会监管。

作为中国债券市场的总托管人，中央国债登记结算有限责任公司接受三方监管。

我国债券市场的结构依然不够健全，在市场监管制度与实践，如信息披露、第三方评级、交易机制等方面，还存在一定的缺陷，制约了债券市场的健康发展。

实例 16－4　银行间债券市场利益输送丑闻

2013 年 6 月，审计署审计长刘家义在向全国人大常委会提交的报告中指出，银行间债券市场关联交易输送利益问题较为突出。刘家义表示："截至 2012 年年末，审计共发现有这类问题的有 11 起，涉及非法输送利益 6 亿多元，主要是一些工作人员利用主管或操作债券交易便利，以银行间债券市场价格波动为掩护，将其所在机构持有的债券低价卖给指定企业再加价回购，或由指定企业加价转售，特定关系企业基本是无本套利。"

万家基金的邹昱、中信证券的杨辉和齐鲁银行的徐大祝等相继被带走调查，并且调查组还进驻了北京、上海、江苏等地多家券商固定收益部门，要求协助调查部分债券交易流向，排查是否有大宗债券在"丙类账户"[①] 实现不当获利的情形。

出现这种情况的基本原因是银行间债券市场交易机制，即询价机制不完善。询价机制是点对点的交易，缺乏竞争，既不能形成公允价格，也容易诱发道德风险。

第三节　债券投资的收益与风险

一、债券投资的收益

债券是一种具有庞大市场的理财工具，投资债券的收益可分为以下 3 个

① 中央国债登记结算有限责任公司设置甲、乙、丙三种债券一级托管账户，只有具备资格办理债券结算代理业务的结算代理人或办理债券柜台交易业务的商业银行法人机构方可开立甲类账户；不具备债券结算代理业务或不具备债券柜台业务资格的金融机构以及金融机构的分支机构可开立乙类账户，亦可开设丙类账户。丙类账户与甲、乙类账户的区别在于不能通过中央债券综合业务系统联网交易，必须通过结算代理人来交易。

部分。

（1）定期获得利息收益，到期获得本金，此为固定收益，但有信用风险。

（2）买卖债券，产生价差或资本利得，受利率变动影响。

（3）每期利息可以再投资，获得再投资收益，但受利率变动影响。

实例 16－5 期限为 5 年的附息债券，票面利率 8%，按年付息，面值 100 元，购买的价格也是 100 元，再投资的年利率亦为 8%。如果持有该债券到期，总收益为多少？

解析 息票及其再投资的利息收入：

各个时点的利息(8 元)在 5 个时点的价值如图 16－3 所示：

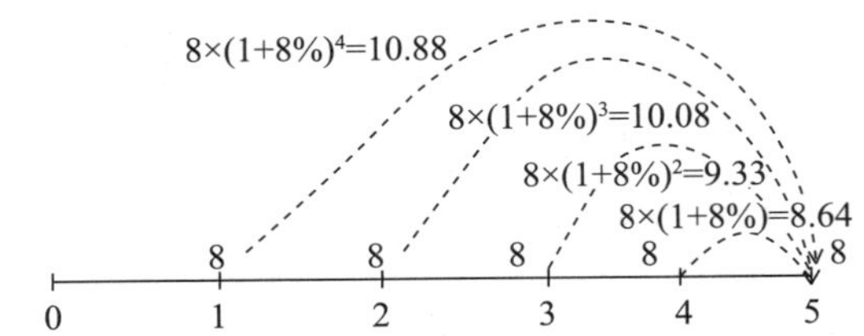

图 16－3 各个时点的利息 8 元在 5 时点的价值（元）

方法一：计算息票及其再投资的利息收入：$8\times(1+8\%)^4+8\times(1+8\%)^3+8\times(1+8\%)^2+8\times(1+8\%)^1+8=46.93$(元)；

持有到期的终值（总收益）：100＋46.93＝146.93(元)。

方法二：期末年金求终值，使用金拐棍软件中的货币时间价值计算器，输入 $n=5$，$I=8\%$，$PMT=8$，期末年金，得出 $FV=46.93$ 元。

其中，息票收入：5×8＝40(元)；

再投资收入：46.93－40＝6.93(元)；

价差收入：0 元；

持有到期的终值（总收益）：100＋40＋6.93＝146.93(元)。

二、债券投资的风险

与其他任何投资工具一样，债券投资也具有风险，尽管与股票、衍生证券相比风险相对较小。一般地，债券投资主要面临六种风险：利率风险、信用风险、购买力风险、流动性风险、赎回风险和再投资风险。

（一）利率风险

利率风险是债券投资者面临的最主要风险，这是因为债券价格波动的主要原因在于利率波动。市场利率的波动一般会影响所有的债券，甚至是风险最低的国库券。当市场利率升高时，债券的价格一般要下跌；反之，当市场利率下降时，债券的价格一般要上升。正是因为市场利率与债券价格之间存在这种密切的反向关系，因此，当市场利率波动时，债券价格也会随之波动。

（二）信用风险

当发行人无力还本付息时，发行人可能选择违约，这就形成了债券投资的信用风险。信用风险与发行人的经营风险和财务风险密切相关，是由发行人的财务状况和资信质量决定的。发行人的财务状况越好、资信质量越高，那么投资该发行人发行的债券所承受的信用风险就越低。一般地，国库券的信用风险最低，其次是政府机构债券、市政债券，信用风险最高的是公司债券。各类债券的信用风险程度还可以进一步通过信用评级来反映。

实例 16－6　超日债券违约事件

2014 年 3 月 4 日，中国债券市场史上出现首例违约事件。深陷困境的太阳能设备制造商超日太阳于当日晚承认债券违约，无法全额支付即将到期的第二期利息 8 980 万元，仅能支付其中的 400 万元。

超日债券违约事件立即引发债市动荡。由于担心连续亏损且无担保的民营公司债成为“超日第二”，部分公司债券价格出现快速下跌。在一级市场上，短短几天内就有超过 10 家公司推迟发行债券或中期票据、短期融资券等，私募债发行也降至冰点。

超日债券违约对投资者有一定的警示意义，终结了债券违约“兜底”时代，有助于债券市场的健康发展，并被视为中国债券市场正常化的里程碑事件。

（三）购买力风险

购买力风险与通货膨胀紧密相关。在适度通货膨胀时期，债券表现非常好，这是因为其收益率一般超过通货膨胀率。但是，当通货膨胀率急剧高涨时，货币的购买力将急剧下跌，购买力风险成为一个突出的问题。在这个时期，债券的收益率提高速度往往滞后于通货膨胀率，这是因为尽管债券市场收益率随着通货膨胀率攀升，但是一旦购买了债券，那么收益率基本上就锁定了，不会再随通货膨胀率上升而上升。

（四）流动性风险

流动性风险是指很难以一个合理的价格转让或变现债券的风险。如果市场交易量小，交易不便利，当在市场上卖出债券时，投资者很难获得一个合理的价格，或者将因为此笔交易而遭受一定的损失，那么就可以说该债券缺乏流动性，存在较高的流动性风险。

我国企业债券流动性较差。由于企业债券市场的整体规模比较小，单只企业债券发行规模也远远小于国债，企业债券的交易远不如国债活跃，这也意味着投资者如果想在短期内变现手中债券，可能会遭受一定程度的差价损失。

（五）赎回风险

所谓赎回风险，也就是提前偿还风险，是指在到期之前发行人提前将债券赎回以降低融资成本，致使投资者可能遭受一定损失的风险。对于可赎回债券，债券发行人有权在到期日之前赎回债券，这就给发行人提供了一个降低融资成本的

机会，同时，也使该债券的投资者承受了预期收益可能下降的风险。

（六）再投资风险

每期利息可以再投资，获得再投资收益，但该收益受利率变动影响，即面临所谓再投资风险。

实例 16－7（接实例 16－5） 如果平价买入该债券后利率立即下降到 6%，即以后息票的再投资收益率为 6%，持有该债券到期，收益为

息票及其再投资的利息收入：

$n=5$，$I=6\%$，$PMT=8$，期末年金，得出 $FV=45.10$（元）。

其中：

息票收入：5×8＝40（元）。

再投资收入：45.10－40＝5.10（元）。

差价收入为 0。

持有到期的终值（总收益）：145.10 元。

再投资的收益比实例 16－5 中少了 1.83（＝6.93－5.10）元，这就是利率的不确定性带来的再投资风险。

当期限很长时，再投资收益占终值（即总收益）的比例很高，再投资的风险也很大。

一般来说，所有债券或多或少都面临上述各种风险，一些债券可能包含更多的市场风险和流动性风险，而另一些债券则可能包含更多的信用风险和赎回风险。同其他投资工具一样，债券遵守“高风险、高收益”规则，即债券中包含的风险越高，那么该债券提供的预期收益率也将越高。债券的风险高度依赖于债券的类型和特征。例如，在其他情况相同时，国债的风险一般低于公司债券，长期债券的风险一般高于短期债券。

第四节　债券价格与收益率

一、债券定价

债券的价格，理论上是债券未来现金流的净现值。债券的定价涉及债券未来的现金流及贴现率。一般来说，债券投资者在未来有权获得两类现金流：一是在债券存续期内定期获得利息收入；二是债券在到期时偿还的本金。

令到期日为 T，贴现率为 y，则债券价格为

$$\text{债券价格}=\sum_{t=1}^{T}\frac{\text{息票利息}}{(1+y)^t}+\frac{\text{面值}}{(1+y)^T}\quad\text{（假设按年付息）}$$

除非债券中途违约，否则债券未来的现金流比较容易确定。然而，在对债券

进行定价时，所采用的贴现率，即债券投资的必要收益率，却不那么容易被确定。实际上，一旦知道债券的必要收益率，债券定价就变得非常容易。

债券的价格主要受市场收益率驱动。这是因为在市场条件下，首先被确定的是债券销售的合适收益率（appropriate yield），然后使用该合适收益率确定债券的价格或市场价值。债券的合适收益率是由一些市场力量、经济力量（如无风险收益率、通货膨胀率等）以及债券发行人和债券本身的特征（如息票率、期限、评级等）共同决定的。这些因素共同作用形成必要收益率，这是投资者投资该债券必须获得的与其风险相当的最低收益率。在债券市场上，债券的必要收益率通常被认为是市场收益率。也就是说，必要收益率定义为债券交易的收益率，并且应当充当债券定价过程的贴现率。

在对债券进行定价时，投资者通常面对的是一个由利息年金加本金组成的现金流。将这些现金流与债券的必要收益率或者贴现率共同用于债券定价的现值模型，就可以发现债券的价格。就债券定价而言，有两种特殊的债券需要说明：一是永续债券（consol），该债券没有期限，不偿还本金，它的未来现金流实际上是一个无穷的利息年金；二是零息债券，该债券不支付利息，到期偿还本金，它的未来现金流实际上是一个到期偿还的本金。

为了简化问题，我们先分析每年支付一次利息的债券定价问题，然后分析每半年支付一次利息的债券定价问题。

（一）零息债券

如上所述，零息债券只在到期时偿还本金，存续期间不支付任何利息，因此，它的未来现金流非常简单，如图 16 - 4 所示。

图 16 - 4　零息债券的现金流

根据现金流贴现原理，零息债券的价格用公式表示为

$$P=\frac{FV}{(1+y)^{T}}$$

其中，P 表示零息债券的价格，y 表示该债券的必要收益率，T 是以年为单位的零息债券的期限，FV 表示零息债券到期偿还的本金或面值。

实例 16 - 8　有两种国库券 A 和 B。债券 A 期限为 1 年，债券 B 期限为 2 年，两债券票面价值均为 1 000 元，均为零息债券，贴现率分别为 7%和 8%，它

们的理论价格为

$$\text{债券 A：}\frac{1\ 000}{1+7\%}=934.58(\text{元})$$

$$\text{债券 B：}\frac{1\ 000}{(1+8\%)^2}=857.34(\text{元})$$

（二）永续债券

如上所述，永续债券只在存续期支付利息，没有到期日，因此，它的未来现金流是一个无穷的利息流，如图 16－5 所示。

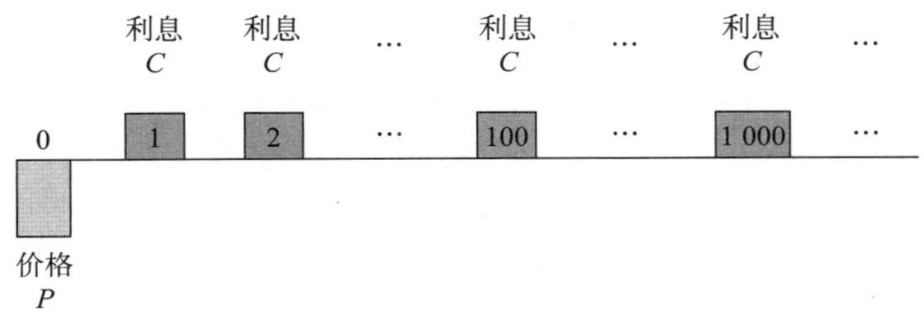

图 16－5　永续债券的现金流

根据现金流贴现原理，永续债券的价格用公式表示为：

$$P=\frac{C}{1+y}+\frac{C}{(1+y)^2}+\cdots+\frac{C}{(1+y)^{100}}+\cdots+\frac{C}{(1+y)^{1\,000}}+\cdots=\frac{C}{y}$$

其中，P 表示永续债券的价格，y 表示该债券的必要收益率，C 表示永续债券每次支付的利息。

例如，对于面值 1 000 美元、息票率为 5%的永续债券，假设它的必要收益率为 4%，那么，它现在的价格应该为 1 000×5%/4%=1 250（美元）。

（三）一般债券

前面分析了两种简单而又特殊的债券的定价。下面，我们针对一般债券的定价进行分析。这类债券定期支付等额的利息，到期偿还本金，如图 16－6 所示。

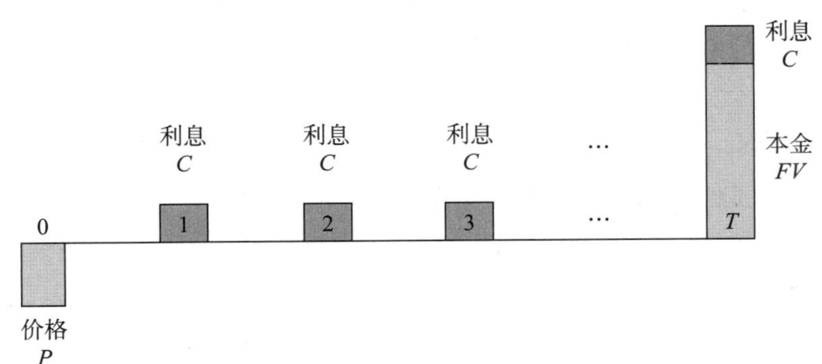

图 16－6　每年付息一次的一般债券的现金流

1. 每年复利

一般债券等额的利息现金流实际上相当于年金，到期偿还的本金实际上等同于前面的零息债券。因此，如果每年付息一次，这类债券的价格用公式表示为

$$P=\frac{C}{1+y}+\frac{C}{(1+y)^2}+\cdots+\frac{C}{(1+y)^T}+\frac{FV}{(1+y)^T}$$
$$=\sum_{t=1}^{T}\frac{C}{(1+y)^t}+\frac{FV}{(1+y)^T}$$

其中，P 表示该每年付息一次的一般债券的价格，y 表示该债券的必要收益率，C 表示该债券每年支付的利息，T 表示该债券的到期年限。

2. 每半年复利

如果债券每半年付息一次，那么债券的现金流和贴现率将在每年付息一次的基础上进行相应的调整：一是每次支付的利息不再是每年支付的利息 C，而是 $C/2$；二是贴现率不再是债券的必要收益率 y，而是 $y/2$；三是时期的个数不再是 T，而是 $2T$。经过上述调整，如果图 16－6 表示每年付息一次的债券的现金流，那么与它相对应的每半年付息一次的债券的现金流如图 16－7 所示。

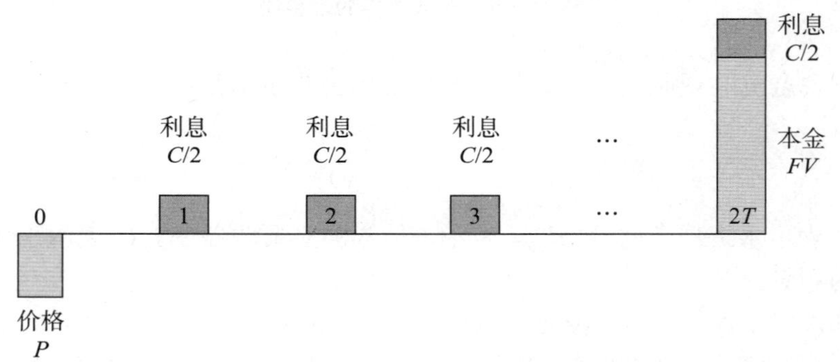

图 16－7　每半年付息一次的一般债券的现金流

根据上述调整，每半年付息一次的债券的定价公式为

$$P=\frac{C/2}{1+y/2}+\frac{C/2}{(1+y/2)^2}+\cdots+\frac{C/2}{(1+y/2)^{2T}}+\frac{FV}{(1+y/2)^{2T}}$$
$$=\sum_{t=1}^{2T}\frac{C/2}{(1+y/2)^t}+\frac{FV}{(1+y/2)^{2T}}$$

其中，P 表示每半年付息一次的一般债券的价格，y 表示债券的必要收益率，C 表示债券每年支付的利息，T 表示该债券的到期年限。

实例 16－9　某债券息票率为 8%，30 年到期，面值为 1 000 元，每半年支付一次利息。假设年利率为 10%，则债券价值为

$$P=\sum_{t=1}^{60}\frac{40}{(1.05)^t}+\frac{1\ 000}{(1.05)^{60}}=810.71(\text{元})$$

债券的现金流是一个普通年金，其中 $PMT=1\ 000\times 8\%/2=40$，$FV=1\ 000$，

$n=30\times2=60$，$I=10\%/2=5\%$，债券价格即求 PV。

二、债券价格的影响因素

债券的价格是由面值、息票率、偿还期和市场利率等因素共同决定的。一般地，在其他因素不变时，债券的面值越大，债券的价格越高；息票率越高，债券的价格越高；市场利率越高，债券的价格越低。偿还期与债券价格之间的关系略微复杂，它依赖于息票率与市场利率的关系。当市场利率高于息票率时，债券的偿还期越长，债券的价格越低。反之，当市场利率小于息票率时，债券的偿还期越长，债券的价格越高。

（一）债券价格与息票率、市场利率的关系

图 16－8 描述了债券价格与息票率市场利率的关系。图中画出了面值为 1 000 美元、偿还期为 30 年、息票率依次为 0%、5%、10%和 15%的 4 只债券。根据图 16－8，债券价格与市场利率呈反向关系：市场利率越高，债券价格越低；而且市场利率变化越大，债券价格的变化越大。当市场利率等于息票率时，债券价格等于面值。当市场利率趋近于 0 时，债券价格等于各期现金流之和。例如，对于图中息票率为 5%的债券，当市场利率为 0 时，它的价格应该等于各期利息与本金之和，即 50×30＋1 000＝2 500（美元）。当市场利率趋近于无穷大时，债券的价格趋于 0。

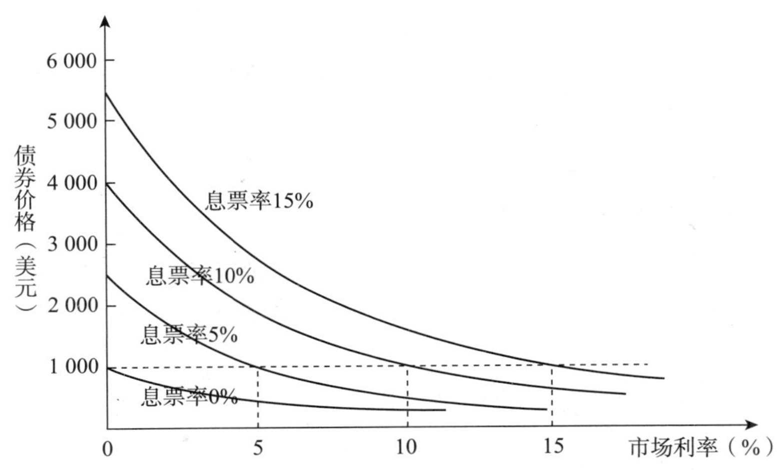

图 16－8 债券价格与息票率、市场利率的关系

根据图 16－8 曲线的形状，得出利率上升所引起的价格下降小于利率相同程度下降引起的价格上升。因此，价格曲线在利率较高时变得比较平缓。这种特性为凸性。

根据图 16－8 我们还可以知道，在其他因素相同时，债券的息票率越高，债券的价格越高。因此，债券的价格与息票率呈正向关系。

（二）债券利率敏感性与期限的关系

图 16－9 描述了面值为 1 000 美元、息票率为 10%、到期期限不同的两只债券在不同市场利率下的价格。根据图 16－9，当市场利率为 10%时，1 年期债券和 30 年期债券的价格均为面值 1 000 美元，当市场利率由 10%下降到 5%时，1 年期债券价格上升为 1 047.62 美元，上涨约 5%，30 年期债券价格上涨为 1 768.62美元，涨幅约为 77%；而当市场利率由 10%上升到 20%时，1 年期债券价格降幅约为 8%，30 年期债券价格降幅则接近 50%。

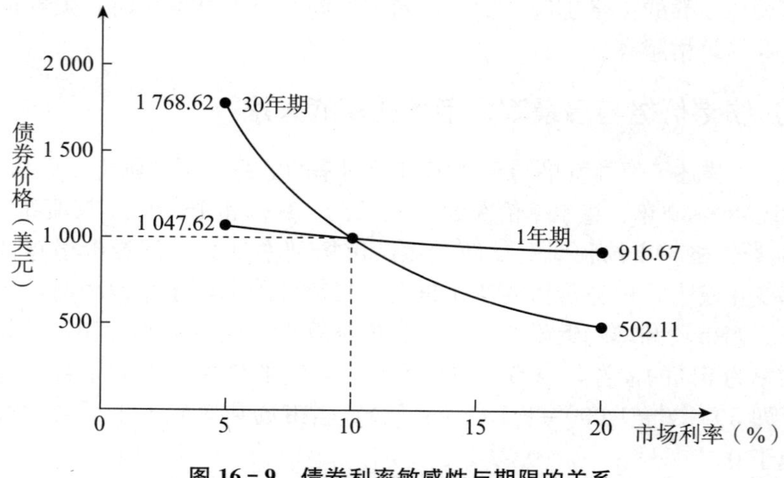

图 16－9　债券利率敏感性与期限的关系

图 16－9 显示，对于息票率相同、到期期限不同的债券，到期期限越长，市场利率变化对债券价格的影响越明显，也就是说，期限越长的债券对市场利率变化越敏感，同等幅度的市场利率变化所引起的债券价格的变化幅度越大。

（三）债券价格与期限的关系

图 16－10 描述了息票率为 10%、期限为 20 年的债券在不同市场利率和不同偿还期下的价格。根据图 16－10，如果市场利率高于息票率，那么债券价格将低

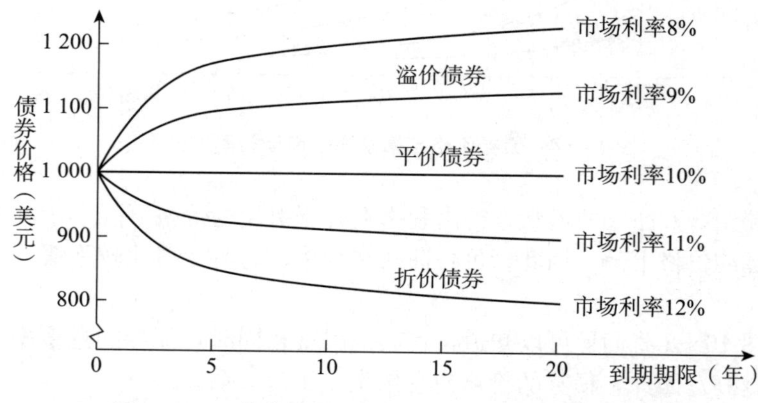

图 16－10　债券的价格与市场利率、偿还期限的关系

于面值，该债券此时被称为折价债券（discount bonds）；如果市场利率低于息票率，那么债券价格将高于面值，该债券此时被称为溢价债券（premium bonds）；如果市场利率正好等于息票率，那么该债券的价格等于面值，该债券此时被称为平价债券（par bonds）。

图 16-10 显示，对于平价债券，到期期限对价格没有影响；对于溢价债券，到期期限越长则价格越高；对于折价债券，到期期限越长则价格越低。

（四）债券价格的时间轨迹

如前所述，当债券的息票率低于市场利率时，债券价格低于面值，折价出售；当息票率高于市场利率时，债券的价格高于面值，溢价出售。当债券发行之后，如果市场利率不发生变化，折价发行或溢价发行的债券的价格将随时间推移遵循怎样的变化趋势呢?

随着时间的不断推移，债券的剩余偿还期越来越短，距离到期日越来越近，债券持有人收到的利息收入将越来越少，利息收入的现值将不断下降，但是面值或本金的现值将不断上升。至于债券价格随时间如何变化，还取决于这两个因素的作用大小。对于折价发行的债券，由于息票率低于市场利率，因此，利息收入对于债券价格的影响处于次要地位，本金对于债券价格的影响处于主要地位，该债券价格将随时间的推移不断上涨，最后在到期日时收敛于面值，如图 16-11 所示。相反，对于溢价发行的债券，由于息票率高于市场利率，因此，利息收入对于债券价格的影响处于主要地位，本金对于债券价格的影响处于次要地位，该债券价格将随时间的推移不断下跌，最后在到期日时也收敛于面值，如图 16-11 所示。

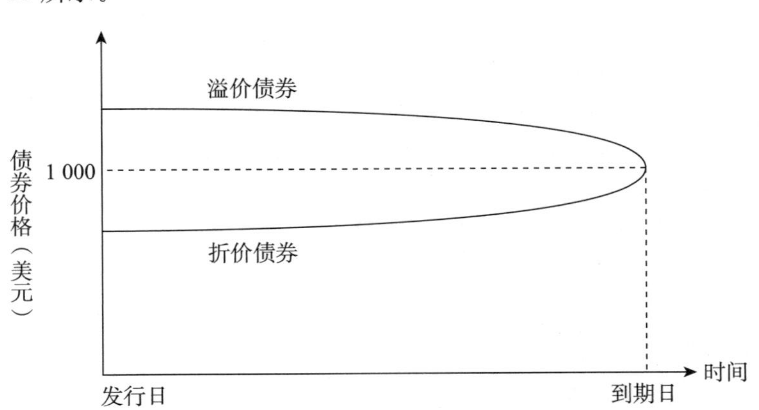

图 16-11　债券价格的时间轨迹

三、影响利率的宏观因素

理财师在为客户规划投资和制定投资方案时，应密切关注市场利率和收益率差额，不仅要注意当前的市场利率和收益率差额，更重要的是，要能够通过分析把握市场利率的未来变化趋势。例如，经过分析，如果理财师认为现在市场利率水平已经达到顶峰了，并有可能下降，那么对于一个保守的收入导向型的客户，理财师应该建议客户立即买入债券，如国债和信用级别较高的公司债券，并持有到期，从而锁定高收益率；相反，对于一个激进的价值导向型的客户，理财师应该建议客户购买能够提供最大的价值增值的债券，如信用级别稍差的公司债券，多数情况下不宜持有到期，而应顺势获取适当的资本利得之后卖出债券。对于这两种情况，把握市场利率的未来变化趋势均显得十分重要。

为了把握市场利率的未来变化趋势，必须弄清楚哪些因素对市场利率有影响及其影响大小。

（1）通货膨胀率是影响市场利率的最主要的因素。通货膨胀率的变化，或者预期未来的通货膨胀率将发生变化，都将对市场利率产生直接而复杂的影响。如果预期通货膨胀率将下滑，那么市场利率也将随之下降；相反，预期通货膨胀率将上升，那么市场利率也将随着上涨。但是，需要注意的是，在高通货膨胀率时期，市场利率的调整速度有可能小于通货膨胀率，从而出现负的实际利率，即通货膨胀率超过了市场利率。

（2）货币供给变化是影响利率的重要因素。当货币供给增加时，市场上资金相对宽裕，将促使市场利率下滑；相反，当货币供给减少时，市场上资金相对紧张，将促使市场利率上升。不过需要注意的是，货币供给急剧膨胀将可能导致通货膨胀率急剧高涨，这就有可能导致市场利率攀高。

（3）政府预算赤字对市场利率具有相当大的影响。当一国财政部门必须通过借入大量的资金来弥补财政赤字时，将导致资金需求增大，在其他因素不变的情况下，会促使市场利率上升。

（4）经济周期与市场利率有较密切的关系。经济周期一般被划分为复苏、繁荣、衰退、萧条 4 个阶段。在不同的阶段，经济活动程度以及对资金需求的大小是不同的。在经济繁荣阶段，一方面，经济迅速扩张，这需要投入大量的资金，资金需求迅速增加；另一方面，政策当局为了防止经济过热，实施紧缩政策，两个方面共同推动市场利率快速上涨。在经济衰退阶段，一方面，经济活动收缩，经济主体对资金的需求减少；另一方面，政策当局为了刺激经济增长，实施扩张政策，两个方面共同导致市场利率走低。

（5）中央银行的政策与市场利率具有相当重要的联系。许多国家的中央银行都有职责使用多种货币政策工具维持物价稳定。当出现通货膨胀趋势时，中央银行将通过实施紧缩性的货币政策，紧缩银根，控制信用扩张，从而推动市场利率升高；相反，当出现通货紧缩迹象时，中央银行将通过实施扩张性的货币政策，放松银根，扩张信用，从而推动市场利率下降。

（6）国外主要市场利率水平对国内市场利率也具有重要的影响。随着经济全球化和金融一体化日益加深，投资者不仅可以在国内进行投资，而且可以在海外进行投资，各个市场之间的联系更加紧密。相应地，各个国家之间的利率也存在一定的联系。例如，如果美国的利率水平上升，投资美国债券获得的收益率较高，就可能吸引更多的投资者投资美国债券，国内资金供给减少，市场利率将可能升高。因此，随着资金流动自由程度的不断提高，各国之间利率水平的联系将更加紧密。

四、债券的收益率

在实际做出投资决策或制定投资方案时，经常使用的不是债券的价格，更多的时候是使用债券的收益率，这不仅是因为债券的价格在很大程度上受到收益率或市场利率的影响，而且是因为在度量投资回报时，进行收益率之间的比较比进行债券价格之间的比较更加便利。我们基本上可以通过调整上一节的债券定价过程来计算收益率：在债券价格、债券未来现金流已知的情况下计算债券的内部收益率。如果投资者持有债券到期，那么这个内部收益率实际上就是债券的到期收益率（yield-to-maturity）。此外，投资者在比较债券投资的回报时，还经常采用比较简单的当期收益率（current yield）。

（一）当期收益率

在所有债券投资收益度量指标中，当期收益率是最简单的。正因为它简单，它的局限性也最大。债券的当期收益率是指债券每年的利息收入与其当前市场价格的比率，用公式表示为

$$y_c = \frac{C}{P}$$

其中，y_c表示债券的当期收益率，C 表示债券每年支付的利息，P 表示债券的当前价格。当期收益率实际上只简单地考虑了债券的当期收益，而没有考虑未来的资本利得。

实例 16－10　某债券息票率为 8%，面值为 1 000 美元，当前价格为 800 美元，每年付息一次。那么，该债券的当期收益率为多少？

解析

$$y = \frac{1\,000 \times 8\%}{800} = 10\%$$

（二）到期收益率

到期收益率是衡量债券投资收益最常用的指标，它是在投资者购买债券并持有到期的前提下，使未来各期利息收入、到期本金收入的现值之和等于债券购买价格的贴现率，或者说是使债券各个现金流（包括购买价格）的净现值等于 0 的贴现率。到期收益率有两个暗含的假设条件：一是它假设投资者将一直持有债券，直至债券到期；二是它假设各期的利息收入要在债券的剩余期限内进行再投资，并且再投资获得的收益率等于到期收益率。在其他因素相同时，债券的到期收益率越高，表明投资该债券获得的收益率越高，越具有投资吸引力。

如果每年复利一次，那么按照债券定价的贴现模型，到期收益率可以用公式表示为

$$P = \frac{C}{1 + y_{TM}} + \frac{C}{(1 + y_{TM})^2} + \cdots + \frac{C}{(1 + y_{TM})^T} + \frac{FV}{(1 + y_{TM})^T}$$

$$=\sum_{t=1}^{T}\frac{C}{(1+y_{TM})^t}+\frac{FV}{(1+y_{TM})^T}$$

其中，P 表示债券的购买价格，y_{TM}表示该债券的到期收益率，C 表示该债券每年支付的利息，T 表示该债券的到期年限。

用计算器计算到期收益率的过程与债券定价几乎相同，唯一的不同在于已知条件不完全相同，债券定价时已知债券的必要收益率，而计算到期收益率时则是已知债券的价格。

实例 16－11 假定息票率为 8%，债券期限为 30 年，半年付息一次，面值为 1 000 元，债券售价为 1 276.76 元。投资者在这个价格购入债券，并持有到期，平均收益率是多少？

解析 (1) 用公式表示为

$$1\,276.76=\sum_{t=1}^{60}\frac{40}{(1+\frac{y}{2})^t}+\frac{1\,000}{(1+\frac{y}{2})^{60}}$$

解得 $y=6\%$，即债券的到期收益率为 6%。

(2) 用理财软件或金融计算器计算操作。按半年计息，则

$n=30\times 2$；

$PV=-1\,276.76$；

$PMT=1\,000\times 8\%/2=40$；

$FV=1\,000$；

得出 $I=3\%$，则到期收益率$=3\%\times 2=6\%$。

(三) 总收益率[①]

买入债券，持有到某日再卖出（或持有到期），其持有期终值包括息票收益、再投资收益以及售价，将该终值贴现到等于买价的贴现率即为总收益率，即

持有期终值＝息票收入＋再投资收入＋售价

买入的价格或现值为 PV，总收益率为 R，则：

$PV\times(1+R)^T=$持有期终值

如果是持有到到期日，则售价＝面值。

实例 16－12（接实例 16－5 和实例 16－7） 期限为 5 年的附息债券，息票率 8%，按年付息，面值 100 元，购买价格也是 100 元，如果持有该债券到期，则：

再投资的年利率为 8%时，

$100\times(1+R)^T=146.93$，$R=8\%$；

再投资的年利率为 6%时，

$100\times(1+R)^T=145.10$，$R=7.73\%$。

① 总收益率也被称为复收益率或持有期实现复利收益率。

以上表明，即使持有债券到期，其总收益也是不确定的，受持有期间利率变动的影响，这就是再投资风险。

第五节　利率风险结构

相同期限和息票率的债券，因其具有不同违约风险、流动性和税收条件，市场价格会有所不同，从而计算出的债券收益率也不一样。反映在收益率上的这种区别，称为利率风险结构。

一般而言，利率和风险呈正向关系，即风险越大，利率越高。债券的风险包括信用风险、流动性风险等。

债券的信用风险是指债券的发行人可能无法按期还本付息的风险。显然，债券的信用风险越大，它对投资者的吸引力就越小，因而债券发行者所应支付的利率就越高。

流动性风险是在到期日之前，持有者很难把债券转让出去以获得现金的风险。人们总是偏好流动性较高的资产（假定其他条件相同），因此流动性越高的债券利率将越低。

此外，所得税也是影响利率风险结构的重要因素。在同等条件下，具有免税特征的债券其利率要低。在美国，市政债券的违约风险高于国债，流动性低于国债，但由于市政债券的利息收入是免税的，所以长期以来，美国市政债券的利率低于国债的利率。

第六节　债券信用评级

一、信用评级的概念及意义

信用评级指独立的第三方信用评级中介机构对债务人如期足额偿还债务本息的能力和意愿进行评价，并用简单的评级符号表示其违约风险和损失的严重程度。

如何理解信用评级呢？首先，信用评级旨在揭示受评对象信用风险的大小，而不是其他类型的投资风险，如利率风险、购买力风险、再投资风险及外汇风险等。其次，信用评级所评价的目标是受评对象按合同约定如期履行债务或其他义务的能力和意愿，而不是企业本身的价值或业绩。最后，信用评级是独立的第三方利用其技术优势和专业经验，就受评对象的信用风险所发表的一种专家意见，它不能代替资本市场的投资者做出投资选择。

信用评级的意义在于：

（1）可以减少信息的不对称；

（2）可以降低发行人的融资成本；

（3）有助于确定债券的违约溢价。

债券的级别越低，违约风险越高，因而到期收益率往往也越高。一般而言，政府债券违约的可能性很低，而公司债券违约的可能性比政府债券高。因此，投资者需要较高的利率作为补偿。实证结果表明，债券的级别越低，平均收益率越高，标准差越大。

二、信用评级机构与信用评级标准

债券违约风险的测定由信用评级机构负责，在中国主要有中诚信、联合资信等评级公司，在美国主要有穆迪公司、标准普尔公司等。这些机构利用公开信息对大中型企业债券和市政债券按质进行信用评级，并用字母等级表示所发行债券的安全性。最高的信用等级是AAA或Aaa。穆迪公司为每种信用等级再另设定1、2或3作为后缀（如Aaa1、Aaa2、Aaa3），以便做出更精确的等级划分。其他评级机构则使用＋或－的符号来做进一步的划分。

根据标准普尔公司等的评级标准，信用等级为BBB级或更高级的债券，或根据穆迪公司的标准，信用等级为Baa级或更高级的债券为投资级债券（investment-grade bonds）；反之，信用等级较低的则被称为投机级债券（speculative-grade bonds）或垃圾债券（junk bonds）。保险公司等投资机构通常不允许对投机级债券进行投资。

表16－4提供了标准普尔公司与穆迪公司对不同债券信用等级的划分。表16－5对标准普尔与穆迪各债券信用等级进行了解释。

表16－4　　标准普尔公司与穆迪公司债券信用等级的划分

	债券信用等级							
	信誉极高		信誉高		投机级		信誉极低	
标准普尔公司	AAA	AA	A	BBB	BB	B	CCC	D
穆迪公司	Aaa	Aa	A	Baa	Ba	B	Caa	C

说明：标准普尔公司与穆迪公司不时对这些信用等级加以调整。标准普尔公司使用加减符号：A＋是A级信用中等级最高的，A则是其中最低的。穆迪公司使用1、2、3作为标记，1为最高等级。

表16－5　　标准普尔公司与穆迪公司的债券信用等级解释

标准普尔公司	穆迪公司	债券信用等级解释
AAA	Aaa	AAA和Aaa具有最高等级信用，还本付息能力极强
AA	Aa	信用等级AA和Aa具有很强的还本付息能力，与最高等级一起构成高信用等级债券
A	A	信用等级A具有较强的还本付息能力，尽管在环境和经济条件变化时，它与更高等级的信用比，可能多少有点不利效果
BBB	Baa	信用等级BBB和Baa被认为有适当的还本付息能力，但它通常显示充分的保护参量，与更高等级信用相比，在经济状况和环境发生变化时，它的还本付息能力更易弱化，这些债券属中级信用范围

续前表

标准普尔公司	穆迪公司	债券信用等级解释
BB	Ba	将这些债券还本付息的能力和它们承担的义务联系起来看，它们被认为具有显著的投机性，Ba和BB投机的程度最低，Ca和CC则最高，虽然这类债券也可能具有一定的质量和安全性，但不确定性和风险性更大，某些债券可能违约
B	B	
CCC	Caa	
CC	Ca	
C	C	这种信用等级的债券不能有利息收入
D	D	债务级别为D的债券是违约债券，利息和/或本金将被拖欠

第七节　债券投资策略

债券投资是一门复杂的学问，熟练掌握债券投资并非易事。一般来说，债券投资策略可以分为消极型投资策略和积极型投资策略两种，在这里，不做深入的分析和介绍，只是向读者展示几种比较实用的操作方法。[①]

一、消极型投资策略

消极型投资策略是一种不依赖于市场预测而保持稳定收益的投资方法，其目的在于获得稳定的债券利息收入和到期安全收回本金。因此，消极型投资策略也常常被称为保守型投资策略。

（一）购买持有

购买持有是最简单的债券投资策略，其步骤是：在对债券市场上所有的债券进行分析之后，根据自己的偏好和需要，买进能够满足自己要求的债券，并一直持有至到期兑付之日。在持有期间，并不进行任何买卖活动。这种投资策略虽然十分粗略，但有交易成本低的好处。

（二）梯形投资法

所谓梯形投资法，又称等期投资法，就是每隔一段时间，在债券发行市场认购一批相同期限的债券，每一段时间都如此，接连不断。这样，投资者在以后的每段时间都可以稳定地获得一笔本息收入。梯形投资法的优点在于，采用此种投资方法的投资者能够在每年中得到本金和利息，因而不至于产生很大的流动性问题。此外，这种投资方法每年只进行一次交易，因而交易成本比较低。

① 进一步的内容详见CFP认证培训教材。

（三）三角投资法

所谓三角投资法，就是利用债券投资期限不同所获本息和也不同的原理，使得在连续时段内进行的投资具有相同的到期时间，从而保证在到期时收到预定的本息和。这个本息和可能已被投资者计划用于某种特定的消费。三角投资法和梯形投资法的区别在于，虽然投资者都是在连续时期（年份）进行投资，但是这些在不同时期投资的债券的到期期限是不相同的。

此外，还有债券指数化投资方法，以及基于久期原理的免疫方法等。

二、积极型投资策略

积极型投资策略有两类，一是通过预测市场利率的变化制定相应的投资策略，二是寻找错误定价的债券进行套利活动，例如预测利率变动方向：如果预测利率有下行趋势，则增加债券总体配置，以持有期限长的债券为主；如果预测利率有上行趋势，则减少债券总体配置，以持有期限短的债券为主。掌握这些方法所需的知识，我们将在 CFP 认证培训教材中详述。

第十七章

股票市场与股票投资

本章提要

本章分为三部分：股份公司与股票、股票估值和股票分析方法。首先，介绍股份公司和股票的概念和特征；其次，介绍两种股票估值方法，即绝对估值方法与相对估值方法，重点介绍相对估值方法；最后，介绍两种股票分析方法，即基本面分析和技术分析，重点介绍技术分析。

本章内容包括：

- 股份公司与股票；
- 股票估值；
- 股票分析方法。

通过本章学习，读者应该能够：

- 理解股份公司的基本概念和特征；
- 掌握股票的概念和特征；
- 掌握股票的交易机制；
- 掌握股票的相对估值方法；
- 理解基本面分析和技术分析的概念。

第一节　股份公司与股票

一、股份公司

（一）基本概念

股份公司是指依照相关法律设立的，通过发行股票的方式把分散的资本集中起来经营的一种企业组织形式。在我国，股份公司即股份有限公司，是依照《中华人民共和国公司法》在中国境内设立的企业法人，拥有独立的法人财产，享有法人财产权。股份有限公司以其全部财产对公司的债务承担责任；而股份有限公司的股东以其认购的股份为限对公司承担有限责任。

（二）主要特征

股份公司具有以下特征：

（1）公司的资本总额平分为金额相等的股份；

（2）股东以其所认购股份对公司承担有限责任，公司以其全部资产对公司债务承担责任；

（3）经批准后，公司可以向社会公开发行股票，股票可以交易或转让；

（4）股东数不得少于规定的数目，但没有上限；

（5）通常，每一股有一表决权，股东以其持有的股份享有权利、承担义务；

（6）公众公司应将经注册会计师审查验证过的财务报告公开。

（三）设立条件

在我国，设立股份有限公司应当满足下列条件：

（1）发起人符合法定人数；

（2）有符合公司章程规定的全体发起人认购的股本总额或者募集的实收股本总额；

（3）股份发行、筹办事项符合法律规定；

（4）发起人制订公司章程，采用募集方式设立的经创立大会通过；

（5）有公司名称，建立符合股份有限公司要求的组织机构；

（6）有公司住所。

（四）公司治理

公司治理是指改进公司内部管理的合规性和透明性，“委托代理”是公司治理的主要问题之一。

1. 委托代理问题

股份公司是由股东出资设立的，因此股东拥有公司财产的所有权，是所有者；而在股份公司的具体运作中，一般由股东“委托”职业经理人“代理”其负责的公司的实际经营，因此股份公司的管理层对公司财产拥有经营权，是真正的经营者。在如此的机制设计下，股份公司中公司财产的所有权和经营权普遍分离。当财产所有权与财产控制权出现分离时，委托代理问题就随之产生了，常见的委托代理问题包括：股东与管理者之间的委托代理问题、债权人与股东之间的委托代理问题、小股东与控股股东之间的委托代理问题。

（1）产生原因。包括：1）委托人和代理人之间的目标不一致；2）委托人和代理人之间的信息不对称；3）委托人和代理人之间的责任不一致。（2）后果。公司存在严重的委托代理问题时，直接后果就是亏损增加和资产流失严重，并会出现严重的内部人控制问题，有悖于财产所有者的利益，给委托人带来风险。解

决该问题的办法是找到一种有效的委托代理形式，使代理人行为符合委托人的利益与要求。

2. 公司治理的主要形式

公司治理是为解决委托代理问题而设计的方法、制度和程序，通过这样一种制度安排，来优化所有者之间以及所有者与经营者之间的权利与责任关系，保证股东利益的最大化。公司治理包括内部治理和外部治理两种形式，具体如图 17-1 所示。

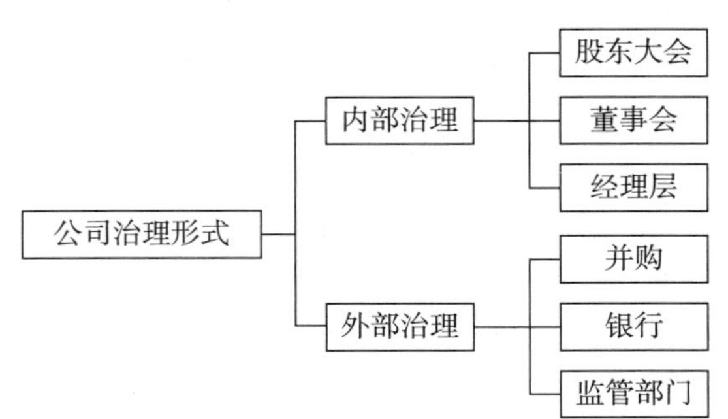

图 17-1　公司治理形式

(1) 公司内部治理结构（如图 17-2 所示）。公司的内部治理将股东大会、董事会、管理层和监事会联系起来，通过股东大会选举成立的董事会来对管理层起到约束的作用，同时股东大会、董事会、管理层三方都受到监事会的监督，这样的机制设置使得股东大会通过董事会与管理层相联系，实现了公司内部权利的平衡。

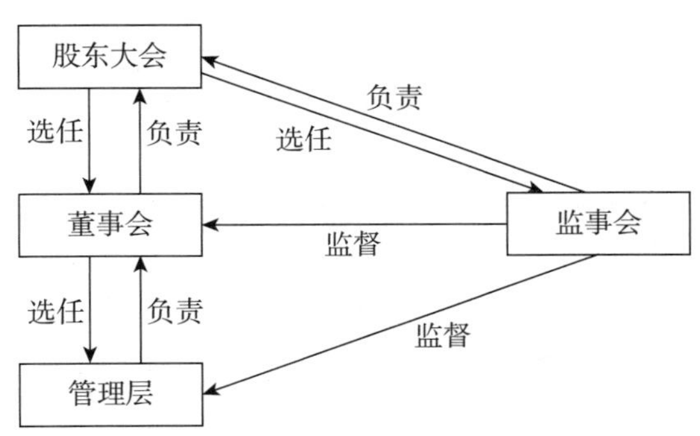

图 17-2　公司内部治理结构

1) 董事会。股东大会选举产生董事会，董事会聘请管理层。作为所有者和经营者的纽带，董事会在内部公司治理中发挥着非常重要的作用，包括：

- 制定公司的战略规划、经营目标、重大方针和管理原则；
- 挑选、聘任和监督经理人员，并掌握经理人员的报酬与奖惩；
- 协调公司与股东、管理部门与股东之间的关系；
- 提出盈利分配方案供股东大会审议。

2) 股票期权、限制性股票、股票增持权、虚拟股票。为了使管理者的行为与自身利益相一致，股东往往会给管理者以激励。而股票期权是授予公司高级管理人员的一种选择权，允许他们在某个时期以前以事先确定好的价格（高于选择权发放时的股票市价）购买一定数量的本公司股票。这样做的目的是激励经理们努力经营，以最大限度地提高公司股票的价格。一般而言，可以通过给予管理者相对较长的期权行使时间，来促使经理们从长远的角度经营管理。

3）其他内部治理机制。其他内部治理机制包括：上市公司被要求定期披露经注册会计师审计的财务报告，减少股东和经营者之间的信息不对称；通过高比率分红，减少公司的自由现金流数量，避免控股股东盲目扩大企业。

（2）外部治理——并购。并购（M&A）是兼并（merger）和收购（acquisition）的总称。实践中，用并购这一术语来泛指如下行为：兼并、合并、收购、接管等。并购行为主要涉及公司股本的增减变化和股权结构的调整，导致的结果大多是公司实际控制权和控制人主体资格的变化。

大量并购实践表明，并购的动机具有多样性，收购方获得控制权的目的不尽相同，但普遍认为，当某公司确信另一个公司的管理者未能充分发挥该公司的盈利潜力时，往往会对目标公司发起收购或接管，即试图通过购买目标公司的股份来获取对其的控制权和经营权。

虽然并购并不一定会带来更有效的管理，但是并购的威胁在一定程度上会促使管理者行为和股东的利益趋同，提高管理效率，进而缓解委托代理问题。

二、股票

（一）概念与作用

股票是股份公司为筹集资金而发行给股东的持股凭证，也是证明股东享有资产收益、参与重大决策和选择管理层等权利的凭证。

对于公司的股东而言，股票的作用主要包括：

（1）作为一种出资证明。当一个自然人或法人向公司投资入股时，通过获得股票作为出资凭证。

（2）股票的持有者凭借其拥有的股票来证明自己的股东身份，参加股东大会，对公司的经营、财务状况发表意见。

（3）股东凭借持有的股票数额参加公司的利润分配，享有对公司现金流的剩余索取权。

（二）主要特征

股票主要具有以下 5 个方面的特征：

（1）收益性，这是股票最基本的特征，它是指股票可以为持有人带来收益的特性。

（2）风险性，其内涵是指股票投资收益的不确定性，或者说实际收益与预期收益之间的偏离。股票价格除了受制于企业经营状况之外，还受经济因素、政治因素、社会因素与人为因素等诸多因素的影响，处于不断变化的状态中。

（3）流动性，这是指股票可以通过依法转让而变现的特性，即在本金保持相对稳定、变现的交易成本极小的条件下，股票很容易变现的特性。

（4）稳定性，股票是一种没有期限的长期投资工具，只要公司存在，就不能退股。所以，以股票筹集资金具有稳定性。

（5）参与性，是指股票持有人有权参与公司重大决策的特性。

（三）股票的分类

1. 常见分类

股票的种类有很多，常见的分类如下：

（1）按股东享有权利的不同，股票可以分为普通股和优先股。此种分类方法是最基本、最常用的分类方法。

普通股是公司发行的标准股票，其投资收益（股息和分红）不在发行时约定，而是根据公司每年的经营业绩来确定。普通股是股份公司资本构成中最重要、最基本的股份，亦是风险最大的一种股份。例如人民币普通股，即 A 股，是指由中国境内公司发行，供境内机构、组织或个人以人民币认购和交易的普通股股票。

优先股是公司发行的，在分配红利和剩余财产时比普通股具有优先权的股票。优先股在发行时就约定一个固定的股息收益率，并先于普通股获得股息且不受公司经营情况影响。在公司解散、破产清算时，优先股具有公司剩余资产的分配优先权。这种优先权先于普通股而后于债务。优先股的权利范围小，一般情况下，优先股股东没有选举权和被选举权，对公司的重大经营决策通常也没有投票权。

优先股一般分为以下几种类型：

1）根据以前年度由于盈利不足而未支付的股息能否在以后年度给予补发，可将优先股分为累积优先股和非累积优先股。累积优先股是指在某个营业年度内，若公司盈利不足以分派规定的股利，日后优先股的股东对往年未给付的股息，有权要求如数补给。对于非累积优先股，虽然对于公司当年所获得的利润有优先于普通股获得分派股息的权利，但若该年公司所获得的盈利不足以按规定的股利分配时，非累积优先股的股东不能要求公司在以后年度中予以补发。

2）根据能否同普通股共同参与利润分配，可将优先股分为参与优先股和非参与优先股。当企业利润增大时，除享受既定比率的利息外，还可以跟普通股共同参与利润分配的优先股，称为“参与优先股”。同等情况下，除了既定股息外，不再参与利润分配的优先股，称为“非参与优先股”。

3）根据能否在特定条件下转换为普通股，可将优先股分为可转换优先股和不可转换优先股。可转换优先股是指允许优先股持有人在特定条件下把优先股转换成为一定数额的普通股，反之则是不可转换优先股。

4）根据是否可赎回，可将优先股分为可赎回优先股与不可赎回优先股。可赎回优先股是指允许发行该类股票的公司，按原价格加上若干补偿金将已发生的优先股赎回（当该公司认为能够以较低股利的股票来代替已发行的优先股时，往往会行使这种权利），反之则是不可赎回优先股。

（2）按是否记载股东姓名，股票可以分为记名股票和无记名股票。

记名股票是指在股东名册上登记了持有人的姓名或名称及住址，并在股票上也注明持有人姓名或名称的股票。记名股票有四大特点，具体为：

1）股东权利归属于记名股东；

2）可以一次或分次缴纳出资；

3）转让相对复杂或受限制；

4）便于挂失，相对安全。

无记名股票是指在股票票面和股份公司股东名册上均不记载股东姓名的股票，也被称为“不记名股票”，与记名股票的差别不是体现在股东权利等方面，而是体现在股票的记载方式上。无记名股票发行时一般留有存根联，它在形式上分为两部分：一部分是股票的主体，记载了有关公司的事项，如公司名称、股票所代表的股数等；另一部分是股息票，用于进行股息结算和行使增资权利。我国《公司法》规定，发行无记名股票的，公司应当记载其股票数量、编号及发行日期。无记名股票有四大特点，具体为：

1）股东权利归属于股票的持有人；

2）认购股票时要求一次缴纳出资；

3）转让相对简便；

4）安全性较差。

（3）按是否在股票票面上标明金额，股票可以分为有面额股票和无面额股票。

有面额股票是指在股票票面上记载一定金额的股票。这一记载的金额也称为票面金额、票面价值或股票面值。我国《公司法》规定，股份有限公司的资本划分为若干股份，每一股的金额相等。有面额股票有如下特点：

1）可以明确表示每一股所代表的股权比例。

2）为股票发行价格的确定提供依据。我国《公司法》规定，股票发行价格可以按票面金额，也可以超过票面金额，但不得低于票面金额。有面额股票的票面金额就是股票发行价格的最低界限。

无面额股票是指在股票票面上不记载股票面额，只注明它在公司总股本中所占比例的股票。无面额股票也称为比例股票或份额股票。无面额股票淡化了票面价值的概念，与有面额股票的差别仅体现在表现形式上，即无面额股票代表着股东对公司资本总额的投资比例。目前我国公司法规定不允许发行这种股票。无面额股票有如下特点：

1）发行或转让价格较灵活。

2）便于股票分割。

2. 中国股票[①]分类

（1）根据上市地域不同将股票分为境内上市股票和境外上市股票。

境内上市股票包括 A 股和 B 股。A 股即人民币普通股票，是由中国境内的公司发行，供境内机构、组织或个人（从 2013 年 4 月 1 日起，境内港、澳、台

① 以下章节中特指上市公司的股票。

居民可开立A股账户）以人民币认购和交易的普通股股票。B股股票即人民币特种股票，是以人民币标明面值、以外币认购和交易的在中国境内证券交易所上市交易的外资股。B股最初是境外投资者向中国上市公司投资的渠道，2001年起对中国境内拥有外汇资产的居民开放。境外上市股票是指中国公司在境外发行并上市的股票，目前主要有在香港证券市场交易流通的H股、在纽约证券市场交易流通的N股，以及在新加坡证券市场交易流通的S股等。

（2）根据上市公司股票的不同交易限制条件，上市公司股本分为限售股和非限售股。

目前我国A股市场的限售股，主要由两部分构成：一类是股改产生的限售股；另一类是新股首次发行上市（IPO）产生的限售股。股改限售股是指股权分置改革过程中，由原非流通的国有股、法人股转变而成的有限售期的流通股。新股限售股是指为保持公司控制权的稳定，《公司法》及交易所上市规则对于首次公开发行股份并上市的公司，在公开发行前股东所持股份都有一定的限售期规定，由于股权分置改革新老划段后不再有非流通股和流通股的划分，这部分股份在限售期满后解除流通权利限制，构成了新股限售股。这类限售股目前已经占到全部限售股的大多数，将来还会有更多的新股限售股出现。新股上市后，新股限售股在解除限售前历年获得的送转股也构成了限售股。

非限售股通常也称为流通股，指可供投资者在证券交易所自由买卖的A股股票。[①]

（3）根据持有人不同，我国股票还可分为国有股、法人股、公众股和外资股。

国有股指有权代表国家投资的部门或机构以国有资产向公司投资形成的股份，包括以公司现有国有资产折算成的股份。由于我国大部分股份制企业都是由原国有大中型企业改制而来的，因此，国有股在公司股权中占有较大的比重。法人股指企业法人或具有法人资格的事业单位和社会团体以其依法可经营的资产向公司非上市流通股权部分投资所形成的股份。公众股也可以称为个人股，是指社会个人或股份公司内部职工以个人合法财产投入公司形成的股份。外资股是指股份公司向外国和我国香港、澳门、台湾地区投资者发行的股票，这是我国股份公司吸收外资的一种方式。

专栏17-1

《优先股试点管理办法》节选

第一条 为规范优先股发行和交易行为，保护投资者合法权益，根据《公司法》、《证券法》、《国务院关于开展优先股试点的指导意见》及相关法律法规，制定本办法。

第二条 本办法所称优先股是指依照《公司法》，在一般规定的普通种类股份之外，另行规定的其他种类股份，其股份持有人优先于普通股股东分配公司利润和剩余财产，但参与公司决策管理等

① 参见《证券期货业统计指标标准指引（2013年修订）》。

权利受到限制。

第三条 上市公司可以发行优先股，非上市公众公司可以非公开发行优先股。

第十一条 公司股东大会可授权公司董事会按公司章程的约定向优先股支付股息。公司累计三个会计年度或连续两个会计年度未按约定支付优先股股息的，股东大会批准当年不按约定分配利润的方案次日起，优先股股东有权出席股东大会与普通股股东共同表决，每股优先股股份享有公司章程规定的一定比例表决权。

资料来源：《优先股试点管理办法》（中国证券监督管理委员会令第 97 号，2014 年 3 月 21 日）。

（四）发行与退市

1. 发行

在我国，股份公司发行股票必须符合《公司法》、《证券法》、《首次公开发行股票并上市管理办法》及其他相关法律、法规和规范性文件的规定，并报中国证监会核准。我国的股票发行主要采取公开发行并上市方式，同时也允许上市公司在符合相关规定的条件下向特定对象非公开发行股票。若有下列情形之一的，为公开发行：

（1）向不特定对象发行证券的；

（2）向特定对象发行证券累计超过 200 人的；

（3）法律、行政法规规定的其他发行行为。

公开发行股票可分为设立股份有限公司公开发行股票、公司成立后首次公开发行新股（IPO）和上市公司再次公开发行股票。设立股份有限公司公开发行股票，指的是采用公开募集方式设立股份有限公司时公司发行股票，即由发起人认购公司应发行股份的一部分，其余部分向社会公开募集。

公司成立后首次公开发行应当符合《证券法》第十三条规定的条件：

（1）公司具备健全且运行良好的组织机构；

（2）公司具有持续盈利能力，财务状况良好；

（3）公司最近 3 年财务会计文件无虚假记载，无其他重大违法行为；

（4）经国务院批准的国务院证券监督管理机构规定的其他条件。

上市公司再次公开发行股票包括上市公司向原股东配售股票（配股）、向社会公众发售股票（增发）两种方式，也需要符合《证券法》第十三条规定的条件。

《首次公开发行股票并上市管理办法》从主体资格、独立性、规范运行、财务与会计、募集资金运用 5 个方面详细规定了进行股票发行的发行人应满足的条件。在财务与会计方面，发行人应当符合下列条件：

（1）最近 3 个会计年度净利润均为正数且累计超过人民币 3 000 万元，净利润以扣除非经常性损益前后较低者为计算依据。

（2）最近 3 个会计年度经营活动产生的现金流量净额累计超过人民币 5 000 万元；或者最近 3 个会计年度营业收入累计超过人民币 3 亿元。

（3）发行前股本总额不少于人民币 3 000 万元。

（4）最近一期期末无形资产（扣除土地使用权、水面养殖权和采矿权等后）

占净资产的比例不高于 20%。

(5) 最近一期期末不存在未弥补亏损。

关于创业板市场的发行条件，详见《首次公开发行股票并在创业板上市管理办法》。

专栏 17-2

创业板市场发行条件

第二章 发行条件

第十一条 发行人申请首次公开发行股票应当符合下列条件：

(一) 发行人是依法设立且持续经营三年以上的股份有限公司。有限责任公司按原账面净资产值折股整体变更为股份有限公司的，持续经营时间可以从有限责任公司成立之日起计算；

(二) 最近两年连续盈利，最近两年净利润累计不少于一千万元；或者最近一年盈利，最近一年营业收入不少于五千万元。净利润以扣除非经常性损益前后孰低者为计算依据；

(三) 最近一期期末净资产不少于二千万元，且不存在未弥补亏损；

(四) 发行后股本总额不少于三千万元。

资料来源：《首次公开发行股票并在创业板上市管理办法》(2015 年 12 月 30 日)。

2. 暂停与退市

在我国，已公开发行、交易的上市公司股票的退市过程主要包括“有顺序”的两个阶段：“暂停”股票上市交易及“终止”股票上市交易。根据《证券法》中的相关规定，上市公司有下列情形之一的，由证券交易所决定“暂停”其股票上市交易①：

(1) 公司股本总额、股权分布等发生变化，不再具备上市条件。

(2) 公司不按照规定公开其财务状况，或者对财务会计报告作虚假记载，可能误导投资者。

(3) 公司有重大违法行为。

(4) 公司最近 3 年连续亏损。

(5) 证券交易所上市规则规定的其他情形。

根据《证券法》中的相关规定，上市公司有下列情形之一的，由证券交易所决定“终止”其股票上市交易②：

(1) 公司股本总额、股权分布等发生变化，不再具备上市条件，在证券交易所规定的期限内仍不能达到上市条件。

(2) 公司不按照规定公开其财务状况，或者对财务会计报告作虚假记载，且拒绝纠正。

(3) 公司最近 3 年连续亏损，在其后一个年度内未能恢复盈利。

---

① 参见《上海证券交易所股票上市规则》(2018 年 11 月修订) 与《深圳证券交易所股票上市规则》(2018 年 11 月修订)。

② 参见《上海证券交易所股票上市规则》(2018 年 11 月修订) 与《深圳证券交易所股票上市规则》(2018 年 11 月修订)。

（4）公司被解散或者宣告破产。

（5）证券交易所上市规则规定的其他情形。

股份公司在其股票终止上市后，应当选择并申请将股票转入全国性的场外交易市场、其他符合条件的区域性场外交易市场或者交易所设立的退市公司股份转让系统进行股份转让；公司不申请的，交易所安排其股票在交易所退市公司股份转让系统进行股份转让。

（五）配股与增发

配股与增发都是上市公司为了公司发展的需要而发行新股筹集资金的方式。《证券发行与承销管理办法》规定，配股是指上市公司向原股东配售新股。若投资者在股权登记日当日收市后仍持有上市公司股票，则享有配股权，且配售比例与持股比例一致，股东可自由选择是否参与配股；增发（这里指公开增发）是指上市公司向不特定对象公开募集股份。上市公司可以全部或者部分向原股东优先配售，优先配售比例应当在发行公告中披露。上市公司增发，主承销商可以对参与网下配售的机构投资者进行分类，对不同类别的机构投资者设定不同的配售比例，对同一类别的机构投资者应当按相同的比例进行配售。

无论配股还是增发，都是上市公司的一种再融资行为。在我国，增发和配股在新发行股票的定价上有较大的差异。一般来说，增发股票的定价略低于股票的市场价格，而配股价格则要比市场价格低得多。增发包括定向增发与公开增发，其中，定向增发是指上市公司采用非公开方式，向特定对象发行股票的行为，其发行价格不低于定价基准日前 20 个交易日公司股票均价的 90%。《证券公司管理办法》规定，增发的发行价格应不低于公告招股意向书前 20 个交易日公司股票均价或前一个交易日的均价。后又出台了实施细则，重点对定向增发的定价机制做出明确细化。对于定价基准日，规定必须在董事会决议公告日、股东大会决议公告日和发行期的首日这三个日期中选取，股票均价的计算应为充分考虑成交额和交易量因素的加权均价。同时，实施细则对以重大资产重组、引进长期战略投资为目的的发行和以筹集现金为目的的发行采取了不同的定价机制。按照证监会的相关规定，配股价格不会低于本次配股前最新公布的该公司财务报告中每股净资产值，而对其上限并没有硬性规定。此外，配股后需要进行除权处理。

增发新股对投资者来说有两层含义，有利的一面在于增发新股表明上市公司扩张势头较强，资金需求旺盛，能够给投资者以信心；不利的一面表现为公司股票价格被高估，公司想高价卖出其股份。

实例 17-1　中金黄金配股

中金黄金（600489）于 2016 年 5 月开展一轮配股发行，此次配股的具体信息如下。

（1）配售比例及数量：本次 A 股配股以本次 A 股发行股权登记日（2016 年 5 月 13 日，收盘价为 10.59 元/股）收市后中金黄金 A 股股本总数 2 943 228 797 股为基数，按每 10 股配 1.8 股的比例向 A 股股东配售，共计可配股份数量为 529 781 184 股。

（2）配股价格：6.22元/股；除权基准日：2016年5月24日。

（3）发行对象：截至2016年5月13日上海证券交易所收市后，在中国证券登记结算有限责任公司上海分公司登记在册的持有中金黄金A股股份的全体股东。

在配股成功后，2016年5月24日的涨跌幅度计算基准为前一日收盘价经除权计算后的参考价格（除权参考价），其计算过程如下：

（10.59元/股×10股+6.22元/股×1.8股）/11.8股=9.92元/股

实例17-2　广发银行股份有限公司增发

广发银行股份有限公司于2017年4月进行股份增发，此次股份增发方案简介如下。

（1）股份发行数量：预计本次股份增发数量不超过4 360 000 000股。

（2）每股面值：人民币1元。

（3）发行价格：本次发行价格拟定为人民币7.01元/股，不低于本行截至2016年12月31日的每股净资产6.88元/股以及国有资产评估结果备案价格。

（4）发行对象：股权登记日登记于股东名册的符合监管要求的本行股东。

（5）股份增发实施安排：本次股份增发由本行股东按其持股比例进行认购，如在本行股东履行认购手续后仍有股份余额未被认购，则由董事会根据股东大会的授权决定由本行股东或引入新投资者进行认购。

（六）拆股与缩股

1. 拆股

拆股又称股票分割，是指通过成比例地降低股票面值来将面额较高的股票转换成面额较低的股票，从而增加普通股数量，降低股票的价格。例如，对现有面值1元的股票进行1∶2的拆股，则持有100股旧股票的股东就会拥有200股面值为0.5元的新股票。拆股所获股票不属于股利。实行股票分割的主要目的在于降低股票市价，提高股票的可转让性和流动性；为新股发行做准备；有助于公司兼并、合并政策的实施。

经过拆股后，所有旧股票作废，取而代之的是新面值的新股票，股份公司的股票数量会增加，每股面值将降低，每股盈余与股价会随之同比例下降；而公司的总资产、股东权益总额与股东权益中各个科目的金额以及相互之间的比例均保持不变。因此，拆股对公司的财务结构不会产生任何影响。我国《公司法》中只规定股票发行价格可以等于票面金额，也可以超过票面金额，但不得低于票面金额，并未规定股票面值不能变化。

实例17-3　星亚控股拆股

星亚控股（8293）于2018年3月8日在香港证券交易所实施拆股计划，1股拆为5股，并于2018年3月8日调整其在领航星交易平台-证券市场（“OTP-C”）的前收市价，经调整的前收市价以星亚控股2018年3月7日（即拆股生效前一天）的收市价和根据下列适用于一般拆股的调整公式计算。

调整公式：

经调整的前收市价＝拆股生效前一天的收市价×R

其中，R＝拆股比例（即 1/5）。

2. 并股

并股即股票合并，是指公司将多股流通股合并为一股，从而达到减少在公开市场上流动的股份数量的目的，这样（在理论上）可以提升股价。股票合并作为拆股的反向操作行为，又称为"反分割"，在中国现实情境中称为缩股。缩股后普通股的数量减少，其面值相应提高，每股收益也相应增加。与拆股一样，缩股后的股本总额、资本公积和留存收益都保持不变，股东权益总额也保持不变。

实例 17－4　厦门灿坤缩股

2012 年 7 月 7 日发布的《深圳证券交易所股票上市规则》（2012 年修订）规定，如果在深圳证券交易所仅发行 B 股股票的上市公司，通过深圳证券交易所交易系统连续 20 个交易日（不含公司股票全天停牌的交易日）的每日股票收盘价均低于股票面值，那么深圳证券交易所将有权决定终止其股票上市交易。

由于 2012 年 7 月 9 日至 8 月 1 日期间，厦门灿坤实业股份有限公司，即"闽灿坤 B"的股票收盘价按照当时汇率折算后已经连续 18 个交易日均低于股票面值，因此为了避免被退市，"闽灿坤 B"在 8 月 1 日晚公告停牌，并于 12 月 27 日公告了公司的缩股方案，具体缩股方案为：

以现有总股本 1 112 350 077 股为基数，全体股东按每 6 股缩为 1 股的方式缩股，相当于每股折算为 0.166 666 668 股。缩股方案实施的股权登记日为 2012 年 12 月 28 日。缩股方案实施后首个交易日为 2012 年 12 月 31 日。

"闽灿坤 B"缩股方案实施后首个交易日公司股票交易实行价格涨跌幅限制，涨跌幅度计算基准为上一天收盘价经除权计算后的换算价格（除权参考价）：除权参考价＝(缩股方案实施前一交易日收盘价×缩股方案实施前股份总数)/缩股方案实施后股份总数，即

$$\underset{(12\text{月}31\text{日})}{\text{除权参考价}} = \underset{(8\text{月}1\text{日})}{0.45\text{港元/股}} \times 111\,235.008\text{万股}/18\,539.168\text{万股}$$
$$=2.7\text{港元/股}$$

从理论上说，不论是分割还是合并，都不影响股东权益的数量及占公司总股权的比重，因此也不会影响调整后股价。但事实上，股票分割与合并通常会刺激股价上升或下降。股票分割通常适用于高价股，拆分之后每股股票市价下降，便于吸引更多的投资者购买；并股则常见于低价股。

（七）股票回购

股票回购是指公司利用现金方式从股市购回本公司已发行的部分股票的行为。回购后可直接注销，也可作为库藏股用于公司股票期权、员工福利计划、发行可转换债券等特殊用途所需的股票。股票回购源于公司规避政府对现金股利的管制，从 20 世纪 80 年代开始因为可以用于对付敌意并购而盛行。

股票回购分为公开市场回购和要约回购两类。公开市场回购是指公司在股票市场按照股票的市场价格回购股票，一般在股票市场表现欠佳时进行小规模回

购。要约回购是指公司发出要约，以期在特定期间内回购既定数量的股票。要约价格通常比要约发出时股票的市场价格高，其优点在于赋予所有股东向公司出售其所持股票的机会。通常情况下，公司享有在回购数量不足时取消回购计划或延长要约有效期的权利。

与公开市场回购相比，要约回购通常被市场认为是更积极的信号，但溢价的存在也使得这种回购方式的执行成本较高。

股票回购的作用如下：

（1）优化资本结构；

（2）向市场传递积极的信号，稳定股价；

（3）作为公司调度使用资金的有效手段；

（4）作为员工激励的手段；

（5）改变股权结构以满足法律相关规定。

（6）作为反收购的手段之一。

股票回购也可能对公司的经营造成负面影响，如举债进行股票回购，会使公司资产流动性变差，背负巨大的偿债压力；成为向控股股东输送利益的工具。

新的《公司法》规定，公司不得收购本公司股份。但是，有下列情形之一的除外：（1）减少公司注册资本；（2）与持有本公司股份的其他公司合并；（3）用于员工持股计划或者股权激励；（4）股东因对股东大会做出的公司合并、分立决议持异议，要求公司收购其股份的；（5）存量股票的可转债转换；（6）维护公司价值。

（八）股利

从本质上讲，股利是股份公司分配给股东的由历年实现的利润所积累形成的公司盈余，是公司进行利润分配的基本方式，也是公司对股东投资进行回报的主要途径。股利是股息和红利的总称，其中股息是公司根据股东持有的股份，按照事先确定的固定比例向股东分配的公司盈余，而红利则是公司除股息之外根据公司盈余的多少由股东大会决定的、向股东分配的公司盈余。由此可见，公司红利的分配是不确定的。

上市公司发放股利一般遵循制度原则、股权平等原则、基准原则、例外原则。

股份公司发放股利的形式主要包括两种：现金股利和股票股利。

1. 现金股利

现金股利是指公司以现金形式发放的股利，是公司以当期或累计可支配的收益对股东的支付，发放现金股利的多少主要取决于公司的股利政策和经营业绩。发放现金股利，一方面可以增强投资者的投资信心，传递公司未来将蓬勃发展的信息；另一方面，持续、稳定的现金股利可以使公司保持良好的形象。发放现金股利需要公司有充足的现金，或者能在短期内筹集到大量的现金。从会计角度看，现金股利使公司的资产总额减少，同时股东权益中的留存收益减少，负债总额不变（见表 17－1）。

专栏 17－3

我国上市公司股利分配现状

2013 年 12 月 27 日，国务院办公厅发布了《关于进一步加强资本市场中小投资者合法权益保护工作的意见》（简称《意见》），明确提出要优化投资回报机制，其中完善利润分配制度要求上市公司披露利润分配政策，尤其是现金分红政策的具体安排和承诺。对不履行分红承诺的上市公司，要记入诚信档案，未达到整改要求的不得进行再融资。独立董事及相关中介机构应当对利润分配政策是否损害中小投资者合法权益发表明确意见。

《意见》还指出，要建立多元化投资回报体系，完善股份回购制度，引导上市公司承诺在出现股价低于每股净资产等情形时回购股份；研究建立"以股代息"制度，丰富股利分配方式；对现金分红持续稳定的上市公司，在监管政策上给予扶持；制定差异化的分红引导政策，完善除权除息制度安排。

表 17－1　　公司发放现金股利后资产负债表变动

<table>
<tr><td rowspan="4">总资产
（减少）</td><td>负债
（不变）</td><td>……</td></tr>
<tr><td rowspan="3">股东权益
（减少）</td><td>股本
（不变）</td></tr>
<tr><td>资本公积
（不变）</td></tr>
<tr><td>留存收益
（减少）</td></tr>
</table>

哪些股东可以参与分红或配股是以登记日来界定的，在登记日这一天仍持有或买进该公司股票的投资者是可以享受此次分红的股东；股权登记日后的第一个交易日是除息日，在除息日这一天购入该公司股票的股东则不再享有公司的此次分红。

实例 17－5　现金股利

汕头东风印刷股份有限公司（东风股份）2016 年度利润分配方案的主要信息如下。

（1）发放范围：截至 2017 年 9 月 28 日下午上海证券交易所收市后，在中国证券登记结算有限责任公司上海分公司登记在册的本公司全体股东。

（2）分配方案：公司 2016 年度以截至 2016 年 12 月 31 日总股本 1 112 000 000 股为基准，向全体股东按每 10 股派发现金红利 0.60 元（含税）。

（3）公告日：2017 年 9 月 22 日。

（4）股权登记日：2017 年 9 月 28 日。

（5）除息日[①]：2017 年 9 月 29 日。

除息参考价为：11.15 元/股（=11.21 元/股－0.06 元/股）。

① 当天涨跌幅度的计算基准为上一天收盘价经除息计算后的换算价格（除息参考价）。

（6）现金红利发放日：2017 年 9 月 29 日。

图 17－3 展示了股权登记日当日东风股份价格走势。

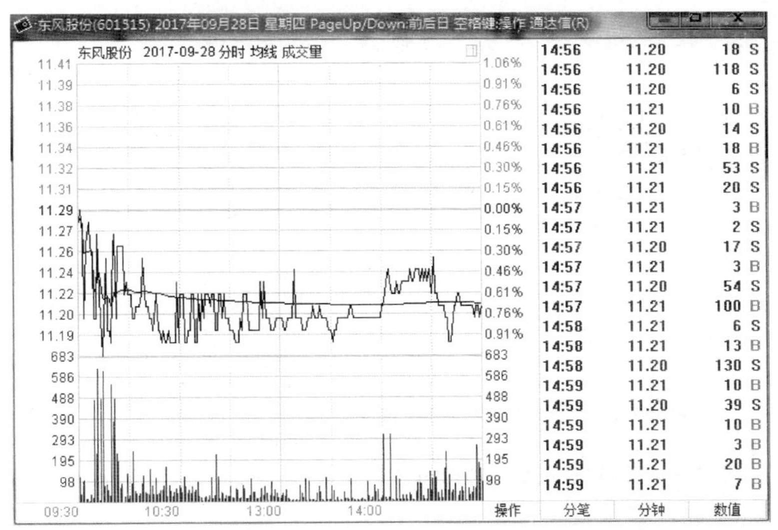

图 17－3 股权登记日（2017 年 9 月 28 日）当日东风股份价格走势

实例 17－6 现金股利

申万宏源集团有限公司（申万宏源）2016 年度利润分配方案的主要信息如下。

（1）发放范围：截至 2017 年 6 月 15 日下午上海证券交易所收市后，在中国证券登记结算有限责任公司上海分公司登记在册的公司全体 A 股股东。

（2）分配方案：公司 2016 年度利润分配方案以公司现有总股本 20 056 605 718 股为基数，向全体股东每 10 股派 1.00 元人民币现金（含税；扣税后，QFII、RQFII 以及持有股改限售股、首发限售股的个人和证券投资基金每 10 股派 0.90 元）。

（3）公告日：2017 年 6 月 9 日。

（4）股权登记日：2017 年 6 月 15 日，当日收盘价为 5.68 元/股。

（5）除息日：2017 年 6 月 16 日。

除息参考价为：5.59 元/股（＝5.68 元/股－0.09 元/股）。

（6）现金股利发放日：2017 年 6 月 16 日。

图 17－4 展示了股权登记日当日申万宏源价格走势。

2. 股票股利

股票股利指公司以股票的形式向股东支付股利，即送红股。从会计角度看，股票股利既不改变股东的股权比例，也不增加公司的资产总额，只是将资金从留存收益账户转移到其他股东权益账户，扩大了总股本，摊薄了每股收益。

与发放现金股利一样，公司也规定几个与股票股利有关的日期：宣布日、登记日和支付日，但另一个日期是除权日而不是除息日。除权日也是股权登记日后的第一个交易日，在除权日这一天和以后时间购入的股票将无权得到股票股利。在除权日当天，证券交易所会依据分红情况的不同在股票名称前增加英文字母进

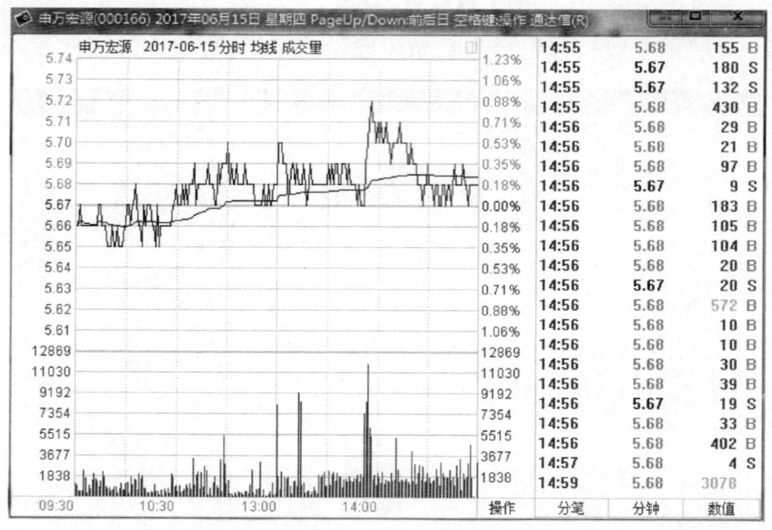

图 17－4　股权登记日（2017 年 6 月 15 日）当日申万宏源价格走势

行提示，在股票名称前加 XR 表示除权，加 XD 表示除息，加 DR 表示权息同除。公司发放股票股利后资产负债表变动如表 17－2 所示。

表 17－2　　公司发放股票股利后资产负债表变动

<table>
<tr><td rowspan="4">总资产
（不变）</td><td>负债
（不变）</td><td>……</td></tr>
<tr><td rowspan="3">股东权益
（不变）</td><td>股本
（增加）</td></tr>
<tr><td>资本公积
（不变）</td></tr>
<tr><td>留存收益
（减少）</td></tr>
</table>

公司发放股票股利的主要动机在于：

（1）在公司利润和现金股利预期不会增长的情况下，股票股利的发放可以有效降低每股市价，将股票价格控制在公司认为合理的范围之内。

（2）股票股利还可以使股东分享公司的收益而无须分配现金，提高公司的变现能力，也可以将现金用于公司的投资项目，有利于公司的长期发展。

（3）股票股利往往传递着公司将会继续发展的信息，以及未来盈利、现金流量将增加的信号，表示上市公司具有“高成长”的特性。

实例 17－7　股票股利

通化东宝药业股份有限公司（通化东宝）2016 年度利润分配方案的主要内容如下。

（1）发放对象：截至 2017 年 6 月 5 日下午上海证券交易所收市后，在中国证券登记结算有限责任公司上海分公司登记在册的全体股东。

（2）分配方案：本次利润分配以方案实施前的公司总股本 1 421 933 481 股为基数，向全体股东每股派发现金红利 0.2 元（含税），每股派送红股 0.2 股，共计派发现金红利 284 386 696.20 元，派送红股 284 386 696 股，本次分配后总股本为 1 706 320 177 股。

（3）公告日：2017 年 5 月 26 日。

（4）股权登记日：2017 年 6 月 5 日，当日收盘价为 20.01 元/股。

（5）除权/除息日：2017 年 6 月 6 日。

除息除权参考价为：16.51 元/股［=（20.01 元/股－0.2 元/股）/1.2］（先除息，后除权）。

（6）新增无限售条件流通股份上市日：2017 年 6 月 6 日。

（7）现金红利发放日：2017 年 6 月 6 日。

图 17－5 展示了股权登记日当日通化东宝的价格走势。

图 17－5　股权登记日（2017 年 6 月 5 日）当日通化东宝的价格走势

3. 现金股利与股票股利的比较

从会计与财务的角度看，股份公司向股东发放现金股利与股票股利会造成截然不同的一系列影响。现金股利的资金来源是公司的留存收益，这部分资金是从股份公司流出而发到了股东手中，因此发放现金股利会使公司的留存收益、股东权益、流动资产与总资产均出现同数额的减少，从而降低了公司的短期偿债能力和每股市价。

股票股利的资金来源同样是公司的留存收益。与现金股利不同的是，按照相关法律进行的账务处理是将这部分资金从留存收益账户（盈余公积与未分配利润）转移到股本账户，因此这部分资金实际上是留在了公司内部，并没有真正发放到股东手中。由此会造成公司的留存收益下降，而股本增加，股东权益各账户之间的比例会发生变化而其总额保持不变（不考虑相关税收）。经过除权后，每股市价会成比例下降。

股利的发放形式除现金股利和股票股利以外，还包括财产股利和建业股利，但上市公司通常会选择发放现金股利与股票股利，原因在于：一方面，从股东偏好的角度来看，部分股东偏好现金股利，而另一部分偏好股票股利，因此采用联合两种股利的复合形式，不同类型股东的偏好都将得到满足；另一方面，股票股利通常不需要股东对其缴纳税款（也有例外情况），而现金股利则需要缴纳相关税费，因此通过将一部分现金股利转换为股票股利，上市公司能够帮助股东减少税收支出。此外，发放部分股票股利有助于上市公司保留部分现金，从而保证公司的稳定发展和快速增长。

（九）股票指数

1. 概念及功能

股票市场价格指数，即股票指数，是由证交所或金融服务机构编制的表明股票市场价格水平变动的相对数。根据股票价格指数的升降，投资者可以判断出股票价格未来的变动趋势，股票价格指数对投资活动起指导性的作用。

由于股票价格起伏无常，投资者必然面临市场价格风险。对于具体某一种股票的价格变化，投资者容易了解，但要逐一了解多种股票的价格变化则不容易。为了适应这种情况，满足投资者的需要，一些金融服务机构利用自身业务知识和熟悉市场的优势，编制出股票价格指数并公开发布，作为市场价格变动的指标。投资者可据此检验自己投资的效果，并用以预测股票市场的动向。同时，股票价格指数还可作为观察、预测社会政治、经济发展形势的参考指标。

股票指数有以下 4 种功能：

（1）表征功能，即宏观地反映股票市场特定部分或者整体变动的趋势，可用来追溯和研究资本市场的进化历程，可间接反映国民经济的波动情况。

（2）投资功能。股票指数本身是被动式投资管理的投资对象，这种投资策略的目标就是模拟被追踪的股票指数的表现。

（3）评价功能。股票指数是衡量投资业绩的相对指标，特别是用于衡量机构投资者的业绩。

（4）作为开发某些金融衍生产品的基础。股票指数是开发某些金融衍生产品的基础，如股票指数期货和股票指数期权等，这些金融衍生产品是投资者进行风险控制的工具。

2. 国际股票指数与中国股票指数

比较知名的国际股票指数和中国股票指数包括：道琼斯工业指数、标准普尔 500 指数、纳斯达克综合指数、上证综合指数、深证成份股指数、沪深 300 指数，以及创业板指数等。下面对中国股票指数做简单介绍。

（1）上证综合指数。上证综合指数[①]是上海证券交易所编制的，其样本股是在上海证券交易所挂牌上市的全部股票，包括 A 股和 B 股，是以发行量为权数的加权综合股价指数，反映了上海证券交易市场的总体走势。上证综合指数的基

① 上证综合指数的详细信息可在上海证券交易所官方网站查询。

日定为1990年12月19日，基日指数定为100点，自1991年7月15日起正式发布，是我国最早发布的股票指数。

（2）上证180/50/380指数。[1] 上证180指数由中证指数有限公司编制，是对原上证30指数进行调整并更名而成的，其样本股是在上海证券市场中抽取的最具市场代表性的180种样本股票，自2002年7月1日起正式发布。

上证50指数是在上证180指数的基础上，挑选市场规模大、流动性好、最具代表性的50只股票组成样本股编制而成的，自2004年1月2日起正式发布，主要作为衍生金融工具基础的投资指数。

上证380指数是在所有沪市A股的基础上，剔除了上证180指数样本股、未分配利润为负以及5年未派发现金红利或送股的公司后，选取380只最具代表性的股票组成样本股编制而成的，于2010年11月29日发布，与上证180指数、上证50指数一起构成上海市场主要的蓝筹股指数。

（3）深圳成份股指数。深圳成份股指数[2]由深圳证券交易所编制，通过对所有在深圳证券交易所上市的公司进行考察，按一定标准选出500家有代表性的上市公司作为成份股，以成份股的可流通股数为权数，采用加权平均法编制而成。深圳成份股指数的基日定为1994年7月20日，基日指数定为1 000点，起始计算日为1995年1月23日。

（4）沪深300指数。沪深300指数[3]是中证指数有限公司编制的，由上海证券交易所和深圳证券交易所于2005年4月8日联合发布的，反映A股市场整体走势的指数。沪深300指数编制目标是反映中国证券市场股票价格变动的概貌和运行状况，并能够作为投资业绩的评价标准，为指数化投资和指数衍生产品创新提供基础条件。沪深300指数的基日定为2004年12月31日，基日指数定为1 000点，其样本覆盖了沪深市场60%左右的市值，具有良好的市场代表性和参考性。与上证综合指数、深圳成份股指数相比，沪深300指数的特点之一就是采用自由流通量为权数。自由流通量就是剔除不上市流通的股本之后的流通量。

（5）中证100/200/500/700/800指数。[4] 中证100指数是从沪深300指数样本股中挑选规模最大的100只股票组成样本股，以综合反映沪深证券市场中最具市场影响力的一批大市值公司的整体状况，自2006年5月29日起由中证指数有限公司发布。

中证200指数成份股包括沪深300成份股中非中证100的200家成份股公司。

中证500指数是在所有A股里剔除沪深300指数样本股及最近一年日均总市值排名前300名的股票后，再剔除日均成交金额排名后20%股票后的剩余股票中，选取总市值排名前500的股票作为样本股。它可以综合反映沪深证券市场内小市值公司的整体状况，主要作为衍生金融工具基础的投资指数。

---

① 上证50/180/380指数详细信息可在中证指数有限公司官方网站查询。

② 深圳成份股指数的详细信息可在深圳证券交易所官方网站查询。

③ 沪深300指数的详细信息可在中证指数有限公司官方网站查询。

④ 中证100/200/500/700/800指数详细信息可在中证指数有限公司官方网站查询。

中证 700 指数是由中证 500 和中证 200 成份股构成。

中证 800 指数是由中证 500 和沪深 300 成份股构成。

（6）创业板指数。[①] 创业板指数是深交所多层次资本市场的核心指数之一，由创业板市场中市值最大、成交最活跃、最具代表性的 100 家上市企业股票组成，反映创业板市场层次的运行情况，是投资者观察 A 股市场走势不可或缺的指标。

创业板指数以 2010 年 5 月 31 日为基准，基日指数定为 1 000 点。将平均总市值占市场比重、平均自由流通市值占市场比重、平均成交金额占市场比重三者 1∶1∶1 加权平均，从高到低排序后参考公司治理结构、经营状况等因素，按照缓冲区技术选取样本股。

创业板指数中新兴产业、高新技术企业占比高，成长性突出，行业结构与中国新经济转型方向一致，“九大战略新兴产业”权重占比高达七成，具备高成长性，兼具价值尺度与投资标的的功能。

（十）交易机制

股票市场主要有两种交易模式，即做市商模式和以竞价为特征的拍卖模式，其中竞价交易又包括集合竞价和连续竞价两种方式。以下两种方式的区别如表 17－3 所示。

表 17－3　集合竞价和连续竞价的比较

	集合竞价	连续竞价
定义	对一段时间内接受的买卖申报一次性集中撮合的竞价方式	对买卖申报逐笔连续撮合的竞价方式
适用情况/时间	开盘集合竞价（9:15—9:25）	9:30—11:30， 13:00—14:57
	收盘集合竞价（14:57—15:00）	
	盘中临时停牌复牌集合竞价	
成交原则	可实现的最大成交量	价格优先 时间优先
	高于该价格的买入申报与低于该价格的卖出申报全部成交	
	与该价格相同的买方或卖方至少有一方全部成交	

目前，世界范围内各个层次的金融市场（包括股票市场、债券市场、金融衍生品市场等）所实行的交易机制都是这两种基本运行模式之一或两者的混合体，规模较大的证券交易所如纽约证券交易所等都实行拍卖模式，我国股票市场则以集中、连续竞价的拍卖模式为主，做市商模式[②]仅占很小一部分。

1. 连续竞价制度

我国的证券交易通常会规定一个最小的买卖数量作为交易单位，即通常所说

---

① 创业板指数详细信息可在国证指数网查询。

② 做市商模式主要是在新三板市场中。

的"一手"，交易订单的委托数量必须为"一手"的整数倍。"一手"也是交易所规定每次报价和成交的最小变动单位。在交易过程中，交易所依照连续竞价、公开竞价原则形成证券价格。当买卖双方在交易价格和数量上取得一致时，便立即成交并形成价格。连续竞价时，成交价格的确定依据为：

（1）最高买入申报与最低卖出申报价格相同，以该价格为成交价。

（2）买入申报价格高于即时揭示的最低卖出申报价格时，以即时揭示的最低卖出申报价格为成交价。

（3）卖出申报价格低于即时揭示的最高买入申报价格时，以即时揭示的最高买入申报价格为成交价。

凡不能成交者，将等待机会成交；部分成交者，剩余部分将处于等待成交状态。投资者的委托如未能全部成交，证券公司在委托有效期内可继续执行，直到有效期满。

此外，为保护投资者利益，防止股票价格暴涨暴跌，交易所对股价的涨跌幅度也做出了限制。具体限制为股票当日涨跌幅不能超过前一个交易日收盘价格的10%，ST股票的涨跌幅限制为5%。超过涨跌幅限制价格的交易委托都是无效的。股票价格到达涨跌幅限制的最高、最低价格后，将实行停牌措施停止交易。股票价格的涨跌幅限制相当于股票价格的稳定器，能够抑制股票价格的剧烈波动，保护投资者，规避短期的市场风险。

实例 17－8　股票报价

假设某交易日交易时段内，某只股票有如表 17－4 所示的 4 个卖单。

表 17－4　交易所内股票卖单

卖单	交易量（手）	时间	报价（元/股）
a	350	13:45:00	19.50
b	160	13:46:00	19.52
c	280	13:46:00	19.51
d	160	13:48:00	19.50

按照连续竞价"价格优先，时间优先"的交易原则，以上 4 个卖单的成交顺序是 a、d、c、b。

2. 做市商模式

在我国的新三板市场，做市商交易机制是挂牌企业可选择的股票交易方式之一。做市商模式，是指在证券交易市场上，由具备一定实力和信誉的证券经营法人作为特许交易商，不断地向投资者双向报出特定证券的买卖价格，并在该价位上接受投资者的买卖要求，以其自有资金和证券与投资者进行证券交易，而投资者的买卖请求并不直接配对成交的交易制度。这些提供双向报价、维持双向买卖交易的证券经营机构即为做市商。

在理解做市商交易机制的过程中，应重点掌握以下两点：

（1）要价和出价是从做市商的角度说的，即做市商卖出证券时"要"的价格为要价，买入证券时愿意"出"的价格为出价，做市商通过低买高卖赚取差价来补偿所提供服务的成本，并赚取一定的利润，因此要价一定大于出价。

（2）投资者享受做市商的服务是要付出成本的，即投资者以较高的要价买入证券，而以较低的出价卖出证券。

在此种交易制度下，做市商是特定的流动性提供者，能够为市场提供足够的流动性，从而保证股票市场内交易的活跃。

3. 交易委托指令

目前，在我国的证券交易市场中，根据委托价格的不同，可将交易委托指令划分为以下 3 种。

（1）市价指令。在股票市场，市价指令是指交易商进行交易委托时，不必输入委托价格，以交易对手方提出的价格作为交易成交价。市价指令优先于限价指令并只与交易对手方的限价指令成交。市价指令按输入时间优先的原则排序，市价指令的未成交部分自动撤销。

（2）限价指令。指客户要求证券经纪商在执行委托指令时，必须按限定的价格或比限定价格更有利的价格买卖证券，即必须以限价或低于限价买进证券，以限价或高于限价卖出证券，但委托价格不能超过当天的涨跌停幅度。这种指令给予交易员对价格的一定控制权，但是也有无法被执行的风险，因此，只有客户在对价格有较大要求，而不是对成交与否有要求时，才会被使用。采用限价指令的关键在于确定合理的限定价格。例如，在买进股票时，如果限价过高，就起不到限价的作用；如果限价过低，则难以成交而坐失购入良机。一般来讲，委托的价格是以现行市价为基础并根据市场短期走势来灵活加以固定。限价指令交易机制的优点在于投资者可以控制成交价格，但同时在该机制下存在无法成交的风险。

（3）止损指令。分为买入止损指令和卖出止损指令。买入止损指令是指定一个价格，当达到或超过这个价格时开始购买。之所以会下达这样的指令，一般是由于交易者认为一旦市场价格超过了其指定的价格，价格会继续上升，达到一个更高的位置。卖出止损指令是指为了避免更大损失，指定一个价格，当达到或低于这个价格时执行指令，卖出证券。同样，投资者下达卖出止损指令的目的在于防止市场价格过度下跌导致承受范围以外的损失发生。

4. 交易费用

在中国，目前主要由券商、证券交易所、中国证监会、中国证券登记结算有限责任公司与税务机关向从事股票交易的投资者收取相关的各种交易费用。五类机构分别收取净佣金、经手费、证管费、过户费和印花税，如表 17－5 所示。最终投资者支付的交易费用等于交易佣金、过户费及印花税之和；支付的交易佣金则为净佣金、经手费及证管费之和。

2015 年 7 月 31 日，中国证券登记结算有限责任公司发布了《关于上海证券交易所收费标准调整有关事项的通知》，从 2015 年 8 月 1 日起，对 A 股交易过户费的收费标准做进一步调整。其中，A 股证券交易经手费标准由原来的按成交金额的 0.006 96％向买卖双方收取，下调至按成交金额的 0.004 87％向买卖双方收取；大宗交易的 A 股交易经手费仍执行下浮 30％优惠，即按新标准的 70％收取。

B股证券交易经手费标准由原按成交金额的0.026%向买卖双方收取，下调至按成交金额的0.004 87%向买卖双方收取；大宗交易的B股交易经手费仍执行下浮30%优惠，即按新标准的70%收取。

表17-5　上海证券交易所收费及代收税费一览表（2015年8月1日更新）

业务类别		收费项目	收费标准	最终上交对象
交易	A股	经手费	成交金额的0.004 87%（双向）	上海证券交易所
		证管费	成交金额的0.002%（双向）	中国证监会（上海证券交易所代收）
		印花税	成交金额的0.1%（单向）	税务机关（上海证券交易所代收）
	B股	经手费	成交金额的0.004 87%（双向）	上海证券交易所
		证管费	成交金额的0.002%（双向）	中国证监会（上海证券交易所代收）

5. 融资融券

融资融券，又称证券信用交易或保证金交易，是指投资者向具有融资融券业务资格的证券公司提供担保物，借入资金买入证券（融资交易）或借入证券并卖出（融券交易）的行为。融资融券包括券商对投资者的融资、融券，以及金融机构对券商的融资、融券。

融资交易即买空，当投资者预测股票价格将会上升但资金不足，或者希望扩大股票的购买量以放大操作规模时，可以采用买空交易，即向券商借钱来购买股票，当股票上涨到目标价格时卖出股票同时清偿借款，达到放大操作收益的目标。

融券交易即卖空，当投资者预测某只股票价格将要下跌但并未持有该股票，或者希望扩大当前股票的销售量时，可以采用卖空交易，即向券商借入若干数量的该股票并卖出，等股票价格下跌后再买入等量的该股票还给券商，从而在先卖后买的差价中获利。

融资与融券均需要交纳保证金。融资保证金比例是指融资买入股票时交付的保证金与融资交易金额的比例；融券保证金比例是指融券卖出股票时交付的保证金与融券交易金额的比例。交易之初需要提供初始保证金（如保证金比例为60%，即保证金占融资或融券交易金额的60%），当投资者账户上的自有资金低于初始保证金时，该账户成为限制性账户。当投资者的保证金余额不够维持保证金率（如30%）时，投资者将收到补充保证金的通知。融资融券维持保证金率的计算公式如下：

$$\text{融资维持保证金率}=\frac{\text{证券的市值}-\text{借款}}{\text{证券的市值}}$$

$$融券维持保证金率=\frac{总资产-借券的市值}{借券的市值}$$

目前，全球大多数证券市场内都存在融资融券交易。这种交易普及程度较高的原因在于它对证券市场、投资者、证券公司三者都有重要作用，主要体现在以下几个方面。

（1）融资融券交易可以将更多信息融入证券价格，为市场提供方向相反的交易活动。当投资者认为股票价格过高或过低时，可以通过融资的买入或融券的卖出促使股票价格趋于合理，有助于股票市场内在价格稳定机制的形成。

（2）融资融券交易可以在一定程度上放大资金和证券的供给和需求，增加整个市场内的交易量，从而活跃证券市场，增加证券市场的流动性。

（3）融资融券交易为投资者提供了一种新的交易方式，可以改变证券市场单边式的格局，成为投资者规避市场风险的一种有效工具。

（4）融资融券可以拓宽证券公司业务范围，在一定程度上增加证券公司自有资金和自有证券的应用渠道，在实施转流通后可以增加其他资金和证券融通配置方式，提高金融资产的运用效率。

实例 17-9　融资

某投资者以每股10元的价格购买某股票1 000股，如果初始保证金为交易金额的60%，那么他至少需要多少自有资金？如果维持保证金率为30%，那么当股票价格跌至多少时，投资者将收到补充保证金的通知？

解析　（1）自有资金：

$$10\times1\,000\times60\%=6\,000(元)$$

即投资者需要6 000元的自有资金，同时借入4 000元。

（2）收到补充保证金通知的价位：

假设当每股股价为 P 时投资者将收到补充保证金通知，则

$$(P\times1\,000-4\,000)/(P\times1\,000)=30\%$$

计算得 $P=5.71$ 元，即当股价跌至每股5.71元时投资者会收到补充保证金通知。

实例 17-10　融券

在上述融资实例中，假定保证金率不变，如果投资者要卖空1 000股，此时自有资金和收到补充保证金通知的股价为多少？

解析　（1）自有资金：

$$10\times1\,000\times60\%=6\,000(元)$$

即投资者需要6 000元的自有资金，同时借入1 000股股票，这1 000股股票价值为10 000元，此时相当于客户拥有的总资产为16 000元。

（2）收到补充保证金通知的价位：

假设当每股股价为 P 时投资者将收到补充保证金通知，则

$$(16\,000-P\times1000)/(P\times1\,000)=30\%$$

计算得 $P=12.31$ 元，即当每股股价涨至 12.31 元时投资者会收到补充保证金通知。

第二节 股票估值

对股票进行估值，通常使用两种方法：绝对估值与相对估值。

一、绝对估值

绝对估值，是指根据股份公司历史与现在的一系列相关信息，对未来股份公司的财务状况和股东可能获得的股利等相关数据的现金流进行预测和估计，并且选择恰当的贴现率将这些现金流进行贴现并求和，从而得到股份公司或股票的内在价值。

绝对估值的优点在于比较直观，便于理解，但是股份公司或者股东未来可能获得的相关现金流难以确定，现金流的预测主观性很强，且选择恰当的贴现率具有较强的人为性，不同评估者将得到不同的结果。

常用的现金流贴现模型主要包括：自由现金流模型和红利贴现模型。此部分内容将在 CFP 认证培训教材中详细介绍。

二、相对估值

(一) 基本原理

相对估值，就是将股份公司的某种比率指标，例如市盈率、市净率与市销率等，与可比标准进行对比，以判断与估算该股份公司投资价值的一种估值方法。其特点是用其他公司的价格作为目标公司定价的依据，相对于绝对估值法来说，复杂程度低，可以在较短时间内得出评价结论。

相对估值法的优点是：运用简单，易于理解；主观因素较少，客观反映市场情况；可以及时反映出资本市场中投资者对公司看法的变化。其缺点在于易受市场价格偏差影响，分析结果的可靠性受可比公司质量的影响。

在相对估值中，比率指标的计算方法一般为

比率指标＝变量 A/变量 B

(二) 两种应用

1. 判断公司价值是否“被高估”或“被低估”

第一步，选择一种比率作为估值指标。一般情况下，常用的估值倍数包括市盈率（P/E）倍数、市净率（P/B）倍数、企业价值倍数（EV/EBITDA）等。

如果目标公司和可比公司属于某一特殊行业，还可使用符合该行业特点的估值指标，例如能源行业会计算 EV/储量指标。

第二步，估算出股份公司该种比率指标的数值。

第三步，确定可比标准，计算其相应比率指标的数值。对于可比标准的选择，可以“纵比”，即选择股份公司自身历史水平作为可比标准；也可以“横比”，即选择股份公司所在行业的平均水平作为可比标准。

第四步，将股份公司的比率指标与可比标准的对应数值进行比较，进而判断股份公司的投资价值是“被高估”还是“被低估”了。

2. 估算股份公司的投资价值

在这种应用中，所使用的相对估值模型又称倍数估值模型，主要通过拟估值公司的某一变量乘以估值倍数来进行估值。

第一步，确定拟估值公司的比较变量，例如公司的每股收益，并进行计算或预测。

第二步，选择合适的估值倍数，这一步是估值的关键。估值倍数的选择受公司的市场地位、经营情况以及财务状况等因素影响。估值倍数可以利用可比公司法来确定。可比公司是指公司所处的行业、公司的主营业务或主导产品、资本结构、企业规模、市场环境、风险度以及盈利能力等方面相同或相近的公司。在实际估值中，我们在选取可比公司时，一般会先根据一定条件初步挑选可比公司，然后将初步挑选的可比公司分为两类：最可比公司类和次可比公司类。使用时，我们往往主要考虑最可比公司类，并选取可比公司的可比指标的平均值或者中位数作为目标公司的估值倍数。如果目标公司实力雄厚、技术领先，盈利能力更强，是行业内的龙头企业，具有较强的竞争优势，则可以在选取的平均值或中位数的基础上，相应给予一定的溢价。

第三步，估算股份公司的投资价值。用第一步得出的比较变量乘以对应的基准估值倍数，从而计算出目标公司的企业价值或者股价，比如用“每股收益×基准 P/E”，得出估算的股票价值。

（三）主要比率

1. 市盈率

市盈率（earnings per share，简称 EPS）是指股票的当前市价与公司的每股收益的比率，即 P/E，其中 P＝当前市价，E＝每股收益。

市盈率倍数＝每股市价/每股收益＝股票市值/净利润

其经济含义是：按照公司当前的经营状况，投资者通过公司盈利需要用多少年才能收回自己的投资。市盈率倍数反映了一家公司的股票市值是其净利润的多少倍，其倒数可用于衡量该股票的收益率。在不考虑其他因素的条件下，如果仅比较公司的市盈率，那么数值越小的公司就越具有相对投资价值。

根据市盈率的经济含义可知，如果市盈率的数值小于零，那么其就失去了进行相对估值的比较价值。因此，如果公司正在亏损，那么将会导致该公司每股收益为负，这样的公司不适合用市盈率作为相对估值的比率指标。

在市盈率的具体计算中，通常选用当前市盈率和预期市盈率。

（1）当前市盈率。当前市盈率即静态市盈率。计算当前市盈率所用的数据客观、真实，但是由于使用的是公司上一个财务年度已经实现的每股收益，因此其不能准确反映出公司的未来发展情况。

$$当前市盈率=\frac{股票的当前市价}{上一个财务年度的每股收益(或前12个月的每股收益)}$$

计算当前市盈率需要考虑的因素主要有：

1）非经常性损益。在计算每股收益时必须将这部分损益剔除。

2）周期性的影响。应当计算一般化的每股收益以消除周期性对行业的影响。

3）会计政策的不同。要对由于采用的会计政策不同而带来的每股收益的差异进行调整。

4）可能存在的稀释效应。在公司拥有员工股票期权、可转换债券、优先股及认股权证时，需要计算稀释的每股收益来消除可能存在的稀释效应。

（2）预期市盈率。预期市盈率即动态市盈率。

预期市盈率可以在一定程度上反映市场对公司未来发展的预期，但是在计算时对未来12个月每股收益的估计具有较大的主观性，因此预期市盈率的可靠性值得商榷。

$$预期市盈率=\frac{股票的当前市价}{当年财务年度的每股收益(或预计未来12个月的每股收益)}$$

根据市盈率倍数的计算公式，市盈率主要受每股股价和每股收益的影响。关于股价，投资机构通常采用最新的股价数据。而在计算市盈率时，基于不同的考虑则可能采用不同时期的盈利数据，通常我们主要会面临三种选择，即最近一个完整会计年度的历史数据、最近12个月的数据、预测的年度盈利数据。需要指出的是，在使用可比方法时，一定要保证可比公司指标的计算与目标公司是相同的。无论选择用哪一时期的盈利，可比公司与目标公司的盈利都应对应同一时期，也就是说，如果可比公司计算指标是采用历史年度的每股收益，那么推算目标公司股价时也应采用历史年度的每股收益。使用三种数据的难易程度并不相同：使用最近一个完整会计年度的历史数据最为简单，一般直接可得；使用最近12个月的数据则需要做时期调整；使用预测的年度盈利数据可能还要进行预测。实际估值时，多采用预测的盈利数据进行估值，该数据一般可以参考市场上分析师的盈利预测得到。

市盈率倍数法在估值实践中得到了广泛的应用。其原因在于：首先，市盈率是一个将股票价格与公司盈利状况联系在一起的直观的统计比率；其次，对大多数股票来说，市盈率倍数易于计算并很容易得到，这使得股票之间的比较变得十分简单；最后，它能作为公司一些其他特征（包括风险性和成长性）的代表。

实例 17-11　万科 A 股的市盈率[①]

通过查询万科 A 股的年报与半年报可知：

2017 年其每股收益为 2.54 元/股，2018 年半年报的每股收益为 0.83 元/股，以此预期 2018 年的每股收益为 0.83×2=1.66（元/股）。

股票在 2018 年 9 月 5 日的收盘价为 23.41 元/股。

根据上述数据，按照市盈率的计算公式可得：

当前市盈率(2017)=23.41/2.54=9.22(倍)

预期市盈率(2018)=23.41/1.66=14.10(倍)

在 2018 年 9 月 5 日，通过市盈率判断该股票是“被高估”还是“被低估”。

解析　一是进行“纵比”。通过查询相关资料得知，万科 A 历史上当前市盈率的最低值水平是 5.21 倍，最高水平是 201.02 倍，平均水平是 23.64 倍。如果仅仅考虑当前市盈率的因素，那么经过比较可知该股票市场价格“被低估”，建议买入。

二是进行“横比”。通过查询相关资料得知，在 2018 年 9 月 5 日该行业上市公司整体平均的预期市盈率是 42.27 倍，如果仅仅考虑预期市盈率的因素，那么经过比较可知该股票的市场价格“被低估”，建议买入。

通过上述比较分析可以看出：

利用相对估值的方法，判断股票价格“高估”与“低估”，由于观察期不同，市盈率的波动情况不同，可能导致平均值不同，使得估值的结论出现差异。

市盈率倍数法也有一些局限性，在使用时需要加以注意：

1）市盈率倍数法有被误用的可能性。可比公司的定义在本质上是主观的。同行业公司并不一定可比，因为同行业公司可能在业务组合、风险程度和增长潜力方面存在很大的差异。

2）当企业的收益或预期收益为负值时，无法使用该方法。

3）净利润受公司折旧、摊销等不同会计估计的影响较大。例如，对于固定资产中的房屋及建筑物，不同公司可能采用不同的折旧年限，折旧的计提会影响当年的净利润，从而导致不合理的结论。

4）市盈率方法使用短期收益作为参数，无法直接比较不同长期增长前景的公司。

5）市盈率不能区分经营性资产创造的盈利和非经营性资产创造的盈利，降低了企业之间的可比性。

6）市盈率方法无法反映企业运用财务杠杆的水平，当可比公司与目标公司的资本结构存在较大差异时可能导致错误的结论。

从表面上看来，市盈率仅由价格和收益决定。但事实上，市盈率最终还要受现金流贴现模型中决定企业价值的基本财务因素——预期增长率——和风险的影响。由于公司的基本因素可能不同，公司的市盈率也会有所不同。纯粹依赖市盈率对公司进行直接比较而忽略公司间基本因素的差异会导致错误的结论。同时，

---

① 数据来源于万科 2018 年半年报、2017 年年报、东方财富网、深圳证券交易所、网易财经。

因为基本因素的差异，不同行业和公司的市盈率各不相同——高增长会导致较高的市盈率。当对公司间市盈率进行比较时，一定要考虑公司的风险、增长率等方面的差异。

2. 市净率

市净率是指股票的当前市价与公司的每股净资产的比率，即 P/B。其中，P=当前市价，B=每股净资产。其经济含义是，按照公司现在的净资产状况，投资者付出多少元的价格成本可以得到 1 元的公司净资产。在不考虑其他因素的情况下，如果仅比较公司的市净率，那么数值越小的公司就越具有相对投资价值。市净率倍数反映了股权的市场价值和账面价值之间的比率关系。市场价值和账面价值之间的关系常常吸引着投资者的注意力。资产的市场价值反映了资产的盈利能力和预期未来现金流，而账面价值反映的是它的初始成本。因此，市场价值通常会与账面价值有显著差异。账面价值往往被看作市场价值的一个底线，虽然这个底线更准确地来讲应该是清算价值。在市场持续上涨或经济基本面较好时，投资者更关心市盈率；而市场持续下跌或经济基本面较差时，投资者往往更愿意使用市净率。对于银行来说，市净率具有更深刻的意义和更普遍的应用。由于银行的利润主要来源于其贷款等生息资产，而出于银行业特殊的公共性质和审慎的考虑，银行业往往面临相比其他行业更加严格的监管，这使得银行资产规模的扩张严格地受制于其资本的充足水平。此外，银行的大部分资产和负债为金融资产和金融负债，在计算净资产时已按照市场价值计量。所以，对于银行来说，其价值和净资产之间有着比一般行业更加紧密的联系。市净率法是银行业估值中最常用的方法之一。

如果市净率的数值小于 1，那么说明投资者能够以一个相对便宜的“折扣价格”买到该股份公司的净资产。假设某股份公司当前的市净率为 0.8 倍，说明投资者可以用 0.8 元的价格买到该公司 1 元的净资产。

对那些市盈率为负的公司，可以使用市净率进行相对估值。根据市净率的经济含义可知：由于公司的净资产不可能为负，因此市净率的数值不会小于零。

在市净率计算中，所使用的净资产数值只是公司的账面价值，是资产负债表里的相关数据。由于会计处理的关系，公司净资产的实际价值或者说市场价值往往要高于其账面价值；处于起步阶段与成长初期的公司，例如在创业板与新三板市场中的股份公司；或者是属于“轻资产”行业的公司，例如移动互联网、文化传媒等领域中的股份公司，其账面净资产“天然”就相对较少，因此不太适合用市净率对这类公司进行相对估值。

使用市净率倍数法估值的步骤与市盈率倍数法类似。我们先选择一组可比公司，计算其平均市净率倍数（或市净率倍数的中位数），为了反映目标公司与可比公司在基本因素方面的差异，我们可能需要对计算出的平均值进行调整，以此作为估值企业的市净率倍数，然后使用下述公式：

股权价值=净资产×市净率倍数

或

每股股价＝每股净资产×市净率倍数

实例 17－12　万科 A 股的市净率[①]

通过查询万科 A 股的年报与半年报可知：2017 年每股净资产为 12.02 元/股，股票在 2018 年 9 月 5 日的收盘价为 23.41 元/股。

根据上述数据，按照市净率的计算公式可得：市净率＝23.41/12.02＝1.95（倍）。这说明，在 2018 年 9 月 5 日，投资者如果愿意付出 1.95 元的价格，那么他可以买到万科 1 元的净资产。

在 2018 年 9 月 5 日，通过市净率判断该股票是“被高估”还是“被低估”。

解析　一是进行“纵比”。通过查询相关资料得知，万科 A 股市净率历史最低水平是 0.87 倍，历史最高水平是 18.18 倍，平均水平是 2.98 倍。如果仅仅考虑市净率因素，那么经过比较可知该股票的市场价格“被低估”，建议买入。

二是进行“横比”。通过查询相关资料得知，在 2018 年 9 月 5 日该行业上市公司整体平均的市净率是 2.16 倍，如果仅仅考虑市净率因素，那么经过比较可知该股票的市场价格“被低估”，建议买入。

通过上述比较分析可以看出，利用相对估值的方法判断股票价格“高估”与“低估”，由于观察期不同，市净率的波动情况不同，可能导致平均值不同，使得估值的结论出现差异。

另外，在使用市净率法时，需要注意市净率倍数与股权收益率 ROE 的关系。从理论上说，净资产相同的两个公司，ROE 较高的公司能够带来较多的回报，价值也会较高，即对应的市净率倍数较高。实证经验也表明，ROE 与市净率倍数之间存在较强的正相关性。所以，在使用市净率倍数时，一种做法是选用与目标公司的 ROE 接近的公司作为可比公司，取这些可比公司市净率倍数的平均值或中位数作为目标公司的参考值；另一种做法是用可比公司的市净率对 ROE 进行回归，然后将目标公司的 ROE 放入回归结果中推算出目标公司适用的市净率倍数。

市净率倍数法也存在一些局限：

（1）可比企业的选择带有主观性，使用同行业的企业作为可比企业并不能完全解决这一问题，因为即使同行业的企业在经营组合、风险和增长速度上也存在很大差异，而且其中带入主观偏见的可能性很大。

（2）市净率倍数法忽略了资产创造收益的能力对股权价值的影响。

（3）账面净资产受企业会计制度影响很大，不同企业之间的可比性较差。例如，如果公司在收购过程中采用了权益结合法，则收购成本超出被收购方可辨认净资产份额的部分会直接抵减合并报表的资本公积，而不是商誉，这样一来，收购方合并报表的账面净资产就可能发生大幅下滑，使得市净率指标失去可比性。另外，如果某公司最近刚进行过资产重估，那么它与最近没有进行重估的公司之间的净资产值就不具有可比性，即使这些公司在业务、规模、盈利能力、资本结构等方面非常相似。

① 数据来源于万科 2018 年半年报、2017 年年报、东方财富网、深圳证券交易所、网易财经。

（4）账面净资产无法反映企业运用财务杠杆的水平，当可比公司与目标公司的资本结构存在较大差异时可能导致错误的结论。

3. 市销率

市销率是指股票当前市价与公司每股销售收入的比率，即 P/S，其中，P＝当前市价，S＝每股销售收入。其经济含义是：按照公司现在的销售状况，投资者付出多少元的价格成本可以获得公司 1 元的销售收入。在不考虑其他因素的条件下，如果仅仅比较公司的市销率，那么其数值越小的公司就越具有相对投资价值。

对于那些处于起步阶段与成长初期的，或者是属于"轻资产"行业与领域的，具有未来发展潜力与高成长性的股份公司，如果其当前盈利能力不强，或者目前暂时处于"烧钱"的亏损状态，在市盈率与市净率"同时失效"的情况下，可以考虑使用市销率来对其进行相对估值。

市销率的优点包括：第一，它不会出现负值，对于亏损企业和资不抵债的企业，也可以计算出一个有意义的价值乘数；第二，它比较稳定、可靠，不容易被操纵；第三，收入乘数对价格政策和企业战略变化敏感，可以反映这种变化的后果。收入分析是评估企业经营前景至关重要的一步。没有销售，就不可能有收益。这也是最近两年在国际资本市场兴起的市场比率，主要用于创业板的企业或高科技企业。在纳斯达克市场上市的公司不要求有盈利业绩，因此无法用市盈率对股票投资的价值或风险进行判断，而只能用市销率进行评判。同时，在国内证券市场运用这一指标来选股，可以剔除那些市盈率很低但主营业务又没有核心竞争力而主要依靠非经常性损益来增加利润的股票（上市公司）。因此，该项指标既有助于考察公司收益基础的稳定性和可靠性，又能有效把握收益的质量水平。

市销率的缺点包括：第一，此指标不能反映成本的变化，而成本是影响企业现金流和价值的重要因素之一；第二，它只能用于同行业对比，不同行业的市销率对比没有意义；第三，目前上市公司关联销售较多，该指标也不能剔除关联销售的影响。

实例 17-13　万科 A 股的市销率①

通过查询万科的年报可知：2017 年营业收入为 2 429 亿元，2017 年年底股票总数为 110 亿股，对应的每股销售收入大约为 22.08 元，股票在 2018 年 9 月 5 日的收盘价为 23.41 元/股。

根据上述数据，按照市销率的计算公式可得：市销率＝23.41/22.08＝1.06。

利用市销率进行相对估值，仅仅考虑了公司的营业收入，并没有涉及营业成本以及其他的相关税费。相对于正处于快速发展期且销售收入增长较快的公司而言，发展成熟、销售收入增速平稳的公司，不太适合用市销率作为比率指标进行估值。

在 2018 年 9 月 5 日，通过市销率判断该股票是"被高估"还是"被低估"。

解析　一是进行"纵比"。通过查询相关资料得知，万科 A 股历史最低市销率是 0.59 倍，最高水平是 14.96 倍，平均水平是 2.41 倍。如果仅仅只考虑市销

① 数据来源于万科 2018 年半年报、2017 年年报、东方财富网、深圳证券交易所、网易财经。

率因素，那么经过比较可知该股票的市场价格“被低估”，可以买入。

二是进行“横比”。通过查询相关资料得知，在2018年9月5日该行业上市公司整体平均的市销率是1.20倍，如果仅仅考虑市销率因素，那么经过比较可知该股票的市场价格“被低估”，建议买入。

通过上述比较分析可以看出：

利用相对估值的方法判断股票价格“被高估”与“被低估”，由于观察期不同，市销率的波动情况不同，可能导致平均值不同，使得估值的结论出现差异。

市销率法主要适用于销售成本率较低的服务类企业，或者销售成本率趋同的传统行业的企业。分母主营业务收入的形成是比较直接的，避免了净利润复杂、曲折的形成过程，可比性也大幅提高（仅限于同一行业的公司）。该项指标最适用于一些毛利率比较稳定的行业，例如公用事业、商品零售业。若这一比例超过10，将被认为风险过大。如今，标准普尔500指数样本公司这一比例的平均值为1.7左右。这一比率也随着行业的不同而不同，软件公司由于利润率相对较高，这一比例为10左右，而食品零售商则仅为0.5左右。目前我国商品零售业类上市公司的市销率约为2.13。

利用市销率的方法选中了备选股票后，不等于这些股票都值得买，离最终确定其为投资目标还有一段距离。投资者还要考察备选股票的其他情况，例如公司是否具备从困境中走出的可能，可能性有多大？公司采取了什么新的措施？行业出现了什么新的转折？

（四）其他方法

1. PEG

PEG（price/earning to growth ratio）即市盈率相对盈利增长比率，计算公式为

$$PEG=市盈率\div盈利增长率\div100$$

假设某股份公司的市盈率为10倍：如果盈利增长率为10%，那么对应的PEG为1；如果盈利增长率为20%，那么对应的PEG为0.5；如果盈利增长率为5%，那么对应的PEG为2。

由此可见，在不考虑其他影响因素的前提下，PEG的数值越低，说明当市盈率相同时，其对应的盈利增长率就越高，公司的股票就越具有相对投资价值。

也可以利用PEG计算公司股权价值。例如，某上市公司当年的净利润为8 300万元，预期未来3年净利润的复合增长率为9%，根据可比公司计算得到的平均PEG为1.2，以该PEG指标为基础，可得到该公司的股权价值[①]为

$$8\,300\times9\times1.2=89\,640(万元)$$

2. 企业价值/息税前利润

由于息税前利润（EBIT）是在扣除债权人的回报（也就是利息费用）之前的利润，所以所有出资人对于该利润的形成都有不可忽略的贡献，都享有分配

---

① 股权价值=市盈率×净利润=PEG×盈利增长率×100×净利润。

权，所以该利润对应的价值是企业价值。使用企业价值/息税前利润(EV/EBIT)指标时，企业价值可以由以下公式得出：

企业价值(EV)＝EBIT×(EV/EBIT)

在成熟的市场中，EV/EBIT同P/E一样常用，这是因为这一指标有其自身的优势。P/E指标使用净利润作为估值基础，净利润包含了太多的信息，企业的资本结构会对它产生影响，而使用EV/EBIT指标可以剔除这种影响。因为净利润是属于股东的权益，无法反映债权人的求偿权，而EV是股权人和债权人共同享有的价值，EBIT是向债权人和股权人分配前的利润，这两者的比值与资本结构无关。例如，两个公司从事相同的业务，经营、管理的能力也差不多，资本结构也大致相同，在用一家公司估计另一家公司的价值时，我们可以给它们相同的P/E。但如果两家公司唯一的不同在于资本结构，净利润已经不能完全反映那家高负债经营的公司的经营能力了，因为它还缴纳了大额的利息费用。在这种情况下，用EV/EBIT就合理得多。同时，EV/EBIT这个指标使用了EBIT，也就是没有扣除企业所得税的利润作为分母，因此它还剔除了不同地区企业所得税水平对指标的影响。

在用这一指标进行估值时，步骤如下：

(1) 首先计算行业可比公司的EV/EBIT。在行业中选取业务、规模等方面可比的上市公司，根据股价计算它们的股权价值，然后根据企业价值恒等式进行调整，加上债权价值，扣除现金及非核心资产得到企业价值，并根据公司损益表计算息税前利润EBIT，从而得到可比公司的EV/EBIT。

(2) 计算目标公司的EV，反推目标公司的股价。根据可比公司的EV/EBIT，选择平均值或中位数作为目标公司的EV/EBIT，乘以EBIT得到目标公司的企业价值，再加上现金及非核心资产，扣除债务价值得到股权价值，从而计算出目标公司的股价。

3. 企业价值/息税折旧摊销前利润

息税折旧摊销前利润（EBITDA）也是在扣除利息费用之前的利润，所以它对应的也是企业价值。使用企业价值/息税折旧摊销前利润（EV/EBITDA）指标时，企业价值可以根据以下公式得出：

企业价值(EV)＝EBITDA×(EV/EBITDA)

EV/EBITDA和EV/EBIT相似，应用也比较广泛。有时EBITDA比EBIT更常用，这是因为对于重资产行业的公司，EBITDA剔除了企业发展阶段的影响。公司的资本密集程度、持续的资产投资需求、资本成本、税率、未来的增长性，都会对EV/EBITDA产生影响。通常来说，资本越密集，未来扩张时资产投资需求越大；资本成本越高、税率越高以及未来增长性越差的公司，EV/EBITDA越低。在使用EV/EBITDA估值时，需考虑可比公司与目标公司在以上方面的可比性。而且，处于不同发展阶段的公司，在固定资产、无形资产的投入上有很大差异，导致公司间折旧、摊销的差异很大。这时，EBITDA由于从EBIT中加回了折旧和摊销，可代表经营的现金利润，不会受折旧、摊销的影响。

同时，EBITDA 指标也可以剔除公司间由于会计政策和估计不同而导致的折旧、摊销水平不同的影响。

（五）相对估值法总结

1. 可比公司的选择

使用可比公司法进行估值时，需要回答的两个关键问题是：选择哪些可比公司？选择哪些估值指标？可比公司与目标公司应该在行业、主营业务或主导产品、资本结构、企业规模、市场环境以及风险度等方面具有相同或相似的特征。选取可比公司并不容易，不过我们仍可以通过一些渠道获取关于可比公司的信息，这些渠道主要包括：

（1）财经资讯软件，例如金拐棍理财资讯平台、万得资讯、彭博资讯等。

（2）投行的研究报告。在国内外很多券商的上市公司研究报告里，我们不仅可以看到它们选择了哪些可比公司，还可以看到它们怎样使用可比法以及估值的结果。

（3）公司公告。招股说明书及年报中也可能涉及可比公司的信息，特别是一些与本公司在业务、产品等方面有着竞争关系的公司信息。

2. 可比指标的选择

在运用可比公司法进行估值的时候，常常会面临一个问题，就是选取什么样的可比指标。首先，不同的行业可能有一些具有本行业特色的估值倍数。其次，我们还要考虑企业不同发展阶段的影响。我们将净利润、EBIT、EBITDA、收入等指标按照利润表从下到上的顺序进行排列，一般来说，越是成熟的行业或企业，越适用下面的指标（即净利润等）；越是初创型的行业或企业，越适用上面的指标（即收入等）。这是因为越成熟的企业下面的指标越稳定而且越具有参考意义；而处于高速发展期甚至初创期的企业，其下面的指标具有很大波动性，甚至目前是负值，所以这些公司不适用下面的指标。

另一个需要考虑的问题是估值指标的调整。调整时是给予目标企业溢价还是折价？和可比企业相比，目标企业的资本结构是否不同，经营模式是不是更有效率，信用等级是不是更高？在平均值和中位数之间，选取哪一个更好，为什么？这些都会影响到我们对该指标取值的选择。关于平均值和中位数的选择，一般来说，当各个可比公司的倍数之间的数值差异不是很大时，选取平均值是一种较好的做法。这样，所有可比公司的倍数都会对其产生影响，所得到的平均倍数也就更多地反映了众多可比公司的信息。但是如果存在一两个可比公司的倍数和其他公司相比特别高或者特别低，并且没有足够的理由证明这种差距属于异常情况需要被剔除，这时用中位数就是一个比较好的选择。这是因为最大或最小的一两个值的绝对数值对于中位数没有任何影响，中位数只取决于这些数值的顺序和排在最中间的一个或两个值的大小。

3. 相对估值法的优点和局限性

和绝对估值法相比，相对估值法具有以下优点：

（1）运用简单，易于理解。

（2）主观因素较少，能客观反映市场情况。

（3）可以及时反映出资本市场中投资者对公司看法的变化。例如，如果投资者对零售业股票持乐观态度，那么该行业公司股票的市盈率将较高，以反映市场的这种乐观情绪。通常情况下，可以作为即将上市的公司首次公开发行和已上市公司增发时价格确定的良好参考。

同时，相对估值法也有如下局限性：

（1）受市场价格偏差影响。特别是当市场对所有股票的定价出现系统误差的时候，如果投资者高估了零售业股票的价值，那么使用该行业公司股票的平均市盈率将会导致估价过程中出现错误。有的可比公司的估值可能会受到市值较小、缺乏研究跟踪、公众持股量小、交易不活跃等因素的影响；股票价格还会受到行业内并购、监管等外部因素的影响。

（2）分析结果的可靠性受可比公司质量的影响，有时我们很难找到业务模式、规模、地理环境、市场环境都相似的大量可比公司。

第三节　股票分析方法

股票分析方法主要包括基本面分析与技术分析。

一、基本面分析

基本面分析是指对影响证券投资的经济因素、政治因素、上市公司的业绩、财务状况等要素进行分析，以判定证券的内在投资价值，衡量其价格是否合理。

基本面分析的研究方法主要包括：

（1）“自上而下”法。首先进行宏观经济分析与预测；然后寻找未来能够代表宏观经济发展方向的行业；最后在这些行业中，筛选出最具有发展潜力的股份公司。

（2）“自下而上”法。努力寻找最好的股份公司，确定其股票最佳的购买价格，而不管公司处于什么行业，宏观经济发展如何。

基本面分析的具体内容将在CFP认证培训教材中详细介绍。

二、技术分析

（一）概念与内涵

技术分析是证券投资分析的主要方法之一，是指以市场行为为研究对象，以判断市场趋势并跟随趋势的周期性变化来进行股票及一切金融衍生物交易决策的方法的总和。技术分析与基本面分析的研究着重点不同，技术分析直接从市场着手，以证券价格的动态和规律性为对象，利用图表或技术指标，研究市场过去及现在的交易行为与情绪反应，以推测股票在短期内价格的变动趋势，从而把握具体买卖时机。

技术分析仅仅是一种股票分析方法，是一种以“个人的主观判断与偏好”为基础、“仁者见仁，智者见智”的分析方法，主要用来判断买卖股票的“时点”，多应用在短期交易中。

（二）三大假设

技术分析有三个基本假设：

1. 市场行为涵盖一切信息

影响股票价格的每一种因素都在市场行为中充分反映，任何一种对股票价格有影响的因素最终都必然体现在股票价格的变动上，不论是内在的还是外在的，是基础层面的还是宏观政策层面的或者心理层面的。

技术分析通过分析股票市场行为来预测未来，只注重对影响股票价格的因素对股票市场行为的影响效果的分析，而不关心影响股票价格的因素的具体内容是什么。

2. 股票价格沿趋势变动

价格以一定的趋势演进，而这一趋势将一直延续下去，直到发生新的情况从而改变了供求平衡，并且这一改变通常会由市场行为本身体现出来。

“市场”一词意味着股票价格在总体上以趋势演进，而其中最重要的是主要趋势，即基本趋势。它们是大规模的上下运动，通常持续几年或更长的时间，并导致股价增值或贬值 20%以上。在其演进过程中穿插着与其方向相反的次等趋势——当基本趋势暂时推进过头时所发生的回撤或调整。（次等趋势与被间断的基本趋势一同被划为中等趋势。）次等趋势通常持续 3 周时间到数月不等。最后，次等趋势由小趋势或者每一个简短的波动组成，这些小趋势一般短于 6 天，很少能持续 3 周。

3. 历史会重演

这是从人的心理因素方面进行考虑的。人类的天性相当固定，而且在类似的情况下会产生既定的反应，研究过去市场转折点所呈现的现象可以帮助我们判断主要的行情转折点。

（三）技术分析的主要理论

技术分析的主要理论包括道氏理论、波浪理论和 K 线理论。

1. 道氏理论

道氏理论是所有市场技术研究的鼻祖。这一理论的创始者查尔斯·道声称其理论并不是用于预测股市，甚至不是用于指导投资者，而是一种反映市场总体趋势的晴雨表。

道氏理论有三个核心思想：

（1）三重运动原理。道氏理论认为市场的走势分为三种：主要运动、次要运动和短期波动。市场的主要运动方向是可以被预测的，即道式理论对大趋势的研判有重要意义，但是次要运动与短期波动具有一定的随机性，道式理论无法准确

地对这两种运动趋势做出研判。

（2）相互验证原则。道氏理论指出，可以通过理论与实践相互验证不断发展的原理来验证市场与预测之间的关系，即用市场的实际表现来验证预测的正确性。该理论特别指出：各种行业类型的平均价格必须相互验证，以此判断是否会有大规模熊市或牛市出现的可能；成交量必须验证趋势，即当价格沿着主要运动趋势运行时，成交量应逐渐增加。当反转信号被确认之后，才能做出一个趋势已经结束的判断。

（3）投机原理。投机原理是指投机者的行为会对市场走势产生影响，即投机的预期会被市场实现，市场的运动包含了对市场的预期，正因为这样，才能够预测市场存在的合理性。

道氏理论中还包括 5 个“定理”：

（1）三种趋势。道氏理论认为股票市场具有 3 种趋势：长期趋势、中期趋势和短期趋势。

长期趋势通常指那些持续 1 年甚至 1 年以上的趋势，看起来如同海潮。中期趋势通常指那些能够持续 3 周到 3 个月的趋势，看起来如同浪涛。短期趋势则通常指那些持续时间不超过 3 周的趋势，看起来如同波纹。

（2）主要走势。主要走势代表股价整体的运行方向。

（3）主要的空头市场。主要的空头市场是指长期股价整体运行向下，其间包含一些重要的次级波动。空头市场主要包括三个主要阶段：第一阶段，市场参与者不再继续追入过高的股票价格；第二阶段，市场基本面出现恶化，卖方力量增强；第三阶段，恐慌性抛压，不论股票是否被高估，大部分人都急于兑现手中的股票。

（4）主要的多头市场。主要的多头市场是指股价长期来看保持向上趋势，期间包含一些次级波动。多头市场也有三个阶段：第一阶段，人们对于市场的信心逐渐恢复；第二阶段，基本面利好刺激股价不断攀升；第三阶段，投机气氛浓厚，投机性交易量逐渐放大。

（5）次级折返走势。次级折返走势是指包含在主要运行趋势之中，但与主要趋势方向相反的中期运行趋势，该走势通常可以持续数星期甚至数月。

2. 波浪理论

波浪理论是最常用的趋势分析工具之一，是技术分析大师拉尔夫·纳尔逊·艾略特发明的一种分析工具。与其他追随趋势的技术方法不同，波浪理论可以在趋势确立之时预测趋势何时结束。群体心理是该理论的重要依据，清淡的交易市场难以发挥它的作用。

波浪是指股票价格的波动具有相当程度的规律性，与大自然潮汐中的波浪一样，一浪跟着一浪，周而复始，以一种“可识别的模式”前进和反转，这些模式在形态上不断重复。

3. K 线理论

K 线源于日本德川幕府时代，被当时日本米市的商人用来记录米市的行情与价格波动，后因其细腻独到的标画方式而被引入股市及期货市场。

K 线就是用图形来描绘股票（或者其他资产）价格在一段时间内开盘价、收盘价、最高价与最低价的涨跌变化情况，其刻画的时间段可以根据分析需要任意选取，可以是每分钟、每小时、每日、每周与每年等。K 线图由实体、上影线和下影线组成。其中，实体是指 K 线中间的一条粗线；上影线是指实体上方的一条细线；下影线是指实体下面的一条细线。

K 线按照收盘价与开盘价之间的关系可以分为阳线与阴线。阳线是指当收盘价高于开盘价时，股价上升趋势所描绘的 K 线。阴线是指当收盘价低于开盘价时，股价下降趋势所描绘的 K 线。

（四）技术分析的方法

技术分析的方法主要有 4 类：切线理论、形态分析、均线分析和指标分析。

1. 切线理论

切线理论认为：投资最重要的就是顺势而为；趋势可以划分为短期、中期与长期；通过描绘一些实用、简单的工具线，可以把握股票价格的变化趋势。“一条直线闯股市”就是对该理论的重要性和实用性的高度概括。

主要的工具线包括：支撑线与压力线、趋势线与轨道线、黄金分割线与百分比线。

2. 形态分析

形态分析，是直接对股票价格的历史 K 线图进行研究来预判股价未来发展方向与变动趋势的一种分析方法，是技术分析的基础方法。

在形态分析中，常用的基本形态主要有两种：反转形态与整理形态。

（1）反转形态。反转形态表明在经过一段时间蓄势后，影响股价走势的新力量逐渐超过了控制股价原有走势的老力量，从而将推动股价改变原有的运动趋势，向着相反的方向发展。

（2）整理形态。整理形态表明股价仍然会延续原有的运动趋势发展，影响股价走势的力量还是控制股价原有走势的老力量，因此股价不会发生方向性的改变。

3. 均线分析

移动平均线（MA）是以道琼斯的“平均成本概念”为理论基础，采用统计学中的“移动平均”原理，将一段时期内的股票价格平均值连成曲线，用来显示股价的历史波动情况，代表了一定时期内的市场平均成本变化。

均线分析就是利用移动平均线追踪股票市场的变化趋势，以识别和捕捉旧趋势已经终结或反转、新趋势正在萌生的关键时机。

移动平均线主要包括简单算术均线、指数平滑均线和加权均线。

例如，250 天指数移动平均线被视为股市牛市与熊市的“分界线”，即将过去一年（前 250 个交易日）的指数收市平均数作为一个中长线的参考指标，如果指数向下跌破 250 天平均线，有些投资者便会认为股市从牛市步入熊市；如果指数向上突破 250 天平均线，股市便从熊市步入牛市。

4. 指标分析

技术指标在股票中泛指一切通过数学公式计算得出的股票数据集合。而指标分析就是依据一定的数理统计方法，运用一些复杂公式计算出相关的技术指标，来判断股价变动趋势的量化分析方法。著名的技术指标包括 MACD（指数平滑异同移动平均线）、BOLL 指标（布林线指标）、KDJ 指标（随机指标）等。

（五）对技术分析的质疑

对于技术分析三大假设的合理性，人们并不完全同意，而是存在一些质疑，具体如表 17－6 所示。

表 17－6　　对技术分析的质疑

技术分析三大假设	对其合理性的质疑
假设一：市场行为涵盖一切信息（技术分析的基础）	市场行为反映的信息只体现在股价的变动之中，与原始的信息毕竟有差异，损失信息是必然的，市场分析无法包含一切信息
假设二：证券价格沿趋势变动（技术分析的核心）	在高效率的市场中，股价的变动是随机的且无规律可循（随机漫步），实证中也没有充分的证据表明股票价格沿一定趋势变动
假设三：历史会重演（心理因素方面考虑）	在实际中市场行为千变万化，不可能有完全相同的情况重复出现，差异总是或多或少存在

第十八章

期权基础知识

本章提要

本章讲解期权的基础知识。首先，简要介绍期权的概念与分类；其次，重点讲解看涨期权、看跌期权的到期价值以及买卖双方在各种标的资产价格水平下的利润；最后，以股票期权为例，介绍期权的报价。

本章内容包括：

- 期权的含义与分类；
- 期权的到期价值；
- 期权的到期利润；
- 股票期权的报价。

通过本章学习，读者应该能够：

- 理解期权的含义及分类；
- 判断期权的平值、实值和虚值状态；
- 掌握期权在到期日的定价原理；
- 掌握期权利润的计算；
- 了解股票期权的报价。

第一节　期权的含义与分类

一、期权的含义

期权（options）又称选择权，指赋予合约买方在将来某一特定时间，以交易双方约定的某一执行价格，买入或卖出某一特定标的资产的权利，而不需承担相应义务。

二、期权的基本特征

（一）期权的买方与期权的卖方在合约中的权利与义务具有不对称性

期权的买方，又被称为期权的多头，拥有期权合约中规定的在将来某一特定时间，以交易双方约定的某一执行价格，买入或卖出某一特定标的资产的权利。期权表现为一种选择权，作为期权的买方，既可以行使这一权利，也可以放弃这一权利，但只要期权的买方要求行使权利，期权的卖方（又被称为期权的空头）就必须无条件履行期权合约所规定的义务。

换言之，期权合约赋予买方的只是权利，而非义务；而作为合约的另一方，期权的卖方只有义务，没有权利。

（二）期权给予合约买方的权利，既可以是买资产的权利，也可以是卖资产的权利

根据期权合约给予合约买方权利的不同，可以将期权分为看涨期权（call option）与看跌期权（put option）两大类。如果期权购买者买入了看涨期权，那么无论未来标的资产的市场价格上升到什么程度，他都有权利按照事先确定的某一执行价格买入资产。如果期权购买者买入了看跌期权，那么无论未来标的资产的市场价格下跌到什么程度，他都有权利按照事先确定的某一执行价格卖出资产。

（三）期权是一种权利的交易，期权的买方必须为获得期权支付期权费

期权实质上是一种权利的有偿使用，因此期权买方为获得期权所赋予的权利必须向期权卖方支付期权费。期权费一经支付，则不论期权购买者是否执行期权均不予退回。期权费是期权合约中的唯一变量，其高低取决于期权合约的性质、到期时间、执行价格与市场价格的关系等多种因素。

（四）期权具有一定的时间限制

期权合约买方执行期权通常具有一定的时间限制。美式期权允许其持有者在到期日或之前任何时间行使买入或卖出标的资产的权利，而欧式期权只允许在到期日当天执行。期权在到期后不执行将自动作废。

三、期权分类

（一）根据买方权利不同划分

按期权买方权利的不同，期权可分为看涨期权与看跌期权。

赋予期权合约的买方在未来某一特定时期以交易双方约定的价格买入标的资产的权利的期权被称为看涨期权，简称“买权”。为取得这种买权，期权购买方在购买期权时需要向期权的出售方支付一定的期权费。

在投资者预期股票要上涨，但又没有足够的资金或不想承担股票下跌风险时，可以买入看涨期权。因为看涨期权只要交一定的期权费，而不需要全额支付大量现金。另外，买入股票要承担很大的下跌风险，而买入看涨期权，即使股票下跌，最大损失只是期权费。

因此与直接购买股票相比，买进看涨期权的好处是：一方面可以节省资金投入；另一方面既能使投资者在股价上升时获得一定的差价收益，又能限制投资者在股价大幅下跌时遭受损失。

赋予期权合约的买方在未来某一特定时期以交易双方约定的价格卖出标的资产的权利的期权被称为看跌期权。

在投资者预期股票要下跌，想在跌市中赚钱，但又不想承担卖空可能导致的很大损失的情况下，可以买入看跌期权。

若股票不跌反涨，投资者的最大损失就是期权费。但当股票价格下跌时，就可以赚钱。由于股票价格不可能为负，因此利润有限。

当投资者已持有股票，担心股价下跌，想对冲短期股价下跌的风险，而又想长期持有股票时，可以买入看跌期权。这时短期下跌的损失会由看跌期权的利润所对冲，从而保持了股票价值的稳定。而股价不跌反升时，则可以获得价值的提升。这相当于给我们持有的股票买了一项保险。这就是防守型的买入看跌期权。

（二）根据期权买方执行期权的时限分类

按期权买方执行期权的时限划分，期权可分为欧式期权（European option）、美式期权（American option）和百慕大式期权（Bermuda option）。

欧式期权的买方只能在期权到期日执行期权（即行使买进或卖出标的资产的权利）。美式期权的买方可以在期权到期日以前的任何时间执行期权。百慕大式期权的买方可以在到期日前所规定的一系列时间执行期权。

美式期权比欧式期权的行权选择余地大，所以一般来说价值更高。因此，在其他情况一定时，美式期权的期权费通常比欧式期权的期权费高。同时，由于执行时限不同，美式期权与欧式期权在定价上有着很大的不同。

（三）根据期权合约的标的资产分类

按期权合约的标的资产划分，期权可分为实物期权与金融期权。金融期权又可分为现货期权与期货期权两大类。现货期权是以各种金融工具本身作为标的资产的期权，如各种股票期权、股票指数期权、利率期权、外汇期权等。而期货期权则是指以各种金融期货合约作为标的资产的期权，如股票指数期货期权、利率期货期权及外汇期货期权等，如图 18－1 所示。

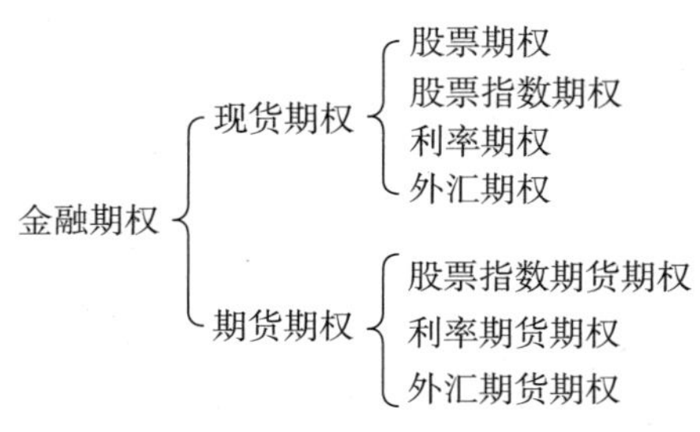

图 18-1　金融期权种类的划分

（四）根据执行价格与标的资产市场价格的关系分类

按执行价格和标的资产市场价格的关系划分，期权可分为实值期权、平值期权和虚值期权。实值期权指期权买方若立即执行该权利，则有正的现金流（不考虑期权费）的期权；平值期权指如果期权买方立即执行该权利，则现金流为零（不考虑期权费）的期权；虚值期权指如果期权买方立即执行该权利，则现金流为负（不考虑期权费）的期权。表 18-1 描述了实值期权、平值期权、虚值期权和看涨期权、看跌期权的对应关系。

表 18-1　　实值期权、平值期权、虚值期权与看涨期权、看跌期权的关系

	看涨期权	看跌期权
实值期权	市场价格＞执行价格	市场价格＜执行价格
平值期权	市场价格＝执行价格	市场价格＝执行价格
虚值期权	市场价格＜执行价格	市场价格＞执行价格

值得注意的是，实值、虚值和平值描述的是期权在某个时点的状态，随着标的资产的市场价格发生变化，同一期权的状态也会发生变化，同一份期权合约有时为实值期权，有时为虚值期权，有时为平值期权。

第二节　期权的到期价值

一、看涨期权到期价值

在到期日，同类美式看涨期权与欧式看涨期权的价值相同。假设看涨期权合约的执行价格为 X，标的资产的市场价格为 S_T。如果看涨期权的执行价格低于标的资产的市场价格，则该期权称为实值期权，价值为 S_T-X；如果标的资产的执行价格与市场价格相等，则该期权称为平值期权，价值为 0；如果标的资产的执行价格高于市场价格，则该期权称为虚值期权，没有任何价值。如果用 C_{AT} 表示美式看涨期权在到期日的价值，用 C_{ET} 表示欧式看涨期权在到期日的价值，

那么 $C_{AT}=C_{ET}=\max(S_T-X,0)$。需要注意的是，看涨期权在到期日的价值取决于执行价格和市场价格的关系，与期权费无关，而且不可能为负值，这是因为看涨期权是一项权利，不包含任何义务。

二、看跌期权到期价值

在到期日，美式看涨期权与欧式看涨期权的价值相同。如果看跌期权的执行价格 X 高于标的资产的市场价格 S_T，则该期权为实值期权，价值为 $X-S_T$；如果看跌期权的执行价格等于标的资产的市场价格，则该期权为平值期权，价值为 0；如果看跌期权的执行价格低于标的资产的市场价格，则该期权为虚值期权，没有任何价值。如果用 P_{AT} 表示美式看跌期权在到期日的价值，用 P_{ET} 表示欧式看跌期权在到期日的价值，那么 $P_{AT}=P_{ET}=\max(X-S_T,0)$。需要注意的是，看跌期权在到期日的价值取决于执行价格和市场价格的关系，与期权费无关，而且不可能为负值，这是因为看跌期权是一项权利，不包含任何义务。

第三节　期权的到期利润

一、看涨期权的到期利润

（一）看涨期权买方的利润

看涨期权赋予合约的买方在未来某一特定时期，以交易双方约定的价格买入标的资产的权利。为取得这种买权，看涨期权的买方在购买期权时需要向期权的卖方支付一定的期权费。

假设看涨期权的期权费为 C，在期权到期日，当标的资产的市场价格 S_T 大于期权合约的执行价格 X 时，期权合约的买方如果执行期权，即以执行价格 X 买入标的资产，而同时以市场价格 S_T 卖出标的资产，买方的利润等于 S_T-X-C；当标的资产的市场价格 S_T 小于期权合约的执行价格 X 时，看涨期权不会被执行，买方的利润等于 $-C$；当 $S_T=X$ 时，不管看涨期权执行与否，买方的利润都等于 $-C$。

实例 18-1　某看涨期权的执行价格为 50 元，期权费为 10 元，该看涨期权买方的利润如表 18-2 和图 18-2 所示。

解析　根据表 18-2 和图 18-2 可知，当标的资产的市场价格低于执行价格 50 元时，看涨期权不被执行，无论标的资产的市场价格低于执行价格多少，期权合约买方的利润均为 −10 元，这表明买方的最大损失为期权费。

表 18－2　看涨期权买方的利润

标的资产市场价格（元）	20	30	40	50	60	70	80	90
买方的利润（元）	－10	－10	－10	－10	0	10	20	30

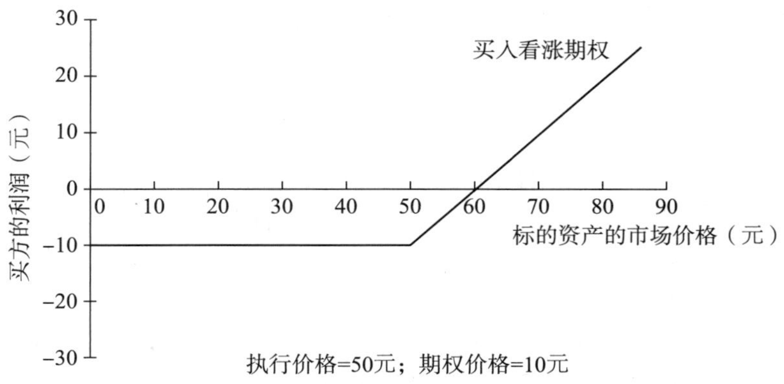

图 18－2　看涨期权买方的利润

当标的资产的市场价格高于执行价格 50 元时，看涨期权可能被执行，看涨期权买方的利润为（$S_T-50-10$）元。这表明标的资产的市场价格越高，买方的利润越大。特别地，当标的资产的市场价格等于 60 元时，买方的利润为 0。可以看出，看涨期权的买方实际上能以有限的损失换来无限的利润。

（二）看涨期权卖方的利润

如果不考虑交易成本，期权合约买卖双方的利润之和都应该等于零，也就是说，期权合约的买方获利多少，卖方就亏损多少；相反，期权合约的买方亏损多少，卖方就获利多少。

同样的道理，当标的资产的市场价格 S_T 高于执行价格 X 时，期权买方执行合约，利润为 S_T-X-C，相应地，期权卖方的利润为 $-(S_T-X)+C$，买卖双方的利润总和等于 0；当标的资产的市场价格 S_T 低于执行价格 X 时，期权买方不执行合约，利润为 $-C$，期权卖方的利润为 C，买卖双方的利润总和等于 0；当标的资产的市场价格 S_T 等于执行价格 X 时，期权买方不论执行合约与否，利润均为 $-C$，期权卖方的利润均为 C。综合上述情况，看涨期权卖方的利润为 $-\max(S_T-X,0)+C$。

实例 18－2　某看涨期权的执行价格为 50 元，期权费为 10 元，那么该看涨期权卖方的利润如表 18－3 和图 18－3 所示。

表 18－3　看涨期权卖方的利润

标的资产市场价格（元）	20	30	40	50	60	70	80	90
卖方的利润（元）	10	10	10	10	0	－10	－20	－30

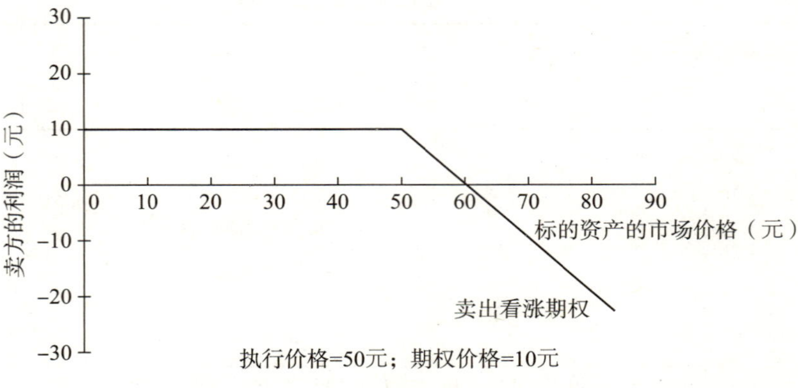

图 18－3　看涨期权卖方的利润

解析　根据表 18－3 和图 18－3 可知，当标的资产的市场价格低于执行价格 50 元时，看涨期权不被执行，无论标的资产的市场价格低于执行价格多少，期权合约卖方的利润均为 10 元，这表明卖方的最大利润为期权费。当标的资产的市场价格高于执行价格 50 元时，看涨期权可能被执行，看涨期权合约卖方的利润为$[-(S_T-50)+10]$元，这表明标的资产的市场价格越高，卖方的利润越小。特别地，当标的资产的市场价格等于 60 元时，卖方的利润为 0。因此，看涨期权的卖方实际上仅获得有限的利润，但有可能承受无限的损失。

二、看跌期权的到期利润

（一）看跌期权买方的利润

看跌期权赋予合约的买方在未来某一特定时期以交易双方约定的价格卖出标的资产的权利。为取得这种卖权，看跌期权的买方在购买期权时需要向期权的卖方支付一定的期权费。

假设看跌期权的期权费为 P，看跌期权合约的执行价格为 X，标的资产的市场价格为 S_T。在期权到期日，当标的资产的市场价格 S_T 低于期权合约的执行价格 X 时，期权合约的买方如果执行期权，即以执行价格 X 卖出标的资产，同时以市场价格 S_T 买入标的资产，则看跌期权买方的利润等于 $X-S_T-P$；当标的资产的市场价格 S_T 高于期权合约的执行价格 X 时，看跌期权不会被执行，买方的利润等于 $-P$；当标的资产的市场价格 S_T 等于期权合约的执行价格 X 时，期权合约买方无论是否执行合约，利润都等于 $-P$。

实例 18－3　某看跌期权的执行价格为 50 元，期权费为 10 元，那么该看跌期权买方的利润如表 18－4 和图 18－4 所示。

表 18－4　　看跌期权买方的利润

标的资产市场价格（元）	20	30	40	50	60	70	80	90
买方的利润（元）	20	10	0	－10	－10	－10	－10	－10

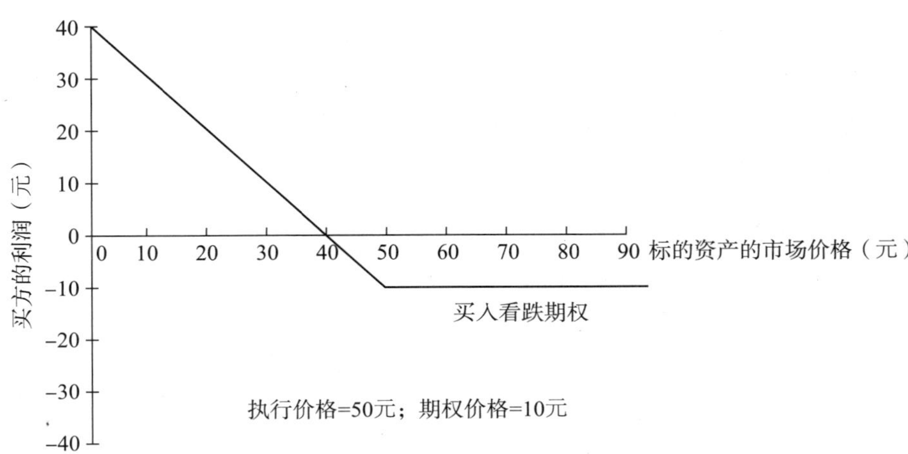

图 18-4　看跌期权买方的利润

解析　根据表 18-4 和图 18-4 可知，当标的资产的市场价格高于执行价格 50 元时，看跌期权不被执行，无论标的资产的市场价格高于执行价格多少，期权合约买方的利润均为−10 元，这表明买方的最大损失仍然为期权费。当标的资产的市场价格低于执行价格 50 元时，看跌期权可能被执行，看跌期权合约买方的利润为（$50-S_T-10$）元，这表明标的资产的市场价格越低，买方的利润越大。然而，标的资产的价格不会低于 0，因此，看跌期权合约买方的利润不可能无限大。因此，看跌期权的买方实际上以有限的损失换来数额可能更大的但是同样有限的利润。

（二）看跌期权卖方的利润

与看涨期权一样，如果不考虑交易成本，期权合约买卖双方的利润之和都应该等于 0，也就是说，期权合约的买方获利多少，卖方就亏损多少；相反，期权合约的买方亏损多少，卖方就获利多少。当标的资产的市场价格 S_T 低于执行价格 X 时，期权买方执行合约，利润为 $X-S_T-P$，相应地，期权卖方的利润为 $-(X-S_T)+P$，买卖双方的利润总和等于 0；当标的资产的市场价格 S_T 高于执行价格 X 时，期权买方不执行合约，其利润为 $-P$，期权卖方的利润为 P，买卖双方的利润总和等于 0；当标的资产的市场价格 S_T 等于执行价格 X 时，期权买方执行合约与否，利润均为 $-P$，期权卖方的利润就为 P。综上所述，看跌期权卖方的利润为 $-\max(X-S_T,0)+P$。

实例 18-4　某看跌期权的执行价格为 50 元，期权费为 10 元，那么该看跌期权卖方的利润如表 18-5 和图 18-5 所示。

表 18-5　看跌期权卖方的利润

标的资产市场价格（元）	20	30	40	50	60	70	80	90
卖方的利润（元）	−20	−10	0	10	10	10	10	10

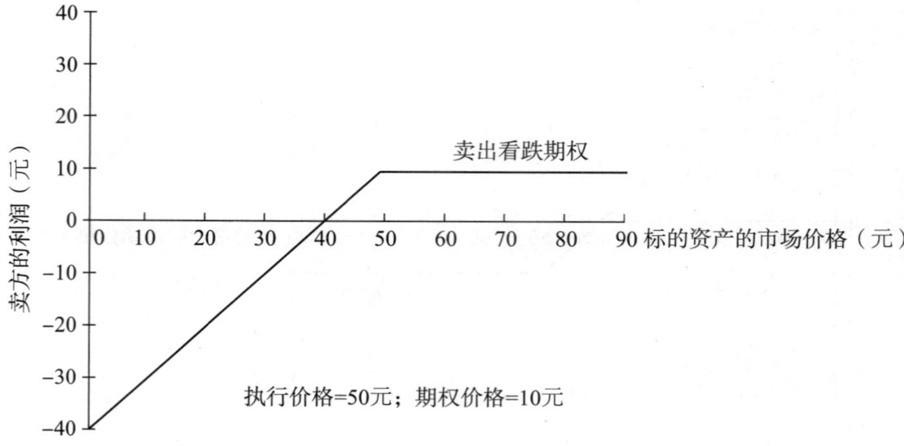

图 18-5　看跌期权卖方的利润

解析　根据表 18-5 和图 18-5 可知，当标的资产的市场价格高于执行价格 50 元时，看跌期权不被执行，无论标的资产的市场价格低于执行价格多少，期权合约卖方的利润均为 10 元，这表明卖方的最大利润为期权费。当标的资产的市场价格低于执行价格 50 元，则看跌期权可能被执行，看跌期权合约卖方的利润为$[-(50-S_T)+10]$元，这表明标的资产的市场价格越低，卖方的利润越小，损失越大。然而，标的资产的价格不会低于 0，因此，卖方的损失是有限的。特别是当标的资产的市场价格等于 40 元时，卖方的利润为 0。因此，看跌期权的卖方实际上可能获得一定的利润，但是可能承受数额较大但有限的损失。

第四节　股票期权的报价

期权合约一般在专门的交易所交易。例如，我国的 50ETF 期权在上海证券交易所交易，豆粕期货期权在大连商品交易所交易。交易所交易又被称为场内交易。在期权交易所交易的期权合约，到期日、执行价格、标的资产的数量等都是标准化的，每份期权合约代表买入或卖出一定数量的标的资产。对于股票期权合约，如果在期权合约到期之前发生拆股或并股，期权合约将对此做相应调整。期权交易所使期权交易变得非常简单、快捷，买卖双方均可自由地进出交易所，并迅速、低成本地进行交易。

图 18-6 是 50ETF 期权的认购期权、认沽期权报价。图中第二行显示 50ETF 的现价为 2.342。中间第九列上面的日期是合约到期月份，即 2017 年 2 月（17 天，即截取数据当日距合约到期日的时间）；行权价即为每张期权合约的执行价格。买量和卖量列是合约的买卖报单数量；买价和卖价列显示每张期权合约的买入报价和卖出报价，例如，对于执行价格为 2.2 元的 10000831 看涨期权合约，如果立即执行，得到 0.142 元（2.342 元－2.2 元），所以，该看涨期权处

于实值状态。

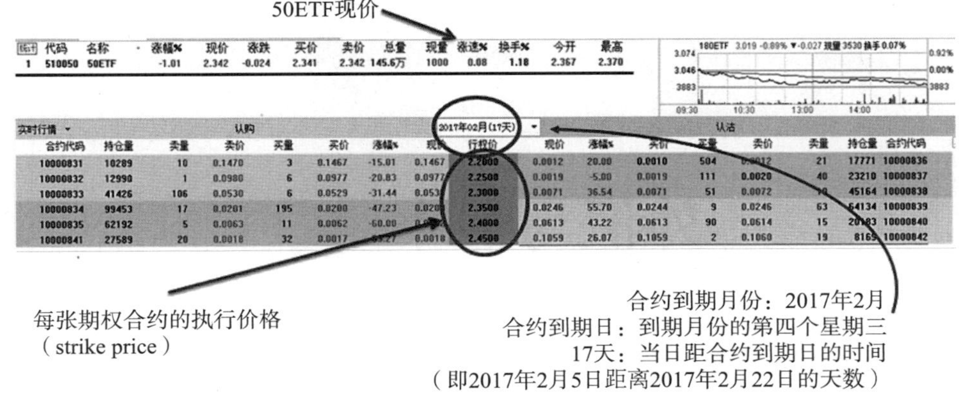

图 18－6　50ETF 期权的认购期权、认沽期权报价

说明：看涨也称认购，看跌也称认沽。期权根据买或卖的不同权利，可分为认购权证和认沽权证，又称为看涨权证和看跌权证。认购权证持有人有权按约定价格在特定期限内或到期日向发行人买入标的证券，认沽权证持有人则有权卖出标的证券。

第十九章

外汇与汇率

本章提要

本章包括外汇及汇率概述、汇率决定理论和我国的个人外汇投资三部分内容。首先，简要介绍外汇的报价方式、影响汇率变动的因素以及外汇市场的特点；其次，详述汇率决定理论中的购买力平价和利率平价；最后，介绍我国的个人外汇投资产品等相关知识。

本章内容包括：

- 外汇及汇率概述；
- 汇率决定的理论；
- 我国的个人外汇投资。

通过本章学习，读者应该能够：

- 回顾汇率的含义与汇率的标价方法；
- 掌握外汇的报价及其运用；
- 了解外汇的分类；
- 掌握影响汇率变动的主要因素；
- 掌握汇率的决定理论；
- 了解我国个人外汇投资产品。

第一节　外汇及汇率概述

一、外汇与汇率

（一）国际汇兑与外汇的含义

国际汇兑（international exchange）是指将一个国家（或具有单独的货币发

行权的地区，如香港，下同）的货币兑换成另一个国家的货币，以清算国际债权债务关系的行为。这种行为也可以简称为外汇（foreign exchange），这是外汇的动态概念。例如，我们常说的银行的外汇业务，就是指银行所经营的外汇交易行为，也就是指外汇的动态概念。

外汇还有一个静态概念，就是指一切以外国货币计量并且可以用来进行国际结算的资产，包括：（1）外国货币如美元、英镑等；（2）外币支付凭证如外币票据、存款等；（3）以外币计价的有价证券如股票、债券等；（4）国际货币，如特别提款权、欧元等；（5）其他可用于国际结算的外币资产。显然，不能用于国际结算的外币资产，如房地产、各种机械设备和商品等，是不能列入外汇之内的。

由于人民币还不能完全自由兑换成外汇，因此对个人投资者来说须有取得外汇收入的合法渠道。普通个人外汇投资者可以将所持外汇用于定期外汇储蓄，购买外汇理财产品，进行期权型存款（含与汇率挂钩的外币存款）或外汇汇率投资等，无论何种投资方式，对不同货币汇率走势的判断，都具有非常重要的意义。

（二）汇率和汇价

1. 汇率的标价方法

在本书上册第二章第三节“汇率与国际收支”中，我们介绍过有关汇率和汇价的概念，以及汇率的标价方法，包括直接标价法和间接标价法。

在国际外汇市场上，通常以“货币对”的形式进行外汇报价。例如，货币对——1.322 5 美元/欧元的报价意味着 1 欧元可以兑换 1.322 5 美元，即这一货币对是以美元为单位的欧元的价格。

国际外汇市场是 24 小时交易的市场，并不存在一个类似于股市收盘价那样的价格，但金融业需要一个统一的“基准汇率”来作为外币计价资产估值和交割的依据，因此信息服务商、央行等机构推出了各自的基准汇率，World Markets 公司和路透公布的基准汇率是当前应用最广的一种基准汇率。我国人民币兑外汇的基准汇率是中国人民银行授权中国外汇交易中心于每个工作日上午 9 时 15 分对外公布的当日人民币汇率中间价。

各家银行会在基准汇率的基础上向客户提供一个双向汇率报价。比如一家银行报价英镑/美元 2.399 5/2.400 5，意味着该银行愿意以每英镑兑 2.399 5 美元的价格买入（bid，又称出价、递盘）英镑，同时愿意以每英镑 2.400 5 美元的价格卖出（offer，又称要价、发盘）英镑。

我国商业银行的外汇报价通常以 100 单位外币/人民币的形式报价，即 100 单位外币的人民币价格，并细分为现钞买入价、现汇买入价、现钞卖出价和现汇卖出价。

例如，某一时点中国银行外汇牌价显示，美元的现汇卖出价是 686.71 元人民币，这表明中国银行在该时点愿意以 686.71 元人民币卖出 100 美元现汇。

2. 汇率的分类

（1）从银行的角度看待外汇交易，汇率可分为买入价（buying rate）、卖出价（selling rate）和中间价（middle rate）。买入价是银行向客户购买外汇时所用的汇率。卖出价是指银行向客户出售外汇时所采用的汇率。中间价（middle rate）在国际上通常指买入价和卖出价的平均值。

（2）按支付结算方式划分，汇率可分为现汇价和现钞价。现汇价是指外汇交易中使用现汇支付结算时的汇率。现汇通常包括国外银行汇到国内的外汇存款，以及外币汇票、本票、旅行支票等国际结算凭证。现汇在交易时只需要在不同账户间进行划转就可以实现资金的转移，因而交易成本较低，银行的报价也更优惠。现钞价是指外汇交易使用现钞进行支付结算时使用的汇率。现钞包括国内居民手持的外汇钞票和持有的现钞账户中的外汇。银行为客户提供现钞买卖服务通常必须保持一定的现钞头寸，由于这部分头寸以现金的形式持有，不能取得利息收入，因此成本较高。相比于现汇价，现钞价的银行买入价和卖出价之间的价差要大得多。

（3）按在确定各种外币汇率时所起的作用划分，汇率可分为基础汇率（basic rate）和套算汇率（cross rate）。基础汇率指在确定各种外币的汇率时起基础作用的汇率，通常为各种货币对国际上某一关键货币（被称为“基础货币”）的汇率。套算汇率指根据基础汇率套算出来的汇率。举例来说，假定中国市场在某一时点美元兑人民币的汇率是100美元兑628元人民币，而同一时点国际市场上1英镑兑1.43美元，那么以美元兑人民币的汇率为基础汇率，就可套算出英镑兑人民币的汇率为100英镑＝628×1.43＝898.04元人民币，这就是套算汇率。

（4）按交割期限划分，汇率可分为即期汇率（spot exchange rate）和远期汇率（forward exchange rate）。即期汇率是指外汇交易双方在成交后的当日或下一个交易日办理交割所用的汇率；远期汇率是指外汇交易双方通过订立协议约定的在未来的某一天进行外汇交割时所用的汇率。

（5）按汇率形成方式划分，汇率可分为官方汇率和市场汇率。由政府规定的汇率称为官方汇率（official rate），由市场外汇供求形成的汇率称为市场汇率（market rate）。

（三）决定汇率变动的主要因素

1. 国际收支状况

主要是经常项目（包括货物与服务、初次收入以及二次收入）的收支状况。如果经常项目顺差，市场上对本国货物的需求增加，本币汇率就会上升；反之，经常项目逆差，本币汇率就会下降。

2. 通货膨胀率

高通货膨胀率意味着一国货币（本币）的实际购买力下降，其对外汇率就会下跌；反之，物价基本稳定甚至通货紧缩，本币汇率将会稳定上升。用两个或两个以上国家的通货膨胀率计算的购买力平价，同样反映了一国的通货膨胀率与本币汇率的反向变化。

3. 利率

利率的变动会影响一国资金的流出流入。如果一国的实际利率高于别国，资金就会流入，本币就会升值；反之，实际利率低于别国，资金就会流出，本币就会贬值。

4. 经济增长率

经济增长率对外汇汇率的影响是多方向的。一方面，经济增长率高意味着经济实力增强，该国货币在外汇市场上的地位提高，本币升值；另一方面，经济增长率高也会导致高消费，进口增加，投资过热，国际收支顺差缩小或逆差，本币贬值。但经济状况好能吸引外资流入，增加国际收入，又会促使本币汇率提高。总之，要具体情况具体分析，不能一概而论。

5. 市场预期

在国际金融市场上，短期资本和投机资本数额巨大，其他多种资本都有保值和谋利的要求。这些资本对政治、经济状况十分敏感，一遇风吹草动，就会抢购或抛售外汇资产，这是造成外汇汇率升降的又一重要因素。

6. 政治干预

一国的政府金融当局（通常是中央银行）在本币汇率持续走强影响本国国际收支和经济发展时，往往卖出本币买进外汇。外汇市场上本币多了，汇率就会下降；如果本币汇率过低，影响本国货币信誉或导致通货膨胀率升高，金融当局也会卖出外汇买进本币。外汇市场本币少了，汇率就会上升。当国际投机资本冲击一国的货币汇率企图使其暴跌以牟取暴利时，金融当局更要采取多种措施维护本币汇率以及整体经济的稳定。

二、外汇交易的原因、特点与形式

（一）外汇交易的原因

外汇交易可能是出于贸易结算、对外投资、规避汇率风险及外汇投机等原因，以下分别论述。

1. 为贸易结算进行的外汇交易

在国际贸易中，通常都会规定一种结算货币，如果进口商没有这种货币，那么就会产生货币交易。比如，某企业需要从美国购买一批设备，规定的结算货币是美元，而该企业只有人民币，那么该企业就必须从外汇市场上买入美元来支付货款。同样，如果出口商要将出口所得外汇换成本币，也会产生货币交易。

2. 为对外投资进行的外汇交易

到国外投资有各种形式，比如，投资于美国股票、到加拿大办餐馆、到英国开办工厂，这些都需要首先将本国货币换成投资所在国的货币。

3. 为规避汇率风险进行的外汇交易

如果一家企业其成本（购买原料、支付工资等）和收益（销售收入）的计价货币不一致，那么就会面临汇率风险。比如，一家向美国出口陶瓷的中国企业，每年的成本大约为 900 万元人民币，其产品的收入为 140 万美元，如果人民币的汇率为 1 美元兑 7 元人民币，那么企业有 80 万元人民币的净收益，但是如果美元贬值，汇率变成 1 美元兑 6 元人民币，企业就会有 60 万元的亏损。因此，该企业会在汇率为 1 美元兑 7 元人民币的时候卖出远期美元，以避免美元贬值对利润造成不利影响。

4. 为外汇投机进行的外汇交易

目前国际外汇交易市场平均每日的交易量已达到 1.5 万亿美元，其中为了赚取差价的外汇交易占了相当大的比重。这种投机可以表现为现货市场上的低买高卖，以及利用期货、期权和掉期等各种外汇衍生工具。

（二）外汇交易市场的特点

（1）无集中统一的交易地点。与股票交易市场不同，外汇买卖没有集中统一的交易地点。外汇交易是通过全球性的、先进的信息传递系统进行的，国际外汇市场的交易系统主要有三种：路透社终端、美联社终端和德励财经终端。一般来说，交易系统会为每个交易成员设定代号和密码，所有主要交易商会在该信息系统上显示出自己对各主要货币的买卖报价，但是由于外汇市场通常瞬息万变，这只是一个参考价格，交易对手往往还得通过电话或者电脑指令进行询价并成交，资金的划拨则通过各主要的清算系统进行，比如 SWIFT（环球同业银行金融电讯协会）或者 CHIPS（纽约清算所银行同业支付系统）。另外，随着信息技术的发展，像股票交易的那种指令驱动的自动撮合系统也逐渐普及开来。

（2）24 小时交易。外汇市场又称为“绝不睡觉”的市场。由于外汇市场的主要交易产品（即主要国际货币，如美元、日元、欧元以及英镑等）和交易规则都是一致的，全球各金融中心的位置不同，亚洲市场、欧洲市场、美洲市场由于时间差的关系，开市和闭市的时间相互交错，连成了一个全天 24 小时连续作业的全球性外汇市场。一天之中最早开业的是澳大利亚的悉尼外汇市场，接下来是东京外汇市场、中国香港外汇市场、新加坡外汇市场、欧洲大陆的巴黎外汇市场和法兰克福外汇市场、伦敦外汇市场，最后是纽约外汇市场。

（3）两级市场结构。一级市场又称批发市场，主要是大型国际金融机构或银团之间的交易。二级市场又称零售市场，主要是客户与大型国际金融机构或银团之间的交易。在二级市场上，客户可以主动对外汇头寸进行套期交易或者为获得汇率差价收益而调整头寸，而银行只能根据客户的交易被动地持有外汇头寸。银行为了调整在二级市场上持有的头寸，或者主动调整头寸以获取差价，会在一级市场上与其他银行进行外汇交易。

（三）外汇交易的方式

1. 外汇即期交易

所谓外汇即期交易，是指在外汇买卖成交后，在两个工作日内办理交割的外汇交易。如果交割日正逢银行的节假日，就往后顺延。

2. 外汇远期交易

所谓外汇远期交易，是指交易双方成交后，按事先约定的日期和汇率进行交

割的外汇买卖形式。外汇远期交易与外汇即期交易不同，远期买卖成交后，交易双方便将未来交割时的汇率确定了下来，不管未来汇率如何变化，交易双方都按照约定的汇率进行交割，因此保值者可以利用这种交易转嫁风险，而投机者可以利用这种交易来赚取未来即期汇率和所约定的远期汇率之间的差价。

3. 外汇掉期交易

外汇掉期交易由一笔即期交易和一笔数量相同但方向相反的远期交易构成，它主要用来规避外汇风险。比如，一家日本的贸易公司收到 500 万美元的货款，在 3 个月之后又有一笔 500 万美元的采购，如果该企业不将这部分美元换成日元，那么就不会存在外汇风险。但此时，该企业缺乏流动资金，需要将这部分美元换成日元使用，而该企业又担心一旦将美元换成日元，3 个月后再用日元换美元时，若美元升值就会遭受损失。此时该企业便可以进行一笔掉期交易，卖出美元取得日元来使用，同时买进 3 个月之后的美元。这样操作后，由于 3 个月之后将日元换回美元的汇率在当前就固定了下来，汇率风险就得以规避。和分开做一笔即期交易和一笔远期交易相比，掉期交易可以一次完成，成本更低。

4. 外汇期货交易

外汇期货是一种规定在将来某一指定月份买进或者卖出规定金额的外币的外汇交易形式。外汇期货合约是以外汇作为交割内容的标准化远期合同。它主要包括以下几个方面的内容：第一，外汇期货合约的交易单位。每一份外汇期货合约都由交易所规定标准交易单位。第二，交割月份。国际货币市场所有外汇期货合约的交割月份都是一样的，为每年的 3 月、6 月、9 月和 12 月。交割月的第三个星期三为该月的交割日。第三，通用代号。在具体操作中，交易所和期货交易商以及期货行情表都是用代号来表示外汇期货，而期货合约在交易时都以美元进行报价。第四，最小价格波动幅度。国际货币市场对每一种外汇期货报价的最小波动幅度做了规定。在交易场内，经纪人所做的出价或叫价只能是最小波动幅度的倍数，如果采用直接标价法，该波动幅度通常为 1 个基点（每个基点为万分之一美元）。第五，每日涨跌停板额。每日涨跌停板额是一项期货合约在一天之内与前一交易日的结算价格相比的最大波动幅度，一般来说该幅度为 100～300 个基点。

目前，全球仅有三家期货交易所提供标准的外汇期货合约，即附属于芝加哥国际货币市场（IMM）、新加坡国际货币交易所（SLMEX）和伦敦国际金融期货交易所（LIFFE）。

5. 外汇期权交易

外汇期权交易跟通常的期权交易一样，只不过这里权利约定购买的是外汇，合约的执行价格为两种货币之间的汇率而已。大多数外汇期权交易都与普通的外汇交易一样，在场外市场进行，也有少部分标准化的期权合约在交易所进行交易。期权交易既可以用于保值，也可以用于投机，和期货交易一样具有杠杆效应。

第二节　汇率决定的理论

有关汇率决定的理论很多，比如购买力平价、利率平价、国际收支平衡说等。尽管每种理论都有其可取之处，但是这些理论往往只能解释汇率变动的某些方面，无法统一解释整个汇率波动的机制。这里主要介绍购买力平价和利率平价两种汇率决定理论。

一、购买力平价理论

购买力平价理论认为，一国货币的汇率由两国货币的购买力决定。购买力平价理论又分为绝对购买力平价理论和相对购买力平价理论。

（一）绝对购买力平价理论

绝对购买力平价理论认为不同国家的商品满足一价定律。举例来说，同样一件衣服，在美国卖 40 美元，而在中国卖 264 元人民币，那么按照绝对购买力平价理论，人民币兑美元的汇率就应该是 1 美元兑 6.6 元人民币，要不然就会存在套利机会。例如，如果汇率为 1 美元兑 7 元人民币，那么投机商将在中国市场上以 264 元人民币的价格买进衣服，到美国市场上卖出，取得 40 美元，再按照 1∶7 的汇率换回人民币就会赚得 16 元人民币的利润。

由于现实中很多商品的运输成本以及交易成本较高，有的商品比如建筑和服务基本上不可贸易，绝对购买力平价在现实中很难成立。但是，它为汇率水平的决定提供了一个重要的基础。实际上，我们常常听到的出口换汇成本决定汇率就是一个购买力平价的概念，对人民币来说，该成本主要指换取 1 美元外汇时所发生的人民币成本，比如在上例中，换取 1 美元的人民币成本就是 6.6 元人民币。尽管如此，因为这种方法只能提供一个很宽的汇率的合理范围，要靠绝对购买力平价理论来指导外汇投资是不可能的。

（二）相对购买力平价理论

相对购买力平价理论避开了怎样决定绝对汇率水平这个棘手的问题，转而回到汇率水平如何变动这个相对简单的问题。相对购买力平价理论认为如果两国初始的汇率水平是合理的，那么由于货币购买力受到通货膨胀的侵蚀，通货膨胀率较高的国家货币购买力下降更多，因此其货币的汇率应该相对贬值，贬值的幅度就是这两国通货膨胀率之差，如实例 19－1 所示。尽管相对购买力平价理论的初始汇率是合理的这一假定不一定符合实际，并且也忽视了经济结构变动带来的影响，但它指出了一个对外汇投资有重要指导意义的指标，即通货膨胀率。

实例 19－1　如果初始的美元兑人民币的汇率为 1 美元＝7 元人民币，美国的年通货膨胀率为 3%，而中国为 5%，那么一年后人民币汇率为 7×105/103＝7.136（人民币/美元）。

汇率贬值幅度=(7.136−7)/7=1.94%≈5%−3%

二、利率平价

利率平价涉及的是两种货币的汇率升降与两种货币利率差之间的关系。利率平价主要包括抛补利率平价和非抛补利率平价。其原理如下：对两种可以自由兑换的货币，比如日元和美元来说，如果两种货币的利率不同，投资者就会将利率较低的货币卖出，买入高利率的货币，从而获得较高的利息回报，这种套利活动的结果使得利率较高的货币的即期汇率升值，在市场均衡的条件下，高利率货币的即期汇率相对于其远期汇率或者预期即期汇率的升水（或贴水）恰好等于两种货币利率之差。

实例 19-2 如果日元兑换美元即期汇率（E_s）和一年后远期汇率（E_f）都是 100 日元/美元，日元的利率为 1%，而美元的利率为 2%，外汇投资者将如何套利？

解析 借入日元兑换为美元，获取高利率收益后，再将美元本息转换为日元偿还借款。

$$\text{总收益}=\left(\frac{100}{E_s}\times 1.02\right)\times E_f-100\times 1.01$$
$$=\left(\frac{100}{100}\times 1.02\right)\times 100-100\times 1.01$$

假设利率是确定的，套利交易的风险来自一年后即期汇率的波动，投资者通过参与远期汇率交易卖出美元来规避汇率风险，大家的一致行动将导致远期汇率发生变化，最终导致套利收益为零，外汇市场达到无套利均衡水平。

均衡水平时的远期汇率（E_f）满足：

$$\left(\frac{100}{E_s}\times 1.02\right)\times E_f=100\times 1.01$$

结论：对投资者来说，持有日元的收益为 1%，而换成美元的收益为 2%，但是在一年后将美元再换回日元的时候，却要遭受美元贬值的损失，年初花了 100 日元购买的 1 美元，现在只能换回来 99.02 日元，其损失$\frac{100-99.02}{99.02}$（大约为 1%），完全抵消掉了美元高利率的优势。

存在远期汇率市场的情况下，投资者在两个市场上的套利交易使得利率的差异被远期汇率的变化完全对冲掉，最终的收益完全相同，这种基于汇率套利对冲利率差异的操作被称为抛补利率平价。

如果不存在远期市场，就无所谓远期汇率，投资者只能对未来的汇率进行预期。

对于风险中性投资者，一致行动导致的无套利结果和前面一样，未来预期汇率与即期汇率之间的升（贴）水约等于国内外利率之差，境内投资和境外投资的收益率没有区别。对于风险厌恶型投资者，由于在境外投资不确定性更多，没有完全“抛补”风险，因此，汇率升（贴）水通常都含有对风险的补偿，一般都高于国内外利率之差。

实例 19-3 假设投资者有 10 000 美元可以投资，美元利率 $r_{\$}=2\%$，人民币利率是 $r_{RMB}=3\%$，汇率 $S_0=6.90$ 人民币/美元；反之，$1/S_0$表示 1 元人民币兑 0.144 9（=1/6.90）美元。

解析　方案一：将 10 000 美元存入 1 年期美元账户，1 年后得到 10 000×(1+2%)=10 200(美元)。

方案二：如果将 10 000 美元兑换为 69 000 元人民币并存入人民币账户，以 3%计息，1 年后将得到 $69\ 000\times(1+3\%)/S_1=71\ 070/S_1$(美元)，其中，$S_1$为 1 年后的即期汇率。

如果汇率不变，那么，方案二将是较好的选择，因为它将使价值达到 71 070/6.90=10 300（美元）。

如果 $S_1>6.90$ 元人民币/美元，方案二的结果将小于 10 300 美元。

根据抛补利率平价，通过签订一份远期外汇合约锁定 1 年后的汇率是可行的，这一远期汇率应确定为

$$F_1=\frac{1+r_{RMB}}{1+r_{\$}}\times S_0=\frac{1.03}{1.02}\times 6.90$$
$$\approx 6.97(\text{人民币/美元})$$

否则将会出现无风险套利机会。例如，如果 $F_1=6.8$ 元人民币/美元，投资者可以在美国以 2%的利率借入 10 000 美元，立即兑换为 69 000 元人民币并在中国投资，获得 3%的收益率，通过签订 1 年期远期协议，可以保证 1 年后将71 070 元人民币兑换成 10 451.47 美元，偿还借款本利和 10 200 美元之后，可以获得 251.47 美元的套利收益。

利率平价在实际的外汇市场交易中有着重要的作用。一般来说，各主要国际货币由于都存在远期汇率，都满足抛补利率平价的条件，即某日外汇市场上的远期汇率和即期汇率之差一定等于利率之差。通常情况下，银行都是以即期汇率加上利率差造成的升水或者贴水来对远期汇率进行报价。

三、根据利率平价理论预测汇率

根据利率平价，我们可以得到有关汇率预测的两个重要原则：第一，在远期汇率不变的条件下，如果某种货币的利率提高，即期汇率将上升。外汇投资者通常都非常关注美国的通货膨胀率走势。如果美国的通货膨胀率上升，美联储可能就会采取提高利率的紧缩性货币政策，那么根据利率平价，如果远期汇率不变，利率的提高将使美元的即期汇率上升。第二，如果市场预期未来某种货币将发生贬值，在两种货币利率不变的情况下，即期汇率将下降。

尽管利率平价很有用，但仅有利率平价远不足以解释汇率波动。某一时刻外汇市场会存在即期汇率和远期汇率，其升贴水由利率差决定，但是这样计算出的远期汇率可能与市场对远期汇率变动的预期不一致。因此，投机者将在远期市场

进行套利交易，从而促使远期汇率变动，进而导致当前市场上的即期汇率变动，这就是利率平价所隐含的汇率波动机制。

第三节 我国的个人外汇投资

目前，国内银行提供给个人的外汇投资产品主要有个人外汇实盘交易、外汇保证金交易、外汇期权类产品和外币理财产品 4 类。

一、个人外汇实盘交易

个人外汇实盘交易，俗称“外汇宝”，就是客户必须持有足额的需要卖出的货币，按照实时汇率买入想买的货币，国内银行个人外汇买卖业务大部分采用这种方式。实盘买卖的交易币种一般包括欧元、美元、港币、英镑、日元、瑞士法郎、加拿大元、澳大利亚元、新加坡元 9 个币种。目前，我国多家银行都开展了个人外汇实盘交易业务。

二、外汇保证金交易

外汇保证金交易又称“炒外汇”，是指通过与指定投资银行签约，开立信托投资账户，存入一笔资金（保证金）作为担保，由投资银行（或经纪行）设定信用额度。投资者在额度内自由买卖同等价值的即期外汇，操作所造成的损益，自动从上述投资账户内扣除或存入。

交通银行“满金宝”交易就是一种外汇保证金交易业务，它是指客户按照与交通银行约定的币种和名义金额买入或卖空外币，在开盘交易被平盘后双方进行轧差清算。客户需存入一定金额的保证金才能叙做“满金宝”交易。客户可以利用汇兑差价等获取收益，同时承担相应风险。

中国银行“双向外汇宝”业务也是一种外汇保证金交易业务，它是指个人客户通过中国银行所提供的报价和交易平台，在事前存入与建仓货币名义金额相等的交易保证金后，实现做多与做空双向选择的外汇交易工具。

三、外汇期权类产品

外汇期权又称货币期权，是一种选择契约，期权持有人即期权买方享有在契约届满或之前以规定的价格购买或销售一定数额的某种外汇资产的权利，而期权卖方收取期权费，则有义务在买方要求执行时卖出（或买进）期权买方买进（或卖出）的该种外汇资产。

某商业银行“两得宝业务”就是一种外汇期权类产品，它是指客户在外汇市场横盘整理的时候，在存入一笔定期存款的同时，根据自己的判断向银行卖出一

份期权，客户除得到定期存款利息收入之外还可得到一笔可观的期权费。期权到期时，银行有权根据汇率变动对其是否有利，选择是否将客户的定期存款按原协定汇率折成相对应的挂钩货币。

类似的还有中国银行的“期权宝业务”，它是指客户根据自己对外汇汇率走势的判断，选择看涨或看跌货币并根据中国银行的报价支付一笔期权费，同时提供和期权面值金额相应的外币存款作为担保；到期时，如果汇率走势同客户预期相符，客户就可以获得额外的投资收益。

四、外币理财产品

外币理财产品是指以外币进行投资的理财产品。常见的外币有美元、欧元、澳大利亚元等。除投资标的本身的风险外，购买外币理财产品的投资者还会面临汇率波动的风险。该部分内容可以详见第二十二章“理财产品投资”。

第二十章 贵金属投资基础

本章提要

本章介绍了贵金属投资的基础知识。首先，分析了黄金的属性、黄金价格的影响因素、黄金的投资方式和投资工具；其次，介绍了黄金的投资策略；最后，介绍了白银和铂金投资的基础知识。

本章内容包括：

- 黄金基础知识与投资方式分析；
- 其他贵金属基础知识。

通过本章学习，读者应该能够：

- 理解黄金的概念及其特性；
- 了解黄金市场的主要参与者；
- 了解黄金投资的优势和劣势；
- 掌握黄金价格的影响因素；
- 掌握黄金投资的工具和投资方式；
- 理解黄金投资策略；
- 了解白银和铂金投资的基础知识。

第一节　黄金基础知识与投资方式分析

贵金属（黄金、白银等）自古以来就被认为是财富和权力的象征，也是法币制度建立前各国货币材料的首选。在现代法币制度下，以黄金为首的贵金属是各国央行发行纸币的重要储备。贵金属的保值性和其他特性，使其成为全球投资者资产配置的重要组成部分。

一、黄金概述

（一）黄金及其特性

黄金的化学元素符号为 Au，该名称来自罗马神话中的黎明女神欧若拉（Aurora），意为“闪耀的黎明”。黄金是一种贵金属，也是一种特殊的商品，曾在很长一段时间内承担着货币的职能。黄金稀有而且珍贵，具有储藏、保值、获利等金融属性，且极易变现。

1. 黄金的自然属性

黄金是热和电的良导体，质地柔软、可塑性强；它具有金灿灿的美丽光泽，并且成色容易被鉴别；它的化学性质十分稳定，自然状态下几乎不和任何物质发生化学反应。具有以下自然属性：

（1）具有高反射率；

（2）色泽悦目；

（3）延展性好；

（4）耐腐蚀性强；

（5）具有良好的导电性和导热性。

2. 黄金的商品属性

由于具有优良的自然特性，黄金成为一种在社会上用途广泛的商品。

黄金是人类较早发现和利用的金属，自古以来被视为五金之首，有“金属之王”的称号，享有其他金属无法比拟的盛誉。长期以来，黄金是财富的象征，用于金融储备、货币、首饰等。随着现代工业和高科技的快速发展，黄金的经济地位和商品应用在不断地发生变化，其金融储备、货币职能在调整，商品职能在回归。

3. 黄金的金融属性

黄金作为货币载体和交易的媒介已有 3 000 多年的历史，是起着一般等价物作用的特殊商品和占有特殊地位的世界货币。随着 1973 年布雷顿森林体系解体，黄金逐步演化为金融市场的重要投资工具。黄金除其历史渊源的货币和商品属性之外，又多出了一种金融投资属性。而且黄金的这种金融投资属性，在一定的时期还会演变为影响黄金价格的重要因素。

从 1980 年开始，在黄金现货交易的基础上，逐步衍生出黄金期货、期权、借贷、租赁、纸黄金和黄金账户等投资品种，黄金逐渐成为金融投资组合的重要组成部分。相应地，黄金也逐渐演变为一种理财工具。

（二）黄金市场及其主要参与者

黄金市场（gold market）是集中进行黄金买卖和金币兑换的市场。

1. 黄金市场的主要参与者

国际黄金市场的参与者主要包括 5 类，分别为国际金商、银行、对冲基金等

金融机构、各种法人机构和私人投资者，以及在黄金期货交易中起很大作用的黄金经纪公司。

(1) 国际金商（做市商）。最典型的就是伦敦黄金市场上的五大金商，由于它们与世界上各大金矿和许多金商有广泛的联系，而其下属的各个公司又与许多商店和黄金顾客联系，因此，五大金商会根据自身掌握的情况不断报出黄金的买价和卖价。当然，黄金做市商要承担金价波动的风险。

(2) 银行。银行又可以分两类，一类以苏黎世的三大银行为代表，仅仅为客户代行买卖和结算，其自身并不参加黄金买卖，仅充当生产者和投资者之间的经纪人，在市场上起到中介作用。另一类做自营业务，如在新加坡黄金交易所（UOB）里，就有多家自营商会员。

(3) 对冲基金。近年来，国际对冲基金尤其是美国的对冲基金活跃在国际金融市场的各个角落。在黄金市场上，几乎每次大的下跌都与对冲基金借入短期黄金在即期黄金市场抛售和在纽约商品交易所黄金期货交易市场构筑大量的空仓有关。一些规模庞大的对冲基金利用与各国政治、工商和金融界千丝万缕的联系，往往较先捕捉到经济基本面的变化，利用管理的庞大资金进行买空和卖空，加速黄金市场价格的变化，进而从中渔利。

(4) 各种法人机构和私人投资者。这既包括专门出售黄金的公司，如各大金矿、黄金生产商、专门购买黄金消费的黄金制品商（如各种工业企业）、首饰行以及私人购金收藏者，也包括专门从事黄金买卖业务的投资公司、个人投资者等，种类多样，数量众多。按对市场风险的喜好程度分，又可以分为风险厌恶者和风险喜好者。前者希望回避风险，将市场价格波动的风险降到最低程度，包括黄金生产商、黄金消费者等；后者包括各种黄金投资公司，希望从黄金价格涨跌中获取利益。前者希望黄金保值，转嫁风险；后者希望获利，愿意承担市场风险。

(5) 黄金经纪公司。这是专门代理非交易所会员进行黄金交易，并收取佣金的经纪商。有的交易所将此类经纪公司称为经纪行（commission house）。在纽约、芝加哥、中国香港等黄金市场里，活跃着许多这样的经纪公司，它们本身并不拥有黄金或进行黄金买卖，只是派其代表在交易厅内代理客户进行黄金买卖并以此收取客户佣金。

2. 主要黄金市场

(1) 全球主要黄金市场。全球黄金市场主要有伦敦、苏黎世、纽约和芝加哥、中国香港四大市场。早期，荷兰阿姆斯特丹是全球黄金交易中心，但在19世纪初被伦敦取代。自1919年正式成立后，伦敦金市便一直有个传统，即每天分上午和下午两次黄金定盘价。该价格由几大黄金交易行“定出”，对全球金价影响极大。伦敦现货黄金交易没有实际交易场所，其交易通过各大金商联网完成。目前成交活跃的伦敦黄金期货交易，于1982年后渐渐成势。

苏黎世黄金市场由瑞士三大银行，即瑞士银行、瑞士信贷银行和瑞士联合银行负责清算结账。瑞士特殊的银行体系和辅助性黄金交易服务体系，为黄金买卖提供了一个既自由又保密的环境。苏黎世黄金市场在国际现货黄金市场的地位仅次于伦敦金市，但其无金价定盘制度。

纽约和芝加哥黄金市场是在尼克松政府宣布废除承兑制（即美国央行以 35 美元兑 1 盎司黄金）后形成的。以期货而言，目前纽约商品交易所（COMEX）和芝加哥国际货币市场是世界黄金交易中心。通常，包括美国在内的世界黄金市场基本以做期货为主。

中国香港黄金市场已有近百年历史。中国香港黄金市场在时差上刚好填补了纽约和芝加哥市场收市和伦敦开市前的空档，从而与后者在交易时间上形成了完整的世界黄金市场。中国香港优越的地理条件吸引了欧洲金商的注意，伦敦五大金商、瑞士三大银行等纷纷在此设立分公司。目前香港有三个黄金市场：一是本地“两斤”市场，以“两”为单位，华人参与较多；二是“香港伦敦金”市场，为外资金商市场，即“交易在香港，交割在伦敦”，没有固定交易场所，主要为填补时差空档；三是黄金期货市场。①

（2）中国的黄金市场。与其他国家或地区相比，我国的黄金市场起步较晚，尤其是黄金期货 2009 年才在上海期货交易所挂牌上市。但我国的黄金市场发展速度快，产品种类也相对丰富。

我国黄金市场由场内和场外两部分组成。场内黄金交易市场包括上海黄金交易所和上海期货交易所，前者以黄金现货交易为主，后者则进行黄金期货交易。场外黄金交易市场主要涉及五大类交易，包括由商业银行代理的实物金条销售业务，纸黄金业务，黄金寄售和租赁业务，产金、用金企业之间进行的非标准化黄金交易，以及黄金投资或咨询公司开办的黄金保证金交易。

（三）对黄金的需求

近年来，随着社会的发展，人们对黄金的需求不断增加。世界黄金协会的数据显示，2017 年，全球黄金总需求为 4 071.7 吨，同比下降 7%。黄金 ETF（交易型开放式指数基金）虽然依然呈现净流入的态势，但势头不及 2016 年强劲。各国央行增储共计 371.4 吨，较 2016 年下降 5%。金条和金币需求受美国拖累下降 2%。金饰需求受中国和印度推动，增长 4%，但仍低于历史平均水平。科技行业的用金量出现自 2010 年来的首次上升，主要因为黄金在智能手机和车辆中的使用增加。

1. 消费需求

黄金的消费需求主要来自以下几方面：首饰业、电子业、牙科、官方金币、金章和仿金币等。一般来说，世界经济的发展速度决定了黄金的工业总需求，尽管科技的进步使得黄金替代品不断出现，但特殊的金属性质使得黄金的需求量仍呈上升趋势。

随着人们收入水平持续提高、生活水平不断改善，对黄金饰品、摆件等的需求就会增加。从目前黄金需求结构看，首饰需求占市场总需求的 52% 以上。2017 年，金饰需求增长 4%，是 2013 年来的首次增长，但从历史数据看，该行业并未摆脱弱势。相对稳定的金价和全球经济状况的好转给金饰行业带来了转机，但相对于长期平均值，需求依然偏弱。

① 资料来源于黄金白银延期网.

2017年，随着科技行业需求复苏，电子和其他工业应用领域对黄金的需求稳步增长。

2. 储备需求

黄金的储备需求主要是指官方储备。官方储备是央行用于防范金融风险的重要手段之一。中国黄金协会数据显示，截至2018年上半年，我国官方黄金储备为1 842.57吨，为全球第六大黄金储备国。近年来，多国央行持续扩大黄金储备，俄罗斯已连续四年增加黄金储备，并于2018年2月超越中国成为全球第五大黄金储备国。

3. 投资需求

由于黄金具有储值与保值的特性，对黄金还存在投资需求。近年来，全球对于黄金投资的需求一直比较旺盛。

截至2017年12月底，世界黄金协会追踪的全球黄金ETF的持仓量共计2 368吨，价值990亿美元，仅次于美、德、意、法央行的黄金储备。

金条投资总体稳定，而金币投资下滑10%。主要原因是美国需求大幅下滑到10年来的最低值39.4吨，跌幅超过了中国和土耳其两国的增幅。

虽然2017年黄金需求同比有所下降，但是其占黄金总需求的比例为30.26%，而这一比例在2005年仅为15.59%。可见，全球黄金投资需求依然旺盛。

（四）黄金的供给

1. 黄金的初级供应：金矿

产金国的黄金开采、冶炼等生产活动是直接增加整个世界的黄金存量的唯一来源，新产黄金的出售则构成黄金的初始供应。黄金的储量和产量较多的国家主要有南非、美国、俄罗斯和中国。世界上各个产金的国家和地区，每年共生产数十万吨的黄金，这是黄金市场上的主要货源。

2. 黄金的次级供应：民间黄金的回流、黄金成品废料的提取

从金矿生产出来的黄金，其供应量极其稳定，并不会造成瞬间的大幅波动。黄金次级供应的一个来源是民间黄金的回流，当民间个人购买了黄金以后，除了希望能够一代一代传下去以外，假如出现合适的价格，也会进行交易。尤其是当出现一些对市场上的黄金有一定影响的消息时，都会引起黄金价格的变动，进而造成黄金供给和需求的相应变动。除了上述民间交易的黄金以外，另外一个来源就是对一些黄金成品的废料进行提取，这一部分每年都有很大的供应量。但是由于提取黄金的成本日渐增加，制造者为了降低产品的成本，都在寻求一些相关的替代材料以取代昂贵的黄金成分。因此，废料中的黄金供应量有逐渐降低的趋势。

虽然次级供应受到价格的影响，但是由于民间的黄金数量有限，其供给数量必定不会无限增加。当价格达到一定的水平时，供应量必然会达到最高水平。

3. 黄金的三级供应：国家黄金储备

由于黄金在历史上具有（而且至今仍残留着某种）货币特性，因而各国官方机构，尤其是中央银行都保留一定量的黄金储备。据统计，目前各国官方机构持有的黄金储备总量约以万吨记。这无疑是一个潜在的、数量巨大的供应来源。实行外汇管制的国家为了套取一定数额的外汇，就要出售手头的黄金，从而使国家黄金储备成为三级供应的主要来源。在 1980 年金价最高的时候，苏联卖出了 290 万盎司的黄金；但是等到 1981 年黄金价格大幅回落的时候苏联却卖出了 900 万盎司的黄金。可见三级供应的目的是为国家套取外汇，而不是像二级供应市场那样通过转手来获取利润。三级供应者主要是一些金矿较多的国家，而且卖出黄金的数额较大，对于金价的影响不可忽视。

2017 年，世界金矿产量小幅增长，达到历史最高水平 3 268.7 吨，回收金下降 10%；总供应下滑 4%，为 4 398.4 吨。中国由于推出了更严格的环境保护规定，金矿产量下滑幅度达 9%。

（五）黄金投资的优势和劣势

1. 黄金投资的优势

与其他投资产品相比较，黄金投资的优势体现在以下几方面：

（1）税收优势。黄金投资可以说是世界上税收负担最轻的投资项目。在我国，购买投资性金条、金币比购买黄金消费品，在税收方面要少缴增值税、消费税等税种。

（2）产权转移便利。黄金不像房地产那样，当转让人向受让人转移产权时须经过复杂烦琐的产权过户手续，缴纳大笔过户税，如果是遗产，还须缴纳大笔遗产税及律师费，而黄金任何人都可以公开购得，还可以像礼物一样进行自由转让。

（3）世界上最好的抵押品种。由于黄金是一种国际公认的物品，是一种世界性的绝对财富，根本不愁买家承接，因此，无论是向银行申请贷款还是典当，黄金都是最好的抵押品。

（4）对抗通货膨胀及政治经济动荡。近几十年来，通货膨胀愈演愈烈，导致各国货币大量缩水，给以存款为主要投资方式的投资者的个人财产带来了巨大的损失。而黄金价格会随通货膨胀相应上涨，所以投资黄金有助于对抗通货膨胀。另外，国际地缘政治局势动荡不安，中东战争、国际恐怖主义造成相关国家货币信用崩塌，黄金也成为这些地区人们管理财产的最好避险工具。

（5）市场不易被操纵。任何地区性股票市场都有可能被人为操纵，但黄金市场不会出现这样的情况。金市是全球性的投资市场，全球的投资对象一样，价格一致，市场不易被操纵。

（6）无时间限制，可随时交易。一方面，从时间上看，伦敦、纽约、香港、上海等全球黄金市场交易时间连成一体，构成了一个 24 小时无间断的投资交易系统。另一方面，世界性公开的黄金市场不设停板和停市，令黄金市场投资起来更有保障，基本不用担心在非常时期不能重新入市以平仓止损。

2. 黄金投资的劣势

(1) 历史价格波动幅度大。黄金非货币化 30 多年来,世界黄金市场包括现货市场和衍生品市场,得到了长足的发展。但是,伴随黄金非货币化而来的各种影响投资的因素也大大增加,使黄金价格波动变得极为剧烈。

(2) 经常被政府控制,例如美国政府直至 1975 年还禁止美国公民买卖和拥有黄金。

(3) 直接投资不会产生当期收益。投资黄金只能获得期初期末的买卖差价。

(4) 会发生储藏成本,如运输和保险产生的费用。要支付储藏和安全费用被认为是黄金现货投资的主要缺陷。

(5) 需要征收销售税。从普通黄金到首饰需要加上制造商、批发商、零售商的利润,这些费用都要由消费者承担。

我国的消费税实行单一环节征收,一般在应税消费品的生产、委托加工和进口环节缴纳。但是金银首饰消费税的纳税环节比较特殊。根据财税〔1994〕95 号文要求,从 1995 年 1 月 1 日起,金银首饰消费税由在生产销售环节征收改为在零售环节征收。

(6) 分析和化验成本较高,影响了黄金作为投资产品的吸引力。

(六) 黄金价格的影响因素

1. 黄金供需关系

金价是建立在供求关系基础之上的。如果黄金产量大幅增加,金价会受到影响而回落;如果出现矿工长时间罢工等原因使黄金产量停止增加,金价就会因求大于供而上升。新采金技术的应用、新矿的发现,均令黄金的供给增加,当然会令金价下跌。地域性投资热潮也会对黄金价格产生影响,例如日本出现的黄金投资热潮导致了黄金价格的节节攀升。

有多种因素影响黄金供需走势,当我们分析这些因素时,应当考虑到不同影响因素各自作用的强度到底有多大,以找到每个因素的主次地位和影响时间段,从而制定最佳的投资决策。

黄金供需的影响因素在时间段上分为短期(通常是 3 个月以下)因素和长期因素,如表 20-1 所示。我们对于这些因素的影响要分别对待。

表 20-1 **黄金供需的影响因素**

	短期因素	长期因素
供给	劳工纠纷 回收情况 生产国外汇情况 中央银行买卖行为	贮存成本 新开采技术 新矿源的发现 预期生产成本和利润 政府扶持政策

续前表

	短期因素	长期因素
需求	代用金属的价格 政治事件和局势 外汇汇率 国家储备需求 预期价格水平 利率水平	工业用金消费趋势 电子及化工业情况 珠宝业情况 政府铸币用金 收入水平 年龄分布 社会习惯 通货膨胀率走势

2. 通货膨胀

关于通货膨胀对黄金价格的影响，也要做长期分析和短期分析，并结合通货膨胀在短期内的程度而定。从长期来看，每年的通胀率若是在正常范围内变化，那么其对金价的波动影响并不大；只有在短期内，物价大幅上升，引起人们恐慌，货币的单位购买力下降，金价才会明显上升。虽然进入 20 世纪 90 年代后，世界进入低通货膨胀时代，作为货币稳定标志的黄金的用武之地日益缩小，作为长期投资工具，黄金收益率也低于债券和股票等有价证券，但从长期来看，黄金仍然是对付通货膨胀的重要手段。

3. 石油价格

石油是全球资源性产品中消耗量最大的产品，近年来全球年均消耗石油已超 40 亿吨。石油与工业化社会的关系十分密切，当前的工业社会是搭建在石油和能源之上的。

黄金本身是通货膨胀下的保值品，与通货膨胀形影不离。石油价格上涨意味着通货膨胀会随之而来，进而金价也会随之上涨。如图 20－1 所示，在 2008 年 10 月到 2018 年 9 月之间，黄金价格与原油价格的相关系数达到 0.573 3。

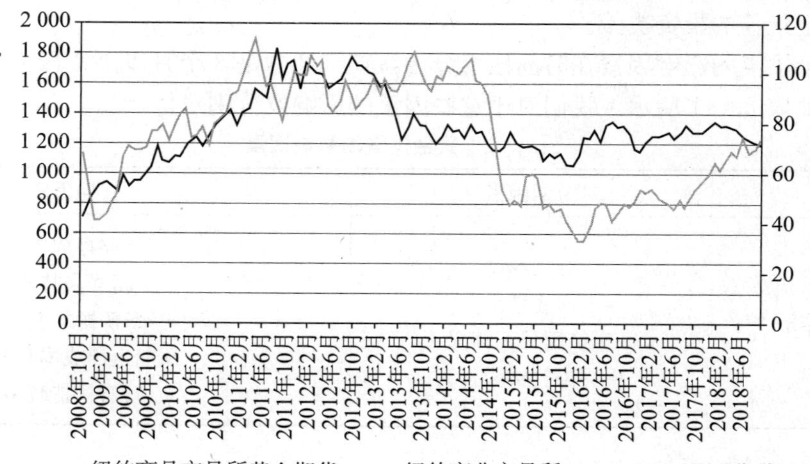

图 20－1　黄金价格与原油价格的相关关系

4. 利率

投资黄金不会获得利息，其获利全凭价格上升。在利率偏低时，投资黄金会有一定的益处；在利率升高时，收取利息会更有吸引力，无利息黄金的投资价值就会下降，投资黄金的机会成本升高，投资者会转而选择在银行收取利息。

5. 美元走势

美元虽然没有黄金那样稳定，但是其流动性要比黄金好得多。当国际政局紧张不明朗时，人们都会因预期金价上涨而购入黄金。简单地说，美元强黄金就弱，黄金强美元就弱。

通常投资者在储蓄保本时，取黄金就会舍美元，取美元就会舍黄金。黄金虽然本身不是法定货币，但始终有其价值，不会贬值成废铁。若美元走势强劲，投资美元升值机会大，人们自然会追逐美元。相反，美元在外汇市场上越弱，黄金价格就会越强。图 20－2 显示，近 10 年来黄金价格和美元指数存在长期负相关关系。

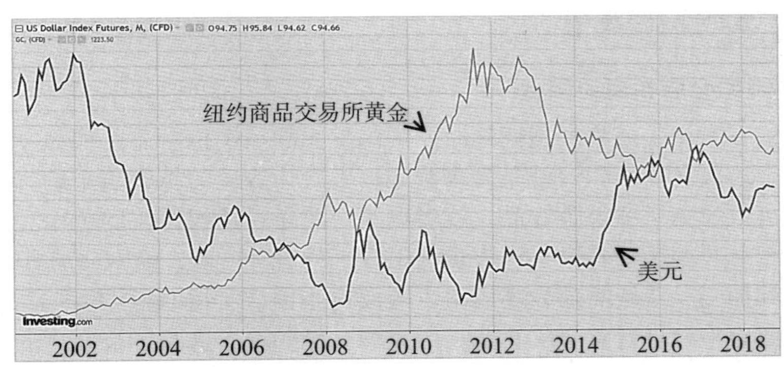

图 20－2　黄金价格与美元指数的相关关系

6. 世界金融危机

假如出现了世界级银行倒闭的事件，金价会有什么反应呢？

人们担心银行会因此出现大量的挤兑或破产倒闭，自然都会选择将金钱保留在自己手上。就像阿根廷爆发经济危机时，全国人民都想从银行兑换美元，为了应对危机，政府强迫所有的资产和负债都要以 1∶1 的比例由美元换成比索，从而导致骚乱不断，全国陷入了恐慌之中。

当美国等西方大国的金融体系出现不稳定的迹象时，世界资金便会投向黄金，导致黄金需求增加，金价上涨。黄金在这时就发挥了资金避难所的功能。而在金融体系稳定的情况下，投资者对黄金的信心减弱，会选择将黄金卖出，从而造成金价下跌。

7. 战乱和政局动荡

战乱和政局动荡时期，经济的发展会受到很大的限制。任何当地的货币都可能会由于通货膨胀而贬值。这时黄金的重要性就淋漓尽致地发挥出来了。由于黄金是国际公认的交易媒介，在这种时刻，人们都会把目标投向黄金。对黄金的抢购，也必然会造成金价的上升。

但是，历史上也存在例外情况。比如，1989—1992 年，世界上出现了政局动荡和零星战乱，金价却没有因此而上升，原因就是当时人人持有美元，舍弃黄金。故投资者不可机械地套用战乱因素来预测金价，还要考虑美元等其他因素。

8. 经济状况

经济欣欣向荣，人们生活无忧，自然会增强人们投资的欲望，民间购买黄金进行保值或装饰的能力会大为增加，金价也会得到一定的支持。相反，如果民不聊生，经济萧条，人们连吃饭穿衣的基本保障都不能满足，又哪里会有对黄金投资的兴致呢？此时金价必然会下跌。

二、黄金投资方式分析

（一）黄金投资渠道

1. 传统的金店和商业柜台

当人们在大街上或商场里闲逛时，闪闪发光的黄金柜台总是那么吸引人的眼球，那些金店或者商店柜台就是大多数老百姓较为普遍的投资黄金的场所，在那里，人们可以投资一些黄金饰品，或者购买一些通过授权销售的金币、纪念金条等。近几年，我国实物黄金年销售量已上升到约合 300 吨。金店或者柜台上的黄金实物，其加工、流转需要较高成本，造成这些黄金实物的附加值过高，所以通过金店或商店柜台进行黄金实物购买的人群一般侧重于这些黄金实物的装饰和收藏功能。

2. 商业银行

鉴于黄金近 10 年来价格稳步攀升，银行也逐渐涉及有关黄金的业务。2002 年中国人民银行批准我国四大银行开展黄金业务，包括现货买卖、黄金交割、交易清算、项目融资等；2004 年 6 月，招商银行北京分行售出了我国第一根“高赛尔”金条；2005 年各银行相继推出了自有品牌黄金和个人实物黄金业务；2008 年，国内银行个人黄金业务推出，当年银行销金 37.25 吨，代理销售超 10 吨，连续三年增长超过 100%，占国内销售总量的 11%。近年来，我国商业银行纷纷推出黄金艺术品、黄金收藏品、黄金定投、黄金 T+D 等，几乎涉足所有与黄金有关的业务。从目前看来，我国商业银行的黄金业务发展势头强劲，在整个黄金投资市场中所占的比重也在不断加大。

3. 交易所市场

我国交易所市场包含两种形式的黄金投资，即黄金现货和黄金期货。其中，上海黄金交易所交易黄金现货，上海期货交易所交易黄金期货。

上海黄金交易所目前主要进行黄金现货交易，并对交易所内的黄金交易、交割、清算等制定了基本规则。上海黄金交易所按照价格优先、时间优先的原则，采取自由报价、撮合成交、集中清算、统一配送的交易方式。

（二）黄金投资工具

1. 实物黄金

实物黄金包括金币交易、金条交易和金饰交易三种交易方式。

投资金条（块）的优点是：额外花费不高（主要是指佣金）、易于交易（特别是标准金条）、交易价格易于获得、在世界许多地方的金条（块）交易不收交易费。缺点是：投资者需要为购买的金条（块）支付铸造费用；需要一定的地方储藏黄金或支付相应的保管费用；单笔投资占用的资金比较大；如果购买的是非标准金条，交易时还要支付一定的鉴定费用。

投资金币的优点是：投资金币的资金额度可以根据投资者的要求灵活掌握，并且在全世界范围内都可以比较方便地进行金币买卖。缺点是：投资金币有一定的储存风险，一旦金币的表面遭到损伤，金币的价值将会大大降低；金币价值很大一部分不是由金币的含金量决定的，而是由金币的溢价决定的，所以各种影响溢价的因素对金币的价值有较大的影响，这一点特别体现在那些有收藏价值的金币上，它要求投资者具有一定的金币收藏方面的专业知识。

投资于黄金饰品，优点在于既可以做饰品，又具有投资保值的作用；缺点在于流动性较差。

总体而言，实物黄金的投资比较符合长期投资的要求，特别是在通货膨胀时期，可是投资者需要将这种保值功能建立在长时间的基础上，几乎需要以 10 年为一周期进行考虑。

2. 黄金账户（纸黄金）

黄金账户，又称纸黄金，是指投资者在买卖黄金时并不提取交割黄金实物，而采用记账卡或存折等形式，在特设的黄金账户内记录黄金的交易与数量，在与之配套的资金账户里记录资金的交易方向与数量。

因为黄金账户没有实物的交割，即黄金实物在售出黄金的银行或企业手中，在投资过程中不需要进行验收、转移、保险等操作，因此黄金账户是黄金现货中交易成本最低的一种投资工具。一些黄金账户是可以提取黄金的，像伦敦本地金账户，所有者可以凭账户记录提取 LBMA（伦敦金融市场协会）认证的各种实物黄金。但其他黄金账户对此提出了相当严格的限制性条件，比如，加收一定的手续费、税收等，甚至干脆规定不许兑现黄金，只允许用来交易。

黄金账户是最大众化的黄金现货投资工具，它具有方便快捷、方式灵活、交易成本低等特点，是黄金现货市场成熟的标志。2003 年中国银行上海分行率先开始“黄金宝”业务试点，2005 年中国工商银行推出了具有黄金账户性质的“金行家”，这些都标志着中国的黄金市场进入了一个新纪元。

投资黄金账户的优点是投资黄金账户的资产具有高度的流动性，没有储蓄风险。缺点是投资的资金占用大，转让有限制，通常只能转让给开户的银行或销售商。

3. 黄金股票与黄金债券

黄金股票是金矿公司为募集社会资金而向社会公开发行的上市或不上市的股

票。黄金债券是由金矿公司发行的债券，一般而言由黄金作为担保，其利率水平也与黄金价格有关。投资者投资黄金股票和黄金债券不单纯是对黄金的投资，也是对该金矿公司的投资，因此该类投资工具的特点是，风险和收益来源多样化，不仅与黄金的价格水平相关，也与发行者——金矿公司——的经营情况密切相关，其中还包括金矿所在国货币与美元之间的汇率变化[①]，此外还受制于证券市场的总体氛围。因此，黄金股票和黄金债券的交易比一般黄金投资品种要复杂。

在黄金股票中还有一类特殊的股票，这就是所谓的潘泥股票（penny gold stock），它是指已购置了大批可能会有沙金的沙地或可能会有黄金的山地，但还没有被证实的股份公司发行的股票。这类股票因为股份公司购置的土地有没有黄金或有多少黄金不能确定，因而风险非常大，发行价格较低。但一旦被证实黄金储藏丰富，其投资收益也十分巨大，这是黄金矿业里的风险投资。近几年，在我国的广西、云南、新疆等边境地区，先后有来自加拿大、英国等国家的投资公司、矿业公司采用同地勘部门成立合资公司的方式联合探采黄金矿产，然后在境外发行潘泥股票，成果显著，探明了大量的黄金储藏，也为投资者带来了很高的投资收益。

在中国也有一些黄金公司发行股票上市。2003 年，中国黄金股份有限公司在上海证券交易所挂牌，时隔不久山东国大黄金股份有限公司也成功上市。在这之前，福建紫金矿业在香港联交所上市。

投资黄金股票、黄金债券的优点是具有高度的流动性，各处都可以得到报价，并可以享受股利。缺点是操作难度大，需要广泛的知识，投资费用（包括交易费用）较高。

4. 黄金衍生品

（1）黄金期货。期货交易是一种集中交易标准化远期合约的交易形式，即交易双方在期货交易所通过买卖期货合约并根据合约规定的条款，在未来某一特定时间和地点，以某一特定价格买卖某一特定数量和质量的商品的交易行为。在期货交易中，交易者只需要按期货合约价格的一定比率缴纳少量保证金作为履行期货合约的财力担保，便可参与期货合约的买卖。

黄金期货就是以黄金作为交易标的物而产生的一种期货合约，表 20－2 简单罗列了黄金期货和黄金现货之间的一些差别。

自黄金期货交易推出以来，全球黄金期货市场发展迅速，交易量直线上升。据统计，目前全球黄金交易量的 95％以上属于衍生品交易，而黄金衍生品交易的 95％以上属于期货交易。

投资黄金期货的优点包括：流动性好；交易的时间和价位选择具有高度的灵活性；安全方便，不需要为实物黄金的储存担心；投资有较强的杠杆作用，较小的资金能够从事较大的投资；价格由集中竞价产生，透明度高；能够为企业的资产提供套期保值。

① 世界黄金价格以美元价格为准，上述汇率水平会影响到以生产国货币计价的黄金价格，进而影响金矿的经营情况。

表 20-2　　黄金期货与黄金现货的比较

	黄金期货	黄金现货
交割时间	未来某一时间	随时
交易对象	期货合约	实物
交易目的	套期保值、投资、套利	获得黄金
交易场所	期货交易所	一般采取柜台交易
交易方式	对冲头寸	货到款清
交易价格	期货交易所公开竞价	双方协商

投资黄金期货的缺点包括：投资中采用杠杆增加了投资的风险，一旦对未来价格预期错误就可能会造成全部本金的损失。

（2）黄金远期交易。远期交易是指买卖双方同意在未来某一时点，以特定价格买卖标的物的交易契约，协议的内容包括标的物定义、品级、数量、交割日、交割地点、交割方式，这些协议内容都可以根据买卖双方的需求设定，并无一定的标准，具有高度自由化的特点。目前，美元黄金远期是国际黄金市场的最主要交易品种。由澳大利亚和新西兰银行（中国）有限公司开发的人民币黄金远期产品，是上海金融市场的创新产品，它的诞生填补了国内金融市场在人民币黄金远期交易方面的空白。

（3）黄金期权。期权是一种选择权，期权的买方向卖方支付一定数额的权利金后，就获得这种权利，即拥有在一定时间内以一定的价格（执行价格）出售或购买一定数量的标的物（实物商品、证券或期货合约）的权利。期权的买方行使权利时，卖方必须按期权合约规定的内容履行义务。相反，买方可以放弃行使权利，此时买方只是损失期权费，卖方则赚取期权费。总之，期权的买方拥有执行期权的权利，无执行的义务；而期权卖方只有履行期权的义务。

黄金生产商可以通过买入卖方期权的方法来为自己的销售收入“保险”：在黄金价格下降的时候可以锁定卖价，从而降低风险。①

投资黄金期权的优点是：期权是一种风险限制性投资，期权买方无论做何种投资都能够获得一定的风险控制保护，因为如果投资者出现错误，最大的损失只是期权费和佣金。

投资黄金期权的缺点是：交易程序复杂，进行期权交易需要有一定的专业知识；国际上提供黄金期权交易的市场也比较少；期权卖出方可能面临收益有限而风险无限的情况，一旦黄金价格与期权卖出方的预期相反，其就可能面临大幅亏损。

（4）黄金 ETF。黄金 ETF 是指将绝大部分基金财产投资于在上海黄金交易所挂牌交易的黄金品种，紧密跟踪黄金价格，使用黄金品种组合或基金合同约定

① 适当的期货合约组合也能达到相同的目的。首先投资者可以黄金期货合约的形式卖出部分产出。接下来如果预期黄金现货价格的下降将超出某个范围，投资者应该将全部产出都以期货合约的形式卖出，以锁定风险；反之，如果预期价格将大幅上升，投资者可以将期初的期货合约买回，以获取价格上升的收益。如此一来，投资者就创造了一个“复合”卖方期权。

的方式进行申购赎回，并在证券交易所上市交易的开放式基金。[①] 2003年，世界上第一只黄金ETF产品Gold Bullion Securities上市，截至2017年年底，投资者在全球范围内已经建立了2 368吨的黄金ETF仓位，占其上市以来黄金总需求的8%。我国黄金ETF在2016年出现爆发性增长，资产管理规模从3.46亿美元增长到接近20亿美元，增长了近5倍。

黄金ETF属于被动型基金，运营效率和透明度均较高，且相对于黄金期货来说，它不会面临升贴水等问题，因此跟踪误差较小。由于这个市场规模巨大，拥有较高的流动性，各种规模的交易都相对容易完成，而且管理费用和存储成本通常较低，所以无论对于机构投资者还是个人投资者来说，它都是备受青睐的投资产品。

通常，市场可以从黄金ETF的持仓和流动状况看出投资者对于持有黄金的意愿。[②]

三、黄金投资策略

（一）黄金投资资产配比

黄金作为保护长期财富的有效工具，是投资组合的基础配置之一。无论对于个人、机构投资者，还是央行来说，黄金都是资产配置的一个重要选择。

通常情况下，在经济衰退时期，黄金价格同其他资产价格一般呈负相关；在经济增长时期，则呈低正相关。在不同经济周期下，作为资产配置中的一部分，黄金同其他资产的相关性决定了其有利于降低投资组合的风险。

一般来说，黄金资产占总资产的比重应保持在5%～15%。

（二）买卖时点选择

黄金市场存在明显的季节性，通常每年夏季是传统的金市淡季，8～9月开始，金价就会逐步走强，原因主要来自珠宝制造业旺盛的需求。每年9月至次年2月是首饰销售的主要时段，印度和中东地区的节日、西方的圣诞节以及中国的春节基本上都在这一时间段，珠宝首饰市场也进入相应的销售旺季。珠宝商均会在旺季来临前1～2个月提前购入黄金进行加工，故每年的8月至次年的1月是珠宝制造业的需求旺季。在这个时期，珠宝商集中购入黄金的行为将起到推高金价的作用。表20-3和图20-3给出了黄金期货价格的季节性统计数据。

① 资料来源于中国证监会官方网站。
② 资料来源于世界黄金协会网站。

表 20-3　　2008—2017 年十年间黄金期货价格季节性统计分析表

月份	上涨年数	下跌年数	上涨年数占比	月度收益率	最大涨幅	最大跌幅	差值	期初平均	期末平均	变动差额
1 月	6	4	60%	0.62%	68	−180	248	1 219.9	1 268	48.1
2 月	7	3	70%	4.34%	168	−88	256	1 268	1 274.4	6.4
3 月	6	4	60%	0.97%	80	−84	164	1 274.4	1 267.3	−7.1
4 月	4	6	40%	−0.73%	62	−60	122	1 267.3	1 261.9	−5.4
5 月	5	5	50%	−0.47%	133	−120	253	1 261.9	1 261.1	−0.8
6 月	6	4	60%	0.64%	105	−96	201	1 261.1	1 252.8	−8.3
7 月	5	5	50%	−0.51%	77	−159	236	1 252.8	1 257.1	4.3
8 月	5	5	50%	0.19%	128	−77	205	1 257.1	1 302.7	45.6
9 月	8	2	80%	2.91%	209	−81	290	1 302.7	1 280.2	−22.5
10 月	4	6	40%	−1.02%	81	−214	295	1 280.2	1 256.7	−23.5
11 月	3	7	30%	−2.47%	101	−156	257	1 256.7	1 275.8	19.1
12 月	5	5	50%	2.29%	142	−71	213	1 275.8	1 266.6	−9.2

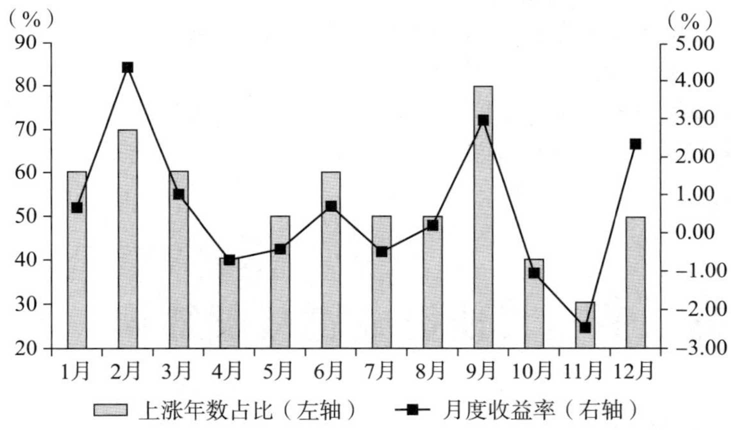

图 20-3　2008—2017 年十年间各月份上涨年数占比与月度收益率

（三）交易品种的选择

1. 实物黄金

实物黄金没有任何税收，便于继承，国际认可度高，抵押折现率高，但是该类投资占用资金成本高，单向投资，回购环节相对复杂，点差较大，所以一般适合资产雄厚的长线投资者，通过买入实物黄金做资产配置，或财富继承，不用过多考虑短期变现的问题。

2. 银行纸黄金

银行产品信用度高，报价时间与国际完全接轨，但其占用资金成本高，单向投机，点差较大，适合资产雄厚的保守型投资者，这类投资者可以享受金价上涨的收益。

3. 黄金（T+D）

黄金（T+D）采用保证金交易机制，可双向交易，夜盘交易基本覆盖国际主要交易时间，是国内目前主流的黄金交易平台，但是其交易费用相对较高，金交所边缘化，经纪公司水平参差不齐，所以适合灵活激进的投资者，这类投资者愿承担一定的市场风险以博取价差收益。现货生产、贸易、加工企业可灵活运用市场交提黄金现货。

4. 黄金期货

黄金期货采用保证金交易机制，可双向交易，交易费用最低，交易手段更丰富，市场认可度较高，但是其只能按固定月份保值交割（金交所每日结算后均可实现交收），且主力合约，月间跨度较大，不利于机构客户参与保值交割。所以黄金期货和黄金（T+D）一样适合灵活激进的投资者，这类投资者愿承担一定的市场风险以博取价差收益。

5. 黄金 ETF

黄金 ETF 由专业人士管理，可以在交易所内买卖也可以在场外申购赎回，交易灵活，且由于该产品交易门槛低，交易费用和管理费用不高，投资者的参与度较高，所以有非常好的流动性。但是黄金 ETF 普遍采用单向交易机制，目前仅能通过融券方式做空，且门槛较高。

因此，黄金 ETF 适合从事短线、长线交易的个人投资者，特别是缺少黄金投资知识的新手和没时间盯盘的个人投资者，也适合从事套利、分散投资组合风险的机构交易者。

第二节　其他贵金属基础知识

一、白银基础知识简介

（一）白银的特性与用途

1. 白银的特性

（1）自然属性。纯银是一种美丽的银白色、有光泽的金属，其英文名称是 silver，元素符号 Ag 来自它的拉丁文名称 argentum，是“浅色、明亮”的意思。银质软，摩氏硬度为 3.25 度，有良好的柔韧性和延展性，延展性仅次于金，能压成薄片，拉成细丝。1 克银可拉成 1 800 米长的细丝，可轧成厚度为 1/100 000 毫米的银箔。银也是导电性和导热性很好的金属，对光的反射性也很好，反射率可达到 91%。

（2）商品属性。白银和黄金一样，是一种应用历史十分悠久的贵金属，人类开采白银要上溯到 4 000 多年前。白银工业需求占白银消费的比重超过 50%，因此其商品属性的影响力要高于黄金。

普通老百姓对白银的概念大多集中在银圆、银首饰、银餐具等方面。其实，由于白银特有的物理化学特性，它还是一种重要的工业原料，广泛应用于电子电气、感光材料、医药化工、消毒抗菌、环保、白银饰品及制品等领域。随着电子工业、航空工业、电力工业的大发展，白银的工业需求正稳步快速增长。

（3）金融属性。在历史上，白银曾经作为许多国家的法定货币，具有金融储备职能，也曾作为国际重要支付手段。中国把白银作为货币的历史悠久：早在战国时期，就把白银作为货币使用；自唐宋始，银本位制得到逐步确立；明朝起白银成为正式货币。中国的银本位制一直持续到 1935 年发行法币、取消银本位。中华人民共和国成立后，从开始的“统购统销”政策到 2000 年白银市场放开，经历了较长的时间。与黄金相比，白银因供应充足且价值较低，故更多且更早地应用于造币，进入流通领域。

2. 白银的用途

白银主要用于工业、摄影业以及首饰、银器和银币制作。近年来，由于数码技术的进步，在白银最传统的工业应用——感光材料——中，白银的消费逐年减少。但随着电子工业的不断发展，白银深加工行业发展迅速。近几年，美国次贷危机和欧元区债务危机接连发生，也促使白银的投资需求不断增加。

（二）对白银的需求

世界白银实物消费主要来自工业制造领域、摄影业、珠宝首饰、银器和铸币印章。① 工业领域和珠宝首饰业对白银的消费在经济增长的带动下总体呈现增长态势，工业需求受经济波动周期影响较大。

目前，全球摄影业用银继续下降，由于传统卤化银工艺逐步被数码技术所取代，摄影业用银预计将继续保持下降趋势。

2017 年，全球白银工业制造需求量增长 5%，至 5.132 亿盎司，创历史新高。首饰业的白银需求量回升 3%，银器需求量回升 8%。实物白银投资需求量同比下降 26%，已触及近 10 年来的最低点。因此，尽管白银制造需求有所上升，但总需求量还是在下滑。②

（三）白银的价格走势

白银是价格波动最剧烈的商品之一。20 世纪 70 年代初期，白银价格一直在 2 美元/盎司徘徊。

1973 年起，白银价格开始攀升，至 1980 年 1 月 21 日，白银涨到历史最高价 50.35 美元/盎司。1980—2001 年，白银价格总体一路走低，并在低位震荡。白银价格在 1993 年最低达到 3.55 美元/盎司。

震荡向上的牛市行情从 2002 年开始，2005 年银价上涨加速，2008 年年中国际银价突破 20 美元/盎司。2008 年下半年，受全球金融危机影响，国际商品价格大幅下跌，国际银价回落到 10 美元/盎司之下。2009 年，随着各国刺激经济

---

① 此处统计不含金融投资衍生白银需求。

② 参见全球白银年鉴（2018）。

的政策出台，白银价格再度上涨。2011 年国际白银价格波动剧烈，1 月底至 4 月底，短短三个月内，白银价格逼近 50 美元/盎司，最大涨幅高达 80%。4 月底至 2012 年年初经历了三次大跌行情，其中，在 2011 年 5 月初的一周内，白银价格跌幅高达近 31%。2013 年年底至今，白银价格始终保持在 20 美元以下。2015 年年底，白银价格一度跌破 14 美元，经过半年的小幅反弹后，维持弱势震荡；截至 2018 年 10 月 12 日，白银价格为 14.54 美元/盎司。

（四）影响白银价格的因素

1. 供求关系

供求关系是影响白银价格的根本因素。通常供大于求，价格下跌；供不应求，价格上升。价格波动反过来又会影响供求，即当价格上涨时，供给将增加，需求将减少；反之则需求增加供给减少。新矿藏的发现与开采、新技术的应用、生产企业检修及罢工、进出口政策等都将影响白银的产量及供给。白银应用领域发展趋势、白银投资偏好变化等则将影响白银的需求。

2. 国际国内政治经济形势

白银是重要的工业原材料，又可作为避险资产，其需求量与经济形势、政治局势密切相关。近年来，各国为应对金融危机纷纷出台了宽松的货币政策和积极的财政政策，向市场注入巨大的流动性，白银作为抵御通货膨胀的资产之一，在投资需求的推动下价格持续上涨。当货币宽松政策结束时，白银价格则出现了大幅的下跌。

3. 美元

国际上白银交易一般都以美元计价。根据经验，美元对主要货币汇率的变化将导致白银价格短期内的一些波动，但不会改变白银市场的大趋势。

4. 黄金价格走势

白银和黄金在历史上都曾作为货币使用，二者有着相似的金融属性，因此白银价格与黄金价格在一定程度上具有正相关性，但这只是趋势上的一致。短期看，白银价格与黄金价格的正相关性并不十分突出，通常白银价格波动较黄金价格波动剧烈。

5. 基金投资方向

随着基金参与商品期货交易的程度大幅提高，基金在白银价格波动中起到了推波助澜的作用。白银 ETF 近几年规模迅速扩大，持仓量较高，该基金与其他基金的交易方向成为影响白银价格的因素之一。因此，分析基金净头寸的变化，有助于判断白银价格走势。

6. 进出口政策

进出口政策是影响供求关系的重要方面。例如，我国于 2007 年 7 月 1 日起将白银及其相关制品的出口退税率从 13%下调至 5%，自 2008 年 8 月 1 日起，又进一步取消 5%的白银出口退税等，这直接影响了白银的出口量，进而对国内外市场的白银供给及价格产生了影响。

（五）白银投资与黄金投资的重要区别

白银对经济方面的变动更敏感，黄金对货币方面的变动更敏感。白银需求中有很大一部分是源于工业需求，占比约40%。相反，黄金需求基本上是纯粹的投资需求和珠宝需求。黄金价格与货币方面的因素变化息息相关，比如实际利率的走势、通货膨胀以及美元的升值或贬值，都会对黄金价格产生影响。

白银和黄金来自不同的产品资源，大部分白银都是作为铅、锌、铜、黄金等金属的附属产品生产出来的，其成本和价格之间的联系也就不像黄金那么紧密。①

白银的价格波动性可能比黄金更大，部分原因在于白银价格更低、市场规模更小。从资产组合的角度来看，这种波动性也使白银对于投资者的吸引力不及黄金那么大。

投资者考虑买入白银还是黄金，取决于他们为什么要配置贵金属：希望对冲通胀风险的投资者可能会考虑黄金，而在经济周期性中寻求价格反弹的投资者可能会考虑白银。

二、铂金基础知识简介

铂金（platinum，元素符号Pt），是一种天然纯白的白色贵金属，被誉为贵金属之王。根据我国贵金属命名标准，只有铂金才能被称为白金。

（一）铂金的特性

1. 自然属性

（1）珍贵稀有。铂金产量稀少，天然珍贵，只在全球极少数地方才得以被开采。

（2）永不褪色。铂金拥有澄澈纯白的天赐色泽，纯度极高，不会褪色或变色。

（3）永恒不变。铂金耐热、耐酸、抗腐蚀，在极端恶劣的环境下仍能保持稳定的金属性质，使其更为坚韧耐磨。

2. 商品属性

铂金的抗氧化能力强，熔点高，因此制作宇航服时会用到铂金。铂金作为催化剂，被广泛用于汽车尾气净化装置，对保护环境起到重要作用。由于任何人的皮肤对铂金都不会有过敏现象，铂金还可做成电极用于电子脉冲调节器，直接插入人体心脏，救治心律不齐患者。铂金抗酸、抗腐蚀的特性，使得其可用于制造潜水深度达200米的防水手表。

3. 金融属性

作为众所周知的贵金属，在国际和国内金融市场上，铂金的金融属性越来越显现出巨大的潜力。伦敦有铂与钯的现货交易，在我国，可以在上海黄金交易所

① 资料来源于中国资本证券网。

对铂进行上市交易。

（二）铂金的种类

根据含铂量不同，铂金一般可分为纯铂金、铱铂金两种。

铂金按含量分为 Pt850、Pt950、Pt990、Pt999 这几种，低于 Pt850 的不能称为铂金饰品。

1. 纯铂金

纯铂金是含铂量最高或成色最好的铂金。其白色光泽自然天成，不会褪色，可与任何类型的皮肤相配。其强度是黄金的两倍，韧性更胜于一般的贵金属。纯铂金常用于制作订婚戒指，以表示爱情的纯洁和天长地久。

2. 铱铂金

铱铂金是铱与铂组成的合金，颜色呈银白色，具有强金属光泽，硬度较高，相对密度较大，化学性质稳定，是最好的铂合金首饰材料。

（三）铂金投资与黄金投资的区别

在自然界，铂金的储量比黄金稀少。世界上铂金的年产量远比黄金少。在全球首饰行业，每年消耗的铂金仅为黄金的 3%。

表 20 - 4 列出了铂金投资与黄金投资的主要区别。

表 20 - 4　　铂金投资与黄金投资的主要区别

<table>
<tr><th></th><th>货币属性</th><th>稀缺性</th><th>流动性</th><th>风险性</th><th>投资方式</th></tr>
<tr><td>黄金</td><td>强</td><td rowspan="2">铂金在全球范围内年产量仅为黄金的 5%</td><td>投资者众多，流动性高</td><td rowspan="2">铂金流动性小，资金很容易控盘，价格波动幅度比黄金、白银都大，每天能达到三四十美元。三者比较，铂金的风险是最大的</td><td>实物黄金
银行纸黄金
黄金(T+D)
黄金期货
黄金 ETF</td></tr>
<tr><td>铂金</td><td>弱</td><td>投资者较少，流动性低</td><td>铂金现货理财产品
实物铂金
银行纸铂金</td></tr>
</table>

第二十一章

基金投资

本章提要

在本章，我们介绍基金投资的基本知识。对于一个投资者来说，挑选基金是基金投资的第一步。投资者首先要在明确自己的投资目的、资金水平、风险承受能力的基础上选择适合的基金类型；接下来对单个基金进行业绩评价，结合收益和风险对基金管理者的能力做出判断；最后在综合考虑费用的基础上选定要购买的基金。

本章内容包括：

- 基金概述；
- 基金交易；
- 基金投资；
- 基金投资的风险；
- 基金业绩评价；
- 主要基金产品介绍。

通过本章学习，读者应该能够：

- 理解基金的概念与特征；
- 掌握基金的分类；
- 理解基金的投资风格；
- 了解基金的交易规则、费用与税收；
- 掌握基金申购赎回费用的计算；
- 理解基金投资的风险；
- 了解如何对基金进行评价；
- 了解主要的基金产品。

第一节　基金概述

一、基金的概念与特征

（一）基金的概念

基金是一种利益共享、风险共担的集合投资方式，即通过发行基金单位，集中投资者手中的资金，由基金托管人托管，由基金管理人管理和运用资金，以获得投资收益和资本增值的投资方式。基金在不同国家或地区的称谓有所不同，在美国称为“共同基金”或“互惠基金”（mutual funds），在英国和我国香港地区称为“单位信托基金”，在日本和我国台湾地区称为“证券投资信托基金”。在我国，根据投资标的不同，基金主要分为股权投资基金和证券投资基金两大类。

（二）基金的特征

基金一般有如下特性：

1. 组合投资

基金将一定的资金按不同的比例分别投资到不同期限、不同种类、不同行业的资产上，通过适当的分散和组合降低投资风险。中小投资者资金有限，如果所投资的几种资产业绩不佳可能会导致本金的亏损。基金则有雄厚的资金可分散投资于多种资产，进行组合投资，不至于出现因某几种资产亏损而满盘皆输的局面。

2. 专家管理

基金管理人都是由专业从事投资分析和有丰富投资经验的人士组成的，他们具有必备的专业知识和丰富的成功管理基金的经验，能够使用科学的资产组合技术在充分分散风险的情况下谋取最大的投资收益，这些都是一般的中小投资者所不具备的。中小投资者通过购买基金可以获得相对稳定的收益。

3. 门槛低

通常基金公司为了适应不同阶层人士的需要，在设立基金时每一基金单位的购买价很低，有的根本没有投资额的限制。投资者可以根据自己的实际情况购买，从而解决了中小投资者入市难的问题。由于当今的基金市场竞争非常激烈，基金管理人除不断改善服务质量外，收取的管理费和购买费用也非常低廉，投资者只需花费比自己聘请经纪人低得多的费用就可以享受到专业投资经理的服务。

4. 可选择性强

从基金的分类中，我们看到基金之间有很大的差异性，这种差异性可以使投资者根据自己的风险承受能力和偏好选择适合自己的基金类型。假如一个投资者的风险承受能力强，那他可以选择积极成长型基金，这类基金通常有较好的投资

绩效，但风险也相对大一些。

5. 流动性好

基金的买卖程序非常简便。对开放式基金而言，投资者可以向基金管理公司或通过代理销售机构，如银行、券商等随时购买或赎回基金单位，买卖过程非常便捷。即使是封闭型基金，投资者也可以通过证券交易所对基金单位进行交易。

（三）基金的关系人

基金的组织结构是一个复杂的信托关系与代理关系的复合体，涉及如下当事人。

（1）基金投资者。基金投资者又称基金单位持有者，是基金资产的最终所有者。投资者享有本金受偿权、收益分配权以及投资者大会表决权。

（2）基金管理人。基金管理人是负责基金的发起设立与投资运作的专业性机构。基金管理人的职责是根据信托契约或委托管理契约负责拟订基金投资计划，指示托管机构按照其投资决策处理基金资产，监督托管机构不得违反有关契约规定。在我国，基金管理人必须由经批准设立的从事基金管理的基金管理公司担任。

（3）基金托管人。基金托管人是依据基金运行中“管理与保管分开”的原则，对基金管理人进行监督和对基金资产进行保管的机构。基金托管人与基金管理人签订托管协议，在托管协议规定的范围内履行自己的职责并收取一定的报酬。为了保障广大投资者的利益，防止基金资产被挪用，各国相关法律法规都规定：凡是基金，都要委托一个托管机构，即基金托管人，来对基金管理机构的投资操作进行监督和对基金资产进行保管。托管人一般是由具有一定资信的商业银行、投资公司或保险公司担任，这样可以使基金运作贯彻经营与保管分开的原则。此时基金管理人只负责基金的日常管理与操作，托管人独立开设基金资产账户，依据管理人的指示处理基金资产并对基金管理人的投资计划与决策实施监督。在我国，基金托管人必须由符合特定条件的商业银行或者证券公司担任。

（4）基金承销人。基金承销人是基金管理公司的代理人。它代表基金管理人与投资者进行基金单位的买卖活动，即基金单位的销售与赎回。在我国，承销人一般由商业银行和证券公司担任。

基金各关系人之间的关系是由合同所确立的。在四方关系中，基金投资者是基金资产的所有者，是基金信托资产的委托人，又是基金信托资产的受益人。各方当事人努力的目标就是使投资者的利益最大化。基金管理人处于日常经营管理活动的中心，负责基金的日常投资决策与管理，不仅发起设立基金，而且负责基金投资的决策，并通过管理投资者的资金而获得报酬。基金托管人与基金管理人之间是一种相互监督和分工协作的关系。它们之间的相互监督与相互制衡体现了保护投资者利益的内在要求。基金承销人承担了一个代理人的角色，它作为管理人的代理人与投资者进行基金单位的买卖活动，方便基金的销售和赎回。在基金机构的实际运作当中基金管理人对资产的控制能力是最强的，尤其在契约型基金当中。由于投资者非常分散，他们对基金管理人的选择主要是通过对基金单位的买卖来实现的。而公司型基金是通过发行普通股来募集资金，投资者成为基金公司的股东，基金公司里设有董事会。在通常情况下，基金公司董事会是基金公司的权力机构，董事会往往受到发起人的控制。

二、基金的分类

（一）根据组织形式和法律地位分类

按照组织形式和法律地位的不同，投资基金可分为公司型基金和契约型基金两种，详见表 21 - 1。公司型基金按照公司法成立，其本身就是一个股份有限公司，即投资公司，通过发行股票或受益凭证的方式来筹集资金，然后交给某一选定的基金管理公司进行投资，投资者凭其持有的股份依法分享投资收益。契约型基金是指基金发起人依据其与基金管理人、基金托管人订立的基金契约，发行基金单位而组建的投资基金，这种基金通常以发行受益凭证的方式向投资大众筹集资金。

表 21 - 1　　公司型基金和契约型基金的区别

	公司型基金	契约型基金
资金的性质	资金成为公司法人的资本	资金是信托资产
投资者地位	投资者是投资公司的股东	投资者是信托契约中规定的受益人
资本结构	除向投资者发行普通股外，还可以发行优先股	只能面向投资者发行受益凭证
融资渠道	在资金运用状况良好、业务开展顺利又需要增加投资时，可以向银行借款	一般不向银行举债

（二）根据基金运作方式分类

按照基金运作方式的不同，投资基金可分为开放式基金和封闭式基金两种，详见表 21 - 2。开放式基金是一种基金单位总数可随时增减，投资者可按基金的报价在基金管理人指定的营业场所申购或赎回的基金。封闭式基金事先确定发行总额，在封闭期内基金单位总数不变，发行结束后可以上市交易，投资者可通过券商买卖基金单位。

（三）根据投资对象分类

按照投资对象的不同，投资基金可分为：

（1）股票型基金，指以股票（包括优先股和普通股）为投资对象的投资基金。这类基金的投资目标以追求资本成长为主，投资收益较高但风险也较大，其风险主要来自所投资股票的价格波动。

（2）货币市场基金，指投资于各类货币市场工具的基金，如大额定期存单、银行承兑汇票、商业票据、短期国债等。由于货币市场工具期限短、风险小，因此该

表 21－2　　开放式基金与封闭式基金的区别

	开放式基金		封闭式基金
	普通开放式基金	ETF/LOF	
是否上市	场外基金	上市交易	上市交易，为了解决流动性问题
买卖价格	按净值申购与赎回	可能出现折价或溢价； 单位价格可能高于或低于其资产净值，可能出现套利机会	
买卖费用	申购费（认购费）、赎回费、转换费、红利再投资费等	需要缴纳一定比例的手续费及证券交易税	
对基金经理的约束	至少预留 5%的资产以现金形式持有以备赎回		可以都做长期投资

种基金的收益相对较为稳定。

（3）债券型基金，指以债券为投资对象的投资基金。这类基金能保证投资者获得稳定的投资收益，而且风险较小。一般情况下定期派息，收益率较稳定，适合长期投资。

（4）混合型基金，指同时以股票、债券等为投资对象，以期通过在不同资产类别上的投资，实现收益与风险之间的平衡的基金。

（5）基金组合基金，主要有 MOM 和 FOF。MOM（manager of managers）是管理人的管理人基金，以基金管理人为投资标的，母基金管理人将资金委托给子基金管理人进行间接投资；FOF（fund of funds）是基金的基金，也被称作组合基金，以基金为投资标的，母基金管理人将资金直接投资于子基金产品，通过一个委托账户持有多个不同基金，以此分散投资，技术性降低集中投资的风险。

（四）根据投资理念分类

按照投资理念的不同，投资基金可分为主动型基金和被动型基金。主动型基金是一类力图取得超越基准组合表现的基金，预期的风险和收益水平都高于被动型基金。主动型基金的基金管理人可以依据基金契约自由选择投资品种，它更能体现基金管理人的运作水平以及背后投研团队的能力。被动型基金并不主动寻求取得超越市场的表现，而是试图复制指数的表现。被动型基金一般选取特定的指数作为跟踪的对象，因此通常又被称为指数型基金。被动型基金能够获得与市场平均收益接近的投资回报，因此比较适合稳健的投资者。

（五）根据资金募集方式分类

按照资金募集方式的不同，投资基金可分为私募基金和公募基金。公募基金是指以公开方式向不确定的社会公众投资者募集资金而设立的基金。而私募基金是指通过非公开方式面向少数机构投资者和富有的个人投资者募集资金而设立的基金，它的销售和赎回都是基金管理人通过私下与投资者协商进行的，一般以投资意向书（非公开的招募说明书）等形式募集基金。私募基金在国际上发展迅速，其典型构成形式是对冲基金（hedge fund），是为谋取最大回报的投资者设计的投资工具。由于私募基金容易发生不规范行为，所以一些国家的法律法规明确限定私募基金的最高认购人数，超过最高认购人数就必须采用公募发行，关于这一部分的内容我们在第六节再为大家详细介绍。

除以上分类外，投资基金还可以有其他的分类，如根据资本来源和运用地域的不同，分为国际基金、海外基金、国家基金和区域基金；根据投资货币种类的不同，分为美元基金、日元基金和欧元基金等。

三、基金的投资风格

基金的投资风格指的是基金经理人一贯遵循的一种特定的资产配置策略。在相同的市场上，由于投资风格的不同，基金的收益和风险会出现很大的差异性。基金的投资风格总体上可以概括为三种：成长型、价值型和平衡型。

成长型基金的投资目的在于追求资本的长期成长，而现金及红利收入被当作第二目标。因此基金将资产主要投资于资信好、长期有盈余或有发展前景的公司的普通股。由于基金所投资的股票在多头市场上价格预期的上涨速度快于整个市场价格指数的上涨速度，而且这些股票所代表的公司盈利后通常将收入用于企业再投资，所以这类基金的长期资本增值潜力大。投资者投资于该类基金的特点是：虽然当期的股利收入可能较少，但其预期所得的长期收入和资本利得较多。

价值型基金顾名思义就是发掘价值被低估的股票，也就是说，该股票的内在价值要高于目前股票市场的市价，其收益主要通过公司价值的回归来实现。价值型投资强调价值发现，注重风险控制，适当追求成长。价值型基金主要具有以下特点：

（1）寻找价值被低估的股票。非完全有效的市场上总会存在一些价格与价值不符的股票。如果一只股票的价格不能真实地反映其价值，总有一天价格会向价值回归。通过一些投资分析手段可以去发掘这种股票，谁能早一步发现价值被低估的股票，谁就能在投资中获得丰厚回报。

（2）注重风险控制。价值型基金经理往往钟情于公用事业、金融、工业原材料等较稳定的行业，而较少投资于市盈率、市销率等价格倍数较高的股票，如高科技、生物制药类的公司。即使都是价值型投资，每个基金经理挑选股票的标准也可能不同：有的偏好那些深陷泥沼的公司，有的投资于暂时出现困难的公司，有的不仅衡量公司成长性还考虑其价格是否合适。基金经理往往选择一些市盈率比较低的公司，而且会投资于市场上不引人注意的、一般投资者不会购买的公司。因此对于一个价值型基金经理来说，耀眼的明星股不是他们的目标，他们寻找的是那些貌不出众、无人喝彩甚至被市场遗忘的无名股票。

（3）兼顾资本利得需要高超的投资技巧。与成长型基金投资风格一样，价值型投资同样注重资本利得，但主要通过价值被低估的公司的价值发现和回归来实现。由于价值型投资获利与否的关键在于被投资股票的价值能否实现回归，因而价值型投资的最大风险是对公司潜在价值的判断失误。对公司潜在价值的判断是一项综合复杂的工作，所以价值型投资需要高超的投资技巧。

平衡型基金综合了成长型投资基金和价值型投资基金的特点，把当期收入和追求资本的长期成长作为共同目的。正因为如此，平衡型基金收益的稳定性较好。总的来说，平衡型基金在投资时，部分选择价值型公司，部分投资于成长型

公司，各取双方部分特点，期望通过平衡来提高收益率并降低风险。

作为世界知名的共同基金评估机构，美国晨星公司[①]（Morningstar）一向以独特的基金投资“风格箱”来区分基金形态，判定基金属性。目前的“风格箱”采用九宫格形式，纵向是市值大小，横向是基金类型。一方面基金按股票市值区分为大盘、中盘、小盘3种类型，然后在对异常数值进行处理的基础上，采取平均值的方法，计算出基金投资组合的总流通市值，体现在投资风格箱的纵轴上；另一方面，通过股利收益率、市净率（P/B）和市盈率（P/E）等指标来界定股票性质，分为价值型、平衡型和成长型3种投资风格。于是基金总共被分为9类：大盘价值型、大盘平衡型、大盘成长型，中盘价值型、中盘平衡型、中盘成长型，小盘价值型、小盘平衡型、小盘成长型（如图21-1所示）。

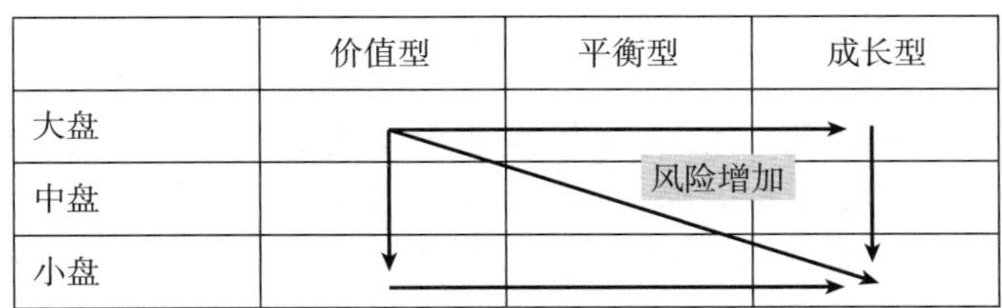

图21-1　晨星公司的“风格箱”

不同投资风格的基金，由于市场状况不同而表现不同。通常大盘价值型基金被认为是最安全的投资，因为一来大盘股的稳定性要比小盘股好，二来当投资者担心股票价格过高而恐慌性抛售，造成市场下跌时，价值型股票的抗跌性较强。小盘成长型股票的风险则通常较大，因为其某个产品的成功与否，可以影响公司成败；同时由于其股价较高，如果产品收益未能达到市场预期，股价可能会出现灾难性下跌。

我国的基金基本上也可以归入这9类，在目前市场上投资者了解基金的投资风格的途径主要有两条：首先，基金的名称一般都包含了基金管理人对该基金的投资方向的锁定，如南方稳健成长、华夏成长，投资者可以从名称中粗略地了解一只基金的投资风格，但这种方法不一定准确。其次，为了对基金的投资风格有更清楚的了解，投资者可以查阅基金的招募说明书，其中对基金的投资原则和目标都有较清楚的说明，投资者可以借此对基金未来的投资方向有清楚的认识。

第二节　基金交易

一、发行方式与销售渠道

基金的发行方式主要有两种：一种是基金管理公司自行发行；另一种是通过

① 晨星公司是国际基金评级的权威机构，其创立的基金星级评级体系和投资风格方法已成为全球基金业的行业标准。

承销机构代为发行。基金的直接销售是指基金的份额不通过任何专门的销售组织而直接面向投资者销售，这是最简单的发行方式。在这种销售方式下，投资基金的份额按净资产价值出售，出价与报价相同，即所谓的不收费基金。基金的包销是指通过承销商来发行基金的一种方法。承销商先按净资产价值购入基金凭证，再加上一定的销售费用，以公开的销售价格将基金凭证出售给投资者。在这种方式下，基金的大部分份额是通过经纪人包销的。我国基金的销售大部分采用这种方式。目前，我国开放式基金主要通过两种渠道进行销售：一种是通过基金管理人的直销中心自行销售，另一种是通过商业银行、证券公司、保险机构、第三方理财公司等机构代为销售。

二、基本交易程序

在购买基金之前，我们有必要阅读一些基金的法律文件，这样可以对所要购买的基金的投资方向、投资策略、投资目标及基金管理人业绩、开户条件、具体交易规则等重要信息有深入的了解。这些法律文件主要包括以下几种。

（1）基金契约。基金契约是约定包括基金发起人、基金管理人、基金托管人和基金持有人在内的基金当事人的权利、义务的法律文件。基金契约会对基金的基本情况、设立与交易、投资、收益分配、信息披露等进行规定。开放式基金的基金发起人一般就是基金管理人。基金投资者自取得依基金契约发行的基金单位，成为基金持有人后，即按基金契约享有权利、承担义务。基金投资者欲了解基金持有人和其他基金当事人的权利和义务，以及基金的其他详细情况，应当查阅基金契约。

（2）招募说明书。招募说明书旨在充分披露可能对基金投资者做出投资判断产生重大影响的一切信息，包括管理人情况、托管人情况、基金销售渠道、申购和赎回的方式及价格、费用种类及比率、基金的投资目标、基金的会计核算原则、收益分配方式等。基金招募说明书是投资者了解基金的最基本也是最重要的文件之一，是投资前的必读文件。由于开放式基金的申购是一个持续的过程，其间有关基金的诸多因素均有可能发生变化，为此招募说明书必须定期更新。

（3）定期报告。基金管理人应按时编制季度、半年度与年度报告，并按规定登载在网站或指定报刊上。在定期报告中，应对基金概要、基金产品说明、基金投资组合、基金经营业绩、重要变更事项和其他按法律规定应披露的事项进行披露。

（4）基金资产净值公告。基金管理人应当至少每周公告一次封闭式基金的资产净值和份额净值。开放式基金的基金合同生效后，在开始办理基金份额申购或者赎回前，基金管理人应当至少每周公告一次基金资产净值和基金份额净值。基金管理人应当在每个开放日的次日，通过网站、基金份额发售网点以及其他媒介，披露开放日的基金份额净值和基金份额累计净值。

购买基金和赎回基金的基本程序如下：

（1）开立基金账户。投资者买卖开放式基金首先要开立基金账户。按照规定，有关销售文件中对基金账户的开立条件、具体程序需予以明确。上述文件将

放置于基金销售网点，供投资者开立基金账户时查阅。基金账户是基金注册登记人为基金投资者开立的，用于记录其持有的基金份额余额和变动情况的账户。投资者进行开放式基金的认购必须拥有基金注册登记人为投资者开立的基金账户。

（2）购买基金。投资者在开放式基金募集期间、基金尚未成立时购买基金单位的过程称为认购。通常认购价为基金单位面值加上一定的销售费用。投资者认购基金应在基金销售点填写认购申请书，缴付认购款项。注册登记机构为投资者办理有关手续并确认认购。在基金成立之后，投资者通过销售机构申请向基金管理公司购买基金单位的过程称为申购。投资者申购基金时通常应填写申购申请书，缴付申购款项。款额一经缴付，申购申请即为有效。具体申购程序会在有关基金销售文件中详细说明。申购基金单位的数量是以申购日的基金单位资产净值为基础计算的。具体计算方法须符合监管部门有关规定的要求，并在基金销售文件中载明。

（3）卖出基金。开放式基金的赎回是指基金份额持有人要求基金管理人购回其所持有的开放式基金份额的行为。基金赎回金额是以当日的单位基金资产净值为基础计算的。

三、基金申购和赎回的计算

（一）基金的申购

基金在申购时，需要缴纳申购费用。基金申购费用有两种计算方法，分别适用于前端收费和后端收费两种情形。

1. 基金采取前端收费时，申购费用、净申购金额和申购份额的计算

对于前端收费的基金，基金申购费用、净申购金额和申购份额的计算公式如下：

申购费用＝申购金额－净申购金额

净申购金额＝申购金额/(1＋申购费率)

申购份额＝净申购金额/申购当日基金份额净值

计算申购费用时，所使用的计算依据是净申购金额。

以下通过一个例题，来看申购费用和申购份额的计算。

实例 21－1 假设某投资者拟投资 100 000 元申购某基金，申购费率为 1.5%，基金单位净值为 1.00 元。请计算该投资者的申购费用和申购份额。

解析

净申购金额＝申购金额/(1＋申购费率)

＝100 000/(1＋1.5%)＝98 522.17(元)

申购费用＝申购金额－净申购金额＝1 477.83(元)

申购份额＝净申购金额/申购当日基金份额净值

＝98 522.17/1.00＝98 522.17(份)

2. 基金采取后端收费时，申购费用和申购份额的计算

对于后端收费的基金，在申购时不需要缴纳申购费用，其计算申购份额的公式为

申购份额＝申购金额/基金单位净值

沿用实例 21-1 的数据，采用后端收费，则可以申购到的基金份额为 100 000 份。

（二）基金的赎回

赎回基金时，需要缴纳一定的赎回费用，对于前端申购和后端申购的基金，赎回费用的计算有所不同。

（1）若申购时选择缴纳前端申购费用，则赎回金额的计算方法如下：

赎回总额＝赎回份额×T 日基金份额净值

赎回费用＝赎回总额×赎回费率

赎回金额＝赎回总额－赎回费用

（2）若申购时选择缴纳后端申购费用，则赎回金额的计算方法如下：

赎回总额＝赎回份额×T 日基金份额净值

后端申购费用＝赎回份额×申购当日基金份额净值×后端申购费率

赎回费用＝赎回总额×赎回费率

赎回金额＝赎回总额－后端申购费用－赎回费用

这里需要注意的是，计算后端申购费用时，采取的是申购当日基金份额净值，而不是赎回当日基金份额净值。

四、基金的费用和税收

（一）基金的费用

投资者买卖基金时应缴纳申购、赎回费（封闭式基金缴纳交易佣金），基金管理人代投资者投资时还有各种费用，即基金运营费用，指基金在运作过程中发生的费用，主要包括管理费、托管费、其他费用等，这些费用直接从基金资产中扣除。基金运营费用具体见表 21-3。

表 21-3　基金运营费用

项目	说明
基金管理人的报酬	管理费，指支付给实际运用基金资产、为基金提供专业化服务的基金管理人的费用，也就是管理人为管理和操作基金而收取的费用。管理年费通常从基金的股息、利息收益中，或从基金资产中扣除，不另向投资者收取
基金托管人的托管费	托管人为保管及处理基金资产而收取的费用
基金上市费用	上市基金支付给交易所的上市费用（封闭式基金）
交易费用	买卖有价证券的手续费
基金信息披露费用	中期和年度公报及公开说明书的公告、印刷制作等费用
基金持有人大会费用	召开年度基金持有人大会花费
会计师费和律师费	运作费，包括支付注册会计师费、律师费、稽核费等

（二）证券投资基金的税收

目前，我国对于证券投资基金的税收规定如下：

（1）对投资者（包括个人和企业，下同）买卖基金单位，暂不征收印花税。

（2）对基金从证券市场中取得的收入，包括买卖股票、债券的差价收入，股票的股息、红利收入，债券的利息收入及其他收入，暂不征收企业所得税。

（3）对个人投资者买卖基金单位获得的差价收入，在对个人买卖股票的差价收入未恢复征收个人所得税以前，暂不征收个人所得税；对企业投资者买卖基金单位获得的差价收入，应并入企业的应纳税所得额，征收企业所得税。

（4）对投资者从基金分配中获得的股票的股息、红利收入以及企业债券的利息收入，由上市公司和发行债券的企业在向基金派发股息、红利、利息时代扣代缴个人所得税，基金向个人投资者分配股息、红利、利息时，不再代扣代缴个人所得税。

（5）对投资者从基金分配中获得的国债利息、储蓄存款利息以及买卖股票价差收入，在国债利息收入、个人储蓄存款利息收入以及个人买卖股票差价收入未恢复征收所得税以前，暂不征收所得税。

（6）对个人投资者从基金分配中获得的企业债券差价收入，应按税法规定对个人投资者征收个人所得税，税款由基金在分配时依法代扣代缴；对企业投资者从基金分配中获得的债券差价收入，暂不征收企业所得税。

第三节　基金投资

一、基金投资的优缺点

（一）基金投资的优点

基金投资有如下优点：（1）专家管理。基金是由每天做出投资决策的专业基金经理来运作和管理的。（2）广泛的多样化投资。对于一个独立的投资者来说，基金可以利用规模优势来投资于多个领域，典型的基金投资组合都持有覆盖多个行业的资产种类。通过购买基金，小投资者可以实现投资的多样化。（3）可以利用基金的历史数据来客观地、有根据地对一只基金的风险和收益进行估算，获得更加可信赖的风险评估和业绩评估。（4）在交易的记录与证券的保管、买卖方式的灵活性、自动再投资等方面拥有优于个人投资的优势。

（二）基金投资的缺点

基金投资也具有一些缺点：

（1）有管理费。基金管理人通常都会就管理投资、基金运作、管理投资者的账户和安全保管其资产每年收取管理费。

（2）短期投资的成本高。很多共同基金都收取前端费用或后端费用或两者兼收。对短期持有基金的投资者来说，费用是非常高的。因而基金更适合那些进行长期投资、购买并持有的战略投资者，而不适合短期持有或经常进行交易的投资者，但货币市场基金除外，它们是现金等价物，不收取高额费用。

（3）对巨额赎回的敏感性高。金融市场受市场投资者群体心理的影响是很大的，投资者有时会像羊群一样进行一致行动，这个现象会导致巨额赎回的发生，迫使证券基金经理在不利的时机卖出股票或其他投资品种来满足赎回的要求。因此，投资者的赎回决策会对市场的群体心理非常敏感。

（4）专家理财不绝对可靠。基金经理被投资者不停地进行比较，因此面临巨大的压力，结果导致有些基金经理追求短期的表现而非长期的业绩。此外，绝大多数基金的规模都很大，它们必须进行大额的买卖，以至于投资组合的任何重要变动都会对市场价格产生影响，基金经理不一定能够低买高卖。

二、投资前的自我评测

没有最好的基金，只有适合的基金。投资者在投资基金方面所犯的一个很大错误就是，在进行基金投资后才发现所购买基金的投资目标与自己的投资目标不吻合。所以，理财师需要在投资前帮助客户进行收支状况的评估，以确定适合的基金投资预算。同时，帮助客户明确投资目的和投资目标以及对风险/回报的期望，以选择适合的基金类别。

三、基金投资的主要考虑因素

选择基金产品时首先应该充分考虑自身的具体情况，包括收入水平、资金实力、风险承受能力、个人投资偏好，明确对收益的期望和投资的目的。这几个问题的明确将有助于投资者对基金的类型进行选择。如果是风险承受能力低、目标在于资本的长期稳定增值的投资者，那么债券基金就是一个不错的选择。对于基金类型的判断，包括管理者、投资目标、投资对象、投资风格与操作策略、费率等，可以从基金的招募说明书和名字中得到了解。这可以说是选择基金的第一步。当投资者确定了适合本人的投资基金类型后，市场上通常会有多个相同类型的基金供其选择，这时就有必要了解一下这些基金的基本情况，主要包括以下几个方面。

（1）基金管理公司和基金经理。由于基金管理公司旗下的多个基金产品往往共用一个研究队伍和管理队伍，通过对基金管理公司已经管理的基金的了解，可以对该基金管理公司的研究能力和管理能力有初步的认识。另外，基金经理直接决定着基金的投资业绩，了解基金经理的专业背景和从业经验是非常重要的。如果是一个新的基金经理，投资者可以考察他的学习经历和从业经历，如果基金经理学习经历优秀，有较长的从业经验，其能力则可以有一个基本的保证。如果是一个已从业的基金经理，投资者应考察他在该基金的任职期间长短以及业绩表现，如果他曾在其他基金任职，从其他基金过往的表现可了解其投资风格以及业绩表现。

(2) 过往业绩和风险。虽然过往业绩并不代表将来业绩，但是过往业绩往往可以体现出基金管理研究团队的实力，可以在一定程度上作为基金业绩预测指标。应当注意的是，对基金业绩的考量必须和考察基金的风险结合起来，因此基金业绩评价中的特雷诺比率、夏普比率等经风险调整后的指标就显得非常重要。

(3) 费用。基金的费用主要有申/认购费、赎回费、管理费和托管费。这些费用信息在招募说明书中有详细说明，以便投资者比较各基金的费用水平。

在对这些情况有了基本了解的基础上，投资者就可以做出自己的选择，当然咨询理财顾问也是高效率的选择。选择基金只是基金投资的开始，对基金投资的管理还涉及两个重要的方面：申购和赎回时机的选择、基金投资组合的选择。

一是申购和赎回时机的选择。基金投资是一种长期性的投入，当投资者精心挑选出某只基金后，长期持有确实是个不错的选择。如果价格下跌，那么投资者甚至可以再买入一些基金单位。正如我们所知道的，利用证券市场的波动来盈利并不是件容易的事（这也恰好是我们选择基金投资的原因）。同样，利用市场的波动进行基金交易牟利就更为困难了。因此，当投资者购买一只基金后，在不出现重要意外的情况下，我们还是建议投资者长期持有已购买的基金单位。但是利用基金的申购与赎回牟利并不是不可能的，特别是在某些情况下，这种基金投资的转化是提高投资收益的有效手段，例如当股市持续低迷时，我们就可以考虑赎回股票基金转入债券基金或者货币市场基金，甚至持有现金。对于新发行的基金，当投资者觉得值得投资时立刻购买是通常的选择，但对于申购基金就面临着购入价格的选择问题，在这里我们仅提出一个只考虑系统风险情况下的基本原则：购买下跌中的基金。当然这个原则的前提是，基金净值的下跌是由系统风险也就是市场风险引起的，如果基金净值的下跌超过了同类基金的平均水平，就不在考虑之列。当市场疲软时，对于基金的长期投资者是非常有利的，因为此时基金较容易建立良好的组合投资，为市场上升时的盈利奠定基础。当然，我们并不是说要排除那些业绩突出、基金净值不断增长的基金。业绩突出说明其管理水平有过人之处，是投资者的良好选择，在排除系统风险影响的情况下，业绩突出的基金是投资者的首选。

二是基金投资组合的选择。“把所有的鸡蛋都放在一个篮子里”与分散投资降低风险的基本常识是相悖的，虽然基金投资就是一个分散风险的过程，但是由于不同基金有着不同的风险，资金充裕的投资者有必要同时选择多家基金投资，分散投资基金的风险。下面介绍建立基金投资组合的两种基本方法。

一种是选择不同投资风格的基金进行组合。基金的投资风格有很多种，不同投资风格的基金在不同市场情况下的表现可能会有很大的差异，因此可以选择不同投资风格的基金进行组合，但不建议选择同一家基金管理公司的基金进行组合。

另一种是选择不同投资方向的基金进行组合。目前市场上基金的投资主要为股票和债券，而这两种证券有着负的相关性，也就是说当股票市场好时，债券市场就会不太景气。所以可以用股票型的基金和债券型的基金构建我们的基金投资组合。

另外，有些基金在股票市场上的投资对象比较集中，如一只基金主要关注股票市场上的能源类和银行类股票，而另一只基金则主要关注高科技类股票。那么，我们也可以构建投资者的基金投资组合。

选择哪一种方式要根据客户的具体情况确定。例如，如果客户的金融理财知识很有限，手头的资金也不多，而且不希望在投资管理上花费过多的时间，这样的客户就比较适合采用间接投资的方式，即购买基金。但如果客户本身具有一定的金融理财和投资知识，而且希望通过对投资的恰当管理获得较高的收益，那么他就应当采用直接投资的方式。尽管间接投资可以让客户在不用花费过多精力的情况下获得一定的回报，但与直接投资相比，间接投资一般要支付更多的佣金、管理费等交易成本，而且无法对具体的投资品种进行有效控制和及时调整。

投资者是否自己进行投资，主要取决于对自主投资和将资金委托给基金公司等理财机构进行管理的优缺点的比较，简单一点说就是对基金等专业理财机构投资优缺点的权衡。

尽管基金同时具有优缺点，但一般认为，对普通投资者来说，投资基金是进行投资的最佳选择，不过投资者应当知道如何选择适合的基金。一般来说，投资者应当做好以下几件事：第一，收集信息，即投资者必须知道如何阅读每日/周的市场报价及其打算购买的基金的招募说明书。第二，投资者必须知道如何评价其关注的每只基金的风险和收益。第三，投资者必须知道如何评价由数只基金或其他投资构成的投资组合的风险和收益。第四，投资者必须定期检查其投资结果，并在必要时做出调整。

四、基金投资方法

（一）固定比例投资法

固定比例投资法，即按固定的投资比例分散买进几只不同种类的基金，定期进行调整。当某类基金价格上涨得较高时，卖出该基金，补进价格下跌的基金品种。例如，某投资者有资金 20 000 元，期初以 1∶1 的比例投资到股票基金和债券基金上，期初股票基金单位净值为 2 元，而债券基金单位净值为 1 元，则最初可以购买 5 000 份股票基金和 10 000 份债券基金；到期末时，股票基金上涨到 3 元，而债券基金仍然为 1 元，此时，股票基金价值 15 000 元，而债券基金价值 10 000 元，股票基金和债券基金的投资比例达到了 3∶2，偏离了期初制定的 1∶1的投资比例。为了恢复到期初设定的投资比例，应该卖出 2 500 元的股票基金，用于购买债券基金，使股票基金和债券基金的投资比例恢复到 1∶1。

（二）平均成本法

平均成本法也叫定额定期投资，即每隔一段固定的时间（如一个月或半年）以固定的金额去购买某种基金。当价格较低时，可以买到较多的基金份额；而当价格较高时，只能买到较少的基金份额，长此以往可以降低所购买基金的单位平均成本。这种投资方式要求投资者持之以恒并具有长期稳定的资金来源。

第四节　基金投资的风险

基金虽然是一种比较稳妥的投资方式，但投资基金不能保证一定盈利，也不保证最低收益。因此投资者要承担一定的风险，这些风险主要有市场风险、流动性风险、管理风险与机构运作风险等。

一、市场风险

基金进行组合投资确实可以分散风险和减少风险，但不能完全消除风险，事实上不同种类的基金仍然存在不同程度的风险。由于基金主要把资金投资于不同资产上，所以这些资产的价格波动就可能给基金资产带来风险，这种风险可以分解为系统风险（市场风险）和非系统风险。系统风险通过分散投资是无法避免的，而非系统风险一般可以通过投资组合技术分散和化解，因而对投资基金的影响不大。

二、流动性风险

封闭式基金无法赎回，只能在市场交易收回资金，投资者在急于出售封闭式基金时就不得不被动地接受市场价格，当封闭式基金折价严重时，最初的投资者在卖出时很难避免损失。对于开放式基金来说，投资者在当日申购、赎回基金单位时，所参考的单位资产净值是上一个基金交易日的数据，而对于基金单位资产净值在上一交易日至交易当日所发生的变化，投资者无法预知，因此投资者在申购、赎回时无法知道会以什么价格成交，这种风险就是开放式基金的申购、赎回价格未知的风险，即流动性风险。相对于短期投资者，这种风险对于长期投资者要小得多。

三、管理风险与机构运作风险

管理风险指基金运作各当事人的管理水平给基金投资者带来的风险，例如基金管理人的管理能力有限，对市场无法做出很好的判断，使基金的收益出现不正常的风险。

此外，开放式基金由多个机构提供各种服务，这些机构的运作存在诸多风险，主要包括：（1）系统运作风险，指基金管理人、基金托管人、注册登记机构或代销机构等当事人的运行系统出现问题时，给投资者带来损失的风险；（2）经营风险，指基金运作各当事人因不能履行义务，如经营不善、亏损或破产等给基金投资者带来的资产损失风险；（3）道德风险，指委托-代理关系下可能损害投资者利益的风险。委托人与代理人在激励与责任方面的不一致性或矛盾以及信息的不对称，使得代理人有可能背离委托人的利益或不忠实于委托人的意图而采取机会主义行为。

第五节　基金业绩评价

基金业绩评价是对基金经理投资能力的衡量，其目的是对基金的业绩进行客观的评价，为投资者选择基金提供参考。

一、业绩评价指标

基金业绩评价最传统也最直观的方法是，了解基金的净值和投资收益率，这主要涉及两个指标：(1) 基金单位净资产；(2) 基金的投资收益率。

基金单位净资产表示每基金单位在市场上的价值，它随基金的投资组合的表现而相应变化，通常用NAV来表示。对于开放式基金，我们可以从基金公司的网站上看到基金单位的净值和累计净值。具体计算方法是用基金净资产总值除以发行在外的基金单位数。

NAV＝基金净资产总值/发行在外的基金单位数

目前我国的基金就采用了定期公布基金单位净资产指标的做法。但该指标的缺点也是显而易见的：首先，该指标在各基金之间不具有可比性。由于各基金发行时间不同，其单位净资产受时间长短的影响不同，在股价持续上涨期间，发行较早的基金，基金单位净资产就可能高些。其次，该指标不能真正评价基金的业绩。当股市处于长期牛市时，可能所有的股票价格都会上涨，即使基金经理的投资决策失误，基金的单位净资产也会随之提高，但这不是基金本身经营的结果。最后，该指标不能反映其投资组合所承担的风险以及与其收益的比较。

投资收益率是反映收益与投入的指标，基金的投资收益率反映基金单位净资产的变动程度。这类指标主要有算术平均时间加权收益率、几何平均时间加权收益率与金额加权收益率。这些收益率的计算方法将在第二十五章中详述，这里不再重复。投资收益率指标解决了不同时期发行的基金其收益不可比的问题，是以相对数而不是以绝对数表示基金收益的变动水平，所以在评价基金业绩时更为常用，但这个指标并没有考虑到所对应的风险，所以只能反映基金业绩表现的一个方面，不能代表基金业绩的全貌。

上面我们提到，收益率指标忽视了风险和收益的对称，这样直接地对收益率的高低进行衡量难免偏颇，无法准确地衡量基金的表现，因此有必要对收益加以风险调整。20世纪60年代，随着资本资产定价模型（CAPM）的提出，西方学者在该理论的基础上，研究和开发了几种研究基金业绩的评价方法，有代表性的主要有特雷诺比率、夏普比率和詹森指数。这些指数基本满足了基金业绩评价的两项最基本要求：(1) 排除了市场因素的影响；(2) 排除了风险因素的影响。前两种将在第二十五章做详细介绍，这里不再重复。

二、基金评级

如果要一般投资者运用上述指标来评价基金的业绩确实存在很多的困难，因此市场上有多家专门从事基金业绩评价的公司为一般投资者提供服务。目前，中国市场上已有多家基金评级公司，如中信证券研究咨询部推出的中信基金评级系统、中国银河证券基金研究与评价中心，而世界著名评级公司晨星公司也正式进入中国市场，并于 2004 年 8 月推出了其第一份中国基金评级结果。一般投资者可以通过查看这些基金评级公司定期推出的基金评价结果对基金以往的业绩有直观的认识，作为一般投资者选择基金的基础。图 21－2 是一份晨星公司对中国基金的评级结果。

序号	基金代码	基金名称	单位净值(元)	晨星评级(2017-09-30)		三年风险评价(2017-10-31)				夏普比率		今年以来	
				三年	五年	波动幅度(%)	评价	晨星风险系数	评价	最近三年	评价	总回报率(%)	排名(594)
1	165312	建信央视财经50指数分级	1.9484	★★★★★	☆☆☆☆☆	24.52	低	15.31	低	1.06	高	51.98	8
2	000457	上投摩根核心成长	2.3140	★★★★★	☆☆☆☆☆	30.87	中	19.38	中	1.00	高	50.77	12
3	510630	华夏上证主要消费ETF	2.4182	★★★★★↑	☆☆☆☆☆	24.73	低	15.40	低	1.08	高	49.95	18
4	540006	汇丰晋信大盘股票A	3.2837	★★★★★	★★★★★	29.64	偏低	13.04	低	1.29	高	27.32	94
5	450009	国富中小盘股票	1.8950	★★★★★	★★★★★	32.06	中	18.38	偏低	0.96	高	28.13	108
6	481012	工银深证红利ETF联接	1.4078	★★★★★	★★★★☆	29.03	偏低	16.58	低	0.95	高	45.34	24
7	512210	景顺长城中证800食品饮料ETF	2.1463	★★★★★↑	☆☆☆☆☆	23.76	低	14.65	低	1.10	高	51.92	17
8	161227	国投瑞银瑞福深证100指数(LOF)	1.1020	★★★★★	★★★★☆	28.58	偏低	17.95	偏低	0.99	高	26.38	167
9	000311	景顺长城沪深300指数增强	2.1380	★★★★★	☆☆☆☆☆	29.36	偏低	17.17	偏低	0.99	高	35.15	45
10	310318	申万菱信沪深300指数增强	2.3684	★★★★★	☆☆☆☆☆	30.95	中	16.54	低	0.90	高	22.64	215
11	163110	申万菱信量化小盘股票(LOF)	2.2232	★★★★★	★★★★★	29.83	偏低	17.09	偏低	0.95	高	3.52	508
12	530015	建信深证基本面60ETF联接	1.9765	★★★★★	★★★★☆	27.18	低	15.73	低	1.00	高	41.77	27
13	000751	嘉实新兴产业股票	2.2970	★★★★★	☆☆☆☆☆	28.32	低	15.67	低	0.99	高	55.94	7
14	110003	易方达上证50指数A	1.4520	★★★★★↑	★★★★☆	29.76	偏低	14.62	低	0.92	高	38.76	35
15	159910	嘉实深证基本面120ETF	1.8527	★★★★★	★★★★★↑	28.04	低	16.83	低	0.95	高	36.74	38
16	159905	工银深证红利ETF	1.7328	★★★★★	★★★★☆	30.65	中	17.47	偏低	0.96	高	48.83	19
17	110022	易方达消费行业股票	2.3060	★★★★★	★★★★★	23.68	低	15.18	低	1.22	高	63.20	3
18	159928	汇添富中证主要消费ETF	2.3150	★★★★★↑	☆☆☆☆☆	24.63	低	15.21	低	1.09	高	58.09	5
19	100038	富国沪深300指数增强	1.8480	★★★★★	★★★★☆	27.70	低	15.77	低	0.92	高	28.33	101
20	159916	建信深证基本面60ETF	3.8246	★★★★★	★★★★★↑	28.44	偏低	16.36	低	1.02	高	45.54	20

图 21－2　晨星公司对中国基金的评级结果

在查看基金评级公司的评级结果时投资者应该注意，基金评级是以基金过往业绩为基础对基金进行的定量评价，旨在为投资者提供一个简化的筛选基金的工具，而不是买卖基金的建议。基金有很高的评级并不等于该基金未来就能继续取得良好的业绩。此外，除考虑基金业绩外，每个投资者还要综合考虑自身的投资目标、投资周期和风险承受能力等因素，选择适合自己的基金。

第六节　主要基金产品介绍

一、货币市场基金

货币市场基金是指投资于货币市场上的短期有价证券的一种基金。

该基金资产主要投资于短期货币工具，如国库券、商业票据、银行定期存单、政府短期债券、企业债券等短期有价证券。

（一）货币市场基金的特点

货币市场基金有如下特点：

（1）货币市场基金的基金净值是固定不变的，通常是每个基金单位1元；未来净值浮动性基金也将面世。

（2）货币市场基金的投资收益表现为所拥有的基金份额的增加。

（3）投资者可利用收益再投资，增加所拥有的基金份额，累积投资收益。

（4）流动性好、资本安全性高。

（5）投资者可以不受到期日限制，随时可根据需要转让基金单位。一般来说，购买货币基金后赎回，T+2日即可到账。

（6）风险较小。货币市场工具的到期日通常很短，货币市场基金投资组合的平均期限一般为4～6个月，因此风险较小，其价格通常只受市场利率的影响。

（7）投资成本低。货币市场基金通常不收取申购赎回费用，并且其管理费用也较低，目前货币市场基金的年管理费用大约为基金资产净值的0.33%，比传统的基金年管理费率1%～1.5%低。

（8）货币市场基金均为开放式基金。货币市场基金通常被视为低风险投资工具，适合资本短期投资生息以备不时之需，特别是在利率高、通货膨胀率高、证券流动性下降、可信度降低时，可使本金免遭损失。

（二）货币市场基金以追求流动性为主

在流动性、安全性和收益性的“三性原则”中，货币市场基金以追求安全性、流动性为主，收益性为辅。

货币市场基金的主要功能是现金管理，通过集中资金投资短期的固定收益类金融工具，在取得规模效应和较高收益率的同时，也提供较高的资金流动性，以满足日常的支付需要，而不是片面追求高收益率。

（三）两个货币市场基金收益率指标

货币市场基金收益率通过以下两个指标来衡量：

（1）7日年化收益率。作为短期指标，7日年化收益率仅体现了基金过去7天的盈利水平，并不反映未来的收益水平，该收益率与投资者的真正收益有一定的距离。

（2）每万份基金单位收益。该指标反映的是投资者每天获得的真实收益。这个指标越高，投资者获得的真实收益就越高。

（四）影响货币市场基金收益率的因素

货币市场基金收益率的变动受到剩余期限（久期）长短、杠杆运用比例等的影响。

在其他条件相同的情况下，货币市场基金的剩余期限越长，收益率越高。例如，某货币市场基金全部持有6个月期央票，其收益率自然高于全部持有3个月期央票的货币市场基金。

运用杠杆有助于提高收益水平。例如，某基金资产净值为10亿元，它可以通过持有债券回购融资10亿元的20%，即2亿元的资金购买有价证券获取收益。这就通过放大资产提高了收益水平。

一般而言，货币市场基金剩余期限越长，杠杆运用比例越大，收益率相对会提高。但资金周转期限相应变长会降低流动性。收益率和流动性成反比，在取得高收益的同时，必然以牺牲流动性和安全性为代价。

（五）货币市场基金估值问题

目前货币市场基金有两种估值办法，分别是“摊余成本法”和“影子定价法”（又称为“市价估值法”）。

这两种估值方法往往导致基金收益率出现差异。例如，某基金用98元购买了还有100天到期的短期债券，该债券到期时的本息为100元，意味着基金在持有的100天期间取得了2元的投资收益，即每天的投资收益为0.02元。按摊余成本法计价，其含义就是在该债券持有的这100天期间不论其市场价格如何波动，在对基金资产计价时都按0.02元/天的收益进行会计处理。

而按照影子定价法，应根据市场当日价格信息推算出不同期限证券的公允收益率，并利用这些公允收益率对基金投资组合进行估值。由于市价在不断波动，得出的收益率便与摊余成本法计价有差异。

货币市场基金估值一般采用“摊余成本法”，即计价对象以买入成本列示，按票面利率或商定利率每日计提利息，并考虑其买入时的溢价与折价在其剩余期限内平均摊销。例如，投资1年期的债券，假设其投资账面收益率为3.65%，这样分摊给每天的收益率为万分之一，但是如果没有到期基金就卖出此债券，如果卖出时候债券收益率为1%，则产生浮动盈利；如果卖出时候收益率为5%，就会产生浮动亏损。如果这些盈利和亏损导致货币基金目前净值与账面净值偏离度超过0.5%，基金公司就必须对其做出调整。由于按摊余成本法估值可能会导致被估值对象的市价和成本价偏离，为消除或减少基金份额净值背离导致基金持有人权益稀释或其他不公平的结果，在实际操作中，基金管理人与基金托管人需对基金资产净值按市价法定期进行重新评估，即进行“影子定价”。

当影子定价确定的基金资产净值与摊余成本法计算的基金资产净值的偏离度的绝对值达到或超过某一规定值（如0.25%）时，基金管理人应根据风险控制的需要调整组合，其中，对于偏离度的绝对值达到或超过某一规定值（如0.5%）时的情形，基金管理人应编制并披露临时报告。

二、股票型基金

股票型基金以上市公司股票为主要投资目标，少量投资于债券或者货币市场工具，一般分为成长型、价值型和平衡型。我们以某稳健成长型基金为例，简要介绍股票型基金。表21-4显示了该基金的基本情况。

表 21-4　某稳健成长型基金的基本情况

成立日期	2001 年 9 月 28 日
份额净值	1.379 5 元/份
基金份额	15.359 0 亿份
资产净值	21.190 0 亿元
基金类型	稳健配置股票型基金
存续期间	不定期
单位面值	1.00 元
最低申购金额	1 000 元
申购费率	M<100 万元，1.6%；100 万元≤M<1 000 万元，1.3%；M≥1 000 万元，1.0%
赎回费率	0.5%，其中 25%归基金资产所有
管理费率	1.50%
托管费率	0.25%
托管银行	中国工商银行
开放日	深沪证券交易所交易日，一般是周一至周五

（1）投资目标。该基金为稳健成长型基金，在控制投资风险并保持基金投资组合良好流动性的前提下，力求为投资者提供稳健和长期稳定的资本利得。

（2）投资理念。该基金秉承价值投资和稳健投资的理念，通过深入的调查研究，挖掘上市公司的价值，寻求价值被低估的证券，采取低风险适度收益的配比原则，通过科学的组合投资，降低投资风险，以长期投资为主，追求基金资产的长期稳定增值。

（3）投资策略。该基金兼顾稳健原则以及开放式基金的固有特点，通过分散投资降低基金资产的非系统风险，保持基金组合良好的流动性。

（4）目标客户。该基金以投资目标为依托，本基金的风险收益配比原则是低风险、适度收益，追求基金资产的长期稳定增值。因而，该基金适合的客户群体主要是有一定风险承受能力，但追求低风险下适度收益的投资者。

表 21-5 至表 21-9 以及图 21-3 至图 21-5 是该基金的投资组合与业绩表现，包括资产配置、重仓股票、行业分布、基金净值变化、风险评估以及业绩对比。

表 21-5　基金资产组合构成

项目	金额（亿元）	占基金总资产的比例（%）
股票	15.006 8	70.82
债券	4.350 3	20.53
现金	1.777 8	8.39
其他资产	0.053	0.25

表 21-6 投资组合构成

行业投资组合（前 5 名）	
行业分类	占基金资产净值的比例（%）
制造业	50.20
金融业	15.82
采矿业	1.65
批发和零售业	1.57
房地产业	0.81
股票投资（前 5 名）	
股票名称	市值占基金资产净值的比例（%）
贵州茅台	6.78
格力电器	5.87
中国平安	4.29
南京银行	2.87
交通银行	2.83

表 21-7 风险评估

3 年风险评价		5 年风险评价	
晨星风险系数	评价	晨星风险系数	评价
18.37	低	15.39	低

表 21-8 夏普比率

3 年	评价	5 年	评价
0.64	中	0.57	偏低

表 21-9 投资业绩（截止时间为 2017 年 11 月 15 日）

总收益率（%）						
最近一月		最近一年		2017 年以来		成立以来
总收益率（%）	排名	总收益率（%）	排名	总收益率（%）	排名	总收益率（%）
5.27	322	17.28	380	21.33	400	442.59

资料来源：晨星公司。

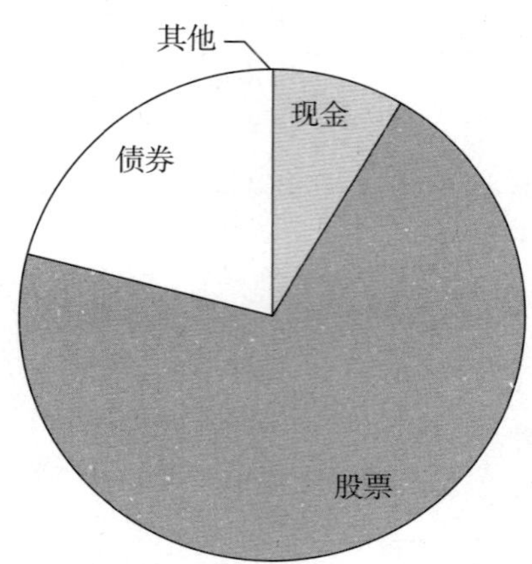

图 21-3　基金资产组合构成

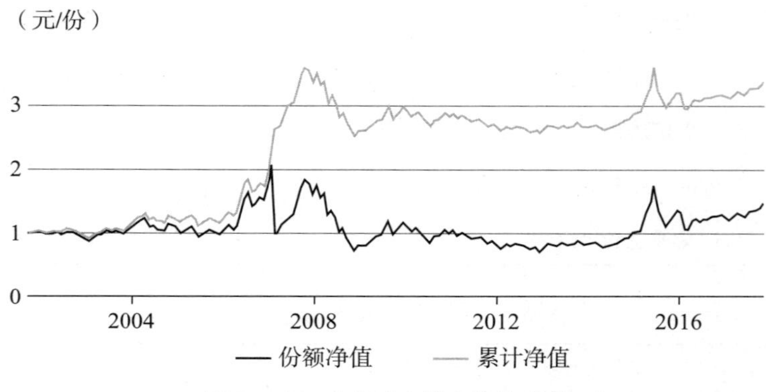

图 21-4　成立以来基金净值走势

图 21-5　成立以来基金收益走势

三、债券型基金

债券型基金是指主要投资于债券的基金。在国内，债券型基金的投资对象主要是国债、金融债券和企业债券。

（一）债券型基金的特点

债券型基金有如下特点：

（1）低风险，低收益。由于债券收益稳定，风险也较小，相对于股票型基金，债券型基金风险低但收益率也不高。

（2）费用较低。由于债券投资管理不如股票投资管理复杂，因此债券型基金的管理费也相对较低。

（3）收益稳定。投资于债券定期都有取得利息，到期还承诺还本付息，因此债券型基金的收益较为稳定。

（4）注重当期收益。债券型基金主要追求当期较为固定的收入，相对于股票型基金而言缺乏增值的潜力，较适合于不愿过多冒险，谋求当期稳定收益的投资者。

（5）流动性强。投资者如果投资于非流通债券，只有到期才能兑现，而通过债券型基金间接投资于债券，则可以获取很高的流动性，随时可将持有的债券基金转让或赎回。

（二）影响债券型基金业绩表现的两大因素

影响债券型基金业绩表现的两大因素为利率风险与信用风险。

（1）利率风险，即所投资的债券对利率变动的敏感程度。可以用久期作为指标来衡量债券型基金的资产净值对于利率变动的敏感程度。

（2）信用风险。在选择债券型基金的时候，一定要了解其利率敏感程度和信用资质。在此基础上，才能了解基金的风险有多高，是否符合投资者的投资需求。晨星公司在评价债券型基金投资风格的时候，重点关注的也是这两点。

债券型基金的信用资质取决于其所投资的债券的信用等级。晨星公司对美国债券型基金的信用资质做了以下归类：

（1）高信用。其投资组合的平均信用等级为 AAA 或者 AA。

（2）中等信用。其投资组合的平均信用等级在 AA 以下，BBB 及其以上。

（3）低信用。其投资组合的平均信用等级在 BBB 以下。

（三）债券型基金产品类型

按照剩余期限的不同，债券型基金可以分为短期债券基金、中短期债券基金、中期债券基金、中长期债券基金等。

按照投资的债券种类的不同，债券型基金可以分为公司债基金、国债基金、高收益债券基金、市政债券基金、有抵押债券基金等。在美国，有专门购买各州债券的基金，因为这种债券的利息是免税的，对于那些需要纳税的投资者，这种基金直接提供一个免税收益。

（四）案例：某债券型基金简介

1. 该债券型基金的投资策略

该基金将采取久期偏离、收益率曲线配置和类属配置等积极投资策略，发现、确认并利用市场失衡实现组合增值。这些积极投资策略是在遵守投资纪律并有效管理风险的基础上做出的。

（1）久期偏离是根据对利率水平的预期，在预期利率下降时，增加组合久期，以较多地获得债券价格上升带来的收益；在预期利率上升时，减小组合久期，以规避债券价格下降的风险。

（2）收益率曲线配置是在确定组合或类属久期后，确定采用集中策略、两端策略和梯形策略等，在长期、中期和短期债券间进行配置，以从长、中、短期债券的相对价格变化中获利。

（3）类属配置包括现金、各债券种类间的配置。类属配置主要根据各部分的相对投资价值确定，增持相对低估、价格将上升的类属，减持相对高估、价格将下降的类属，借以取得较高的总回报。

2. 该债券型基金的业绩比较基准

本基金业绩评价基准设定为“53%中信标普银行间债券指数+46%中信标普国债指数+1%中信标普企业债指数”。

3. 该债券型基金投资组合情况

表 21-10 和表 21-11 显示了截至 2017 年 9 月 30 日，该债券型基金的投资组合情况。

表 21-10　　报告期末基金资产组合情况

	金额（亿元）	占总资产的比例（%）
债券	6.418 2	86.85
资产支持证券	0.753 8	10.2
银行存款	0.060 6	0.82
其他资产	0.157 4	2.13
合计	7.39	100.00

表 21-11　　报告期末按券种分类的债券投资组合

债券品种	市值（元）	占净值比例
国债	438 974 591.90	27.46%
金融债券	3 012 000.00	0.19%
央行票据	755 357 000.00	47.25%
企业债券	108 327 734.39	6.78%
可转债	291 039 837.74	18.21%
合计	1 596 711 164.03	99.88%

4. 该债券型基金费用概览

（1）基金管理费。该基金管理人的基金管理费按基金资产净值的 0.6%年费率计提。

（2）基金托管费。该基金托管人的基金托管费按基金资产净值的 0.2%年费率计提。

(3) 赎回费。该基金不收取赎回费用。

(4) 销售服务费。该基金 A/B 类基金份额不收取销售服务费，C 类基金份额的销售服务费年费率为 C 类基金净值的 0.3%。

(5) 申购费。该基金现有 A、B、C 三类基金份额。A 类基金份额在投资者申购时收取前端申购费用，B 类基金份额在投资者赎回时收取后端申购费用，C 类基金份额不收取前/后端申购费用，而是从本类别基金资产中计提销售服务费。

5. 该债券型基金净值

截至 2017 年 11 月 15 日，该基金 A/B 类基金净值为 1.038 元/份，累计净值为 1.868 元/份；C 类基金净值为 1.033 元/份，累计净值为 1.823 元/份。

四、ETF 与 LOF

ETF (exchange traded fund)，全称为交易型开放式指数基金，是指像股票一样在证券交易所交易的指数基金，其交易所交易价格、基金份额净值走势与所跟踪的指数基本一致。因此投资者买卖一只 ETF，就等同于买卖了它所跟踪的指数包含的多只股票，可取得与该指数基本一致的收益。

(一) ETF 的一级市场

ETF 的一级市场是投资者以股票组合（而不是现金）通过 ETF 做市商申购赎回 ETF 份额的市场。因为申购赎回的最小基本单位（通常称创设单位）一般都比较大（例如，上证 50ETF 为 100 万份 ETF，约 100 万元市值），因此一级市场的主要参与者是资金实力较强的机构投资者。一级市场的成交价格是 ETF 基金份额净值。

(二) ETF 的二级市场

ETF 的二级市场是指 ETF 份额在证券交易所内买卖的市场。ETF 的二级市场交易类似股票，投资者可以通过任何一个证券公司以现金方式买卖 ETF 份额。ETF 二级市场交易的最小单位是一手（在我国即 100 份，约 100 元），资金门槛低，因此适合中小投资者介入。二级市场的成交价格一般称为交易价格。

(三) ETF 的交易模式

ETF 的交易模式如图 21-6 所示。

当 ETF 的基金份额净值和交易所交易价格偏离比较大时，有实力的投资者可以通过一二级市场的低买高卖获得套利收益。投资者的套利行为使得 ETF 一二级市场价格趋于一致，从而避免了交易价格偏离基金份额净值较大的“折价”现象。

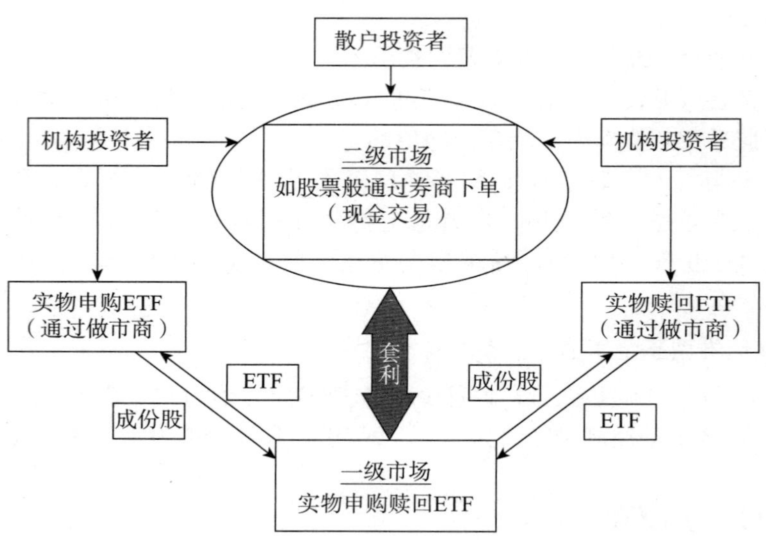

图 21－6　ETF 的交易模式

（四）ETF 与股票、基金的比较

投资 ETF 有如下方面的优势：

（1）上市交易。ETF 像股票一样在交易时间内持续交易，投资者可根据即时揭示的交易价格进行买卖，从而更好地把握成交价格。

（2）费用低廉。通过复制指数和实物申赎机制，ETF 大大节省了研究费用、交易费用等运作费用。ETF 管理费和托管费不仅远低于积极管理的股票基金，而且低于跟踪同一指数的传统指数基金。

（3）指数表现。实证研究表明主动投资很难跑赢大盘，多数主动管理型基金业绩落后于基准指数。

（4）投资工具。ETF 已经不仅仅是一个投资产品，而是一种多用途的投资工具，在投资管理中有广泛应用。

（五）LOF

LOF（listed open-ended fund）全称为上市开放式基金，是指在证券交易所发行、上市及交易的开放式证券投资基金。上市开放式基金既可通过证券交易所发行、认购和集中交易，也可通过基金管理人、银行及其他代销机构认购、申购和赎回，即在保持现行开放式基金运作模式不变的基础上，增加交易所发行和交易的渠道。

如果是在指定网点申购的基金份额，想要上网抛出，须办理一定的转托管手续。如果是在交易所网上买进的基金份额，想要在指定网点赎回，也要办理一定的转托管手续。

（六）ETF 与 LOF

ETF 与 LOF 均属于上市挂牌的开放式基金，同时存在于一、二级两个市

场。在一级市场上，两者都可以进行申购和赎回。在二级市场上都可以像买卖股票或封闭式基金一样在交易所市场进行交易，交易价格同时受到市场供求关系、基金净值的影响。由于二级市场交易价格与一级市场净值的差异，一、二级市场间存在套利的机会，而套利机制的存在会使得基金的二级市场价格与基金的净值趋于一致。

但是，ETF 是一种产品创新，LOF 是交易方式创新，二者的差异主要表现在以下几方面。

1. 投资方式不同

ETF 本质上是指数型的开放基金，是被动管理型基金；而 LOF 在投资方式上不受限制，可以是被动管理型基金，也可以是主动管理型基金。

2. 申购赎回机制不同

ETF 的申购和赎回机制主要采用大额、实物方式。ETF 在一级市场上的申购流程为：现金—一篮子股票—申购 ETF，赎回流程为：ETF 份额—赎回一篮子股票。交易的双方是投资者与基金。交易的门槛相对较高，一般都是设定一个较大的交易单位，例如上证 50ETF 的交易单位（称为申购、赎回单位）为 100 万份额。申购和赎回的价格以 ETF 单位净值为准。LOF 的申购和赎回机制与普通开放式基金相同。交易双方为投资者与基金，交易门槛相对较低，一般最低金额为 1 000 元。申购和赎回都是以申请当日的基金份额净值为准。可以赎回的份额为在场外申购的份额。如果场内份额需要赎回，则需要跨系统转托管到场外，这一过程需要两个交易日。

深交所开通场内申购和赎回业务后，投资者托管在深交所场内（深圳证券账户中）的基金份额，无论是通过认购、申购还是买入方式获得的基金份额，均可以直接选择卖出或者赎回任何一种方式兑现。

（1）基金募集期间认购的基金份额，在基金上市后，可以在二级市场以电子撮合价交易，也可选择以当日的基金份额净值赎回。

（2）T 日在深交所申购（按基金份额净值成交）的基金份额，T＋2 日可以在深交所卖出或者赎回。

（3）T 日买入（电子撮合价成交）的基金份额，T＋1 日可以在深交所卖出或者赎回。

3. 信息披露范围与频度不同

ETF 的信息披露在原有的常规披露的基础上，每个交易日公布申购、赎回清单，同时每 15 秒提供基金份额参考净值（IOPV）；而 LOF 则是在常规披露的基础上，每个交易日披露前一交易日的基金份额净值。

（七）MOM 和 FOF

MOM 全称为管理人的管理人基金，是指 MOM 组合管理人将资金委托给优秀子管理人进行间接投资。MOM 组合管理人对子管理人进行持续跟踪考察，并结合各子管理人的风格特征与市场判断，在顶层对 MOM 组合进行配置管理。MOM 更加侧重于对管理人的选择。

FOF全称为基金的基金，也被称作组合基金，以基金为投资标的，通过在一个委托账户下持有多个不同基金来分散投资，技术性降低集中投资的风险。与投资单只基金相比，FOF基金是“产品的组合”，其潜在优势在于通过优化资产配置可以实现更优的风险收益比。所以该类基金更侧重于对基金的选择。

MOM和FOF两者有着明显的区别，主要体现在以下几个方面。

1. 二者产品模式相似而不同

MOM与FOF虽然都是多管理人基金，但是MOM是将基金资产委托给其他基金经理进行管理；FOF以精选基金组合为投资对象，也就是说，MOM是管理人的管理人基金，FOF是基金的基金，FOF是MOM模式的雏形。

2. 二者组合对象不同

MOM组合的是优质基金经理，FOF组合的是优质基金产品。具体而言，就是MOM从市场上精选符合需要的优质基金经理来管理MOM基金，而FOF则是在基金市场筛选优质基金。

3. 二者管理费不同

FOF投资于现有市场上的基金产品，容易出现双重收费，即标的基金收费一次，FOF再收费一次；在MOM模式下，可变双重收费为单一收费，MOM通过专户、虚拟子账户运作，相对费率较低，流动性好，且MOM中两类基金经理共享管理费和业绩提成、还利于投资者。

4. 二者运作管理模式不同

FOF并不直接投资股票或债券，其投资范围仅限于市场上的其他基金，FOF没有新设产品，而是直接投资标的市场。MOM通过精选市场顶尖私募管理人，既可以投资于证券市场，也可以投资于市场的其他基金。

5. 二者投资策略不同

在投资策略上，FOF多将资产配置放在重要位置，FOF整个产品层面的投资策略由产品的管理者负责制定，但具体到每只基金的策略是基金经理自己制定的。MOM模式下的管理者更注重基金总体的投资策略和风险控制，而选择负责具体的操作和执行的基金管理人别只是起辅助作用。

6. 基金经理职责不同

FOF基金经理负责大类资产配置决策，制定基金在各类资产基金上的配置比例；挑选并购买投资各类资产的子基金。而MOM模式下，其基金经理负责大类资产配置并挑选、分配基金资产给其他被雇用的基金管理人，同时监督被聘用的基金经理的后续表现并及时进行调整。

综上所述，FOF和MOM都是一种组合投资产品，二者虽然存在很大的区别，但是如果能准确把握市场趋势，在合适的市场中配置风格吻合的FOF和MOM基金产品，那么投资者就会长期获得较好的超额预期年化收益。

五、其他类型基金

（一）私募基金

风险投资基金（venture capital fund），又称为创业投资基金，通常以企业普通股、可转换为普通股的优先股或可转债的形式投资于企业发展的早期阶段，是股权投资基金的一种形式。

就被投资企业的发展阶段而言，风险投资基金最早可在种子阶段进入企业，此时公司还没有收入，但是具备潜在的、好的发展思路、商业模式和高新技术，它们需要资金来进行生产经营。在这一时期的资本投入主要用于企业产品的研发、市场研究及拓展等。这类投资的风险都比较高，但是一旦成功就可以获得很高的收益。此外，采用典型的退出方式，如企业 IPO，一旦被投资企业成功上市，风险投资基金就可以通过证券市场转让股权而收回资金和取得收益，继续投向其他风险企业。但是从投资到退出这一过程往往要持续数年时间。

1. 风险投资的特征

（1）权益投资。风险投资是一种权益投资，其着眼点不在于投资对象当前的盈亏，而在于它们的发展前景和资产的增值，目的是通过上市或出售蜕资并取得高额回报。因此，产权关系清晰是风险资本介入的必要前提。

（2）无担保、高风险。风险投资主要用于支持刚刚起步或尚未起步的高新技术企业或高新技术产品，一方面这些企业没有固定资产或资金作为贷款的抵押和担保，因此无法从传统融资渠道获取资金，只能开辟新的融资渠道；另一方面，企业面临的技术、管理、市场、政策等方面的风险都非常大，即使在发达国家高技术企业的成功率也只有 20%～30%，但由于成功的项目回报率很高，故仍能吸引一批投资者进入。

（3）投资流动性低。风险投资往往是在风险企业初创时就投入资金，一般需经 3～8 年才能通过蜕资取得收益，而且在此期间还要不断地对有成功希望的企业进行增资。由于其流动性较小，因此有人称之为“呆滞资金”。

（4）专业化组合投资。由于创业投资主要投向高新技术产业，加上投资风险较大，要求创业资本管理者具有很高的专业水准，在项目选择上要求高度专业化和程序化，精心组织、安排和挑选，尽可能地锁定投资风险。为了分散风险，风险投资通常投资于一个包含 10 个项目以上的项目群，利用成功项目所取得的高回报来弥补失败项目的损失并获得收益。

（5）投资者积极参与。风险资金与高超的企业管理技术这两大要素是推动风险投资事业前行的两大车轮，二者缺一不可。风险投资家（公司）在向风险企业注入资金的同时，为降低投资风险，会参与该企业的经营管理，提供咨询和重大决策建议，必要时甚至亲自接管公司，尽力帮助该企业取得成功。

（6）追求超额收益。风险投资是以追求超额利润回报为主要目的的一种投资行为，投资人并不以在某个行业获得强有力的竞争地位为最终目标，而是把它作为一种实现超额回报的手段，因此风险投资具有较强的财务投资属性。

2. 风险投资基金发行方式

在一些风险投资较为发达的国家，风险投资基金按发行方式的不同主要可分为两种：

（1）私募的公司风险投资基金。这类基金通常采用有限合伙制的组织形式，由风险投资公司或具有经验的专业人士发起并担任普通合伙人（general partner，简称 GP），一般仅出资 1%左右。企业或金融保险机构等机构投资者担任有限合伙人（limited partner，简称 LP），出其余的资金。根据约定，普通合伙人全权负责基金的经营和管理，每年从基金经营管理的资产中提取相当于基金总额的 2%左右的管理费；而有限合伙人以其出资额为限承担有限责任，同时不享有管理权。基金运作期限一般为 15～20 年，期满清算时普通合伙人一般可从资本利得中分得 20%，有限合伙人分得 80%。美国约 70%的风险投资基金都采取有限合伙制的形式，如黑石集团、红杉资本。

（2）向特定投资者非公开募集资本并上市流通的风险投资基金，目的是吸收社会主流投资者关注和支持高科技产业的风险投资，既满足他们进行高风险投资的渴望，又给予了高收益。这类基金相当于产业投资基金，是封闭型的，上市时可以自由转让。

3. 风险投资的介入时机

风险投资的介入时机根据企业的成长阶段一般分为种子期、导入期、成长期与成熟期。投资介入时期越早，风险越大，期望收益越高，风险投资的特征越明显。

（1）种子期。种子期是指技术的酝酿与发明阶段，这一时期的资金需要量很少。投资面临三大风险：一是高新技术的技术风险；二是高新技术产品的市场风险；三是高新技术企业的管理风险。风险投资家在种子期的投资占其全部风险投资额的比例是很低的，一般不超过 10%，却承担着很大的风险。这些风险不确定性因素多且不易测评，同时离收获期时间长，因此也就要求有更高的回报。

（2）导入期。导入期是技术创新和产品试销阶段。风险投资公司主要考察风险企业经营计划的可行性，以及产品功能与市场竞争力。如果风险投资公司认为投资对象具有相当的存活率，同时在经营管理与市场开发上也可提供有效帮助，则会进行投资。这一阶段的风险主要是技术风险、市场风险和管理风险。

（3）成长期。成长期是指技术发展和生产扩大阶段。这一阶段的资本需求相对前两阶段又有增加。一方面为扩大生产，另一方面为开拓市场、增加营销投入，最后使企业达到基本规模。这一阶段的资金称为成长资本（expansion capital），除主要来源于原有风险投资家的增资和新的风险投资的进入外，产品销售也能回笼相当的资金，银行等稳健资金也会择机而入。这一阶段的风险相比前两阶段而言已大大降低，但利润率也在降低，风险投资家在帮助增加企业价值的同时，已经开始着手准备退出。

（4）成熟期。成熟期是指技术成熟和产品进入大工业生产阶段，这一阶段的资金称为成熟资本（mature capital）。该阶段资金需要量很大，但风险投资已很少再增加投资，以退出为主。

（二）私募股权投资基金

私募股权投资（private equity，简称 PE）是通过私募形式募集资金，对私有企业（即非上市企业）进行权益性投资，从而推动非上市企业价值增长，最终通过上市、并购、管理层回购、股权置换等方式出售持股套现退出的一种投资行为。

私募股权投资基金（private equity fund），即投资于非上市公司股权或上市公司非公开交易股权的基金。

1. 私募股权投资基金的结构

在结构设计上，私募股权投资基金一般涉及两层实体，一层是作为管理人的基金管理公司，一层则是基金本身。有限合伙制是国际上最为常见的私募股权基金组织形式。一般情况下，基金投资者作为有限合伙人不参与管理，以其投资额为上限承担有限责任；基金管理公司作为普通合伙人投入少量资金，掌握管理和投资等各项决策，承担无限责任。

2. 私募股权投资基金的分类

私募股权投资基金通常分为三类：并购基金、风险投资基金以及以特殊情况企业为投资标的的基金。

（1）并购基金。并购基金是私募股权投资最常见的形式，通俗讲就是专注于企业并购而设立的基金，通常会购买被投资公司的全部股权，或者取得对目标企业的控制权，通过一系列手段使被并购企业价值增值，持有一定时期后出售以获取高额回报。

并购投资最常见的形式是杠杆并购（leveraged buyout，简称 LBO）。所谓杠杆，即基金通过举债来购买目标公司，举债的资金来源可以是通过银行融资、发行高收益债券或者夹层融资。

杠杆并购通常会出现在管理层收购（management buyout，简称 MBO）以及管理层换购（management buy-in，简称 MBI）中。目标公司的管理者通过负债融资购买本公司的股权，意在获得公司所有权并重组公司以获取高额收益。其收购主体是管理层，所以叫作管理层收购。另外一种比较少见的方式是外部管理层团队并购继而运营一家公司，新管理团队会替代原有的管理团队，所以称为管理层换购。

在杠杆并购中，并购基金通常会采用管理层激励、重组、降低成本以及增加收入等手段来提升被并购企业的价值。

（2）风险投资基金。相对于并购基金，风险投资基金在私募股权投资基金中占有较小的比例。

相较于并购投资，风险投资进入企业的时间更早，项目前景的不确定性更强，被投资公司产生收益需要更长的时间，所以风险更大；风险投资大多是股权融资，而并购投资的负债率高；从投资回报的角度讲，风险投资的失败率更高，其收益来自少数成功项目的高收益。而并购投资成功率更稳定，但每一个被投资项目的收益会更低。

（3）以特殊情况企业为投资标的的基金。特殊情况（special situation）企业是指那些经历了某种不利事件或情况，价值被大幅低估的企业。这些企业可能受到某些负面因素的影响，或者由于现金流断裂正走向破产的边缘，失去了普通投资者的青睐，这会导致其购买价格较低，可能给那些能够正确解读企业信息的人带来投资机会。以特殊情况企业为投资标的的基金，如投资于行将破产的公司的基金，就是抓住这种往往是一次性的投资机会进行投资。由于投资风险和收益较高，一般对冲基金会参与其中。

3. 私募股权投资基金的退出方式

私募股权投资基金的退出方式有如下几种：首次公开发行（initial public offering，简称 IPO）、卖给第三方（trade sale）、二手市场出售（secondary market sale）、清算（liquidation）。

（1）首次公开发行。通过 IPO 方式退出可以最大限度地获得企业估值的提升，所以 IPO 是私募股权投资基金最希望的一种退出方式。但是企业 IPO 后的“限制出售条款”使得投资方不能立即出售手中的股份，上市后公司的业绩以及资本市场的繁荣程度对股价有很大影响，并且 IPO 也面临着复杂的手续与高额的费用，所以 IPO 比较适合非常成熟的公司。

（2）卖给第三方。即原股东把企业卖给同业竞争者或战略投资者，从而私募股权投资基金也从中退出。

（3）二手市场出售。即将被投资公司卖给另外一家私募股权投资公司。这是并购投资中的主要退出方式。

（4）清算。当公司不能继续维持运营时，将对公司进行破产清算，这是价值最低的一种退出方式，往往意味着投资可能一部分或全部损失。

以何种方式退出，在一定程度上是私募股权投资成功与否的标志。在做出投资决策之前，投资家就制定了具体的退出策略，即以什么方式和在什么时间退出可以使投资收益最大化。

（三）私募证券投资基金

根据我国《私募投资基金监督管理暂行办法》以及《证券投资基金法》有关规定，私募证券投资基金是以非公开方式向投资者募集资金设立，基金财产投资于公开发行的股份有限公司股票、债券、基金份额，以及国务院证券监督管理机构规定的其他证券及其衍生品种的基金。

2014 年起，证监会以及中国证券投资基金业协会出台了一系列私募基金相关的法律法规，私募证券投资基金由此被纳入法律监管范围；2015 年国内的证券市场特别是股票市场表现优异，我国的私募证券投资基金也迎来了大发展时期。根据中国证券投资基金业协会公布的数据，登记备案的私募证券基金管理人数量由 2014 年年底的 2 527 家增至 2018 年年底的 8 989 家，基金产品数量由 4 383只扩展至 35 688 只，资产管理规模由 8 506 亿元增长至 2.24 万亿元（见图 21－7）。

目前我国的私募证券投资基金投资者主要有自然人、工商企业以及各类投资计划和机构，自证监会放开牌照监管以来，已有多家国际著名投资机构，如瑞银

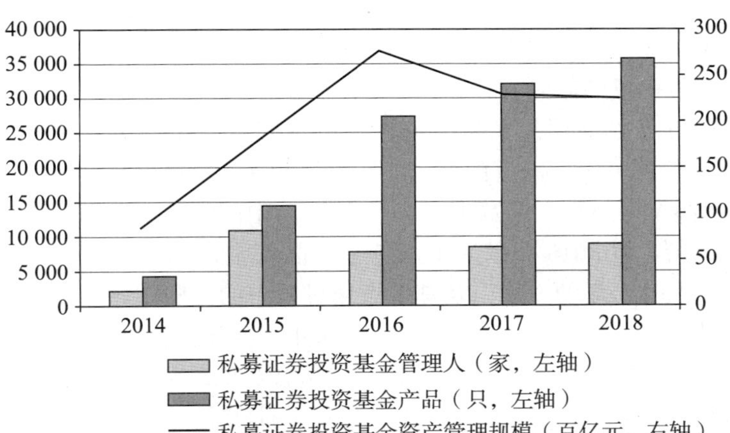

图 21-7　2014—2018 年我国私募证券投资基金发展情况

资料来源：中国证券投资基金业协会。

资产（上海）、桥水（中国）等，进入国内二级市场。由于私募证券投资基金在投资风格以及资产配置上更加灵活，投资策略更加多元化，并且可以提供更多个性化的资产管理服务，在国内私人财富管理规模保持高速增长的环境下，私募证券投资基金在未来一段时间内将有很大的发展空间。

（四）房地产投资信托基金

房地产投资信托基金（real estate investment trust，简称 REIT），是一种以发行收益凭证的方式汇集投资者的资金，由专门的机构进行房地产投资经营管理，并将综合收益按比例分配给投资者的一种信托基金。

为了使众多中小投资者以低门槛参与房地产市场，美国国会在 1960 年创立了世界上第一只 REIT。亚洲最早出现 REIT 的国家是日本。截至 2019 年 3 月份，全球 REIT 总规模约 1.91 万亿美元。

我国的 REIT 起步于 2008 年。2018 年 3 月份银监会联合五家信托公司共同起草了《信托公司房地产投资信托业务管理办法（草案）》，同年 12 月在国务院出台的“金融国九条”中，房地产投资信托基金首次作为一种拓展企业融资渠道的创新融资方式被提出。2014 年 1 月 16 日，证监会核准中信证券设立中信启航专项资产管理计划，这是我国第一只 REIT 产品。截至 2019 年 3 月末，我国一共发行了 49 只 REIT 产品，合计规模 989.64 亿元。

（五）收藏品或艺术品基金

收藏品或艺术品基金由基金管理人负责募集资金，并通过多种艺术品类组合或单一艺术品类组合的投资方式，最终达到实现高收益的目的。

理论上讲，艺术品投资与其他投资工具的相关性弱，且回报较为稳定，所以人们将艺术品基金作为资产配置的一部分，用来降低或者对冲其他投资可能产生损失的风险。

国内艺术品基金始于 2005 年的西安“蓝玛克”艺术基金，2007 年民生银行发行的“非凡理财艺术品投资计划1号”平均年化收益率为12.75%；2009年成立的“红珊瑚一期”是国内第一只艺术品私募基金，31%的年化收益率创下当时国内艺术品基金的最高纪录。

2009—2011年是我国艺术品市场大发展时期，信托公司或私募基金发行的艺术品基金（信托）多达上百只；根据德勤和艺术策略（ArtTactic）发布的《2017年艺术品金融报告》的数据，2015年以前中国的艺术品基金发行数量及规模超过欧美市场，但2016年以后中国的艺术品基金市场进入了调整期，市场的低迷反映出艺术品市场的发展以及基金运作过程中的一些问题，如基金的投资周期、架构设计、退出机制、监管体系等方面的问题，这些问题都有待解决。

2017年11月17日，中国人民银行、银监会、证监会、保监会、外汇局发布《关于规范金融机构资产管理业务的指导意见（征求意见稿）》，简称资管新规。就艺术品金融市场来说，艺术品基金也在资管新规的监管范围内。资管新规对于私募基金的投资者门槛进行了严格限定，这也就意味着购买艺术品私募基金的投资者必须是监管认定的合格投资者，具备识别风险和承受风险的能力。

短期而言资管新规将影响艺术品基金业务的规模拓展，但长期而言有利于艺术品金融市场业务的规范健康发展。

理财产品投资

本章提要

本章分为 5 个部分，先后介绍了理财产品的发展及其概念；理财产品的构成要素；理财产品的投资运作模式；理财产品的分类；理财产品的特征及配置要点。

本章内容包括：

- 理财产品的概念及其发展；
- 理财产品的构成要素；
- 理财产品的投资运作模式；
- 理财产品的分类；
- 理财产品的特征及配置要点。

通过本章学习，读者应该能够：

- 了解理财产品的概念；
- 掌握理财产品的构成要素；
- 了解理财产品的投资运作模式；
- 掌握理财产品的分类。

第一节　理财产品的概念及其发展

一、理财产品的概念

随着理财产品市场不断纵深发展，理财产品的概念也在不断演化。从广义角度而言，一切与投资或资产配置相关的金融及非金融工具，当被居民或家庭甚至企业、政府等机构用于财富管理时，都可以被称为理财产品。按照广义理财产品的概念，股票、债券、基金、保险、外汇、金融衍生品、大宗商品、房地产与艺术品等都可以被视为理财产品。

从狭义角度而言，理财产品是由金融机构发行的，根据合同约定将所募集资金投资于金融或非金融产品，并将取得的投资收益分配给投资者或受益人的一种金融投资工具。狭义的理财产品包括银行理财产品，以及由其他金融机构（银行理财子公司、信托公司、证券公司、基金管理公司、期货公司、保险资产管理机构、金融资产投资公司等）发行的各类资产管理产品。本章重点介绍银行理财产品、信托理财产品和券商资产管理计划。

二、我国理财产品市场的发展

我国理财产品市场的发展历程不长，但发展速度很快。1998 年诞生了第一只公募基金——南方基金“基金开元”封闭式基金，2004 年诞生了第一款人民币理财的银行理财产品——光大银行“阳光理财计划”。自此，在多种因素推动下，我国理财产品市场，无论是银行理财产品还是信托理财产品，以及其他类型的理财产品，发行数量与募集资金金额都快速增长，如图 22－1、图 22－2、图 22－3 所示。

截至 2017 年年末，银行非保本理财产品存续余额 22.17 万亿元，保本理财产品存续余额 7.37 万亿元；信托公司集合资金信托计划余额 9.91 万亿元；券商资产管理计划余额 2.2 万亿元。2017 年，全国的银行共发行银行理财产品 25.77 万个，累计募集资金 173.59 万亿元，较 2016 年分别增长 27.51%和 3.36%；信托公司发行集合资金信托计划 1.0 万个，新增金额 3.84 万亿元，较 2016 年分别增长 38.47%和 19.25%。

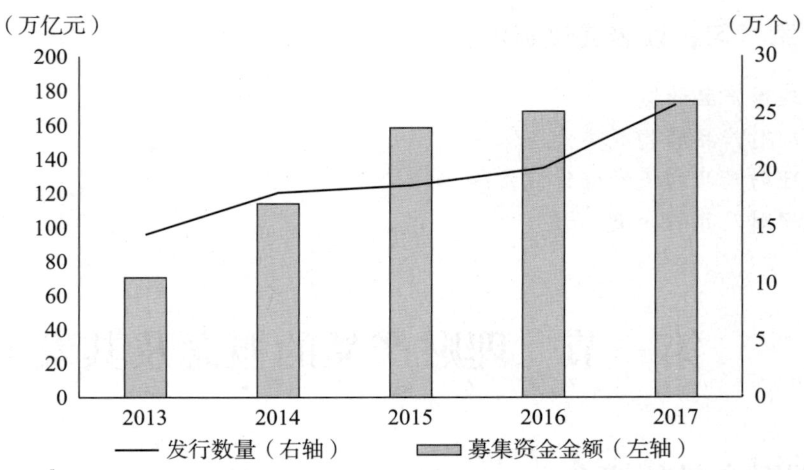

图 22－1　银行理财产品发行数量和募集资金金额（2013—2017 年）

资料来源：全国银行业理财登记系统。

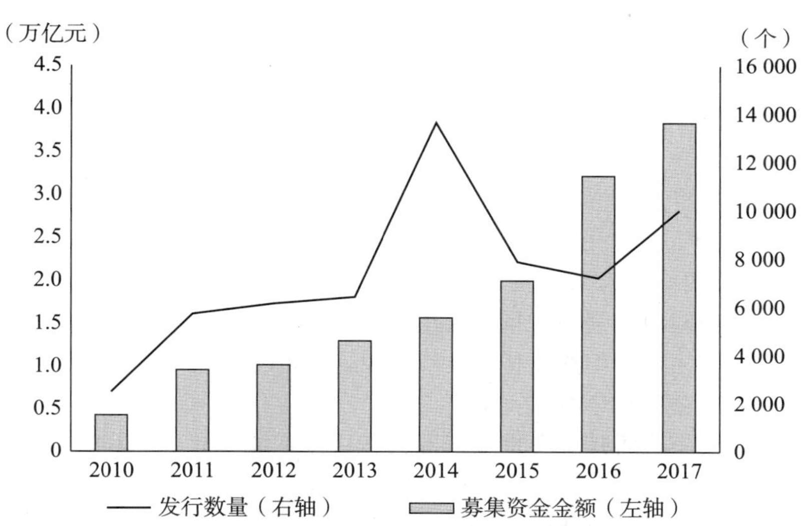

图 22-2　信托公司集合资金信托计划发行数量和募集资金金额（2010—2017 年）

资料来源：中国信托业协会。

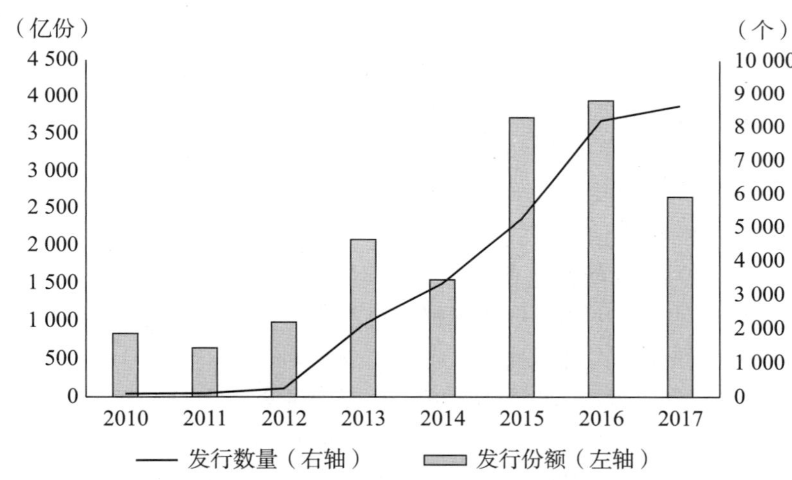

图 22-3　券商资产管理计划发行数量和发行份额（2010—2017 年）

资料来源：中国证券业协会。

理财产品的快速发展满足了我国居民日益增长的理财需求，但刚性兑付、期限错配、产品嵌套等问题也日益突出。为了规范金融机构资产管理业务的发展，2018 年 4 月 27 日，中国人民银行、中国银行保险监督管理委员会、中国证券监督管理委员会、国家外汇管理局联合发布《关于规范金融机构资产管理业务的指导意见》（以下简称“资管新规”），理财产品市场的发展进入新时代。

第二节　理财产品的构成要素

理财产品的构成要素主要包括理财产品的关系人、投资门槛、期限、投资对象、收

益、风险、费用和税收等。

一、理财产品的关系人

不同的理财产品，涉及的关系人不尽相同，但一般而言，理财产品的关系人主要包括投资者（即委托人）、资产管理人和托管人。此外，在信托理财产品中还包括受益人。

理财产品的投资者通常是指购买理财产品，依照合同约定享有投资收益，并承担相应风险的主体。但在信托理财产品中，投资者可能不享有投资收益，而是指定由其他个人或机构享有。

理财产品的资产管理人负责发行理财产品并募集资金，是主导理财产品的开发、受托资产投资和管理、信息披露与收益分配的金融机构。在不同的理财产品中，资产管理人的名称可能会有所不同。例如，银行理财产品中的“理财产品管理人”、信托理财产品中的“受托人”都指的是“资产管理人”。资产管理人可以委托其他具有资质的机构承担部分职责，如委托其他机构进行市场推广和投资管理等。

理财产品的托管人是指受产品资产管理人委托，保管委托资产，执行资金清算、会计核算、提交托管和财务报告，并履行其他相关职责的金融机构。托管人对资产管理人的行为进行监督约束，保管好资产，防止资产管理人滥用职权，损害投资者的利益。按照我国金融监管部门的规定，金融机构发行的理财产品必须由具有托管资质的机构独立托管。

信托理财产品的受益人是指在信托理财产品中，根据信托合同享有投资收益，并承担相应风险的主体。信托理财产品的受益人可以是投资者本人，也可以是投资者指定的其他个人或机构。

图 22－4 显示了理财产品主要关系人之间的关系。理财产品的投资者和资产管理人之间通过签订认购合同来约定双方之间的权利和义务，资产管理人接受投资者委托，对受托的投资者资产进行投资和管理。资产管理人为委托人利益履行诚实信用、勤勉尽责义务并收取相应的管理费用，委托人自担投资风险并获得收益。

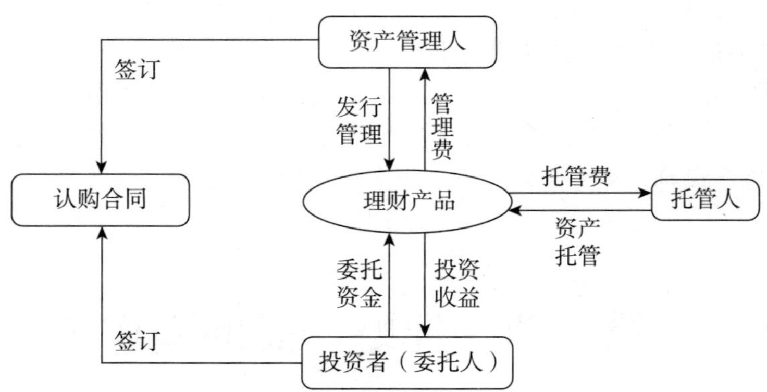

图 22－4　理财产品主要关系人之间的关系

二、理财产品的投资门槛

理财产品的投资门槛即投资起点，是指投资者购买理财产品时的最低出资金额。设置投资门槛，既是对投资者风险承受能力的确认，也体现了金融机构的目标市场定位。

理财产品按照募集方式分为公募产品和私募产品两大类，二者的投资门槛存在明显差异。公募产品面向风险识别和承受能力偏弱的社会公众发行，投资门槛一般较低，例如，根据金融管理部门的规定，商业银行发行公募理财产品的，向单一投资者的销售起点金额不得低于 1 万元人民币；公募基金产品的投资门槛在法规上则没有具体要求。[①]

私募产品面向风险识别和承受能力较强的合格投资者发行，投资门槛较高。私募产品主要包括银行私募理财产品、集合资金信托理财产品和券商资产管理计划等。根据金融管理部门的规定，私募产品的合格投资者投资于单只固定收益类产品的金额不低于 30 万元，投资于单只混合类产品的金额不低于 40 万元，投资于单只权益类产品、单只商品及金融衍生品类产品的金额不低于 100 万元。[②]

除了满足金融管理部门设置的投资门槛之外，金融机构还会根据产品的风险等级和目标市场定位设定产品的投资门槛。例如，当前大部分银行设定的理财产品投资门槛为：对于风险 1、2 级的，投资门槛为 1 万元；对于风险 3、4 级的，投资门槛为 10 万元；对于风险 5 级的，投资门槛为 20 万元。信托理财产品的投资门槛一般为 100 万元。对于券商资产管理计划，集合和定向资产管理计划的单个客户参与金额不低于 100 万元（详见图 22－5）。

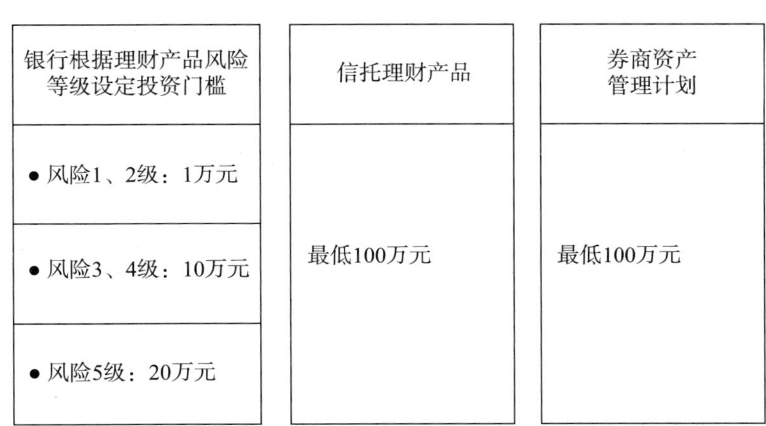

图 22－5　常见的理财产品投资门槛

当然，随着竞争的加剧和金融管理制度的变化，投资门槛并非一成不变。例如，2013 年，随着余额宝等没有投资门槛的新型理财方式的出现，各类理财产

① 参见《商业银行理财业务监督管理办法》第三十条。

② 参见《关于规范金融机构资产管理业务的指导意见》第五条。

品的投资门槛逐步降低以迎合投资者的需要；2018 年，按照金融管理部门的规定，商业银行发行公募理财产品向单一投资者的销售起点金额由 5 万元降低至 1 万元。

三、理财产品的期限

所谓理财产品的期限是指理财产品从成立到终止之间存续的时间。目前，银行理财产品的期限以 1 年期以下居多，集合资金信托计划的期限则一般不少于 1 年，券商资产管理计划可以是无固定期限的。按照金融管理部门的规定，封闭式资产管理产品期限不得短于 90 天。[①]

如图 22－6 所示，在理财产品成立之前，还存在一个产品推介期。所谓产品推介期是从开始销售到终止销售的时间。对于封闭式产品，推介期一般都不超过 1 个月；对于开放式产品，在产品存续期内均可以进行产品推介。某些产品在成立之后往往并非立即开放，而是需要经历一个封闭期。所谓产品封闭期，是指产品无法申购和赎回的期限。对期限较长的理财产品而言，普遍在开始运作时设定封闭期，通常为 3～6 个月。产品封闭期后为产品开放期，即在产品运作过程中，允许投资者申购和赎回投资份额的时间。部分理财产品设置了提前终止或展期条款，相应地，就存在一个提前终止时间段或展期时间段。资产管理人通常拥有提前终止权，理财产品说明书对提前终止或展期事项的条件都有明确的规定。

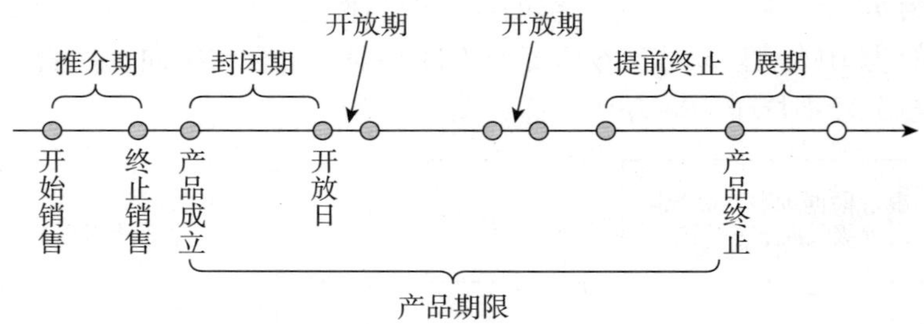

图 22－6　理财产品的期限

对于收益分配，根据理财产品设计的不同，有到期一次分配收益的，也有每隔一段时间分配一次收益的。产品收益计算期间是从产品成立日起，至终止日止。在推介期内，客户的资金存放在银行活期账户里，只计活期利息，不计产品收益，从终止日至资金实际到客户账户之间的时间段，也只计活期利息或不计利息。

四、理财产品的投资对象

理财产品的投资对象非常广泛。从投资地域来看，既包括境内的投资对象，

① 参见《关于规范金融机构资产管理业务的指导意见》第十五条。

又包括境外的投资对象。从投资工具来看，既可以投资货币市场工具，如国库券、商业票据、央行票据等，也可以投资资本市场工具，如债券、股票等，还可以投资黄金、外汇、资产证券化产品、金融衍生工具，以及诸如房地产、艺术品等实物资产。

理财产品按照投资工具的不同，可分为固定收益类产品、权益类产品、商品及金融衍生品类产品和混合类产品。固定收益类产品投资于存款、债券等债权类资产的比例不低于80%，权益类产品投资于股票、未上市企业股权等权益类资产的比例不低于80%，商品及金融衍生品类产品投资于商品及金融衍生品的比例不低于80%，混合类产品投资于债权类资产、权益类资产、商品及金融衍生品类资产且任一资产的投资比例均未达到前三类产品标准。

五、理财产品的收益

理财产品的收益来源和高低取决于其投资对象。从收入来源看，理财产品的收益主要包括银行存款、各类票据、债券、贷款等的利息，股票的分红和股息，资产买卖价差以及其他合法收入。

按照收益的特征不同，可以将理财产品的收益划分为保证固定收益、保证最低收益、保本浮动收益和非保本浮动收益，其中前三类为保本收益产品，第四类为非保本收益产品。

我国金融管理部门规定，金融机构发行的资产管理产品不得承诺保本保收益。由于银行保本收益产品不被金融管理部门视作资产管理产品，而被视同存款进行管理（需要缴纳存款准备金和纳入存款保险基金）。因此，目前市场上仅有银行保本收益产品可以承诺保证本金。

保证固定收益产品的实际投资收益率的计算公式为

$$实际投资收益率=\frac{理财产品合同中规定应当分配给投资者的固定收益}{投资本金}$$

保证最低收益理财产品的实际投资收益率通常等于理财产品合同中约定的预期收益率。

保本浮动收益产品的实际投资收益率的计算公式为

$$实际投资收益率=\frac{(理财产品投资收入-各项费用)}{投资本金}$$

理财产品的实际投资收益率与合同约定的预期收益率并非完全相等。

在理财产品合同中标示的预期收益率都是年化收益率，即假设投资1年的收益率。即使理财产品不是1年期，预期收益率也是以1年为时间单位。正如银行存款一样，无论是3个月、6个月期限的存款，还是2年、3年期限的存款，或者是其他期限的存款，其存款利率都是年利率。然而，投资理财产品的期限往往不是1年，因此，投资理财产品的实际投资收益率需要在年化收益率的基础上，按照投资期限进行调整：

$$实际投资收益率=年化预期收益率\times\frac{产品期限(天数)}{365}$$

例如，30天期银行理财产品预期年化收益率为3.5%，则实际投资收益率=3.5%×30/365=0.29%。上述公式中将1年视为365天，有些理财产品也可能将1年视为360天。

反过来，计算得到的实际投资收益率，往往需要转化为年化收益率，以和其他产品的收益率进行对比，调整方法如下：

$$年化收益率=实际投资收益率\times\frac{365}{产品期限(天数)}$$

有些理财产品会根据投资者的投资规模设定不同的收益率。通常，投资金额越大，收益率越高。

六、理财产品的风险

（一）理财产品的风险

理财产品的风险因投资对象而异。总体上而言，理财产品的风险来源于政策风险、信用风险、市场风险、法律风险、管理风险、流动性风险、产品不成立风险、提前终止风险、延期兑付风险、不可抗力及意外事件风险，以及其他风险等。

各项经济政策出现变化，比如房地产政策变得更加严厉，将使与房地产投资相关的理财产品面临政策不确定的风险，即政策风险。理财产品发行募集的资金，投资在任何项目、实体或者证券等，因为融资主体的资信状况而出现违约行为，将产生所谓的信用风险。诸如利率、汇率、股票价格等市场因素变化将引起理财产品遭受市场风险，比如，投资中长期债券的理财产品，当利率上升时，债券的价格下跌，通常将导致理财产品投资收益下降。某些理财产品还将遭受法律风险的影响。若投资管理人的管理水平较差、技能较低、操作不当等，理财产品还常常会面临管理风险。大多数理财产品不允许客户提前支取本金，当客户需要资金的时候，无法将资产及时变现，这就是理财产品投资面临的流动性风险。理财产品不成立风险是指产品募集期届满，募集总金额未达到规模要求或市场发生剧烈波动导致产品不成立的风险。提前终止风险是指在产品存续期内，因市场发生重大变动或突发性事件等，发行人有权提前终止产品，在提前终止情形下，客户面临不能按预定期限取得本金及预期收益的风险。延期兑付风险是由于理财产品对应的基础资产不能及时变现等情况出现，致使投资面临产品期限延长、延期兑付或分次兑付、不能及时收到本金及预期收益的风险。不可抗力及意外事件风险是指由于自然灾害、战争等不可抗力事件或银行系统故障、市场停止交易等意外事件的发生，可能导致产品收益降低乃至本金损失的风险。

专栏 22－1

××银行 2018 年第 06 期理财产品风险揭示书

（理财非存款、产品有风险、投资须谨慎）

尊敬的客户：

理财产品管理运用过程可能会面临多种风险因素。因此，根据中国银行业监督管理委员会相关监管规定的要求，××银行（理财产品管理人）郑重提示：

本期产品为非保本浮动收益型理财产品，不保证本金和收益，请您充分认识投资风险，谨慎投资，本期产品期限 118 天（××银行有权对本期产品进行展期和提前终止），存续期内产品不接受申购或赎回申请，本期产品内部风险评级标识为三盏警示灯，风险水平属于中等，在最不利的情况下，基础资产无法回收任何本金和收益，客户将损失全部本金。产品适合于稳健型、进取型及积极进取型客户。

如影响您风险承受能力的因素发生变化，请及时完成风险承受能力评估。

××银行内部风险评级说明如表 22－1 所示：

表 22－1　××银行内部风险评级

风险标识	风险水平	评级说明	适用群体
💡💡💡	中等	不提供本金保护，客户本金亏损的概率较低，但预期收益实现存在一定的不确定性	稳健型 进取型 积极进取型

说明：本风险评级为××银行内部评级结果，该评级仅供参考，不具备法律效力。

在您选择购买理财产品前，请注意投资风险，仔细阅读理财产品销售文件，了解理财产品具体情况。您应在详细了解和审慎评估理财产品的资金投资方向、风险评级及预期收益等基本情况后，自主决定购买与自身风险承受能力和资产管理需求匹配的理财产品。××银行提醒您应本着“充分了解风险，自主选择购买”的原则，谨慎决策，自主决定将合法所有的资金用于购买本期产品。在购买本期产品后，您应随时关注产品的信息披露情况，及时获取相关信息。××银行不承担下述风险：

（1）政策风险。本期产品是依照当前的法律法规、相关监管规定和政策设计的。如国家政策以及市场法律法规、相关监管规定发生变化，可能影响产品的受理、投资运作、清算业务的正常进行，并导致本期产品收益降低甚至本金损失，也可能导致本期产品违反国家法律、法规或者其他合同的有关规定，进而导致本期产品被宣告无效、撤销、解除或提前终止等。

（2）信用风险。若本期产品的基础资产项下义务人可能出现违约情形，则客户可能面临收益损失、本金部分损失、甚至本金全部损失的风险。

（3）流动性风险。产品存续期内，客户无提前终止权，不可赎回本期产品，可能导致客户需要资金时不能随时变现，并可能使客户丧失其他投资机会的风险。

（4）市场风险。本期产品的基础资产价值受未来市场的不确定影响可能出现波动，从而导致客户收益波动、收益为零甚至本金损失的情况。

（5）管理风险。本期产品资金将投资于相关股权类、债权类和货币市场工具类及其他基础资产。基础资产管理方受经验、技能、判断力、执行力等方面的限制，可能对产品的运作及管理造成一定影响，并因此影响客户收益，甚至造成本金损失。

（6）利率及通货膨胀风险。在本期产品存续期限内，即使中国人民银行调整存款基准利率，本期产品的预期收益率也可能不会随之予以调整，因此，存在本期产品的预期收益率及/或实际收益率低于中国人民银行存款基准利率的风险。同时，本期产品存在客户预期收益率及/或实际收益率可能低于通货膨胀率，从而导致客户实际收益为负的风险。

（7）抵质押物变现风险。本期产品部分基础资产项下可能设定该部分基础资产项下义务人违约等情形时，将会对抵质押物进行处置，如抵质押物不能及时、足额变现或抵质押物的变现价值不足以覆盖该部分基础资产本金及预期收益，则可能影响客户预期收益，甚至发生本金损失。

（8）信息传递风险。××银行将按照本说明书有关“信息披露”的约定进行产品信息披露。客户应根据“信息披露”的约定及时进行查询。如果客户未及时查询或由于通信故障、系统故障以及其他不可抗力等因素的影响使得客户无法及时了解产品信息，并由此影响客户的投资决策，因此而产生的责任和风险由客户自行承担。另外，客户预留在××银行的有效联系方式发生变更，应及时通知××银行，如客户未及时告知联系方式变更，××银行将可能在其认为需要时无法及时联系到客户，并可能会由此影响客户的投资决策，由此而产生的责任和风险由客户自行承担。

（9）产品不成立风险。如本产品募集期届满，认购总金额未达到产品规模下限，或市场发生剧烈波动，或发生本期产品难以成立的其他情况，经××银行判断难以按照本期产品说明书规定向客户提供本期产品的，××银行有权利但无义务宣布产品不成立。

（10）提前终止风险。产品存续期内，若市场发生重大变动或突发性事件，或发生××银行认为需要提前终止本期产品的其他情形时，××银行有权提前终止产品，在提前终止情形下，客户面临不能按预定期限取得本金及预期收益的风险。

（11）税收风险。××银行暂不负责代扣代缴客户购买本产品所得收益应缴纳的各项税款。若相关税法规定产品管理人应代扣代缴相关税款，则××银行有权依法履行代扣代缴义务，客户面临其取得的收益扣减相应税费的风险。此外，本产品预期年化收益率根据产品发行时现行法律法规、税收政策测算而得，税收法规的执行及修订可能对本产品投资运作等过程中需缴纳的相关税费产生影响，可能影响客户预期收益，甚至造成本金损失。

（12）不可抗力及意外事件风险。包括但不限于自然灾害、金融市场危机、战争或国家政策变化等不能预见、不能避免、不能克服的不可抗力事件或银行系统故障、通信故障等造成的影响，甚至可能导致产品收益降低乃至本金损失。对于由不可抗力及意外事件风险导致的任何损失，客户须自行承担，××银行对此不承担任何责任。

（二）理财产品的风险评级

除银行理财产品外，其他理财产品尚未被强制要求进行风险评级。根据金融管理部门的规定，商业银行应当采用科学合理的方法，根据理财产品的投资组合、成本收益测算、同类产品过往业绩和风险水平等因素，对拟销售的理财产品进行风险评级。[①] 理财产品风险评级结果应当以风险等级体现，由低到高至少包括1级至5级，并可以根据实际情况进一步细分。表22-2显示了中国工商银行对理财产品的内部风险评级。

① 参见《商业银行理财业务监督管理办法》第二十七条。

表 22-2　　中国工商银行对理财产品的内部风险评级

风险等级	风险水平	评级说明	目标客户
PR1级	很低	产品保障本金，且预期收益受风险因素影响很小；或产品不保障本金但本金和预期收益受风险因素影响很小，且具有较高流动性。	经中国工商银行客户风险承受能力评估为保守型、稳健型、平衡型、成长型、进取型的有投资经验和无投资经验的客户。
PR2级	较低	产品不保障本金但本金和预期收益受风险因素影响较小；或承诺本金保障但产品收益具有较大不确定性的结构性存款理财产品。	经中国工商银行客户风险承受能力评估为稳健型、平衡型、成长型、进取型的有投资经验和无投资经验的客户。
PR3级	适中	产品不保障本金，风险因素可能对本金和预期收益产生一定影响。	经中国工商银行客户风险承受能力评估为平衡型、成长型、进取型的有投资经验的客户。
PR4级	较高	产品不保障本金，风险因素可能对本金产生较大影响，产品结构存在一定复杂性。	经中国工商银行客户风险承受能力评估为成长型、进取型的有投资经验的客户。
PR5级	高	产品不保障本金，风险因素可能对本金造成重大损失，产品结构较为复杂，可使用杠杆运作。	经中国工商银行客户风险承受能力评估为进取型的有投资经验的客户。

（三）理财产品的风险揭示

对于固定收益类产品，金融机构应当通过醒目方式向投资者充分披露和提示产品的投资风险，包括但不限于产品投资债券面临的利率、汇率变化等市场风险以及债券价格波动情况，产品投资每笔非标准化债权类资产的融资客户、项目名称、剩余融资期限、到期收益分配、交易结构、风险状况等。

对于权益类产品，金融机构应当通过醒目方式向投资者充分披露和提示产品的投资风险，包括产品投资股票面临的风险以及股票价格波动情况等。

对于商品及金融衍生品类产品，金融机构应当通过醒目方式向投资者充分披露产品的挂钩资产、持仓风险、控制措施以及衍生品公允价值变化等。

对于混合类产品，金融机构应当通过醒目方式向投资者清晰披露产品的投资资产组合情况，并根据固定收益类、权益类、商品及金融衍生品类资产投资比例充分披露和提示相应的投资风险。

对于银行理财产品，金融管理部门规定，产品销售文件应当包含专页风险揭示书，风险揭示书应当使用通俗易懂的语言，并至少包含以下内容：

（1）在醒目位置提示投资者，“理财非存款、产品有风险、投资须谨慎”；

（2）提示投资者，“如影响您风险承受能力的因素发生变化，请及时完成风险承受能力评估”；

（3）提示投资者注意投资风险，仔细阅读理财产品销售文件，了解理财产品具体情况；

（4）本理财产品类型、期限、风险评级结果、适合购买的投资者，并配以示例说明最不利投资情形下的投资结果；

（5）理财产品的风险揭示应当至少包含以下内容：本理财产品不保证本金和收益，并根据理财产品风险评级提示投资者可能会因市场变动而蒙受损失的程度，以及需要充分认识投资风险，谨慎投资等；

（6）结构性存款的风险揭示应当至少包含以下表述："本结构性存款有投资风险，您应当充分认识投资风险，谨慎投资"；

（7）投资者风险承受能力评级，由投资者填写；

（8）投资者风险确认语句抄录，包括确认语句栏和签字栏；确认语句栏应当完整载明的风险确认语句为"本人已经阅读风险揭示，愿意承担投资风险"，并在此语句下预留足够空间供投资者完整抄录和签名确认。

其他理财产品的销售文件或合同文件中，一般也都包含与银行理财产品风险揭示书内容和功能相似的风险揭示部分。

七、理财产品的费用

如图 22－7 所示，理财产品的费用分为两类：一类是投资者直接缴纳的费用，主要包括认购费、申购费、参与费和退出费；二是由资产管理人在投资运作过程中，从受托资产中扣缴的费用，主要包括管理费（在信托理财产品中为信托报酬）、托管费及证券交易费、证券开户费、赎回费等其他费用。

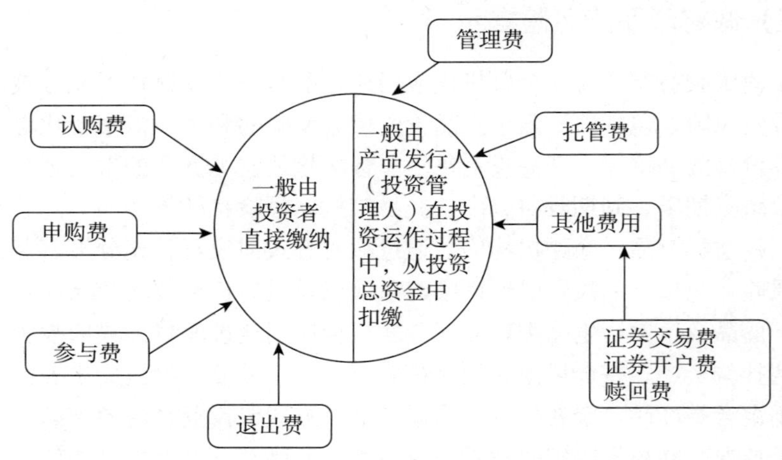

图 22－7　理财产品的费用

实例 22－1　××银行 2018 年第 06 期理财产品的费用及收取方式

产品收取的固定费用为产品托管费和产品销售费。其中，产品托管费为产品规模的 0.05%/年、产品销售费为产品规模的 0.10%/年。

扣除上述固定费用后，若基础资产运作的实际年化净收益率超过客户预期年化收益率，则理财产品管理人收取超出的部分作为产品的浮动管理费用；扣除上述固定费用后，若基础资产运作的实际年化净收益率不超过客户预期年化收益率，理财产品管理人将不再收取任何费用。

八、理财产品的税收

所得税方面，投资者投资基金的价差收入和分配收入，按规定无须缴纳所得税；投资者投资银行理财产品和各类资产管理品如何缴纳所得税暂无具体规定。现实当中，投资者主动缴纳理财产品收益所得税的情况较少，资产管理人一般也不会代扣代缴。

增值税方面，投资者投资保本型金融工具取得的持有收益，需按照贷款服务缴纳增值税，如果理财协议中未约定保障本金，那么投资者取得的持有收益不征收增值税。①

投资者投资非保本理财产品虽然暂时无须缴纳所得税和增值税，但资产管理人在受托资产的投资运作过程中，会按照税法有关规定，就受托资产的投资收益缴纳相应税费，该税费一般约定从受托资产中扣除。例如，资产管理人运营资管产品中投资保本型金融工具取得的持有收益，暂适用简易计税方法，按照3%的征收率缴纳增值税；债券投资所取得的利息、股票投资取得的红利需要缴纳相应的所得税；股票卖出时需缴纳印花税；买卖股票、基金取得的资本利得需缴纳增值税。

第三节　理财产品的投资运作模式

理财产品的投资运作模式分为两种：一对一模式和资金池模式。资金池模式由于存在诸多问题，近年来受到金融管理部门的重点监管，金融机构已被明确禁止开展或者参与具有滚动发行、集合运作、分离定价特征的资金池业务。②

一、一对一模式

所谓“一对一模式”是指一个资产管理产品募集的资金投资于一个投资组合，两者之间是一一对应的关系。该模式下会设定明确的投资对象，如证券、收益权、股权或非标准债权等，并明确说明各类资产的投资比重。

理财产品投资资金与其投资组合一一对应，如图22-8所示。

如实例22-2所示，××集合资金信托计划投资的对象是特定的，即重庆市涪陵区蒿枝坝项目股权，用于重庆市涪陵区蒿枝坝6 000亩土地的拆迁改造。这是典型的理财产品投资一对一模式。

① 参见《关于明确金融、房地产开发、教育辅助服务等增值税政策的通知》第一条、第二条。

② 参见《关于规范金融机构资产管理业务的指导意见》第十五条。

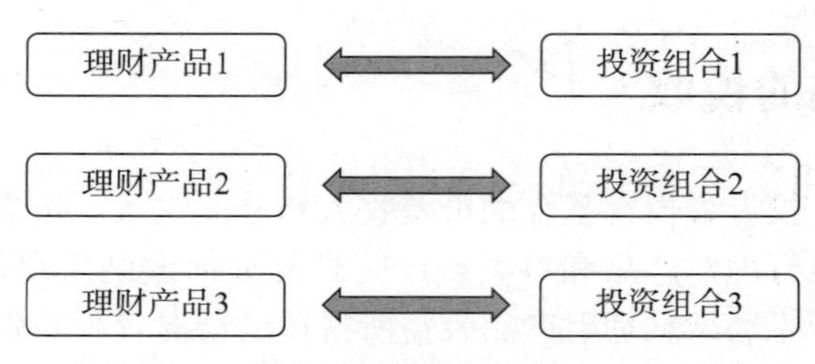

图 22－8　理财产品的投资模式：一对一模式

实例 22－2　××集合资金信托计划

信托名称：涪陵蒿枝坝项目股权投资集合资金信托计划

发行机构：新华信托

信托期限：24 个月

投资起点：300 万元

资金用途：本信托资金用于对重庆市涪陵区蒿枝坝 6 000 亩土地的拆迁改造。

解析　一对一模式的好处在于：第一，对于投资者而言，能够很明确地知道资金的具体投向，对风险和收益都能做到很好的预见；第二，对于发行机构而言，先前已经向投资者做了充分而明确的风险告知，而且投资的方向也已经明确地告知了投资者。因此，如果事后出现投资风险，发行机构不用承担过多的责任。当然，一对一模式要求发行机构不能对资金进行“拆东墙、补西墙”的挪用，尽管在实际中，这种操作对于发行机构资金运用而言更有弹性，但这种所谓的操作弹性往往容易滋生风险。

二、资金池模式

（一）资金池模式简介

资金池模式是指金融机构通过滚动发行理财产品募集资金，将所募资金汇集到一个可多元化投资的“资金池”，对“资金池”进行动态管理以获取投资收益，并按合同约定支付各期理财产品投资收益。在资金池模式下，多个理财产品可能同时对应多笔资产，如图 22－9 所示。

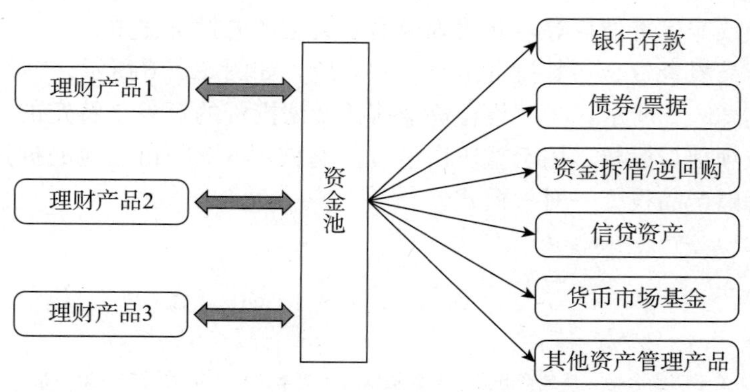

图 22－9　银行理财产品的资金池投资模式

在资金池模式下，由于无法实现理财产品与所投资资产一一对应，导致单个产品无法实现成本可算、风险可控，无法进行估值和测算投资收益。

（二）资金池模式的隐患

资金池模式尽管对于金融机构而言具有更多操作弹性，同时还可以获得短期资金成本和长期资产收益间的利差，但是蕴藏很多风险。

首先是资金兑付风险。当后续募集资金无法“接力”时，到期的理财产品可能面临资金无法按时兑付的风险。

其次是资金运作风险。资金池模式打通了不同理财产品之间的天然防火墙：如果资金池中有部分投资出现大幅亏损，那么整个资金池的安全性将会受到影响。这同时也很容易激励发行人通过“拆东墙、补西墙”的方法暂时掩盖问题，然而久而久之，风险不断累积，会形成更大隐患或危险。

最后是信息披露风险。资金池类理财产品往往无法真正做到“分账经营”，对投资组合的信息披露不足，投资者无法知晓资金的具体投向。

针对资金池运作模式中的风险，金融管理部门规定：金融机构应当做到每只资产管理产品的资金单独管理、单独建账、单独核算，不得开展或者参与具有滚动发行、集合运作、分离定价特征的资金池业务。

第四节　理财产品的分类

理财产品有很多种分类方式。按照发行主体划分，可以将理财产品分为银行理财产品、信托理财产品和券商资产管理计划。按照投资对象的不同，可以将理财产品分为固定收益类产品、权益类产品、商品及金融衍生品类产品和混合类产品。按照发行方式的不同，可以将理财产品划分为公募产品和私募产品。按收益特点的不同，可以将理财产品分为保本型理财产品、非保本型理财产品。按投资币种划分，可以将理财产品分为人民币理财产品和外币理财产品。按照投资期限划分，可以将理财产品分为超短期资产管理产品、短期理财产品、中期理财产品、长期理财产品和无固定期限理财产品。按照交易限制划分，可以将理财产品划分为开放式理财产品和封闭式理财产品。

一、按发行主体分类

（一）银行理财产品

1. 银行理财产品及其特点

银行理财产品是一种由商业银行发行，根据合同约定将所募集资金投资于金融或非金融产品，并将取得的投资收益分配给投资者的金融投资工具。银行理财产品具有以下几个特点：

第一，销售渠道依靠银行自身。银行理财产品的销售渠道主要是银行网点及网上银行。

第二，银行理财产品的收益率一般高于银行同等期限定期储蓄利率，投资期限相对较短。银行理财产品的兴起，其实与我国存款利率市场没有完全放开有关系。为了应对其他金融机构的竞争，商业银行通过理财产品，规避利率管制，以更高的收益率吸引投资者。保本型理财产品实际上是变相吸收“存款”的方式，需要缴纳存款准备金和存款保险保费。银行理财产品的逐步发展壮大，实际上间接地推进了利率市场化。

第三，银行理财产品的风险一般相对较低。银行理财产品通常投资于高流动性资产及债券等债权类资产，风险相对可控。

第四，银行理财产品的流动性相对较低。由于银行理财产品在存续期通常无法赎回，同时也不存在二级市场，不可以进行转让，因此流动性较差。

2. 银行理财产品投资管理的规定

关于银行理财产品的投资，2018 年 9 月中国银保监会发布的《商业银行理财业务监督管理办法》对商业银行非保本理财产品的投资运作管理进行了明确规定，主要包括以下几方面：

（1）投资范围。商业银行理财产品可以投资于国债、地方政府债券、中央银行票据、政府机构债券、金融债券、银行存款、大额存单、同业存单、公司信用类债券、在银行间市场发行的信贷资产支持证券、在交易所市场发行的企业资产支持证券、公募证券投资基金、其他债权类资产、权益类资产以及国务院银行业监督管理机构认可的其他资产。

（2）负面清单。商业银行理财产品不得直接投资于信贷资产，不得直接或间接投资于本行信贷资产，不得直接或间接投资于本行或其他银行业金融机构发行的理财产品，不得直接或间接投资于本行发行的次级档信贷资产支持证券。

（3）资管产品投资要求。商业银行理财产品投资资产管理产品的，应当符合以下要求：

1）准确界定相关法律关系，明确约定各参与主体的责任和义务，并符合法律、行政法规和金融监督管理部门等对该资产管理产品的监管规定；

2）所投资的资产管理产品不得再投资于其他资产管理产品（公募证券投资基金除外）；

3）切实履行投资管理职责，不得简单作为资产管理产品的资金募集通道；

4）充分披露底层资产的类别和投资比例等信息，并在全国银行业理财信息登记系统登记资产管理产品及其底层资产的相关信息。

（4）非标准化债权投资要求。商业银行理财产品投资于非标准化债权类资产的，应当符合以下要求：

1）确保理财产品投资与审批流程相分离，比照自营贷款管理要求实施投前尽职调查、风险审查和投后风险管理，并纳入全行统一的信用风险管理体系；

2）商业银行全部理财产品投资于单一机构及其关联企业的非标准化债权类资产余额，不得超过理财产品发行银行资本净额的 10%；

3）商业银行全部理财产品投资于非标准化债权类资产的余额在任何时点均

不得超过理财产品净资产的35%，也不得超过商业银行上一年度审计报告披露总资产的4%。

(5) 集中度管理。商业银行理财产品直接或间接投资于银行间市场、证券交易所市场或者国务院银行业监督管理机构认可的其他证券的，应当符合以下要求：

1) 每只公募理财产品持有单只证券或单只公募证券投资基金的市值不得超过该理财产品净资产的10%；

2) 商业银行全部公募理财产品持有单只证券或单只公募证券投资基金的市值，不得超过该证券市值或该公募证券投资基金市值的30%；

3) 商业银行全部理财产品持有单一上市公司发行的股票，不得超过该上市公司可流通股票的30%。

(6) 杠杆控制。商业银行不得发行分级理财产品。分级理财产品是指商业银行按照本金和收益受偿顺序的不同，将理财产品划分为不同等级的份额，不同等级份额的收益分配不按份额比例计算，而是由合同另行约定，按照优先与劣后份额安排进行收益分配的理财产品。商业银行每只开放式公募理财产品的杠杆水平不得超过140%，每只封闭式公募理财产品、每只私募理财产品的杠杆水平不得超过200%。

(7) 期限匹配要求。商业银行理财产品直接或间接投资于非标准化债权类资产的，非标准化债权类资产的终止日不得晚于封闭式理财产品的到期日或者开放式理财产品的最近一次开放日。

商业银行理财产品直接或间接投资于未上市企业股权及其受（收）益权的，应当为封闭式理财产品，并明确股权及其受（收）益权的退出安排。未上市企业股权及其受（收）益权的退出日不得晚于封闭式理财产品的到期日。

（二）信托理财产品

1. 信托理财产品及其特点

信托理财产品是由信托公司发行，根据信托合同约定将所募集资金投资于金融或非金融产品，并将取得的投资收益分配给受益人的一种金融投资工具。

信托理财产品具有以下几个特点：

第一，设计灵活，可广泛投资于各类金融工具和实物资产，因此，投资范围非常广泛，运作机制也灵活多样。

第二，不承诺保本和最低收益，具有较高的投资风险。正是因为考虑到其投资风险相对较高，因此，通常对投资者有一定限制，例如人数、最低投资金额等。

第三，信托财产具有独立性，不受当事人（委托人、受托人和受益人）财务状况的影响，一般情况下，信托财产不能被强制执行。

实际上，信托理财产品是在“受人之托，代人理财”的宗旨下，委托人出于对受托人的信任，将其财产权委托给受托人管理，受益人按约定的收益分配方式获取回报的一种资产管理产品。

信托理财产品多种多样，这里介绍两种代表性产品：特定资产收益权投资信托计划和收益结构化阳光私募基金信托计划。

2. 代表性产品：特定资产收益权投资信托计划

如图 22-10 所示，在特定资产收益权投资信托计划中，信托公司首先和融资方，即基础资产所有人签订特定资产收益权转让合同，同时和投资者，即信托理财产品认购者签订集合资金信托合同。然后，信托公司将募集的信托资金支付给融资方，并取得融资方持有的基础资产收益权，实现资金融通。在信托存续期间，融资方按照约定向信托公司支付回购基础资产收益权的回购款，信托公司将按照约定向投资者（受益人）分配信托收益和本金。

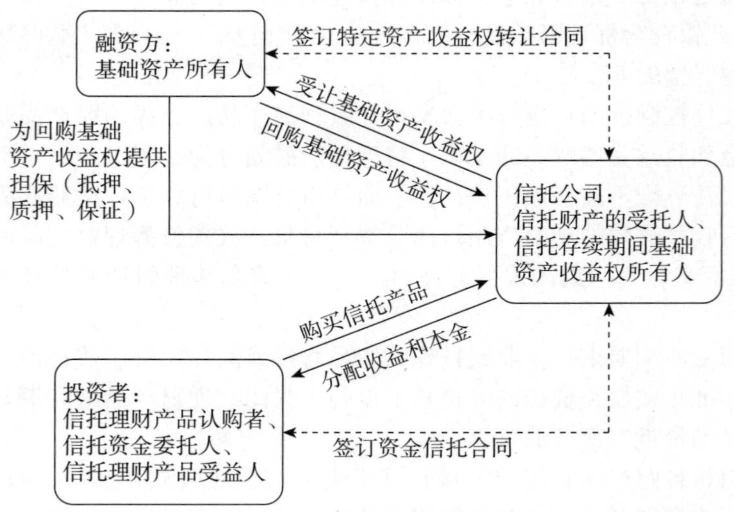

图 22-10　特定资产收益权投资信托计划

实例 22-3　中信信托·海口融创观澜湖公园壹号特定资产收益权投资信托计划

表 22-3 中对中信信托·海口融创观澜湖公园壹号特定资产收益权投资信托计划的相关情况进行了介绍。

表 22-3　特定资产收益权投资信托计划示例

信托公司	中信信托
投资方向	房地产
信托期限	24 个月
发行规模	至 8 670 万元
预期收益	7.5%～8.8%
资金运用	用于受让海南胜世实业有限公司持有的海口融创观澜湖公园壹号项目三、四期项目项下特定资产的收益权
风控措施	（1）土地抵押：项目土地已办理完成抵押。 （2）保证担保：融创房地产集团有限公司提供连带责任保证担保。 （3）资金监管：对销售收入进行监管。 （4）差额补足：以销售的海口融创观澜湖公园壹号项目一、二期开发公司海南胜丽实业有限公司提供差额补足承诺。 （5）提前支付：根据项目销售进度设置提前还款安排。

3. 代表性产品：收益结构化阳光私募基金信托计划

与一般私募基金相比，阳光私募基金信托计划的特点在于规范化、透明化，有一定信息披露要求。收益结构化阳光私募基金信托计划的受益人分为优先级受益人和次级受益人。优先级受益人为普通投资者或其代理人。次级受益人为投资公司（或资产管理公司），通常以投入自有资金的形式，为优先级受益人提供一定的利益保障，同时拥有获取超额收益的权利。

如图 22－11 所示，在收益结构化阳光私募基金信托计划中，投资者作为委托人，同时也为优先级受益人，将资金或资产委托给信托公司，信托公司作为受托人，可进一步委托证券公司对证券进行托管，委托商业银行对资金进行托管，以及委托专业投资机构担任投资顾问，投资顾问往往还扮演次级受益人的角色。投资顾问作为次级受益人，承担较高的风险，对投资者而言，有一定的保障作用，投资顾问也有获得更高回报的可能。

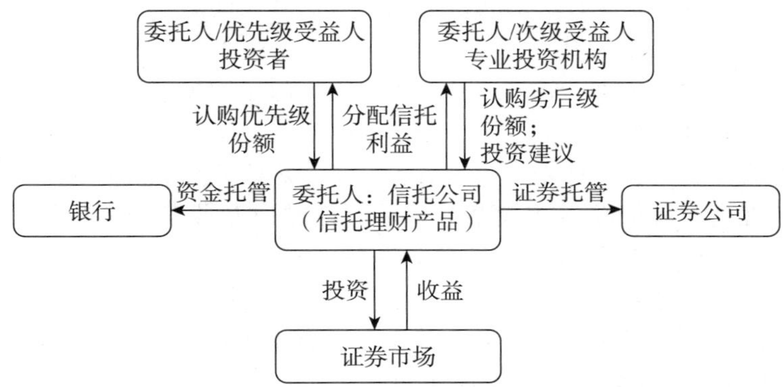

图 22－11　收益结构化阳光私募基金信托计划

4. 与信托产品有关的法律法规

为了规范信托产品的发展，中国银监会颁布了《信托公司集合资金信托计划管理办法》，其中规定：

第一，单个信托计划的自然人人数不得超过 50 人，但单笔委托金额在 300 万元以上的自然人投资者和合格的机构投资者数量不受限制。

第二，集合资金信托计划的期限不少于 1 年。

第三，信托公司对不同的信托计划，应当建立单独的会计账户，分别核算，分别管理。

第四，信托资金可以进行组合运用，组合运用应有明确的运用范围和投资比例。信托公司运用信托资金进行证券投资，应当采用资产组合的方式，事先制定投资比例和投资策略，采取有效措施防范风险。

第五，信托公司可以运用债权、股权、财产权及其他可行方式运用信托资金。

信托公司运用信托资金，应当与信托计划文件约定的投资方向和投资策略相一致。

除此之外，信托产品作为资产管理产品的一类，需要遵守《关于规范金融机构资产管理业务的指导意见》的相关规定。

（三）券商资产管理计划

券商资产管理计划，是指证券公司作为资产管理人，依照有关法律法规的规定与客户签订资产管理合同，根据合同约定将所募集资金投资于金融或非金融产品，并将取得的投资收益分配给投资者的一种金融投资工具。证券公司作为资产管理人，通常会收取业绩报酬。

券商资产管理计划分为集合资产管理计划、定向资产管理计划和专项资产管理计划。集合资产管理计划主要是面向普通投资者发行的，而定向资产管理计划和专项资产管理计划一般是作为其他业务的通道和平台而设立的。

1. 集合资产管理计划

集合资产管理计划，顾名思义，是指集合客户的资产，由专业的投资者（证券公司）进行管理。它是证券公司针对高端客户开发的理财产品，投资于产品约定的权益类或固定收益类资产。

证券公司办理集合资产管理业务，可以设立限定性集合资产管理计划和非限定性集合资产管理计划。

限定性集合资产管理计划应当主要投资于固定收益类金融产品；投资于业绩优良、成长性高、流动性强的股票等权益类证券以及股票型证券投资基金的资产，不得超过该计划资产净值的20%，并应当遵循分散投资风险的原则。非限定性集合资产管理计划的投资范围由集合资产管理合同约定，不受前者规定的限制。实例22－4介绍了一个非限定性集合资产管理计划。

实例22－4　××集合资产管理计划

集合计划类型：非限定性集合资产管理计划

投资组合设计：

- 股权类资产的投资比例为0～95%。股权类资产包括股票、偏股型证券投资基金、权证等。
- 固定收益类资产和现金类资产的投资比例为5%～100%，其中现金类资产的投资比例不低于5%。固定收益类资产包括国债、企业债、可转债、资产支持证券等；现金类资产包括现金、银行存款、银行票据、货币市场基金和债券逆回购等。

存续期间：本集合计划无固定存续期，但当本集合计划出现应当终止的情形时，本集合计划终止并进行清算。

参与集合计划的最低金额：单个委托人首次参与最低金额为10万元人民币。

封闭期和开放期：集合计划成立后的3个月为封闭期，封闭期结束后的存续期为开放期。

管理人的业绩报酬：

- 当委托人退出或集合计划终止时，若年化收益率小于或等于5%，则管理人不提取业绩报酬。
- 当委托人退出或集合计划终止时，若年化收益率大于5%，则管理人累进提取业绩报酬。

具体比例如表 22-4 所示。

表 22-4　管理人的业绩报酬

年化收益率	计提比例	业绩报酬计算方法
$5\%<r\leqslant 10\%$	15%	$(r-5\%)\times 15\%\times C_0\times$持有年数
$10\%<r\leqslant 15\%$	25%	$[(10\%-5\%)\times 15\%+(r-10\%)\times 25\%]\times C_0\times$持有年数
$r>15\%$	35%	$[(10\%-5\%)\times 15\%+(15-10\%)\times 25\%+(r-15\%)\times 35\%]\times C_0\times$持有年数

计算当 $r=40\%$，投资额 C_0 为 100 万元，持有年数为 2 年时，管理人提取的业绩报酬。

解析　管理人提取的业绩报酬为

$$[(10\%-5\%)\times 15\%+(15\%-10\%)\times 25\%+(40\%-15\%)\times 35\%]\times 100\times 2=21.5(\text{万元})$$

2. 定向资产管理计划

定向资产管理计划是证券公司为单一客户办理的一种业务，是指证券公司与单一客户签订定向资产管理合同，通过该客户的账户为客户提供资产管理服务的一种业务。其中具体的投资方向应在资产管理合同中约定，必须在单客户的专用证券账户中运作。证券公司办理定向资产管理计划，接受单个客户的资产净值不得低于人民币 100 万元。如表 22-5 所示，国泰君安证券股份有限公司发行了一个可转换债券专户理财产品，其认购起点为人民币 1 000 万元。

表 22-5　国泰君安某定向资产管理计划

产品名称	国泰君安证券股份有限公司可转换债券专户理财产品
投资期限	3 年
认购起点	1 000 万元人民币
提前终止	投资期限内，投资者委托本金低于 100 万元，则自动终止；投资者可无条件提前终止
申购/赎回	投资期限内，专户管理，每交易日客户可进行申购（追加本金）/赎回（减少本金）
盈利模式	寻找风险与收益性价比较高的可转债进行组合投资，争取 1 年委托期间获得较好的绝对回报
投资范围	可转换债券（包括普通债券＋上市权证）投资比例为 30%～90%，标的股票投资比例为 0～10%，现金、货币市场基金投资比例共计为 10%～70%

3. 专项资产管理计划

专项资产管理计划是指证券公司为客户办理的具有特定目的的资产管理业务。专项资产管理计划针对客户的特殊要求和资产的具体情况，设定特定的投资目标，通过专门账户为客户提供资产管理服务。表 22-6 列示了某券商开发的以南京城建污水处理收费为载体的专项资产管理计划。

表 22-6 ××专项资产管理计划

南京城建污水处理收费资产支持收益专项资产管理计划	
目的	投资于购买南京城建合法所有的自专项资产管理计划成立之次日起未来 4 年的污水处理收费收益权，为受益凭证持有人获取稳定的投资收益。
预期收益率	专项计划分为 4 期，其中： 01 期的预期收益率为 2.9%～3.0%； 02 期的预期收益率为 3.12%～3.3%； 03 期的预期收益率为 3.5%～3.6%； 04 期的预期收益率为 3.8%～3.9%。
存续期间	期限为 4 年。 存续期间自专项资产管理计划成立之次日起计算。 第 4 年的对应日即为专项资产管理计划到期日，存续期满后无特殊原因不再展期。

专项资产管理计划和定向资产管理计划有所不同。定向资产管理计划是接受一个客户的委托，客户只有一人。专项资产管理计划通常业务目的比较特殊，而业务参与人可以是多人。例如，单一客户将现金或有价证券委托给证券公司进行管理，此为定向资产管理计划；有特殊需求的客户将其指定资产委托给证券公司发行资产证券化产品并进行管理，此为专项资产管理计划。

二、按投资对象分类

按照投资对象划分，可以将理财产品分为固定收益类产品、权益类产品、商品及金融衍生品类产品和混合类产品。

（一）固定收益类产品

固定收益类产品投资于银行存款、债券等债权类资产的比例不低于 80%。固定收益是投资者按合同约定的利率获得的收益，如债券和存单在到期时，投资者即可领取约定利息。一般来说，固定收益产品的收益不高，但风险也比较低。

固定收益类产品具体又分为货币市场类资产管理产品、信贷类资产管理产品、债券类资产管理产品等。

1. 货币市场类资产管理产品

货币市场类资产管理产品主要投资于信用级别较高、流动性较好的货币市场工具。其特点是：

（1）投资期短，通常小于 1 年。

（2）本金、收益安全性高。

（3）收益水平通常高于同期银行存款利率。

2. 信贷类资产管理产品

信贷类资产管理产品是指将发行资产管理产品所募集来的客户资金，向银行

或第三方购买信贷资产（如资产管理人为信托公司，可自行发放信托贷款），到期后根据投资情况支付本金和收益。这类资产管理产品的投资收益受信贷资产信用水平的影响，需承担一定的违约风险。

对于信贷类资产管理产品，采取风险控制措施主要是为了降低资产管理本金损失的信用风险，这些措施主要包括以下几种：

（1）高级别信用的保证人担保。如由公开信用评级较高的大型企业进行担保。

（2）抵押担保。与融资者订立抵押合同，办理抵押权登记，债务不能清偿时可处置抵押物，并享有优先受偿权。

（3）质押担保。以动产或财产权利作为质物交银行保管或办理质押登记，债务不能清偿时债权人可处置质押物并享有优先受偿权。质押担保物中以上市公司股权为优。通常要求足额担保或超额担保，因为处置抵押品或质押品的所得可能低于融资时的估值，从而无法收回债权。即使有超额担保也无法保证本金100%收回，信用风险仍然存在。

3. 债券类资产管理产品

债券类资产管理产品以国债、金融债、高等级企业债和公司债为主要投资对象，其产品结构简单，投资风险小，预期收益稳定，适合风险承受能力较弱的投资者。

（二）权益类产品

权益类产品投资于上市公司股票、未上市公司股权等权益类资产的比例不低于80%。权益类产品的预期收益较高，风险相对较大。根据具体的投资对象的不同，可将该类产品细分为投资于上市公司股票的资产管理产品、投资于未上市公司股权的资产管理产品。实例22-5介绍的就是投资于非上市公司股权的资产管理产品。

实例22-5　××股权投资集合资金信托计划

信托资金全部以增资扩股的方式投资于上海××房地产开发有限公司，用于该公司的××商业广场项目的开发建设。

本次信托计划发行后，将募集的资金2亿元对上海××房地产开发有限公司按注册资本进行增资，增资后的项目公司注册资本金变为30 066万元。

其中：信托计划出资额为20 000万元，股权比例为66.52%。

苏州××投资有限公司货币出资5 735.62万元，股权比例为19.08%。

上海××实业有限公司货币出资4 328.38万元，股权比例为14.4%。

信托计划投资后，苏州××投资有限公司、上海××实业有限公司将持有的项目公司33.48%的股权全部质押给受托人。受托人通过实际控制项目公司100%的股权，委派项目公司执行董事、实行印信和资金监管等方式，对项目公司的经营、财务进行监督、控制，保证本信托计划的资金安全。

（三）商品及金融衍生品类产品

商品及金融衍生品类产品投资于商品及金融衍生品的比例不低于80%。

（四）混合类产品

混合类产品投资于债权类资产、权益类资产、商品及金融衍生品类资产且任一资产的投资比例未达到前三类产品标准。

三、按发行方式分类

按照发行方式的不同，可以将理财产品分为公募产品和私募产品。公募产品面向不特定社会公众公开发行，公开发行的认定标准依照《中华人民共和国证券法》执行。私募产品面向合格投资者通过非公开方式发行。公募产品主要有公募基金产品和银行公募理财产品等，私募产品主要有银行私募理财产品、信托产品和券商资产管理计划等。

由于投资者的范围不同，公募产品和私募产品在投资门槛、投资范围、信息披露和杠杆水平方面的监管要求也不同（见表 22－7）。

表 22－7　公募产品和私募产品的比较

监管要求	公募产品	私募产品
投资者	社会公众。	合格投资者。
投资门槛	较低。 公募银行理财产品的销售起点为 1 万元。 公募基金投资门槛无具体要求。	较高。 投资于单只固定收益类产品的金额不低于 30 万元，投资于单只混合类产品的金额不低于 40 万元，投资于单只权益类产品、单只商品及金融衍生品类产品的金额不低于 100 万元。
投资范围	投资标准化债权类资产以及上市交易的股票，除法律法规和金融管理部门另有规定外，不得投资未上市公司股权。 公募产品可以投资商品及金融衍生品，但应当符合法律法规以及金融管理部门的相关规定。	私募产品的投资范围由合同约定，可以投资债权类资产、上市或挂牌交易的股票、未上市公司股权（含债转股）和受（收）益权以及符合法律法规规定的其他资产。
杠杆水平	开放式公募产品的总资产不得超过该产品净资产的 140%。 封闭式公募产品的总资产不得超过该产品净资产的 200%。 公募产品不能进行份额分级。	每只私募产品的总资产不得超过该产品净资产的 200%。 开放式私募产品不能进行份额分级。 封闭式私募产品中，固定收益类产品的分级比例（优先级份额/劣后级份额）不得超过 3∶1，权益类产品不得超过 1∶1，商品及金融衍生品类产品、混合类产品均不得超过 2∶1。
信息披露	严格的信息披露管理制度，明确定期报告、临时报告、重大事项公告、投资风险披露要求以及具体内容、格式。在本机构官方网站或者通过投资者便于获取的方式披露产品净值或者投资收益情况，并定期披露其他重要信息：开放式产品按照开放频率披露，封闭式产品至少每周披露一次。	信息披露方式、内容、频率由产品合同约定，但金融机构应当至少每季度向投资者披露产品净值和其他重要信息。

四、按收益特点分类

按收益特点的不同，可以将理财产品分为保本型理财产品和非保本型理财产品。我国金融管理部门规定，资产管理产品不得承诺保本保收益，明确禁止刚性兑付，因此各类资产管理产品都是非保本型理财产品。目前市场上发行的保本型理财产品主要是银行的收益挂钩型保本理财产品。

（一）收益挂钩型保本理财产品

银行发行的收益挂钩型保本理财产品通常被称为结构性存款。结构性存款是指商业银行吸收的嵌入金融衍生产品的存款，通过与利率、汇率、指数等的波动挂钩或者与某实体的信用情况挂钩，使存款人在承担一定风险的基础上获得相应收益的产品。结构性存款要纳入商业银行表内核算，按照存款管理，纳入存款准备金和存款保险保费的缴纳范围，相关资产应当按照国务院银行业监督管理机构的相关规定计提资本和拨备。衍生产品交易部分按照衍生产品业务管理，应当有真实的交易对手和交易行为。商业银行发行结构性存款应当具备相应的衍生产品交易业务资格。

收益挂钩型保本理财产品是典型的保本浮动收益理财产品。保本浮动收益理财产品是指金融机构按照约定条件向客户保证本金支付，本金以外的投资风险由客户承担，并依据实际投资收益情况与理财产品说明书规定的收益分配规则，确定客户的实际收益。

实例 22-6　某收益挂钩型保本理财产品

表 22-8 举例介绍了收益挂钩型保本理财产品，据此可计算出每个收益单位的理财收益。

每个收益计算单位的理财收益为

若金价下跌，理财收益＝10 000×6.50%×90÷365＝160.27（元）；

若金价上涨，理财收益＝10 000×1.00%×90÷365＝24.65（元）。

（二）非保本型理财产品

非保本型理财产品是指金融机构根据约定条件和实际投资收益情况向客户支付收益，并不保证客户本金安全的理财产品。

该类理财产品的管理人不承担任何投资风险，只根据理财产品说明书的规定获得一定的管理费用。即使理财产品发生亏损，也不承担任何赔偿责任。客户承担全部风险，极端情况下客户的本金可能全部损失。这类理财产品适合可承受较大风险的积极进取型的投资者。

表 22-8　收益挂钩型保本理财产品示例

××商业银行黄金表现联动（看跌）理财计划			
理财币种	人民币	理财期限	90 天
本金及理财收益	●若本理财计划成立且投资者持有该理财计划直至到期，则向该投资者提供本金完全保障，并根据本产品说明书的相关约定，按照挂钩标的的价格表现，向投资者支付浮动理财收益。 ●若黄金期末价格低于黄金期初价格，则理财收益率为 6.50%（年化）；若黄金期末价格高于或等于黄金期初价格，则理财收益率为 1.00%（年化）。 ●黄金期初价格是指登记日当日伦敦金银市场协会黄金现货下午定盘价，黄金期末价格是指观察日当日伦敦金银市场协会黄金现货下午定盘价。 ●每收益计算单位理财收益：收益计算单位份额×理财收益率×实际理财天数÷365。		
认购起点	1 元人民币为 1 份，认购起点为 5 万份，超过认购起点份额部分，应为 1 万份的整数倍。		
收益计算单位	每 1 万份为 1 个收益计算单位，每收益计算单位理财收益按照四舍五入的方式精确到小数点后 2 位。		

五、按投资币种分类

在我国，按投资币种的不同，理财产品可以分为人民币理财产品和外币理财产品。常见的外币理财产品有美元、欧元、澳大利亚元等标价的理财产品。投资外币理财产品，除了承担投资标的本身的风险外，投资者还会面临汇率风险。表 22-9 简要介绍了××外币理财产品。

表 22-9　××外币理财产品示例

产品类型	保证固定收益型	年化收益率	3.00%
理财本金及收益币种	美元	认购起点	8 000 美元
理财期限	2018 年 1 月 4 日至 2018 年 4 月 4 日		
理财收益计算方式	理财收益＝理财本金×年化收益率×产品实际存续天数/360		

若某投资者投资 8 000 美元购买表 22-9 中的理财产品，则到期获得的理财收益为 8 000×3.00%×90/360＝60.00（美元）。2018 年 1 月 4 日，美元兑人民币汇率中间价为 6.504 3，以人民币计价的投资本金为 8 000×6.504 3＝52 034.40（元）。2018 年 4 月 4 日，美元兑人民币汇率中间价为 6.292 6，以人民币计价的投资本利和为 8 060.00×6.292 6＝50 718.36（元）。

按照中间价计算，投资者出现了亏损：50 718.36－52 034.40＝－1 316.04（元）。

尽管获得了美元理财收益，但由于美元贬值，投资者的投资行为实际发生了亏损。若考虑外汇买入价与卖出价之间的差额，亏损更大。

六、按投资期限分类

按照投资期限的不同，可以将理财产品分为超短期理财产品（1 个月以内）、短期理财产品（1 个月至 1 年）、中期理财产品（1～5 年）、长期理财产品（5 年以上）和无固定期限理财产品。

七、按交易限制分类

根据是否有交易限制，可以将理财产品分为开放式理财产品和封闭式理财产品。开放式理财产品与开放式基金类似，可以随时发行新份额或被投资者赎回。而对于封闭式理财产品，在产品存续期内不能申购也不能赎回，或只能赎回不能申购。

第五节　理财产品的特征及配置要点

究其实质，理财产品就是金融机构通过投资资产的选择、配置与结构设计，构造出体现不同风险收益特征的投资工具，以满足不同投资者在期限、流动性、收益与风险等多方面的投资需求。

一、理财产品的特征

理财产品具有以下特征：

（1）品种多样。如前所述，理财产品越来越多样化，既有投资于债券、股票的，也有投资于商品、金融衍生产品的；既有私募产品，也有公募产品；等等。

（2）专业管理。理财产品通常是由银行、证券公司、信托公司等金融机构进行管理运作，管理较专业。

（3）投资灵活。理财产品募集的资金在运用上非常有弹性，投资非常灵活，基本上没有太多的限制。

（4）设计复杂。理财产品设计相对复杂，这表现在：第一，参与产品设计、发行、管理等的机构较多；第二，产品的运作机制比较复杂；第三，产品涉及各种利益主体，法律关系也颇为复杂。

（5）门槛较高。通常理财产品的投资门槛相对较高，从 1 万元到几百万元不等，这与公募基金几百元以及余额宝几元钱的投资门槛相比，的确较高。

（6）流动性较差。理财产品在到期之前通常是不能变现兑付的，因此流动性较差。

二、理财产品的配置要点

在进行理财产品配置时，最为核心的原则是匹配，这意味着：

（1）理财产品的预期收益、资金投向、运作模式要满足投资者的投资目标和预期。

（2）要根据投资者的风险承受能力及态度，选择风险等级适当的产品。

（3）要确保资金可投资的期限不短于理财产品期限，赎回限制条款应不影响投资者的流动性需求。

第二十三章

投资组合理论

本章提要

本章分为3部分，主要介绍资产组合的收益与风险、有效集与投资者的选择，以及风险资产与无风险资产的配置。首先，介绍单一资产收益与风险的概念及衡量方法；其次，介绍两种资产构造的资产组合的收益与风险的衡量方法，分析分散化投资对组合风险的影响，以及资本配置线（资本市场线）；最后，简要介绍资本资产定价模型。

本章内容包括：

- 单一资产的收益与风险；
- 资产组合的收益与风险；
- 有效集与投资者的选择；
- 风险资产与无风险资产的配置。

通过本章学习，读者应该能够：

- 掌握单一资产收益与风险的特征；
- 掌握资产组合收益与风险的计算；
- 掌握资产组合有效集的概念；
- 了解选择最优风险资产组合的方法；
- 理解资本配置线的概念；
- 掌握资本市场线的概念；
- 了解市场组合的构成；
- 能够计算证券的预期收益率；
- 了解投资者如何在资本市场线上进行投资选择。

第一节　单一资产的收益与风险

前面我们提到，大多数投资由于面向未来，投资收益是不确定的。对于不同的资产投资，投资收益率的不确定性是不同的。我们通常用概率统计学中的方差来描述这种投资收益的变化，即不确定性或波动性，并用其作为风险的测度。方差越大，这组数据就越离散，数据的波动也就越大；方差越小，这组数据就越聚合，数据的波动也就越小。预期收益率的方差越大，预期收益率的分布就越分散，不确定性及风险也越大。方差的平方根 σ 为标准差，即一组数据偏离其均值的平均距离。我们可以通过 1948—2000 年美国资本市场上各类资产的表现得出投资收益率的分布基本服从正态分布（如图 23－1 所示）。

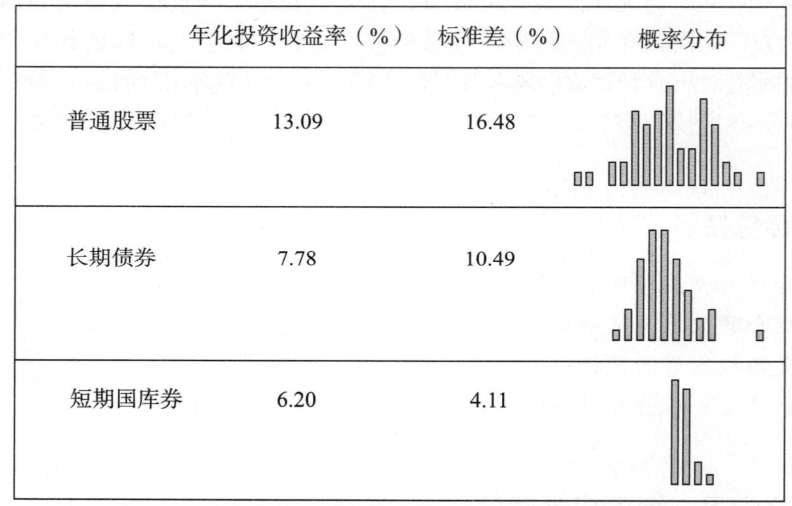

	年化投资收益率（%）	标准差（%）	概率分布
普通股票	13.09	16.48	
长期债券	7.78	10.49	
短期国库券	6.20	4.11	

图 23－1　1948—2000 年美国资本市场上各类资产的年化投资收益率和标准差

资产的收益率通常被假定服从正态分布，正态分布有以下几个特点：首先，它是完全对称的，以预期收益率为中心，左右对称，因此，预期收益率左右两侧的概率相等。其次，实际投资收益以预期收益率为中心，距离预期收益率越近样本越多，距离预期收益率越远样本越少。最后，整个分布只需要用预期收益率和标准差两个指标就可以完全描绘。预期收益率 $E(R)$ 决定曲线的中心位置，标准差 σ 决定曲线的陡峭或扁平程度。σ 越小，曲线越陡峭，越集中于预期收益率；σ 越大，曲线越扁平，偏离预期收益率的概率越大。

在正态分布条件下，收益率在预期收益率左右各一个标准差范围内，即 $E(R)-\sigma\leqslant R\leqslant E(R)+\sigma$ 的概率或者可能性大约有 68%；收益率在预期收益率左右各 2 个标准差范围内，即 $E(R)-2\sigma\leqslant R\leqslant E(R)+2\sigma$ 的概率或者可能性大约有 95%；收益率在预期收益率左右各 3 个标准差范围内，即 $E(R)-3\sigma\leqslant R\leqslant E(R)+3\sigma$ 的概率或者可能性大约有 99.75%。根据收益率的正态分布，可以大

概估计投资产品的收益率和风险。例如，根据测算，某投资产品的预期收益率为10%，其收益率的标准差为10%，且该投资产品的预期收益率服从正态分布，则可估算出该产品的收益和风险状况为：

（1）未来实际收益率介于10%－10%与10%＋10%，即0至20%之间的概率约为68%。

（2）未来实际收益率介于10%－2×10%与10%＋2×10%，即－10%至30%之间的概率约为95%。

（3）未来实际收益率介于10%－3×10%与10%＋3×10%，即－20%至40%之间的概率约为99.75%。

以上述第（2）种情况为例，如果未来对该项投资产品坚持投资20年，则在这20年当中，约有19年（95%＝19/20）获得的收益率介于－10%至30%之间，而20年的平均收益率约为10%。

当把各种资产的风险和收益率放在同一个坐标下（如图23－2所示）时，我们发现风险大的投资如股票，其预期收益率也高；风险小的投资如国库券，其预期收益率也低。因此，投资决策其实是在收益和风险之间进行取舍。风险承受能力强的投资者可选择风险较大的投资项目，以期获得较大的投资收益；而风险承受能力弱的投资者应选择风险较小的投资项目，其预期的投资收益也相应较小。

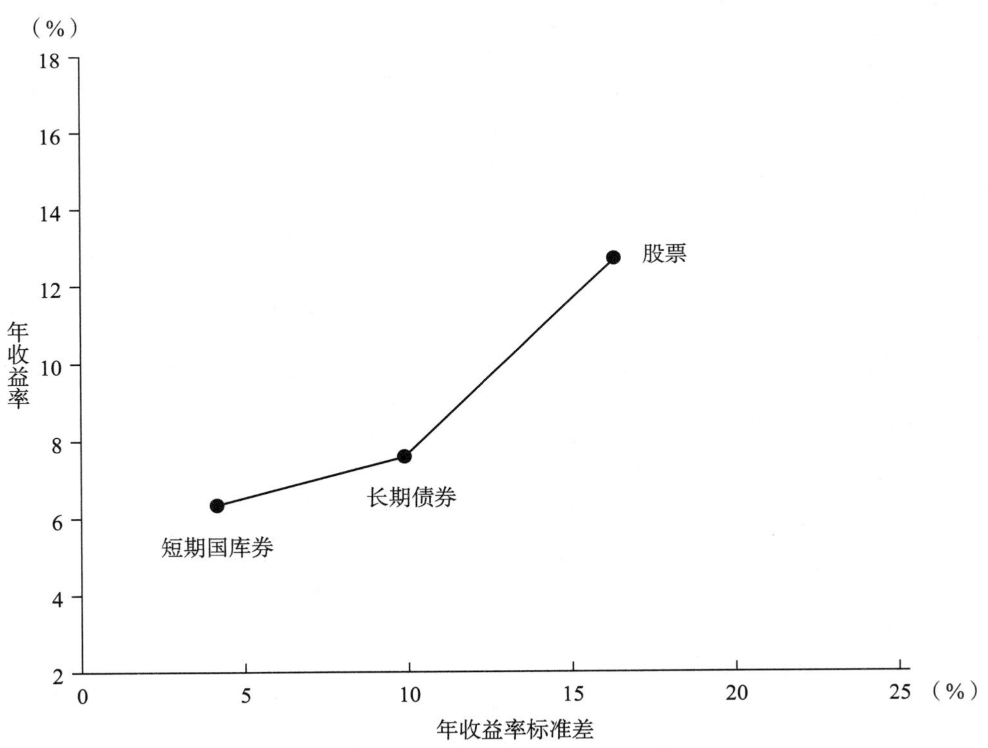

图23－2　各种资产的风险和收益率

第二节　资产组合的收益与风险

一、均值和方差框架

任何投资者都希望投资获得最大的收益，但是较大的收益伴随着较大的风险。为了分散风险或减少风险，投资者可以选择投资资产组合（portfolio）。资产组合是使用不同的证券和其他资产构成的资产集合，目的是在适当的风险水平下通过多样化获得最大的预期收益；或者获得一定的预期收益，但风险最小。[①]

二、资产组合的期望收益率、方差、标准差和协方差

我们用两个风险资产的组合来说明资产组合的期望收益率、方差、标准差和协方差的计算及其内涵。三种经济状态发生的概率均为 1/3，两个风险资产分别为股票基金和债券基金，它们在三种经济状态下的投资收益率分别如表 23－1 中所示。

表 23－1　　两个风险资产的收益率分布

经济状态	概率	收益率	
		股票基金	债券基金
萧条	1/3	－7%	17%
正常	1/3	12%	7%
繁荣	1/3	28%	－3%

两个风险资产的期望收益率和风险根据前面所述公式计算如下：

股票基金：

$$期望收益率：E(R_S)=1/3\times(-7\%)+1/3\times12\%+1/3\times28\%=11\%$$

$$方差：\sigma_S{}^2=\frac{1}{3}[(-7\%-11\%)^2+(12\%-11\%)^2+(28\%-11\%)^2]=2.05\%$$

$$标准差：\sigma_S=\sqrt{2.05\%}=14.3\%$$

① 作为风险测度的方差是收益相对于它的预期收益的离散程度。资产组合的方差不仅与其组成证券的方差有关，还与组成证券之间的相关程度有关。为了说明这一点，必须假定投资收益服从联合正态分布（即资产组合内所有资产都服从独立正态分布，它们间的协方差服从正态概率定律），投资者则可以通过选择最佳的均值和方差组合实现期望效用最大化。如果投资收益服从正态分布，则均值和方差分别与收益和风险对应。

债券基金：

期望收益率：$E(R_B)=1/3\times17\%+1/3\times7\%+1/3\times-3\%=7\%$

方差：$\sigma_B{}^2=\frac{1}{3}[(17\%-7\%)^2+(7\%-7\%)^2+(-3\%-7\%)^2]=0.67\%$

标准差：$\sigma_B=\sqrt{0.67\%}=8.2\%$

我们注意到，股票基金的期望收益率和风险均高于债券基金。然后我们来看股票基金和债券基金各占50%的资产组合如何平衡风险和收益。

资产组合的期望收益率和方差也可根据以上方法算出。先算出资产组合在三种不同经济状态下的期望收益率（见表23-2）。

表23-2　投资组合的期望收益率、方差和标准差

	股票基金	债券基金	投资组合
萧条状态下收益率	−7%	17%	5.0%
正常状态下收益率	12%	7%	9.5%
繁荣状态下收益率	28%	−3%	12.5%
期望收益率	11.00%	7.00%	9.0%
方差	0.020 5	0.006 7	0.001 0
标准差	14.31%	8.16%	3.08%

萧条：$R_{p萧条}=50\%\times(-7\%)+50\%\times17\%=5.0\%$
正常：$R_{p正常}=50\%\times12\%+50\%\times7\%=9.5\%$
繁荣：$R_{p繁荣}=50\%\times28\%+50\%\times(-3\%)=12.5\%$

则资产组合的期望收益率为

$$E(R_P)=1/3\times5.0\%+1/3\times9.5\%+1/3\times12.5\%=9.0\%$$

资产组合的方差为

$$\sigma_P{}^2=\frac{1}{3}[(5\%-9\%)^2+(9.5\%-9\%)^2+(12.5\%-9\%)^2]$$
$$=0.10\%$$

资产组合的标准差为

$$\sigma_P=\sqrt{0.10\%}=3.08\%$$

我们注意到，分散投资使风险降低了。一个权重平均的组合（股票和债券各占50%）的风险比单独的股票或债券的风险都低。同理可以得出其他权重非平均的资产组合的风险分散情况（如图23-3所示）。其中有些资产组合优于其他组合，即它们的风险更低而收益更高。这是为什么呢？为了更好地解释这一点，我们用以下资产组合的收益和方差的形成机制来演示。

投资于股票（%）	风险（%）	收益率（%）
0	8.2	7.0
5	7.0	7.2
10	5.9	7.4
15	4.8	7.6
20	3.7	7.8
25	2.6	8.0
30	1.4	8.2
35	0.4	8.4
40	0.9	8.6
45	2.0	8.8
50	3.08	9.0
55	4.2	9.2
60	5.3	9.4
65	6.4	9.6
70	7.6	9.8
75	8.7	10.0
80	9.8	10.2
85	1.9	10.4
90	12.1	10.6
95	13.2	10.8
100	14.3	11.0

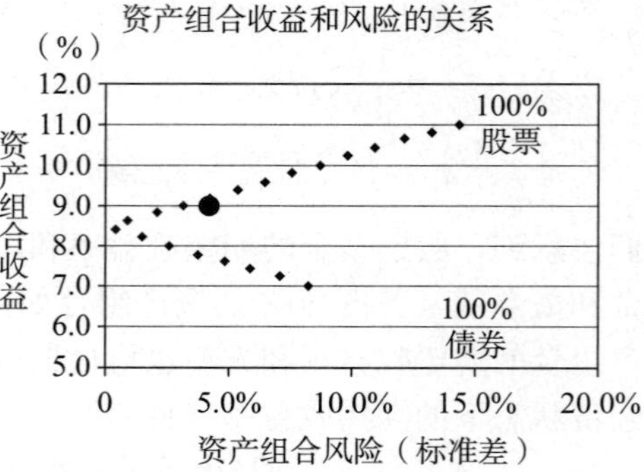

图 23-3　含有不同比例股票和债券的资产组合

假设有两个资产 X 和 Y，X 资产的期望收益率为 $E(R_x)$，Y 资产的期望收益率为 $E(R_y)$，构造由 X 和 Y 组成的资产组合 P，其中 X 资产的权重为 a，Y 资产的权重为 $(1-a)$，则资产组合 P 的期望收益率和方差可以计算如下：

期望收益率：

$$E(R_p)=E[aR_x+(1-a)R_y]=aE(R_x)+(1-a)E(R_y)$$

方差：

$$\begin{aligned}\sigma_p{}^2&=E\ [R_p-E(R_p)]^2\\&=E\{[aR_x+(1-a)R_y]-[aE(R_x)+(1-a)E(R_y)]\}^2\\&=E\{a[R_x-E(R_x)]+(1-a)[R_y-E(R_y)]\}^2\\&=E\{a^2[R_x-E(R_x)]^2+(1-a)^2[R_y-E(R_y)]^2+2a(1-a)[R_x\\&\quad-E(R_x)][R_y-E(R_y)]\}\\&=a^2\sigma_x{}^2+(1-a)^2\sigma_y{}^2+2a(1-a)Cov(R_x,R_y)\\&=a^2\sigma_x{}^2+(1-a)^2\sigma_y{}^2+2a(1-a)\sigma_{xy}\end{aligned}$$

在方差项里，σ_x 和 σ_y 分别是资产 X 和资产 Y 的收益率标准差。

$\sigma_{xy}=Cov(R_x,R_y)=E[R_x-E(R_x)][R_y-E(R_y)]$，为资产 X 的收益率和资产 Y 的收益率之间的协方差，它测量的是资产 X 和资产 Y 的相关关系。进一步将其标准化，定义：

$$\rho_{xy}=\frac{Cov(R_x,R_y)}{\sigma_x\sigma_y}\text{ 为相关系数，}-1\leqslant\rho_{xy}\leqslant 1$$

当 $\rho_{xy}=1$ 时，$\sigma_p=a\sigma_x+(1-a)\sigma_y$，X 和 Y 是完全正相关的。

当 $\rho_{xy}=-1$ 时，$\sigma_p=|a\sigma_x-(1-a)\sigma_y|$，X 和 Y 是完全负相关的。

当 $\rho_{xy}=0$ 时，$\sigma_p=[a^2\sigma_x^2+(1-a)^2\sigma_y^2]^{1/2}$，X 和 Y 是不相关的。

相关系数决定了两种投资品的关系。投资品之间的相关性越弱，用这些投资品构建组合越有可能降低风险。如果相关系数等于+1，资产组合的风险与资产 X 和 Y 的风险呈线性关系，不可能通过组合降低风险；相关系数等于−1 时，资产组合的风险与资产 X 和 Y 的风险也呈线性关系，但有拐点。这时，选择适当的权重 a 可以使资产组合的风险降低为 0；相关系数处于−1 和+1 之间时，资产组合的风险与资产 X 和 Y 的风险呈非线性关系，可以通过组合降低部分风险（如图 23－4 所示）。

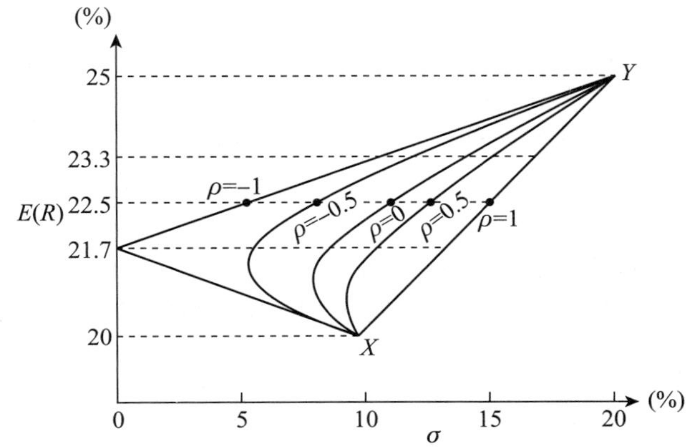

图 23－4　具有不同相关系数的两个风险资产组合的收益率和风险

实例 23－1　资产组合的收益和风险

如果两种证券的期望收益率和标准差分别为

$$E(R_1)=20\%，\sigma_1=10\%$$
$$E(R_2)=25\%，\sigma_2=20\%$$

并且权重 $w_1=w_2=50\%$，分别计算 $\rho_{1,2}=1$、0.5、0、−0.5 和−1 时的资产组合的标准差。

解析　资产组合的标准差为

$\rho_{1,2}=1$ 时，$\sigma_P=w_1\sigma_1+w_2\sigma_2$
$=50\%\times10\%+50\%\times20\%=15\%$

$\rho_{1,2}=0.5$ 时，$\sigma_P=({w_1}^2{\sigma_1}^2+{w_2}^2{\sigma_2}^2+2w_1w_2\rho_{1,2}\sigma_1\sigma_2)^{1/2}$
$=(0.5^2\times0.1^2+0.5^2\times0.2^2+2\times0.5\times0.5\times0.5\times0.1\times0.2)^{1/2}$
$=13.2\%$

$\rho_{1,2}=0$ 时，$\sigma_P=({w_1}^2{\sigma_1}^2+{w_2}^2{\sigma_2}^2)^{1/2}$
$=(0.5^2\times0.1^2+0.5^2\times0.2^2)^{1/2}$
$=11.2\%$

$\rho_{1,2}=-0.5$ 时，$\sigma_P=({w_1}^2{\sigma_1}^2+{w_2}^2{\sigma_2}^2+2w_1w_2\rho_{1,2}\sigma_1\sigma_2)^{1/2}$
$=(0.5^2\times0.1^2+0.5^2\times0.2^2-2\times0.5\times0.5\times0.5\times0.1\times0.2)^{1/2}$
$=8.66\%$

$\rho_{1,2}=-1$ 时，$\sigma_P=|w_1\sigma_1-w_2\sigma_2|$

$=|0.5\times0.1-0.5\times0.2|$

$=5\%$

可以看出，资产组合通过多样化减少了风险，即使在这两个证券完全正相关的情况下，资产组合的标准差也比基本证券中的第二个证券的标准差要小。从上述情况可知，两个证券的相关程度对资产组合的标准差有很大影响。随着两个证券从完全正相关到完全负相关，证券组合的标准差减至最小。不过在实际操作中很难找到完全负相关的证券。如果投资者选定了 n 个证券组成资产组合，并且它们的两两相关程度已确定，那么由于每种证券的投资额占投资总额的百分比不同，这样会构成无穷多个资产组合。

在实例 23-1 中，当 $w_1=50\%$，$w_2=50\%$ 时，$E(R_P)=22.5\%$，$\sigma_P=13.2\%$（假定两个证券的相关系数 $\rho_{1,2}=0.5$ 或协方差 $\sigma_{1,2}=\rho_{1,2}\sigma_1\sigma_2=0.01$）；

当 $w_1=25\%$，$w_2=75\%$ 时，$E(R_P)=23.75\%$，$\sigma_P=16.1\%$；

当 $w_1=75\%$，$w_2=25\%$ 时，$E(R_P)=21.25\%$，$\sigma_P=10.9\%$。

因此，三种不同的权重构成的证券组合有三组不同的期望收益率和标准差的组合。投资者可购买的资产组合有无穷多种，他们需要从中找出最优的资产组合。因此，我们可以推导出有效集理论。

假定资产组合由 n 种证券组成，证券 i 的收益率为 R_i，占投资额的百分比（权重）为 w_i，那么资产组合的收益率为

$$R_P=\sum_{i=1}^{n}w_iR_i$$

资产组合的方差为

$$\begin{aligned}\sigma_P^2&=E\left[R_P-E(R_P)\right]^2\\&=E\left\{\sum_{i=1}^{n}w_i\left[R_i-E(R_i)\right]\right\}^2\\&=\sum_{i=1}^{n}\sum_{j=1}^{n}w_iw_j\sigma_{ij}\end{aligned}$$

其中，$\sigma_{ij}=E\{[R_i-E(R_i)][R_j-E(R_j)]\}$ 是证券 i 和 j 的收益率的协方差。当 $i=j$ 时即为证券 i 的方差，即 $\sigma_{ij}=\sigma_i{}^2$。协方差是对称的，即 $\sigma_{ij}=\sigma_{ji}$。当 $i\neq j$ 时，如果资产组合中有 N 个资产，则协方差项就有 $(N^2-N)/2$ 个。例如有 10 个资产的资产组合，在计算资产组合的方差时，要计算 45 个协方差项。因此，随着资产组合中资产数量的增多，资产组合方差中单个资产的风险对资产组合风险的贡献越来越小，而反映资产之间相互关系的协方差对资产组合风险的贡献越来越大。在下面的讨论中，我们可以知道，协方差讨论的是系统风险，而资产组合中单个资产的风险即为非系统风险。当资产组合中单个资产的个数超过一定数量，例如 50 个时，非系统风险可以忽略，资产组合中的风险只剩下协方差所测度的风险，即系统风险。图 23-5 显示了这一点。这就是资产组合可以分散风险的基本原理，也是现在的投资基金运作的主要理论依据。

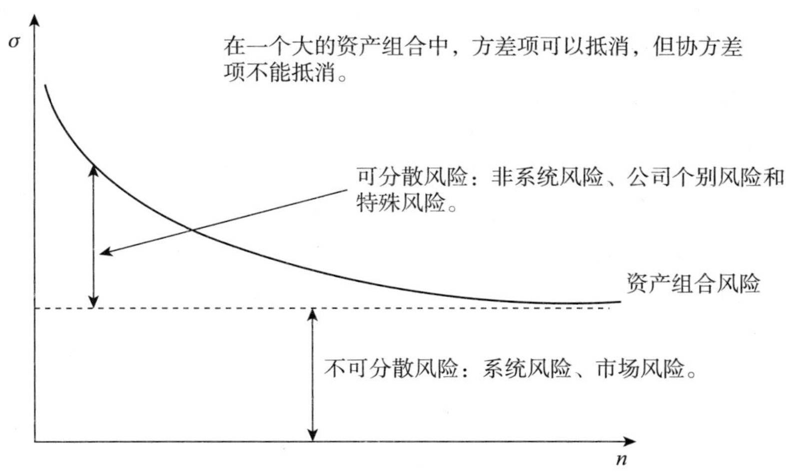

图 23－5　资产组合风险作为组合内风险资产个数的函数

三、系统风险和非系统风险

现代组合理论往往将投资风险分为系统风险和非系统风险两类。如果站在组合投资的角度去看待投资风险，并不是所有的风险都需要溢价补偿。

系统风险是指由于某种全局性的因素而对所有证券收益都产生作用的风险。这种风险来源于宏观方面的变化并对金融市场总体产生影响，又称为宏观风险。系统风险具体包括市场风险、利率风险、汇率风险、通货膨胀风险、政策风险等。市场风险是指由证券市场行情变化引起的风险。引起证券市场行情变化的因素有很多，比如政治局势、经济周期、股市中的操纵等，都可能导致整个行情的大起大落。这类风险的一个共同点是不易被市场中的投资者事先预料，所以对投资者造成的影响也是巨大的。利率风险是影响股市价格的重要因素。利率变动会使资金供应量发生变化，从而引起股市供求关系的变化，导致价格波动，构成风险。一般来说，利率下调，股市资金注入，价格上涨；利率上调，股市资金流出，价格下跌。利率调整属于宏观经济管理的政策范畴，一般投资者事先无从得知其调整的时间、方向和幅度，因而是个现实的系统风险。通货膨胀风险又称购买力风险，是通货膨胀、货币贬值导致投资者的实际收益水平下降的风险。对于货币收益固定的投资工具，比如债券、银行存款，购买力风险就比较高。对于股票、房地产这样的实物或者以实物为标的的投资工具来说，通货膨胀风险则较低。政策风险是指由国家政策变动引起的对投资者的影响。前面提到的利率调整也是一种政策。其他政策还有涉及股票市场扩充规模和速度的政策、财政收支政策、关于制止过度投机和规范市场的有关政策等。

非系统风险也称微观风险，是因个别上市公司特殊情况造成的风险。这类风险只与上市公司本身相联系，而与整个市场没有关联。非系统风险具体包括财务风险、经营风险、信用风险、偶然事件风险等。其中，信用风险又称违约风险，是指企业在债务到期时无力还本付息而产生的风险。证券投资者所承担的信用风险主要有两个方面：一个是上市公司债务过重，不能还本付息而对公司经营造成恶劣冲击，从而对证券价格产生影响；另一个就是因公司信用方面的危机而带来的不能分红或减少分红对价格产生的直接影响。偶然事件风险是由企业的突发性事件引起的。这种风险是绝大多数投资者必须承担的，且其剧烈程度和时效性因事而异。法律诉讼、专利申请、兼并重组、信用等级的调整都会引起证券价格的急剧变化，从而带来风险。

系统风险不可能通过证券资产组合的方法来加以分散，因此，又被称为不可分散风险。投资者可以通过资产组合的方法弱化甚至完全消除非系统风险，因此非系统风险又称为可分散风险。

第三节　有效集与投资者的选择

一、含有多个资产的资产组合的有效集

由 n 个资产构成的资产组合，由于权重不同而有无穷多个组合，所有这些资产组合构成一个可行域（feasible set），如图 23－6 所示。

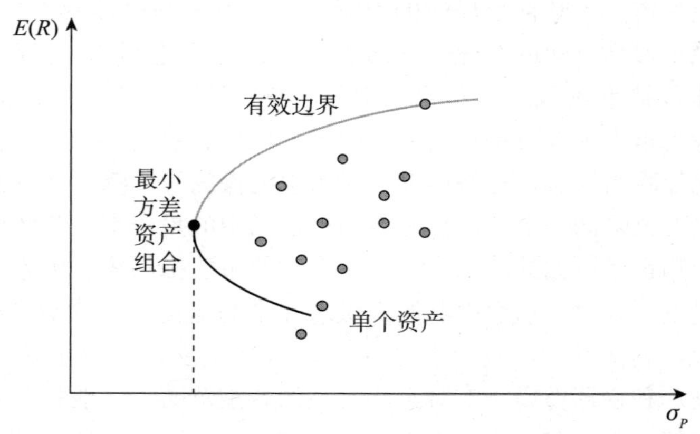

图 23－6　资产组合的可行域

对任意给定的风险水平，理性投资者会选择具有最大预期收益的资产组合；对任意给定的预期收益，理性投资者会选择具有最小风险的资产组合。由这些理性投资者选择出来的资产组合的集合叫马科维茨有效集。有效集是凹的（凸向纵轴预期收益率）。根据这个有效集，我们就可以确定最小方差资产组合。在最小方差资产组合以上的边界代表有效前沿（efficient frontier），在有效前沿上的资产组合为有效资产组合。

确定资产组合的有效集后，投资者可根据自己对风险的个人偏好从这个有效集中选出更适合自己的资产组合。投资者的个人偏好可用无差异曲线来描述。在任意给定的无差异曲线上的任何点对投资者的效用都是相同的，如图 23－7 所

示。最优资产组合是投资者选择的一个有效的资产组合并且该资产组合具有最大的效用，它位于有效集和具有最大可能效用的无差异曲线的切点上（如图 23－8 所示）。

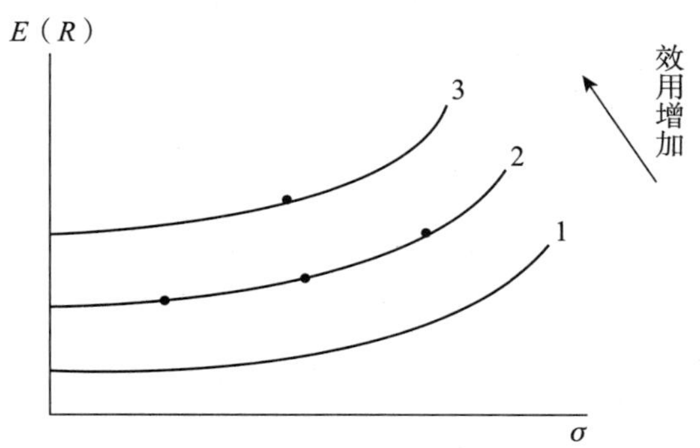

图 23－7　投资者的无差异曲线簇

说明：（1）在同一条无差异曲线上的任一点，投资者的效用均相同；
（2）越高的无差异曲线，投资者的效用越大。

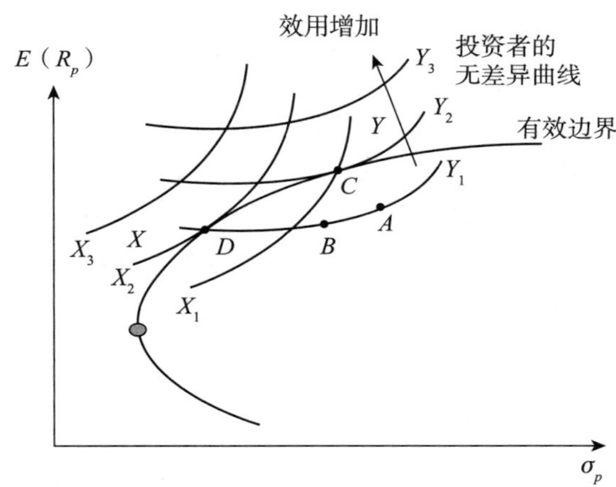

图 23－8　因人而异的最优投资组合

说明：（1）X_1-X_3 为投资者 X 的无差异曲线簇，效用排序为 $X_3>X_2>X_1$；
（2）Y_1-Y_3 为投资者 Y 的无差异曲线簇，效用排序为 $Y_3>Y_2>Y_1$；
（3）A 点、B 点、D 点的资产组合对于投资者 Y 来说效用相同；
（4）C 点和 D 点的组合，投资者 X、Y 都可以达到，但投资者 X 会选择对自己而言效用更高的 D 点，Y 则会选择对自己而言效用更高的 C 点。

二、家庭投资规划与资产组合的选择

在家庭投资规划中，投资组合的选择需要综合考虑家庭的理财缺口和家庭风险属性，共同确定投资组合的配置方案。可以先确定家庭投资组合的最低预期收益率，再根据家庭的理财缺口，确定投资的最低预期收益率要求；然后在家庭投资组合的最大可承受风险确定的前提下，根据家庭的风险属性，确定家庭可承受的最大风险。

如图 23－9 所示，在已知的有效集上，根据投资者的最低预期收益率和最大可承受风险，来确定投资者适宜的投资组合。

如果投资者能够承受的最大风险值是 σ^*，即投资者只能在 b 点左边的有效集上进行选择，且投资者的理财最低收益率要求是 $E(R_A)$，那么弧线 ab 对应的风险资产组合都是投资者的可接受集。

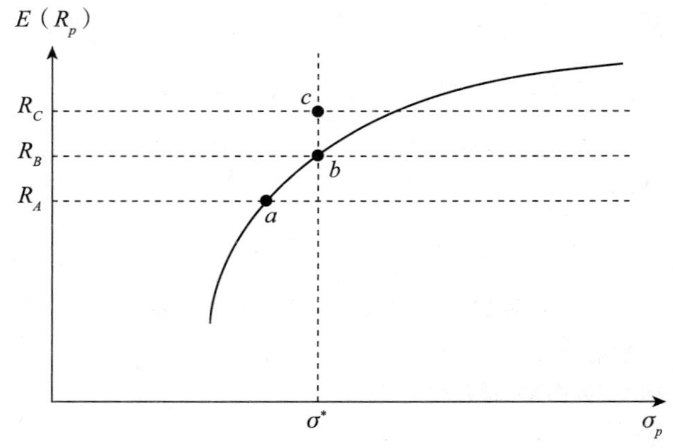

图 23－9　家庭资产组合的选择

如果投资者能够承受的最大风险值是 σ^*，且其理财最低收益率要求是 $E(R_B)$，那么投资者唯一可接受的风险资产组合只有 b 点对应的资产组合。

如果投资者能够承受的最大风险值是 σ^*，且其理财最低收益率要求是 $E(R_C)$，可取的是 c 点，但是 c 点处于资本市场线上方，是无法达成的，建议投资者调整理财投资收益率目标。

三、快速投资规划案例

用理财资讯平台的快速投资规划功能也可以帮助投资者选择最适合自己的投资产品。步骤如下：

在主页里，点击“快速投资规划”，进入相应界面，如图 23－10 所示。

图 23－10　理财资讯平台界面

在“快速投资规划”界面，分别设定收益目标、可接受本金损失以及投资期限，如图 23－11 所示。

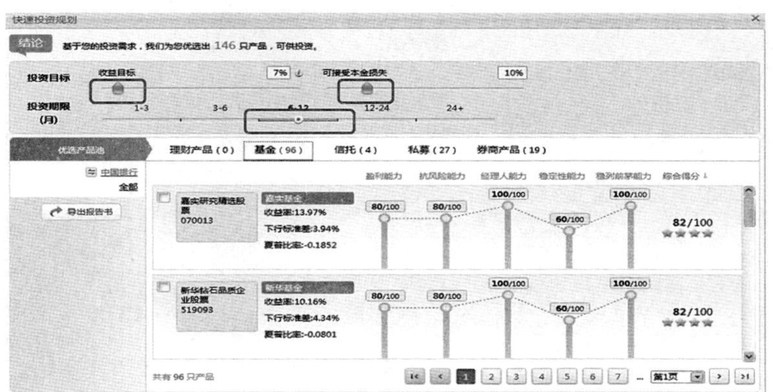

图 23－11　设定收益目标、可接受本金损失以及投资期限

依据设定的收益目标，在产品池中选择产品。选定产品后，点击其前面的空白框，点击标记，如图 23－12 所示。

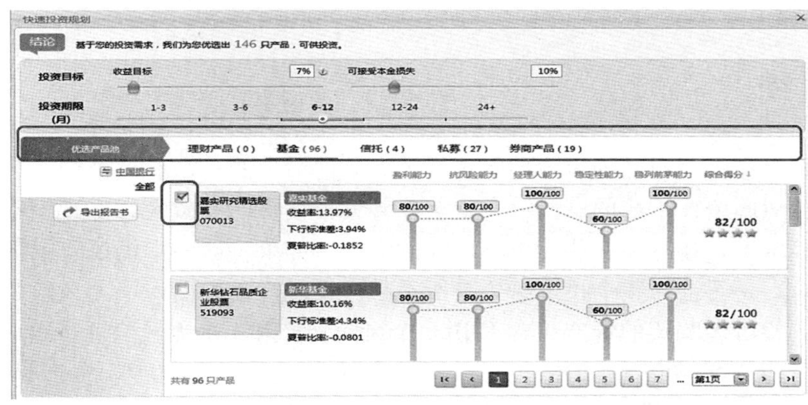

图 23－12　选定产品

点击空白框后，会自动弹出如图 23－13 所示界面。点击“加入报告书”，便可将产品加入报告书中。

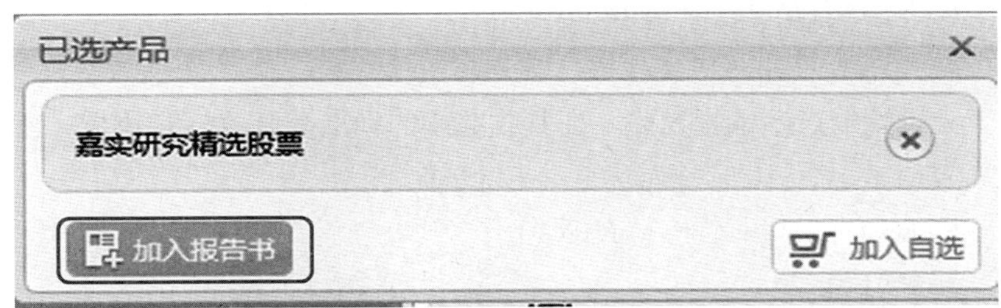

图 23－13　将产品加入报告书

选择产品后，点击“导出报告书”，如图 23－14 所示。

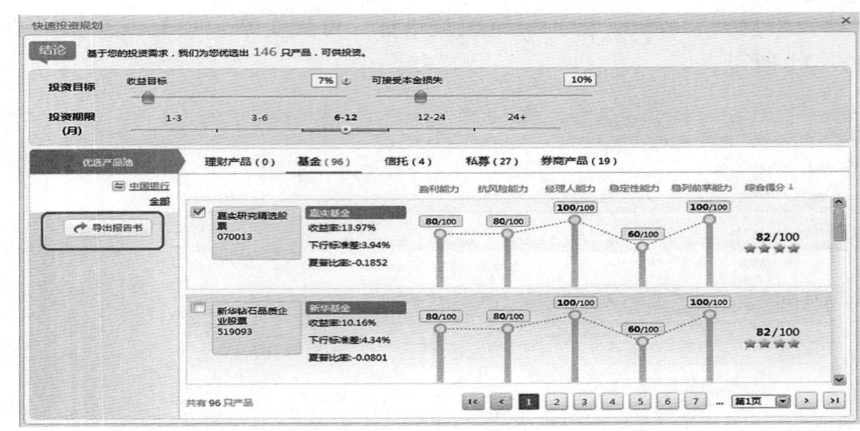

图 23－14　导出报告书

第四节　风险资产与无风险资产的配置

一、资本配置线

投资者在根据自己的风险偏好选择了有效前沿上的一个有效资产组合后，构建这个由风险资产构成的资产组合就会改善整个投资的有效性。在现实中，不仅存在风险资产，还存在一些无市场风险的资产。如果将这些市场风险很低的资产加入组合，是否会对整个投资组合有所贡献？于是，我们引入一无风险资产，也就是说，投资者购买的资产组合 P 由 n 个风险资产和 1 个无风险资产组成。或者说，无风险资产与可行集中的任意风险资产 A 构造资产组合 P，资产 A 的预期收益率为$E(R_{\mathrm{A}})$，其收益率的标准差为 σ_A；无风险资产收益率为 R_f，其收益率的标准差为 σ_f。在无风险资产上的投资比例设为 y，则在风险资产上的投资比例为 $1-y$。根据两个资产构造资产组合的公式，可以得到无风险资产和风险资产 A 构造资产组合的收益与风险：

$$E(R_P)=yR_f+(1-y)E(R_A)$$

$$\sigma_P^2=(y\sigma_f)^2+[(1-y)\sigma_{\mathrm{A}}]^2+2y(1-y)\rho\sigma_f\sigma_A$$

由于无风险资产不承担风险，即其收益率的标准差 σ_f 为 0，因此，上述公式可以简化为：

$$E(R_P)=yR_f+(1-y)E(R_A)$$

$$\sigma_P=(1-y)\sigma_A$$

根据上面两个公式，得出

$$1-y=\sigma_P/\sigma_{\mathrm{A}}，y=1-\sigma_P/\sigma_A$$

代入预期收益率的公式：

$$E(R_P)=(1-\sigma_P/\sigma_A)R_f+\sigma_P/\sigma_A\times E(R_A)$$

化简可得

$$E(R_P)=R_f+\frac{E(R_A)-R_f}{\sigma_A}\times\sigma_P$$

这个方程实际上描绘了无风险资产和一个风险资产所构造的投资组合的预期收益率与其收益率标准差之间的线性关系。将这个线性关系描绘在图形上，就形成了一条直线，称为资本配置线（CAL），如图 23－15 所示。

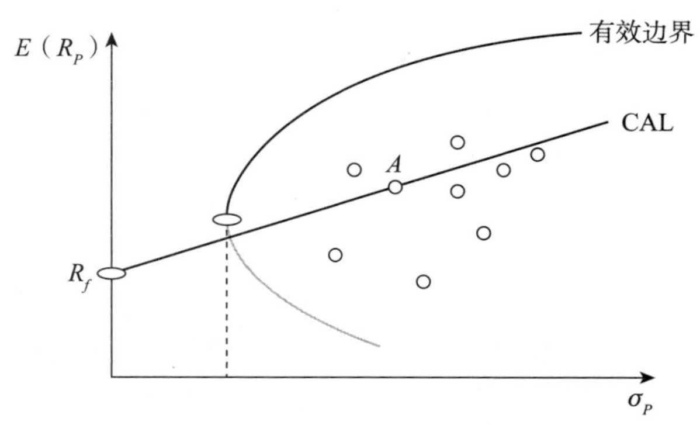

图 23－15　资本配置线

这条直线的纵截距为无风险资产的收益率 R_f，斜率为风险资产的单位总风险的风险溢价$[E(R_A)-R_f]/\sigma_A$。资本配置线的含义是：它上面的每一个点代表无风险资产与风险资产所构造的一个资产组合，而这条直线是描绘所构造的资产组合的预期收益率与收益率标准差之间的线性关系。

二、资本市场线和市场组合

根据无风险资产和有效集，我们选择最陡的一条资本配置线，即资本市场线（CML）。如图 23－16 所示，每个投资者都会在这条线上选择一点作为自己的资产组合，这一点结合了无风险资产和市场资产组合 M。在一个同质性市场中，M 对所有投资者都是一样的。投资者可以通过选择国库券和共同基金进行理财。

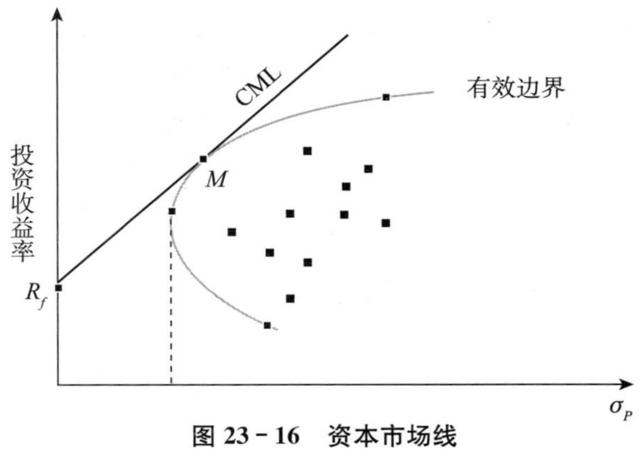

图 23－16　资本市场线

投资者选择资本市场线上的哪一点取决于他的风险接受程度。但需要注意的是，所有投资者都有相同的资本市场线。在引入无风险资产后，市场组合 M 与无风险资产构成的全部资产组合集合的有效前沿，即资本市场线，构成了风险资产与无风险资产组合集合的最有效边界。风险溢价是一个资产组合的期望收益率与无风险资产收益率之差。市场组合 M 的风险溢价 $=R_M-R_f$。通常资本市场线CML是向上倾斜的，因为风险溢价应该总是正的。风险越大，预期收益也越大。CML的斜率反映了有效资产组合风险的市场价格，表示一个证券组合的风险每增加一个百分点需要增加的风险溢价，其计算公式为

$$\text{CML 的斜率}=\frac{E(R_M)-R_f}{\sigma_M}$$

资本市场线CML可用以下线性方程表示：

$$E(R_P)=R_f+\frac{E(R_M)-R_f}{\sigma_M}\sigma_P$$

其中，$E(R_P)$ 是CML上任意有效资产组合 P 的预期收益率，σ_P 是CML上任意有效资产组合 P 的标准差。即CML上的任意有效的资产组合 P 的预期收益率 $=$ 无风险收益率 $+$ 风险的市场价格 $\times$ 资产组合 P 的标准差。

CML给出了每一个证券组合在不同的风险水平下应得的预期收益率。投资者可根据自己的无差异曲线，在资本市场线上选择自己的资产组合。风险承受能力弱、偏爱低风险的投资者可在CML的左下方选择自己的资产组合，一般可将全部资金分为两部分，一部分投资于无风险资产，另一部分投资于风险资产。越是追求低风险，在无风险资产上投资越大，所选择的资产组合点越接近于纵轴上的 R_f。风险承受能力强、偏爱高风险的投资者可在CML的右上方选择自己的资产组合。一般将全部资金投资于风险资产组合后，还可按无风险利率借入资金投资于风险资产。风险偏好越强，借入资金越多，所选择的资产组合点越远离CML上的 M 点。

由于市场资产组合是每个理性投资者必须持有的资产组合，任何资产只要在市场上交易，就应该包含在市场资产组合中，否则就不会有人买卖该资产。因此，市场资产组合应包括所有可交易的风险资产：金融资产，例如股票、债券、期权、期货等；以及实际资产，例如不动产、黄金、古董、艺术品等。市场资产组合是一个完全多样化的风险资产组合。市场资产组合中每一种证券的现时市价都是均衡价格，就是股份需求数等于上市数时的价格。如果偏离均衡价格，交易的买压或卖压会使价格回到均衡水平。市场组合是客观存在的，但无法观测，通常用所有的普通股的资产组合代替，例如标准普尔500指数、纽约证券交易所的综合指数等。

实例 23-2　资本市场线上的资产组合

假设市场资产组合 M 的预期收益率为15%，标准差为10%。无风险资产的收益率为5%，投资者可以此利率借贷投资。如果投资者借贷100%投资在市场资产组合 M 上，其资产组合 P 的预期收益率是

$$E(R_P)=\left(\frac{-100\%}{100\%}\right)\times 5\%+\left(\frac{100\%+100\%}{100\%}\right)\times 15\%=25\%$$

它的标准差是

$$\sigma_P=(1-w_F)\sigma_M=2\sigma_M=2\times 10\%=20\%$$

三、资本资产定价模型简介

前面我们讨论了投资者如何选择最优资产组合。对于构成这个资产组合的所有具有风险的资产来说，投资者需要估计其预期收益率、标准差和协方差。然后，找出马科维茨有效集，并且确定需要的无风险资产的利率。这时可以通过无风险证券与马科维茨有效集相切得到新的直线有效集——资本市场线 CML。因此，投资者可以根据自己的风险偏好在 CML 上选择最优资产组合。在马科维茨的证券资产组合理论的基础上，美国金融经济学家夏普（William Sharpe）、约翰·林特纳（John Lintner）与简·莫辛（Jan Mossin）提出了资本资产定价模型（CAPM）。[①] 这个模型的主要特点是，任一资产的预期收益率都可以用这种资产的风险的相对测度 β 值来测量。

由于非系统风险可以通过资产组合的方式消除或减小，因此一个完全分散化的资产组合只受到系统风险的影响，而市场资产组合是一个完全分散化的资产组合，因此只受到系统风险的影响。研究者发现，衡量一个大的证券组合中的单一证券的风险的最好指标是 β 值。β 值衡量的是一种证券对整个市场组合变动的反应程度，用公式表示为

$$\beta_i=\frac{Cov(R_i,\ R_M)}{\sigma_M{}^2}=\frac{\sigma_{iM}}{\sigma_M{}^2}$$

投资组合的 β 值是组合中单个资产 β 值的加权平均数，即

$$\beta_p=\sum_{i=1}^{N}w_i\beta_i$$

也就是说，资产组合的系统风险为资产组合内所有单个资产的系统风险的加权平均，这是一个线性方程，使得资产组合的风险测度变得容易。这样一来，用 β 值衡量资产组合的风险，比用方差计算风险更加简易。

由于对于持有充分分散化的资产组合的投资者来说，非系统风险可以相互抵消，因此非系统风险变得不重要，投资者只关心资产组合的系统风险的大小。如果市场上投资者都持有充分分散化的资产组合，那么在市场均衡的条件下，从每个资产获得的每单位系统风险的风险溢价应该相等，即

$$\frac{E(R_1)-R_f}{\beta_1}=\frac{E(R_2)-R_f}{\beta_2}=\cdots=\frac{E(R_n)-R_f}{\beta_n}=\frac{E(R_M)-R_f}{\beta_M}$$
$$=E(R_M)-R_f$$

---

① 在 CFP 教材中会详细介绍。

整理上式可得

$$E(R_i)=R_f+\beta_i\times[E(R_M)-R_f]$$

这就是所谓的资本资产定价模型。单个证券的预期收益率由两部分组成：无风险收益率和该证券的风险溢价。

又因为

$$E(R_M)=R_f+\text{市场风险溢价}$$

所以

预期收益率＝无风险收益率＋该证券的 β 值×市场风险溢价

若 $\beta_i=0$，则预期收益率为 R_f。

若 $\beta_i=1$，则 $E(R_i)=E(R_M)$。

该公式适用于充分多样化的资产组合中的单个证券。

四、适宜投资者的资产组合

在本章第二节中，我们提到在家庭投资规划中，投资组合的选择需要综合考虑家庭的理财缺口和家庭风险属性，共同确定投资组合的配置方案。可以先确定投资的最低预期收益率要求，然后根据家庭的风险属性，确定家庭的可承受最大风险，综合以上两点，选出对家庭而言较适宜的资产组合。若在风险资产的基础上引入无风险资产形成资本市场线，则依然可以运用以上方法选择适宜投资者的资产组合，如图 23－17 所示。

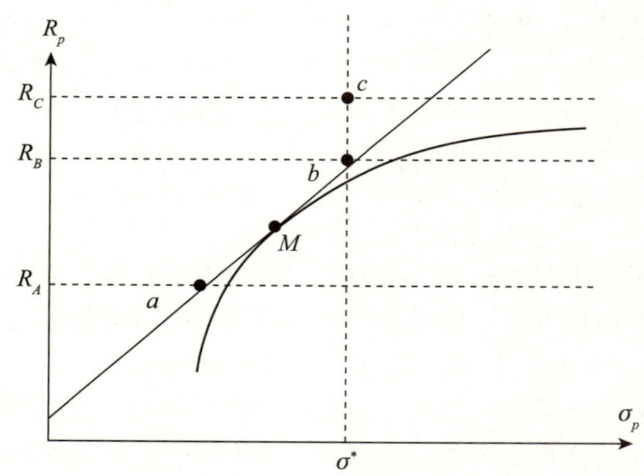

图 23－17　适宜投资者的资产组合

如果投资者能够承受的最大风险值是 σ^*，即投资者只能在 b 点左边的资本市场线上进行选择，且其理财最低收益率要求是 R_A，那么线段 ab 对应的资产组合都是可接受集。

如果投资者能够承受的最大风险值是 σ^*，且其理财最低收益率要求是 R_B，那么投资者唯一可接受的资产组合只有 b 点对应的资产组合。

如果投资者能够承受的最大风险值是 σ^*，且其理财最低收益率要求是 R_C，那么可取的是 c 点，但是 c 点处于资本市场线上方，这一点是无法达成的，建议投资者调整理财投资收益率目标。

五、投资组合理论在智能投顾中的应用

由前述内容可以看到，只要给定历史数据和合理的参数，使用投资组合理论进行资产配置是一个完全可以由计算机独立完成的计算过程，不需要人的参与。而智能投顾的初衷就是由计算机代替人完成投资过程，因此投资组合理论在智能投顾领域得到广泛应用。下面以智能投顾公司 Betterment 的投资方法为例，介绍这方面的情况。

首先，Betterment 关注的是全球市场。由投资组合理论可知，并不是投资的资产种类越多越能分散风险，而是投资的资产之间相关程度越低越能分散风险。因此扩大投资范围更利于找出相关程度低的资产，从而降低组合的风险。

其次，Betterment 对资产投资回报的方差和彼此间的相关系数的估计做了优化。使用传统方法估计方差与相关系数会产生较大误差，从而导致不合理的资产配置，比如资产配置集中在少数几种资产上。这也是投资组合理论在具体应用中的难点。Betterment 使用新的估计方法使这一问题得到了改善。

最后，Betterment 在模型中综合了多样性的观点，并针对不同的投资者引入不同的风险厌恶系数。1992 年，高盛研究员费希尔·布莱克（Fischer Black）和罗伯特·李特曼（Robert Litterman）提出在传统投资组合模型中引入主观因素可以达到更好的资产配置，即 Black-Litterman 模型。而 Betterment 在该模型中使用全球市场隐含观点，没有引入个人观点，使结论更加客观。同时风险厌恶系数反映了投资者个人的风险偏好，该参数的引入使资产配置的结果更加适宜投资者。

由于上述内容最终都以程序的方式实现，因此投资者在使用 Betterment 的产品进行投资时，只需要完成相应的信息填写和进行风险测试，后台程序就会根据投资者填写的信息自动完成资产配置。

第二十四章

投资者特征分析

本章提要

本章分为两部分：投资者的目标与财务生命周期、投资者风险偏好与承受能力分析。首先，介绍投资者的目标及其制约因素；其次，介绍财务生命周期和不同阶段投资者的特点；再次，分析投资者风险偏好与承受能力；最后，介绍几种风险属性的测试模型。

本章内容包括：

- 投资者的目标与财务生命周期；
- 投资者风险偏好与承受能力分析。

通过本章学习，读者应该能够：

- 掌握如何确立投资者的目标；
- 理解投资者的财务生命周期的概念；
- 分析不同阶段的投资目标；
- 分析客户的风险偏好与风险承受能力。

第一节　投资者的目标与财务生命周期

一、投资者的目标

投资者的目标即投资目标的设立对投资决策至关重要。投资过程就是根据确立的合理预期设计和实施与投资目标相一致的投资方案的过程。在确定投资目标之前必须预留出当前生活的必备资金，包括衣、食、住、行的基本开支和各种税负支出。除此之外还应预留出一部分应急费用，以应对多种突发性的事故，如死亡、疾病、伤残、自然灾害等带来的财产损失。而为防备这类风险造成的损失，可购买相关保险。

在考虑了以上生活必备资金后，就应确立投资目标，即希望通过投资活动实现的目标。投资目标一般包括以下几类：积累养老金、增加当前收益、为重大支出积累资金，以及避税。

二、财务生命周期

投资者在生命周期的不同阶段为不同目的而投资，例如，应对财务紧急状况或财务危机的需要；应对未来特定支出的需要，比如购房支出、汽车支出等；为退休做准备；留给后代继承的财产。

投资者的财务生命周期分为三个阶段：累积阶段（period of accumulation)、巩固阶段（period of preservation）和支出阶段（period of the use of the investor's assets)，如图 24－1 所示。

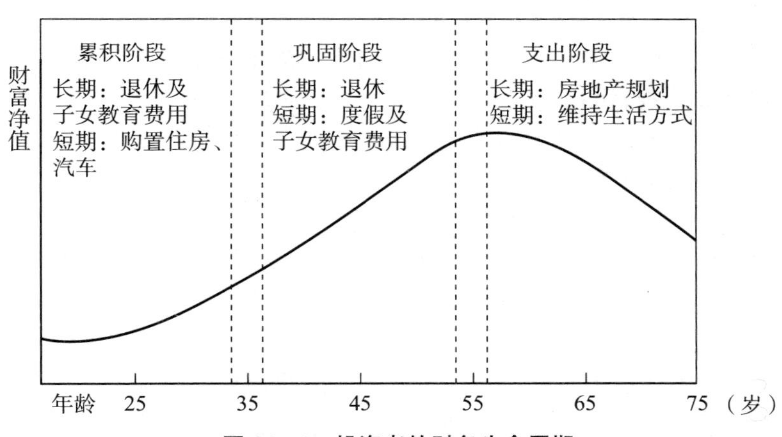

图 24－1　投资者的财务生命周期

累积阶段投资者的特点表现为：由于处于家庭的形成期和成长初期，支出随家庭成员的增加而不断增加，住房、交通、教育方面的支出往往超过收入，储蓄不断减少；负债十分沉重，可积累的资产很有限。由于家庭成员年轻，有相对稳定的收入来源，具有较长的投资期限和不断增长的盈利能力。随着收入水平的逐渐提高，可累积资产逐渐增加，储蓄也会趋于稳定，投资开始有所增加；可以承受较高风险的投资者可以分散一部分投资到风险较高的工具上，以期获得高于平均水平的收益。

巩固阶段投资者的特点表现为：由于处于家庭成长的后期和成熟期，子女逐渐长大成人，并开始独立工作和取得收入，因此家庭收入增长很快，支出减少，收入超过了支出；开始减少债务，积累资产，为未来的退休提供保障；巩固现有资产与积累资产并重；他们对投资于具有长期性、中等风险的资产更有兴趣，以期在获得收益的同时，保住现有的资产。

支出阶段投资者的特点表现为：由于处于家庭的衰老期，老人已经退休，不再拥有工资收入，其生活费用由社会保障收入和先前的投资收入来补偿；储蓄和资产逐渐减少，医疗支出增加；会选择以低风险的投资为主来实现储蓄的保值；也会进行一些高风险的投资以抵补通货膨胀对资产造成的损失。

三、投资者家庭的生命周期

个人的财务生命周期固然十分重要，但每一个投资者往往不仅要从个人的角度，还要在整个家庭的财务基础上进行投资规划。就像产品的生命周期包括研发期、成长期、成熟期和衰退期一样，家庭的生命周期也可以类似地划分为家庭的形成期、成长期、成熟期和衰老期。

家庭的形成期是指从结婚到最小的子女出生。在这一阶段，支出随家庭成员的增加而不断增加，储蓄不断减少。如果决定购置住房，负债会十分沉重，可积累的资产很有限。但由于家庭成员年轻，可以承受较高风险的投资。

家庭的成长期是指从最小的子女出生到其完成学业。这一时期，支出会主要集中在子女的教育费用上，但由于家庭成员不再增加，因此支出趋于稳定，并且可预见性增强。储蓄也会趋于稳定，随着收入水平的逐渐提高，可累积资产逐渐增加，投资开始有所增加。如果存在负债的话，负债余额会逐步减少。可以分散一部分投资到风险较高的工具上。

家庭的成熟期是指从最大的子女完成学业到夫妻均退休。由于子女逐渐取得收入、独立，因此家庭收入增长很快，支出减少，储蓄增长很快，资产积累达到高峰，逐渐为退休做准备。

家庭的衰老期是指从夫妻均退休开始到最后一人过世。此阶段不再拥有工资收入，收入主要来源于理财收入或转移性收入，储蓄和资产逐渐减少，医疗支出增加。投资以低风险工具为主。

投资产品具有不同的特点，例如具有不同的收益性、流动性、风险、税收特征等。在个人和家庭的不同生命周期阶段，由于具有不同的财务特征，因此需要具有不同特点的投资组合，以满足不同的财务需要。例如在子女很小或自己的收入稳定时，流动性需求很大，所以流动性好的投资工具在理财规划中应占据较大比例。而在家庭的成熟期至衰老期，高风险的股票等金融工具的投资应逐步减少。

第二节　投资者风险偏好与承受能力分析

一、风险态度与风险承受能力

风险的发生与后果均具有不确定性，同样的结果有些人和组织可以承受，而另一些人和组织却无法承受。这是为什么呢？背后的影响因素又是什么呢？为什么同样的保险计划，有的家庭接受，而有的家庭不接受呢？显然，金融理财师应当了解人们的风险态度（risk attitude）和风险承受能力。

（一）风险态度

毫无疑问，人们对风险的最普遍态度是趋利避害。趋利避害并不是指绝对的拒绝风险，而是指人们在做出风险决策时的标准和准则：在同样的风险情况下，人们会选择预期成本更低或预期收益更高的活动或投资，例如，两个风险状况相似的企业在发行同样期限的债券时，人们总是会优先选择利率更高的债券；反过来，当收益或成本一定时，人们会尽量选择风险较低的活动，例如，铁路交通的价格与公路交通类似，但铁路交通至今仍被认为在中长距离运输方面的风险低于公路交通。根据这个普遍态度，"高风险高收益"是投资领域的一条基本规律，因为除非无选择余地，否则没有人愿意承担较高的风险去追求较低的投资收益率。

上面的道理是普遍的，但实际情况并不这么简单。一方面，在风险和收益特征上可以完全互相比较的活动并不总是存在，不同的风险可能有不同的性质，就像一个苹果和一根山药之间很难比较一样。另一方面，在同样的选择面前，不同的人也会做出不同的决定，说明存在和数学期望值不同的标准。在实践中我们还发现，有的人对风险十分厌恶，而有的人则喜好风险，还有的人居于两者之间（见图 24－2）。风险厌恶型的人比较保守，风险承受能力差；风险追求型的人通常比较激进，愿意承担风险以追求更高的收益。最能对人们的不同风险态度和风险态度的变化进行形象描述的是效用理论。

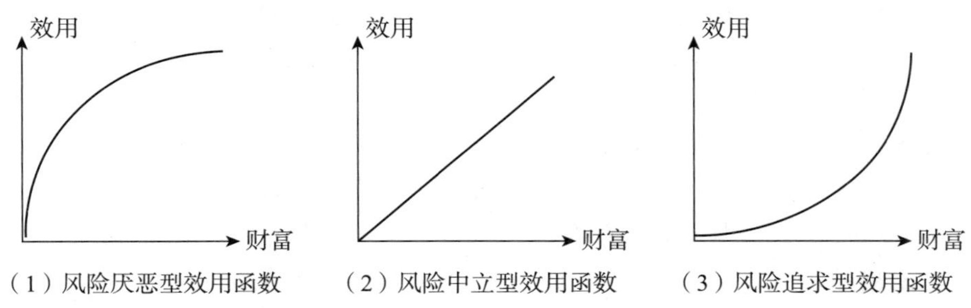

图 24－2　风险态度与效用函数

效用（utility）是指从商品或活动中获得的满足程度。效用理论在描述不同财富水平与满足程度之间的关系时有两个基本假定。一是效用表现为财富的增函数（用数学语言表达就是一阶导数大于零），个人所获得的效用随其财富的增长而增长；二是随着人们财富的增长而产生的新的满足感，即边际效用有所不同，风险厌恶型的边际效用在逐渐下降（在数学上可以用二阶导数来描述），风险中立型的边际效用不变，风险追求型的边际效用逐渐增加。风险厌恶型效用函数用公式表示即为

$$U=f(W)$$

并且有 $U'>0$；$U''<0$。

描述不同风险态度的人的效用函数是不一样的，人们常用的、符合上述特征的数学函数包括对数函数$U=\ln W$。

人们对待风险的态度中最核心的部分是不愿意承担不确定的损失。如前所述，大多数人是风险厌恶者，但更确切地说，人们在确定与不确定的收益之间进行选择时，通常选择金额确定但相对较小的收益。

实例 24-1 假设有两个投资选择 A 和 B，具体如下：

A 代表确定的 3 000 元收入。

B 代表有 80%的可能性获得 4 000 元，但有 20%的可能性血本无归。

请问一般人将会如何选择？

解析 选择 B 的数学期望值为 3 200（0.8×4 000+0.2×0）元，大于 A 的期望值 3 000 元。然而，以此做实验的结果却相反：大部分人会选择 A，也就是说，在一个金额确定但相对较小的收益和一个金额相对较大但没有保证的收益之间，大多数人会选择前者。相对于 B 来说，选项 A 被认为是风险厌恶者的选择，而选项 B 被认为是风险追求者的选择。假设投资者的效用函数为$U=\ln W$，则其对两个选择的期望效用分别为

$$E_AU=\ln 3\,000=8.006$$
$$E_BU=\ln 4\,000\times 0.8+0\times 0.2=8.294\times 0.8=6.635$$

显然，$E_AU>E_BU(W)$。

因此，根据上述效用函数，大部分人选择了 A，换言之，在这些人心目中，不确定的 4 000 元的效用期望比确定的 3 000 元的效用期望要低。

（二）风险承受能力

实践中，人们的风险态度是不一致的。在上述例子里总有人会选择 B。那么，什么因素决定着人们对风险的承受能力呢？从人口统计调查中，我们发现下列因素与人们的风险承受能力有关。

1. 年龄

风险承受能力通常与人的年龄成负相关关系，即年龄越大，风险承受能力越低。这是因为对年龄大一些的人，特别是老年人来说，获得收益的能力与预期都在逐年下降，在资产处置方面已经越来越不允许犯较大的错误，或冒过大的风险。

2. 财富

针对同样数额的损失，富人的心理承受能力总是比穷人强。这是我们所说的绝对风险承受能力的概念，即绝对风险承受能力可由一个人投入到风险资产上的财富金额来衡量。

3. 财富获取方式

财富获取方式也是影响人们风险承受偏好的一个因素。财产继承人和财富创造者相比，后者的风险承受能力高于前者，而前者比后者更乐于听取金融理财师

的建议。

4. 受教育程度

一般而言，风险承受能力随着受教育程度的增加而增加。调查显示，受教育程度与收入、财富有较强的相关性，高学历者比低学历者更富有，从而具有较高的风险承受能力。但不容置疑的是，高学历者更熟悉可供选择的各种投资渠道，并且能更理性地面对各种事件。

5. 性别

对男性和女性心理差别的研究已有很长时间了。传统观点认为，在生活的诸多方面，男性的风险承受能力高于女性。当然，国外近期的研究结果却有所不同，例如，年老的已婚妇女确实比丈夫更不愿意承担财务风险，但年轻男性和女性之间对财务风险偏好的差异却较小。

6. 婚姻家庭状况

未婚者的风险承受能力可能高于已婚者，也可能低于已婚者，关键在于是否考虑了已婚者双方的就业情况以及经济上的依赖程度。如果一个人觉得自己的行为将对能否继续依赖对方造成负面的影响，就会更加谨慎行事。在双职工家庭中，夫妻双方的风险承受能力将高于未婚者，因为双方都有相当的经济独立能力，双份收入可以提高风险承受能力。

7. 就业状况

个人的就业状况也会影响风险承受能力。风险承受能力的一个重要方面体现在对工作的安全性需要上，失业可能性越大，职业风险越大。安全保障程度高的职业，即使工资报酬较低，对很多人，尤其是风险厌恶者也很有吸引力。一般地，公共管理部门能够提供较高的安全保障，经验数据表明，与私营部门的职员相比，公共管理部门的职员的风险厌恶程度较高。专业人员（如内科医师、律师、注册会计师、精算师）在投资决策上的风险偏好高于非专业人员（如农民、非熟练工、牧民）。通常，风险承受能力随着知识和熟练程度的增加而增加。

除上述因素以外，有些研究也发现，地区文化、宗教信仰也会对人们的风险态度产生影响。值得一提的是，统计学的研究揭示的是一种趋向，或者一般的规律。就总体来说，这些规律是存在的，但不是绝对的。换言之，青年人里也有非常保守的人；而敢于冒险、尝试新事物，“老而弥坚，不坠青云之志”的中老年人也并不少见。

二、客户的风险属性量化分析

金融理财是一个在财务上以当前条件实现未来梦想的过程，因此金融理财师在面谈时要了解客户的财务现况及其理财目标，才能展开进一步的分析。从现状达到目标可能有几种不同的方式可供选择，如月收入 4 000 元，目标是要在 30 年累积 100 万元退休金，可以用低储蓄率搭配高投资收益率，如在 10%的收益率下每月定期定额投资 507 元（储蓄率 12.7%）可达成目标，也可以用高储蓄率搭配低投资收益率，如在 4%的收益率下每月投资 1 486 元（储蓄率 37.2%）也可以

达成目标。到底选择哪一种方式来达成目标，主要决定于客户的风险属性。

金融理财师应针对客户的家庭负担和主观风险偏好，衡量客户的风险承受能力和风险承受意愿，以此来建议应该选择何种评估方式，使客户从现状达到目标。举例说明如下。

1. 风险承受能力指标

风险承受能力（risk capacity index，简称 RCI）可根据年龄、就业状况、家庭负担、置产状况、投资经验和投资知识估算得出。影响风险承受能力的因素可定义如下：

（1）年龄：总分 50 分，25 岁以下者 50 分，每多 1 岁少 1 分，75 岁以上者 0 分。

（2）其他因素：总分 50 分，如表 24－1 所示。

表 24－1　风险承受能力评分表

分数	10 分	8 分	6 分	4 分	2 分
就业状况	公职人员	工薪阶层	佣金收入者	自营事业者	失业者
家庭负担	未婚	双薪无子女	双薪有子女	单薪有子女	单薪养三代
置产状况	有投资不动产	有自用住宅无房贷	房贷＜50％	房贷＞50％	无自用住宅
投资经验	10 年以上	6～10 年	2～5 年	1 年以内	无
投资知识	有专业证照	财经类专业	自修有心得	懂一些	一片空白

总分为 100 分，最低为 10 分，得分越低者表示风险承受能力越低。可以定位为 5 个等级的 RCI，20 分以下为低风险承受能力，20～39 分为中低风险承受能力，40～59 分为中等风险承受能力，60～79 分为中高风险承受能力，80 分以上为高风险承受能力。年龄为风险承受能力最重要的考虑因素，因此在总分 100 分中就占了一半。

例如一个 30 岁、单身、无自用住宅的工薪阶层，有 5 年投资经验，懂一些投资知识，其风险承受能力分数为年龄 45 分＋就业状况 8 分＋家庭负担 10 分＋置产状况 2 分＋投资经验 6 分＋投资知识 4 分＝75 分，可承受中高风险。

一个 46 岁、双薪有子女、有自用住宅无房贷、在投资顾问公司上班，15 年投资经验，有专业证照者，风险承受能力为年龄 29 分＋就业状况 8 分＋家庭负担 6 分＋置产状况 8 分＋投资经验 10 分＋投资知识 10 分＝71 分，可承受中高风险。两个例子中的投资者虽然年龄差异达 16 岁，但考虑其他条件后总分相当，有类似的风险承受能力。

2. 风险承受态度指标

风险承受态度（risk attitude index，简称 RAI）即风险态度可以依客户对本金可容忍的损失幅度，及其他心理测验估算出来。可定义影响风险承受态度的因素如下：

（1）对本金损失的容忍程度：总分 50 分，不能容忍任何损失为 0 分，可承受亏损的百分比（以 1 年的时间为基准）每增加一个百分点加 2 分，可容忍 25％以上损失者为满分 50 分。

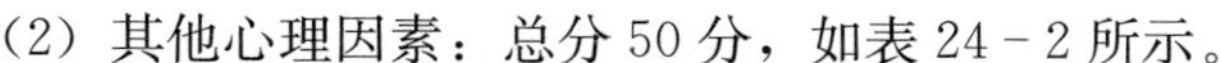
（2）其他心理因素：总分 50 分，如表 24－2 所示。

表 24－2　　风险承受态度评分表

分数	10 分	8 分	6 分	4 分	2 分
首要考虑因素	赚短线差价	长期资本利得	年现金收益	对抗通胀保值	保本保息
过去投资绩效	只赚不赔	赚多赔少	损益两平	赚少赔多	只赔不赚
赔钱心理状态	学习经验	照常生活	影响情绪小	影响情绪大	难以成眠
当前主要投资	期货	股票	房地产	债券	存款
未来希望避免的投资工具	无	期货	股票	房地产	债券

总分为 100 分，最低 8 分。得分越低者表示风险承受态度越差。可以定位为 5 个等级的 RAI，20 分以下为低风险承受态度，20～39 分为中低风险承受态度，40～59 分为中等风险承受态度，60～79 分为中高风险承受态度，80 分以上为高风险承受态度。对本金损失的容忍程度为风险承受态度最重要的考虑因素，因此在总分 100 分中占了一半。

例如，一个投资者可以忍受本金最大损失为 15%，得 30 分。投资首要考虑因素为长期资本利得，得 8 分；过去投资绩效赚少赔多，得 4 分；赔钱心理状态为影响情绪小，得 6 分；当前主要投资为股票，得 8 分；未来希望避免的投资工具为期货，得 8 分。风险承受态度总分为 64 分，属于中高风险承受态度。

3. 风险矩阵

在进行资产配置时应同时考虑到根据个人客观条件计算的风险承受能力，和根据个人主观意愿计算的风险承受态度，综合成如表 24－3 所示的风险矩阵。

表 24－3　　风险矩阵

		低风险承受能力＜20 分	中低风险承受能力 20～39 分	中等风险承受能力 40～59 分	中高风险承受能力 60～79 分	高风险承受能力 80～100 分
低风险承受态度＜20 分	货币	70%	50%	40%	20%	0%
	债券	20%	40%	40%	50%	50%
	股票	10%	10%	20%	30%	50%
	预期收益率	3.4%	4.0%	4.8%	5.9%	7.5%
	标准差	4.2%	5.5%	8.2%	11.7%	17.5%
中低风险承受态度 20～39 分	货币	50%	40%	20%	0%	0%
	债券	40%	40%	50%	50%	40%
	股票	10%	20%	30%	50%	60%
	预期收益率	4.0%	4.8%	5.9%	7.5%	8.0%
	标准差	5.5%	8.2%	11.7%	17.5%	20.0%

续前表

		低风险承受能力<20分	中低风险承受能力20～39分	中等风险承受能力40～59分	中高风险承受能力60～79分	高风险承受能力80～100分
中等风险承受态度40～59分	货币	40%	20%	0%	0%	0%
	债券	40%	50%	50%	40%	30%
	股票	20%	30%	50%	60%	70%
	预期收益率	4.8%	5.9%	7.5%	8.0%	8.5%
	标准差	8.2%	11.7%	17.5%	20.0%	22.4%
中高风险承受态度60～79分	货币	20%	0%	0%	0%	0%
	债券	30%	50%	40%	30%	20%
	股票	50%	50%	60%	70%	80%
	预期收益率	5.9%	7.5%	8.0%	8.5%	9.0%
	标准差	11.7%	17.5%	20.0%	22.4%	24.9%
高风险承受态度80～100分	货币	0%	0%	0%	0%	0%
	债券	50%	40%	30%	20%	10%
	股票	50%	60%	70%	80%	90%
	预期收益率	7.5%	8.0%	8.5%	9.0%	9.5%
	标准差	17.5%	20.0%	22.4%	24.9%	27.5%

表24-3是基于以下假设：

（1）预期收益率：货币 $R_1=2\%$，债券 $R_2=2\%$，股票 $R_3=10\%$。

（2）投资组合收益率：$R_P=$货币比率 $W_1\times R_1+$债券比率 $W_2\times R_2+$股票比率 $W_3\times R_3$。

（3）1年标准差：货币 $\sigma_1=1\%$，债券 $\sigma_2=8\%$，股票 $\sigma_3=30\%$。

（4）相关系数假设：货币和债券 $\rho_{12}=0.12$，货币和股票 $\rho_{13}=-0.03$，债券和股票 $\rho_{23}=0.55$。

（5）投资组合标准差：$\sigma_P=(W_1{}^2\sigma_1{}^2+W_2{}^2\sigma_2{}^2+W_3{}^2\sigma_3{}^2+2W_1W_2\sigma_1\sigma_2\rho_{12}+2W_1W_3\sigma_1\sigma_3\rho_{13}+2W_2W_3\sigma_2\sigma_3\rho_{23})^{1/2}$。

三、理财资讯平台风险属性问卷

根据客户实际情况填写风险属性测试问卷，如图24-3所示。

回答完所有问题后，自动生成风险属性评测结果，如图24-4所示。

进而可以获得该投资者的资产配置情况。收益-风险图反映了这样一个资产组合集：在一定收益下风险最小，或在一定风险水平下获得最大收益；同时也展示了当前基于风险的投资组合的位置，如图24-5和图24-6所示。

图 24-3 填写风险属性测试问卷

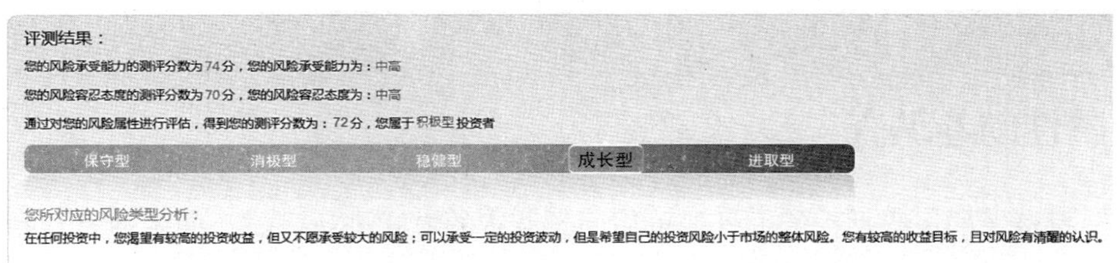

图 24-4 风险属性评测结果

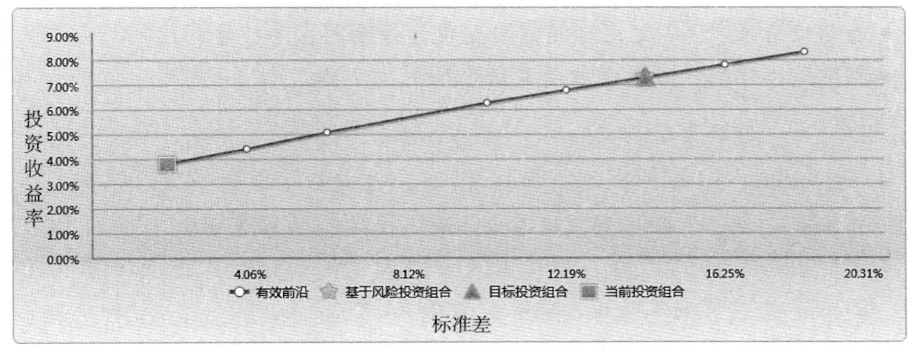

图 24-5 资产组合收益和风险之间的关系

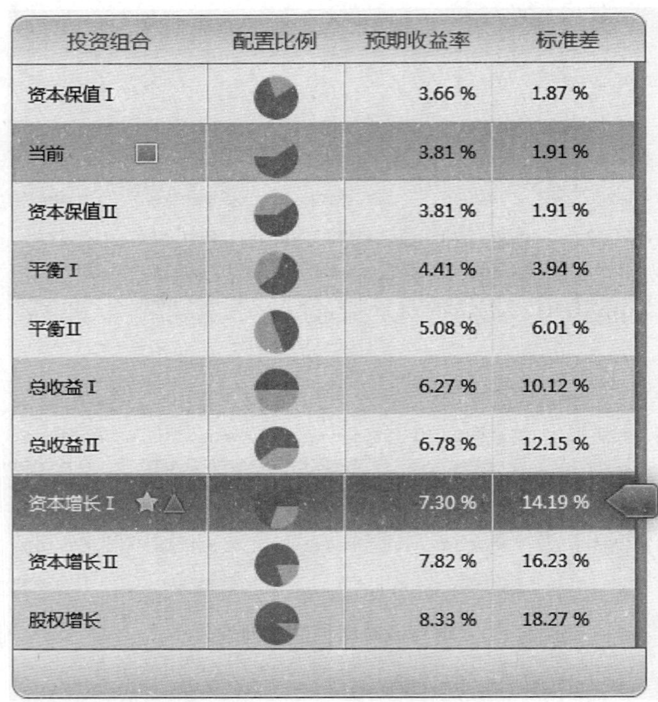

投资组合	配置比例	预期收益率	标准差
资本保值Ⅰ		3.66 %	1.87 %
当前		3.81 %	1.91 %
资本保值Ⅱ		3.81 %	1.91 %
平衡Ⅰ		4.41 %	3.94 %
平衡Ⅱ		5.08 %	6.01 %
总收益Ⅰ		6.27 %	10.12 %
总收益Ⅱ		6.78 %	12.15 %
资本增长Ⅰ		7.30 %	14.19 %
资本增长Ⅱ		7.82 %	16.23 %
股权增长		8.33 %	18.27 %

图 24－6　投资者的资产配置情况

四、风险属性问卷调查

投资者的风险承受能力一般可用问卷调查的方式进行测试。问卷通常包括如下内容：

- 基本资料：姓名、性别、年龄、婚姻状况、家庭子女数。
- 投资状况：需要规划的整笔投资金额与定期定额投资额。
- 理财倾向测验：衡量投资者的主观风险偏好。
- 流动性需求：2 年之内可能需要变现的投资额占总投资的比例。
- 理财目标弹性：可接受投资变现时间的上下限。

总分 100，计算方法为：

- 年龄部分占 40 分，25 岁以下给 40 分，每增加 1 岁减 1 分，65 岁以上给 0 分。这反映了年龄越大，越不应该冒太大风险的客观事实。
- 理财倾向测验占 20 分，以保本为首要考虑给 5 分，愿意承担有限风险给 10 分，愿意冒高风险追求高收益者给 20 分。
- 流动性需求 30 分，2 年之内可能需要变现的投资额占总投资的比例，50％以上者 10 分，20％～50％者 20 分，20％以下者 30 分。
- 理财目标有弹性者 10 分，无弹性者 0 分。

分数越高，表明风险承受能力越强。分数最低 15 分，最高 100 分。

- 15～39 分可定义为仅可承受极低风险者。
- 40～59 分可定义为可承受中低风险者。
- 60～79 分可定义为可承受中高风险者。
- 80 分以上可定义为可承受极高风险者。

根据对投资者风险承受能力的分析，可以将投资者划分成几种类型：可承受极高风险者为进取型，可承受中高风险者为成长型，可承受中低风险者为稳健型，仅可承受极低风险者为保守型，详见表 24－4。在进行投资规划时，根据投资者的类型选择不同的投资工具搭配是非常重要的，也是投资规划的重要组成部分。

表 24－4　不同类型投资者的资产配置

投资风险承受能力	可承受极高风险者	可承受中高风险者	可承受中低风险者	仅可承受极低风险者
类型描述	进取型	成长型	稳健型	保守型
主要投资工具	期货、外汇、认股权证、投机股、新兴市场基金	绩优股、成熟股市全球型基金	优先股、公司债、平衡型基金	定期存款、国债、地方债、货币市场基金
财务杠杆	融资融券	理财型房贷	自有资金操作	自有资金操作
扩大信用	1～2 倍	机动运用		
操作期间	短期	中短期	中长期	中长期
利益来源	短线差价	波段差价	长期利益	长期利益
预期平均收益率	15%～20%	10%～15%	5%～10%	3%～5%
一年最大本金损失	70%～100%	50%	20%	5%

五、BMO 投资者模型

以下介绍的是加拿大蒙特利尔银行的投资者模型。[①] 当客户进入蒙特利尔银行的网站选择金融服务和产品时，网站提示客户先用以下问卷测试一下自己是一个什么样的投资者。当客户回答完所有问题后，将被告知是什么样的投资者，即能承受多大的投资风险，以便选择适合于自己风险承受能力的投资工具和投资组合。

适合某人的投资组合受很多因素的影响，包括个人的理财需要、理财时间跨度及投资者可以接受的风险程度。下面的这个调查可以帮助投资者了解自己是怎样的投资者，并给出可以帮助投资者实现理财目标的各种投资工具。

实例 24－2　问卷内容

在下列每道题中，选择你认为对的答案并点击该答案左边的按钮，全部完成后，点击“计算得分”。如果想重做一遍，点击“清除”。

① 摘自蒙特利尔银行网站，www.bmo.com。

(1) 投资原因：你的目标是什么？

A. 为养老保险攒钱　　B. 为其他目的攒钱

(2) 时间跨度：你在多久之内需要用这些钱？

A. 2年之内　　B. 2～5年　　C. 6～9年

D. 10～15年　　E. 15年以上

(3) 时间跨度：需要用这些钱时，你会在多长时间取走？

A. 2年之内一次取完　　B. 2～5年之内

C. 6～9年之内　　D. 10～15年之内　　E. 15年以上

(4) 通货膨胀：商品和服务价格普遍上涨会极大地削弱你对投资品的购买力。历史上收益率盖过通货膨胀率的投资品同时也是价值波动最大的。关于通货膨胀，你最认同下面哪个观点？

A. 我偏好收益稳定的投资品，收益率与通货膨胀率持平或略高于通货膨胀率就可以避免损失

B. 我偏好稳定收益，但是收益率也应该高于通货膨胀率

C. 我希望收益率比通货膨胀率高很多，但是不希望投资品的价值波动太大，也不愿意遭受损失

D. 我希望最大化投资品的收益率，并可以接受其价值发生较大的波动，甚至是经常性的贬值

(5) 投资品选择：投资组合即为一揽子不同的投资品。一个具体的投资组合的收益取决于其中投资品的组合方式。图24-7显示了4种1年期投资组合的收益（从好到差）。你最喜欢的投资组合是哪个？

A. 组合A　　B. 组合B

C. 组合C　　D. 组合D

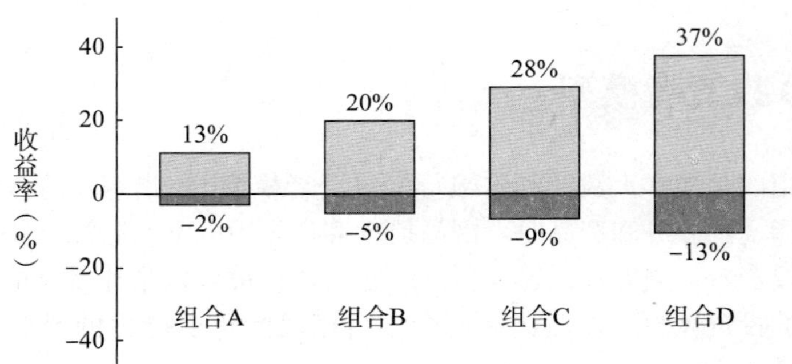

图24-7　投资组合的收益率分布

(6) 波动性：某些投资者为了获得长期的投资收益，愿意接受投资组合的定期贬值。对于下面的观点，你会有哪种反应？

如果投资品经常发生较大幅度的贬值有助于提高长期收益，我愿意接受这种贬值。

A. 非常同意　　B. 同意

C. 不同意　　D. 非常不同意

(7) 波动性：图24-8显示了三种投资组合在10年期内可能的收益变动。

你最愿意采用哪一种？

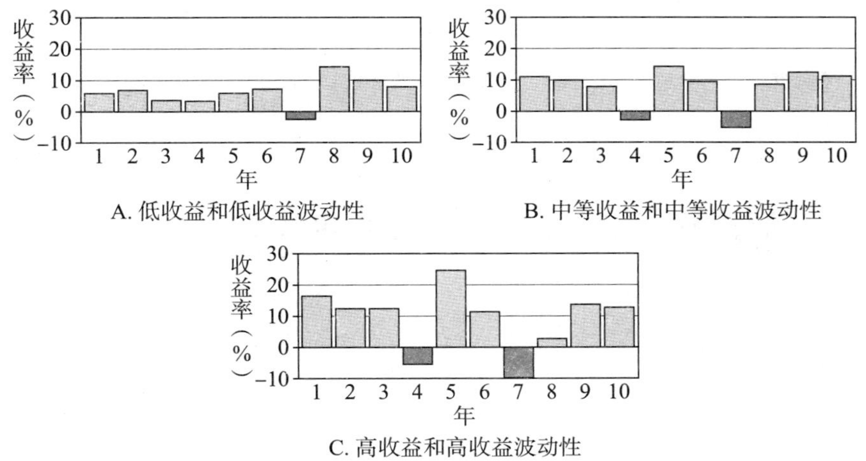

A. 低收益和低收益波动性

B. 中等收益和中等收益波动性

C. 高收益和高收益波动性

图 24－8　投资组合的收益与风险

（8）投资多样性：一个好的多样化投资组合是在考察了该投资者的理财目标和风险接受程度后，由三种资产合理组成，即现金、债券和股票。假设你有一个10年来一直表现优异的多样化投资组合，去年贬值了20%，你会做何反应？

A. 我不会改变我的投资组合

B. 我会至少等一年看是否要换成更保守的品种

C. 我会至少等三个月看是否要换成更保守的品种

D. 我会立刻换成更保守的品种

（9）本金的安全性：下面的观点描述了投资1万加拿大元于5种投资组合后可能的增值和损失概率。你会投资于哪一种？

A. 第一年末投资组合价值可能达到10 300加拿大元，不会发生任何损失

B. 第一年末投资组合价值可能达到10 600加拿大元，8年中可能有1年发生损失

C. 第一年末投资组合价值可能达到10 900加拿大元，6年中可能有1年发生损失

D. 第一年末投资组合价值可能达到11 100加拿大元，5年中可能有1年发生损失

E. 第一年末投资组合价值可能达到11 400加拿大元，4年中可能有1年发生损失

第二十五章

资产配置与绩效评估

本章提要

本章分为3部分：资产配置、投资规划实务和绩效评估。首先，介绍资产配置的含义、重要性以及资产配置的过程与方法；其次，介绍单项/组合投资绩效评估的方法和计算；最后，介绍两种经风险调整的业绩评估指标——夏普比率和特雷诺比率。

本章内容包括：

- 资产配置；
- 投资规划实务；
- 绩效评估。

通过本章学习，读者应该能够：

- 了解资产配置的含义和重要性；
- 掌握资产配置的过程与方法；
- 掌握单项/组合投资绩效评估的方法和计算；
- 掌握经风险调整的业绩评估的方法和计算。

第一节　资产配置

一、资产配置的含义

资产配置是指根据投资需求将投资资金在不同资产类别之间进行分配，通常是将资产在低风险低收益证券与高风险高收益证券之间进行分配。

资产配置中的一个重要问题是确定一个资产组合中不同资产种类的比例。在设计一个整体的资产配置策略时，金融理财师必须考虑适合其特定客户的资产类型。根据现代投资组合理论，投资者可以利用非高度相关的资产来构造一个理想的风险与收益相匹配的投资组合。

一个投资组合的资产配置是利用不同资产类别的预期收益率、标准差和相关系数得到的，而不是仅考虑单个资产。预期收益率通常是投资组合中所有资产收益率的加权平均数。金融理财师应该尽力获得一个潜在投资组合的有效边界。选择有效边界上的一个点时，应该选择无差异曲线与有效边界相交的最高点，或者叫作投资者的最高效用点（对于每个确定的收益水平，风险最小的点）。由于缺少一种精确的测量效用的方法，一般依据投资者的风险承受能力来确定他的投资组合在有效边界上的位置。

二、资产配置的重要性

资产配置之所以重要，是因为投资者无法准确预测每一类资产的未来走势，否则，将全部资金都投资在那些涨幅最大的领域显然更有利，然而这在事实上是不可能做到的。某一特定时期，不同资产的收益表现往往存在差异，这为资产配置提供了基础。合理配置资产，形成优越的投资组合，并实施调整配置比例，能够保障投资安全，实现财富的可持续保值增值。国外的有关研究表明，在资产配置中，全部投资收益的85%～95%来自第一步中对长期资产分配的决策，第二步的证券选择和第三步的投资时机决策的贡献非常小。美国著名资产管理公司景顺控股（Invesco Ltd）的研究显示，90%或以上的投资组合收益来自资产配置战略，只有不足10%的收益归于诸如证券选择、市场时机等其他因素。

有的研究甚至得出结论，认为时机选择、证券选择实际上减少了平均收益，同时增加了收益的波动性。与之相对的被动式的购买股票指数的投资策略反而可获得高于上述策略的收益率。

三、资产配置的考虑因素

资产配置作为投资管理中的核心环节，其目标在于协调提高收益与降低风险之间的关系，这与投资者的特征和需求密切相关。一般而言，进行资产配置主要考虑的因素有以下几个。

（一）影响投资者风险承受能力和收益要求的各项因素

一般情况下，对于个人投资者而言，个人的生命周期是影响资产配置的最主要因素。在最初的工作累积期，考虑到流动性需求和为个人长远发展目标进行积累的需要，投资应偏向风险高、收益高的产品；进入工作稳固期以后，收入相对而言高于需求，可适当选择风险适中的产品以降低长期投资的风险；当进入退休期以后，支出高于收入，对长远资金来源的需求也开始降低，可选择风险较低但收益稳定的产品，以确保个人累积的资产免受通货膨胀的负面影响，随着投资者年龄的日益增加，投资应该逐渐向节税产品倾斜。在整个投资过程中，机构投资者则更着重机构本身的资产负债状况，以及股东、投资者的特殊需求。

（二）影响各类资产的风险收益状况以及相关关系的资本市场环境因素

一般只有专业投资者和机构投资者会受到监管的约束。监管的各种法规、条例会随着时间的推移而变化，在进行资产配置时必须充分考虑各种市场和监管因素的变化和影响。

（三）资产的流动性特征与投资者的流动性要求相匹配的问题

资产的流动性是指资产以公平价格售出的难易程度，体现投资资产时间尺度和价格尺度之间的关系。

（四）投资期限

投资者在有不同到期日的资产（如债券等）之间进行选择时，需要考虑投资期限的安排问题。

（五）税收考虑

税收结果对投资决策意义重大，对面临高税率的个人投资者和机构投资者而言，他们更重视在整个资产配置中合理选择避税或缓税的投资产品。

四、资产配置过程与方法

（一）最优资产配置过程

资产配置过程分为以下几个步骤：

（1）明确资产组合中应包括的资产类别。通常考虑的几种主要资产类型有：货币市场工具（通常称为现金）、固定收益证券（通常称为债券）、股票、不动产、贵重金属和其他。

（2）明确资本市场的期望值，包括利用历史数据与经济分析来决定投资者对资产组合中所包括的资产在持有期内的预期收益率。

（3）确定资产组合的有效边界，即找出在各种既定风险水平下可获得最大预期收益的资产组合。

（4）寻找最佳的资产组合，在满足投资者面对的限制条件情况下，选择最能满足投资者风险收益目标的资产组合。

（二）各种资产的风险与收益特征

一般来说，资产的风险越大（即标准差越大），其预期收益率也就越高。这种风险与收益的关系大致可以用图 25－1 予以概括。

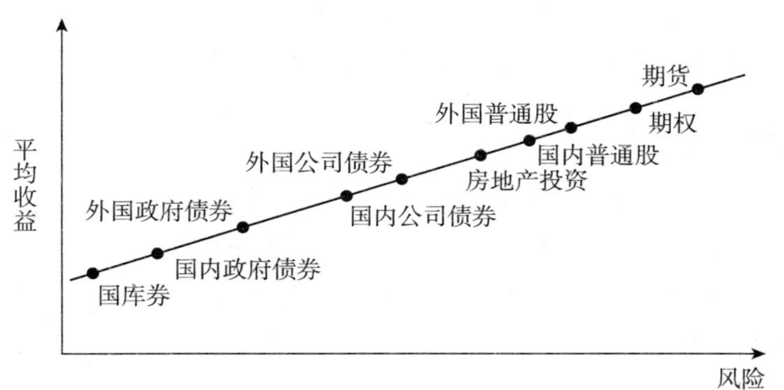

图 25－1　各种投资工具的收益与风险情况

（三）风险偏好与资产组合

在投资规划过程中，金融理财师将客户的风险承受能力进行了更加细致的分类，并且针对每一种类型的客户列出了相应的资产组合。这些类别分别是：保守型、轻度保守型、均衡型、轻度进取型、进取型。这些类型的风险承受能力依次递增。一个保守型的投资者可能会把大部分资金投入到投资风险较小的投资产品上，例如现金投资、固定收益投资等。而一个进取型的投资者则会把大部分的资金投入到股票、房地产等风险较高的投资产品上。此外，进取型的投资者往往会利用杠杆投资的方法来提高收益率，当然这也意味着更高的风险。

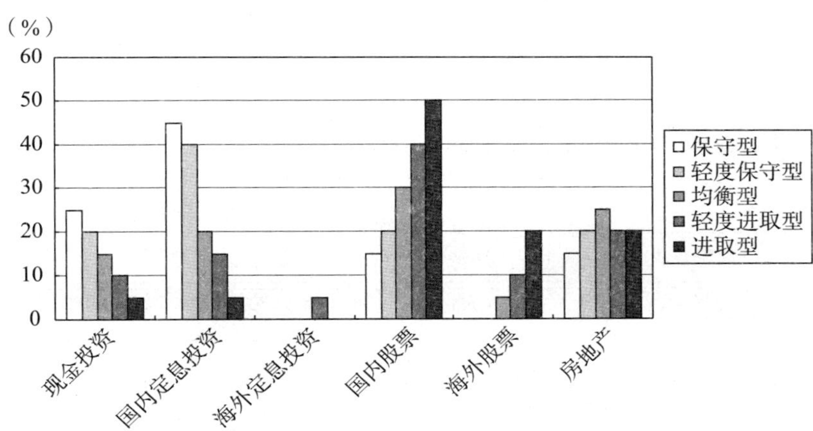

图 25－2　不同风险偏好的资产组合

（四）资产配置的经验方法

1. 风险属性法

各家银行、基金公司都有自行设定的风险属性测试问卷，用以区分客户的风险等级，作为推荐金融产品的依据。主观的风险承受态度会受到市场本身乐观或悲观情绪的影响。在牛市的时候投资者的风险承受态度普遍转强，而熊市时普遍转弱。对于风险承受能力低，但在牛市时风险承受态度强的客户，要提醒他们风

险承受能力的重要性，降低因情绪性冲动入市而带来的不利影响。

如果客户能够事先制定一个停损的投资策略，并且有效执行，就能够有效地限制损失。

2. “80 定律”

“80 定律”，是指股票资产占总资产的合理比重等于 80 减去年龄再添上一个百分号（%）。比如，30 岁可以用 50%的资产投资于股票，其风险在这个年龄段是可以接受的，而在 50 岁时投资于股票的资产比例在 30%为宜。

3. 目标时间法

目标时间法是根据目标实现时间来做资产配置。对于距离现在时间越远的目标，由于有较长的时间可以实现，且可跨过经济周期的影响，因此投资者可以承担较高的风险。而对距离目前时间较近的目标，由于流动性需求强，且复利累积资产的效果不大，就不适合承担高风险，因此，离目标时间越长，风险资产比重可以越高。

若以存款与股票两个工具为例，由于紧急预备金目标需要短期兑现，因此全部投资于存款。若预计目标达成时间每增加 1 年，配置股票比例增加 5%，则对于 3 年后实现的目标，可考虑配置 15%的股票加 85%的存款；对于 20 年以上才要实现的目标，可以把投资资金 100%配置在股票上，具体如图 25 - 3 所示。

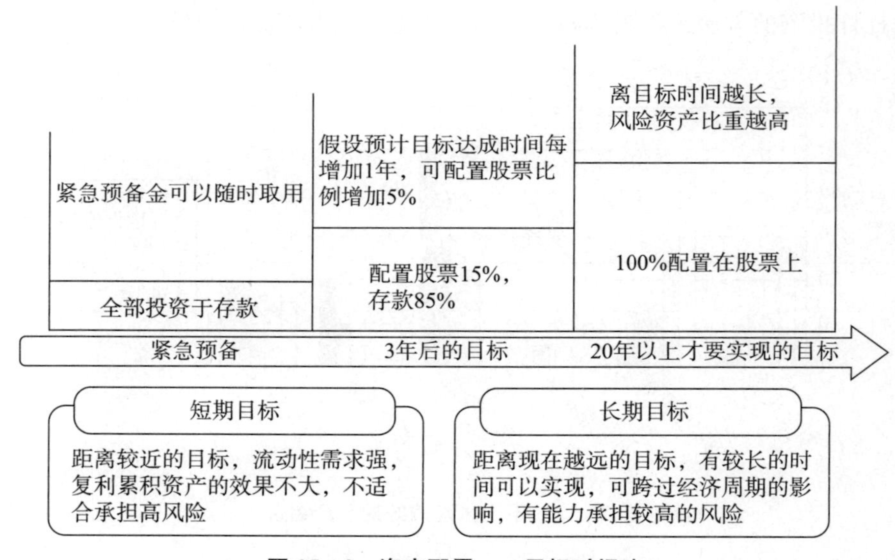

图 25 - 3　资产配置——目标时间法

4. 目标工具法

目标工具法即以一个目标配一个投资工具做资产配置。

根据目标实现的期限不同，有针对性地投资于不同的投资类别。对于为日常生活准备的紧急预备金，固定投资于活期存款；期限为 1 年以内的短期目标资金投资于定期存款；2～5 年中期目标资金投资于债券；5～20 年中长期目标资金投向平衡基金；对于 20 年以上的长期目标，由于时间跨度很长，能够承受较高的风险，可以投资于股票，具体如图 25-4 所示。

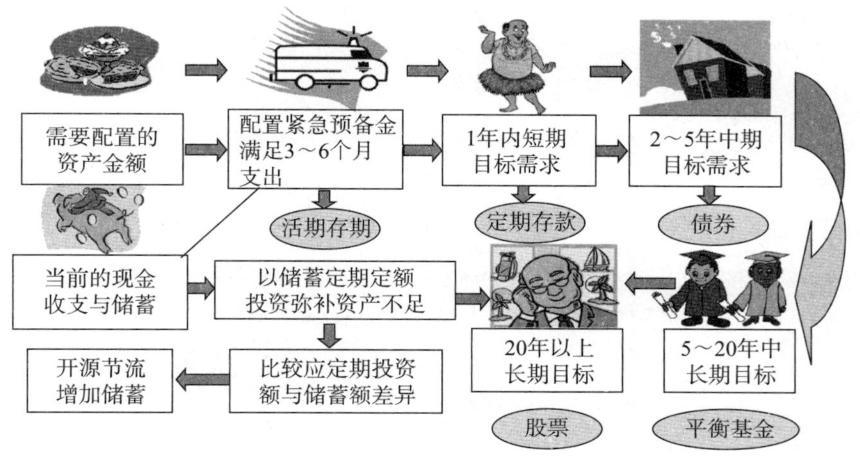

图 25-4 资产配置——目标工具法

第二节 投资规划实务

王先生的家庭收支状况如下：家庭年收入 10 万元，家庭年支出 7 万元，现每月储蓄 2 500 元，家庭目前可投资生息资产为 50 万元。

若家庭备用准备金能够覆盖家庭 6 个月的支出，则实现该家庭理财目标届时所需金额情况如表 25-1 所示。

表 25-1 实现家庭理财目标届时所需金额

理财目标	年限	届时所需金额（元）
紧急预备金	0	35 000
旅游	1	10 000
购车	2	150 000
购房	5	500 000
子女教育	15	200 000
退休	30	2 000 000

一、使用风险属性法进行资产配置

通过风险属性问卷了解到，王先生属于成长型投资者，如图 25-5 所示。

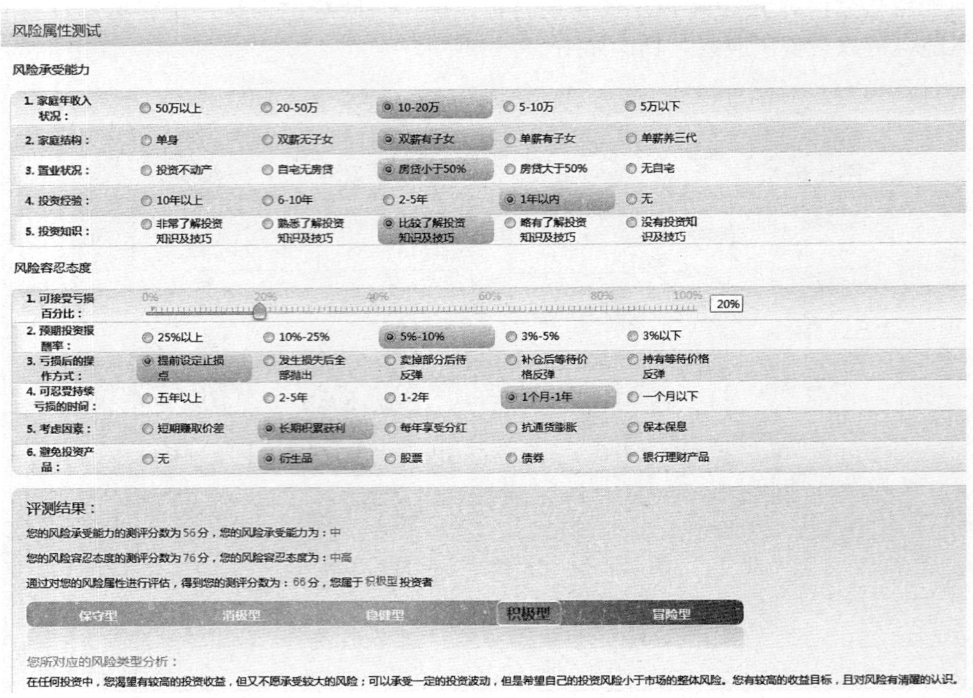

风险属性测试

风险承受能力

题目					
1. 家庭年收入状况：	50万以上	20-50万	◉ 10-20万	5-10万	5万以下
2. 家庭结构：	单身	双薪无子女	◉ 双薪有子女	单薪有子女	单薪养三代
3. 置业状况：	投资不动产	自宅无房贷	◉ 房贷小于50%	房贷大于50%	无自宅
4. 投资经验：	10年以上	6-10年	2-5年	◉ 1年以内	无
5. 投资知识：	非常了解投资知识及技巧	熟悉了解投资知识及技巧	◉ 比较了解投资知识及技巧	略有了解投资知识及技巧	没有投资知识及技巧

风险容忍态度

1. 可接受亏损百分比：0% 20% 40% 60% 80% 100% 20%

题目					
2. 预期投资报酬率：	25%以上	10%-25%	◉ 5%-10%	3%-5%	3%以下
3. 亏损后的操作方式：	◉ 提前设定止损点	发生损失后全部抽出	卖掉部分后待反弹	补仓后等待价格反弹	持有等待价格反弹
4. 可忍受持续亏损的时间：	五年以上	2-5年	1-2年	◉ 1个月-1年	一个月以下
5. 考虑因素：	短期赚取价差	◉ 长期积累获利	每年享受分红	抗通货膨胀	保本保息
6. 避免投资产品：	无	◉ 衍生品	股票	债券	银行理财产品

评测结果：

您的风险承受能力的测评分数为56分，您的风险承受能力为：中

您的风险容忍态度的测评分数为76分，您的风险容忍态度为：中高

通过对您的风险属性进行评估，得到您的测评分数为：66分，您属于积极型投资者

保守型 消极型 稳健型 积极型 冒险型

您所对应的风险类型分析：

在任何投资中，您渴望有较高的投资收益，但又不愿承受较大的风险；可以承受一定的投资波动，但是希望自己的投资风险小于市场的整体风险。您有较高的收益目标，且对风险有清醒的认识。

图 25-5 风险属性问卷

根据王先生的风险属性，确定其目标资产配置为：20%投资于债券类，80%投资于股票类，如图 25-6 所示。

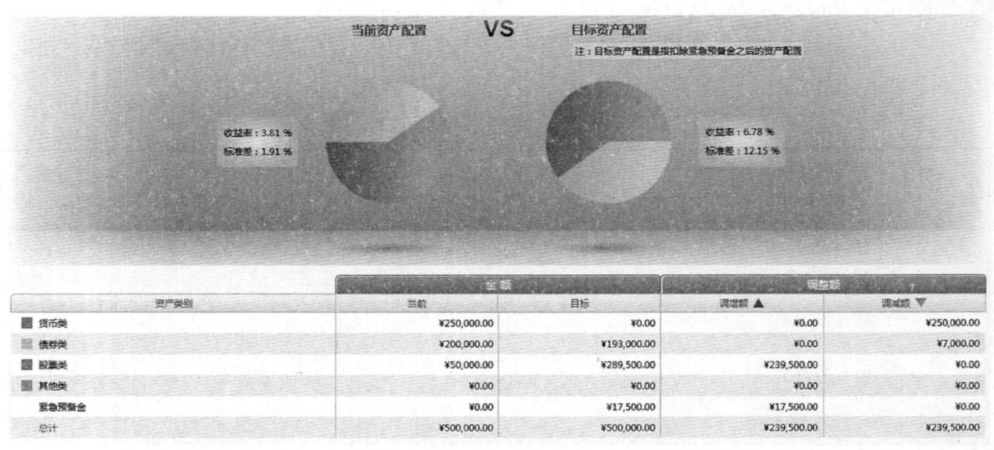

资产类别	金额		调整额	
	当前	目标	调增额 ▲	调减额 ▼
货币类	¥250,000.00	¥0.00	¥0.00	¥250,000.00
债券类	¥200,000.00	¥193,000.00	¥0.00	¥7,000.00
股票类	¥50,000.00	¥289,500.00	¥239,500.00	¥0.00
其他类	¥0.00	¥0.00	¥0.00	¥0.00
紧急预备金	¥0.00	¥17,500.00	¥17,500.00	¥0.00
总计	¥500,000.00	¥500,000.00	¥239,500.00	¥239,500.00

图 25-6 客户目标资产配置比例

使用理财资讯平台进行投资规划，如图 25-7 所示。

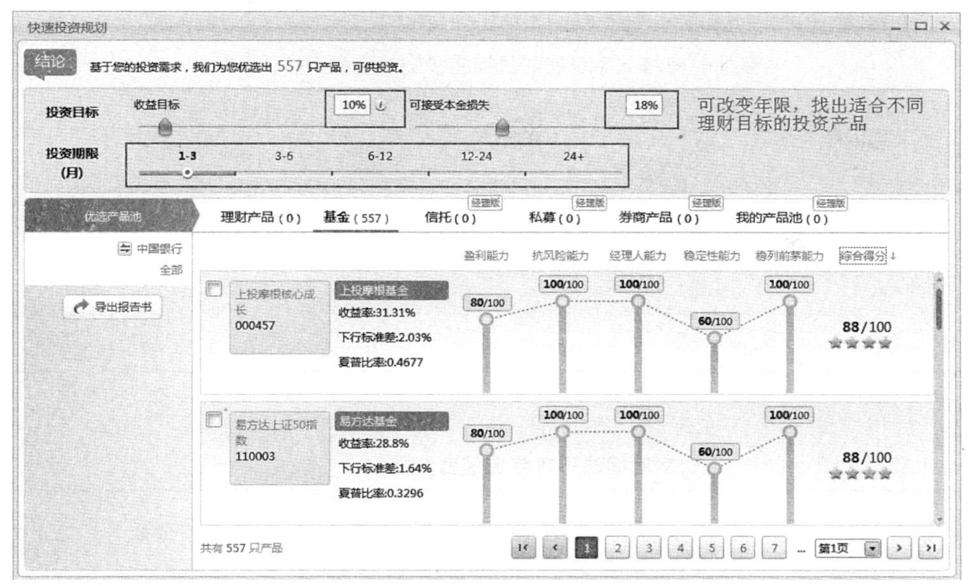

图 25－7 快速投资规划

二、使用目标时间法进行资产配置

若以存款与股票两个工具为例，因紧急预备金随时可能支用，故全部放存款。而预计目标达成时间每增加 1 年，可配置股票比例增加 5%，则为实现 3 年后目标，配置股票 15%，存款 85%；对 20 年以上才要实现的目标，100%配置在股票上，如表 25－2 所示。

表 25－2 目标时间法下的家庭股票存款配置比例

理财目标	年限	届时金额（元）	股票	存款
紧急预备金	0	35 000	0%	100%
旅游	1	10 000	5%	95%
购车	2	150 000	10%	90%
购房	5	500 000	25%	75%
子女教育	15	200 000	75%	25%
退休	30	2 000 000	100%	0%

若存款的投资收益率为 4%，股票的预期收益率为 10%，则实现各个理财目标的组合投资预期收益率如表 25－3 所示。

表 25－3 目标时间法下实现各个理财目标的组合投资预期收益率

理财目标	股票	存款	预期收益率
紧急预备金	0%	100%	4%
旅游	5%	95%	5%×10%+95%×4%=4.3%
购车	10%	90%	10%×10%+90%×4%=4.6%
购房	25%	75%	25%×10%+75%×4%=5.5%
子女教育	75%	25%	75%×10%+25%×4%=8.5%
退休	100%	0%	10%

实现理财目标应投资的金额如表 25－4 所示。

表 25－4　目标时间法下实现理财目标应投资的金额

理财目标	年限	预期收益率	应投资的金额（元）
紧急预备金	0	4.00%	35 000
旅游	1	4.30%	10 000/(1+4.3%)=9 588
购车	2	4.60%	$150\ 000/(1+4.6\%)^2=137\ 097$
购房	5	5.50%	$500\ 000/(1+5.5\%)^5=382\ 567$
子女教育	15	8.50%	$200\ 000/(1+8.5\%)^{15}=58\ 828$
退休	30	10.00%	$2\ 000\ 000/(1+10\%)^{30}=114\ 617$

每年应储蓄金额如表 25－5 所示。

表 25－5　目标时间法下每年应储蓄金额

理财目标	应投资的金额（元）	实际投资的金额（元）	应储蓄现值（元）	每年应储蓄金额
紧急预备金	35 000	35 000	0	0
旅游	9 588	9 588	0	0
购车	137 097	137 097	0	0
购房	382 567	318 315	64 252	n=5，I=5.5%，PV=64 252 元，FV=0 得出 PMT=−15 046.30 元
子女教育	58 828	0	58 828	n=15，I=8.5%，PV=58 828 元，FV=0 得出 PMT=−7 084.09 元
退休	114 617	0	114 617	n=30，I=10%，PV=114 617 元，FV=0 得出 PMT=−12 158.49 元
合计	737 697	500 000	237 697	34 288.88 元

在现有储蓄 3 万元的情况下，每年应调增储蓄 4 288.88 元，每年储蓄配置情况如表 25－6 所示。每月储蓄配置比例为股票 61.92%，存款 38.08%。

表 25－6　目标时间法下的家庭每年储蓄配置

理财目标	每年应储蓄金额（元）	股票比例	股票金额（元）	存款比例	存款金额（元）
紧急预备金	0	0%	0	100%	0
旅游	0	5%	0	95%	0
购车	0	10%	0	90%	0
购房	15 046.30	25%	3 761.58	75%	11 284.72
子女教育	7 084.09	75%	5 313.07	25%	1 771.02
退休	12 158.49	100%	12 158.49	0%	0
合计	34 288.88		21 233.14		13 055.74

在家庭现有资产 500 000 元的情况下，资产配置比例如表 25－7 所示。现有资产配置比例为股票 18.75%，存款 81.25%。

表 25-7 目标时间法下的家庭资产配置比例

理财目标	实际投资的金额（元）	股票比例	股票金额（元）	存款比例	存款金额（元）
紧急预备金	35 000	0%	0	100%	35 000
旅游	9 588	5%	479	95%	9 109
购车	137 097	10%	13 710	90%	123 387
购房	318 315	25%	79 579	75%	238 736
子女教育	0	75%	0	25%	0
退休	0	100%	0	0%	0
合计	500 000		93 768		406 232

家庭现有资产和每年储蓄配置比例如图 25-8 所示。

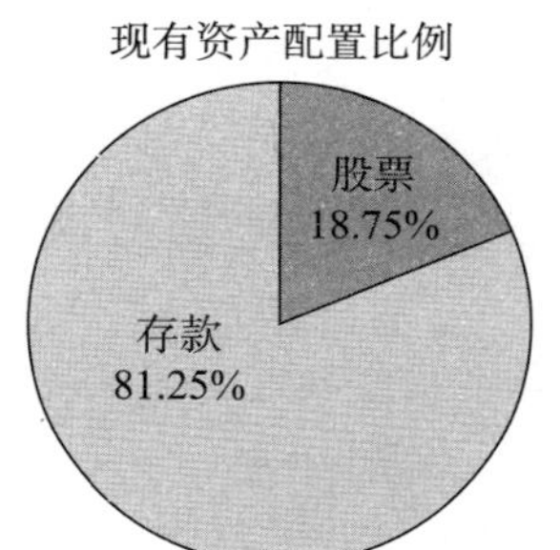

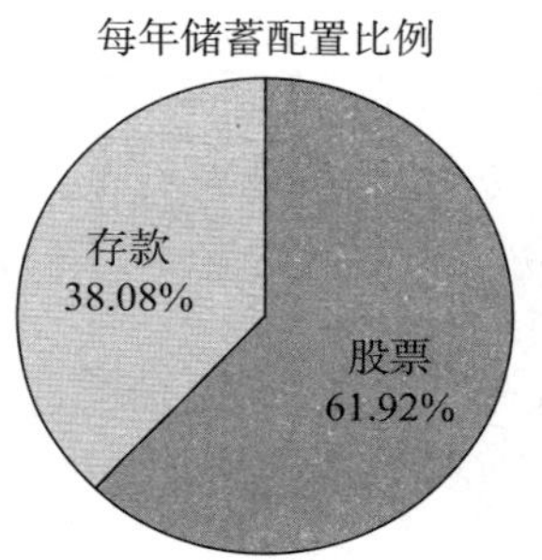

图 25-8 目标时间法下家庭现有资产和每年储蓄配置比例

三、使用目标工具法进行资产配置

为实现王先生的家庭理财目标，使用目标工具法，即一个目标配置一项投资工具，则投资工具配置如表 25-8 所示。

已知投资年限 n、预期收益率 I、届时金额 FV，则可依次计算出实现理财目标应投资的金额 PV，如表 25-9 所示。

考虑已有生息资产 50 万元，每年应有储蓄金额计算如表 25-10 所示。

在现有储蓄 3 万元的情况下，每年应调减储蓄 1 966.21 元。家庭现有资产和每年应有储蓄金额的配置比例如表 25-11 和图 25-9 所示。

表 25-8 目标工具法下的家庭资产配置比例

理财目标	年限	届时金额（元）	投资工具	预期收益率
紧急预备金	0	35 000	现金	0%
旅游	1	10 000	定期存款	4%
购车	2	150 000	债券基金	5%
购房	5	500 000	偏债券型基金	7%
子女教育	15	200 000	偏股票型基金	9%
退休	30	2 000 000	股票基金	10%

表 25－9　目标工具法下实现理财目标应投资的金额

理财目标	年限（n）	届时金额（FV）	投资工具	预期收益率（I）	应投资额（PV）
紧急预备金	0	35 000	现金	0%	35 000
旅游	1	10 000	定期存款	4%	9 615
购车	2	150 000	债券基金	5%	136 054
购房	5	500 000	偏债券型基金	7%	356 493
子女教育	15	200 000	偏股票型基金	9%	54 908
退休	30	2 000 000	股票基金	10%	114 617

表 25－10　目标工具法下每年应有储蓄金额

理财目标	应投资的金额（元）	实际投资的金额（元）	应储蓄现值（元）	每年应有储蓄金额
紧急预备金	35 000	35 000	0	0
旅游	9 615	9 615	0	0
购车	136 054	136 054	0	0
购房	356 493	319 331	371 632	n=5，I=7%，PV=37 162 元，FV=0 得出 PMT=－9 063.47 元
子女教育	54 908	0	54 908	n=15，I=9%，PV=54 908 元，FV=0 得出 PMT=－6 811.83 元
退休	114 617	0	11 4617	n=30，I=10%，PV=114 617 元，FV=0 得出 PMT=－12 158.49 元
合计	706 687	500 000	206 687	28 033.79 元

表 25－11　目标工具法下家庭每年应有储蓄金额的配置比例

理财目标	投资工具	现有资产金额（元）	现有资产比例	每年应有储蓄金额（元）	每年应有储蓄比例
紧急预备金	现金	35 000	7.00%	0	0.00%
旅游	定期存款	9 615	1.92%	0	0.00%
购车	债券基金	136 054	27.21%	0	0.00%
购房	偏债券型基金	319 331	63.87%	9 063.47	30.21%
子女教育	偏股票型基金	0	0.00%	6 811.83	22.71%
退休	股票基金	0	0.00%	12 158.49	40.53%
			剩余储蓄	1 966.21	6.55%

现有资产的配置比例

债券基金 27.21%
偏债券型基金 63.87%
现金 7%
定期存款 1.92%

每年应有储蓄金额的配置比例

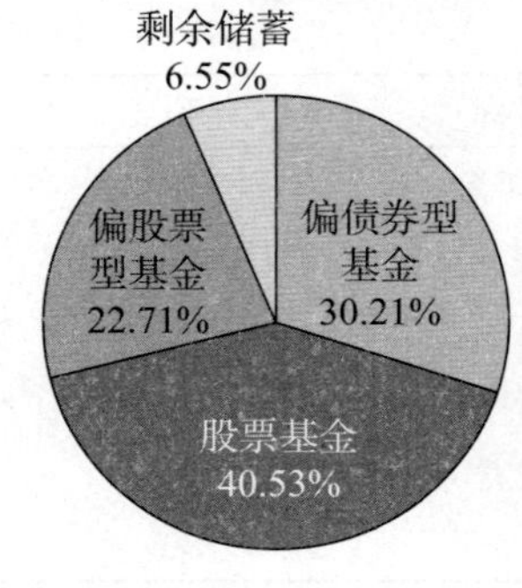

图 25－9　目标工具法下家庭现有资产和每年应有储蓄金额的配置比例

四、从当前投资组合到目标投资组合的调整方式

分析当前投资组合的流动性，确定哪些产品不可提前赎回，或提前赎回会有较大的本金损失。先调整流动性较好但不符合客户风险属性的产品。若金额较小，可一次调整到位；若金额较大，则可设定分批调整的次数与时限。密切注意流动性较差产品的到期日，提醒客户到期后根据建议调整。对于建议新增加的产品，注意发行日期或买入时机，通常在三个月内完成建仓。

第三节　绩效评估

对于一个投资组合，我们如何来评价它的业绩表现呢？在本节中，我们第一步将评估单一投资的业绩；第二步衡量投资组合的收益；第三步考虑风险因素，讨论投资组合经风险调整之后的业绩表现。

一、单项投资绩效的评估

在构造、调整投资组合或者评估投资组合业绩之前，有必要对单一投资的业绩进行评估。这样，理财师在为客户构造投资组合时，就可以根据客户的投资目标挑选合适的投资对象，构造合理的投资组合，或者在恰当的时候调整投资组合。

（一）信息收集

在评估投资业绩时，第一步是搜集反映每一投资对象实际业绩表现的数据，主要包括两类：投资对象的收益数据；经济与市场表现。

1. 投资对象的收益数据

分析投资业绩最基本的数据就是当前的市场信息，如股票和债券的每日报价、红利、利息和其他收入来源。通过每日记录价格和收益数据，就可以记载价格波动和累计收益情况。即使不通过每日记录，也可以通过查询行情数据，搜集到单一投资特别是证券的历史收益数据。在搜集证券的收益数据时，还应该关注公司的盈利状况，因为这可能影响公司的股票价格。

2. 经济与市场表现

经济与市场表现将影响投资对象的当期收益和市场价值。为了给客户构建合适的投资组合，或正确地调整投资组合，投资者应该紧密地跟踪分析国际国内经济和市场发展情况，评价这些变化可能给投资收益带来的潜在影响或冲击，从而正确进行投资决策。

（二）评估单项投资的业绩

衡量股票、债券、共同基金、期货或期权等单一证券的投资业绩，基本上采用持有期收益率。持有期收益率可以按期确定实际的投资收益状况，时间长短可以是 1 年、半年、1 月、1 周甚至是任意时间段，经常使用的是 1 年或 1 月。如果期间超过 1 年或者期间有现金流发生，持有期收益率由于不能考虑时间价值，不再是衡量收益的合适指标，此时应该选择内部收益率。

持有期收益率用公式可以表示为：

$$HPY=\frac{CI+(V_1-V_0)}{V_0}=\frac{CI+CG}{V_0}$$

其中，CI 表示持有期当期收益（current income），CG 表示持有期资本利得（capital gain），V_0和 V_1分别表示投资对象的期初和期末价值。

1. 债券与股票

除了持有期收益率外，还有几个指标可以衡量债券和股票投资的收益状况，包括衡量债券投资收益的当期收益率、到期收益率和衡量股票投资的红利收益率（dividend yield）。与上述指标相比，持有期收益率衡量了某一项投资在给定的投资期间实际获得的包括当期收益和资本增值在内的总收益，是一个衡量投资实际业绩表现的更好的指标。

债券的收益包括利息收入和因债券价格变化获得的资本利得。如实例 25－1 所示，如果不考虑税收因素，某投资者的客户购买某公司债券在 1 年期间获得的利息收入为 5 元/份，资本利得为 2.15 元/份，因此，该投资者的客户获得的持有期收益率为 7.28%，高于当期收益率 5%，这是因为债券价格上涨使投资者获得了额外的收益。如果考虑税收因素，该投资者的客户购买该债券在 1 年期间获得的税后利息收入为 4 元/份，税后资本利得为 1.61 元/份，因此，该投资者的客户获得的税后持有期收益率为 5.72%。

实例 25－1 某客户投资某公司债券，理财师为他搜集并整理了下列信息：

购买日：2017 年 7 月 1 日
购买数量：1 000 份
买入价：98.15 元/份
卖出日：2018 年 7 月 1 日
卖出数量：1 000 份
卖出价：100.30 元/份
利息支付日：2018 年 6 月 30 日
利息收入：5 元/份
利息税：20%
税后利息收入：4 元/份
税后资本利得：1.61 元/份

那么，客户在这一年投资该债券所获得的税前持有期收益率为

$$HPY=\frac{5+(100.30-98.15)}{98.15}=7.28\%$$

客户在这一年投资该债券所获得的税后持有期收益率为

$$HPY=\frac{4+1.61}{98.15}\times 100\%=5.72\%$$

股票的收益包括红利收入和股票价格变化获得的资本利得。如实例 25－2 所示，如果不考虑税收因素，某投资者购买某公司股票在 1 年期间获得的红利收入为 5 000 元，资本利得为 11 500 元，购买成本为 82 500 元，因此，该投资者获得的持有期收益率为 20.00%。如果考虑税收因素，该投资者购买该股票在 1 年期间获得的税后红利收入为 4 500 元，资本利得为 11 500 元，因此，该投资者获得的税后持有期收益率为 18.82%。

实例 25－2 某客户投资某公司股票，理财师为他搜集并整理了下列信息：

购买日：2017 年 7 月 1 日
购买数量：10 000 份
买入价：8.25 元/份
卖出日：2018 年 7 月 1 日
卖出数量：10 000 份
卖出价：9.40 元/份
红利支付日：2018 年 6 月 29 日
红利收入：0.5 元/份
红利税：10%
税后红利收入：0.45 元/份
资本利得：1.15 元/份

那么，客户在这一年投资该公司股票所获得的税前持有期收益率为

$$HPY=\frac{0.5+(9.40-8.25)}{8.25}=20.00\%$$

客户在这一年投资该公司股票所获得的税后持有期收益率为

$$HPY=\frac{0.45+1.15}{8.25}=19.39\%$$

2. 期权与期货

期权与期货的收益仅仅来源于资本利得。在使用持有期收益率衡量期货与期权收益状况时，可以视其当期收益为零。如实例 25－3 所示，客户获得的持有期收益率为 24%。

实例 25－3 某客户投资某期货合约，理财师为他搜集并整理了下列信息：

购买日：2017 年 7 月 1 日
购买数量：10 份
买入价：5 000.00 元/份
卖出日：2018 年 7 月 1 日

卖出数量：10 份

卖出价：6 200.00 元/份

资本利得：1 200.00 元/份

那么，客户在这一年投资该期货所获得的税前持有期收益率为

$$HPY=\frac{6\ 200-5\ 000}{5\ 000}=24.00\%$$

3. 共同基金

共同基金的收益基本上包括红利收入和共同基金净值变化，如果将共同基金净值变化等同于股票的资本利得，计算共同基金的持有期收益率与股票基本相同。不同的是，股票基金的红利收入可能包括投资收益红利和资本利得两部分。如实例 25－4 所示，如果不考虑税收因素，客户购买某共同基金在 1 年期间获得的投资收益红利为 15 元/100 份，因此，客户获得的持有期收益率为 17.39%。如果考虑税收因素，客户购买该共同基金在 1 年期间获得的税后红利收入为 13.50 元/100 份，资本利得为 5 元/100 份，因此，客户获得的税后持有期收益率为 16.09%。

实例 25－4 某客户投资某共同基金，理财师为他搜集并整理了下列信息：

购买日：2017 年 7 月 1 日

购买数量：10 000 份

买入价：1.15 元/份

卖出日：2018 年 7 月 1 日

卖出数量：10 000 份

卖出价：1.20 元/份

红利支付日：2018 年 6 月 30 日

投资收益红利：15 元/100 份

红利税：10%

税后红利收入：13.50 元/100 份

资本利得：5 元/100 份

那么，客户在这一年投资该共同基金所获得的税前持有期收益率为

$$HPY=\frac{1\ 500+(12\ 000-11\ 500)}{11\ 500}=17.39\%$$

客户在这一年投资该共同基金所获得的税后持有期收益率为

$$HPY=\frac{1\ 350+500}{11\ 500}=16.09\%$$

（三）市场指数评价基准

为了反映某一投资的业绩在同一类型投资中的相对位置，可以将其业绩与市场指数业绩进行比较。对于普通股分析，在美国市场上，经常使用的指数包括道琼斯工业平均指数、标准普尔 500 股票综合指数；在中国市场上，经常使用的指

数是上证综合指数、深证成份股指数。如果客户投资于上证A股，那么理财师可以建议他与上证综合指数进行比较。对于债券分析，在美国市场上，经常使用的指数包括道琼斯公司债券指数；在中国市场上，经常使用的指数是企业债指数、国债指数。另外，还可以使用债券的收益率数据对债券投资的业绩进行评价。对于共同基金，在海外金融市场上，经常使用理柏指数（Lipper index）评价股票基金和债券基金；在中国，基金指数可以作为基金业绩评价的参照物。

评估市场指数的业绩基本上与单一投资原理相同，不仅要考虑指数的资本利得，即指数点数变化，还要考虑指数的当期收益，即指数中各样本证券的当期收益总和。计算市场指数的收益率尤其是当期收益相对复杂，需要较多信息，一般可以向专业机构查询。

（四）投资绩效与投资目标比较

计算了每一项投资的持有期收益率之后，理财师应该将各项投资的实际业绩表现与事先为客户设定的投资目标进行比较，这有助于理财师为客户制定合理的投资决策，例如建议客户应该继续持有哪项投资或应该卖出哪项投资。在下列情况下，应该建议客户卖出某项投资：（1）该项投资的表现没有预期的那样好，并且预计业绩将不会出现实质性改善；（2）该项投资已经达到预定目标；（3）当前有更好的投资可供选择。

二、投资组合绩效的评估

一旦建立投资组合，就需要定期对投资组合的业绩表现进行评估，然后根据评估结果，对照事先设定的投资目标，对其进行适当调整。在这里，我们使用一个假定的投资组合来介绍如何衡量投资组合的收益状况。

（一）投资组合收益的测定

与衡量单一投资的收益状况一样，我们也可以使用持有期收益率来衡量投资组合的业绩表现。对于持有期为1年的投资组合，持有期收益率可以用公式表示为

$$HPY_p=\frac{CI_P+RCG+UCG}{V_{p0}+NF\times\frac{np}{12}-WF\times\frac{wp}{12}}$$

其中，CI_p表示投资组合的当期收益，RCG和UCG分别表示投资组合已实现和未实现的资本利得，V_{p0}表示投资组合的期初市值或投资金额，NF和WF分别表示投资组合的新增和收缩投资金额，np和wp分别表示新增投资或收缩投资在投资组合中持续的有效月份数。例如，如果投资者在5月初新增一笔投资于其投资组合之中，那么，计算从年初到年末这段时间的持有期收益率时，np等于8。该持有期收益率对期间的投资金额进行了时间加权。这是与单项投资计算持有期收益率的不同之处。

第一步，计算投资组合的期初投资金额。只要收集到投资组合中各证券的份

数与期初价格，就可以计算投资组合的期初投资金额。如果各种证券期初价格为 P_{i0}，持有份数为 x_i，那么投资组合的期初价值或期初投资金额用公式表示为

$$V_{p0}=\sum_{i=1}^{n}x_iP_{i0}$$

第二步，计算投资组合的当期收益。只要收集到投资组合中各证券在持有期获得的当期收益，就可以计算投资组合的当期收益。如果各种证券当期收益为 CI_i，那么投资组合的当期收益用公式表示为

$$CI_p=\sum_{i=1}^{n}CI_i$$

第三步，计算投资组合的资本利得。如果期间投资者对投资组合进行了调整，则投资者的资本利得分为两部分：一部分是已实现的资本利得，例如卖出某一证券，其销售收入与该证券对应份数期初市值之差，就是已实现的资本利得；另一部分是未实现的资本利得，这是由于期末投资者没有将投资组合中的各种证券卖出，期末与期初市值之差是账面上的资本利得，因此是未实现的资本利得。需要注意的是，当投资者在期间对投资组合进行了调整，在计算未实现的资本利得时，对于调整过的证券，要计算调整之后的期初市值。

当然，持有期并不一定是 1 年。如果投资组合在某一段时间内既没有新增投资也没有收缩投资，而且红利收入或利息收入都是发生在期末，那么完全可以使用持有期收益率衡量投资组合的业绩。为了简单起见，我们可以将这样的时间段称为单一时期。由于持有期收益率不考虑时间价值，对于持有期不是 1 年的，首要的条件是持有期间没有发生现金流或现金流规模相对较小，否则计算出来的收益率误差较大。对于持有期不是 1 年的持有期收益率，要根据收益率年度化方法将其转化成 1 年期收益率。在衡量投资组合业绩的时候，也要考虑税收因素，方法与单项投资完全相同，此处不再赘述。此外，如果对于期末市值、当期收益是预期的，那么计算得到的投资组合的收益率是预期持有期收益率。

（二）简单案例

先来看一个简单的例子。如实例 25－5 所示，该投资组合由 a、b 两只股票构成，所有的现金流发生在期初和期末，投资者在期间也没有对投资组合进行任何调整，因此，计算投资组合的持有期收益率与单一投资完全相同。假定本例中不考虑税收因素。

实例 25－5 对于表 25－12 中由 a、b 两只股票组成的投资组合，我们按照上述两种方法可以计算投资组合的收益率。

表 25－12　由 a、b 两只股票组成的投资组合

股票	持股数量（股）	期初价格（元/股）	期末价格（元/股）	期末红利（元/股）
a	100	20	24	1
b	200	15	16	2

解析 第一种方法：

（1）计算投资组合的期初和期末价值：

$$V_{p0}=100\times20+200\times15=5\ 000(\text{元})$$
$$V_{p1}=100\times24+200\times16=5\ 600(\text{元})$$

（2）计算投资组合的当期收益：

$$D_p=100\times1+200\times2=500\ (\text{元})$$

（3）计算投资组合的持有期收益率：

$$R_p=\frac{5\ 600+500}{5\ 000}-1=22\%$$

第二种方法：

（1）计算各只股票的持有期收益率：

$$R_1=\frac{24+1}{20}-1=25\%$$

$$R_2=\frac{16+2}{15}-1=20\%$$

（2）计算各只股票的期初投资比例：

$$w_1=\frac{100\times20}{5\ 000}=0.40,\quad w_2=1-w_1=0.60$$

（3）使用加权平均法计算投资组合的持有期收益率：

$$R_p=0.40\times25\%+0.60\times20\%=22\%$$

总而言之，第一种方法是先计算出期初、期末的投资组合的市值和当期收益，然后直接计算投资组合的持有期收益率；第二种方法是先计算各种证券的持有期收益率，然后以期初各证券的投资比例为权重，采用加权平均法计算投资组合的持有期收益率。两种方法计算的结果都是22%。

（三）复杂案例

再来看一个比较复杂的例子。理财师根据某个客户的投资需要建立了一个股票投资组合。客户现在32岁，每年有15万元左右的稳定收入来源。他主要的投资目标是获取价差收益。假设表25-13描述了该股票投资组合截至2017年6月30日的有关信息。根据分析，理财师认为在2017年下半年，奇虎360将在国内借壳上市，并且通过对其财务顾问华泰联合的分析，将被借壳公司锁定在江南嘉捷和乔治白两者中间，建议客户买进乔治白（江南嘉捷已停牌），等待上涨。而东安动力所在的军工板块表现不佳，东安动力的二季度业绩预期也已经基本体现在了股价涨幅中，不会再有更大的增长，因此建议客户于2017年7月7日卖出该股票，卖出价为10.00元/股，并将卖出该股票所得15 000元全部用于购买乔治白，买入价为7.50元/股。

1. 衡量投资金额

根据表 25－13，理财师可以计算客户在 2017 年 6 月 30 日股票投资组合的市值。假设客户让理财师为他评估 2017 年 6 月 30 日至 2017 年 11 月 13 日期间股票投资组合的收益状况，那么，2017 年 6 月 30 日股票投资组合的市值 75 250 元就被视为他这一段时间的投资金额。尽管在 2017 年 7 月 7 日，客户用卖出 1 500 股东安动力的收入购买了 2 000 股乔治白，但是，在这期间，他并没有投入新的资金。

表 25－13　　某客户的股票投资组合（2017 年 6 月 30 日）

股票代码	股票名称	购买日期	购买股数（股）	买入价格（元/股）	投资金额（元）	当前每股价格（元/股）	当前市值（元）
000004	国农科技	2017 年 3 月 31 日	500	36.00	18 000	25.00	12 500
600178	东安动力	2017 年 5 月 5 日	1 500	10.00	15 000	9.50	14 250
600000	浦发银行	2017 年 6 月 9 日	1 000	13.00	13 000	12.80	12 800
600009	上海机场	2017 年 6 月 6 日	500	37.00	18 500	37.00	18 500
600028	中国石化	2017 年 6 月 6 日	1 000	6.05	6 050	5.90	5 900
600111	北方稀土	2017 年 6 月 6 日	1 000	10.90	10 900	11.30	11 300
	合计				81 450		75 250

2. 衡量当期收益

正如前面单项投资的收益主要有当期收益和资本利得两个收入来源一样，投资组合也不例外。投资组合的当期收益来源于组合中各项投资的当期收益，一般包括红利、利息等。假设国农科技等 6 家上市公司均于 2017 年八九月份分配红利，且均为现金红利，具体分配金额如表 25－14 所示。由于客户在 2017 年 7 月 7 日已经将所持有的 1 500 股东安动力卖出，不能分享该公司的红利收入。相反，他在 2017 年 7 月 7 日新买入的 2 000 股乔治白却能够分享其红利收入。因此，他在 2017 年 6 月 30 日至 2017 年 11 月 13 日期间持有该股票投资组合获得的红利收入为 440 元。

表 25－14　　客户获得的红利收入（2017 年 6 月 30 日至 2017 年 11 月 13 日）

股票代码	股票名称	购买股数（股）	税后红利（元/股）	红利收入（元）
000004	国农科技	500	0.06	30
600178	东安动力	0	0.04	0
600000	浦发银行	1 000	0.10	100
600009	上海机场	500	0.08	40
600028	中国石化	1 000	0.12	120
600111	北方稀土	1 000	0.05	50
002687	乔治白	2 000	0.05	100
	合计			440

3. 衡量资本利得

在 2017 年 11 月 13 日之前，除了 2017 年 7 月 7 日卖出东安动力买入乔治白之外，客户并没有再次调整他的股票投资组合。那么，他在这一年时间里获得的资本利得包括两部分：一是已经实现的资本利得，也就是 2017 年 7 月 7 日卖出东安动力的收入与 2017 年 6 月 30 日该股票的市值之差，为 750 元；二是未实现的资本利得，如表 25－15 所示。由于到 2017 年 11 月 13 日，尽管他调整之后的投资组合的市值为 85 100 元，只要他不卖出股票，这些市值就只是账面价值，因此，这些账面价值与调整之后的投资组合在 2005 年 7 月 1 日的市值之间的差额被称为未实现的资本利得，为 9 100 元。需要注意的是，乔治白的期初市值是 2017 年 7 月 7 日的市值。

表 25－15　　客户未实现的资本利得（2017 年 6 月 30 日至 2017 年 11 月 13 日）

股票代码	股票名称	持有股数（股）	期初市值（元）	期末市价（元/股）	期末市值（元）	未实现的资本利得（元）
600000	浦发银行	1 000	12 800	12.80	12 800	0
600009	上海机场	500	18 500	43.50	21 750	3 250
600028	中国石化	1 000	5 900	6.10	6 100	200
600111	北方稀土	1 000	11 300	14.50	14 500	3 200
000004	国农科技	500	12 500	25.90	12 950	450
600178	东安动力	0	0	7.40	0	0
002687	乔治白	2 000	15 000	8.50	17 000	2 000
	合计		76 000		85 100	9 100

4. 计算持有期收益率

按照投资组合持有期收益率计算公式，根据上述信息，理财师可以为其客户计算出他在这一段时间投资该股票组合可以获得约 13.67%的收益率，计算过程如实例 25－6 所示。

实例 25－6　根据上述信息，理财师可以为客户计算其投资组合在这一年的持有期收益率。

投资金额或调整前的期初市值（2017 年 6 月 30 日）：75 250 元

追加投资金额：0 元

收缩投资金额：0 元

当期收益：440 元

已实现的资本利得：750 元

期末市值（2017 年 11 月 13 日）：85 100 元

调整后的期初市值（2017 年 6 月 30 日）：76 000 元

未实现的资本利得（2017 年 11 月 13 日）：9 100 元

那么，客户投资组合的持有期收益率为

$$HPY_p = \frac{440+750+9\ 100}{75\ 250} = 13.67\%$$

（四）与市场指数进行比较

市场指数的业绩是投资组合业绩衡量的参照物，通常被称为基准。前面，我们简要介绍了选择合适的市场指数以及市场指数的业绩衡量方法。对于实例 25-5，投资组合包含的是两只股票，假设均在上海证券交易所上市交易，那么投资者可以选择上证综指作为基准。如果在同一时期，上证综指的收益率为 23.50%，那么可以说，该投资组合的业绩表现不及大盘。对于实例 25-6，投资组合包含 7 只股票，其中 5 只在上海证券交易所上市，2 只在深圳证券交易所上市，那么理财师可以选择沪深 300 指数作为基准。如果在同一时期，沪深 300 指数的收益率为 6.30%，那么可以说，该投资组合的业绩表现超过大盘。这种比较只考虑收益状况，而没有考虑风险因素。风险调整的业绩衡量指标将在本节最后一部分详细讨论。

三、时间加权收益率与金额加权收益率

在单一时期，由于期间既没有新增投资也没有收缩投资，红利或利息基本上在期末支付，因此，投资组合收益率基本上是按照简单的持有期收益率计算的。如果投资者持有投资组合一段时间，并且在此期间，投资者还向资产组合注入或抽回了资金，那么测算收益率就不能采用持有期收益率这种简单方法了。对于这种情况，衡量投资组合的收益率有以下两种方法可供选择：时间加权收益率法和金额加权收益率法。

（一）时间加权收益率法

时间加权收益率（time-weighted rate of return）是各个时期的持有期收益率的平均数。根据计算平均值的方法不同，分为算术平均时间加权收益率和几何平均时间加权收益率。

按照算术平均法，将各个时期的持有期收益率加总除以时期数，就可以得到算术平均时间加权收益率。如果投资组合在各个时期的持有期收益率分别为 R_1，R_2，…，R_T，那么，算术平均时间加权收益率用公式可以表示为

$$R = \frac{\sum_{t=1}^{T} R_t}{T}$$

几何平均法是根据复利原理，认为以前各期的本利收益将在以后各期按照各期的持有期收益率增值，各个时期投资价值的平均增长率就是几何平均时间加权收益率。如果投资组合在各个时期的持有期收益率为 R_1，R_2，…，R_T，那么，几何平均时间加权收益率用公式可以表示为

$$(1+R)^T = (1+R_1)(1+R_2)\cdots(1+R_T)$$

$$=\prod_{t=1}^{T}(1+R_t)$$

$$\Rightarrow R=\sqrt[T]{(1+R_1)(1+R_2)\cdots(1+R_T)}-1$$

实例 25－7 某投资者在第一年年初购买了 100 份共同基金。第一年年初共同基金的价值为 50 元/份，第一年年末为 56 元/份，第二年年末为 58 元/份，投资者在第一年、第二年年末获得的当期收益均为 5 元/份。投资者在第一年年末新增投资，又购买了 100 份共同基金，在第二年年末将所有的共同基金卖出。那么，如何衡量投资者的时间加权收益率呢？

我们可以按照前面所讲的持有期收益率计算第一年和第二年的收益率：

对于第一年：

$$R_1=\frac{56+5}{50}-1=22.00\%$$

对于第二年：

$$R_2=\frac{58+5}{56}-1=12.50\%$$

那么，算术平均时间加权收益率为

$$R=\frac{22.00\%+12.50\%}{2}=17.25\%$$

那么，几何平均时间加权收益率为：

$$(1+R)^2=(1+22.00\%)(1+12.50\%)\Rightarrow R=17.15\%$$

根据实例 25－7 可以看出，按照算术平均法计算的时间加权收益率大于按照几何平均法计算的时间加权收益率。当各期收益率不完全相等时，这实际上是一般的结论，后面将对此进行解释。

（二）金额加权收益率法

在实例 25－7 中，尽管投资者在第一年年末新增了投资，但是时间加权收益率并没有考虑这一因素，忽略了投资金额对收益率的影响。为了考虑各个时期投资金额的不同，需要使用金额加权收益率方法来衡量投资业绩。

金额加权收益率（dollar-weighted rate of return）是使得投资组合在各个时点的现金流入的贴现值总和等于现金流出的贴现值总和的贴现率。它既考虑了投资组合在各个时点现金流的时间价值，又考虑了不同时期投资金额不同对投资组合平均收益率的影响。实际上，金额加权收益率是使投资组合的净现值等于零的内部收益率。如果用 CIF_t 和 COF_t 分别表示投资组合在时点 t 的现金流入和现金流出，那么金额加权收益率可用公式表示为

$$\sum_{t=1}^{T}\frac{CIF_t}{(1+R)^t}=\sum_{t=1}^{T}\frac{COF_t}{(1+R)^t}$$

实例 25－8 请计算实例 25－6 中投资者的金额加权收益率。

解析　如图 25－10 所示，我们可以画出投资者投资组合的价值时间分布图，这可以帮助我们清楚地表示各个时点投资组合的现金流入和流出情况。按照金额加权收益率的计算原理可得：

$$5\ 000+\frac{5\ 600}{1+r}=\frac{500}{1+r}+\frac{11\ 600+1\ 000}{(1+r)^2}\Rightarrow r=15.74\%$$

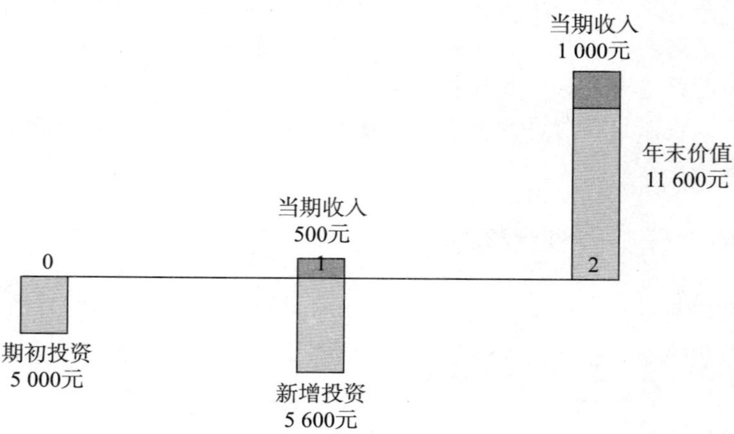

图 25－10　投资者投资组合的价值时间分布

在实例 25－8 中，金额加权收益率小于时间加权收益率，这是由于第二年投资金额较大，但收益率较低。那么，这是否意味着任何时候金额加权收益率都小于时间加权收益率呢？这不是一般性的结论，它们之间的大小取决于各个时期收益率和投资金额分布情况。

（三）金额加权收益率与时间加权收益率的比较

首先，金额加权收益率比时间加权收益率更准确。投资者通常希望在收益率升高时新增投资，而在收益率降低时收缩投资。如果要准确地反映不同时期投资金额不同对投资业绩所造成的影响，就应该考虑使用金额加权收益率。这是因为，金额加权收益率充分考虑了各个时期投资资金不同对平均收益率的影响。对于投资者而言，金额加权收益率在评价投资组合的业绩时比时间加权收益率更加准确。

其次，时间加权收益率比金额加权收益率使用更频繁。尽管金额加权收益率比时间加权收益率更准确，但人们还是更频繁地使用时间加权收益率。例如，在基金管理中，尽管每一个投资者都在频繁地调整自己持有的共同基金份额，但是基金管理者管理的整只基金的规模变化可能微不足道，或者由于共同基金规模变化过于频繁，基金管理者并不能完全掌握基金规模变化的时点和额度，使用金额加权收益率显得不必要或者“吹毛求疵”。在实际应用中，更多的是使用时间加权收益率来评价投资组合（例如共同基金）的业绩。

（四）算术平均收益率与几何平均收益率的比较

首先，算术平均收益率采用单利原理，潜在假定每一期的当期收益不进行再投资，而几何平均收益率采用复利原理，暗含的假设条件是各期的当期收益要进行再投资。

其次，对于相同的投资组合，算术平均收益率一般要比几何平均收益率大。例如，在实例 25－7 中，投资者获得的几何平均收益率为 17.15%，算术平均收益率为 17.25%。考虑一个极端例子，某投资组合在第一年的收益率为 100%，第二年的收益率为－50%，那么，该投资组合的算术平均收益率为 25%，几何平均收益率为 0。几何平均收益率远小于算术平均收益率。实际上，第二年－50%的收益率完全抵消了第一年 100%的收益率，使得平均收益率为 0。几何平均收益率正确地考虑了这个情况，而算术平均收益率则犯了一个不小的错误，这个错误是由两个时期的收益率相差太大所致。每期收益率差异越大，几何平均收益率与算术平均收益率的差别也就越大。实际上，几何平均收益率是计算一段时期已实现的平均收益率更好的选择。

最后，由于算术平均收益率是预期收益率的无偏估计量，因此，在选取样本预测投资组合的预期收益率时，我们常常选用算术平均收益率而不是几何平均收益率。在选取样本估计预期收益率时，一般认为各个时期的收益率在将来都有可能出现，如果是等概率的，就可以采用简单算术平均法计算期望收益率，如果不是等概率的，就可以采用加权算术平均法计算期望收益率。实际中往往采用简单算术平均法。

实例 25－9 某投资组合在 2009—2018 年各年的收益率如表 25－16 所示。那么，该投资组合在这段时间已实现的年平均收益率是多少？估计 2019 年的预期收益率是多少？

表 25－16　某投资组合的收益状况（2009—2018 年）

年份	收益率（%）	年份	收益率（%）
2009	10.0	2014	－3.2
2010	－9.5	2015	15.4
2011	8.0	2016	12.0
2012	3.6	2017	6.5
2013	0.8	2018	5.5

解析 按照几何平均法计算这 10 年间投资组合已实现的平均收益率更为恰当，因此，该投资组合在这段时间已实现的年平均收益率为

$$(1+r)^{10}=(1+10.0\%)(1-9.5\%)\cdots(1+5.5\%)\Rightarrow r=4.67\%$$

按照算术平均法计算 2019 年的预期收益率更为恰当，因此，该投资组合在 2019 年的预期收益率为：

$$E(r)=\frac{10\%+(-9.5\%)+\cdots+5.5\%}{10}=4.91\%$$

实例 25－9 充分表明了在什么时候选择几何平均法，又在什么时候选择算术平均法计算平均收益率会更为恰当。

四、经风险调整的业绩评估

前面所讲的投资组合业绩衡量方法都没有考虑风险因素。为了比较投资组合的业绩，仅仅考虑投资组合的收益是不够的，还必须根据风险对投资组合的收益进行调整。风险调整的业绩衡量方法有许多种，这里主要介绍特雷诺比率和夏普比率。

（一）特雷诺比率

杰克·特雷诺（Jack Treynor）于1965年提出了第一个经风险调整的业绩衡量指标，该指标后来被称为特雷诺比率（Treynor's measure）。他认为，投资组合的风险主要来源于两部分，一个是由市场整体波动引起的，即系统风险或不可分散风险；另一个是投资组合中单一证券个性波动引起的，即非系统风险或可分散风险。然而，对于充分分散化的投资组合，投资组合中单一证券的特殊风险完全被消除了，只剩下不可分散风险。因此，他认为，作为衡量不可分散风险的相对指标，β值较好地衡量了充分分散化的投资组合的风险状况，可以用β值作为它们的收益状况的风险调整因子。特雷诺比率用公式可以表示为

$$TR_p=\frac{\bar{R}_p-R_f}{\beta_p}$$

其中TR_p表示投资组合的特雷诺比率，$\bar{R}_p$表示投资组合的平均收益率，R_f表示无风险收益率。

由于特雷诺比率分子表示投资组合的风险溢价，因此，特雷诺比率的含义是投资组合每单位不可分散的风险所获得的风险溢价。一般地，特雷诺比率越大，表明投资组合每单位不可分散的风险获得的风险溢价越高，其业绩表现越好。

对于市场组合，由于它的β值等于1，因此市场组合的特雷诺比率为$TR_M=\bar{R}_M-R_f$，它实际上是一个特例。

实例25-10 计算某投资组合的特雷诺比率。已知该投资组合的平均收益率为7%，沪深300指数的平均收益率为6.3%，如果无风险收益率为4.8%，投资组合的β值为1.1，那么，该投资组合的特雷诺比率为

$$TR_p=\frac{7\%-4.8\%}{1.1}=2\%$$

同理，可以计算出沪深300指数的特雷诺比率为

$$TR_M=\frac{6.30\%-4.8\%}{1.0}=1.5\%$$

根据实例25-10的计算结果，客户持有的投资组合的特雷诺比率大于沪深300指数。因此，按照特雷诺比率，他的投资组合的风险调整业绩表现好于市场。

（二）夏普比率

威廉·夏普（William Sharp）于 1966 年提出了第二个经风险调整的业绩衡量指标，后来被称为夏普比率（Sharp's measure）。与特雷诺只考虑系统风险不同，夏普认为，尽管投资组合具有风险分散作用，但是，一般不可能彻底分散非系统风险，因此，在对投资组合的风险溢价进行风险调整的时候，应该使用衡量投资组合总风险的指标，通常是投资组合收益率的标准差 σ_P。按照上述分析，投资组合的夏普比率用公式可以表示为

$$SR_p = \frac{\bar{R}_p - R_f}{\sigma_p}$$

其中，SR_p 表示夏普比率，$\bar{R}_p$ 表示投资组合的平均收益率，R_f 表示无风险收益率。

同理，市场组合作为一个特殊的投资组合，它的夏普比率应该表示为

$$SR_M = \frac{\bar{R}_M - R_f}{\sigma_M}$$

其中 $\bar{R}_M$ 表示市场组合的平均收益率。

夏普比率的含义是投资组合的每单位总风险所获得的风险溢价。一般情况下，夏普比率越大，表明投资组合单位总风险获得的风险溢价越高，其业绩表现越好。

实例 25－11 计算实例 25－10 中投资组合的夏普比率。如果无风险收益率为 4.8%，客户的投资组合的标准差为 11%，沪深 300 指数的标准差为 9%，那么，该投资组合的夏普比率为

$$SR_p = \frac{7\% - 4.8\%}{11\%} = 0.20$$

同理，可以计算出沪深 300 指数的夏普比率为

$$SR_M = \frac{6.30\% - 4.8\%}{9\%} = 0.17$$

根据上述计算结果，客户的投资组合的夏普比率为 0.20，而沪深 300 指数的夏普比率为 0.17。这表明，按照夏普比率，该客户的投资组合的风险调整业绩表现好于市场。

夏普比率用标准差衡量全部风险，而特雷诺比率则仅仅考虑了用 β 值所表示的系统风险。当投资者当前的投资组合为唯一投资时，用标准差作为投资组合的风险指标是合适的；当投资者除当前投资组合外，还有其他若干投资组合，即投资完全分散化时，则选择 β 系数作为当前投资组合的风险指标是合适的。

第4篇

员工福利与退休规划

第二十六章

员工福利概述

本章提要

本章内容分为两部分，首先，介绍薪酬的定义、特征、内容结构以及支付方式；其次，介绍员工福利的定义、特点及分类等。

本章内容包括：

- 薪酬体系；
- 员工福利。

通过本章学习，读者应该能够：

- 理解薪酬与员工福利之间的关系；
- 理解员工福利的范畴及分类。

第一节　薪酬体系

一、薪酬的定义

薪酬是指企业为获得员工提供的服务或解除劳动关系而给予的各种形式的报酬或补偿。员工薪酬包括短期薪酬、带薪休假、利润分享计划、离职后福利、辞退福利和其他长期员工福利。此外，企业提供给员工配偶、子女、受赡养人、已故员工遗属及其他受益人等的福利，也属于员工薪酬。[①]

（1）短期薪酬，是指企业在员工提供相关服务的年度报告期间结束后 12 个月内需要全部予以支付的员工薪酬，因解除与员工的劳动关系给予的补偿除外。

① 资料来源于《企业会计准则第 9 号——职工薪酬（2014 年修订）》（2014 年 7 月 1 日起施行）。

具体包括：职工工资、奖金、津贴和补贴，职工福利费，医疗保险费、工伤保险费和生育保险费等社会保险费，住房公积金，工会经费和职工教育经费等。

（2）带薪休假，是指企业支付工资或提供补偿的员工休假，包括年休假、病假、短期伤残、婚假、产假、丧假、探亲假等。

（3）利润分享计划，是指因员工提供服务而与员工达成的基于利润或其他经营成果提供薪酬的协议。

（4）离职后福利，是指企业为获得员工提供的服务而在员工退休或与企业解除劳动关系后，提供的各种形式的报酬和福利，短期薪酬和辞退福利除外。

（5）辞退福利，是指企业在员工劳动合同到期之前解除与员工的劳动关系，或者为鼓励员工自愿接受裁减而给予员工的补偿。

（6）其他长期员工福利，是指除短期薪酬、离职后福利、辞退福利之外所有的员工薪酬，包括长期带薪休假、长期残疾福利、长期利润分享计划等。

基于对未来生活可能遇到的社会风险的认识，劳动者在选择工作时已开始考虑疾病、失业、工伤、养老、养育子女和供养老人等负担和风险。因此，帮助员工抵御社会风险成为企业分配和补偿员工的考虑因素，这促使延期支付[①]方案流行起来，它在总薪酬中所占的比例日益加大。员工在关注当期收入的同时，对延期收入的关注开始上升，并越来越追求延期收入的种类和质量。

二、薪酬的特征

（1）薪酬反映了按生产要素补偿的原则，对影响生产结果和参与分配的因素给予补偿。生产要素包括资本、劳动力、土地、技术和信息等。生产要素的所有者应按其直接或间接投入生产、经营活动的数量和质量或贡献率获取收益。

（2）薪酬概念承认个人对单位的各种贡献，并按照贡献对个人进行补偿，分配标准具体包括岗位责任、实际绩效、年功等。

（3）全面补偿原则，不仅包括员工因其劳动付出获得的劳动贡献补偿（主要是工资），还包括单位为员工提供相应的社会保障福利（如基本养老保险、企业年金、医疗保险等）。

（4）薪酬是一揽子安排，包括内在和外在补偿、货币和非货币补偿、当期和延期收入。

三、薪酬的结构

薪酬包括两部分：工资和员工福利，具体见图 26－1。

薪酬的各组成部分均具有不同的属性，由此形成的结构反映出职业、行业和人力资本的不同特征。

---

① 延期支付的概念将在本节后段具体讲解。

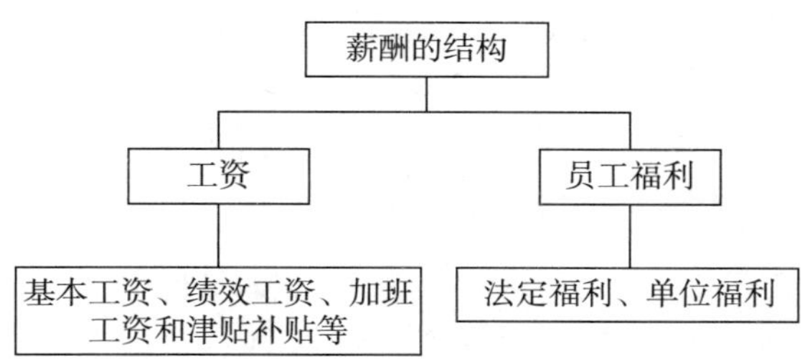

图 26-1　薪酬的结构

(一) 工资

工资指基于员工劳动贡献当期支付的薪酬，包括基本工资、绩效工资、加班工资和津贴补贴等。

工资是近代工业革命的产物，是维持工人生存的主要物质基础。早期工资制度下工资被称为生存工资，即工资用以维持生命。约翰·穆勒等学者曾于 19 世纪中叶提出了工资基金理论，即工资取决于资本，是资本家全部资本补偿生产资料消耗以后的剩余部分，是一个固定的总量。美国经济学家马丁·魏茨曼在 1984 年提出分享经济论，认为应当把固定工资改为与企业经营效益挂钩的指数，建立工人和雇主共同分享企业利润的激励性分配制度。如今，要素进入分配领域。要素包括物质资本和人力资本以及相关因素，人力资本分为体力型、技能型和智能型。要素进入分配领域是基于客观存在和人们的认识与共识而发生的。伴随人们对生产要素的不断认知，工资的内容和形式均逐渐发生变化，到 20 世纪末期，工资概念在西方工业国家已被具有一揽子计划特征的薪酬所覆盖，这是时代变革的缩影。

工资具有以下特点：第一，工资收入的主要形式是货币。随着现代金融的发展，银行卡、储蓄账户逐渐取代了现金发放的方式，但从广义货币的定义来看，这些发放方式并没有脱离货币的范畴。第二，获得工资的依据是劳动合同。劳动合同是一种长期雇佣关系的合同，它与劳务合同不同。劳务合同不以长期合同关系为目标，而是以劳务提供方完成特定任务为前提取得合同约定的劳务报酬。第三，工资以当期支付为主。按照《劳动法》及《劳动合同法》的相关规定，用人单位必须及时足额发放工资，如果用人单位扣发、延发、拖欠工资，劳动者有权解除劳动合同并获得相应的补偿，这在法律的层面上决定了工资的支付形式必须是当期的甚至是即期的。

在进行理财规划时，不仅要看工资的累积现值，还要测算未来自由储蓄的价值，甚至要根据“看穿”原则判断员工的薪酬单所反映的当期收入和延期收入，如法定福利中的退休金和医疗报销额，以及单位福利待遇等。

(二) 员工福利

员工福利指员工的非工资性收入，是基于雇佣关系，在保障和激励的原则下，保障员工基本生活需要、提高员工生活质量的薪酬制度安排。

员工福利的内容将在下一节中介绍。

专栏 26－1

《2017 中国薪酬白皮书》

《2017 中国薪酬白皮书》对于 2017 年上半年人力资源尤其是薪酬福利管理的相关内容做了概括和总结，其中关于薪酬及员工福利的情况如图 26－2 和图 26－3 所示。

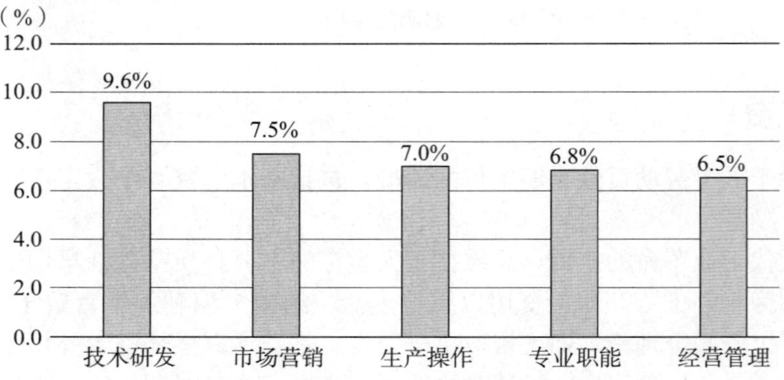

图 26－2　2017 年上半年各职业类别薪酬增长率

说明：创新导向越来越被企业视为转型的原动力，企业对技术研发人才的竞争仍然激烈，技术研发人才薪酬涨幅较高。

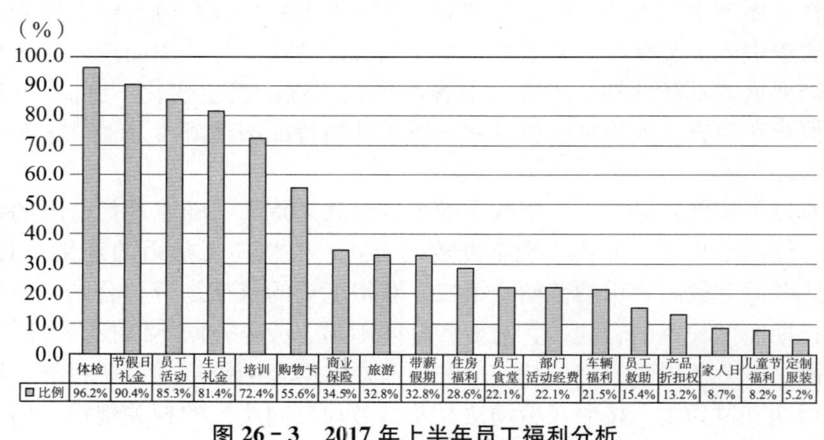

	体检	节假日礼金	员工活动	生日礼金	培训	购物卡	商业保险	旅游	带薪假期	住房福利	员工食堂	部门活动经费	车辆福利	员工救助	产品折扣权	家人日	儿童节福利	定制服装
□比例	96.2%	90.4%	85.3%	81.4%	72.4%	55.6%	34.5%	32.8%	32.8%	28.6%	22.1%	22.1%	21.5%	15.4%	13.2%	8.7%	8.2%	5.2%

图 26－3　2017 年上半年员工福利分析

四、薪酬的支付方式

薪酬的支付方式包括当期支付与延期支付。

（一）当期支付

当期支付即按照当前承诺的时间支付薪酬，通常按周、月或年进行支付。“当期”一词，从财务上讲通常指一年之内。当期支付的主要形式包括：基本工资、奖金、津贴、年红利、年薪，以及其他当期可以兑现的福利等。

当期支付的主要特征有：(1) 当期兑现，属于即时权益；(2) 工资补偿，指对员工工作贡献的直接补偿，补偿形式主要是现金，补偿的水平主要考虑服务年限、岗位责任、工作绩效等因素；(3) 非全额薪酬，仅是薪酬的一部分，即从应发额到实发额，向延期支付计划的供款（社会保险缴费）已经被扣除。

（二）延期支付

延期支付即按照预先承诺延期获得的薪酬。延期支付的依据包括法定条件和约定条件，前者即法律明文规定的条件；后者指商定条件，包括集体协议、劳动合同或专项企业规章约定的条件。延期支付的主要形式包括社会保险、住房公积金、企业年金和股权收益等。“延期”通常指一年以上。

延期支付具有长期激励和约束作用，同时可以减少工资税带来的成本，因此被西方国家许多公司看好，是关键岗位人才的“金手铐”。目前，在西方国家的大型公司和国际组织里，延期支付已经占到员工薪酬总额的20%～40%。

延期支付的主要特征有：

(1) 延期支付是薪酬的重要组成部分，由于其具有长期激励、税收优惠的优点而被广泛采用，延期支付在薪酬中占的比重不断加大。

(2) 预期兑现，属于既得权益。既得权益即依据法律或合同预先规定受益人需要在履行相应义务或承担相应风险之后才能实现的利益。如国家基本养老保险金，需要达到法定退休年龄、累计缴费满15年后才可领取。

(3) 补偿方式多样化，包括支付养老金、股权计划等多种方式。

(4) 具有抵御社会风险和保障基本生活安全的功能。例如基本养老保险是退休生活的重要支柱之一，失业保险可以为员工失业后提供基本生活保障。

第二节　员工福利

一、员工福利的基本概念

员工福利是指用人单位基于雇佣关系，依据国家的法律法规及单位的相关规定，向员工提供的各种补充性报酬与服务，其具体形式包括当期提供或延期提供的现金、实物、教育、休假等。员工福利具有以下特点：

1. 员工福利具有公平性

员工只要履行了劳动义务，就有权享受相应福利，例如所有员工都平等享有参与养老保险、住房公积金等福利的权利。员工福利的公平性是相对一般员工享有福利的权利而言的，由于员工的劳动能力、技能和个人贡献的差距，具体福利水平可以存在一定的差距。

2. 员工福利具有保障性

员工福利在一定程度上为员工现在或者未来可能面临的各种风险提供了保障，甚至起到改善生活的作用。例如，法定福利就是为员工未来可能面临的年老、疾病、工伤、生育、失业等风险提供保障；单位福利，如团体人身保险，不仅是用人单位风险转移的具体措施，对家庭来说也是一种风险保障。

3. 员工福利具有补偿性

员工福利是工资以外为员工提供的劳动补偿。欧美企业员工和国际组织员工的福利费已经占到薪酬总收入的1/3以上。员工福利并不一定以货币的形式、个人的形式体现，还可能是以非货币的形式、集体的形式体现。员工福利一方面增加了员工通过劳动获取的补偿性收入，另一方面也减轻了员工的税负。

4. 员工福利具有激励性

员工福利以其丰富灵活的表现形式，公平与效率有效结合的运作机制，可以有效调动员工发挥其所长，与公司并肩发展。

5. 员工福利具有稳定性

员工福利是按照国家法律法规或者用人单位规章制度确定的。员工福利一旦确定，不能随意改变。这也体现了国家法律法规及用人单位规章制度的特点。例如，企业年金的建立虽然是用人单位自主确立的，但一旦建立，就不能随意变更或终止，必须按照年金计划的内容执行，但可以协商修改。

6. 员工福利具有集体性

员工福利一般是针对用人单位全体员工建立的，而并非针对个体或少部分群体，因此很多国家在审批福利计划时对计划的人员覆盖率有所要求，并且只有达到一定比例才能享受税收优惠政策。

二、员工福利的内容

员工福利分为法定福利和单位福利，具体内容详见图26－4。

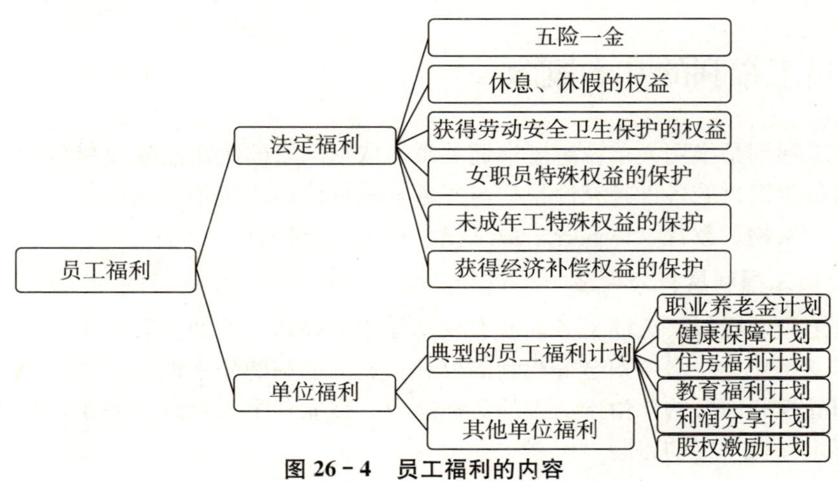

图26－4　员工福利的内容

专栏 26-2

2016 年 11 月 23 日，中国保险行业协会等在北京举行新闻发布会，正式发布《2016 中国职工福利保障指数大中城市报告》（以下简称《报告》）。

2016 年中国职工福利保障指数为 70.4，处于评级基准第三档，即“福利保障处于基础水平”的中间位置。一级指标中，充实性指数、公平性指数、满意度评价指数和效益评价指数分别为 72.5、69.1、70.1 和 69.2。在充实性指数的二级指标中，（企业）社会保险覆盖范围指数值最高（86.8），而（职工）商业补充保险覆盖范围指数值最低（52.3）；在公平性指数的二级指标中，（职工）社会保险覆盖条件指数值最高（79.0），而（职工）商业补充保险覆盖条件指数值最低（59.6）；在满意度评价指数的二级指标中，商业补充保险实用程度的指数值最高（75.0），而福利保障所涵盖的类型和项目满意度（充实性）的指数值最低（68.7）；在效益评价指数中，商业补充保险产生效益的指数值最高（70.9），而非保险类福利产生效益的指数值最低（67.2）。

职工福利保障水平在不同维度上存在差异，国企、有工会的企业、上市公司和互联网企业的职工福利保障水平较高。从企业类型来看，与中国劳动力多年来的就业意愿相一致，职工福利保障指数依然维持着国有企业最高（72.1），外商独资企业次之（71.0），而民营企业最低（69.0）的格局。从有无工会的角度来看，有工会企业的职工福利保障指数高达 71.7，远高于无工会企业的 67.0。此外，上市公司的职工福利保障指数（72.4）高于非上市公司（69.1）；互联网企业（71.5）高于非互联网企业（70.0）。

企业提供福利保障项目时往往“重激励”“轻保障”，公平性指数偏低。一级指标中，充实性指数最高，高达 72.5，比职工福利保障指数高了 2.1；而公平性指数最低，仅为 69.1，比职工福利保障指数低了 1.3。这说明大中城市企业都向其职工提供了较为丰富的福利保障项目，但也为此设置了较为严格的进入条件，实际上并不是所有职工都能满足相应条件而享有这些福利保障，可以说企业提供这些福利保障项目时更多考虑的是“激励”作用，较少地考虑了“保障”作用。

三、员工福利的作用

（一）员工福利对政府的作用

1. 员工福利对政府的积极作用

员工福利对政府的积极作用主要表现在以下几个方面：

（1）员工福利可帮助政府缓解社会保障压力。员工福利是一项重要的风险覆盖和转移机制。法定福利可以满足减轻贫困，保证最低生活水平的需要，维持社会稳定，减少冲突，起到“保护网”的作用。而单位福利作为补充的福利，在一定程度上可满足员工对品质生活的追求。

（2）员工福利是政府调节经济的手段之一。员工福利对经济的影响是双重的。当宏观经济不景气时，政府可以扩大法定福利的支出，减少法定福利的缴费，刺激需求，促进经济增长；当宏观经济过度膨胀时，政府可以缩小法定福利的支出，扩大法定福利的缴费，抑制需求，抑制经济过度增长。因此，员工福利具有二次分配的作用。

（3）员工福利可以保障劳动力的再生产。员工福利除了保障员工本人的基本生活需求外，还直接或间接地满足了员工家属的基本生活需要。出于种种原因，一旦员工的收入受到影响，员工的家庭生活和劳动力再生产也势必会受到影响。员工福利通过对员工的资助，可以保证劳动力再生产顺利进行，甚至可以提高劳动力再生产的水平。

2. 员工福利对政府的消极作用

员工福利对政府的消极作用主要表现在以下几个方面：

（1）员工福利影响宏观政策。一般来说，员工福利具有刚性，员工福利水平通常只能提高，不能降低。日益增长的福利需求是否能够得到满足，直接影响政府的宏观决策。例如，当前养老保险基金无法满足退休人员的退休生活需求，这势必会影响政府财政支出结构，影响未来政府关于养老保险体系等方面的宏观政策。

（2）员工福利影响政府税收。对于法定福利而言，个人缴费和用人单位缴费都可以在税前扣除，实质是为个人和用人单位降低了税负；对于单位福利而言，国家为了鼓励用人单位自己提供单位福利，也给予了不同程度的税收优惠政策。这两方面都会减少政府的税源。

（3）政府被福利所“绑架”。由于福利具有刚性增长的特性，而满足法定福利支出需要政府财政支出做担保。一旦政府支付能力无法得到满足，就可能会利用增加税收或发行国债等措施，而这二者都会对政府的执政能力提出挑战。希腊主权债务危机就是个例子。

（二）员工福利对用人单位的作用

1. 员工福利对用人单位的积极作用

员工福利对用人单位的积极作用主要表现在以下两个方面：

（1）吸引人才、保留人才。人才是用人单位最宝贵的财富。过去，用人单位往往采取提供较高工资的方式来吸引对公司会产生重大影响的人才。但工资具有不稳定性，一旦用人单位人才过剩或调整经营，为降低劳动力成本，用人单位通常就会最先解雇高收入人才或者调整其薪酬。当期支付只是一种短期劳资关系的体现。但员工福利通常是用人单位对员工的长期承诺，不能随意调整和取消，具有稳定性。用人单位想长期稳定地留住人才，应该通过提供优厚的员工福利来实现。

（2）激励员工。员工福利的形式多种多样，有的为员工提供了生活保障，有的可以让员工分享用人单位的经营成果。员工福利待遇是员工实现自我价值，产生对用人单位的归属感的重要方式，也可以激发员工工作的热情，提高工作效率，增强员工对用人单位的忠诚度。

2. 员工福利对用人单位的消极作用

员工福利对用人单位的消极作用主要表现为用人单位经济负担的加重。

员工福利的成本通常是由用人单位承担的，员工福利项目越多，用人单位向其投入的人力、物力和财力就越大，对用人单位其他经营活动产生的影响也会越大，最终成为用人单位的经济负担。

（三）员工福利对员工的作用

1. 员工福利对员工的积极作用

员工福利对员工的积极作用主要表现在以下两个方面：

（1）提高风险保障水平。一方面，员工在考虑到生老病死带来的影响时通常会感到担忧，例如，工作中受伤是否能够得到应有的医治和补偿；退休时是否有足够的生活来源。员工福利正是为员工提供了规避这些风险的保障机制，有利于解除员工的忧虑，缓解员工的心理负担。另一方面，员工福利降低了员工自身的风险，在一定程度上也减轻了其他家庭成员的负担。

（2）缓解工作压力。当前，员工的工作、生活压力越来越大，紧张程度越来越高，员工福利保障的需求也越来越大。员工福利有释放压力、缓解情绪的功能，员工可以通过员工福利提供的生活、娱乐等方面的服务，缓解压力，提高生活质量。

2. 员工福利对员工的消极作用

员工福利对员工的消极作用主要表现在以下几个方面：

（1）福利陷阱。员工福利容易使员工产生依赖心理，过高的员工福利会使员工消极怠工，宁愿在家休息也不参加工作。例如，如果失业保险金给付水平过高，会导致劳动者宁愿失业在家也不愿意再去找工作。

（2）失去对部分薪酬的处置权。如果不存在税收优惠，人们更愿意得到即期的现金收入，而不愿意得到实物或延期收入，因为拥有即期现金，可以随意购买各种商品。员工福利属于薪酬的一部分，大多采取延期支付的形式，员工选择余地很小，并且需要满足一定的条件后才能获得。

（3）影响员工的流动性。用人单位的员工福利是影响员工流动性的重要因素之一。员工福利属于既得权益，员工通常需要在用人单位工作一定年限后才能享有一些权益，在达到规定年限前员工通常不会选择跳槽。

四、员工福利的类型

员工福利的类型有很多划分标准，这里主要介绍以下几种分类。

（一）依据福利的缴费与收益的关系划分

1. 待遇确定型（DB）

该类型的员工福利的给付方式甚至给付水平都是事先规定好的，并承诺在约定条件出现时支付该给付水平。给付水平的确定主要取决于退休前员工的收入水平和就业年限，也可能是明确了待遇支付的具体额度或水平。它可以建立在现收现付制的基础上，也可以建立在积累制的基础上。待遇确定型员工福利计划一般由发起单位建立和举办，为参加计划的所有员工设立统一账户，不建立个人账户，资金筹集和基金投资运作的风险都由计划的发起方承担，支付方式也是由发起方确定，方式相对复杂。

2. 缴费确定型（DC）

该类型的员工福利的缴费水平是事先确定好的，每一个参与者都设立个人账户，个人缴费及计划发起者的缴费都进入个人账户进行缴费积累，当参与者符合特定条件或履行特定义务后，按照个人账户上历年的缴费及资金的积累情况享受相应的福利。个人账户的投资风险由员工个人承担，支付方式较为简单。

3. 混合型

混合型员工福利兼具以上两种福利的特征。

（二）依据福利的用人单位责任划分

1. 法定福利

法定福利是指用人单位根据国家法律、法规的要求向员工提供的福利，一般带有强制性。

法定福利主要包括强制性的社会保险和劳动保护，如养老保险、工伤保险、法定假期等。法定福利主要有以下 4 个特征：（1）强制实施。法定福利是依照国家有关法律、法规强制用人单位提供的，用人单位和个人都没有选择的权利。（2）强调公平。法定福利覆盖所有的员工，只要员工满足相应的工作年限要求或缴费达到规定的水平就可以获得相应的福利。（3）基本保障。法定福利的保障水平不高，一般只能满足基本的生活需求。（4）税收优惠。对于法定福利，国家一般会针对资金筹集、基金积累和待遇支付三个阶段实行免税政策。

2. 单位福利

单位福利又称雇主福利，是指由用人单位（雇主）自主建立的，为满足员工的生活和工作需要向员工及其家属提供的福利，如企业年金计划、补充医疗计划、福利住房、股权激励计划等。一般政府对于单位福利没有强制性的要求，但是对于单位福利的建立有相关的规范。单位福利一般有以下三个特征：（1）自愿实施。用人单位是否建立单位福利，主要取决于单位的经营效益、人力资源管理的方式、用人单位的决策等。（2）强调效率。单位福利的建立主要是为了改善员工工作及生活质量，从而提高员工的工作效率，进而提高整个公司的经营效率。（3）提供更完善的保障。单位福利可以看作法定福利的补充，在法定福利满足员工基本生活需求的基础上，提供更高层、更全面的保障。

专栏 26－3

北京外企人力资源服务有限公司（FESCO）开展了“最受员工欢迎的福利调查”，受访对象为685家中外企业客户的管理人士和员工，其中外资企业任职雇员所占比例为82%。在所有受访者中，以26～35岁，工作年限在4～10年的员工最多，此外，年龄在36岁以上的受访者占16%，工作年限在11年以上的受访者占24%。调查涉及法定福利、医疗保障福利、补贴型福利、投资储蓄型福利、员工生活福利和员工职业发展福利等6类共32项福利。根据员工对各项福利的喜爱程度排名，“最受员工欢迎的福利TOP10”最终出炉，见表26－1。

表 26－1　　最受员工欢迎的福利排行

福利名称	受欢迎程度
住房补贴	76.3%
派驻国外工作机会	74.5%
晋升机会	73.1%
休假及旅游补贴	71.5%
学历教育	70.2%
企业年金	68.0%
节假日、生日等重大事件庆祝类补贴	68.0%
商业补充养老保险	67.7%
各类培训	67.7%
子女教育储蓄型保险	66.9%

（三）依据福利的受益对象划分

1. 普惠福利

普惠福利是指所有员工都可以平等享受的福利，是员工福利的主要形式，如健身房、食堂、公共图书馆等。

2. 定向福利

定向福利是为不同职位和不同需求的员工提供的特种福利和特困福利。特种福利是针对企业中的高级人才设计的，如高层经营管理人员或具有专业技能的高级技术人员等，这种福利的设置主要依据员工对公司的贡献，是对这类高级人才的特殊贡献的回报，常见的福利形式有：高档轿车服务、出差时星级宾馆待遇、股票购买权等。特困福利是为企业中的困难员工及其家庭提供的，这种福利的设置主要依据员工的基本需要，如家庭困难补助等。

（四）依据福利的选择性划分

1. 固定福利

固定福利是由用人单位设定的、无论员工是否愿意都要参与和接受的福利项目。一般而言，固定福利不考虑不同文化层次的员工、不同收入层次的员工对于福利的需求，如社会保险、休假制度等。早期的员工福利基本都属于该种类型，员工不具有选择权，处于被动的接受者的地位。

2. 弹性福利

弹性福利又称自助餐式的员工福利，即由用人单位提供的，允许员工在规定的时间和范围内，根据自己的需要自愿进行选择和调整的福利项目。自20世纪70年代起，弹性福利逐渐兴起，一些福利计划允许员工在规定的时间和现金范围内，根据自己的需要自愿进行选择和调整，可全部、大部分或小部分自选。

（五）依据福利的受益表现形式划分

1. 货币型福利

货币型福利是指用人单位向员工提供的福利主要以货币或者准货币的形式出现。以货币形式为员工提供福利，员工可以根据自身需求购买相应的物品和服务，从而满足不同层次员工的需求。此外，货币形式的福利更为直观地体现出用人单位对员工工作业绩的肯定，满足了员工自我实现的需求。

2. 非货币型福利

非货币型福利是指用人单位直接以发放实物的形式或直接提供服务的方式提供的福利。用人单位为员工发放实物或提供服务，可以采取团体采购的方式集中购买，这在价格上比个人购买具有优势，在员工享有同等福利待遇的情况下，用人单位承担的福利成本相对更低。但该类型的福利无法满足较高层次员工的需求，并且由于需要采购和发放大量物品，增加了用人单位的管理成本。

五、员工福利相关政策法规

在我国，与员工福利相关的法律文件包括《中华人民共和国宪法》、《中华人民共和国劳动法》、《中华人民共和国社会保险法》以及国务院或有关部门发布的决策制度。

《中华人民共和国宪法》对我国劳动立法的基本原则做出了规定，其中提到，实行各尽所能，按劳分配，在发展生产的基础上，提高劳动报酬和福利待遇；劳动者享有休息和劳动保护的权利；劳动者有获得物质帮助的权利。

《中华人民共和国劳动法》中规定的员工福利有：社会保险、工作时间、休息时间、职业培训、劳动卫生、女员工及未成年工权益的保护等。这些内容有些是以劳动法典形式颁布的，有些是以单项法规形式颁布的，有些则包含在相关法律中，如我国的《中华人民共和国社会保险法》《中华人民共和国劳动合同法》《中华人民共和国工会法》《中华人民共和国安全生产法》《中华人民共和国职业病防治法》《中华人民共和国妇女权益保障法》等法律文件中都有涉及员工福利的内容。

涉及员工福利的行政法规，一般以劳动行政法规和相关的行政法规两种形式出现。《国务院关于完善企业职工基本养老保险制度的决定》《国务院关于建立城镇职工基本医疗保险制度的决定》《中共中央、国务院关于职工休假问题的通知》《国务院关于职工工作时间的规定》《女职工劳动保护特别规定》《失业保险条例》《社会保险费征缴暂行条例》《住房公积金管理条例》等都对员工福利的某些方面做出了相关规定。

对一些重要的法律法规，本书后面的章节将做展开介绍。

六、中国的员工福利

（一）劳动保险和企业福利阶段

1951 年，政务院颁布《中华人民共和国劳动保险条例》，并于 1953 年、1956 年两次修订，建立了城镇企业职工劳动保险制度，由全国总工会负责管理。1952 年政务院颁布《关于全国各级人民政府、党派、团体及所属事业单位的国家工作人员实行的免费治疗和疾病预防的公费医疗预防的指示》，建立国家工作人员的公费医疗制度。1955 年国务院发布《国家机关工作人员退休处理暂行办法》等法规，确立了国家机关、事业单位员工退休、退职制度。国务院 1957 年发布的《关于工人、职员退休处理的暂行规定》和 1958 年发布的《关于工人、职员退职处理的暂行规定》建立了企业员工退休养老制度。“国家—单位”模式的社会保险格局基本确立。

（二）企业保障阶段

“文化大革命”期间，工会组织解体，劳动保险制度陷入瘫痪状态。1969 年发布的《关于国营企业财务工作中的几项制度的改革意见（草案）》改变了劳动保险费用提取办法，所有费用由企业实报实销。中国的社会保险由“国家—单位”模式转变为封闭的单位化模式，单位代表国家保障职工生活的全部。“文化大革命”之后，国家大力恢复劳动保险等各项事业，以宪法为原则，出台《关于工人退休、退职的暂行办法》（1978 年）等多部法规，保障劳动者养老、医疗及休息休假等权利。

除上述社会保险之外，在计划经济时期国家还积极推动员工福利事业发展，如大力兴建工人文化宫、职工食堂等福利设施，为职工提供福利分房、免费教育、各种补贴等福利待遇。国家保障、单位包办是计划经济时期中国职工福利的最大特征。

（三）多支柱社会保障阶段

当前，我国已初步形成以国家基本保障、企业补充保障、个人储蓄保障为三大支柱的社会保障体系。国家基本保障主要体现为法定福利，企业补充保障主要是单位福利，个人储蓄同时也发挥着重要作用。

1. 法定福利的发展

从 1986 年起，配合国有企业改革，中国开始逐步建立适应市场经济发展的社会保险制度，社会保障政策也经历了不同程度的改革。

2010 年，第十一届全国人民代表大会常务委员会第十七次会议通过《中华人民共和国社会保险法》，从法律上明确国家建立养老、医疗和工伤、失业、生育等保险制度。

自 2015 年 3 月起，经国务院同意，先后降低失业保险和工伤保险费率。

2016 年，人力资源和社会保障部、财政部共同发布《关于阶段性降低社会保险费率的通知》，对基本养老保险、失业保险、工伤保险缴费比率进行了说明，并提及生育保险和基本医疗保险合并实施的工作。

2017 年 3 月 17 日，人力资源和社会保障部办公厅、财政部办公厅、国家卫生计生委办公厅联合发布《关于做好生育保险和职工基本医疗保险合并实施试点有关工作的通知》（简称《通知》），在河北省、山西省、辽宁省、江苏省、安徽省、山东省、河南省、湖南省、广东省、重庆市、四川省、云南省推行试点工作，对于进一步完善社会保障体系，更好地保障参保人员待遇，提升社会保险综合效能具有重要意义。各试点地区紧紧围绕《通知》要求统筹推进试点，通过整合两项保险基金及管理资源，强化基金共济能力，提升管理水平，降低管理成本，探索适应我国经济发展水平、优化管理资源、促进两项保险合并实施的制度体系和运行机制。

2018 年 6 月，国务院发布《关于建立企业职工基本养老保险基金中央调剂制度的通知》，自 2018 年 7 月 1 日起实施，这是实现养老保险全国统筹的第一步。

2. 单位福利的发展

20 世纪 90 年代以前，单位福利基本由单位内部统筹管理，例如企业补充养老制度基本是由企业内部建立统筹基金或购买集体商业养老保险。伴随着市场化改革，企业的责任归位于发展生产，计划经济时代“企业办社会”的现象不断扭转，雇主福利的重心不断调整。目前，中国单位福利的发展主要体现在以下方面。

第一，建立现代薪酬制度。企业按照现代薪酬理念，结合本单位实际，制定科学、合理的薪酬体系。除了工资、奖金、津贴、补贴等报酬外，考虑其他激励性、非现金性报酬的激励作用、吸引作用和稳定作用，如员工团体保险、持股等，形成灵活多样、分配标准合理的分配模式。

第二，以发展企业年金为核心内容。2004 年 5 月 1 日劳动保障部颁发的《企业年金试行办法》规定，企业及其员工在依法参加基本养老保险的基础上，自愿建立补充养老保险制度。2017 年 12 月，人力资源和社会保障部、财政部联合印发《企业年金办法》，对 2004 年《企业年金试行办法》进行了修订和完善，从企业年金方案的订立、变更、终止，基金筹集，账户管理等方面做出了详细规定，进一步推动了企业年金的发展。

第三，加强法律约束。2008 年 1 月实施的新《劳动合同法》强调了企业参加社会保险的责任，明确了经济补偿金的规定，严格实施最低工资、加班工资等制度，依法保障员工权益。

第四，构建多层次体系。2013 年国务院批准发布了《关于深化收入分配制度改革的若干意见》，提出完善基本养老保险制度，发展企业年金和职业年金，发挥商业保险的补充性作用；党的十八届三中全会通过的《中共中央关于全面深化改革若干重大问题的决定》也明确提出加快发展企业年金、职业年金、商业保险，构建多层次社会保障体系。

第五，大力促进企业年金发展。2013 年 12 月 6 日，财政部、人力资源和社会保障部、国家税务总局联合颁布《关于企业年金 职业年金个人所得税有关问题的通知》，自 2014 年 1 月 1 日起实施，旨在利用税收优惠激励机制，促进企业年金的健康发展，提高第二支柱养老金的替代水平。2015 年 3 月 27 日，国务院办公厅发布《国务院办公厅关于印发机关事业单位职业年金办法的通知》，自 2014 年 10 月 1 日起实施。通知指出，职业年金所需费用由单位和工作人员个人共同承担。单位缴纳职业年金费用的比例为本单位工资总额的 8%，个人缴费比例为本人缴费工资的 4%，由单位代扣。

第二十七章

法定福利

本章提要

本章介绍基本养老保险、基本医疗保险、失业保险、工伤保险、生育保险以及住房公积金等法定福利。同时，详解薪酬中各项法定福利的计算。

本章内容包括：

- 基本养老保险制度；
- 基本医疗保险制度；
- 失业保险制度；
- 工伤保险制度；
- 生育保险制度；
- 住房公积金制度；
- 其他法定职工福利；
- 薪酬的测算。

通过本章学习，读者应该能够：

- 了解法定福利涵盖的范围；
- 掌握养老保险制度、基本医疗保险制度、失业保险制度、工伤保险制度、生育保险制度的缴费、待遇支付条件与标准；
- 掌握住房公积金制度的资金筹集、使用范围与贷款；
- 掌握薪酬单有关法定福利的计算。

第一节　基本养老保险制度

法定福利一般具有国家强制性，在中国，主要包括社会保险、法定假期、住房公积金等。本章将重点讲解五险一金——基本养老保险、基本医疗保险、失业保险、工伤保险、生育保险及住房公积金制度的内容。

一、养老风险和养老保障

（一）养老风险

养老风险即老人基本生活风险，主要体现在满足日常支出的养老现金、可分担的医疗保险计划、老年居住保障和养老服务购买能力四个方面。养老风险的主要特征包括风险的必然性与风险的相对可预测性。

（二）国家基本养老保险的发展和现行政策

1951 年，国家颁布《劳动保险条例》，在企业内实行退休金制度。早在国有企业改革的初期，一部分国有企业就开始了养老社会统筹的试点。随着 1986 年起国有企业废除终身雇用制，开始对合同工制定新的社会保险办法，即由个人、企业和国家按照一定的比例共同出资，形成一个退休基金，根据企业的实际需要从该基金中划拨退休金。1991 年，国家颁布了《关于企业职工养老保险制度改革的决定》，退休金制度开始向社会养老保险模式转变，到 1996 年为止，大多数国有企业职工、70%～80%的集体企业职工以及 1/3 的非公有制企业职工，已经加入到退休金制度中，全国大约有 8 000 万职工向退休基金缴费。

1997 年，国务院正式颁布《关于建立统一的企业职工基本养老保险制度的决定》，决定建立统一的社会统筹和个人账户相结合的城镇职工养老保障制度。该决定规定，企业职工达到法定退休年龄（男性职工 60 周岁，女性干部 55 周岁，女性工人 50 周岁），且个人缴费满 15 年的，退休后可以按月领取基本养老金。基本养老金主要由基础养老金和个人账户养老金构成，基础养老金月标准相当于统筹地上一年度职工月平均工资的 20%左右，个人账户养老金月标准为本人个人账户（比例为本人工资的 11%）累计储存额的 1/120。国家参照城市居民生活费用价格指数和职工工资增长情况，对基本养老金水平进行调整。

1998 年 8 月，国务院发布《关于实行企业职工基本养老保险省级统筹和行业统筹移交地方管理有关问题的通知》，实现了职工养老保险全国并轨，由市级统筹向省级统筹过渡，养老金的差额缴拨改为全额缴拨，并实施养老金社会化发放。

中国的基本养老保险最初只覆盖国有企业和城镇集体企业及其职工。1999 年，覆盖范围扩大到外商投资企业、城镇私营企业和其他城镇企业及其职工。各省、自治区、直辖市根据当地实际情况，可以规定将城镇个体工商户纳入基本养老保险。2002 年，基本养老保险覆盖范围进一步扩大到城镇灵活就业人员。

2000 年，国务院印发了《关于完善城镇社会保障体系的试点方案》，决定 2001 年先在辽宁全省和其他各省（自治区、直辖市）确定的部分市进行试点。与 1997 年《关于建立统一的企业职工基本养老保险制度的决定》相比，2000 年的《关于完善城镇社会保障体系的试点方案》，着眼于解决养老保险制度改革中的转轨成本问题，有利于同时解决养老保险问题中的“新人”、“中人”和“老人”的问题，并形成多支柱式的养老保险体系。

2005年年底，国务院公布了《关于完善企业职工基本养老保险制度的决定》，主要着眼于做实个人账户问题。该决定吸取了辽宁、吉林、黑龙江三省社保改革试点的经验，主要内容有三方面：一是逐步做实个人账户；二是统一对城镇个体劳动者和灵活就业人员的参保缴费政策；三是改革计发办法。该决定将缴费比例统一为统筹地上一年度在岗职工平均工资的20%，其中8%计入个人账户。

2009年，人力资源和社会保障部会同有关部门拟订了《农民工参加基本养老保险办法》和《城镇企业职工基本养老保险关系转移接续暂行办法》。

2009年9月，国务院发布开展新型农村社会养老保险试点指导意见。意见指出，探索建立个人缴费、集体补助、政府补贴相结合的新农保制度，2009年试点覆盖面为全国10%的县（市、区、旗），以后逐步扩大试点，在全国普遍实施，2020年之前基本实现对农村适龄居民的全覆盖。

2010年10月，全国人大常委会通过并颁布《中华人民共和国社会保险法》，进一步明确了基本养老保险制度。基本养老保险制度包括职工、城镇居民、农村居民所参加的三种养老保险制度。

2014年2月7日，国务院常务会议决定，在全国范围内建立统一的城乡居民基本养老保险制度，并在制度模式、筹资方式、待遇支付等方面与合并前的新型农村社会养老保险和城镇居民社会养老保险保持基本一致。

长期以来，机关和事业单位人员与企业职工执行的是全然不同的养老制度，前者主要是由国家财政负担，后者被纳入养老保险体系运转。

我国大部分地区的公务员和事业单位仍然执行退休金制度。《公务员法》第八十八条规定：公务员达到国家规定的退休年龄或者完全丧失工作能力的，应当退休；公务员符合下列条件之一的，本人自愿提出申请，经任免机关批准，可以提前退休：（1）工作年限满30年的；（2）距国家规定的退休年龄不足5年，且工作年限满20年的；（3）符合国家规定的可以提前退休的其他情形的。退休金规定根据本人标准工资的一定比例计发，规定了最低标准，有突出贡献者可适当提高标准，离职休养者离休费替代率100%。

2015年，《国务院关于机关事业单位工作人员养老保险制度改革的决定》的实施宣告了养老待遇“双轨制”正式终结。

随着我国人口老龄化加快发展和就业多样化，以及经济发展不平衡等原因，地区间抚养比差距扩大，省际养老保险基金负担不平衡的问题越来越突出，靠省级统筹难以解决，需要进一步提高统筹层次，在全国范围内对基金进行适度调剂。为此，党中央、国务院决定，先建立养老保险基金中央调剂制度，作为实现全国统筹的第一步。2018年6月13日，国务院发布《关于建立企业职工基本养老保险基金中央调剂制度的通知》，对于增强基本养老保险制度可持续性、均衡地区间养老保险基金负担、促进实现广大人民群众基本养老保险权益公平共享具有重要意义。①

二、基本养老保险制度

《社会保险法》中规定的基本养老保险制度覆盖人群有三类。

1. 职工

《社会保险法》第十条规定："职工应当参加基本养老保险，由用人单位和职工共同缴纳基本养老保险费。无雇工的个体工商户、未在用人单位参加基本养老保险的非全日制从业人员以及其他灵活就业人员可以参加基本养老保险，由个人缴纳基本养老保险费。公务员和参照公务员法管理的工作人员养老保险的办法由国务院规定。"

2. 农村居民

《社会保险法》第二十条规定："国家建立和完善新型农村社会养老保险制度。新型农村社会养老保险实行个人缴费、集体补助和政府补贴相结合。"

3. 城镇居民

《社会保险法》第二十二条规定："国家建立和完善城镇居民社会养老保险制度。省、自治区、直辖市人民政府根据实际情况，可以将城镇居民社会养老保险和新型农村社会养老保险合并实施。"

作为职工福利中的内容，本书重点关注企业职工基本养老保险的相关情况。企业职工基本养老保险制度安排分为资金筹集、资产管理、养老金支付三个环节。

（一）资金筹集

资金筹集是为保障社会保障计划运行筹集的资金，包括用人单位缴费、个人薪酬扣除、财政支付、基金运营收入、其他补贴、中央调剂基金拨付等。

1. 用人单位缴费

根据国家有关法律和政策，用人单位必须依法参加基本养老保险，并依法缴纳养老保险费，具体规定如下：

（1）用人单位缴费基数是用人单位职工工资总额，工资总额是指用人单位在一定时期（一般以年计算）内，直接支付给本单位全部职工的劳动报酬总额。费率一般不超过 20%。

从 2016 年 5 月 1 日起，企业职工基本养老保险单位缴费比例超过 20%的省（区、市），将单位缴费比例降至 20%；单位缴费比例为 20%且 2015 年年底企业职工基本养老保险基金累计结余可支付月数高于 9 个月的省（区、市），可以阶段性地将单位缴费比例降低至 19%，降低费率的期限暂按两年执行。具体方案由各省（区、市）确定。

① 《关于建立企业职工基本养老保险基金中央调剂制度的通知》政策解读，http：//www.scio.gov.cn/34473/34515/Document/1631367/1631367.htm.

（2）用人单位按月向社会保险经办机构或地税部门缴费，缴费享有免税待遇，可以在缴纳企业所得税之前列支。

上述情况说明，在员工薪酬计划内，用人单位在支付员工工资之后，还为员工参加社会养老保险和退休后领取基础养老金，缴纳相当于工资总额的20%左右的费用，这是隐性用工成本（包括国家让利性税收优惠）。对企业来说，这是劳动成本的当期支出；对员工来说，这是延期收入（既得权益）。在退休理财规划中，这属于既得养老金收入，理财师应当掌握、跟踪和积累这方面的有关政策、法律和信息。

2. 个人薪酬扣除

单位员工必须依法参加社会养老保险计划，并依法缴纳养老保险费（薪酬代扣）。员工个人缴费基数是本人工资，也称为缴费工资基数。在实际操作中，本人工资一般是指本人上一年度月平均工资。月平均工资按国家统计局规定列入工资总额统计的项目计算。费率为8%，在缴纳个人所得税之前列支；所缴费用全部计入个人账户并归属个人所有。城镇个体工商户和灵活就业人员参加基本养老保险的缴费基数为统筹地上一年度在岗职工平均工资，缴费比例为20%，其中8%计入个人账户。对员工薪酬进行养老保险缴费扣除的基本方法如下：

（1）核定个人缴费基数。

（2）根据法律政策规定的费率计算缴费额。

（3）从对员工当期支付的薪酬中减去养老保险缴费额，使部分当期收入变成延期收入。

个人缴费金额＝经过核定的本人缴费基数×费率

国务院《关于完善企业职工基本养老保险制度的决定》规定，2006年1月以后员工个人养老保险账户的构成为：员工个人账户全部由8%的个人缴费形成，即规模统一由本人缴费工资的11%调整为8%，且全部由个人缴费形成，单位缴费不再划入个人账户。因此，2006年1月以后员工个人养老保险账户的构成公式是：

个人养老保险账户积累＝个人缴费积累额＋投资运营收益

企业职工养老保险个人缴费基数为本人上年度月平均工资，本人月平均工资超过当地上年度职工平均工资300%以上的部分，不计入个人缴费工资基数，低于当地上年度职工平均工资60%的，按60%计入。单位缴费基数为本单位职工工资总额。近年来统计部门已将“在岗职工平均工资”调整为“城镇非私营单位在岗职工平均工资”，其中不包含私营单位，人力和社会保障部门也相应将城镇非私营单位在岗职工平均工资作为核定缴费工资和计发待遇的基数。

在职企业职工缴费由所在企业代扣代缴，自由职业人员、城镇个体工商户业主由本人直接向征缴部门缴纳，个体工商户从业人员缴费由其业主代扣代缴。

3. 财政支付

国家财政支付包括：(1) 支付社会养老保险经办机构的行政费用；(2) 补贴养老保险金支付缺口；(3) 建立全国社会保障基金。全国社会保障基金的来源包括：国有股减持划入资金及股权资产、中央财政拨入资金、经国务院批准以其他方式筹集的资金及投资收益。全国社会保障基金由全国社会保障基金理事会负责管理，按照《全国社会保障基金投资管理暂行办法》规定的程序和条件实行市场化运营。

另外，企业和职工的社会保险缴费均属于税前列支，不计入应税收入。事实上，这是财政收入的减少和对社会保险计划的让利，可以理解为是国家的间接支付。

4. 基金运营收入

筹集的社会保障资金属于延期支付，在受益人符合特定条件或履行特定义务后才可以享有。因此，从资金筹集到待遇支付必然经历一个相对较长的时间过程，为了抵御通货膨胀对资金的侵蚀，实现资金的保值、增值，需要把积累的资金进行投资。

《国务院关于建立统一的企业职工基本养老保险制度的通知》和2000年《关于印发完善城镇社会保障体系试点方案的通知》中都规定，社会保险基金结余和个人账户基金应当由省级社会保险经办机构统一管理，除预留一定的支付费用外，全部用于购买国家债券和存入银行。2007年颁布的《做实企业职工基本养老保险个人账户中央补助资金投资管理暂行办法》规定，将政府补助职工基本养老保险做实个人账户的资金，委托全国社会保障基金理事会投资运营。2015年国务院发布的《基本养老保险基金投资管理办法》明确指出，养老基金实行中央集中运营、市场化投资运作，由省级政府将各地可投资的养老基金归集到省级社会保障专户，统一委托给国务院授权的养老基金管理机构进行投资运营。基金投资运营采取多元化方式，通过组合方案多元配置资产，保持合理的投资结构。目前只在境内投资；严格控制投资产品种类，主要是比较成熟的投资品种；合理确定各类投资品种的投资比例，股票等权益类产品合计不得超过资产净值的30%；国家对养老基金投资运营给予专门的政策扶持，通过参建国家重大工程和重大项目、参股国有重点企业改制、上市等方式，保证养老基金投资获取长期稳定的收益。①

5. 其他补贴

出于对某些个体工商户和灵活就业人员的工资比较低、参保缴费比较困难的考虑，国家对那些缴费比较困难的个体工商户和灵活就业人员出台了社会保险的补贴政策，如果参加社会保险缴费有一定的困难，各地根据当地的情况，对他们给予一定的社会保险补贴，大概30%。另外，对一些就业困难的群体，如残疾人，也出台了社会保险的补贴政策，从残疾人就业保障资金里面补贴一

---

① 国务院印发《基本养老保险基金投资管理办法》，http：//www.mohrss.gov.cn/SYrlzyhshbzb/dongtaixinwen/buneiyaowen/201508/t20150823_218734.htm.

部分。

6. 中央调剂基金拨付[①]

由于各省份之间养老保险基金负担不平衡，通过中央对部分养老保险基金统一调剂使用，可以实现养老负担在相对较轻省份和养老负担相对较重省份之间调剂，合理均衡地区间基金负担。中央调剂基金实行以收定支，当年筹集的资金全部拨付地方。中央调剂基金按照人均定额拨付，根据人力资源和社会保障部、财政部核定的各省份离退休人数确定拨付资金数额。

某省份拨付额＝核定的某省份离退休人数×全国人均拨付额。

其中，全国人均拨付额＝筹集的中央调剂基金/核定的全国离退休人数。

实例 27－1 张先生上一年度本人月平均工资额为 4 000 元，统筹地上一年度职工月平均工资为 2 000 元，问：张先生的个人养老保险账户每月积累额为多少元？

解析 张先生缴费基数没有超过统筹地上一年度职工月平均工资的 300%，也没有低于统筹地上一年度职工月平均工资的 60%，所以：

月积累额＝个人缴费积累数额(每月个人缴费基数×8%)＋账户运营所得
＝4 000×8%＋账户运营所得
＝320＋账户运营所得

即张先生的个人养老保险账户每月积累额为 320 元加账户运营所得。

职工个人缴费由其所在单位代扣代缴，个人缴费总额要与个人缴费明细表相符。个人缴费明细表由征缴部门及时移交社会保险经办机构，个人可以查询。

（二）资产管理

资产管理是对社会保障运营资金、储备基金和其他资产的管理。社保资金采用社会统筹和个人账户相结合的制度模式进行管理。

1. 社会统筹

社会统筹是为确保支付基础养老金而设立的公共财务收支系统。主要特征有：

（1）资金来源于企业缴费以及财政补贴等。企业为员工缴纳的养老保险（不超过经有关部门核定的上一年度本人月平均工资的 20%）全部进入社会统筹账户，城镇个体工商户与灵活就业人员缴纳的部分养老保险（缴费金额为统筹地上一年度在岗职工平均工资的 20%），其中 8%划入个人账户，12%属于社会统筹账户。对一些老龄人口较多、养老负担较重的地区，中央和地方财政给予适当补贴，保证养老基金的收支平衡。

（2）资金由社保经办机构统一管理。征缴的养老保险费纳入社会保险基金，专款专用，任何单位和个人不得挪用。

① 参见《国务院关于建立企业职工基本养老保险基金中央调剂制度的通知》。

（3）财务方式是以支定收，现收现付。社会统筹征缴的资金用于发放现在退休人口的基础养老金，采用根据当年支出金额调整当年缴费基数和比例的方法，基本上保持收支平衡，或者略有结余。

（4）社会互济、风险分担。从养老金的计发公式可以看出，国家基本养老保险体现了公平和效率相结合的原则，在鼓励多缴多得的同时，通过与社会平均工资求算术平均值，提高了收入较低群体的养老金。

2. 个人账户

个人账户是个人名下的为缴纳养老保险费和支付个人账户养老金而设立的权益记录。主要特征有：

（1）资金来源于个人缴费及投资收益。国家基本养老保险制度的参保人个人缴纳的养老保险全部计入本人名下的账户，同时个人缴费期间账户内所有累积资金的投资收益也一并计入。

（2）财务方式实行完全积累制。个人缴费进入个人账户后被锁定，直到受益人履行相关义务并满足相关条件后才可领取。

（3）资金归个人所有，可以携带和继承。从权益上来说，个人账户积累的全部资金（包括缴费和投资）归个人所有，但是在不满足领取条件的情况下，不能随便提取，只有参保人出国定居或者死亡时，才可以一次性提取携带或者由指定继承人作为遗产继承。

（4）个人账户资金需要专业化、市场化运营。个人账户实行完全积累制，从第一个月缴费到第一个月领取通常需要经过几十年的时间，为了有效抵御通货膨胀，避免货币贬值带来的购买力下降问题，个人账户资金需要专业的投资机构进行专业化和市场化的运营，实现资金的保值和增值。

（三）养老金支付

1. 领取养老金的条件

养老金支付是向符合资格要求的受益人支付养老金。只有同时符合以下两个条件的企业职工才可以享受企业职工基本养老保险中的基础养老金：达到法定退休年龄并办理退休手续；缴费年限（含视同缴费年限）累计满 15 年。

（1）退休年龄的界定。退休年龄是根据有关法律规定达到法定时点，可以停止工作和领取养老金的年龄，以居民身份证上的出生日期为依据。退休年龄是领取养老金的起始年，该年度不计入缴费。《国务院关于安置老弱病残干部的暂行办法》和《国务院关于工人退休、退职的暂行办法》指出：国家法定的企业职工退休年龄是：男年满 60 周岁；女工人年满 50 周岁，女干部年满 55 周岁；从事井下、高空、高温、特别繁重体力劳动或其他有害身体健康的工作（以下称特殊工种）的，退休年龄为男年满 55 周岁、女年满 45 周岁；因病或非因工致残，由医院证明并经劳动鉴定委员会确认完全丧失劳动能力的，退休年龄为男年满 50 周岁、女年满 45 周岁。

（2）缴费年限。“视同缴费年限”是一个政策变量，详细描述见后。“累计”相对“连续”而言，是指在养老保险的缴费不连续的情况下，当参保人达到退休年龄后，政府主管部门会将其缴费记录按月核算，只要缴费时间按月累加后达到15年即可领取养老金。

专栏 27-1

关于延迟退休

2013年11月，党的十八届三中全会通过的《全面深化改革若干重大问题的决定》提出，要“研究制定渐进式延迟退休年龄政策”。

延迟退休，也称延迟退休者的退休年龄。在2016年7月，人力资源和社会保障部新闻发言人李忠表示，政策的提出是基于人口老龄化这样的大背景。在设计制度的时候有这样一些考虑：一是小步慢提，逐步到位。坚持每年只延迟几个月，经过相当长一个时期逐步达到目标年龄。二是区分对待，分步实施。不是对所有社会群体同时实行延迟退休，而是选择现在退休年龄相对偏低的群体，从这部分群体开始逐步实施。

如果“延迟退休”于2022年落地实施，那么以下三个群体将会受到退休新政的影响：

延迟退休对三类人影响最大

按照延迟退休2022年落地实施的情况计算：

即1972年及以后
出生的女性

即1967年及以后
出生的人
主要是从事繁重体力劳动的工人

即1962年及以后
出生的男性

由此可见，受到延迟退休方案影响较大的是“70后”和“80后”；而根据人力资源和社会保障部将实行的“渐进式”延迟退休方案，“90后”到退休时可能已经完全赶上了新政。

李忠同时解释说，养老金总的计发办法是长缴长得、多缴多得，延迟退休不会减少个人养老金的待遇。

资料来源：中央人民政府网。

2. 养老金的计发办法

根据国家政策规定，实行养老保险改革前后退休的人员，分别适用于不同的养老金计发办法。

（1）“老人”的基本养老金。“老人”即指在《国务院关于完善企业职工基本养老保险制度的决定》实施之前已经离休和退休的人员。离休人员指中华人民共和国成立之前（1949年9月30日之前）参加工作的人员，包括干部和工人。《国务院关于建立统一的企业职工基本养老保险制度的决定》规定，坚持对“老人”实行“老政策”的基本原则。实施新计划以前已经离退休的人员，仍按国家原来的退休政策规定支付养老金；同时，执行养老金随物价进行调整的办法。“老政策”具有如下特征：1）基数低，由于当时工资水平低，所以计算养老金的基数很低；2）替代率高，由于工资基数低，所以计算养老金的替代率很高，凡是工龄达到20年以上者，领取养老金的替代率均在80%～130%；3）实际数额相对低，“老人”的月养老金水平为800～1 600元，与当期生活水平比较还是相对低的。

(2)“中人”的基本养老金。“中人”是个特殊群体，即指在《国务院关于建立统一的企业职工基本养老保险制度的决定》实施前参加工作、《国务院关于完善企业职工基本养老保险制度的决定》实施后退休的人员。《国务院关于完善企业职工基本养老保险制度的决定》规定，个人缴费年限含视同缴费年限（对过去工龄的承认）累计满15年的，按照新老办法平稳衔接、待遇水平基本平衡等原则，在发给基础养老金和个人账户养老金的基础上再确定“视同缴费年限”和“过渡性养老金”，此两项均为政策工具，即对过去工龄的承认，使养老金政策向困难群体倾斜，在实践中需要关注地方政府的有关规定。“视同缴费年限”为了解决“中人”缴费年限不足的问题，把其参加工作但未缴费的时间视同已经缴费，因为这一问题的出现是由国家社会保险改革前没有出台相关政策引导职工缴费，导致“中人”缴费时间较短造成的，所以对这部分群体给予了政策倾斜。“过渡性养老金”是为了弥补“中人”个人账户积累额不足而增加的养老金。“中人”的基本养老金由三部分组成，即基础养老金、个人账户养老金和过渡性养老金。

“中人”基本养老金＝基础养老金＋个人账户养老金＋过渡性养老金
＝(统筹地上一年度职工月平均工资＋个人指数化月平均缴费工资)/2×缴费年限(含视同缴费年限)×1%＋个人账户储存额/计发月数＋过渡性养老金

基础养老金即由社会统筹支付的生存年金。根据《国务院关于完善企业职工基本养老保险制度的决定》的规定，2006年1月以后基本养老金的具体支付标准为：以地方［省、自治区、直辖市或地（市）］上一年度职工月平均工资和个人指数化月平均缴费工资的平均值为基数，缴费每满12个月为1个计发系数（即1%）。个人指数化月平均缴费工资是指职工本人月平均缴费工资指数乘以职工退休时统筹地上一年度职工月平均工资（在实践中一般按照地方规定执行）。缴费年限即履行缴费义务的具体期限，是个人的权益记录。

个人账户养老金即由个人账户支付的养老金。从2006年1月起，个人账户逐步做实（替代原来的空账运营政策），并做到保值增值，月支付标准为个人账户储存额除以规定的计发月数。计发月数根据职工退休时城镇人口平均预期寿命、本人退休年龄、利息等因素确定（见表27-1），与员工退休年龄相对应，是个人账户养老金计发依据（通常根据城镇人口平均寿命等因素计算形成）。个人缴费年限累计不满15年的，退休后不支付基础养老金，其个人账户积累额一次性支付给本人。

过渡性养老金根据地方政府的有关政策办理。现实中，各地执行了不同的“中人”过渡性养老金政策，包括系数法和年功法。

表 27-1　　国发〔2005〕38 号文件规定的个人账户养老金计发月数

退休年龄	计发月数	退休年龄	计发月数	退休年龄	计发月数
40	233	51	190	62	125
41	230	52	185	63	117
42	226	53	180	64	109
43	223	54	175	65	101
44	220	55	170	66	93
45	216	56	164	67	84
46	212	57	158	68	75
47	208	58	152	69	65
48	204	59	145	70	56
49	199	60	139		
50	195	61	132		

实例 27-2　C 女士 1984 年 1 月参加工作，其工作单位于 1994 年 1 月参加了养老保险，2014 年 1 月 C 女士年满 55 岁，在该市办理了退休手续。

C 女士缴费年限（含视同缴费年限）累计为 30 年。统筹地对"中人"的过渡性养老金政策为参加社会养老保险以前的"全部年功补偿法"（参加养老保险之前的全部工龄，1 年=15 元）。退休时其个人账户储存额为 75 960 元。2013 年该地职工年平均工资为 42 000 元；其本人月平均缴费工资指数为 2。请计算 C 女士退休后第一个月的基本养老金。

解析　C 女士的国家基本养老保险缴费年限已经累计满 30 年，且已达到退休年龄，具备领取国家基本养老金的资格。查表 27-1 可知，55 岁退休计发月数为 170。将各已知条件代入国家基本养老金计发公式：

（统筹地上一年度职工月平均工资+个人指数化月平均缴费工资）/2
×缴费年限（含视同缴费年限）×1%+个人账户储存额/计发月数
+过渡性养老金
=(3 500+3 500×2)/2×30%+75 960/170+(1994−1984)×15
=1 575+447+150=2 172（元）

即 C 女士退休后第一个月的基本养老金为 2 172 元。

(3)"新人"的基本养老金。"新人"是指在《国务院关于建立统一的企业职工基本养老保险制度的决定》实施后参加工作的人。"新人"基本养老金由基础养老金和个人账户养老金组成，计发公式如下：

"新人"基本养老金
=基础养老金+个人账户养老金
=（统筹地上一年度职工月平均工资+个人指数化月平均缴费工资）/2
×缴费年限（含视同缴费年限）×1%+个人账户储存额/计发月数

与"中人"相比，"新人"的基本养老金少了视同缴费年限和过渡性养老金，其他变量含义相同。

实例 27-3　冯先生是一名个体工商户，2012 年 1 月初参加了社会养老保险计划，每年年底一次缴纳当年应缴养老保险费，费率为 20%。已知 2011 年该市在岗职工年平均工资为 43 452 元，假设该市职工平均工资年增长率为 3%，个人账户年投资收益率为 4%。2027 年 1 月冯先生年满 60 岁并办理了退休手续。如果他退休时本人月平均缴费工资指数为 1，请测算冯先生退休后第一个月的基本养老金。

解析 根据 $n=15$，$I=4\%$，$g=3\%$，$PMT=43\ 452\times0.08$，$PV=0$，得到 $FV=84\ 462.38$（元）。

计算可得冯先生退休时养老保险个人账户余额为 84 462.38 元。

冯先生的基本养老金

=基础养老金+个人账户养老金

=(统筹地上一年度职工月平均工资+个人指数化月平均缴费工资)/2 ×缴费年限(含视同缴费年限)×1%+个人账户储存额/计发月数

$=(43\ 452/12\times1.03^{15}+43\ 452/12\times1.03^{15}\times1)/2\times15\%+84\ 462.38/139$

$=846.21+607.64=1\ 453.85$(元)

即冯先生退休后第一个月的基本养老金为 1 453.85 元。

3. 特殊情况的处理

养老金计划是长期性工作，需要对各类变化和个性问题做出具体安排。

第一，变动工作单位以及跨统筹地区流动的人员都应按规定继续参加养老保险并按时足额缴费。社会保险经办机构应为其妥善管理、接续养老保险关系，做好各项服务工作。

第二，失业人员实现再就业，新用人单位必须与其签订劳动合同，并按规定参加养老保险。自谋职业者及采取灵活方式再就业人员应继续参加养老保险，有关办法执行省级政府的规定。

第三，城镇个体工商户等自谋职业者以及采取各种灵活方式就业的人员，在其参加养老保险后，按照省级政府规定的缴费基数和比例，一般应按月缴纳养老保险费，也可按季、半年、年度合并缴纳养老保险费；缴费时间可累计折算。上述人员在年满 60 周岁（男）和 55 周岁（女）时，累计缴费年限满 15 年的，可按规定领取基本养老金；累计缴费年限不满 15 年的，其个人账户储存额一次性支付给本人，同时终止养老保险关系，不得以事后追补缴费的方式增加缴费年限。

第四，农民合同制职工在与企业终止或解除劳动关系后，由社会保险经办机构保留其养老保险关系，保管其个人账户并计息。凡重新就业的，应接续或转移养老保险关系；也可按照省级政府的规定，根据农民合同制职工本人申请，将其个人账户个人缴费部分一次性支付给本人，同时终止养老保险关系，凡重新就业的，应重新参加养老保险。农民合同制职工在年满 60 周岁（男）和 55 周岁（女）时，累计缴费年限满 15 年的，可按规定领取基本养老金；累计缴费年限不满 15 年的，其个人账户全部储存额一次性支付给本人。

第五，对于因病、非因工致残的人员，经当地劳动能力鉴定机构认定完全丧失劳动能力，并与用人单位终止劳动关系的职工由本人申请，社会保险经办机构审核，经地级劳动保障部门批准，可以办理退职领取退职生活费。退职生活费标准根据职工缴费年限和缴费工资水平确定，具体办法和标准按省级政府规定执行。

三、养老金替代率

养老金替代率指劳动者退休时的养老金领取水平与退休前的工资或者收入水平之间的比率，通常作为衡量基本养老金计划支付水平的重要评价标准。根据不同的研究层面，具体计算的口径有所不同。有专家将其分为五个层次：个人退休时养老金与其在职时工资收入之比；企业退休人员平均养老金与其企业在职职工平均工资收入之比；行业退休人员平均养老金与其行业在职职工平均工资收入之比；地区退休人员平均养老金与其地区在职职工平均工资收入之比；全国退休人员平均养老金与全国在职职工平均工资收入比。

较为常用的养老金替代率是指劳动者退休时养老金领取水平与退休前工资收入水平之间的比率，也称个人养老金替代率。测算公式如下：

个人基本养老金替代率＝个人基本养老金/个人退休前工资

第二节　基本医疗保险制度

一、健康风险和医疗保障

（一）健康风险

健康风险即因患病导致的健康损害和经济损失，包括收入减少和治疗费用支出，也是人身风险的一种。广义的健康风险包括生育、疾病、意外伤害和传染病等。健康风险与其他社会风险相比具有如下特征：（1）风险的不可预见性；（2）经济损失的严重性；（3）风险源的复杂性；（4）对他人的危及性。

（二）中国的国家医疗保障体系

20 世纪五六十年代，我国曾建立劳保医疗制度、公费医疗保险制度和农村合作医疗保险制度。1998 年 12 月 14 日，国务院发布了《关于建立城镇职工医疗保险制度的决定》，确立了我国现行的城镇职工基本医疗保险制度，即“社会统筹与个人账户”相结合的模式。1999 年，劳动和社会保障部及有关部委就医疗保险改革的具体问题制定了一系列的操作规则，主要包括《关于城镇职工基本医疗保险诊疗项目管理的意见》《城镇职工基本医疗保险用药范围管理暂行办法》《关于确定城镇职工基本医疗保险医疗服务设施范围和支付标准的意见》《城镇职工基本医疗保险定点医疗机构管理暂行办法》《城镇职工基本医

疗保险定点零售药店管理暂行办法》《关于加强城镇职工基本医疗保险费用结算管理的意见》。

2007 年，城镇居民基本医疗保险试点顺利启动，取得了初步的工作成效。城镇居民基本医疗保险制度主要覆盖包括老人和孩子在内的城镇非从业人员，2007 年选择 88 个城市开展试点，2008 年试点范围扩大到了 300 多个城市。

2008 年 11 月，国务院办公厅下发了《关于将大学生纳入城镇居民基本医疗保险试点范围的指导意见》，将大学生纳入城镇居民基本医疗保险试点范围。各类全日制普通高等学校（包括民办高校）、科研院所中接受普通高等学历教育的全日制本专科生、全日制研究生均可参保。缴费原则上由大学生本人和家庭负担，有条件的高校可对其缴费给予补助。大学生参保所需政府补助资金，按照高校隶属关系，由同级财政负责安排。中央财政对地方所属高校学生按照城镇居民基本医疗保险补助办法给予补助。大学生日常医疗所需资金，继续按照高校隶属关系，由同级财政予以补助。

2009 年年初，国务院常务会议审议并原则通过了《关于深化医药卫生体制改革的意见》和《2009—2011 年深化医药卫生体制改革实施方案》。会议明确了今后三年的阶段性工作目标：到 2011 年，基本医疗保险制度全面覆盖城乡居民，基本医疗卫生可及性和服务水平明显提高，居民就医费用负担明显减轻。会议还决定从 2009 年到 2011 年，重点抓好基本医疗保障制度等五项改革：一是加快推进基本医疗保险制度建设；三年内使城镇职工和居民基本医疗保险及新型农村合作参保率提高到 90%以上。二是初步建立国家基本药物制度；建立科学合理的基本药物目录遴选调整管理机制和供应保障体系；将基本药物全部纳入医保药品报销目录。三是健全基层医疗卫生服务体系。四是促进基本公共卫生服务逐步均等化；从 2009 年开始，逐步在全国建立统一的居民健康档案。五是推进改革公立医院管理体制和运行、监管机制，提高公立医疗机构服务水平；推进公立医院补偿机制改革，加快形成多元化办医格局。

2010 年 10 月，全国人大常委会通过并颁布《中华人民共和国社会保险法》，进一步明确了基本医疗保险制度。基本医疗保险制度包括职工基本医疗保险制度、新型农村合作医疗制度、城镇居民医疗保险制度三种医疗保险制度。

2016 年 1 月国务院发布《关于整合城乡居民基本医疗保险制度的意见》，通过整合城镇居民基本医疗保险和新型农村合作医疗两项制度，建立统一的城乡居民基本医疗保险制度。

资料显示，目前我国基本医疗保险参保人数超过 13.5 亿，参保率稳定在 95%以上。在基本医疗保险普惠的基础上，建立城乡居民大病保险制度，覆盖了 10.5 亿人。①

① 卫计委：我国基本医保参保人数超 13.5 亿 参保率 95%，http://news.china.com.cn/2018-02/12/content_50494717.htm.

二、职工基本医疗保险

（一）职工基本医疗保险计划的定义和特征

《社会保险法》关于基本医疗保险制度的内容，由以下三部分组成。

1. 职工基本医疗保险

《社会保险法》第二十三条规定："职工应当参加职工基本医疗保险，由用人单位和职工按照国家规定共同缴纳基本医疗保险费。无雇工的个体工商户、未在用人单位参加职工基本医疗保险的非全日制从业人员以及其他灵活就业人员可以参加职工基本医疗保险，由个人按照国家规定缴纳基本医疗保险费。"

2. 新型农村合作医疗

《社会保险法》第二十四条规定："国家建立和完善新型农村合作医疗制度。新型农村合作医疗的管理办法，由国务院规定。"

3. 城镇居民医疗保险

《社会保险法》第二十五条规定："国家建立和完善城镇居民基本医疗保险制度。城镇居民基本医疗保险实行个人缴费和政府补贴相结合。享受最低生活保障的人、丧失劳动能力的残疾人、低收入家庭六十周岁以上的老年人和未成年人等所需个人缴费部分，由政府给予补贴。"

作为员工福利中的内容，本书重点关注职工基本医疗保险的相关情况。职工基本医疗保险是由国家立法强制实施的，通过社会保险原则和方法筹集医疗资金，当参保人因病需要治疗时，根据法律规定从国家或社会获得医疗服务，对因病造成的经济损失及医疗费用给予适当补偿，以恢复和保障参保人或公民身体健康为目的的一种社会保险制度。职工基本医疗保险主要具有以下几个特征：

（1）依法建立、参加、履行缴费义务和享有相关待遇。《社会保险法》对医疗保险的参保、缴费做出了详细规定。缴费单位包括企业（国有企业、集体企业、外商投资企业、私营企业等）、机关、事业单位、社会团体、民办非企业单位，都必须向当地社会保险经办机构办理社会保险登记，参加社会保险。缴费单位、缴费个人应当按时足额缴纳社会保险费。

（2）享有个税减免待遇和用人单位供款。《财政部　国家税务总局关于基本养老保险费　基本医疗保险费　失业保险费　住房公积金有关个人所得税政策的通知》指出，企事业单位按照国家或省（自治区、直辖市）人民政府规定的缴费比例或办法实际缴付的基本医疗保险费，免征个人所得税；个人按照国家或省（自治区、直辖市）人民政府规定的缴费比例或办法实际缴付的基本医疗保险费，允许在个人应纳税所得额中扣除。

（3）政府确保计划安全运营。该计划由政府发起，政府负责基金管理和医疗费用报销，如果出现收不抵支的情况，政府设法保证当期的医疗保险资金收支平衡。

(4) 通过补偿医疗费用开支实现健康和医疗保障。与国家基本养老保险不同，国家基本医疗保险主要通过报销医疗费用降低参保人医疗支出的方式实现医疗保障。

目前，城镇职工基本医疗保险政策按照《社会保险法》执行。实行属地化管理，原则上以地级以上行政区为统筹单位，也可以县（市）为统筹单位。建立基本医疗保险统筹基金和个人账户，分别承担住院和门诊医疗费用的支出。覆盖人群主要包括城镇职工。随着制度的发展，覆盖面逐渐扩大到自雇人员、灵活就业人员等。

(二) 职工基本医疗保险资金筹集与管理

基本医疗保险费由用人单位和职工共同缴纳。用人单位缴费费率控制在有关部门核定的上一年度单位职工工资总额的6%左右，职工缴费率一般为本人缴费基数的2%。随着经济的发展，用人单位和职工缴费率可做相应调整。医疗保险缴费享有免除收入所得税待遇，在税前列支。个人缴费全部计入个人账户。用人单位缴纳的基本医疗保险费一部分用于建立统筹基金，一部分划入个人账户。划入个人账户的比例一般为用人单位缴费的30%左右，具体比例由统筹地区根据个人账户的支付范围和职工年龄等因素确定。下列公式反映了医疗保险的个人账户积累：

个人医疗保险账户＝本人缴费基数的2%＋企业供款的30%左右

退休人员参加基本医疗保险，个人不缴纳基本医疗保险费。对退休人员个人账户的计入金额和个人负担医疗费的比例给予适当照顾。在基本医疗保险制度中，国家财政只负责支付社会医疗保险经办机构的行政费用。金融理财师在为客户服务时，要充分考虑到不同统筹地区、不同类型人员薪酬扣除和个人账户积蓄的具体情况，以便进行合理的医疗费用规划。

《国务院关于建立城镇职工基本医疗保险制度的决定》(国发〔1998〕第44号) 指出，基本医疗保险基金纳入财政专户管理，专款专用，不得挤占挪用。基本医疗保险基金的银行计息办法为：当年筹集的部分，按活期存款利率计息；上年结转的基金本息，按3个月期整存整取银行存款利率计息；存入社会保障财政专户的沉淀资金，比照3年期零存整取储蓄存款利率计息，并不低于该档次利率水平。个人账户的本金和利息归个人所有，可以结转使用和继承。

(三) 职工基本医疗保险费用报销

1. 费用分担政策规定

根据《国务院关于建立城镇职工基本医疗保险制度的决定》的规定，统筹基金和个人账户要划定各自的支付范围，分别核算，不得互相挤占，同时确定了统筹基金的起付线、封顶线等。

(1) 起付线，即社会统筹基金开始分担的医疗费用的金额起点，原则上控制在统筹地员工年平均工资的10%左右；超过这个水平的医疗费用由社会统筹基金支付；起付标准以下的医疗费用从个人账户中支付或由个人自付。

（2）封顶线，即社会统筹最高支付限额，超过这个水平的医疗费用社会统筹基金不再支付。封顶线原则上控制在统筹地员工年平均工资的4～6倍。

（3）共付制，即社会统筹基金分担医疗费用时，要求个人分担一定比例；在规定的三目录以外发生的医疗费用，社会统筹基金不予支付。

另外，只有在“两定点”和“三目录”规定的范围内发生的医疗费用才能进入社会统筹报销。“两定点”即定点医院和定点药店（处方外配药品购买）；“三目录”即药品、诊疗项目和医疗服务设施目录。

由此可见，基本医疗保险不承担全部医疗费用，个人和用工单位要分担支付范围外的其余医疗费用。因此，国家鼓励建立多层次医疗保险计划以分担大额医疗费用。

2. 地方医疗保险方案的主要内容

《国务院关于建立城镇职工基本医疗保险制度的决定》对医疗保险“统账结合”模式做出了原则性要求，具体实施方案由各地方制定，由此形成通道式和板块式两种模式。通道式即将个人账户和社会统筹打通，个人先支付一定比例，再进入社会统筹报销。板块式医疗保险方案将门诊费用归个人账户支付，住院费用由社会统筹报销。目前，全国各地医疗保险改革实施方案以板块式为主。

基于板块式，社会医疗保险住院费用分担公式为：医疗费用社会统筹报销额＝“两定点”“三目录”之内，起付线以上的金额×（80%～90%）后不超过封顶线的住院费用。

通常，社区医院治疗费用报销90%，三级甲等医院治疗费用报销80%。社会统筹基金仅报销住院费用，地方方案按照“一事一议”的原则规定部分门诊慢性病进入社会统筹支付范围。

可见，在“两定点”“三目录”之外，超过地方支付最高限额的，应当由个人分担的报销比例以及大部分门诊发生的医疗费用为自付额。

实例 27－4 孙先生在某三级甲类医院做心脏手术并进行术后病症治疗。最后，在目录内的总费用为100 000元，目录以外的费用为35 000元，总共135 000元。根据当地板块式医疗保险改革方案，孙先生的住院费用和手术费用可以进入社会统筹报销（不考虑起付线问题）。假设统筹地上一年度职工月平均工资为2 000元，最高支付限额为统筹地职工上一年度年平均工资的4倍，请计算孙先生可报销的医疗保险费用金额。

解析 孙先生在“三目录”内的总费用为100 000元，统筹地最高支付限额为2 000元×12×4＝96 000元，所以

报销总额：100 000×80%＝80 000(元)

自付总额：135 000－80 000＝55 000(元)

自付总额55 000元是“三目录”之外应当由自己分担的医疗费用的总和。

显然，孙先生可报销的医疗保险费用金额为80 000元。

实例 27－5 张先生做心脏搭桥手术并进行术后病症治疗。目录内总费用为19万元，目录外费用为1.5万元，总共20.5万元。根据当地板块式医疗保

险改革方案，张先生的住院费用和手术费用可以进入社会统筹报销（假设不考虑起付线）。假设社会平均工资为 3 000 元/月，统筹报销比例为 80%，最高支付限额为统筹地员工年平均工资的 4 倍。请计算张先生的医疗保险费用分担情况。

解析 张先生目录内总费用为 19 万元，统筹地最高支付限额为 3 000×12×4=144 000（元）。

统筹报销：19×80%=15.2(万元)

（政策提示：此案基于目录内费用按比例进行分摊，超过封顶线 14.4 万元的部分由个人承担。）

个人自付：20.5−14.4=6.1(万元)
报销比例：14.4÷20.5=70.2%
自付比例：6.1÷20.5=29.8%

实例 27－6 李女士今年 73 岁，因脑供血不足住院治疗 13 天。目录内总费用为 11 423.85 元，目录外费用为 259.60 元，总共 11 683.45 元。根据当地板块式医疗保险改革方案，李女士的住院费用可以进入社会统筹报销。假设统筹地的起付线为 1 300 元，最高支付限额为 70 000 元，统筹报销比例为 91%（针对退休人员）。请计算李女士的医疗保险费用分担情况。

解析 李女士目录内总费用为 11 423.85 元。

统筹报销：(11 423.85−1 300)×91%=9 212.70(元)
个人自付：11 683.45−9 212.70=2 470.75(元)
报销比例：9 212.70÷11 683.45=78.85%
自付比例：2 470.75÷11 683.45=21.15%

3. 特殊群体的医疗待遇

（1）离休人员、老红军的医疗待遇继续适用原制度的规定，医疗费用按原资金渠道解决，支付确有困难的，由同级人民政府帮助解决。离休人员、老红军的医疗管理办法由省、自治区、直辖市人民政府制定。

（2）二等乙级以上革命伤残军人的医疗待遇不变，医疗费用按原资金渠道解决，由社会保险经办机构单独列账管理。医疗费支付不足部分，由当地人民政府帮助解决。

（3）国家公务员在参加基本医疗保险的基础上，享受医疗补助政策。具体办法另行制定。

（4）农村新型合作医疗制度，即大病统筹，小病适当兼顾，一般的界定是，住院就是大病，门诊就是小病。至于慢性病和血液透析等医疗消费，一般可以累计计算，定期报销一定比例。

了解不同地区、不同类型群体的基本医疗待遇状况，有助于金融理财师量体裁衣，根据客户对医疗的个性化需求，设计出各种补充医疗方案。

第三节　失业保险制度

一、失业风险

失业风险包括丧失就业机会和收入损失。劳动者达到法定年龄一般都要工作，出于经济波动、行业竞争、产业转型、劳动者之间的就业竞争等原因，对每个就业者来说失业风险是时刻存在的，一旦失业就会失去经济生活来源，后果严重。对用人单位来说辞退职工也要承受经济上和心理上的压力，常常造成劳动关系紧张。为防范可能的失业风险，在平时缴纳失业保险金，由政府负责建立和管理，一旦失业事件发生，失业者就可以从政府有关部门获得失业保险金，获得基本生活保障，这种制度就是失业保险制度。

二、失业保险制度

（一）失业保险制度的定义和特征

失业保险是对劳动年龄内有就业能力并有就业愿望的人出于非本人原因而失去工作，无法获得维持生活所需的工资收入，在一定期间内由国家和社会为其提供基本生活保障的社会保险制度。《社会保险法》第五章是关于失业保险的内容，其中的第四十四条规定："职工应当参加失业保险，由用人单位和职工按照国家规定共同缴纳失业保险费。"该法未明确规定用人单位和职工的范围。《失业保险条例》对失业保险的适用范围做了具体规定。该条例第二条规定："城镇企业事业单位、城镇企业事业单位职工依照本条例的规定，缴纳失业保险费。城镇企业事业单位失业人员依照本条例的规定，享受失业保险待遇。本条例所称城镇企业，是指国有企业、城镇集体企业、外商投资企业、城镇私营企业以及其他城镇企业。"第三十二条规定："省、自治区、直辖市人民政府根据当地实际情况，可以决定本条例适用于本行政区域内的社会团体及其专职人员、民办非企业单位及其职工、有雇工的城镇个体工商户及其雇工。"

失业保险具有以下几个特征：

（1）普遍性。失业保险制度主要是为了保障有工资收入的劳动者失业后的基本生活而建立的，其覆盖范围包括大部分劳动者。因此，在确定适用范围时，参保单位应不分部门和行业，不分所有制性质，其职工应不分用工形式，不分城镇人口、农村人口。解除或终止劳动关系后，只要本人符合条件，都有享受失业保险待遇的权利。

（2）强制性。它是按照国家法律、法规来强制实施的。按照规定，在失业保险制度覆盖范围内的单位及其职工必须参加失业保险并履行缴费义务。根据有关规定，不履行缴费义务的单位和个人都应当承担相应的法律责任。

（3）互济性。失业保险基金主要来源于社会筹集，由单位、个人和国家三方共同负担，缴费比例、缴费方式相对稳定，筹集的失业保险费，不分来源渠道，不分缴费单位的性质，全部并入失业保险基金，在统筹地区内统一调度使用以发挥互济功能。

（4）保障对象是失业劳动力。失业保险只对有劳动能力并有劳动意愿但无工作岗位的劳动者提供保障，即失业保险的对象是失去工作机会而没有丧失劳动能力的适龄就业人口，失业保险兼有保护失业者劳动能力的责任。

（5）保障项目多元化。社会保险的其他保险项目是通过给付社会保险金来保障劳动者的基本生活需求，而失业保险除了保障失业人员的基本生活以外，更重要的是通过转岗培训、在职培训、职业介绍等措施尽快实现失业者重新就业。

（6）造成风险的原因不同。失业风险与其他社会保险所防范的风险不同，它是由社会经济方面的原因导致的，如人口结构变化、劳动力资源增长、产业结构调整等，都可以成为失业的原因。

（二）中国失业保险制度的发展

我国的失业保险制度可以分为 4 个阶段。

1. 建立阶段

1986 年，为了配合国有企业改革，实行劳动合同制，促进劳动力的合理流动，国务院颁发了《国营企业职工待业保险暂行规定》，这标志着我国失业保险制度的建立。该规定虽然对失业保险制度的主要构成要素如实施范围、对象、资金来源、支付标准、管理机构都做了说明，但仍带有计划经济的色彩，其实施范围狭窄，资金来源渠道单一，保障能力有限，失业救济性质明显。

2. 发展阶段

20 世纪 90 年代以后，由于经济改革的力度加大，国有企业富余人员问题浮出水面。为了进一步发挥失业保险在社会主义市场经济体制改革中的作用，1993 年国务院又颁发了《国有企业职工待业保险规定》，以代替 1986 年的《国营企业职工待业保险暂行规定》，但是《国有企业职工待业保险规定》并没有大的突破和超越，失业保险原有的问题依然存在，在新的形势下有些问题甚至更加尖锐和突出，从而导致失业保险在经济改革中没有承担起应有的责任，滞后于经济的发展，在一定程度上延缓了改革的进程。

3. 巩固阶段

1999 年国务院发布的《失业保险条例》，在完善失业保险制度、强化失业保险的保障功能、强调失业保险权利与义务的对应、体现失业保险的性质、保障职工合法权益方面无疑有很大的进步。这主要表现在以下几个方面：

（1）确立了保障失业人员的基本生活和促进再就业的基本宗旨。

（2）将失业保险的实施范围扩大到城镇各类企事业单位及其职工。

（3）建立了国家、单位、职工三方负担的筹资机制。用人单位的缴费比例提高到了工资总额的 2%，职工个人按本人工资的 1%缴纳。

（4）确定了失业保险待遇的享受条件、申领程序。《失业保险条例》规定领取失业保险金必须同时符合三个条件：一是按照规定参加失业保险，所在单位和本人已履行缴费义务满一年；二是非因本人意愿中断就业；三是已办理失业保险登记，并有求职要求的。

（5）重新调整了支出项目和支付标准。在支出项目安排上，强调了失业保险金及其相关支出，增加了职业介绍补贴的开支项目，取消了生产自救费和管理费。失业保险金的标准按照高于当地城市最低生活保障标准，低于当地最低工资标准的原则制定。

（6）提高了统筹层次，实行了市级统筹。

（7）加强了基金管理，规定失业保险基金必须存入银行的财政专户，实行收支两条线管理。

4. 完善阶段

2010 年 10 月，全国人大常委会通过并颁布《中华人民共和国社会保险法》，在总结以往经验和梳理现存问题的基础上，社会保险法设专章对失业保险做了规定，为失业保险的长远发展提供了法律保障。

（三）资金筹集及管理

根据《失业保险条例》的规定，失业保险基金由下列各项构成：（1）城镇企业事业单位、城镇企业事业单位职工缴纳的失业保险费；（2）失业保险基金的利息；（3）财政补贴；（4）依法纳入失业保险基金的其他资金。其中，失业保险费包括单位缴纳和个人缴纳两部分，城镇企业事业单位按照有关部门核定的上一年度单位职工工资总额的 2%缴纳失业保险费，职工缴纳经过核定的上一年度本人月平均工资的 1%。失业保险缴费享有税收优惠，可在税前列支。城镇企业事业单位招用的农民合同制工人本人不缴纳失业保险费。

为进一步减轻企业负担，增强企业活力，促进就业稳定，国务院自 2017 年起阶段性降低失业保险费率：从 2017 年 1 月 1 日起，失业保险总费率为 1.5%的省（区、市），可以将总费率降至 1%，降低费率的期限执行至 2018 年 4 月 30 日。在省（区、市）行政区域内，单位及个人的费率应当统一，个人费率不得超过单位费率。具体方案由各省（区、市）研究确定。失业保险总费率已降至 1%的省份仍按照《人力资源社会保障部　财政部关于阶段性降低社会保险费率的通知》执行。

失业保险基金在直辖市和设区的市实行全市统筹；其他地区的统筹层次由省、自治区人民政府规定。省、自治区可以建立失业保险调剂金。失业保险调剂金以统筹地区依法应当征收的失业保险费为基数，按照省、自治区人民政府规定的比例筹集。统筹地区的失业保险基金不敷使用时，由失业保险调剂金调剂、地方财政补贴。失业保险调剂金的筹集、调剂使用以及地方财政补贴的具体办法，由省、自治区人民政府规定。

（四）给付条件

失业人员必须同时符合下列 3 个条件，才有资格从失业保险基金中领取失业保险金。

1. 失业前用人单位和本人已经缴纳失业保险费满一年

失业人员要想领到失业保险金，除了参加失业保险外，其所在单位及其本人还必须按照规定缴纳了失业保险费，且缴费时间满一年。如果缴费时间不满一年，失业后，不能领取失业保险金。如果是未参加过工作的失业者，或参加工作已一年以上，但用人单位和个人没有参加失业保险，由于其没有履行过缴费义务，即使处于失业状态，也不符合享受失业保险待遇的条件，不能领取失业保险金。

2. 非因本人意愿中断就业

所谓自愿失业与非自愿失业，是英国著名经济学家凯恩斯于 20 世纪 30 年代首次提出的失业划分方法。在他看来，只要消除非自愿失业，就能够实现“充分就业”，因为自愿失业的责任全在就业者本人，或是出于获取更体面的工作岗位和更优厚工资的考虑，或是出于其他的个人考虑，这种离开原工作岗位而暂时失业的现象，理应由个人负责，国家没有必要给他们提供失业保险的待遇，他们也没有获得这种待遇的权利。至于非自愿失业者，因为这类失业现象的发生责任不在失业者本人，而是由与失业者本人无关的原因造成的，例如，企业因经营不善而破产，致使企业全体职工失业；劳动合同到期，用人单位不再与之订立新的劳动合同，劳动者又未找到新的工作等。对于这种失业人员，国家应当为其提供失业保险待遇，失业者也有权利享受失业保险待遇。

国际通行做法是将自愿中断就业的人员排除在享受失业保险待遇的范围之外。《失业保险条例》借鉴国际经验，将自愿离职而失业的人员排除在享受失业保险待遇的范围之外。只有非因本人意愿中断就业的人员，即非自愿失业，才能领取失业保险金。按照《失业保险金申领发放办法》第四条的规定，非因本人意愿中断就业的是指下列人员：（1）终止劳动合同的；（2）被用人单位解除劳动合同的；（3）被用人单位开除、除名和辞退的；（4）根据《劳动法》第三十二条第二、三项与用人单位解除劳动合同的；（5）法律、行政法规另有规定的。

3. 已经进行失业登记，并有求职要求

失业人员失业后，要想领到失业保险金，除应符合上述条件外，还应持有关材料到当地经办失业保险事务的社会保险经办机构办理失业登记。办理失业登记是失业人员领取失业保险金的必经程序，目的是掌握失业人员的基本情况，确认其资格。失业登记是失业人员进入申领失业保险待遇程序的重要标志。社会保险经办机构应对其报送的有关材料进行审核，看其是否具备领取失业保险金的条件。

失业人员享受失业保险待遇，还必须有求职要求。这是考虑到失业保险的一个重要功能是促进失业人员再就业。实现这一目的，一方面需要加快经济发展，创造更多的就业岗位，同时，发展和完善就业服务事业，为失业人员实现再就业提供服务；另一方面也要求失业人员积极主动地利用各种就业机会和就业服务设施，不断提高自身素质，增强就业能力，这是享受失业保险待遇的一个前提，也是失业人员应尽的义务。失业人员在获得基本生活保障的同时，获得必要的就业服务，争取尽快实现再就业，才是从根本上解决失业的方法。在认定失业人员是否有求职要求时，应以其是否在职业介绍机构登记求职，并参加就业培训等活动为衡量的标准。例如，失业人员应接受为失业人员举办的职业培训、职业介绍等。对职业介绍机构介绍的工作应积极响应，如果失业人员无正当理由，拒不接受职业介绍机构介绍的工作，那么经办机构应当告知其领取失业保险金的时间有限，如不尽快找到工作，对其本人将十分不利。

《社会保险法》这样规定，主要是为了促进失业人员积极寻找工作，克服单纯依靠失业保险金的思想，激励失业人员积极主动地利用各种就业机会和就业服务，不断提高自身素质，增强就业能力。

（五）待遇支付

失业保险待遇包括：(1) 失业保险金。按照低于城市最低工资标准、高于城市居民最低生活保障标准的水平，由省、自治区、直辖市人民政府确定其标准。失业保险金不缴纳个人所得税。(2) 医疗补助金。(3) 一次性丧葬费和抚恤金。(4) 就业促进补贴，如职业培训费等。上述规定显示，一个夫妻都失业并依靠失业金生活的家庭，只能维持衣食需要。在个人收入较高的时期，为可能发生的失业储备资金是必要的。领取失业保险金的资格条件和终止条件，参见《失业保险条例》第十四、十五条等。

领取失业保险金的时长与缴费时间直接相关，具体见表 27 - 2。

表 27 - 2　　失业保险金领取期限

累计缴费年限	失业保险金最长领取期限
满 1 年，不足 5 年	12 个月
满 5 年，不足 10 年	18 个月
10 年以上	24 个月

要注意的是，重新就业后，再次失业的，缴费时间重新计算，领取失业保险金的期限与前次失业应当领取而尚未领取的失业保险金的期限合并计算，最长不超过 24 个月；失业保险金的标准，按照低于当地最低工资标准、高于城市居民最低生活保障标准的水平，由省、自治区、直辖市人民政府确定。

实例 27 - 7　赵某 30 岁开始缴纳失业保险，41 岁时，因企业裁员失业，开始领取失业保险金。本来他可以领取 24 个月的失业保险金。可刚领了 6 个月，正赶上一家企业招用车工，赵某恰巧是 6 级车工，被招了进去，停止领取失业保险金。当赵某 48 岁时，所在企业因严重污染环境被政府关闭，赵某因此失业。这次，经办机构给赵某核定了 24 个月的失业保险金。但赵某认为，他应该领取 18 个月加上次未领取的 18 个月的失业保险金。经办机构给赵某核定的领取月数对吗？

解析　根据《失业保险条例》，失业保险金的发放期限是根据失业人员失业前累计缴纳失业保险费的时间确定的。累计缴费时间满 10 年的，领取失业保险金的期限最长为 24 个月。重新就业后，再次失业的，缴费时间重新计算，领取失业保险金的期限可以与前次失业应领取而尚未领取的失业保险金的期限合并计算，但是最长不得超过24个月。虽然赵某上次失业未领取的年限和这次的应领取年限应该合并计算，但是最多不能超过24个月，所以他只能领取24个月的失业保险金。

专栏27－2

《关于调整失业保险金发放标准的通知》

为保障失业人员在失业期间的基本生活，根据《北京市失业保险规定》（北京市人民政府第190号令修改），结合我市实际，经市政府批准，失业保险金月发放标准在现行基础上，每档增加80元。现将有关问题通知如下：

一、失业保险金调整后的标准：

（一）累计缴费时间满1年不满5年的，失业保险金月发放标准为1 292元。

（二）累计缴费时间满5年不满10年的，失业保险金月发放标准为1 319元。

（三）累计缴费时间满10年不满15年的，失业保险金月发放标准为1 346元。

（四）累计缴费时间满15年不满20年的，失业保险金月发放标准为1 373元。

（五）累计缴费时间满20年的，失业保险金月发放标准为1 401元。

（六）从第13个月起，失业保险金月发放标准一律按1 292元发放。

二、农民合同制工人一次性生活补助费由1 048元调整到1 128元。

三、调整后的失业保险金发放标准自2017年9月1日起执行。

四、在2017年9月1日前，对已经办理了领取一次性失业保险金手续的人员，不再补发。

第四节　工伤保险制度

一、职业伤害和工伤保险

（一）职业伤害

职业伤害，又称工伤，指劳动者在从事职业活动或者与职业责任有关的活动时所遭受的事故伤害和职业病伤害。职业伤害使劳动者的身体或生理受到损伤，引起暂时的或终身的劳动能力丧失，其结果是造成劳动者中断、减少或失去工资薪酬。劳动者在其单位工作、劳动，必然形成劳动者和用人单位之间相互的劳动关系，在劳动过程中，如果不幸发生了事故，造成劳动者的伤残、死亡或患职业病，劳动者除享有用人单位支付的工资待遇外，根据国家相关法律规定还应当依法享有治疗、康复、补偿等各项权利。

（二）中国工伤保险制度的发展

1994年7月5日，中华人民共和国第八届全国人民代表大会常务委员会第八次会议审议通过了《中华人民共和国劳动法》，其中第七十三条规定，劳动者因工伤残或者患职业病依法享受社会保险待遇。

原劳动部于 1996 年颁布了《企业职工工伤保险试行办法》，第一次将工伤保险作为一项保险制度统一组织实施，对沿用了 40 多年的企业自我保障的工伤福利制度进行了改革。同时，原劳动部组织制定并由原国家技术监督局颁布了《职工工伤与职业病致残程度鉴定》的国家标准。

2003 年 4 月 16 日，国务院第 5 次常务会议讨论并原则通过了《工伤保险条例》，并于 4 月 27 日正式颁布。《工伤保险条例》共分八章六十四条，包括总则、工伤保险基金、工伤认定、劳动能力鉴定、工伤保险待遇、监督管理、法律责任和附则。《工伤保险条例》出台后，工伤保险各项政策措施不断完善，相继出台了《工伤认定办法》《因工死亡职工供养亲属范围规定》《非法用工单位伤亡人员一次性赔偿办法》等一系列政策措施，进一步推进了工伤保险各项工作。

2004 年 6 月，劳动保障部发出了《关于农民工参加工伤保险有关问题的通知》，进一步明确了农民工纳入工伤保险、维护农民工工伤保险权益的重要性，并提出了切实有效的政策措施。

几十年来的工伤保险实践，为社会保险立法提供了经验。2010 年 10 月，全国人大常委会通过并颁布了《中华人民共和国社会保险法》，社会保险法设专章对工伤保险做了规定。

二、工伤保险制度

（一）工伤保险的定义及特征

工伤保险是社会保险制度中的重要组成部分，是指国家通过立法建立的，以社会统筹方式建立基金，对在工作过程中遭受事故伤害，或因从事有损健康的工作患职业病的职工，以及对因工死亡的职工遗属提供物质帮助的制度。

《社会保险法》第四章是关于工伤保险的内容，其中的第三十三条规定："职工应当参加工伤保险，由用人单位缴纳工伤保险费，职工不缴纳工伤保险费。"该法未明确规定用人单位和职工的范围。《工伤保险条例》对工伤保险的适用范围做了具体规定。其中第二条规定："中华人民共和国境内的企业、事业单位、社会团体、民办非企业单位、基金会、律师事务所、会计师事务所等组织和有雇工的个体工商户（以下称用人单位）应当依照本条例规定参加工伤保险，为本单位全部职工或者雇工（以下称职工）缴纳工伤保险费。"

工伤保险具有以下特征：

（1）强制性。国家通过立法的形式强制雇主对雇员遭受的工伤事故和职业病负责，所有雇主都应当为雇员参加工伤保险，并由雇主缴纳工伤保险费。

（2）职工个人不缴费原则。工伤保险费由用人单位缴纳，职工个人不缴纳任何费用。在用人单位守法缴费的情况下，发生工伤事故后的补偿由工伤保险基金承担，这是工伤保险与养老、医疗、失业保险的主要区别。这一特点是工伤保险产生的历史过程所决定的。国际上最早的工伤保险制度是从雇主无过错赔偿责任制度演化而来。在雇主无过错赔偿责任制度下，雇员在工作过程中受到伤害，无

论雇主有否过错，都应对雇员进行补偿，雇员不用承担责任。

（3）职工是否从事工作，是确定工伤保险的范围和认定为职业病的依据。工伤保险事故同职工是否工作、工作时间、工作地点等有关；职业病同职工从事工作的性质、接触的物质等有关。

（4）以医疗救治和经济补偿为目的。工伤保险主要是保障遭受事故伤害或者患职业病的职工获得医疗救治和经济补偿，因而工伤保险与其他社会保障不同，它是对特殊目标进行保障的。

（5）实行行业差别费率和企业浮动费率的原则。工伤保险实际费率与行业或职业的风险程度及企业上一缴费周期实际发生的事故率相关。为了使用人单位的缴费与所属行业风险挂钩，根据不同行业的工伤保险费使用、工伤发生率等情况，确定不同类别行业的费率，并且在同一行业内设定不同的费率档次。风险程度高的行业，费率相应高，反之则低。

（6）一次性补偿和长期补偿相结合的原则。对部分丧失或完全丧失劳动能力的工伤职工甚至因工死亡的职工，其工伤保险待遇补偿实行一次性和长期补偿相结合的办法，即对1～6级因工伤残职工以及因工死亡职工遗属，工伤保险基金一般在支付一次性补偿的同时，还按月支付长期待遇。

（二）资金筹集与管理

工伤保险基金由用人单位缴纳的工伤保险费、工伤保险基金的利息和依法纳入工伤保险基金的其他资金构成，职工个人不缴纳工伤保险费。工伤保险缴费享有税收优惠，可在税前列支。

工伤保险费根据以支定收、收支平衡的原则确定费率。各统筹地区八类行业的基准费率分别控制在用人单位职工工资总额的0.2%～1.9%。工伤保险基金存入社会保障基金财政专户，用于《工伤保险条例》规定的工伤保险待遇，劳动能力鉴定，工伤预防的宣传、培训等费用，以及法律、法规规定的用于工伤保险的其他费用的支付。任何单位或者个人不得将工伤保险基金用于投资运营、兴建或者改建办公场所、发放奖金，或者挪作其他用途。工伤保险基金应当留有一定比例的储备金，用于统筹地区重大事故的工伤保险待遇支付；储备金不足支付的，由统筹地区的人民政府垫付。储备金占基金总额的具体比例和储备金的使用办法，由省、自治区、直辖市人民政府规定。

工伤保险基金逐步实行省级统筹。跨地区、生产流动性较大的行业，可以采取相对集中的方式异地参加统筹地区的工伤保险。具体办法由国务院社会保险行政部门会同有关行业的主管部门制定。

（三）费率的确定

目前执行的工伤保险费率是2015年7月由人力资源和社会保障部同财政部联合发布的《关于调整工伤保险费率政策的通知》确定的。该通知按照《国民经济行业分类》（GB/T 4754—2011）对行业的划分，根据不同行业的工伤风险程度，由低到高，依次将行业工伤风险划分为一类至八类。不同工伤风险类别的行业执行不同的工伤保险行业基准费率。各行业工伤风险类别对应的全国工伤保险行业基准费率为，一类至八类分别控制在该行业用人单位职工工资总额的0.2%、0.4%、0.7%、0.9%、1.1%、1.3%、1.6%、1.9%左右。通过费率浮动的办法确定每个行业内的费率档次。一类行业分为三个档次，即在基准费率的基础上，可向上浮动至120%、150%，二类至八类行业分为五个档次，即在基准费率的基础上，可分别向上浮动至120%、150%或向下浮动至80%、50%。

统筹地区社会保险经办机构根据用人单位工伤保险费使用、工伤发生率、职业病危害程度等因素，确定其工伤保险费率，并可依据上述因素变化情况，每一至三年确定其在所属行业不同费率档次间是否浮动。对符合浮动条件的用人单位，每次可上下浮动一档或两档。统筹地区工伤保险最低费率不低于本地区一类风险行业基准费率。费率浮动的具体办法由统筹地区人力资源和社会保障部门同财政部门制定，并征求工会组织、用人单位代表的意见。

（四）给付条件

工伤认定是职工享受工伤保险待遇的前提条件，职工有下列情形之一的，应当认定为工伤：

（1）在工作时间和工作场所内，因工作原因受到事故伤害的。

（2）工作时间前后在工作场所内，从事与工作有关的预备性或者收尾性工作受到事故伤害的。

（3）在工作时间和工作场所内，因履行工作职责受到暴力等意外伤害的。

（4）患职业病的。

（5）因工外出期间，由于工作原因受到伤害或者发生事故下落不明的。

（6）在上下班途中，受到非本人主要责任的交通事故或者城市轨道交通、客运轮渡、火车事故伤害的。

（7）法律、行政法规规定应当认定为工伤的其他情形。

职工有下列情形之一的，视同为工伤：

（1）在工作时间和工作岗位，突发疾病死亡或者在48小时之内经抢救无效死亡的。

（2）在抢险救灾等维护国家利益、公共利益活动中受到伤害的。

（3）职工原在军队服役，因战、因公负伤致残，已取得革命伤残军人证，到用人单位后旧伤复发的。

职工因下列情形之一导致本人在工作中伤亡的，不认定为工伤：

（1）故意犯罪；

（2）醉酒或者吸毒；

（3）自残或者自杀；

（4）法律、行政法规规定的其他情形。

可见，工伤的认定有严格且细致的标准，并且是由国家专门的机构来确认的。

（五）待遇支付

工伤保险待遇支付的内容包括工伤医疗待遇、辅助器具配置待遇、生活护理费用、伤残待遇、工亡待遇以及工伤康复 6 个方面。

1. 工伤医疗待遇

工伤医疗待遇主要包括 4 项：一是治疗工伤所需的挂号费、医疗康复费、药费、住院费等费用；二是工伤职工治疗工伤需要住院的，从工伤保险基金中支付一定标准的住院伙食补助费；三是到统筹地区以外就医的交通食宿费；四是工伤职工需要停止工作接受治疗的，享受由用人单位支付的工资福利。

2. 辅助器具配置待遇

工伤职工伤残后因日常生活或者就业需要，经劳动能力鉴定委员会确认需要配置辅助器具的，可以安装假肢、矫形器、假眼、假牙或配置轮椅等辅助器具。

3. 生活护理费用

生活不能自理的工伤职工在停工留薪期需要护理的，由所在单位负责。

4. 伤残待遇

丧失劳动能力的工伤职工，享受伤残待遇。其待遇标准按照伤残鉴定等级（一至十级）的不同而有所区别。《工伤保险条例》规定了不同等级伤残职工享受的待遇，见表 27－3。

表 27－3　　伤残待遇水平

伤残级别	伤残补助金（一次性支付）	伤残津贴（按月支付）
	按照本人月工资的比例发放	
一级	27 个月	90%
二级	25 个月	85%
三级	23 个月	80%
四级	21 个月	75%
五级	18 个月	70%
六级	16 个月	60%
七级	13 个月	无
八级	11 个月	无
九级	9 个月	无
十级	7 个月	无

5. 工亡待遇

职工因工死亡的，其遗属可享受从工伤保险基金中支付的三项待遇：一是丧葬补助金，二是供养亲属抚恤金，三是一次性工亡补助金。具体标准见表 27－4。

表 27－4　　工亡待遇

发放待遇	发放标准
丧葬补助金	6 个月的统筹地区上一年度职工月平均工资
供养亲属抚恤金	按照本人工资的比例发放，配偶每月 40%，其他亲属每人每月 30%，孤寡老人或者孤儿每人每月在上述标准的基础上增加 10%
一次性工亡补助金	上一年度全国城镇居民人均可支配收入的 20 倍

6. 工伤康复

工伤职工到签订服务协议的康复医疗机构进行康复治疗期间，或安排工伤职工进行康复训练期间，应享受工伤医疗待遇和停工留薪期待遇。

实例 27-8 王某是一家公司的职工，上班时间为 8:30—17:30，工作楼层在 3 楼。上午 10 点，在 5 楼的分管经理急需一份该部门的材料，部门经理临时安排小王送上楼。为不耽误本职工作，小王把材料送到后，没有等电梯，而是从楼梯下楼。下至 4 楼转弯处时，脚下突然踩空，从楼梯上滚落，后经医院诊断为骨折。王某受伤是否可以认为是工伤？

解析 虽然王某受伤是自己在下楼时不慎摔倒造成的，不是企业不安全因素造成，但前因是为了公事上楼送材料。因此，也应按照工伤办理。如果王某不是出于工作原因上下楼，即使在工作时间内，也不能认定为工伤。

第五节 生育保险制度

一、中国生育保险制度的发展

1951 年 2 月，政务院颁布了中华人民共和国第一部全国统一的社会保障法规——《中华人民共和国劳动保险条例》。1953 年对该条例进行了修正，条例规定了女工人和女职员的生育待遇，包括生育休假及生育津贴、生育保险金、生育补助、医疗服务等。

1969 年 2 月，财政部颁发了《关于国营企业财务工作中几项制度的改革意见（草稿）》，规定：国营企业一律停止提取工会经费和劳动保险金，企业的退休职工、长期病号工资和其他劳保开支，改在企业营业外列支。自此，我国社会保险的统筹制度中断了，生育保险制度随之也发生了变化：第一，生育保险的国家统筹消失，企业生育保险形成，各企业只对本企业的女职工负责；第二，随着“临时工”都成为“固定工”，生育保险从适合多种用工制度变成了只适合单一的用工制度。

随着我国逐步从计划经济走向社会主义市场经济，企业自负盈亏独立核算的原则已有共识，企业用人制度和用工制度的改革也已经有了新的气象，但是生育保险成本依然由企业各自负担。为避免妇女公平就业的权利受到损害。为了不让招收女职工较多的企业负担过重，变“企业生育保险”为“社会生育保险”，生育保险基金社会统筹成为我国生育保险制度改革的方向。

1988 年，国务院颁布《女职工劳动保护规定》(1988 年 7 月 21 日)，女职工产假由原来的 56 天增加至 90 天（其中产前 15 天）。1953 年 1 月 2 日政务院修正发布的《中华人民共和国劳动保险条例》中有关女工人、女职员生育待遇的规定和 1955 年 4 月 26 日《国务院关于女工作人员生产假期的通知》同时废止。

1988—1994 年，全国各地生育保险制度开始改革尝试。各地改革措施归纳起来主要有两种。

(1) 生育保险基金社会统筹。1988 年 9 月 1 日，江苏省南通市开始实行《南通市全民、大集体企业生养基金统筹暂行办法》，企业按男女全部职工人数每年一次性向社会统筹机构上缴一定数额的资金，建立女职工生养基金。统筹企业中有女职工生育，其中生育医疗费和生育津贴由社会统筹机构负责支付。湖南省株洲市在 1988 年也试行生育保险基金社会统筹。企业按工资总额的一定比例上缴生育保险费，通过银行划归劳动部门统筹。生育女工凭企业证明按月从当地劳动部门领取生育津贴。在这段时间里，试行生育保险基金社会统筹的地区还有昆明、曲阜、绍兴、宁波、德州等几十个市县。

(2) 夫妇双方所在企业平均分担生育保险费用。1988 年，辽宁省鞍山市实行《鞍山市保护老人、妇女、儿童合法权益的规定》，该规定要求：生育津贴由夫妻双方所在企业各自承担 50%，若男方在部队、外地或机关工作，由女方单位全部承担。实行类似规定的还有苏州等市县。

生育保险基金社会统筹或生育保险费用分担在很大程度上减轻了试行企业生育保险费用的压力，对妇女就业产生了积极作用。但由于地方法规的非权威性、各地操作管理上的复杂性，基金的收缴有一定困难，尤其是对于男职工较多的企业，各地办法不统一，也增加了管理与监督上的难度。因此很需要有全国统一的法规出台。

1994 年 12 月，劳动部发布《企业职工生育保险试行办法》(1995 年 1 月 1 日起试行)，全国有了统一的生育保险基金统筹办法。1995 年 7 月 27 日，国务院发布《中国妇女发展纲要 (1995—2000 年)》，提出在生育保险上的目标是：20 世纪末"在全国城市基本实现女职工生育费用的社会统筹"。劳动部相应于 1995 年和 1996 年分别发布了《关于贯彻实施〈中国妇女发展纲要〉的通知》和《关于印发"劳动部贯彻〈中国妇女发展纲要 (1995—2000 年)〉实施方案"的通知》。

2010 年 10 月 28 日，第十一届全国人民代表大会常务委员会第十七次会议通过了《中华人民共和国社会保险法》，作为中国历史上首部社会保障领域的立法，首次以立法形式规定了生育保险。这一改革开放后纳入法制轨道的新规定，不仅让女职工享有生育保险，男职工的配偶也同样享有，体现了我国全民享有的保险权，使我国的生育保险制度的推广上升到更高的层次。

根据《全国人民代表大会常务委员会关于授权国务院在河北省邯郸市等 12 个试点城市行政区域暂时调整适用〈中华人民共和国社会保险法〉有关规定的决定》，在河北省邯郸市、山西省晋中市、辽宁省沈阳市、江苏省泰州市、安徽省合肥市、山东省威海市、河南省郑州市、湖南省岳阳市、广东省珠海市、重庆市、四川省内江市、云南省昆明市开展生育保险和职工基本医疗保险合并实施试点。2017 年 6 月底前启动试点，试点期限为一年左右。通过先行试点探索适应我国经济发展水平、优化保险管理资源、促进两项保险合并实施的制度体系和运行机制：统一参保登记、统一基金征缴和管理、统一医疗服务管理、统一经办和信息服务，职工生育期间的生育保险待遇不变。

二、生育保险制度

（一）生育保险的定义、特征

生育保险是指职业妇女因生育而暂时中断劳动，由国家或单位为其提供生活保障和物质帮助的一项社会制度。其宗旨在于通过向生育女职工提供生育津贴、产假以及医疗服务等方面的待遇，保障她们因生育而暂时丧失劳动能力时的基本经济收入和医疗保健，帮助生育女职工恢复劳动能力，重返工作岗位，并使婴儿得到必要的照顾和哺育。同时，通过将妇女生育负担由用人单位责任转化为全社会责任，平衡企业之间的负担，减轻用人单位招用妇女的成本，帮助妇女就业。

生育保险具有以下几个显著特征：

（1）自愿接受性。生育保险所承担和分散的是女职工因生育引起的劳动能力降低和暂时丧失所导致的收入中断和医疗费用支出风险。对于这种生育风险，人们是自愿的，有意接受的，尤其是在我国实行计划生育制度的情况下，这种自愿性更是体现得十分充分。而其他社会保险项目中的劳动风险，如年老、疾病、工伤、失业等，人们的普遍态度是排斥的。

（2）保障范围小。生育保险的保障对象是妇女职工及其所生育的子女和家庭，覆盖的范围有限。生育保险只保护符合国家生育政策的女职工。不符合法定结婚年龄规定、非婚生育或者不符合国家计划生育的女职工，无权享受生育保险待遇。

（3）强制性。生育保险是由国家强制加以实施的，劳动者或用人单位必须依法参加生育保险，依法缴纳生育保险费，并享受相应的保险待遇。所以无论是男职工还是女职工都必须参加生育保险，用人单位必须为所有职工缴纳生育保险费。

（4）社会性。生育保险制度是社会保险制度的一个组成部分，其基金来源遵循“大数法则”，集合社会的力量，在较大的社会范围内筹集资金。通过扩大生育保险的覆盖范围，起到了分散风险的作用。这不但可以将个人的负担转化为社会负担，而且解决了部分用人单位不愿意使用女职工的问题。

（5）互济性。生育保险制度实行社会统筹，实现社会成员的互助互济。这一点也说明了为什么男职工也要参加生育保险。男职工参保生育保险一方面可以将女职工的生育费用分担到全社会，减轻女职工占多数的单位的负担；另一方面改变了过去全职太太生孩子后有关费用不能报销的状况。

（6）生育保险具有福利性。虽然所有社会保险都具有保护劳动力自身再生产的作用，但是，由于生育保险直接为怀孕、生育的女职工提供物质保障，有利于女职工孕期、产期的身体健康，有利于下一代的健康发育和成长，因此是最直接的保护劳动力再生产的社会保险，意义更重大，保险给付也比其他社会保险项目更高。

（7）保障时间短。生育风险主要产生在生育活动发生的前后，过了这段时间就会恢复正常，所以生育保险也仅是就这段短时间内的风险进行保障。

（二）资金筹集及管理

生育保险筹集基金以够用为目标，主要由用人单位按规定的费率缴纳，职工个人不缴纳生育保险费。全民企业、集体企业、企业化管理的事业单位、股份制企业、外商投资企业中的固定工、劳动合同制工人、临时工，一律纳入女职工生育保险基金社会统筹范围。考虑到全国地区间经济情况差异很大，生育费用支付不平衡的因素，具体筹资比例由当地人民政府确定，但最高比例不超过职工工资总额的1%。从2015年10月1日起，对生育保险基金累计结余超过9个月的统筹地区，将生育保险费占单位职工工资总额的比例由1%以内调整到0.5%以内。随着全面二孩政策的实施，生育保险基金支出压力会增大。人力资源和社会保障部强调要确保参保职工的生育医疗费用和生育津贴按规定及时足额支付，杜绝拖欠和支付不足现象。全面建立生育保险基金风险预警机制，将基金累计结存控制在6～9个月支付额度的合理水平。对于基金累计结存不足（<3个月支付额度）的统筹地区，要及时调整费率。

生育保险基金按隶属关系实行市、县（市、区）两级统筹。生育保险基金由社会保险机构负责收缴、管理。生育保险基金在银行专户储存，银行按照城乡居民个人储蓄同期存款利率计息，所得利息并入生育保险基金。

2018年3月，人力资源和社会保障部会同财政部、国家卫计委印发了《关于做好当前生育保险工作的意见》，主要从适应全面两孩政策实施的角度，对做好生育保险工作提出了明确要求，以切实维护职工合法权益，确保实现生育保险制度稳健运行。该意见要求具体要做好四方面工作：一是提高认识，确保生育保险待遇落实。二是加强预警，完善费率调整机制。三是引导预期，规范生育津贴支付政策。各地要按照“尽力而为、量力而行”的原则，从实际出发，合理引导预期，规范生育津贴支付政策，确保《女职工劳动保护特别规定》法定产假期限内的生育津贴支付。四是加强管理，提高基金使用效率。

（三）给付条件

生育保险待遇同其他险种待遇的享受一样，需要具备一定的条件，具体来说，符合以下两个条件即可。

第一，用人单位已经缴纳生育保险费。权利与义务相对应，是社会保险制度赖以存在的前提条件。只有履行了法定的义务之后，才能享受相应待遇，生育保险也是如此，只有用人单位依法缴纳了生育保险费，其职工才能享受生育保险待遇。

第二，给付对象是用人单位的职工。用人单位缴纳生育保险费，那么理所当然地该单位职工享受生育保险待遇。

如果女职工要享受生育保险基金的给付，还需满足：（1）连续工龄满一年以上；（2）结婚、生育符合《婚姻法》及有关法规规定。

（四）待遇给付

按照《社会保险法》的要求，生育保险待遇包括生育期间的生育津贴、医疗费和计划生育医疗费等。生育津贴支付期限按照《女职工劳动保护特别规定》确定的产假执行。女职工生育享受98天产假；难产的，增加产假15天；生育多胞胎的，每多生育1个婴儿，增加产假15天。女职工怀孕未满4个月流产的，享受15天产假；怀孕满4个月流产的，享受42天产假。另外生育津贴是产假工资的替代部分，因此，生育津贴与产假工资不能重复享受。

专栏 27-3

北京生育保险给付水平见表 27-5 和表 27-6。

表 27-5　　北京生育保险医疗费用支付范围及标准

<table>
<tr><th colspan="7">一、生育保险医疗费用支付范围及标准</th></tr>
<tr><td rowspan="11">生育的医疗费用</td><td rowspan="6">产前检查</td><td rowspan="5">限额付费</td><td>妊娠第 1～12 周末前的</td><td colspan="3">520 元</td></tr>
<tr><td>妊娠第 1～27 周末前的</td><td colspan="3">850 元</td></tr>
<tr><td>妊娠第 13～27 周末前的</td><td colspan="3">330 元</td></tr>
<tr><td>妊娠第 13 周～分娩前的</td><td colspan="3">880 元</td></tr>
<tr><td>妊娠第 28 周～分娩前的</td><td colspan="3">550 元</td></tr>
<tr><td>定额付费</td><td>妊娠至分娩前的</td><td colspan="3">1 400 元</td></tr>
<tr><td rowspan="5">分娩</td><td rowspan="5">按项目付费</td><td></td><td>三级医院</td><td>二级医院</td><td>一级医院</td></tr>
<tr><td>自然分娩</td><td>3 000 元</td><td>2 900 元</td><td>2 700 元</td></tr>
<tr><td>人工干预分娩</td><td>3 300 元</td><td>3 200 元</td><td>3 000 元</td></tr>
<tr><td>剖宫产及剖宫产兼其他手术的</td><td>4 400 元</td><td>4 200 元</td><td>3 800 元</td></tr>
<tr><td colspan="4">每增加一胎，费用在该分娩支付标准基础上加收 10%
住院分娩出现严重并发症的医疗费用按项目付费</td></tr>
</table>

表 27-6　　北京生育津贴待遇

<table>
<tr><th colspan="5">二、生育津贴待遇</th></tr>
<tr><th>名称</th><th>享受方</th><th>条件</th><th>产假规定</th><th>公式</th></tr>
<tr><td rowspan="5">生育津贴</td><td rowspan="5">女职工</td><td>妊娠不满 16 周（含）流产</td><td>15 天</td><td rowspan="5">单位上一年度职工月平均工资/30×产假天数</td></tr>
<tr><td>妊娠 16 周（含）以上流产</td><td>42 天</td></tr>
<tr><td>正常生育</td><td>98 天</td></tr>
<tr><td>难产生育
（产钳助产、胎吸、剖宫）</td><td>98+15=113 天</td></tr>
<tr><td>多胞胎生育</td><td>98+15×（胎数-1）天</td></tr>
<tr><td>生育奖励假</td><td>女</td><td>女方按规定生育的</td><td>30 天</td><td>单位上一年度职工月平均工资</td></tr>
<tr><td>陪产假</td><td>男</td><td></td><td>带薪假 15 天</td><td></td></tr>
</table>

女职工经所在机关、企业事业单位、社会团体和其他组织同意，可以再增加假期 1～3 个月。即如果单位同意，北京女职工在上述产假基础还可以增加 1～3 个月假期。

资料来源：北京市人口与计划生育条例（2016 年修订版）.

生育的医疗费用指女职工在孕产期内因怀孕、分娩发生的医疗费用，包括符合规定的产前检查及分娩住院期间诊治妊娠合并症、并发症的医疗费用。计划生育的医疗费用指职工放置或者取出宫内节育器、施行输卵管或者输精管结扎及复通手术、实施人工流产术或者引产术等发生的医疗费用。参保人员在定点医疗机构发生的生育医疗费用，符合生育保险药品目录、诊疗项目及医疗服务设施标准的，全部由生育保险基金支付，个人不用负担医疗费用。

实例 27－9 张女士在 2015 年 4 月成为济南×公司的财务人员，期间由×公司为其缴纳社保；2016 年 1 月济南 J 公司成立，且接受委托管理×公司及其员工（包括张女士），社保则是由 J 公司管理人通过个人账户将资金转到×公司为张女士代缴；期间，由于×公司社保账户被司法冻结，导致张女士社保一度中断。2016 年 8 月，张女士顺利生产后由于公司未正常缴纳社保而无法享受生育保险待遇。

解析 一审法院认为：虽×公司与张女士在此期间存在表面的劳动关系，但张女士和 J 公司存在实际的劳动事实，由于 J 公司未给张女士正常缴纳社会保险导致其无法享受生育保险待遇，所以判决 J 公司向张女士支付相应的生育保险待遇。二审维持原判。[①]

专栏 27－4

《国务院办公厅关于印发生育保险和职工基本医疗保险合并实施试点方案的通知》

一、主要目标

2017 年 6 月底前启动试点，试点期限为一年左右。通过先行试点探索适应我国经济发展水平、优化保险管理资源、促进两项保险合并实施的制度体系和运行机制。

二、试点地区

根据实际情况和有关工作基础，在河北省邯郸市、山西省晋中市、辽宁省沈阳市、江苏省泰州市、安徽省合肥市、山东省威海市、河南省郑州市、湖南省岳阳市、广东省珠海市、重庆市、四川省内江市、云南省昆明市开展两项保险合并实施试点。未纳入试点地区不得自行开展试点工作。

三、试点内容

（一）统一参保登记。

（二）统一基金征缴和管理。

（三）统一医疗服务管理。

（四）统一经办和信息服务。

（五）职工生育期间的生育保险待遇不变。

① 根据中国裁判文书网公开资料整理。

第六节　住房公积金制度

一、住房问题和住房公积金

随着工业化和城市化的发展，住房作为重大社会经济问题日渐突出。对城市土地和住房供给的巨大需求，使得住房价格不断上涨，甚至超出家庭支付能力，导致了住房有效需求不足。

住房公积金是政府为了归集住房资金，提高住房有效需求，强制居民进行住房储蓄用于住房消费的措施。1991 年 2 月，上海的房改方案借鉴新加坡的经验而推出住房公积金制度，并逐步推广到全国，成为国家住房金融的重要内容之一，并为商业住房贷款的起步积累了经验。

1994 年 11 月，财政部、国务院住房制度改革领导小组、中国人民银行联合颁布《建立住房公积金制度的暂行规定》，该规定明确了所有党政机关、群众团体、事业单位和企业的固定职工、劳动合同制职工以及“三资”企业中方员工，均应缴纳住房公积金。住房公积金制度的建立，为形成稳定的住房资金来源，促进住房资金的积累、周转和政策性抵押贷款制度的建立，奠定了货币物质基础。

1999 年，国务院出台了《住房公积金管理条例》，2002 年对部分条款进行了修订。目前，我国住房公积金的管理均是依照此条例执行。经过多年实践，无论是住房公积金的缴存总额、余额，还是个人贷款总额、个人贷款余额或个人贷款率等都呈逐年增长的良好趋势。

1998 年以来，无论是住房公积金的缴存总额、余额，还是个人贷款总额、个人贷款余额或个人贷款率等都呈逐年增长的良好趋势。图 27 - 1 显示了 2013—2017 年实缴单位数和实缴职工人数，图 27 - 2 显示了 2013—2017 年住房公积金年度缴存额、缴存余额和年度缴存额增长率。

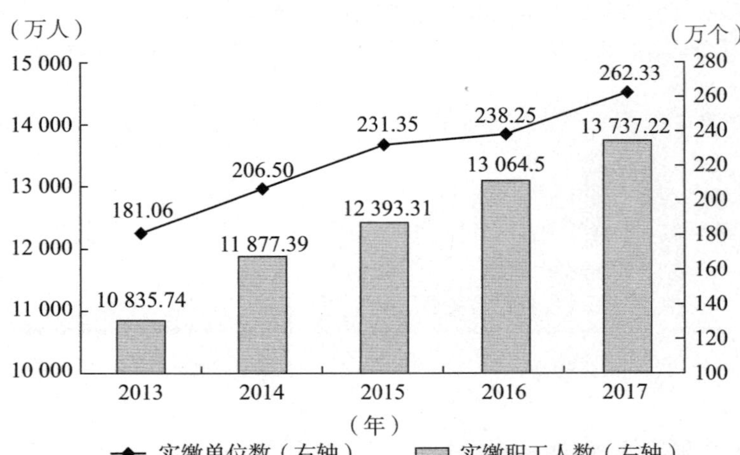

图 27 - 1　2013—2017 年实缴单位数和实缴职工人数

资料来源：《全国住房公积金 2017 年年度报告》。

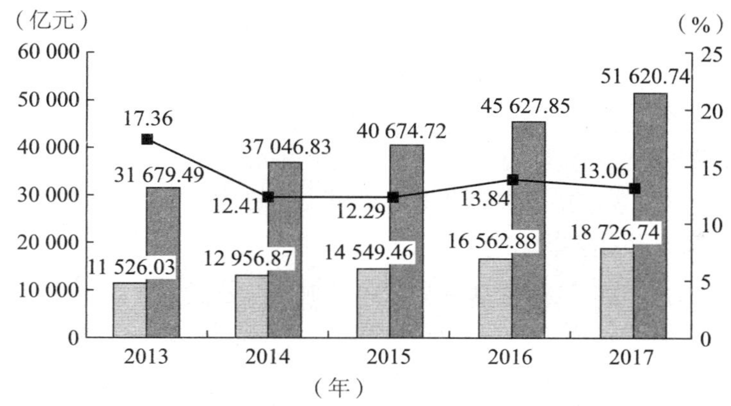

图 27-2　2013—2017 年住房公积金年度缴存额、缴存余额和年度缴存额增长率

资料来源：同图 27-1。

二、住房公积金制度

（一）住房公积金计划的定义和特征

住房公积金是国家依法建立的，参保人依法履行缴费义务和使用基金购（盖）房，由政府确保支付的住房资助计划。《住房公积金管理条例》是国务院为了加强对住房公积金的管理，维护住房公积金所有者的合法权益，促进城镇住房建设，提高城镇居民的居住水平而制定的条例。《住房公积金管理条例》中指出："住房公积金，是指国家机关、国有企业、城镇集体企业、外商投资企业、城镇私营企业及其他城镇企业、事业单位、民办非企业单位、社会团体（以下统称单位）及其在职职工缴存的长期住房储金。"

住房公积金制度具有以下主要特征。

1. 依法建立、参加、履行缴费义务和享有待遇

《住房公积金管理条例》规定，单位应当到住房公积金管理中心办理住房公积金缴存登记，经住房公积金管理中心审核后，到受委托银行为本单位职工办理住房公积金账户设立手续。每个职工只能有一个住房公积金账户。单位和职工应当按时、足额缴存住房公积金，不得逾期缴存或者少缴。当职工满足《住房公积金管理条例》规定的条件时，可以提取住房公积金账户的储存额。

2. 享有个税减免待遇和雇主供款

根据《住房公积金管理条例》《建设部　财政部　中国人民银行关于住房公积金管理若干具体问题的指导意见》等规定的精神，单位和个人分别在不超过职工本人上一年度月平均工资的 12%的幅度内，其实际缴存的住房公积金允许在企业应纳税所得额和个人应纳税所得额中扣除。单位为职工缴存的住房公积金，按照下列规定列支：（1）机关在预算中列支；（2）事业单位由财政部门核定收支后，在预算或者费用中列支；（3）企业在成本中列支。

3. 个人账户积累，基金统一管理

雇主和职工缴费一并计入个人账户，采用完全积累的方式，由住房公积金管理中心统一管理。住房公积金的增值收益应当存入住房公积金管理中心在受委托银行开立的住房公积金增值收益专户，用于建立住房公积金贷款风险准备金、住房公积金管理中心的管理费用和建设城市廉租住房的补充资金。

4. 政府确保计划安全运营

该计划由政府发起，政府管理基金，并承担住房公积金贷款的风险。

《住房公积金管理条例》规定，直辖市和省、自治区人民政府所在地的市以及其他设区的市（地、州、盟），应当设立住房公积金管理委员会，作为住房公积金管理的决策机构。住房公积金管理委员会的成员中，人民政府负责人和建设、财政、人民银行等有关部门负责人以及有关专家占1/3，工会代表和职工代表占1/3，单位代表占1/3。

（二）住房公积金制度的资金筹集

《住房公积金管理条例》规定，从职工参加工作第二个月开始，用人单位和职工个人开始缴存住房公积金，月缴存额为职工本人缴费工资额乘以职工住房公积金缴存比例。缴存住房公积金的比例均不得低于职工上一年度月平均缴费工资的5%，不高于职工上一年度月平均缴费工资的12%，住房公积金缴费可在税前列支。缴存住房公积金的月平均工资不得超过职工工作地所在设区城市上一年度职工月平均工资的3倍。

2016年4月，住房城乡建设部、发展改革委、财政部、人民银行联合发布《关于规范和阶段性适当降低住房公积金缴存比例的通知》，规定凡住房公积金缴存比例高于12%的，一律予以规范调整，不得超过12%。各地区从2016年5月1日起实施阶段性适当降低住房公积金缴存比例政策，暂按两年执行。

2018年4月，住房城乡建设部、财政部、人民银行再次联合发布《关于改进住房公积金缴存机制进一步降低企业成本的通知》。延长阶段性适当降低企业住房公积金缴存比例政策的期限至2020年4月30日。同时，扩大住房公积金缴存比例浮动区间，住房公积金缴存比例下限为5%，上限由各地区按照《住房公积金管理条例》规定的程序确定，最高不得超过12%。缴存单位可在5%至当地规定的上限区间内，自主确定住房公积金缴存比例。

用人单位和职工本人按规定标准缴存的住房公积金，存入职工住房公积金个人账户，住房公积金属于职工个人所有，退休时的账户余额可以转存养老金。公积金存款自存入职工住房公积金账户之日起按照国家规定利率计息。当年缴存的，按结息日挂牌公告的活期存款利率计息；上年结转的，按结息日挂牌公告的3个月整存整取存款利率计息。下列公式反映了公积金个人账户余额的核算方法：

住房公积金个人账户余额＝个人缴费＋单位缴费＋账户投资所得

（三）住房公积金的使用范围

住房公积金的提取是指缴存住房公积金的职工按照规定把自己住房公积金账

户内的存储余额取出来。建立住房公积金定向用于住房消费，职工有提取和使用住房公积金的权利。

住房公积金制度的作用是通过提取和使用来具体体现的：第一，保障职工权益、提高住房消费能力；第二，保证合理使用、安全运作，减小资金风险；第三，促进住房金融体系的建立和完善；第四，城市建设廉租住房的补充。住房公积金作为政策性资金，其增值收益还可以作为建设城市廉租住房的补充资金，发挥社会保障的作用。

在住房公积金的使用过程中，需要有规范的管理和监督体制，确保住房公积金合理、安全、有效地使用，保证住房公积金的保值和运作安全。

根据《住房公积金管理条例》第二十四条的规定，职工有下列情形之一的，可以提取职工住房公积金账户内的存储余额：

（1）购买、建造、翻建、大修自住住房的；

（2）离休、退休的；

（3）完全丧失劳动能力，并与单位终止劳动关系的；

（4）出境定居的；

（5）偿还购房贷款本息的；

（6）房租超出家庭工资收入的规定比例的。

依照前款第（2）、（3）、（4）项规定，提取职工住房公积金的，应当同时注销职工住房公积金账户。职工死亡或者被宣告死亡的，职工的继承人、受遗赠人可以提取职工住房公积金账户内的存储余额；无继承人也无受遗赠人的，职工住房公积金账户内的存储余额纳入住房公积金的增值收益。

（四）住房公积金贷款

缴存住房公积金的职工，在购买、建造、翻建、大修自住住房时，可以向住房公积金管理中心申请住房公积金贷款，但应提供担保。

住房公积金的最高贷款额度由各地住房委员会决定。在同一省市内，贷款额度会因个人缴费数额、年限及所购房屋的差异有所不同。

住房公积金贷款利率比商业住房贷款利率低。现行公积金贷款利率是2015年10月24日调整并实施的，5年以上公积金贷款年利率为3.25%，5年及以下公积金贷款年利率为2.75%；首套房贷款按基准利率执行，二套房贷款利率上浮10%。

第七节　其他法定职工福利

一、休息、休假的权益

职工依法享有休息、休假的权益，这种权利是国家法律、法规依法赋予的。

在法定休息时间内，职工依然可以获得与工作时间相同的工资报酬。职工享有的休息、休假的待遇主要包括以下几个方面。

（一）职工每日休息的权益

职工拥有每日休息的权益，这主要是为了促进职工的体力恢复。例如，我国《劳动法》规定，国家实行劳动者每日工作时间不超过 8 小时，平均每周工作时间不超过 44 小时的工时制度。用人单位应当保证劳动者每周至少休息一日。用人单位由于生产经营需要，经与工会和劳动者协商后可以延长工作时间，一般每日不得超过 1 小时；因特殊原因需要延长工作时间的，在保障劳动者身体健康的条件下延长工作时间每日不得超过 3 小时，但是每月不得超过 36 小时。安排劳动者延长工作时间的，应支付不低于工资的 150%的工资报酬。

（二）每周休息的权益

职工工作一个工作周后有休息的权利。例如，我国《劳动法》规定，用人单位应当保证劳动者每周至少休息一日。休息日安排劳动者工作又不能安排补休的，应支付不低于工资的 200%的工资报酬。

（三）法定节假日休息的权益

法定节假日是国家法律法规统一规定的休息时间。在法定休假日内，员工有权享受休息时间，工资照发。我国《劳动法》规定，法定休假日安排劳动者工作的，应支付不低于工资的 300%的工资报酬。

（四）带薪年休假休息的权益

带薪年休假是指工作一段时间的员工可以享受年休假期，但工资照常发放的福利。我国《劳动法》规定，劳动者连续工作 1 年以上的，享受带薪年休假。具体办法由国务院规定。人力资源和社会保障部公布的《企业职工带薪年休假实施办法》规定，职工连续工作满 12 个月的，享受带薪年休假。年休假的天数根据职工累计工作的时间确定。职工在同一单位或者不同单位工作的时间应计为累计工作时间。职工依法享受的其他国家规定的法定节假日不计入年休假假期。

（五）特殊情况下休息的权益

职工在特殊情况下，享受休息的权益，主要包括病假、产假、婚假、丧假等。在这些假期中，职工工资照发。

二、获得劳动安全卫生保护的权益

劳动安全卫生保护是国家为了保护劳动者在生产过程中的安全和健康所制定的各种法律规范及采取的各种措施的总和。保护对象是劳动者，保护范围只限于劳动过程中劳动者的安全与健康，保护客体是劳动者的生命安全与身体健康。

建立劳动安全卫生制度的意义在于：保护劳动者的生命健康权，追求制度正义、减少损失和成本付出，提高企业效益、稳定协调劳动关系。劳动安全卫生保护的任务是采取积极有意义的组织、管理措施和工程技术措施，保护劳动者在生产过程中的安全与健康，促进企业安全生产。

《安全卫生法》规定了用人单位的安全生产义务：

（1）必须遵守安全生产法的规定；

（2）必须加强安全生产管理；

（3）必须建立安全生产责任制度；

（4）必须完善安全生产条件。

劳动者在安全生产方面的权利包括：享受工伤保险和伤亡求偿权；危险因素和应急措施的知情权；安全管理的批评检控权；拒接违章指挥和强令冒险作业权；紧急情况下的停止作业和紧急撤离权。

劳动者在安全生产方面的义务包括：遵章守规，服从管理的义务；佩戴和使用劳保用品的义务；接受培训，掌握安全生产技能的义务；发现事故隐患及时报告的义务。

三、女职工特殊权益的保护

对女职工特殊权益的保护意义在于：一方面，女职工的身体结构和生理机能决定了她们在参与国家现代化建设的同时，还更多地承担了繁衍后代、照顾家庭的责任，对人类自身的延续和发展起着不可替代的作用。妇女有经期、孕期、产期、哺乳期等男子所没有的生理阶段，需要予以特殊的照顾和保护，比如，对劳动环境的要求，对劳动强度和劳动时间的限制，生育期间的医疗、假期等。因此，法律有必要针对妇女的特点给予特殊的保护。

另一方面，从现实情况来看，妇女特殊权益的保护情况不容乐观。我国劳动法律中有保护女职工特殊权益的规定，但是侵害妇女合法权益、特殊劳动保护不到位的现象时有发生。为此，国家有必要采取针对性的特殊保护措施，以保障妇女的特殊权益得到全面的实现。

（一）女职工劳动权的保护

女职工劳动权的保护其主要目的是消除不平等的就业权利和机会，消除同工不同酬造成的差距。女职工应该享有与男职工同等的劳动权利，用人单位在录用职工、专业技术职称和职位评定等方面不得歧视女性。例如，《妇女权益保障法》规定，任何单位不得以结婚、怀孕、产假、哺乳等为由，辞退女职工或单方解除劳动合同。

由于女职工的身体结构和生理机能与男职工有很大不同，为了保护女职工的身心健康，国家法律法规对于女职工禁止从事的劳动范围做出了规定。例如，《女职工劳动保护特别规定》以附录形式列举了女职工禁忌从事的劳动范围。

（二）女职工特殊生理期间的保护

2012 年 4 月 18 日，国务院第 200 次常务会议通过了《女职工劳动保护特别规定》，该规定明确了女职工应享有的特殊权益。其中对女职工特殊生理期间的保护提出了具体要求：

（1）经期保护；

（2）孕期保护；

（3）产期保护；

（4）哺乳期保护。

第八节　薪酬的测算

薪酬单是向员工支付薪酬的凭证。通过分析员工的薪酬单，可以获得多方面的信息，如员工的收入结构、当期收入与延期收入所占的比重等。薪酬单包括 3 部分：应发工资额、代扣项目和实发工资额。应发工资额是指扣除费、税前的个人工资总额；代扣项目包括社会保险费、住房公积金缴费和个人所得税等；实发工资额是指扣除费、税后的个人工资额，实发工资额等于应发工资额减去代扣项目。下面着重分析薪酬单中的扣除项目。

国家对法定福利项目给予税收优惠政策。企事业单位按照规定的缴费比例或办法实际缴付的基本养老保险费、基本医疗保险费和失业保险费，免征个人所得税。个人按照规定的缴费比例或办法实际缴付的基本养老保险费、基本医疗保险费和失业保险费，允许从个人应纳税所得额中扣除；但企事业单位和个人超过规定的比例和标准缴付的基本养老保险费、基本医疗保险费和失业保险费，应将超过部分并入个人当期的工资、薪金收入，计征个人所得税。单位和个人分别在不超过职工本人上一年度月平均工资的 12%的幅度内，其实际缴存的住房公积金，允许在个人应纳税所得额中扣除，月平均工资标准不得超过职工工作地所在设区城市上一年度职工月平均工资的 3 倍，超过上述规定比例和标准缴付的住房公积金，应将超过部分并入个人当期的工资、薪金收入，计征个人所得税。[①]

个人所得税征收实行超额累进制，具体如表 27－7 所示。

表 27－7　　个人所得税超额累进制

级数	全月应纳税所得额	税率	速算扣除数
1	不超过 3 000 元的	3%	0
2	超过 3 000 元至 12 000 元的部分	10%	210
3	超过 12 000 元至 25 000 元的部分	20%	1 410
4	超过 25 000 元至 35 000 元的部分	25%	2 660
5	超过 35 000 元至 55 000 元的部分	30%	4 410
6	超过 55 000 元至 80 000 元的部分	35%	7 160
7	超过 80 000 元的部分	45%	15 160

① 参见《财政部　国家税务总局关于基本养老保险费　基本医疗保险费　失业保险费　住房公积金有关个人所得税政策的通知》的规定。

除以上法定福利项目之外，国家还允许单位为个人建立补充社会保险项目，如补充医疗保险、企业年金等。对于这些项目，也可以由单位从职工个人工资中代扣，如企业年金所需费用由企业和职工个人共同缴纳，企业缴费每年不超过本企业职工工资总额的8%，企业和职工个人缴费合计不超过本企业职工工资总额的12%。① 国家往往对部分单位福利项目提供税收优惠政策，如对于企业年金缴费，允许企业缴费计入个人账户的部分免税，个人缴费在不超过本人缴费工资计税基数的4%标准内的部分，暂从个人当期的应纳税所得额中扣除。超过标准缴付的年金单位缴费和个人缴费部分，应并入个人当期的工资薪金所得，依法计征个人所得税。②

实例 27-10　张先生的薪酬单分析

2018 年 11 月张先生的薪酬单如表 27-8 所示。

表 27-8　　2018 年 11 月张先生的薪酬单　　(单位：元/月)

基础工资	职务补贴	年功津贴	月奖金	差旅费津贴
1 920	5 000	160	500	420
代缴住房公积金	代缴养老保险	代缴医疗保险	代缴失业保险	代缴税金
700	560	140	35	34.35

本月应发合计：8 000　　本月扣款合计：社会保险费 1 435，个人所得税 34.35

实发合计：6 530.65

说明：

第一栏内各项加总为员工税前工资总额，其中差旅费津贴在税前扣除，不计入应税收入。

本年社会保险缴费基数基于上年工资水平核定，为 7 000 元。

个人社会保险缴费费率：住房公积金 10%，养老保险 8%，医疗保险 2%，失业保险 0.5%。

单位社会保险缴费费率：住房公积金 10%，养老保险 20%，医疗保险 6%，失业保险 0.5%。

薪酬所得适用个人所得税费用扣除额为每月 5 000 元，采用七级超额累进税率。

解析　工资总额即为应发工资，工资总额扣除各类费、税后即当期实发工资。假设社会保险缴费基数是 7 000 元，则张先生社会保障个人缴费为

住房公积金费＝7 000×10%＝700(元)

养老保险费＝7 000×8%＝560(元)

医疗保险费＝7 000×2%＝140(元)

失业保险费＝7 000×0.5%＝35(元)

社会保障个人缴费合计＝1 435(元)

应纳税所得额＝8 000－420－1 435－5 000＝1 145(元)，适用 3%的税率

应纳税额＝1 145×3%－0＝34.35(元)

当期实发额＝8 000－1 435－34.35＝6 530.65(元)

① 参见《企业年金办法》(2018 年 2 月 1 日起实行)。

② 参见财政部、人力资源和社会保障部、国家税务总局联合发布的《关于企业年金　职业年金个人所得税有关问题的通知》。

第二十八章

退休规划

本章提要

退休规划主要是指通过年轻时的储蓄，提前为退休生活做准备，弥补退休后生活赤字，达到一生的财务收支平衡。人们应尽早进行退休规划，以应对退休生活可能面临的各种风险。

退休规划的实施应遵循一定的规范和步骤。首先，需要界定客户关系，在此基础上和客户沟通其所期待的养老生活目标，然后根据客户的自身状况以及在相关的宏观经济假设条件基础上测算客户的退休生活需求。其次，从法定福利、企业福利、个人储蓄等方面寻求客户退休规划的资源供给。最后，退休规划供给和需求之间的差额即养老赤字，理财师协助提供解决养老赤字问题的方案，以帮助客户实现养老生活目标。

本章内容包括：

- 退休规划概述；
- 退休规划的要素与方法；
- 退休规划的流程；
- 理财资讯平台在退休规划中的运用。

通过本章学习，读者应该能够：

- 了解退休生活所面临的种种风险；
- 了解退休规划的基本概念；
- 掌握退休规划所需的基本知识；
- 掌握退休规划的流程；
- 掌握养老生活目标的确定方法；
- 掌握养老需求和供给的测算方法；
- 测算养老赤字；
- 掌握赤字弥补的方法；
- 运用理财资讯平台进行退休规划。

第一节 退休规划概述

一、退休养老所面临的风险

退休规划贯穿生命中多个阶段，持续时间长，理财师需要考虑客户面临的各种相关风险，主要包括社会风险和个人风险两个方面。

（一）社会风险

1. 人口老龄化

（1）全球性的人口老龄化问题。按照联合国教科文组织的界定，一个国家或地区 60 岁以上的人口占其人口总数的 10%或以上，或者 65 岁以上的人口占其人口总数的 7%或以上，该国家或地区即进入老龄化社会。

老龄化是全世界面临的问题，其总体特征是：老年人口规模迅速扩大，比重不断上升；老年人口的增长率高于世界总人口的增长率；老龄化国家的数量不断增多。

（2）中国人口老龄化的特点。根据国家统计局发布的《2017 年国民经济和社会发展统计公报》，截至 2017 年年底，全国 60 周岁及以上老年人口共 24 090 万人，占总人口的 17.3%，其中 65 周岁及以上老年人口 15 831 万人，占总人口的 11.4%。而 16～59 岁的劳动年龄人口数量从 2011 年的峰值 9.4 亿下降到 2017 年的 9 亿，连续 6 年下降。一方面，老年人口数量迅速增长，老龄化水平迅速提高；另一方面，由于经济增长方式的变化以及高等教育的普及等原因，个人就业的年龄大大推迟了，这就使得人们退休生活时间大幅延长，而工作的年限减少，即意味着要在更短的工作时间内积累更多的资金以满足更长的退休时间内的生活需要。

2. 家庭养老方式的转变

我国传统上老年人的养老方式是以家庭养老为主，是以大家庭多子女共同赡养老人为基础。随着我国多年来所实行的独生子女政策，以及老年人预期寿命的延长，许多家庭呈现 4－2－1 家庭成员结构，即 2 个年轻人，上有 4 位老人（双方父母），下有 1 个独生子女。这样对于中间的一代人来说，既要抚养未成年子女，又要赡养 4 位老人，压力巨大。对于老年人而言，对自身的养老方式也有了很多观念上的改变，从依赖子女的家庭养老方式逐步转变为理财养老，即通过理财师科学地制定退休规划来保障退休后的生活。

3. 社会保障不足

国家提供的社会保障，包括基本养老保险、医疗保险、住房公积金等。基本养老金的主要目的在于保障退休人员的基本生活，其覆盖面广，保障程度较低。

由于人口老龄化超前于现代化，“未富先老”和“未备先老”的特征日益凸显。理财师进行退休规划的过程中需要充分考虑社会保障不足的问题，同时也要充分认识到退休规划不可能全部依赖社会保障。

4. 经济风险

退休规划覆盖时间长，受到经济环境中各个因素波动的影响会很大，面临的经济风险主要包括以下几个方面。

（1）经济衰退的可能性。理财师需要考虑经济衰退的可能性，其中主要涉及经济环境对总体投资收益率的影响。假设一个人退休后的支出每期都是固定的，那么投资收益率越低，则在年轻阶段需要用越多的钱来准备退休之后的开支，这间接地减少了退休前的消费金额。理财师需要关注经济衰退对客户退休规划造成的各方面的影响，包括客户收入、储蓄、收益率等。

（2）通货膨胀的风险。构建退休规划需考虑通货膨胀因素，以使得退休收入维持与规划时相同的购买力。例如，在年通货膨胀率4%的情况下，要维持与现在10 000元相同的购买力水平，20年后，这笔费用应该要高达21 911元。由此可见，测算养老需求要充分考虑通货膨胀的影响，理财师需要合理预估通货膨胀率，保证退休规划所提供的名义货币量能维持规划时的购买力水平。

（二）个人风险

1. 寿命的不可预期性

退休期间是指退休开始到身故的时间。根据《2018年世界卫生统计报告》，中国人均预期寿命为76.4岁左右，如果按55岁退休，退休期间一般应该为20年左右。但应根据个人的健康状况适当调整，如果个人的状况比一般人好，则退休期间会长于20年，尤其是离退休较远的年轻人，更应该考虑寿命延长的因素，合理设定退休余寿。若个人的实际寿命长于规划时的预期余寿，容易导致养老需求计算不足，使得实际发生的养老支出高于养老储蓄。因此，在退休规划执行过程中，需要对预期余寿进行合理估计，并对规划方案进行相应调整。

2. 个人医疗负担重

患病率高、病程长、医疗费用高等众多因素，导致老年人的医疗需求费用随年龄的增长而增加；同时，与患病相关的交通费用、护理和陪护费用等都需要在退休规划中考虑，做充分的准备。健康风险是理财师在进行退休规划时必须考虑的风险。

3. 职业生涯的不确定性

随着社会的迅速发展，个人面临的职业风险加大。一方面，一些职业可能存续很短的时间就不复存在，失业风险不期而至。比如，曾流行一时的通信工具BP机被移动电话替代后，BP接线员这个职业也随之消失。另一方面，就业竞争压力越来越大，很多人可能提前退休而必须等到65岁之后才能拿到基本养老金。

在急剧的社会变迁中，个人养老供给和家庭资产配置等退休规划分析都需要考虑职业生涯带来的不确定性对家庭的当期收入和延期收入的影响。如果职业生涯发生变化，则收入、家庭储蓄、支出都会受到影响，很多延期收入和保障项目也会受到影响。因此，理财师需要综合考虑，并定期评估调整，保证退休规划的可持续性，从而应对职业生涯的不确定性。

二、退休规划的定义

从理财的角度来看，退休规划是根据客户及家庭的实际情况和目标，为实现养老生活的财务独立所进行的一系列专业性规划和理财服务，包括养老金规划、老年医疗保健规划、老年居住规划以及养老服务规划等。其目的是积累养老资产，颐养天年。

养老资产指的是保障老年生活的资产、财产和相关权益的总和，包括养老金、医疗保险、老年房产、护理保险等。

三、退休规划的特征

退休规划的特征包括以下几方面：

1. 以养老金规划、老年医疗保健规划、老年居住规划、养老服务规划为核心内容

实现老年人退休生活的财务独立，是要解决老年人退休生活所面临的经济问题。维持退休生活的基本条件包括稳定的现金收入、有保障的医疗费用的来源、适合居住的住房，以及可以享有的养老服务。针对养老金、医疗、住房及养老服务这四大问题，理财师需要通过退休规划帮助客户提前合理安排，使未来的退休生活无忧。

2. 根据规划目标锁定账户

要保证养老储蓄切实用于退休后的生活所需，要求锁定养老金账户，至退休时点使用或者按照年金支付要求兑现。这需要相关法律法规、财务规则、金融市场规则等约束手段的支持，以便长期运作、专业管理、保值增值，锁定账户，不达到相应的法定条件不能支取养老储蓄账户中的资金。

3. 追求长期的收支平衡

根据生命周期理论，即使从 30 岁开始规划，到 60 岁左右退休，退休前的准备和调整时期也有将近 30 年，而预期余寿增加后，会导致退休规划的执行时间随之延长，则整个退休规划将会覆盖人一生 50 年左右的时间。

由于退休规划具有长期性的特点，且退休规划的重要目的是能够给予退休老年人生活保障，所以退休规划的理财过程中最重要的投资目标是追求长期的收支平衡，而不是简单追求短期的高收益。因此理财师需要帮助客户在年轻时进行储蓄以满足退休后的支出需求。在这个过程中，投资收益率的基本目标是保值，即保证退休后养老供给能够抵御通货膨胀，维持相应的购买力。

4. 税收优惠政策与合理避税

法定福利下的养老储蓄，需要依法建立、锁定账户、信托管理、市场运行，可以免缴或者延期缴纳个人所得税。例如，国家基本养老保险计划下的个人和单位缴费均在上缴个人所得税和企业所得税之前扣除。

除法定福利外，雇主补充养老金和个人储蓄养老金涉及税收相对复杂，金融理财师需要为客户做好养老储蓄税务规划，可以在遵守国家法律法规的前提下，实现客户利益最大化。

四、退休养老体系

目前我国按照世界银行倡导的三支柱模式构建养老保险体系：第一支柱是国家基本养老金计划；第二支柱是雇主（单位或企业）补充养老金计划；第三支柱是个人储蓄养老金计划（包括商业养老保险计划）。

在我国，大多数中国人的养老危机意识和自觉性的退休养老安排尚未形成。单靠个人力量、家庭力量无法有效应对退休养老生活，需要政府、企业和个人共同出力去面对。

首先，政府方面应该通过立法的形式，为公民建立普惠制的社会保障制度，保证公民的基本养老、医疗、住房及养老服务问题；其次，企业作为雇主，不仅要关注当期支付给员工的工资是否能够保证员工当前的基本生活，而且要注重建立相应的员工福利制度，为员工的未来生活提供相应的保障，这体现了一个企业对员工进行全方位保障的社会责任，例如，企业建立的补充养老保险或住房计划能在一定程度上提升员工退休生活品质。最后，政府还可以通过税收优惠等政策引导，鼓励个人为自己的退休提前做出规划。

通过以上三方面的努力，希望能建立起多层次、多来源、有保障的退休养老体系，以满足退休老年人的养老金、医疗、住房和养老服务等需求（如表 28－1 所示）。

表 28－1　　退休规划简表

退休规划内容	政府——社会保障计划	单位——员工福利计划	个人——退休理财规划
养老金	基本养老保险	企业年金	个人储蓄规划
医疗	基本医疗保险	补充医疗保险	个人医疗规划
住房	住房公积金	补充住房公积金	个人住房规划
养老服务	养老服务机构	单位养老服务	个人养老服务规划

五、退休规划的分类

退休规划按照不同的分类方法，可以分为以下几类：

（1）根据规划的复杂程度，分为单项规划和综合规划；

（2）根据客户的需求，分为养老金规划、老年医疗保健规划、老年居住规划、老年服务规划、老年旅游规划、老年教育规划等；

（3）根据客户对象，分为个人退休规划、家庭退休规划。

第二节 退休规划的要素与方法

一、退休规划的要素

（一）规划起点：开始做退休规划的时间点

在这一时点，理财师应对客户进行人力资本测算和财务状况评估，需要考虑三方面因素：一是家庭的收入能力与支出状况，以评估个人的养老储蓄能力和向退休规划供款的能力；二是家庭的资产与负债状况，既可以考虑未来进行退休规划供款调整时有哪些资产可以进入考虑范围，也可以通过判断负债估计家庭的储蓄潜力；三是了解家庭的养老需求和退休规划目标，在规划起点就要和客户确定客户家庭的退休规划目标，这样有助于了解除日常支出外，还有哪些特殊的养老需求，进而计算这个家庭的养老需求。

在这个时点，理财师需要具有基于当期看未来的测算能力，要预计和测算未来整个中年和老年时期的收入、支出、储蓄等情况。主要关注收入与支出受通货膨胀影响后的变化，客户的人力资本、既得养老金以及养老储蓄能力，未来客户可以获取的养老供给来源，力争准确预期养老退休目标和需求。

（二）退休时点：客户期望的退休时间，在这个时点计算养老需求、供给和赤字

在退休时点需要进行养老资产预测，因为养老需求和供给的计算结果往往是不平衡的，需要在退休规划中进行调整，明确有哪些资产可以用来调整以弥补赤字，这是退休规划的重要考虑点。

在这一时点，还需要考虑老年居住规划和老年医疗保健规划。在综合的退休规划中，住房规划中的残值计算、以房养老，以及老年医疗保健规划中医疗费用分担机制的调整，都可以弥补养老金的赤字。

当理财师测算出养老金的缺口后，需要帮助客户测算在退休之前每年需要储蓄多少金额才能满足退休后的生活支出，以及这样的储蓄计划受投资收益率、通货膨胀率的影响有多大，需要做相应的敏感性分析，做到养老储蓄和养老支出目标匹配。

（三）规划终点：客户最大预期余寿时点

在规划终点，要测算养老金支付，进行敏感性分析和调整规划策略。退休规划制定后还需要根据实际情况动态修正预期余寿。预期余寿的改变会影响养老需求，进而影响养老赤字。

理财师在规划过程中做了大量的假设与估计，每一个假设的因素都需要在实

际中经受检验，因此敏感性分析很重要。由于客户职业生涯、家庭情况、生活状况、收支情况以及宏观经济环境、市场情况的变化，理财师需要定期对已经制订的计划进行调整，直至规划的终点。

理财师在帮助客户制定退休规划后，需要检视、监督客户的执行情况。同时要及时根据市场条件和经济条件的变化做相应的调整，切实保证客户的储蓄目标得以实现。

（四）测算规划时点的人力资本

从经济学的角度讲，资本分为物质资本和人力资本两大类。物质资本指现有物质产品上的资本，包括厂房、机器、设备、原材料、土地、货币和其他有价证券等；而人力资本则是体现在人身上的资本，即对生产者进行普通教育、职业培训等支出及其接受教育的机会成本等价值在生产者身上的凝结，它表现为蕴含于人身中的各种知识、劳动与管理技能和健康素质的存量总和。关于人力资本理论本身有不同的阐释和理解，但是关于人力资本只体现在劳动者身上并能为其带来收入的能力的观点，在不同学者之间已经基本达成共识。根据诺贝尔经济学奖获得者贝克尔（Gary Becker）的人力资本理论，人力资本是劳动者的知识和技能表示的价值总和。

对于人力资本的量化及其与收入的关系，很多学者做了大量相关工作。英国的威廉·配第（William Petty，1690）基于预期收入的方法，估计了英国人力资本存量，这也是最早的人力资本测算成果。他用劳动收入来比较个人的人力资本："英国的农民每周劳动所得不过 4 先令，而海员通过工资、食品以及防务等其他各种供应所得到的收益多达 12 先令，所以，一个海员实际上等于三个农民。"① 配第的人力资本定义隐含预期收入、成本、能力等多个方面，其方法虽然简单，但引发了估计国民劳动力货币价值的热潮。配第开创了利用未来收入法计算任何时点人力资本的先河，并且为其后大多数测算，尤其是宏观层面的人力资本测算方法，构建了基本的框架。

人力资本具有不同于物质资本的特点：一是它只存在于人的身体中，表现在人身上，同人不能分开，这是人力资本同其他资本的本质区别；二是人力资本的形成和效能的发挥同人的生命周期相联系，在劳动年龄的初始阶段，人力资本投资多的人在收入方面低于人力资本投资少的人，但人力资本投资越多，收入增速越快，收入高峰年龄越迟，退休后的相对收入越高；三是人力资本的形成和维持必须花费大量的成本，比物质资本更具有稀缺性；四是人力资本投资比物质资本投资周期更长，一般需要十几年或更长的时间，风险更大；五是一个人拥有的人力资本具有有限性和参差不齐的多面性，在闲置不用时会贬值，随时间推移而陈旧，具有可变性。

在退休规划中，我们把人力资本定义为劳动者所拥有的知识、技能、劳动熟练程度和健康状况。人力资本投资可以使得人力资本增长，投资包括劳动者进入劳动阶段前的学习培训和在职培训。

---

① ［英］威廉·配第．政治算术［M］．陈冬野，译．北京：商务印书馆，2014.

应用到退休规划的计算中，一种可行的测算方式是，将人力资本视为一个人的收入能力，即以客户未来收入的现值作为客户当前的人力资本，从而可以简单进行测算。

实例 28－1　人力资本现值测算

A 先生目前 35 岁，年薪 9.6 万元，年均增长率为 4%，60 岁退休；实际年投资收益率 3%，求其 35 岁时的人力资本现值（请按年、按期末计算）。

解析　本题实为计算期末增长型年金现值的过程。

根据 $n=25$，$I=3\%$，$PMT=96\ 000$，$FV=0$，$g=4\%$，得到 $PV=$ 2 622 895.48 元。即 A 先生 35 岁时的人力资本现值为 2 622 895.48 元。

人力资本随着年龄的增加而下降，60 岁退休时，人力资本为 0。

计算人力资本在退休规划中有着重要意义。人力资本是计算收入能力、养老储蓄能力的基础，针对不同客户，在退休规划实务中都要计算养老储蓄能力和收入等。不同客户人力资本现值应该和持久收入、养老储蓄能力有一定的相关性，人力资本现值 30 万元和 300 万元的客户，表明他们的收入能力不同，因此养老储蓄能力也不同，人力资本成为这些计算的依据。同时，人力资本是区分客户群体类别和退休规划类型的依据。不同客户有不同的人力资本现值，也对应于不同的持久收入、养老储蓄能力和需求。理财师的退休规划实务工作经过一定积累后，会自动根据不同人力资本现值判断客户的群体类别，也会以一定相似人力资本现值的客户作为依据。

在实务操作中，需要根据个人资历、资质和过去的薪酬状况，参考社会平均工资增长水平，确定个人薪酬增长率；根据最新生命表，在考虑客户实际情况的基础上，确定客户预期寿命。

（五）测算家庭养老储蓄需求

养老需求不单单是日常生活支出的需求，它还包括老年生活全部的财务需求，其中 4 类基本需求如图 28－1 所示。

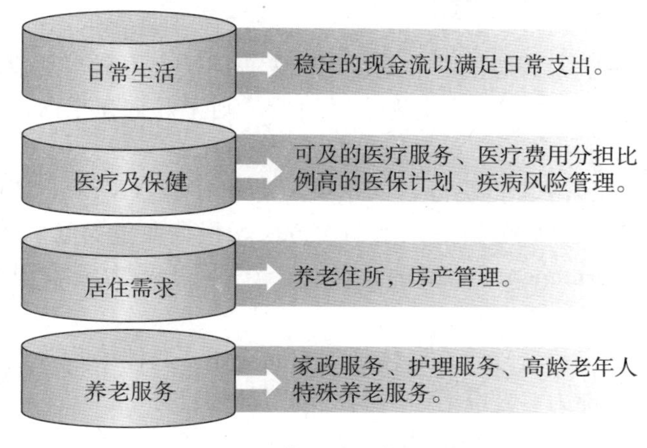

图 28－1　养老的 4 类基本需求

4 类基本需求均得到满足后，才能说明养老生活基本无忧。

1. 日常生活

老年人日常生活最基本的需求是衣食无忧，主要包括食品、衣着、家庭设备及用品、交通通信、文教娱乐等，这些支出需要有稳定的现金来满足。理财师可以间接利用地方政府或权威部门公布的数据，以社会平均数据指标进行估算；或者可以直接询问客户，这样获取的数据能够反映其需求。

2. 医疗及保健

与其他年龄段的群体相比，老年人群面临更大的健康风险，患病率更高，更注重医疗及保健方面的消费。这些需求主要包括疾病诊治、病发期的保健护理以及心理健康疾病疏导和人文关怀。

3. 居住需求

退休生活人士在居住需求方面与职场阶段人士有所不同，他们将更多地考虑居住地区养老生活的便利性、医疗资源的可获得性和社区服务的全面性，而忽略或者舍弃原来看重的一些居住要素，例如居住条件的舒适性、周围环境的私密性等。这种基于退休带来的居住需求变化在退休之前就应该进行全面和细致的安排和规划。

4. 养老服务

养老服务即指根据老年人需求提供的服务，包括残障老人需要的日常护理和康复服务、疾病老人需要的医疗护理服务、孤独老人需要的精神慰藉服务等。社会所称“未富先老”问题，主要指养老服务供给和购买能力的不足。养老服务需求增加，养老服务供给不足，老龄人口购买能力不足，正在构成中国社会的养老服务风险。

二、退休规划方法

（一）测算余生平滑消费水平

美国著名经济学家博迪把平滑消费定义为等同于人力资本现值的不变消费水平。[①] 也就是说，如果按照一生实现平滑消费，则正好会在生命最后一天花尽最后一分钱。

博迪把诺贝尔经济学奖获得者米尔顿·弗里德曼（Milton Friedman）等人的持久收入理论引入金融分析的平滑消费方法，根据弗里德曼的持久收入理论，一个持久收入（permanent income）可以支持等同于人力资本现值的不变消费水平。

持久收入和平滑消费理论在退休规划中的应用，具体表现为通过测算养老储蓄需求和养老储蓄能力，建立合理可行的理财规划目标。

微观经济学假设消费者是理性的，可以做到任何时点的消费支出均接近预期

① ［美］兹维·博迪，罗伯特·默顿．金融学［M］．伊志宏，等，译．北京：中国人民大学出版社，2000.

平均消费率，且一生的消费等同于人力资本。一般退休后的生活成本需要期初安排，即需要计算期初值。基于客户的人力资本测算的养老储蓄能力，通常在期末形成，一般计算期末值。

下面的实例说明了如何测算余生平滑消费水平。

实例 28－2 已知A先生35岁时的人力资本价值约为2 622 895.48元，实际年投资收益率3%，工作25年，60岁退休，退休后预期余寿20年。请计算其与人力资本等同的平滑消费水平（请按年、按期初计算）。

解析 根据$n=45$，$I=3\%$，$PV=2\ 622\ 895.48$，$FV=0$，期初模式，得到$PMT=-103\ 859.47$。即A先生45年平滑消费水平为103 859.47元。

（二）终生财务分析方法

博迪在《金融学》一书中最早使用了终生财务的计算，分析了收入、消费在整个职业生涯和退休后生活中进行跨时期规划的理念。

如图28－2所示，在测算的过程中，我们以退休时点作为目标基准点，把消费和收入统一到退休时点进行计算。从个人一生的不同阶段来看，青年时期收入较低，同时有大量支出的需要，无法进行养老储蓄；步入中年后，收入水平相对提高，除去当期消费后可以进行养老储蓄，为退休生活做准备；进入老年后，收入显著下降，而生活支出无大幅变化，如再考虑旅游、学习、换房、资助子女等其他特殊支出，收支极易出现赤字。如果退休前有规划准备，那么即使面临赤字也能有充足的准备和应对方案，以此实现终生的财务平衡。

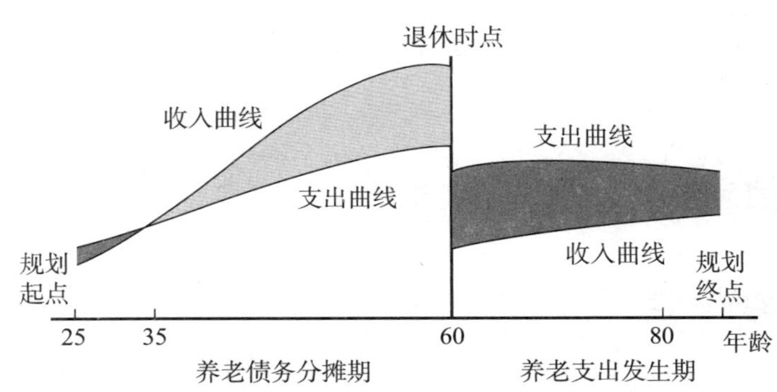

图 28－2 退休规划示意图

综上所述，以“退休”时点作为计算时点，终生财务模型公式如下：

$$W_x(1+k)^{n-x}+\sum_{t-x}^{n}(E_t-C_t)(1+k)^{n-t}=\sum_{t=n}^{D-1}\frac{C_t^*}{(1+k)^{t-n}}$$

其中：

时间符号：

t：未来某年；

x：当前时点；

n：退休时点；

D：死亡时点。

计算符号：

W_x：目前拥有的资产；

k：贴现率；

E_t：第 t 年当期收入；

C_t：第 t 年消费支出；

$C_t{}^*$：第 t 年净支出（第 t 年消费需求－第 t 年养老供给）。

这个模型中包含了两个生命阶段的计算：第一个阶段为等式右边，是养老支出发生期，$\sum_{t=n}^{D-1}\frac{C_t^*}{(1+k)^{t-n}}$ 反映退休后保持一定生活水平下的养老需求在退休时点的现值，即需要准备的养老供给。第二个阶段为养老债务分摊期，在这个阶段，人的职业生涯过程中的养老储蓄与准备体现在两个方面。一方面，如果有一笔一次性的投资资产 W_x 可以投入配置到退休规划上，到退休时点可以积累 $W_x(1+k)^{n-x}$ 的资产；另一方面，来自工作期间的储蓄投资，到退休时点可以积累 $\sum_{t-x}^{n}(E_t-C_t)(1+k)^{n-t}$ 的资产，这两部分加起来即养老的储蓄额。

理财规划的目标就是使得二者接近平衡，但现实中二者往往不相等，退休规划的价值在于帮助消费者追求生命周期内收入和支出的平衡，确保实现一生效用最大化。

第三节　退休规划的流程

一、客户界定和信息收集

（一）客户界定

客户界定是指界定理财师与客户之间的服务关系，明确提供服务的方式是顾问咨询服务，还是综合理财服务。

理财师与客户进行接触后，了解了他们退休规划的需求，需要通过合同的形式去界定提供服务的类型。

（二）信息采集

信息采集是针对退休规划进行的，采集的信息包括客户的微观信息和相关公共信息。采集信息的目的在于了解和掌握客户的人力资本和财务状况，为进一步交流和制定规划奠定基础。

1. 信息采集的内容包括基础信息、财务信息和宏观信息

基础信息包括年龄、职业、保障情况、预期余寿、家庭结构、风险属性等。

财务信息包括客户的资产负债表和收支储蓄表。资产负债表用于测算能配置到养老规划的资产规模。在收支储蓄表中，收入包括薪资所得、资本利得等；支出包括日常消费开支、利息支出等。收支储蓄表用于进行人力资本定价、测算养老供给和养老需求。在退休规划的客户界定和信息收集阶段，理财师可以根据客户的职业类型，评估客户资产，了解客户目前的收入、消费、储蓄和资产分布状况，分析未来收入增长趋势、消费水平和消费偏好，帮助客户测算养老储蓄能力，同时了解客户参加社会保险计划、单位补充保险计划等情况，还要关注客户的风险属性，为退休规划匹配投资组合打下基础。

宏观信息包括通货膨胀率、经济增长率等宏观经济因素，考虑宏观信息有利于提高退休规划中养老需求计算的准确性。

2. 信息采集分为个人信息的采集和公共信息的采集

个人信息的采集通常采用访谈法和问卷法。

公共信息的采集可通过长期跟踪政府网页和专业网页获取，建立退休规划理财工作数据库；或者针对特殊需求立项，进行专项调研。

对于采集的信息进行整理分析，在此基础上形成客户当期生活财务报表、退休生活财务报表、养老收入支出预测表。理财师对以上信息进行管理，并根据客户需要定期或阶段性调整。

二、养老生活目标的确定及需求分析

（一）养老生活目标的确定

理财师在为客户做退休规划时，首先要确定客户的养老生活目标。在确定养老生活目标时，要把握确定原则，掌握确定养老生活目标的方法。

1. 养老生活目标的确定原则

（1）需求决定目标。养老生活目标要根据客户的具体需求制定，依需求衡量对应的财务指标，进而判断客户目标的现实可行性，并根据需要及时调整。

（2）做好两个匹配。一是老年消费水平与人力资本相匹配，即要考虑人力资本能带来的持续收入对一生生活消费水平的影响；二是老年支出与预期余寿及养老财产匹配，不能过早地用尽养老储蓄，也不宜剩余过多养老财产而使老年生活拮据。

（3）优先满足最重要的目标。由于财务资源的有限性，多目标需求给有限的资金供给形成压力，因此要评定各目标的优先等级，在满足首要目标的同时，尽早进行养老资产积累。

2. 养老生活目标的确定

养老生活目标分为基本目标和特殊目标，在确定目标时需要分别考虑。

（1）基本目标的确定方法。养老生活基本目标主要是保障退休老年人有稳定的维持生活的养老来源。养老生活基本目标有以下两种确定方法。

1）退休收入替代率目标。从收入的角度来看，退休后的收入应该是退休前收入的一定比例，一般经验认为是70%左右。例如退休前收入为1万元，则根据

退休收入的65％这一替代率目标来看，退休后需要每月6 500元来满足日常的生活需求。

2）养老生活消费目标。从消费的角度来看，退休后的消费水平是退休前消费支出的一定比例，一般经验认为是80％左右。例如退休前消费是每月8 000元，则根据退休生活消费替代率80％来确定退休后需要每月6 400元来满足日常的生活消费。

根据退休前的消费水平，可以确定最高的养老生活消费目标，即退休前后消费水平不变，这样的养老生活消费目标称为持续消费目标。例如退休前消费水平是每月1万元，退休后还要保证同等消费水平，即每月1万元的消费水平。

养老生活目标的确定与客户的职业、生活方式、个性选择相关，可根据客户的期望进行适时、适度调整。

（2）特殊目标的处理。客户除了基本目标之外，往往还会有一些特殊目标，如旅游、社会活动、迁居、长期护理等。在制定退休规划时，需做好相应的财务准备。当退休收入大于支出时，客户可能希望对下一代做出适度贡献，资助子女结婚、购房、购车等；或愿为子女留有遗产，此时要与遗产规划进行协调，关注遗产税的影响。

（二）养老需求分析

确定养老生活目标后，理财师明确了客户期望的生活方式。理财师应根据客户的具体情况设定预期余寿，以及客户退休生活每年的收入支出目标，确定客户的养老需求。

1. 养老需求的定义

狭义的养老需求是指退休时点养老日常开支总需求的现值（假定老人住房和医疗已有安排）；广义的养老需求是指老年生活全部财务需求的现值，包括养老金、医疗、住房及养老服务等相关支出需求。

2. 退休时点选择对养老需求的影响

退休时点选择对退休生活的影响可以从两个角度考虑，如果退休时点可以延后，则相对于原来设定的预期余寿，一是可以增加养老供给的准备时间，二是可以减少养老需求需要的时间。

退休年龄在我国一般依据法定退休年龄来确定。法定退休年龄是指根据有关法律规定达到法定时点，可以停止工作和领取按合同约定的全额养老金的年龄。例如，按现行政策规定，男年满60周岁；女工人年满50周岁，女干部年满55周岁；从事井下、高温、高空、特别繁重体力劳动或其他有害身体健康的工作的，退休年龄男年满55周岁，女年满45周岁；因病或非因工致残，由医院证明并经劳动鉴定委员会确认完全丧失劳动能力的，退休年龄为男年满50周岁，女年满45周岁。

对于一些特殊的客户，比如个体工商户，或者自由职业者，可以不受法定退休年龄的约束，自主选择退休年龄。在这样的方式下，可以灵活地根据养老生活目标，或者不同时点的退休资产积累状况，选择最佳退休年龄，求得退休养老供需平衡。

如果未来中国对退休政策采用更为灵活的方式，那么理财师在制定退休规划时要根据政策环境和客户的特定需要，采取灵活的方式进行合理安排。

3. 养老需求的测算

首先，确定养老生活目标，采取退休收入替代率目标法或者养老生活消费目标法，评估客户退休后每个月或者每一年所需要的生活费用。

其次，理财师需要合理估算客户余寿，计算退休后生活费用需要准备多少年，再充分考虑通货膨胀率的影响，将每年所需要的退休生活费都折算到退休时点，即计算养老需求在退休时点的现值。

此外，还需要根据客户的特殊目标，综合全面考虑后，确定客户养老生活目标的总需求。

实例 28-3 李小姐今年年初刚满 25 周岁，计划于 30 年后退休，去年收入为 5 万元，退休后收入目标替代率为 70%。假设退休后李小姐每年可以从国家的养老保险计划中领取的养老金为 6.8 万元，预期余寿为 25 年，退休前收入增长率为 3%，通货膨胀率为 3%，退休前投资收益率为 5%，退休后投资收益率为 4%。

解析 (1) 退休前收入每年以 3%的速度增长。

(2) 退休后年投资收益率为 4%。

(3) 退休后收入目标替代率为 70%。

(4) 预期余寿为 25 年。

退休前一年的收入水平：$5\times(1+3\%)^{30}=12.14$(万元)

退休第一年的生活需求：$12.14\times70\%=8.5$(万元)

根据 $n=25$，$I=4\%$，$PMT=8.5$，$FV=0$，$g=3\%$，期初模式，得到 $PV=189.7$，即养老需求在退休时点的现值为 189.7 万元。

三、养老供给分析

(一) 养老供给的定义

狭义的养老供给是指退休后养老日常开支给付的来源。广义的养老供给是指除日常开支给付外的老年房产、医疗及养老服务等其他可以用作养老资产的总和。在做退休规划时一般要用广义概念。

(二) 养老供给分析

在分析养老供给之前，首先要对既得权益的概念有所了解，它是研究养老供给的重要基础。既得权益即依据法律或合同预先规定受益人需要在履行相应义务或承担相应风险之后才能实现的利益。

在理解既得权益的过程中，有几点需要注意：第一，既得权益是未来可能存在的一种权利和利益，其实现的基础包括履行相应的义务和达到相应的条件，如国家的基本养老保险要求每个参保人至少缴费满 15 年，在达到法定退休年龄并办理好相关手续后，才能领取国家基本养老保险中的基础养老金。这两个条件缺一不可。第二，既得权益存在难以预期的风险，可能是个人风险，如员工失业、迁徙、跳槽等；也可能是政策风险，如劳动关系不规范，以及相关法律政策变动等。理财师需要预期到这些风险，帮助客户建立风险应对预案，尽可能地实现养老权益最大化。

广义来说，养老供给由既得养老金和其他法定福利制度下的储蓄构成，包括医疗保险个人账户余额、住房公积金个人账户余额等，如图 28－3 所示。

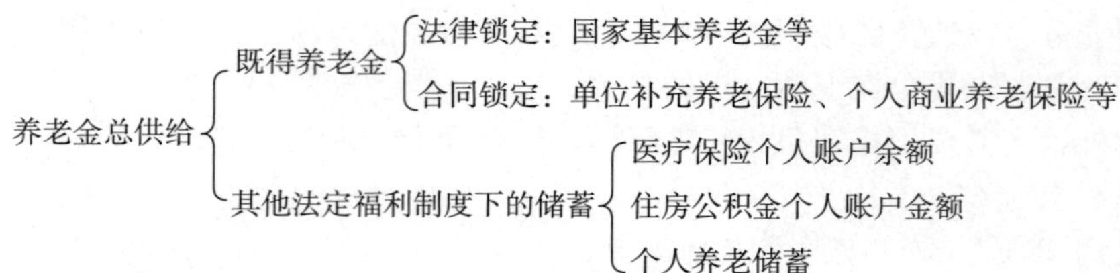

图 28－3　养老供给结构

其中，既得养老金是依据法律或合同，在履行了相关义务、符合特定条件下获取的锁定至退休所用的资金，包括权益记录和养老金积累，在退休前体现为权益记录和储存额，在退休后兑现养老金。尤其值得注意的是，既得养老金仅是法律授权，不是现实权益，具有风险性。既得权益转变为现实权益需要满足一定条件，例如员工有责任履行劳动义务，雇主有责任履行补偿员工劳务等。举个例子，企业年金当中可能会规定，企业为员工的缴费已经记在员工名下，但需要等待员工继续履行劳动合同 5～7 年之后才能归属员工个人账户，如果员工没有履行完相应的工作年限，则记录在名下的权益会存在部分损失。除了既得养老金，还有其他一些养老供给来源，比如到退休时住房公积金个人账户或者医疗保险个人账户上如果还有储蓄额，均可用于养老。此外，养老储蓄专用资金、利润分享、员工持股、股权激励等计划也是重要的养老供给来源。

（三）影响养老供给的因素

1. 个人收入水平

之所以要对客户现有收入状况进行分析，一方面是因为，收入是源泉活水，没有收入就谈不上理财。另一方面是因为，养老供给中基本养老保险、补充养老保险、基本医疗保险等项目的缴费水平与客户收入、人力资本相关，收入水平直接决定了这些保险账户的累积额。因此，在分析收入时，要关注薪酬中的当期收入和延期收入的关系，关注客户的职业生涯发展，预测客户的人力资本，以及获得其他来源收入的可能性，以估算养老供给水平。

2. 家庭财务状况

通过分析客户的家庭财务状况，看资产负债结构，了解客户可用于退休规划的生息资产额；再分析收支储蓄情况，看客户的储蓄能力。

3. 个人理财价值观

个人理财价值观也对客户的养老供给有影响，一般来说，当期高消费低储蓄的消费储蓄偏好会直接影响养老供给，因此要特别关注客户的个人理财价值观。

实例 28－4（续实例 28－3） 李小姐退休后每年可以从国家的养老保险计划中领取养老金 6.8 万元，则通过计算：$n=25$，$I=4\%$，$PMT=6.8$，$FV=0$，得到 $PV=-110.48$，即养老供给在退休时点的现值为 110.48 万元。

值得注意的是，在计算养老供给时并不需要考虑通货膨胀率，因为通货膨胀率只会直接对支出产生影响。但如果未来养老金支付实现指数化增长，则计算养老金供给时必须考虑养老金增长率这一因素。

四、养老赤字分析

（一）养老赤字的定义

狭义的养老赤字仅指日常养老收支的差额，广义的养老赤字是指包括老年住房、医疗等支出项在内的财务赤字。赤字产生的原因一般是退休生活目标大于养老资产供给。

（二）赤字测算和评估

测算养老赤字，必须在同一时点进行比较（一般在退休时点）。因此，要在退休时点计算退休前用于养老供给积累的终值以及退休后需求的现值。

养老赤字＝养老需求－养老供给

当养老需求＞养老供给时，即会产生养老赤字，理财师应该帮助客户弥补赤字，实现退休养老生活的财务独立。

与养老供给类似的一个概念叫福利账户，所有可以结转用于退休规划的资金统称为福利账户。相对于养老供给，福利账户更合理地考虑相应的既得权益可能会出现的增加、损益或丧失。比如对于企业年金，如果客户有换工作的动机，则预期到客户不能履行完企业年金权益归属所需要的工作年限，那么届时可能会出现福利的损失，在我们测算养老供给时可能没有考虑会出现这部分损失，在进行福利账户总额测算时，就要根据客户状况的这一改变去合理计算一个企业年金实际可以供给的额度。

现有福利计划账户余额包括社会保险养老金权益折算和账户余额、医疗保险个人账户余额、住房公积金个人账户余额、企业年金个人账户积累额、单位年金团险权益折算等。这里提到的余额或者权益折算都是在退休时间点去测算账户的实际余额和履行完合约规定的义务后可以实际得到的权益折算。折算时，对必要的参数要进行充分的了解和科学的假定，如收入成长率、支出增长率、各项延期收入缴费费率、各类账户资产运营收益率等。

在得出养老需求和福利账户余额后，我们可以计算退休时点的退休收支缺口，退休收支缺口＝退休总需求－福利账户余额。

赤字测算流程可参见图 28－4。

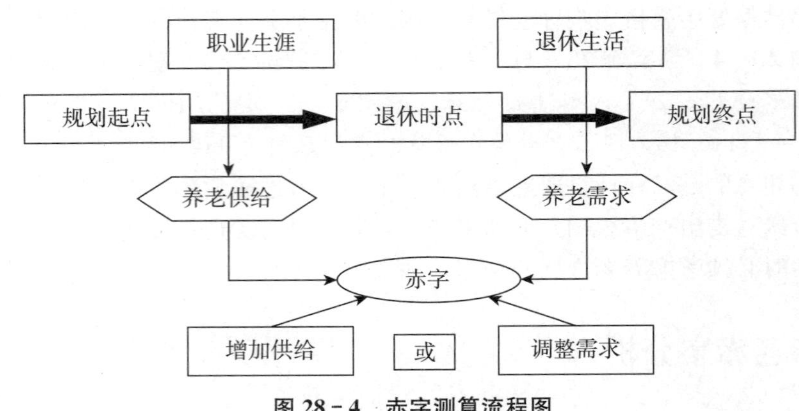

图 28－4　赤字测算流程图

（三）影响赤字的因素

在测算养老赤字时，设计了一系列的假设条件，如通货膨胀率、收入增长率、投资收益率、预期余寿等，这些假设条件对计算结果影响很大，比如高的通货膨胀率会导致更大的养老需求，而高的投资收益率则可以降低每个月需要储蓄的金额。因此，理财师有必要对这些影响因素进行敏感性分析，可以在控制其他指标的情况下做单一敏感性因素变化分析，也可以利用技术手段实现多因素变动分析。

五、养老赤字解决方案

理财师针对退休规划的理财策略主要是弥补养老收支缺口。根据退休规划平衡原理，可综合采用以下措施，实现减少赤字的目标。

（一）做好职业生涯规划，提高人力资本价值

通过职业生涯规划，明确职业发展目标，不断提升能力和素质，巩固稳定持久的收入来源，提高人力资本价值，为退休规划提供长期稳定的供款来源。

（二）增加配置在退休规划上的资产和储蓄比重

检视客户是否在退休规划方案中合理地配置了一定的资产和储蓄。若比例偏低，可以适当提高配置在退休规划上的资产和储蓄比重，如将资产中的一部分用于购买商业养老保险以应对长寿风险并增加未来的养老供给，这也是一种有效的消减赤字措施。

（三）退休后继续兼职工作

为了增加退休后的收入，可以选择退休后继续兼职工作，从而满足一部分养老生活目标需要，增加养老供给。

（四）采取更为积极的投资策略

对于投资偏好为稳健型、成长型的客户，可以采取更为积极的投资策略，适

当调整退休规划中的投资组合，以期提高收益率，使养老金经过长期积累后，满足预期收益目标。

（五）减少当期消费

减少当期奢侈的、不必要的消费支出，节约开支即增加储蓄，是从增加供给的角度解决赤字。

（六）降低或减少养老生活目标

根据客户的意愿，可以考虑降低或减少养老生活目标。但一般情况下，理财师不能轻易和主动提出削减客户养老生活目标。

根据实例 28－3 和实例 28－4，理财师分别计算了李小姐的养老需求和养老供给，得出她的养老赤字为 189.7－110.48＝79.22（万元）。为了弥补赤字，根据本节给出的养老赤字解决方案，实例测算如下。

方案一：提高人力资本价值

如果李小姐保持目前对退休生活需求的目标不变，即养老需求依旧为 189.7 万元，那么李小姐可以通过考取更有含金量的资格证、攻读更高的学位、利用专长开展副业等方式来增加收入，从而通过提高退休前的人力资本价值来实现养老供需平衡，计算需要提高多少才能弥补养老赤字。

第一步：计算当前李小姐的人力资本价值。

$n=30$，$I=5\%$，$g=3\%$，$PMT=5$，$FV=0$，期末年金，求得 $PV=-109.6$，即李小姐当前的人力资本价值为 109.6 万元。

第二步：计算养老赤字平摊在退休前，每年需增加的收入。

$n=30$，$I=5\%$，$PV=0$，$FV=79.22$，期末年金，求得 $PMT=-1.19$，即李小姐退休前每年需至少增加 1.19 万元收入才能够弥补资金缺口。

第三步：计算李小姐增加收入后的人力资本价值。

$n=30$，$I=5\%$，$g=3\%$，$PMT=6.19$，$FV=0$，期末年金，求得 $PV=-135.68$，即李小姐提高收入后的人力资本价值为 135.68 万元。

因此，李小姐的人力资本价值需提高 135.68－109.6＝26.08（万元），才能弥补养老赤字。

方案二：提高配置在退休规划上的资产和储蓄比例

李小姐退休后除了领取的养老金之外，并没有其他方式能够为她提供养老供给，所以她在退休前可以采取增加养老资产的配置以及增加养老储蓄的方式来为退休准备更多的养老资产。

思路一：增加资产配置。

若这笔资产是当前一次性投入，计算需要投入多少：

$n=30$，$I=5\%$，$PMT=0$，$FV=79.22$，期末年金，求得 $PV=-18.33$，即李小姐需要一次性投入 18.33 万元用作投资，才能够在退休时形成 79.22 万元的终值，刚好弥补养老赤字。

思路二：增加养老储蓄。

李小姐当前年收入为 5 万元，如果要填补养老赤字，计算每年需要增加多少储蓄：

$n=30$，$I=5\%$，$PV=0$，$FV=79.22$，期末年金，求得 $PMT=-1.19$，即她每年需要从工作收入中拿出 1.19 万元进行养老储蓄。

方案三：采取更为积极的投资策略

更积极的投资策略意味着更高的投资收益率，可以用来养老的生息资产在退休时会带来更多的养老供给。假设李小姐当前一次性投入养老资产 10 万元，计算满足资金缺口的投资收益率为多少：

第一步：计算当前 5%的收益率下，养老资产形成的供给。

$n=30$，$I=5\%$，$PV=-10$，$PMT=0$，求得 $FV=43.22<79.22$，也就是说在当前的收益率下，养老资产并不能弥补养老赤字。

第二步：计算能够弥补养老赤字的收益率。

$n=30$，$PV=-10$，$PMT=0$，$FV=79.22$，求得 $I=7.14\%$，即当采取更积极的投资策略使得收益率提高到 7.14%时，需要 10 万元的养老资产才能够弥补养老赤字。

在实际应用中，往往是根据客户的具体情况，综合运用以上方法弥补养老赤字。

六、退休规划方案的评价及调整

退休规划方案是一个长期性的理财安排，理财师应定期对方案进行评估。因为利用长期通货膨胀率、平均收益率和经验生命表的数据制定规划，很可能导致财富持续增长的预期与现实不符；用收入均值计算人力资本有时会忽略劳动收入的波动性，可能导致现值被夸大；家庭结构变化导致测算假设变化；等等。

退休规划方案付诸实施后，经过一段时间，理财师需检视方案的实际执行情况是否达到了预期效果。如果预期效果不佳，则分析原方案是否有偏差。通过评价，找出问题，适时适当调整优化方案，从而提高退休规划方案的持续有效性。

退休规划的评估及调整需要把握一些原则：首先，通常以年为单位进行定期评估和调整，经济波动频繁时可进行不定期评估和调整。其次，退休目标一般短期不做调整，养老储蓄和投资策略可因势调整，具体的调整策略包括收入调整，即通过增加收入的方式来增强储蓄能力（在资产配置和投资策略上也可以根据市场状况进行调整，例如在整体股票市场上行时，可以增加资产配置方案中股权类投资产品的权重，获取一个相对高的收益等）；也可做支出调整，例如减少当期支出、增加退休规划的储蓄部分。最后，评估和调整以实现退休生活目标为原则，并非单纯追求收益最大化。

第四节　理财资讯平台在退休规划中的运用

本节将展示如何运用理财资讯平台进行退休规划。

实例 28-5　客户王女士当前年龄 30 岁，退休年龄 55 岁。王女士目前年收

入 50 000 元，可以拿出 10%即 5 000 元积攒退休金。王女士退休以后能领取社保养老金。

第一步，打开理财资讯平台操作界面，进入快速退休规划功能，该功能可以为客户制作简单的退休规划，见图 28－5。

图 28－5 理财资讯平台界面

第二步，参数假设。

点击左侧的“规划参数”，设置中参数的默认值是与当前实际情况一致的，如果有具体要求，可以根据案例条件更改基本参数，见图 28－6（本题对部分参数进行了设置）。

退休目标账户
退休后支出
退休后收入缺口
投资解决方案
保险解决方案
规划参数
导出报告书

	本人
收入增长率	5.00%
预期寿命	90 岁
社保所在地	北京市 北京市
社保养老金缴费比例	8.00%
社平工资	85,038
社平工资增长率	5.00%
公务员养老金收入替代率	90.00%
可接受本金损失	10.00%

通货膨胀率	1.89%	，1998-2017年全国平均年化CPI增长率1.89%
退休前资产投资回报率	3.68%	上证国债指数，2005-2017年平均收益率3.68%
退休后资产投资回报率	3.68%	上证国债指数，2005-2017年平均收益率3.68%
社保养老金/公务员养老金增长率	5.00%	统计年鉴，2011-2013年全国平均年化国民收入增长率11.01%
社保养老金账户投资回报率	1.50%	，2016年社保养老金账户投资回报率1.5%

恢复系统默认

图 28－6 参数设置界面

第三步，数据录入。

滑动页面最上部的滚动条，可以改变客户的基本信息，包括当前年龄、退休年龄、退休储蓄率以及是否有社保，或者可以把鼠标放在信息数据所在的位置上进行自定义。见图 28－7。

	当前年龄	退休年龄	年收入	退休储蓄率	有无社会保障
您的信息	30 岁	55 岁	5.00 万元	10% / 0.50 万元	社保养老金
考虑配偶	35 岁	60 岁	5.00 万元	20% / 1.00 万元	社保养老金

图 28－7 基本信息录入界面

点击进入“退休目标账户”，设置客户的社会保障信息，包括开始领取年龄、养老金账户余额以及年缴费基数。这些信息输入完毕，第一年领取金额就会自动计算出来。需要注意的是，金拐棍的系统设置默认是从退休第二年年初开始领取养老金，与之前的理论略有区别，具体见图 28-8。

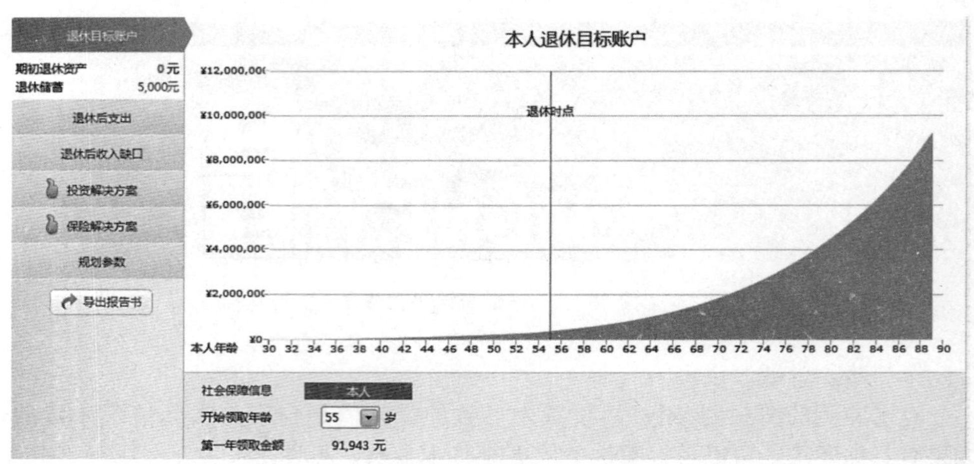

图 28-8　社会保障信息输入

接着点击进入“退休后支出”，根据情况手动修改退休后支出的现值，系统会根据通货膨胀率计算出退休第一年支出的水平，也可以通过图形直观地看出退休后生活支出的变化趋势，见图 28-9。

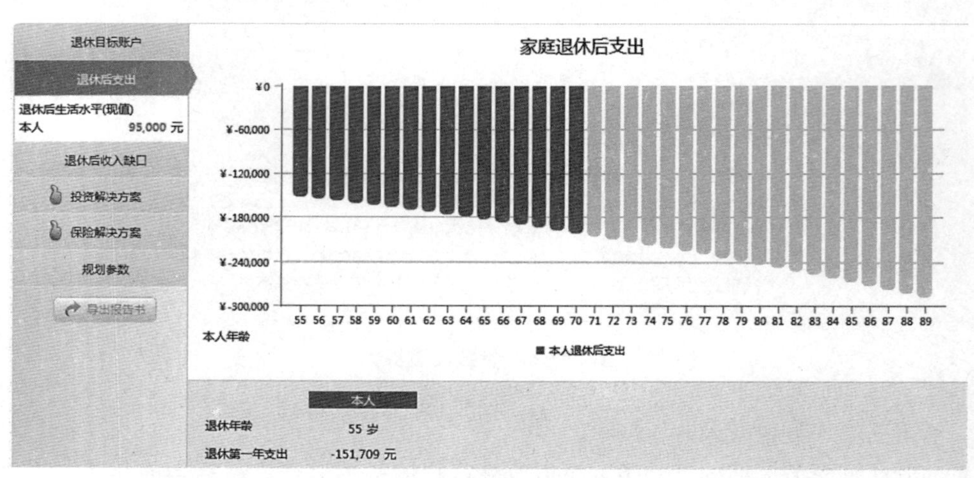

图 28-9　退休后支出信息输入

第四步，结果输出。

重新点击进入“退休目标账户”，图 28-10 显示出了退休账户的资金可以支持王女士生活到多少岁。

重新点击进入“退休后收入缺口”，从图 28-11 中可以看出如果按照预期余寿，每年有多大的缺口。

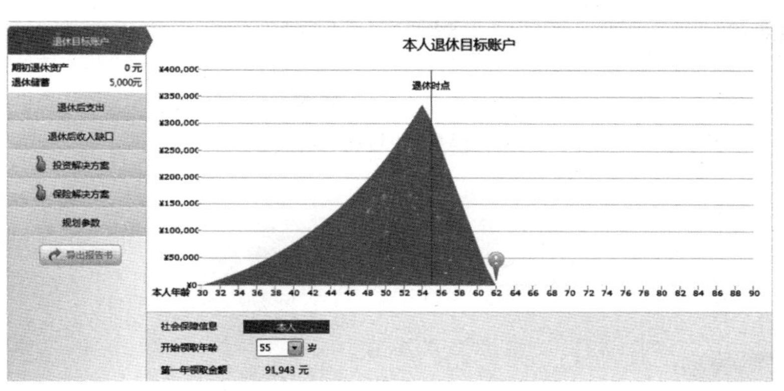

图 28－10 退休目标账户界面

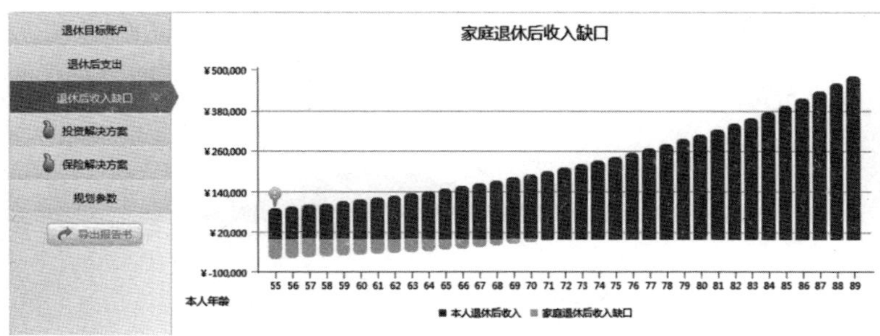

图 28－11 退休后收入缺口

如果退休目标账户金额不能负担规划期间的全部费用，可以通过调整退休储蓄率来实现退休目标。

方案一：建议将退休储蓄率从 10%提高到 20%。移动退休储蓄率的滑动条调整，当调整后左侧的结论处显示“基于您的退休规划，您可以在××（客户设定好的退休年龄）岁退休”，则认为退休规划已达成目标，详见图 28－12。

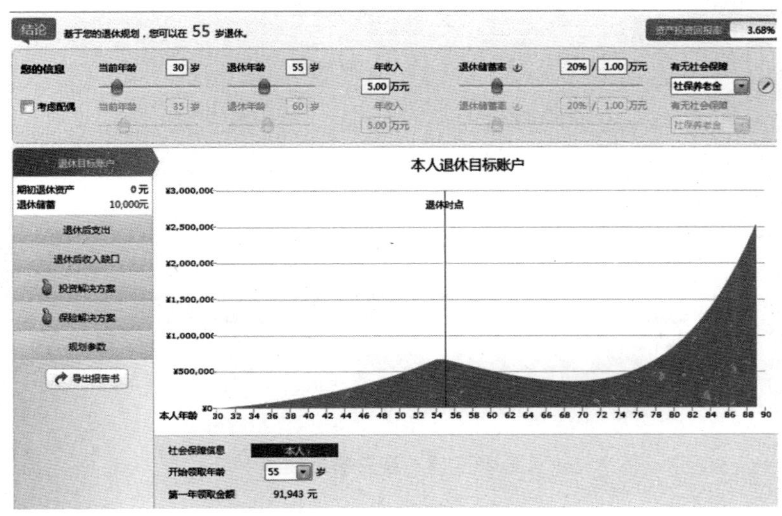

图 28－12 退休规划方案一

方案二：如果将储蓄率提高至20%客户难以实现，可以适当调整资产配置，提高投资收益率，则储蓄率的提高程度可减低甚至不变。本案例将储蓄率调整到12%，同时将右上角的资产投资收益率由原来的3.68%提高到6%（也可以在设置中修改该参数值），同样实现了目标，具体见图28-13。

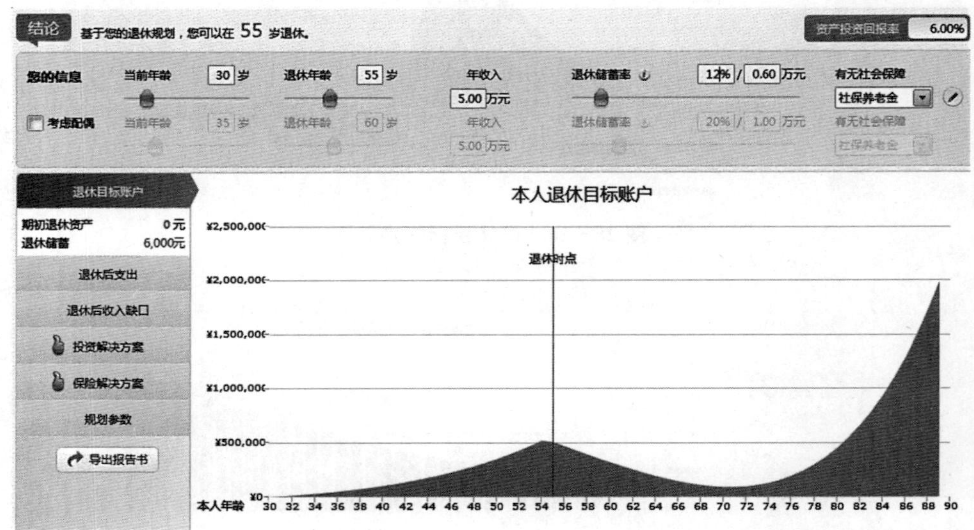

图 28-13　退休规划方案二

若考虑配偶，则在上方的基本信息中勾选“考虑配偶”，配偶的各项信息的输入重复上述操作流程即可完成，结果见图28-14。

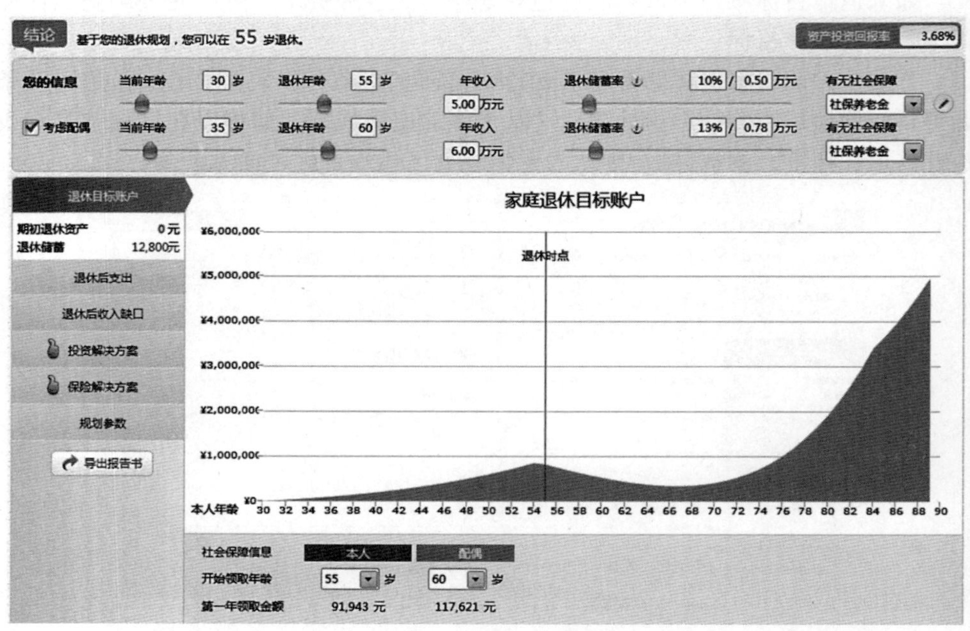

图 28-14　客户信息调整

第5篇

个人所得税及其税务优化

第二十九章

个人所得税制度

本章提要

本章分为两部分，包括税收基础知识和中国个人所得税制度的基本框架。首先，介绍税收基础知识，包括税收职能作用、税收征纳主体、税收种类、税收法律责任以及中国的税制结构；其次，讨论税务优化的重点对象中国个人所得税制度的基本框架。

本章内容包括：

- 税收基础知识；
- 中国个人所得税制度。

通过本章学习，读者应该能够：

- 熟悉中国税制结构，了解个人所得税的基本框架；
- 掌握中国个人所得税计算。

第一节　税收基础知识

税收的历史同国家的历史一样久远。在中国历史上，贡、助、彻、役、银、钱、课、赋、租、捐等都是税的别称。

一、税收的概念

（一）税收含义

税收是国家为满足社会公共需要，凭借公共权力，按照法律所规定的标准和

程序，参与国民收入分配，强制地、无偿地取得财政收入的一种方式。

（二）税收的职能作用

税收职能是指税收所具有的内在功能。税收作用则是税收职能在一定条件下的具体体现。税收的职能作用主要表现在以下几个方面。

1. 筹集财政收入

筹集财政收入是税收的基本职能。税收具有强制性、无偿性、固定性的特点，筹集财政收入稳定可靠。税收的这种特点，使其成为世界各国政府组织财政收入的基本形式。现阶段，我国税收收入占国家财政收入的80%以上。图29－1显示了2006—2017年我国税收收入情况。

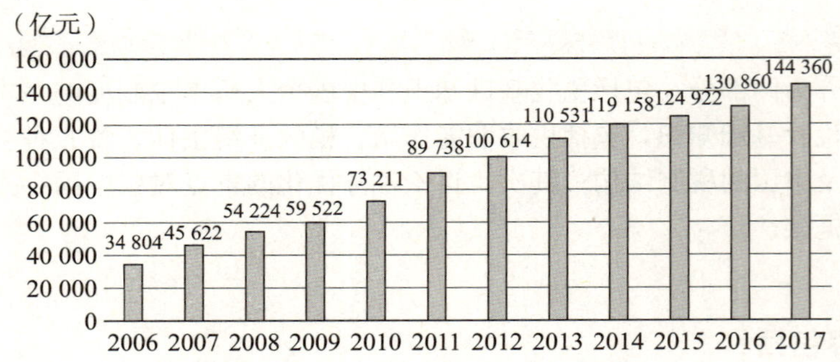

图29－1　2006—2017年我国税收收入情况

资料来源：国家统计局（2017年数据来源于财政部国库司）。

2. 调控经济运行

经济决定税收，税收反作用于经济。这既反映了经济是税收的来源，也体现了税收对经济的调控作用。税收作为经济杠杆，通过增税与减免税等手段来影响社会成员的经济利益，引导企业、个人的经济行为，对资源配置和社会经济发展产生影响，从而达到调控经济运行的目的。政府运用税收手段，既可以调节宏观经济总量，也可以调节经济结构。

3. 调节收入分配

从总体上来说，税收作为国家参与国民收入分配最主要、最规范的形式，能够规范政府、企业和个人之间的分配关系。不同的税种，在不同的分配领域发挥着不同的作用。例如，在一次分配中，消费税对特定的消费品征税，能达到调节收入分配和引导消费的目的；在二次分配中，个人所得税对高收入者按高税率征税，对低收入者按低税率征税或不征税，有助于调节收入分配，促进社会公平。

4. 监督经济活动

税收涉及社会生产、流通、分配、消费各个领域，能够综合反映国家经济运行的质量和效率。国家既可以通过税收收入的增减及税源的变化及时掌握宏观经济的发展变化趋势，也可以在税收征管活动中了解微观经济状况，发现并纠正纳税人在生产经营及财务管理中存在的问题，从而促进国民经济持续健康发展。

（三）税收征纳主体

1. 征税主体

征税主体指享有国家税收征管权力和履行国家税收征管职能，依法对纳税主体进行税收征收管理的当事人。从严格意义上讲，只有国家才享有征税权。通常来说，国家通过法律授权的方式，赋予税务和海关等国家职能机关代其行使征税的权力。

2. 征税主体的职权与职责

根据《中华人民共和国税收征收管理法》（以下简称《征管法》）的规定，征税主体的职权包括税收管理权、税收征收权、税收检查权、税收违法处理权等；征税主体的职责包括税法宣传、纳税服务、接受监督等。

3. 纳税主体

纳税主体就是法律、行政法规规定负有纳税义务的单位和个人。

4. 纳税主体的权利与义务

根据《征管法》及其实施细则，纳税主体的权利主要包括：

（1）知情权。纳税人有权向税务机关了解国家税收法律、行政法规的规定以及与纳税程序有关的情况。

（2）保密权。纳税人有权要求税务机关为其商业秘密及个人隐私情况保密。

（3）依法享受税收优惠权。纳税人依法享有申请减税、免税、退税的权利。

（4）延期申报权。纳税人因有特殊困难，不能按期缴纳税款的，经省、自治区、直辖市税务局批准，可以延期缴纳税款，但是最长不得超过 3 个月。

（5）陈述与申辩权。纳税人对税务机关所作出的决定，享有陈述权、申辩权。

（6）税收法律救济权。纳税人对税务机关所作出的决定，依法享有申请行政复议、提起行政诉讼、请求国家赔偿等权利。

纳税主体的义务主要包括：

（1）依法进行税务登记的义务。税务登记主要包括领取营业执照后的设立登记、税务登记内容发生变化后的变更登记、依法申请停业、复业登记、依法终止纳税义务的注销登记等。

（2）依法设置账簿、保管账簿和有关资料的义务。纳税人按照有关法律、行政法规和国务院财政、税务主管部门的规定设置账簿，必须按照国务院财政、税务主管部门规定的保管期限保管账簿、记账凭证、完税凭证及其他有关资料。

（3）按时缴纳税款的义务。纳税人按照法律、行政法规规定或者税务机关依照法律、行政法规的规定确定的期限，缴纳或者解缴税款。

（4）接受依法检查的义务。纳税人必须接受税务机关依法进行的税务检查，如实反映情况，提供有关资料，不得拒绝、隐瞒。

（5）如实提供信息的义务。税务机关依法进行税务检查时，有关单位和个人有义务向税务机关如实提供有关资料及证明材料。

二、税收的种类

一国的税收制度可以由一种税构成，即单一税制。在世界税收发展的历史上，曾有过单一消费税、单一土地税等主张。但从实践来看，由多个税种构成的复合税制是现代各国普遍的选择。

（一）税收的分类

根据不同的标准，可以将各税种分成不同的类别。税收分类有助于从不同角度对税收问题进行深入的分析。

1. 以课税对象的性质为标准可将税收分为所得税、财产税及货物和劳务税

以课税对象的性质为标准分类，有利于对不同种类的税收进行分析。所得税是指对纳税人的所得或利润课征税收的总称，包括个人所得税、公司所得税、社会保障税等。财产税是指对财产的数量、价值或转让课征税收的总称，包括遗产税、赠与税、土地税、房地产税等。货物和劳务税是指对货物和劳务的流转额课征税收的总称，包括增值税、关税及消费税等。

2. 以计税依据是否含税为标准可将税收分为价内税和价外税

凡税金构成价格组成部分的，称为价内税。[①] 价内税的直接承担者是销售方，对销售方而言，价内税相当于产品成本费用的一部分，要实现预定的利润目标，其产品的销售收入＝成本＋利润＋价内税税金。

我国现行的消费税是价内税。例如，生产者生产一件应税消费品，消费税税率为5%，该产品单件成本是75元，生产者要求单件毛利20元。那么，生产者该如何定价，才能实现这一目标？第一步，先计算单件产品的消费税计税依据＝(成本＋利润)÷(1－消费税税率)＝(75＋20)÷(1－5%)＝100(元)；第二步，计算单件产品的消费税金额＝消费税计税依据×消费税税率＝100×5%＝5（元）；第三步，计算生产者单件产品的销售收入金额＝成本＋利润＋消费税＝75＋20＋5＝100（元）。

价外税是税金作为价格之外附加的[②]，税款不包含在商品价格内的税。价外税比较容易转嫁，其直接承担者是购买方，即购买方支付的价款＝销售方的销售收入＋价外税税金。

我国现行的增值税是价外税。依上例，生产者要实现100元的销售收入，购买者需要支付多少价款？假设生产者生产的应税消费品适用的增值税税率为16%。第一步，计算产品的增值税税金＝销售方的销售收入×增值税适用税率＝100×16%＝16（元）；第二步，计算购买方需要支付的价款＝销售方的销售收入＋增值税＝100＋16＝116（元）。

在我国，通常把购买方支付的价款称为含税销售价格，扣除价外税税金后的金额即为销售方的销售收入，称为不含税销售价格。

---

① 陈共．财政学：第九版．北京：中国人民大学出版社，2017：152.

② 陈共．财政学：第九版．北京：中国人民大学出版社，2017：152.

3. 以税收负担是否转嫁为标准可将税收分为直接税和间接税

直接税是指纳税人不能或难以将税收负担转嫁给他人的税种，如对所得和财产课征的所得税、财产税等；而间接税是指纳税人能够将税收负担全部或部分转嫁给他人负担的税种，一般以商品或劳务的流转额为课税对象。按照这种划分，对货物和劳务的课税，如对商品课征的增值税、消费税等属于间接税。因为这类税收的纳税人常常能将税负转嫁给货物和劳务的消费者。多数西方国家的税收收入依赖直接税，而不是间接税。

4. 以课税主体为标准可将税收分为中央税和地方税

一般来说，中央税是指由中央政府征收，税收收入归中央政府支配的税种，如我国现行税制中的关税、消费税等。地方税则是指由地方政府征收，税收收入归地方政府支配的税种，如我国现行税制中的城镇土地使用税、房产税、车船税、土地增值税等。另外有部分税种税收收入实行中央与地方共享制，中央政府和地方政府按一定比例或一定划分标准分配税收收入，如我国现行税制中的增值税、企业所得税、个人所得税等。

（二）中国现行税收种类

中国目前共设有 18 个税种，按照课税性质大致可以分为以下 7 个大类（见图 29－2）。

（1）货物和劳务税类，包括增值税、消费税和关税。这些税种通常在生产、流通或者服务环节中，按照纳税人取得的销售收入征收。

（2）所得税类，包括企业所得税和个人所得税。这些税种按照生产、经营者取得的利润或个人取得的收入征收。

（3）行为税类，包括车辆购置税、印花税、契税、船舶吨税和环境保护税。这些税种是对特定的行为征收的。

（4）资源税类，包括资源税和城镇土地使用税。这些税种对从事资源开发或者使用城镇土地者征收。

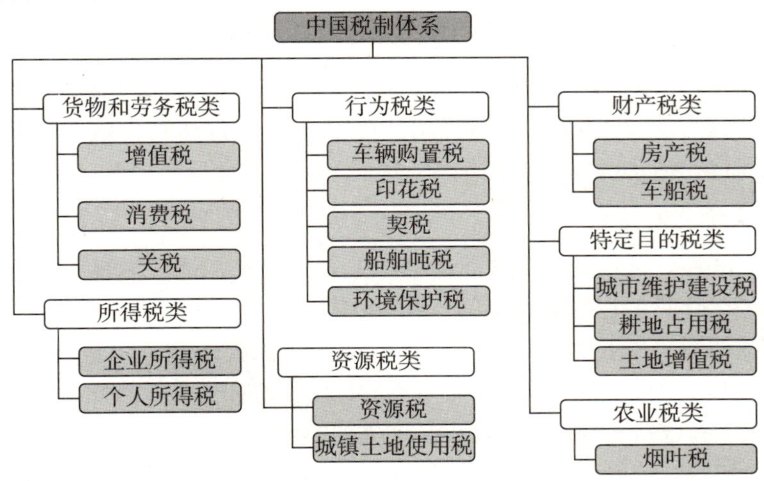

图 29－2　中国税制体系

（5）财产税类，包括房产税和车船税。

（6）特定目的税类，包括城市维护建设税、耕地占用税和土地增值税。这些税种是为了达到特定的目的，对特定对象进行调节而设置的。

（7）农业税类。目前开征的仅有烟叶税一个税种。

我国现行税制体系具有货物和劳务税、所得税并重，其他税种共同发挥作用的特征。

图 29－3 反映了 2017 年中国税收收入的构成情况。从图中可以看出，货物和劳务税占税收收入比重为 50%；所得税占税收收入比重为 30%（其中，个人所得税占税收收入比重为 8%，企业所得税占税收收入比重为 22%）；其他税收占税收收入比重为 20%。

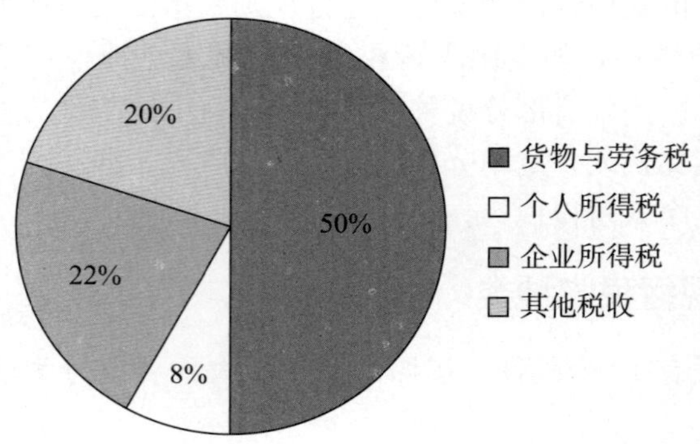

图 29－3　2017 年中国税收收入构成

资料来源：财政部 2017 年财政收支情况新闻发布会实录，http：//www.mof.gov.cn/zhengwuxinxi/caizhengxinwen/201801/t20180125_2800163.htm.

三、税务优化和税收法律责任

（一）税务优化的概念与特点

1. 税务优化的概念

税务优化是指纳税行为发生之前，在不违反法律、法规的前提下，通过对纳税主体的经营活动或投资行为等涉税事项做出安排，以达到少缴纳和递延缴纳目标的一系列优化活动。

2. 税务优化的特点

（1）合法性。征纳关系是税收的基本关系，纳税人依法纳税，税务机关依法征税。税务优化只能在法律许可的范围内进行。

（2）预期性。税务优化是在对未来事项所作预测的基础上进行的事先规划。在经济活动中，纳税申报行为通常具有滞后性。企业在交易行为发生之后必须缴纳各种流转税，在收益实现或分配之后必须缴纳各种所得税，在财产取得之后必须缴纳各种财产税等，这就要求纳税人必须在经营活动发生之前做出税务优化方案。

（3）风险性。在税务优化方案实施过程中，税收政策、经济形势及企业经营

情况的变化，可能会使预先设定的优化条件发生变化而不能获得预期的税收利益。

(4) 收益性。收益性是税务优化目标的最终表现。通过对个人筹资、投资等收支活动的调整，使其避开某些特定条款，尽可能地减轻税收负担；利用国家的税收优惠以及递延纳税等手段，最大限度地争取税收利益。

(5) 专业性。在全球经济日趋一体化、各国税制越来越复杂的情况下，纳税人需要借助专业人士来进行税务优化。目前世界上很多国家的会计师事务所、律师事务所都提供税务优化的咨询服务，税务优化日益向专业化的方向发展。

(二) 税务优化的原则

1. 法律原则

税收是政府凭借国家政治权力，按照税收法律规定，强制地、无偿地取得财政收入的一种形式。税收法律是国家以征税方式取得财政收入的法律规范，用以调整税收征纳双方的征纳关系，形成征纳双方各自的权利与义务，征纳双方都必须遵守。纳税人应该严格地按照税法规定充分地尽其义务、享有其权利。只有在此前提下，才能实现少缴纳和递延缴纳的税务优化目标。

2. 财务原则

税务优化的主要目的是使纳税人的可支配财务利益最大化，即税后财务利益最大化。在追求财务利益最大化时，纳税人还应在节税收益与节税风险之间进行必要的权衡。一般来说，纳税人的节税利益越大，风险也越大。各种节减税收的方案都有一定的风险，如税制变化风险、市场风险、利率风险、债务风险、汇率风险、通货膨胀风险等，在做税务优化时要有相应的风险应对预案与之配套。

纳税人进行税务优化不能只以短期税负轻重作为选择纳税方案的唯一标准，而应着眼于实现其长远的经营目标，不仅要考虑纳税人当前的财务利益，还要考虑未来的财务利益；在关注纳税人所得增加的同时，更要顾及纳税人资本增值等诸多方面。

3. 经济原则

评价税务优化的成功与否，不能一味地考虑节税金额的大小，还要进行成本效益分析。如果通过税务优化产生的效益大于为此而发生的成本，就应进行优化，否则就没有必要进行优化。

(三) 税收法律责任

税务优化的基本特点之一是合法性，而逃税、欠税、抗税、骗税等则是违犯税法的。违法行为较轻者，根据《征管法》给予行政处罚，处以罚款；情节严重、触犯刑律的属于涉税犯罪，要追究刑事责任，除了依法判刑外，还要认定附加刑——处以罚金。因此，正确区分税务优化和违犯税法的涉税行为是非常必要和重要的。

1. 逃避缴纳税款罪

根据《中华人民共和国刑法修正案（七）》，从 2009 年 2 月 28 日起，偷税罪改为逃避缴纳税款罪，具体规定如下：

纳税人采取欺骗、隐瞒手段进行虚假纳税申报或者不申报，逃避缴纳税款数额较大并且占应纳税额10%以上的，处3年以下有期徒刑或者拘役，并处罚金；数额巨大并且占应纳税额30%以上的，处3年以上7年以下有期徒刑，并处罚金。

扣缴义务人采取前款所列手段，不缴或者少缴已扣、已收税款，数额较大的，依照前款的规定处罚。

对多次实施前两款行为，未经处理的，按照累计数额计算。

有第一款行为，经税务机关依法下达追缴通知后，补缴应纳税款，缴纳滞纳金，已受行政处罚的，不予追究刑事责任。但是，5年内因逃避缴纳税款受过刑事处罚或者被税务机关给予二次以上行政处罚的除外。

实例29-1　逃避缴纳税款罪案例①

2014年，上海市地税局第一稽查局接到群众举报，反映R公司于2001年9月至2002年1月期间从拍卖行取得3个法人股，2007年出售全部股票取得的转让收入以及存续期间取得的红利收入，均未申报纳税。

检查人员到公证处获取了R公司将法人股全部转让给袁某的公证资料。鉴于R公司未办理税务登记，也没有会计账册及凭证，检查人员对R公司应纳税款进行了核定，决定向R公司追缴各类税款800余万元。在多种送达方式均无法确定是否已有效送达本人的情况下，该局在上海财税网进行公告送达，公告期满后，R公司仍未缴纳欠税款。

袁某以涉嫌逃避缴纳税款罪被公安机关刑事拘留。浦东新区人民法院判处袁某犯逃避缴纳税款罪，判处有期徒刑三年零六个月，处罚金人民币50万元。

2. 欠税与逃避追缴欠税罪

（1）欠税。欠税是指纳税人超过税务机关核定的纳税期限而发生的拖欠税款的行为。造成欠税的原因较多，有主观原因，也有客观原因。若是因主观原因造成欠税，属于故意欠税；若是因客观原因造成欠税，属非故意欠税。不论是故意欠税还是非故意欠税，都属于违犯税法的行为。

《征管法》第六十五条规定，纳税人欠缴应纳税款，采取转移或者隐匿财产的手段，妨碍税务机关追缴欠缴的税款的，由税务机关追缴欠缴的税款、滞纳金，并处欠缴税款50%以上5倍以下的罚款；构成犯罪的，依法追究刑事责任。

对欠税行为，除了按上述规定进行处罚外，为了减少或杜绝欠税的发生，还应正确界定故意欠税与非故意欠税，以采取不同的解决方法或措施。例如，对故意欠税者，不能给予减税、免税待遇，停止其领购增值税专用发票（改由税务机关代开）等；而对非故意欠税者，应分清原因，区别对待，如因自然灾害、意外事故造成欠税，纳税人应及时申请减免税款或缓缴税款；如因购货方拖欠货款而造成欠税，可能会面临行政处罚。

（2）逃避追缴欠税罪。逃避追缴欠税罪是指纳税人欠缴应纳税款，采取转移

① 资料来源于上海市国家税务局官方网站。

或者隐匿财产的手段，致使税务机关无法追缴欠缴税款数额较大的行为。逃避追缴欠税罪的犯罪主体，只有纳税人中的欠税人，包括自然人和单位。

构成逃避追缴欠税罪应当同时具备四个条件：其一，有欠税的事实存在，即行为人没有按照规定的期限纳税，这是构成逃避追缴欠税罪的前提。其二，行为人为了不缴纳欠缴的税款，实施了转移或隐匿财产的行为。其三，由于行为人转移或隐匿财产，致使税务机关无法追缴到其欠缴的税款。如果行为人虽转移或隐匿了财产，但税务机关通过采取强制措施追缴到了税款，或者税务机关虽无法追缴到欠缴税款，但并不是行为人转移或隐匿财产造成的，则均不能构成逃避追缴欠税罪。其四，税务机关无法追缴的欠税数额达到 1 万元。

依据《刑法》第二百零三条的规定，纳税人欠缴应纳税款，采取转移或者隐匿财产的手段，致使税务机关无法追缴欠缴的税款，数额在 1 万元以上不满 10 万元的，处 3 年以下有期徒刑或者拘役，并处或者单处欠缴税款 1 倍以上 5 倍以下罚金；数额在 10 万元以上的，处 3 年以上 7 年以下有期徒刑，并处欠缴税款 1 倍以上 5 倍以下罚金。

单位犯逃避追缴欠税罪的，对单位判处罚金，并对其直接负责的主管人员和其他直接责任人员依照自然人犯逃避追缴欠税罪处罚。

实例 29－2　逃避追缴欠税案例①

被告人胡某于 2002 年任某县道路运输有限责任公司董事长兼总经理。在任职期间，先后变卖公司不动产原办公地点、客运站及油库，合计收到价款人民币 840 万元。在获得销售款及其他营业收入后，为了逃避税款，胡某授意现金员高某将公司收入款项存入高某个人账户内，其中部分用于缴纳职工养老保险和发放职工工资等，致使税务机关无法追缴欠税款合计 1 351 500 元。案发后，公安机关依法扣押高某个人账户内存款 1 173 900 元，该款已转入国家财政专户。2015 年 10 月胡某因涉嫌犯逃避追缴欠税罪被追究刑事责任。

解析　法院认为：被告单位某县道路运输有限责任公司、被告人胡某故意将公司应缴税款收入存入个人账户，逃避税务机关追缴，其行为已构成逃避追缴欠税罪。

判决：(1) 被告单位某县道路运输有限责任公司犯逃避追缴欠税罪，判处罚金人民币 1 500 000 元；(2) 被告人胡某犯逃避追缴欠税罪，判处有期徒刑 3 年；(3) 公安机关所扣款项人民币 1 173 900 元，依法收缴税款，上缴国库。

3. 抗税与抗税罪

(1) 抗税。以暴力、威胁方法拒不缴纳税款的行为是抗税。抗税是纳税人抗拒按税收法规制度履行纳税义务的违法行为，如拒不按税法规定进行税务登记和纳税申报，拒不提供纳税资料，拒绝接受税务机关依法进行检查，拒不执行税法规定缴纳税款，聚众闹事、威胁围攻税务机关和殴打税务干部等，均属抗税行为；唆使、包庇上述违法行为的，也属于抗税行为。

《征管法》第六十七条规定，对于抗税者，除由税务机关追缴其拒缴的税款、滞纳金外，还要依法追究其刑事责任。情节轻微，未构成犯罪的，由税务机关追

① 资料来源于中国裁判文书网。

缴其拒缴的税款、滞纳金，并处拒缴税款1倍以上5倍以下的罚款。

（2）抗税罪。抗税罪，是指负有纳税义务或者代扣代缴、代收代缴义务的个人或者企业事业单位的直接责任人员，故意违反税收法规，以暴力、威胁方法拒不缴纳税款的行为。抗税罪的主体为特殊主体，只能是具备刑事责任能力，负有纳税、扣缴义务的自然人，单位不能直接成为抗税罪的主体。法律之所以如此规定，是因为抗税侵害的是复杂客体，它不但侵害了国家的税收征管制度，而且侵害了执行征税职务活动的税务人员的人身权利。作为一种暴力犯罪，即便抗税罪是以单位行为的形式做出的，也不以单位犯罪论处，而是由其直接责任人员承担刑事责任。

根据《刑法》第二百零二条的规定，犯抗税罪的，处3年以下有期徒刑或者拘役，并处拒缴税款1倍以上5倍以下罚金；情节严重的，处3年以上7年以下有期徒刑，并处拒缴税款1倍以上5倍以下罚金。情节严重一般是指抗税数额较大、多次抗税、抗税造成税务工作人员伤亡，以及造成较为恶劣的影响等。

根据最高人民法院的司法解释，实施抗税行为致人重伤、死亡，构成故意伤害罪、故意杀人罪的，分别依照《刑法》第二百三十四条第二款、第二百三十二条的规定定罪处罚。与纳税人或者扣缴义务人共同实施抗税行为的，以抗税罪的共犯依法处罚。

实例 29－3　抗税案例[①]

徐德财自1982年开始，承包责任田4.8亩，应缴国家公粮税款64.94元，其拒不缴纳税款，并煽动群众不缴税。在其影响下，其所在生产队两年欠税款1 850余元。1983年7月10日，沐浴公社税务所干部廖明洪、管理区武装部长查胜才等6人到队里做催缴税款工作时，其抗税不缴，无理纠缠，致使税收干部无法进行工作。1983年10月26日因犯抗税罪被判处有期徒刑3年。

4. 骗税与骗取出口退税罪

（1）骗税。骗税是指采取弄虚作假和欺骗手段，将本来没有发生的应税（应退税）行为虚构成发生了的应税行为，将小额的应税（应退税）行为伪造成大额的应税（应退税）行为，而骗取国家出口退税款。

《征管法》第六十六条规定，以假报出口或者其他欺骗手段，骗取国家出口退税款的，由税务机关追缴其骗取的退税款，并处骗取税款1倍以上5倍以下的罚款；构成犯罪的，依法追究刑事责任。对骗取国家出口退税款的，税务机关可以在规定期限内停止为其办理出口退税。

（2）骗取出口退税罪。骗取出口退税罪是指采取假报出口等欺骗手段，骗取国家出口退税数额较大的行为。根据《刑法》的规定，对骗取税款超过所缴纳税款的部分，且数额较大的，以骗取出口退税罪论处。

依据《刑法》第二百零四条，以假报出口或者其他欺骗手段，骗取国家出口退税款，数额较大的，处5年以下有期徒刑或者拘役，并处骗取税款1倍以上5倍以下罚金；数额巨大或者有其他严重情节的，处5年以上10年以下有期徒刑，

① 资料来源于中国裁判文书网。

并处骗取税款1倍以上5倍以下罚金；数额特别巨大或者有其他特别严重情节的，处10年以上有期徒刑或者无期徒刑，并处骗取税款1倍以上5倍以下罚金或者没收财产。

依据《刑法》第二百一十一条的规定，单位犯骗取出口退税罪的，对单位判处罚金，并对其直接负责的主管人员和其他直接责任人员，依照刑法中相关规定处罚。

实例29－4　新疆昌吉“6·5”虚开骗税案例①

新疆昌吉州国税局与州公安局查获“6·5”骗税案。经查实，2010年至2013年12月，以尤丰为首的犯罪团伙利用其控制的6家外贸公司，以支付手续费的方式，从全国20个省、89个市、157个县的500多家企业取得虚开的增值税专用发票，用于申报蒙绒、棉布和电子产品等商品出口退税。昌吉州国税局依法追缴6家公司骗取出口退税款2 115万元。2016年9月，新疆昌吉州中级人民法院判处被告人尤丰无期徒刑。

四、税收制度概述

税收制度，简称“税制”，是指国家征税所依据的法律、法规的总称，它包括税收体系和税制要素两方面的内容。税收体系，是指税种、税类的构成及其相互关系，即一国设立的税种和税类及各自所处的地位。税制要素，是指构成税收制度的基本要素，包括核心要素和其他要素，其中核心要素包括纳税人、征税对象、税率；其他要素包括纳税环节、纳税期限、减免税及违章处理等。

（一）纳税人

纳税人是纳税义务人的简称，是指税法规定的直接负有纳税义务的单位和个人，即税款的缴纳者。任何一个税种首先要解决的就是对谁征税的问题，如在《中华人民共和国个人所得税法》、《中华人民共和国增值税暂行条例》和《中华人民共和国消费税暂行条例》中，第一条就明确规定了该税种的纳税义务人。

从法律角度划分，纳税人分为法人和个人两种。所谓法人，是指依法成立并能独立行使法定权利和承担法定义务的社会组织②，主要包括企业、行政单位、事业单位、社会团体等。个人是指负有纳税义务的个人，我国税法中的个人包括个体工商户、合伙企业自然人合伙人、个人独资企业和自然人。

实际纳税过程中还涉及负税人。纳税人和负税人是两个既有联系又有区别的概念。负税人，是指税收负担的最终承担者。如果说纳税人是法律上的纳税主体，负税人则是经济上的纳税主体。纳税人和负税人有时是一致的，有时是不一致的。纳税人和负税人的不一致是由税负转嫁引起的。当纳税人所缴纳的税款

---

① 官方公布打骗打虚专项行动十大典型案例，http：//www. chinanews. com/gn/2017/04－20/8204715. shtml.

② 陈共. 财政学：第九版. 北京：中国人民大学出版社，2017：149.

无法转嫁时，纳税人就同时又是负税人，如所得税类；而货物和劳务税类的纳税人和负税人是不一致的，纳税人可以将税款转嫁出去，负税人是货物和劳务的购买方。

（二）征税对象

征税对象又称课税对象，它指的是课税的目的物，即对什么征税。税制中，一类税种区别于另一类税种的标志在于征税对象不同。比如，所得税的征税对象为所得，财产税的征税对象为财产。一般来说，征税对象不同，税种的性质也不同。

征税对象体现着税收的广度。国家为了筹措财政资金和调节经济的需要，可以根据客观经济状况选择征税对象。征税对象规定了征税与否的最基本界限。

与征税对象相关的有两个基本概念：税目和税基。

税目是征税对象内容的具体化，是税法按照一定的标准和范围对课税对象进行划分所确定的具体征税品种或项目。例如，我国消费税的征税对象是生产和进口的应税消费品，对消费品共设计了15个税目，具体包括烟、酒、高档化妆品、贵重首饰及珠宝玉石、鞭炮焰火、成品油、摩托车、小汽车、高尔夫球及球具、高档手表、游艇、木制一次性筷子、实木地板、电池、涂料。而有些税种征税对象简单、明确，没有规定税目的必要，如房产税。规定税目是为了明确具体的征税范围，规定征税的广度。通过规定税目，可以对不同的产品或项目制定高低不同的税率，体现国家税收政策。

税基，又称计税依据，是征税对象数量的具体化。不同税种的税基是不同的，比如所得税的税基是企业或个人的所得额，消费税的税基是应税产品的销售额等。

（三）税率

税率是税额与税基之间的比例，它体现税收的深度，是税收制度的核心要素。在税基一定的前提下，税收的负担程度和国家课税的程度主要体现在税率上，税率越高，纳税人的税收负担越重，因此税率的确定非常重要。税率的设计包括税率形式的设计和税率水平的设计。从理论上讲，税率主要有定额税率、比例税率和累进税率三种形式。在分析税收的影响时，还需要区分边际税率和平均税率。

1. 定额税率、比例税率、累进税率

（1）定额税率。定额税率（或称固定税额），是指按征税对象的数量规定每单位征收某一固定税额，一般适用于从量定额税的征收，如我国《消费税暂行条例》规定每吨乙类啤酒征收220元的税金。

考虑地区之间的差异，固定税额又可以对不同地区规定高低不等的差别税额，或者规定一个幅度，地方政府可在规定幅度内具体确定本地区的执行数额等。

定额税率的施行并不要求很高的征收管理水平，而且有利于政府及时稳定地获得收入。

（2）比例税率。比例税率是对同一征税对象，不论数额大小，采用相同比例征税的税率形式，它一般适用于对商品和劳务的课税。在现实生活中，对商品流转额征收的增值税、消费税以及关税，使用的就是比例税率。一般认为，采用这种税率形式，可以使同一课税对象的不同纳税人的税收负担一致，并且计算简便，在一定程度上可以避免使用累进税率可能造成的抑制经济发展的消极作用。但比例税率不能体现按能负担的原则，在调节纳税人的收入水平方面具有一定的局限性。

（3）累进税率。累进税率是将课税对象按照数额大小划分为若干等级，对不同等级规定高低不同的税率，适用于对所得和财产的课税。一般来说，累进税率会随着税基的增大而提高，税基越大，税率会定得越高，税基越小，税率会定得越低。与比例税率不同，累进税率能体现按能负担的原则，采用这种税率形式有利于缩小社会贫富的差距。

根据累进的方式不同，可以将累进税率分为全额累进税率、超额累进税率、超率累进税率、超倍累进税率四种形式。

所谓全额累进税率，是指随着征税对象数额的增加，税率逐步提高，全部税基适用相应的最高一级税率。在这种税率制度下，一个纳税人只适用于一个税率，相当于按征税对象数额分级规定不同的比例税率。

超额累进税率则是把征税对象按数额大小划分成不同的等级，对每个等级由低到高分别规定税率，各等级分别计算税额，而后相加即为应纳税额。在这种税率制度下，同一纳税人往往适用多个税率。我国现行个人所得税法中的“综合所得”“经营所得”采用的是超额累进税率。

超率累进税率是指对征收对象数额的某种比例划分为不同的部分，按不同部分分别规定税率征税。我国土地增值税就是按土地增值额和扣除项目金额的比例的不同，划分为 4 个等级，实行 4 级超率累进税率。

超倍累进税率是指以征税对象数额相当于计税基数的倍数为累进依据，计算应纳税额的税率。我国 1986 年发布的《中华人民共和国个人收入调节税暂行条例》中曾使用过超倍累进税率。

下例说明了全额累进税率和超额累进税率的区别：

假设一国税法规定所得税的免征额为 1 000 元，且纳税人适用的税率表如表 29－1 所示。这样，如果纳税人当月的税前所得为 6 001 元，则应纳税所得额为 5 001 元（暂不考虑三险一金等其他因素）。

在两种不同的累进方式下，例中纳税人的应纳税额如表 29－2 所示。

表 29－1　　　　税率表示例

月应纳税所得额	适用税率
不超过 1 000 元的部分	5%
超过 1 000 元至 3 000 元的部分	10%
超过 3 000 元至 5 000 元的部分	15%
超过 5 000 元的部分	20%

表 29-2　　两种累进方式下的应纳税额计算表　　（单位：元）

累进方式	应纳税所得额	应纳税额	级距税差
全额累进	5 000	5 000×15%=750	250.2
	5 001	5 001×20%=1 000.2	
超额累进	5 000	1 000×5%+2 000×10%+2 000×15%=550	0.2
	5 001	1 000×5%+2 000×10%+2 000×15%+1×20%=550.2	

说明：级距税差是指在累进税制中，当应纳税所得额处在上下两个级距的临界点时，因应纳税所得额增加 1 单位而适用高一级级距税率，与未增加时适用低一级级距税率，分别计算的应纳税额之间的差额。

通过计算可以看出，全额累进税率计算简便，但由于级距间的税率差异，会在两个级距的临界区间出现税额增加额超过课税对象数额增加，致使税后收入反而下降的不合理现象。而超额累进税率仅对超过部分适用更高级次的税率，可以消除这一不合理现象。与全额累进税率相比，超额累进税率计算比较复杂，需要分段计算。

在超额累进税率条件下，为了解决分级计算应纳税额比较麻烦的问题，个人所得税税制中便引入了速算扣除数的概念。速算扣除数是依据税法规定的级距和每一级距的税率，预先计算出来的一个数据。只要级距和税率不变，速算扣除数就不变。速算扣除数实质上反映的是按全额累进税率和超额累进税率计算的应纳税额的差额。计算公式为

$$速算扣除数=前一级的最高所得额\times(本级税率-前一级税率)+前级速算扣除数$$

以表 29-1 为例，如果应纳税所得额为 5 001 元，其速算扣除数有两种计算方法：

（1）根据速算扣除数的定义，按照全额累进税率计算，应纳税额=5 001×20%=1 000.2（元）；超额累进税率下，应纳税额=1 000×5%+2 000×10%+2 000×15%+1×20%=550.2（元）。则速算扣除数=1 000.2－550.2=450（元）。

（2）可以通过表 29-3 更清晰地得到速算扣除数。

表 29-3　　速算扣除数计算演示

月应纳税所得额	超额累进税率	速算扣除数
不超过 1 000 元的部分	5%	0
超过 1 000 元至 3 000 元的部分	10%	1 000×(10%－5%)+0=50
超过 3 000 元至 5 000 元的部分	15%	3 000×(15%－10%)+50=200
超过 5 000 元的部分	20%	5 000×(20%－15%)+200=450

得到速算扣除数之后，以应纳税所得额 5 001 元为例，在超额累进税率下，应纳税额=5 001×20%－450=550.2（元）。

以上是最后一个级距（超过 5 000 元的部分）速算扣除数的计算方法，可以使用同样的方法计算出各个级距的速算扣除数。

定额税率、比例税率和累进税率三种税率形式反映了不同的税收负担政策。定额税率对于收入不同的纳税人是一种等量负担的政策，即每单位商品应纳税额相等，但实际税率不等；比例税率对于收入不同的纳税人是一种等比例负担的政策，即纳税人所纳税额不等，但实际税率相等；累进税率对于收入不同的纳税人是一种累进负担的政策，即纳税人所纳税额不等，但实际税率也不等，收入越高，税率越高。

2. 边际税率和平均税率

税收对收入二次分配的调节作用主要是通过所得税体现的，因此，在讨论所得税税制的效率与公平时，引入了两个重要概念：平均税率和边际税率。

（1）边际税率。所谓边际税率，是指应纳税额的增量与税基增量之比。它表达的是每增加一单位收入需要增加的税收支出金额。

$$t_M = \frac{\Delta T}{\Delta Y}$$

其中，t_M代表边际税率，ΔT 代表应纳税额的增量，ΔY 代表税基增量。

假设收入增加 1 元，应纳税额增加 0.5 元，则边际税率为 50%。边际税率反映了税基每增加一个单位，适用税率变化的情况。实践中，征收所得税采用的超额累进税率被等同于边际税率。也就是说，超额累进所得税税率表中的每一级税率，就是相应级距所得额的边际税率。保罗·克雷·罗伯茨在其所著《供给学派的革命》一书中将边际税率定义为对新增收入的税率。[①] 以表 29-1 为例，月应纳税所得额不超过 1 000 元的部分，边际税率为 5%；超过 1 000 元至 3 000 元的部分，边际税率为 10%；超过 3 000 元至 5 000 元的部分，边际税率为 15%；超过 5 000 元的部分，边际税率为 20%。

（2）平均税率。与边际税率不同，平均税率则表明总体税负水平，它指的是全部应纳税额占全部税基的比例，用公式表示如下：

$$t_A = \frac{T}{Y}$$

其中，t_A代表平均税率，T 代表应纳税总额，Y 代表全部税基。

以表 29-1 假设的数字为例，如果应纳税所得额为 500 元，则平均税率为 5%；如果应纳税所得额为 1 500 元，应纳税额为 1 000×5%+500×10%=100（元），则平均税率为 100/1 500=6.67%；如果应纳税所得额上升到 3 500 元，应纳税额为 1 000×5%+2 000×10%+500×15%=325（元），则平均税率为 325/3 500=9.29%。

判断税制是否累进应以平均税率为依据。如果使用边际税率可能会造成混乱。一种税是否是累进的，指的是随着收入的增长，收入中被征税拿走的部分是否也增长。这一定义暗含着平均税率应该随着收入增长而增长。一个常见的错误是，认为累进税率也应该随着收入的增长而增长，实际情况并非如此。只有当累进税率高于平均税率，即如果额外的收入要支付比现行收入更高的税率时，才能

① ［美］保罗·克雷·罗伯茨．供给学派的革命．杨鲁军，译．上海：上海译文出版社，1987.

说明税制是累进的。

3. 名义税率和实际税率

名义税率和实际税率是分析纳税人负担时常用的概念。名义税率是指税法规定的税率；实际税率是指实际负担率，即纳税人在一定时期内实际缴纳的税额占税基的比例。减税免税、加成征税、加倍征税等可能会造成纳税人的实际税率与税法所规定的税率即名义税率不相等。这时，区分名义税率和实际税率，确定纳税人的实际负担水平和税负结构，为设计合理可行的税制提供依据是十分必要的。

比如，中国公民王先生出租住房，2019 年 1 月取得租金收入 2 万元，需要按财产租赁所得缴纳个人所得税，应纳税所得额为 20 000×(1－20%)(假设不考虑其他税费)，财产租赁所得的名义税率为 20%。依据《财政部　国家税务总局关于廉租住房　经济适用住房和住房租赁有关税收政策的通知》，对个人出租住房取得的所得减按 10%的税率征收个人所得税。经计算应纳个人所得税为：20 000×(1－20%)×10%＝1 600(元)。因此实际税率＝1 600÷[20 000×(1－20%)]＝10%，小于名义税率。

第二节　中国个人所得税制度

一、我国个人所得税制度的历史沿革

中华人民共和国成立初期，中央人民政府发布了《全国税政实施要则》，但囿于当时经济基础和税收制度构建的特殊性，很长一段时间，个人所得税缺位。

改革开放后，我国个人所得税制度的建立经历了三个阶段：

第一阶段（1980—1993 年）：以收入调节为目的重建个人所得税制度。

为适应改革开放的需要，特别是出于解决来华工作外籍人士的个人所得税问题的需要，1980 年 9 月，中华人民共和国第一部个人所得税法颁布，我国个人所得税制度重新建立。随着经济体制改革和对外开放的不断深入，中国的商品经济得到了巨大发展，个人收入水平普遍提高，特别是部分个体工商户、承包经营户的收入远超过城乡居民收入水平。为防止收入两极分化，国务院先后于 1986 年 1 月和 9 月发布了《城乡个体工商业户所得税暂行条例》、《个人收入调节税暂行条例》与《个人所得税法》，它们共同构成了改革开放初期的个人所得税制度。

第二阶段（1994—2018 年）：分类所得制度的逐步完善。

1993 年 10 月，个人所得税法及其实施条例发布，我国适时对个人所得税制度进行了全面改革。此后，围绕费用扣除额、税率以及个别分类项目的减免优惠等，立法机构又先后对个人所得税制度进行了多次修正。在这一时期，个人所得税制度对增加财政收入和调节个人收入差距发挥了积极的作用。

第三阶段（2019 年起）：分类加综合所得制度的确立。

在新形势下，个人所得税应该承担更大的收入再分配的调节功能，引入综合计征成为个人所得税制改革的长期方向。

2018 年 8 月 31 日第十三届全国人民代表大会常务委员会第五次会议审议通过《关于修改〈中华人民共和国个人所得税法〉的决定》（第七次修正）。与以往各次个人所得税税法修订相比，涉及内容更广，层次更深，力度更大。如在纳税人身份确定标准、税目划分模式、应税所得适用税率级次等方面都做出较大幅度的修订；同时，又增加了税前专项附加扣除、反避税等全新内容。这意味着我国个人所得税法律制度的进一步优化与规范，也体现了减轻纳税人税收负担的政策意图。

二、课税模式

按照税制的结构，通常可将所得税制划分为分类所得税制、综合所得税制和分类加综合所得税制三种类型。从世界各国所得课税的实践来看，最早在英国实行的所得税采用的是分类所得税制。随着经济和社会的发展，分类所得税制逐渐为综合所得税制或分类加综合所得税制所替代。

（一）分类所得税制

所谓分类所得税制，就是把归属于同一纳税人的所得，按来源不同划分为若干类别，对各类不同性质的所得规定不同的税率，分别计算、征收所得税。分类所得税制是根据对不同性质的所得应区别对待的原则设计的。实行分类所得税制，不仅可以依据纳税人所得的性质区别征税，而且可以按源泉课征的方法降低税收征收成本。

分类所得税制下，源泉课征虽然减少了汇算清缴的麻烦，但不能体现按能负担的原则，在某种程度上降低了税收对收入分配的调节作用。

（二）综合所得税制

所谓综合所得税制，就是把归属于同一纳税人的各类所得，不管其所得来源如何，作为一个所得总体，综合计算、征收所得税。综合所得税制的建立是基于这样一种认知：既然所得税是一种对所得征收的税，应纳税的所得就应该是综合反映纳税人负担能力的各类所得总额。因此，综合所得税最能体现税收按能负担的原则。

与分类所得税制采用源泉课征法不同，综合所得税制普遍采用申报纳税法进行征收。综合所得税制下，税收的征集或是以账单到期即付为基础实行代扣代缴，或是纳税人赚取收入后上缴估算税款。

（三）分类加综合所得税制

所谓分类加综合所得税制，就是对所得税实行分项课征和综合计税相结合的课税制度。这种税制的特点是，既坚持了按能负担的原则，又体现了对不同性质的所得要区别对待的原则。其征收方法也是源泉课税与申报纳税相结合。目前我国个人所得税制度采取的是分类加综合所得税制。

三、税收管辖权

一个拥有主权的国家，必然能够独立自主地处理内外事务，其基本权利包括独立权、平等权、自保权和管辖权等。国家主权中的管辖权是国家的最高管理权，它表明国家对其政治权力涉及范围内的人和物均能行使主权。按照国际法确认的原则，国家管辖权的主要原则有属地管辖原则、属人管辖原则、保护管辖原则和普遍管辖原则四种。税收管辖权是主权国家在征税方面所拥有的权力。

国际公认的确立和行使税收管辖权的基本原则有两个：一是属人原则；二是属地原则（见图 29－4）。

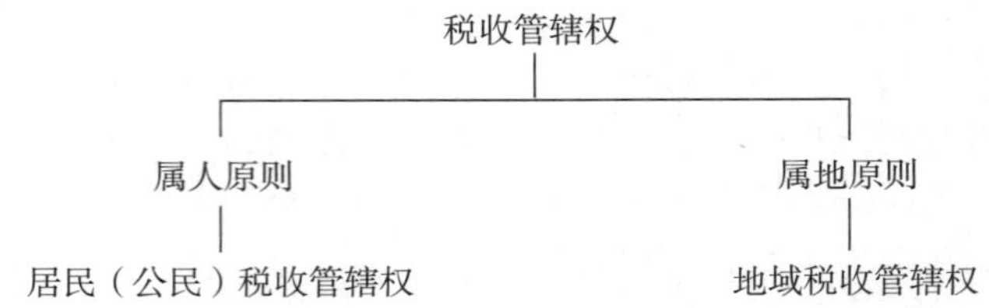

图 29－4　税收管辖权的分类

居民或公民税收管辖权是按照属人原则确立的税收管辖权，其基本含义是，国家有权对居住在其境内的所有居民或具有该国国籍的公民取得的来源于世界范围的所得课税。换句话说，一国或地区有权对其所管辖的居民或公民行使税收管辖权，而不论该国居民所从事的经济活动是否发生在本国领域，或该国公民是否居住在境内。就个人所得税的课征而言，目前世界大多数国家采用居民税收管辖权，只有少数国家还同时运用公民税收管辖权（如美国）。由于大多数国家采用了居民或公民税收管辖权课征个人所得税，因此，居民（公民）身份的认定就成为一个十分重要的问题。

地域（收入来源地）税收管辖权是按照属地原则确立的税收管辖权，其基本含义是，一国或地区有权对来源于其管辖地域内的所得课税，而不论纳税人是否为本国居民或公民。

现在，大多数国家包括我国在内，都按属人原则和属地原则同时行使居民和地域税收管辖权，只是强调的重点不同。各国税法关于税收居民和所得来源地的判断标准不同，导致了同一所得或财产可能会被重复征收相同或相似性质的所得税，或者漏征所得税。因此，联合打击跨国避税和协商消除双重征税日益成为国际税收征管中的重要问题。

四、纳税人

国际上通常依据住所、居所以及居住时间这三个标准，将个人所得税纳税人分为居民个人和非居民个人，分别承担不同的纳税义务，详见表 29－4。

表 29-4 纳税人分类

	居民个人	非居民个人
判定标准	住所标准、居所标准、居住时间标准	
纳税义务	履行全面纳税义务，对取得的来源于世界范围的所得课税	履行有限纳税义务，只对来源于该国领域内的所得课税

具体采取哪种或哪几种判定标准，以及对各标准的判定尺度，各国不尽相同。

根据 2019 年 1 月 1 日实施的《个人所得税法》第一条，中国个人所得税中纳税人的相关规定为："在中国境内有住所，或者无住所而一个纳税年度内在中国境内居住累计满一百八十三天的个人，为居民个人。居民个人从中国境内和境外取得的所得，依照本法规定缴纳个人所得税。在中国境内无住所又不居住，或者无住所而一个纳税年度内在中国境内居住累计不满一百八十三天的个人，为非居民个人。非居民个人从中国境内取得的所得，依照本法规定缴纳个人所得税。"

在此之前，我国的《个人所得税法》对纳税人身份的判定标准是："在中国境内有住所，或者无住所而在境内居住满一年的个人，从中国境内和境外取得的所得，依照本法规定缴纳个人所得税。在中国境内无住所又不居住或者无住所而在境内居住不满一年的个人，从中国境内取得的所得，依照本法规定缴纳个人所得税。

由此可以看出，第七次修正对纳税人身份的判定影响还是很大的，特别是在停留时间标准上，由原来的 365 天改为 183 天，"中国税收居民"个人身份在时间上更有易达性，使得部分人士更容易成为中国与其他国家/地区的"双重税务居民"，这部分人士在税务合规性上将面临更大压力。

五、征税范围（应税所得项目）

个人获得的各种所得都是个人所得税的课税对象，其形式包括现金、实物、有价证券和其他形式的经济利益。我国个人所得税制将应税所得分为以下 9 个类别。

（一）工资、薪金所得

工资、薪金所得，是指个人因任职或者受雇而取得的工资、薪金、奖金、年终加薪、劳动分红、津贴、补贴以及与任职或者受雇有关的其他所得。

（二）劳务报酬所得

劳务报酬所得，指个人从事劳务取得的所得，包括从事设计、装潢、安装、制图、化验、测试、医疗、法律、会计、咨询、讲学、翻译、审稿、书画、雕刻、影视、录音、录像、演出、表演、广告、展览、技术服务、介绍服务、经纪服务、代办服务以及其他劳务取得的所得。

（三）稿酬所得

稿酬所得，是指个人因其作品以图书、报刊形式出版、发表而取得的所得。

（四）特许权使用费所得

特许权使用费所得，是指个人提供专利权、商标权、著作权、非专利技术以及其他特许权的使用权取得的所得。提供著作权的使用权取得的所得，不包括稿酬所得。

（五）经营所得

经营所得是指：

（1）个体工商户从事生产、经营活动取得的所得，个人独资企业投资者、合伙企业的个人合伙人来源于境内注册的个人独资企业、合伙企业生产、经营的所得；

（2）个人依法从事办学、医疗、咨询以及其他有偿服务活动取得的所得；

（3）个人对企业、事业单位承包经营、承租经营以及转包、转租取得的所得；

（4）个人从事其他生产、经营活动取得的所得。

（六）利息、股息、红利所得

利息、股息、红利所得，是指个人拥有债权、股权等而取得的利息、股息、红利所得。

（七）财产租赁所得

财产租赁所得，是指个人出租不动产、机器设备、车船以及其他财产取得的所得。

（八）财产转让所得

财产转让所得，是指个人转让有价证券、股权、合伙企业中的财产份额、不动产、机器设备、车船以及其他财产取得的所得。

（九）偶然所得

偶然所得，是指个人得奖、中奖、中彩以及其他偶然性质的所得。

居民个人取得上述第（一）～（四）项所得（以下称综合所得），按纳税年度合并计算个人所得税；非居民个人取得上述第（一）～（四）项所得，按月或者按次分项计算个人所得税。纳税人取得上述第（五）～（九）项所得，依照个人所得税法的规定分别计算个人所得税。

居民个人从中国境内和境外取得的综合所得、经营所得，应当分别合并计算应纳税额；从中国境内和境外取得的其他所得，应当分别单独计算应纳税额。

个人取得的所得，难以界定应纳税所得项目的，由国务院税务主管部门确定。

六、计税依据

计税依据也称为课税标准，是指税法中规定的据以计算各种应纳税款的依据或标准，即应纳税所得额。个人获得的各种所得都是个人所得税的课税对象，但应纳税所得额是应税所得减去法律允许扣除的成本和费用之后的余额。

首先要确认应税所得。我国税法意义上的应税所得不仅包含个人在一定期间内获得的货币性经济利益，还包含非货币性经济利益，且只对合法所得征税。因此，税法必须对应税所得做出明确规定。我国个人所得税的应税所得，包括工资、薪金所得，利息、股息、红利所得，财产租赁所得，财产转让所得，偶然所得等。

其次要确认所得宽免范围和费用扣除项目。所得税的课税对象是纳入所得税征收范围的所得，但它并不是所得税的计税依据。根据按能负担的原则，各国政府在具体确定所得税的计税依据时，均规定了一定的所得宽免范围和费用扣除项目，即实质上允许纳税人的一部分收入不纳税。

宽免范围和费用扣除项目主要包括：一是为取得收入而必须支付的有关费用；二是需要鼓励或照顾的个人所得；三是各种公益性、救济性的捐赠等。费用扣除的方法主要有两种：一种是根据应扣除项目的实际发生数进行扣除；另一种是依据一定的标准进行扣除。由于费用扣除的大小直接影响到所得税计税依据的扩大或缩小，因此，税法都会对宽免范围和费用扣除项目做出明确的规定和限制。

七、扣除项目

我国现行个人所得税制采用的是分类加综合所得税制，对于不同的应税所得项目，我国税法分别规定了相应的扣除项目和标准。在计算应纳税所得额时，需要按不同的应税项目分别计算。

自 2019 年 1 月 1 日起，按照税法规定，居民个人的综合所得，每一纳税年度可减除费用 60 000 元以及符合规定条件标准的专项扣除、专项附加扣除和依法确定的其他扣除。专项扣除、专项附加扣除和依法确定的其他扣除，以居民个人一个纳税年度的应纳税所得额为限额。一个纳税年度扣除不完的，不结转以后年度扣除。

1. 专项扣除

专项扣除包括居民个人按照国家规定的范围和标准缴纳的基本养老保险、基本医疗保险、失业保险等社会保险费和住房公积金等。

2. 专项附加扣除

专项附加扣除包括子女教育、继续教育、大病医疗、住房贷款利息或者住房租金、赡养老人等支出。专项附加扣除的具体范围、标准、扣除人、扣除时间规定如表 29－5 所示。

表 29－5　个人专项附加扣除项目一览表　（单位：元）

<table>
<tr><th rowspan="2">专项附加扣除项目</th><th rowspan="2" colspan="2">扣除范围</th><th colspan="2">扣除标准</th><th rowspan="2">扣除人</th><th rowspan="2">扣除方式</th><th rowspan="2">备注</th></tr>
<tr><th>每年</th><th>每月</th></tr>
<tr><td rowspan="4">子女教育</td><td>学前教育</td><td>包括年满 3 岁至小学入学前教育</td><td rowspan="4"></td><td rowspan="4">1 000/子女</td><td rowspan="4">受教育子女的父母</td><td rowspan="4">定额扣除</td><td rowspan="4">①受教育子女的父母各扣 50%；
②也可以约定一方扣 100%；
③扣除方式一经确定一年内不得变更；
④子女在中国境外接受教育的，应当留存境外学校录取通知书、留学签证等证明资料备查。</td></tr>
<tr><td rowspan="3">学历教育</td><td>义务教育（小学和初中教育）</td></tr>
<tr><td>高中阶段教育（普通高中、中等职业、技工教育）</td></tr>
<tr><td>高等教育
（大学专科、大学本科、硕士研究生、博士研究生教育）</td></tr>
<tr><td rowspan="3">继续教育</td><td colspan="2">学历（学位）继续教育</td><td></td><td>400</td><td>本人或父母</td><td>定额扣除</td><td>个人接受同一学历（学位）继续教育，扣除期限不能超过 48 个月。本科及以下学历继续教育，可以父母扣，也可以本人扣。</td></tr>
<tr><td rowspan="2">职业资格继续教育</td><td>技能人员</td><td rowspan="2">3 600</td><td rowspan="2">/</td><td rowspan="2">本人</td><td rowspan="2">定额扣除</td><td rowspan="2">在取得证书年度扣除，证书留存备查。</td></tr>
<tr><td>专业技术人员</td></tr>
<tr><td>大病医疗</td><td colspan="2">一个纳税年度内，与基本医保相关的医药费用支出，医保报销后个人负担部分（指医保目录范围内的自付部分）</td><td>15 000<标准≤80 000</td><td>/</td><td>本人或者配偶</td><td>限额据实扣除</td><td>①可以选择本人或者配偶扣除，未成年子女发生的医药费可由父母一方扣除；
②纳税人、配偶、未成年子女发生的医药费支出，可分别计算扣除；
③应当留存医药服务收费及医保报销相关票据原件（或复印件）。</td></tr>
<tr><td>住房贷款利息</td><td colspan="2">纳税人本人或配偶单独或者共同使用商业银行或住房公积金个人住房贷款为本人或其配偶购买的中国境内首套住房</td><td></td><td>1 000</td><td>本人或者夫妻约定的一方</td><td>定额扣除</td><td>①扣除期限最长不超过 240 个月；
②夫妻婚前各自购买首套住房的贷款利息，婚后按扣除标准由一方 100%扣除或者各扣 50%；
③扣除方式一经确定一年内不得更改。</td></tr>
</table>

续前表

<table>
<tr><th rowspan="2">专项附加扣除项目</th><th rowspan="2" colspan="2">扣除范围</th><th colspan="2">扣除标准</th><th rowspan="2">扣除人</th><th rowspan="2">扣除方式</th><th rowspan="2">备注</th></tr>
<tr><th>每年</th><th>每月</th></tr>
<tr><td rowspan="3">住房租金</td><td colspan="2">主要工作城市位于直辖市、省会城市、计划单列市以及国务院确定的其他城市的</td><td></td><td>1 500</td><td rowspan="3">签订租赁合同的承租人扣除</td><td rowspan="3">定额扣除</td><td rowspan="3">①纳税人的在主要工作城市，本人及配偶均无自有住房；
②纳税人及配偶在同一个纳税年度内不能同时分别享受住房贷款利息和住房租金扣除；
③夫妻同城的，只能一方扣除；
④应当留存住房租赁合同、协议等资料备查。</td></tr>
<tr><td colspan="2">承租的住房位于其他城市，市辖区户籍人口＞100 万</td><td></td><td>1 100</td></tr>
<tr><td colspan="2">承租的住房位于其他城市，市辖区户籍人口≤100 万的</td><td></td><td>800</td></tr>
<tr><td rowspan="2">赡养老人</td><td rowspan="2">≥60 岁父母以及子女均去世的（外）祖父母</td><td>独生子女</td><td></td><td>2 000</td><td>本人</td><td>定额扣除</td><td rowspan="2">①非独生子女指定分摊或约定分摊，需有书面分摊协议；
②指定分摊优于约定分摊。</td></tr>
<tr><td>非独生子女</td><td></td><td>≤1 000</td><td>本人</td><td>限额扣除</td></tr>
</table>

说明：（1）纳税人同时从两处以上取得工资、薪金所得，并由扣缴义务人办理专项附加扣除的，对同一专项附加扣除项目，纳税人只能选择从其中一处扣除。

（2）居民个人虽无工资薪金所得，但取得劳务报酬所得、稿酬所得、特许权使用费所得的，应当在汇算清缴时向税务机关提供有关信息，办理专项附加扣除。

（3）父母，是指生父母、继父母、养父母。子女，是指婚生子女、非婚生子女、继子女、养子女。父母之外的其他人担任未成年人的监护人的，比照本办法规定执行。

（1）子女教育。子女接受学前教育和学历教育的相关支出，按照每个子女每月 1 000 元的标准定额扣除。受教育子女的父母分别按扣除标准的 50%扣除；经父母约定，也可以选择由其中一方按扣除标准的 100%扣除。具体扣除方式在一个纳税年度内不得变更。

学前教育包括年满 3 岁至小学入学前教育。学历教育包括义务教育（小学和初中教育）、高中阶段教育（普通高中、中等职业教育、技工教育）、高等教育（大学专科、大学本科、硕士研究生、博士研究生教育）。

子女在中国境外接受教育的，纳税人应当留存境外学校录取通知书、留学签证等相关教育的证明资料备查。

（2）继续教育。纳税人在中国境内接受学历（学位）继续教育的支出，在学历（学位）继续教育期间按照每月 400 元定额扣除。个人接受同一学历（学位）继续教育的扣除期限不能超过 48 个月。本科及以下学历（学位）继续教育可以选择由其父母扣除，也可以选择由本人扣除。

学历教育和学历（学位）继续教育期间，包含因病或其他非主观原因休学但学籍继续保留的休学期间，以及施教机构按规定组织实施的寒暑假等假期。

纳税人接受技能人员职业资格继续教育、专业技术人员职业资格继续教育支出，在取得相关证书的年度，按照每年 3 600 元定额扣除，相关证书应当留存备查。职业资格的具体范围，以人力资源和社会保障部公布的国家职业资格目录为准。

（3）大病医疗。大病医疗支出，是指一个纳税年度内，纳税人发生的与基本医保相关的医疗药费支出，扣除医保报销后个人负担部分（指医保目录范围内的自付部分）累计超过 15 000 元的医药费用支出部分。纳税人发生的大病医疗支出由纳税人本人在办理汇算清缴时扣除，以每年 80 000 元标准限额据实扣除。

医药费用支出可以选择由本人或者配偶扣除，未成年子女发生的医药费用支出，可以选择由父母一方扣除。纳税人及其配偶、未成年子女的医药费用支出，分别计算扣除额。

纳税人应当留存医疗服务收费以及医保报销相关票据原件（或复印件）备查。

（4）住房贷款利息。纳税人本人或配偶单独或者共同使用商业银行或住房公积金个人住房贷款为本人或其配偶购买的中国境内住房，发生的首套住房贷款利息支出，在实际发生贷款利息的年度，可以按照每月 1 000 元的标准定额扣除，扣除期限最长不超过 240 个月。纳税人只能享受一次首套住房贷款的利息扣除。

首套住房贷款是指购买住房享受首套住房贷款利率的住房贷款。

经夫妻双方约定，可以选择由其中一方扣除，具体扣除方式在一个纳税年度内不得变更。

夫妻双方婚前分别购买的首套住房贷款，其贷款利息支出，婚后可以选择其中一套购买的住房，由购买方按扣除标准的 100%扣除，也可以由夫妻双方对各自购买的住房分别按扣除标准的 50%扣除，具体扣除方式在一个纳税年度内不能变更。

纳税人应当留存住房贷款合同、贷款还款支出凭证备查。

（5）住房租金。纳税人在主要工作城市没有住房，发生的租金支出，可以按照以下标准定额扣除：

1）承租的住房位于直辖市、省会城市、计划单列市以及国务院确定的其他城市的，扣除标准为每月 1 500 元；

2）承租的住房位于其他城市，市辖区户籍人口超过 100 万的，扣除标准为每年每月 1 100 元；

3）承租的住房位于其他城市，市辖区户籍人口不超过 100 万（含）的，扣除标准为每月 800 元。

纳税人的配偶在纳税人的主要工作城市有自有住房的，视同纳税人在主要工作城市有自有住房。夫妻双方主要工作城市相同的，只能由一方扣除住房租金支出。

主要工作城市是指纳税人任职受雇机构所在地，纳税人未任职受雇的，以受理其综合所得汇算清缴的税务机关所在地为主要工作城市。

住房租金支出由签订租赁住房合同的承租人扣除，纳税人应当留存住房租赁合同。

纳税人及其配偶在一个纳税年度内不能同时分别享受住房贷款利息专项附加扣除和住房租金专项附加扣除。

（6）赡养老人专项附加扣除。纳税人赡养一位及以上年满 60 岁的父母或者子女均已去世的年满 60 岁的祖父母、外祖父母，发生的赡养支出，可以按照以下标准定额扣除：

1）纳税人为独生子女的，按照每月 2 000 元的标准定额扣除；

2）纳税人为非独生子女的，应当与其兄弟姐妹分摊每月 2 000 元的扣除额度，分摊方式包括平均分摊、约定分摊、指定分摊，具体分摊方式在一个纳税年度内不得变更。采取指定分摊或约定分摊方式的，每一纳税人分摊的扣除额最高不得超过每月 1 000 元，并签订书面分摊协议。指定分摊与约定分摊不一致的，指定分摊优于约定分摊。

专项附加扣除中，纳税人需要留存备查的资料应当保留 5 年。

居民个人取得工资、薪金所得时，可以向扣缴义务人提供专项附加扣除有关信息，由扣缴义务人扣缴税款时办理专项附加扣除。纳税人同时从两处以上取得工资、薪金所得，并由扣缴义务人办理专项附加扣除的，对同一专项附加扣除项目，纳税人只能选择从其中一处扣除。

居民个人未取得工资、薪金所得，仅取得劳务报酬所得、稿酬所得、特许权使用费所得需要享受专项附加扣除的，应当在汇算清缴时向税务机关提供有关信息，办理专项附加扣除。

居民个人取得经营所得，没有综合所得的，专项附加扣除在办理汇算清缴时减除。

2019 年 1 月 1 日至 2021 年 12 月 31 日期间，外籍个人符合居民个人条件的，可以选择享受个人所得税专项附加扣除，也可以选择继续享受现行有关子女教育费、语言训练费、住房补贴的免税优惠，但不得同时享受。外籍个人一经选择，在一个纳税年度内不得变更。自 2022 年 1 月 1 日起，外籍个人不再享受住房补贴、语言训练费、子女教育费津补贴免税优惠政策，应按规定享受专项附加扣除。

3. 其他扣除

其他扣除包括个人缴付符合国家规定的企业年金、职业年金，个人购买符合国家规定的商业健康保险、税收递延型商业养老保险的支出，以及国务院规定可以扣除的其他项目。

（1）非居民个人的工资、薪金所得，每月可减除费用 5 000 元；劳务报酬所得、稿酬所得、特许权使用费所得，以每次收入减除 20%的费用，稿酬所得在此基础上再减 30%的费用。

（2）经营所得，每一纳税年度可减除成本、费用以及损失。成本、费用，是指个体工商户、个人独资企业、合伙企业以及个人从事其他生产、经营活动发生的各项直接支出和分配计入成本的间接费用以及销售费用、管理费用、财务费用；损失，是指个体工商户、个人独资企业、合伙企业以及个人从事其他生产经营活动发生的固定资产和存货的盘亏、毁损、报废损失，转让财产损失、坏账损失，自然灾害等不可抗力因素造成的损失以及其他损失。

（3）财产租赁所得，每次收入不超过 4 000 元的，减除费用 800 元；4 000 元以上的，减除 20%的费用。

(4) 财产转让所得，可减除财产原值和合理费用。

财产原值按照下列方法计算：

1）有价证券，为买入价以及买入时按照规定缴纳的有关费用；

2）不动产，为建造费或者购进价格以及其他有关费用；

3）土地使用权，为取得土地使用权所支付的金额、开发土地的费用以及其他有关费用；

4）机器设备、车船，为购进价格、运输费、安装费以及其他有关费用；

5）其他财产，参照上述方法确定财产原值；

6）纳税人未提供完整、准确的财产原值凭证，不能正确计算财产原值的，由主管税务机关核定其财产原值。

合理费用，是指卖出财产时按照规定支付的有关税费。

(5) 利息、股息、红利所得和偶然所得，无扣除项目。

八、税率

各国个人所得税普遍采用比例税率和累进税率。比例税率是对同一征税对象，不论数额大小，采用相同比例征税的税率形式。累进税率是将课税对象按照数额大小划分为若干等级，对不同等级规定高低不同的税率。

我国个人所得税基于应税所得项目的不同，分别适用超额累进税率和比例税率。

（一）超额累进税率

自 2018 年 10 月 1 日起，工资薪金所得基本减除费用标准提高到每月 5 000 元，并按表 29－6 适用 3%～45%的七级超额累进税率计算应纳税额。自 2019 年 1 月 1 日起，非居民个人工资薪金所得、劳务报酬所得、稿酬所得、特许权使用费减除一定费用后，按照表 29－6 适用 3%～45%的七级超额累进税率计算应纳税额。

表 29－6　个人所得税税率表

（非居民个人工资、薪金所得，劳务报酬所得，稿酬所得，特许权使用费所得适用）

级数	全月应纳税所得额	税率（%）	速算扣除数
1	不超过 3 000 元的	3	0
2	超过 3 000 元至 12 000 元的部分	10	210
3	超过 12 000 元至 25 000 元的部分	20	1 410
4	超过 25 000 元至 35 000 元的部分	25	2 660
5	超过 35 000 元至 55 000 元的部分	30	4 410
6	超过 55 000 元至 80 000 元的部分	35	7 160
7	超过 80 000 元的部分	45	15 160

自 2019 年 1 月 1 日起，“综合所得”实行 3%～45%的七级超额累进税率（详见表 29－7）。为尽可能使居民个人日常被扣缴义务人预扣预缴的税款与其年

度应纳税款接近，扣缴义务人向居民个人支付工资、薪金所得时，适用3%～45%的七级超额累进税率，按累计预扣法计算预扣税款。

表 29-7　　个人所得税税率表（综合所得清算，居民个人工资、薪金所得预扣预缴适用）

级数	全年应纳税所得额	税率（%）	速算扣除数
1	不超过36 000元的	3	0
2	超过36 000元至144 000元的部分	10	2 520
3	超过144 000元至300 000元的部分	20	16 920
4	超过300 000元至420 000元的部分	25	31 920
5	超过420 000元至660 000元的部分	30	52 920
6	超过660 000元至960 000元的部分	35	85 920
7	超过960 000元的部分	45	181 920

说明：上表所称全年应纳税所得额是指依照《个人所得税法》第六条的规定，居民个人取得综合所得以每一纳税年度收入额减除费用60 000元以及专项扣除、专项附加扣除和依法确定的其他扣除后的余额。

2019年1月1日起，扣缴义务人向居民个人支付劳务报酬所得时，扣除一定费用后，按照20%～40%的三级超额累进预扣率（详见表29-8），预扣预缴个人所得税。

表 29-8　　个人所得税预扣率表（居民个人劳务报酬所得预扣预缴适用）

级数	预扣预缴应纳税所得额	预扣率（%）	速算扣除数
1	不超过20 000元的	20	0
2	超过20 000元至50 000元的部分	30	2 000
3	超过50 000元的部分	40	7 000

2019年1月1日起，"经营所得"实行5%～35%的五级超额累进税率（详见表29-9）。

表 29-9　　个人所得税税率表（经营所得适用）

级数	全年应纳税所得额	税率（%）	速算扣除数
1	不超过30 000元的	5	0
2	超过30 000元至90 000元的部分	10	1 500
3	超过90 000元至300 000元的部分	20	10 500
4	超过300 000元至500 000元的部分	30	40 500
5	超过500 000元的部分	35	65 500

说明：上表所称全年应纳税所得额是指以每一纳税年度来源于个体工商户、个人独资企业、合伙企业以及其他生产、经营活动的所得，减除费用60 000元、专项扣除、专项附加扣除（在办理汇算清缴时减除）以及依法确定的其他扣除后的余额。

（二）比例税率

利息、股息、红利所得[①]（除储蓄存款利息所得从2008年10月9日起，暂免征收个人所得税外），财产租赁所得，财产转让所得和偶然所得，按月或者按次计算个人所得税，适用比例税率，税率为20%。

（1）财产租赁所得，以一个月内取得的收入为一次；

（2）利息、股息、红利所得，以支付利息、股息、红利时取得的收入为一次；

（3）偶然所得，以每次取得该项收入为一次；

扣缴义务人在预扣居民个人的稿酬所得、特许权使用费所得时，适用20%的比例预扣率。

九、税收优惠

（一）免税所得

《个人所得税法》第四条规定，下列各项个人所得免征个人所得税：

（1）省级人民政府、国务院部委和中国人民解放军军以上单位，以及外国组织、国际组织颁发的科学、教育、技术、文化、卫生、体育、环境保护等方面的奖金；

（2）国债和国家发行的金融债券利息；

（3）按照国家统一规定发给的补贴、津贴；

（4）福利费、抚恤金、救济金；

（5）保险赔款；

（6）军人的转业费、复员费、退役金；

（7）按照国家统一规定发给干部、职工的安家费、退职费、基本养老金或者退休费、离休费、离休生活补助费；

（8）依照有关法律规定应予免税的各国驻华使馆、领事馆的外交代表、领事官员和其他人员的所得；

（9）中国政府参加的国际公约、签订的协议中规定免税的所得；

（10）国务院规定的其他免税所得（由国务院报全国人民代表大会常务委员会备案）。

此外，我国个人所得税法的其他相关法规，也陆续规定了一些免税所得项目，主要内容如下：

---

① 《财政部 国家税务总局 证监会关于上市公司股息红利差别化个人所得税政策有关问题的通知》规定：个人从公开发行和转让市场取得的上市公司股票，持股期限超过1年的，股息、红利所得暂免征收个人所得税。持股期限在1个月以内（含1个月）的，其股息、红利所得全额计入应纳税所得额；持股期限在1个月以上至1年（含1年）的，暂减按50%计入应纳税所得额；上述所得统一适用20%的税率计征个人所得税。

（1）个人举报、协查各种违法、犯罪行为而获得的奖金[①]；

（2）个人办理代扣代缴手续，按规定取得的扣缴手续费[②]；

（3）个人转让自用达5年以上，并且是唯一家庭生活用房取得的所得[③]；

（4）对个人购买福利彩票、体育彩票，一次中奖收入在1万元以下的[④]；

（5）按规定比例缴付的住房公积金、社会保险费；

（6）单位和个人按规定缴纳的企业年金、职业年金；

（7）购买符合规定的商业健康保险产品；

（8）储蓄存款利息[⑤]；

（9）买卖境内上市公司股票差价收入[⑥]。

（二）减税所得

根据《个人所得税法》第五条，有下列情形之一的，经批准可以减征个人所得税：

（1）残疾、孤老人员和烈属的所得；

（2）因自然灾害遭受重大损失的；

（3）国务院规定的其他减税情形，报全国人民代表大会常务委员会备案。

（三）特殊宽免和扣除

我国第六次修改后的《个人所得税法》规定：以下项目准予在缴纳个人所得税前的所得额中全额扣除。

（1）个人通过非营利的社会团体和国家机关向农村义务教育的捐赠[⑦]；

（2）个人通过非营利的社会团体和国家机关向公益性青少年活动场所的捐赠[⑧]；

（3）个人通过非营利的社会团体和国家机关向红十字事业的捐赠[⑨]；

（4）个人通过非营利的社会团体和国家机关向福利性、非营利性的老年服务机构的捐赠[⑩]；

（5）对其他按规定可以全额扣除的公益性社会团体捐赠。

---

① 参见《财政部　国家税务总局关于个人所得税若干政策问题的通知》第二条第四项。

② 参见《财政部　国家税务总局关于个人所得税若干政策问题的通知》第二条第五项。

③ 参见《财政部　国家税务总局关于个人所得税若干政策问题的通知》第二条第六项。

④ 参见《关于个人取得体育彩票中奖所得征免个人所得税问题的通知》《国家税务总局关于中国福利赈灾彩票征免个人所得税的通知》。

⑤ 国务院决定自2008年10月9日起，对储蓄存款利息所得（包括人民币、外币储蓄利息所得，下同）暂免征收个人所得税。

⑥ 财政部、国家税务总局分别于1994年6月、1996年12月和1998年3月下发了《关于股票转让所得暂不征收个人所得税的通知》、《关于股票转让所得1996年暂不征收个人所得税的通知》和《关于个人转让股票所得继续暂免征收个人所得税的通知》，这些文件都规定，对个人转让上市公司股票取得的所得暂免征收个人所得税。

⑦ 参见《财政部　国家税务总局关于纳税人向农村义务教育捐赠有关所得税政策的通知》。

⑧ 参见《财政部　国家税务总局关于对青少年活动场所　电子游戏厅有关所得税和营业税政策问题的通知》。

⑨ 参见《财政部　国家税务总局关于企业等社会力量向红十字事业捐赠有关所得税政策问题的通知》。

⑩ 参见《财政部　国家税务总局关于对老年服务机构有关税收政策问题的通知》。

上述全额扣除优惠规定，可以预期会在第七次修改后的《个人所得税法》中继续实施。

除此之外，个人将其所得对教育、扶贫、济困等公益慈善事业进行捐赠，捐赠额未超过纳税人申报的应纳税所得额 30%的部分，可以从其应纳税所得额中扣除。

（四）其他优惠政策

1. 全年一次性奖金过渡期优惠政策

居民个人取得全年一次性奖金，在 2019 年 1 月 1 日至 2021 年 12 月 31 日，可以选择不并入当年综合所得，以全年一次性奖金收入除以 12 个月得到的数额，按照按月换算后的综合所得税率表，确定适用税率和速算扣除数，单独计算纳税；也可以选择并入当年综合所得计算纳税。

自 2022 年 1 月 1 日起，居民个人取得全年一次性奖金，应并入当年综合所得计算缴纳个人所得税。

2. 中央企业负责人年度绩效薪金延期兑现收入和任期奖励的过渡期优惠政策

中央企业负责人取得年度绩效薪金延期兑现收入和任期奖励，在 2019 年 1 月 1 日至 2021 年 12 月 31 日，可以选择不并入当年综合所得，以全年一次性奖金收入除以 12 个月得到的数额，按照按月换算后的综合所得税率表，确定适用税率和速算扣除数，单独计算纳税；也可以选择并入当年综合所得计算纳税。

2022 年 1 月 1 日之后的政策将另行明确。

3. 上市公司股权激励的过渡期优惠政策

居民个人取得股票期权、股票增值权、限制性股票、股权奖励等股权激励，在 2019 年 1 月 1 日至 2021 年 12 月 31 日，凡是符合原股权激励享受优惠政策条件的，可以不并入当年综合所得，全额单独适用综合所得税率表，计算纳税。对于居民个人一个纳税年度内取得两次以上（含两次）股权激励的，应将一年内的多次股权激励所得合并计算纳税。

2022 年 1 月 1 日之后的股权激励政策另行明确。

4. 保险营销员、证券经纪人佣金收入的优惠政策

保险营销员、证券经纪人取得的佣金收入，属于劳务报酬所得，以不含增值税的收入减除 20%的费用后的余额为收入额，收入额减去展业成本以及附加税费后，并入当年综合所得，计算缴纳个人所得税。保险营销员、证券经纪人展业成本按照收入额的 25%计算。

5. 个人领取企业年金、职业年金的优惠政策

个人达到国家规定的退休年龄，领取的企业年金、职业年金，不并入综合所得，全额单独计算应纳税款。其中，按月领取的，适用月度税率表计算纳税；按季领取的，平均分摊计入各月，按每月领取额适用月度税率表计算纳税；按年领

取的，适用综合所得税率表计算纳税。

个人因出境定居而一次性领取的年金个人账户资金，或个人死亡后，其指定的受益人或法定继承人一次性领取的年金个人账户余额，适用综合所得税率表计算纳税。

对个人除上述特殊原因外一次性领取年金个人账户资金或余额的，适用月度税率表计算纳税。

6. 解除劳动关系取得一次性补偿收入的税收优惠政策

个人与用人单位解除劳动关系取得一次性补偿收入（包括用人单位发放的经济补偿金、生活补助费和其他补助费），在当地上年职工平均工资 3 倍数额以内的部分，免征个人所得税；超过 3 倍数额的部分，不并入当年综合所得，单独适用综合所得税率表，计算纳税。

7. 提前退休取得一次性补偿收入的税收优惠政策

个人办理提前退休手续而取得的一次性补贴收入，应按照办理提前退休手续至法定离退休年龄之间实际年度数平均分摊，确定适用税率和速算扣除数，单独适用综合所得税率表，计算纳税。

8. 内部退养手续取得一次性补贴收入的税收优惠政策

个人办理内部退养手续而取得的一次性补贴收入，在其办理内部退养手续后至法定离退休年龄之间从原任职单位取得的工资、薪金，不属于离退休工资，应按工资、薪金所得缴纳个人所得税。

具体操作上，按办理内部退养手续后至法定离退休年龄之间的所属月份进行平均，并与领取当月的工资、薪金所得合并后减除当月费用扣除标准，以余额为基数确定适用税率，再将当月工资、薪金加上取得的一次性收入，减去费用扣除标准，按适用税率计征个人所得税。

9. 关于单位低价向职工售房的税收优惠政策

单位按低于购置或建造成本价格出售住房给职工，职工因此而少支出的差价部分，属于个人所得税应税所得，应按照“工资、薪金所得”项目缴纳个人所得税，但不并入当年综合所得，以差价收入除以 12 个月得到的数额，按照月度税率表确定适用税率和速算扣除数，单独计算纳税。

十、应纳税额计算

个人所得税应纳税额的计算一般需要经过以下几个步骤：

第一步，计算税法规定的应税所得。在分类加综合税制下，需要将工资薪金、劳务报酬所得、稿酬所得、特许权使用费所得计入“综合所得”。其中，劳务报酬所得、特许权使用费所得以收入减除 20%的费用后的余额计入收入额；稿酬所得以收入减除 20%的费用后，再减按 70%的金额计入收入额。

其他各项所得按来源不同分别计算应税所得。其中，“经营所得”是以自然

人为单位计算应税所得，当其经营所得来源于不同经济实体时应合并计算。

第二步，应税所得减去免税所得，得到调整后的收入。例如，按照我国个人所得税法，国债和国家发行的金融债券利息，按照国家统一规定发给的补贴、津贴，福利费、抚恤金、救济金，保险赔款，军人的转业费、复员费、退役金等都是免税收入，不需要缴纳个人所得税。

第三步，在调整后的收入中，减去法律允许的标准扣除或专项支出，得到应纳税所得额。一般来说，法律允许的扣除包括费用扣除、捐赠扣除等。

费用扣除一般包括两方面的内容：一是纳税人满足基本生活保障所需的“生计费”；二是取得所得额过程中必须支付的费用。比如，按照我国个人所得税法，综合所得，以每年收入额减除费用 60 000 元、专项扣除及专项附加扣除等后的余额为应纳税所得额；而经营所得，则以每一纳税年度的收入总额，减除税法规定的成本、费用以及损失后的余额，为应纳税所得额。

除了费用扣除外，税法一般还会规定捐赠扣除。国际上通常的做法是，捐赠对象应为政府认可的部门，并同时规定扣除的限额。

第四步，将应纳税所得额对应相应的税率表，计算得到应纳税额。

我国的个人所得税实行分类和综合所得税制，对不同类别的所得实行不同的税率表。为了简化个人所得税的计算过程，可对适用超额累进税率的综合所得、经营所得，运用速算扣除数法计算其应纳税额。应纳税额的计算公式为：

$$应纳税额=应纳税所得额\times适用税率-速算扣除数$$

第五步，减去税法允许的境外所得已纳税款的税收抵免数额，得到获抵免后的应纳税额。按照国际惯例，所得来源国一般已根据从源征收的原则，在所得支付时扣缴所得税。为了避免双重征税，各国税法都会对境外所得已纳税款做出避免双重征税的规定。

第六步，个人所得税额已在各季度或月份预缴的部分，应在税法规定的时间内办理汇算清缴。

根据我国税法规定，居民个人从中国境内和境外取得的综合所得、经营所得，应当分别合并计算应纳税额；从中国境内和境外取得的其他所得，应当分别单独计算应纳税额。

十一、预扣预缴及代扣代缴税额计算

我国个人所得税法规定，扣缴义务人支付所得时，应当按月或者按次代扣代缴税款，并办理全员全额扣缴申报；居民纳税人取得综合所得有扣缴义务人的，由扣缴义务人按月或者按次预扣预缴税款。

（一）居民个人预扣预缴税额的计算

我国《个人所得税法》规定，扣缴义务人对居民个人工资、薪金所得，劳务

报酬所得，稿酬所得，特许权使用费所得，在按月或者按次支付时，采用预扣预缴个人所得税的计算方法。

1. 工资薪金所得预扣预缴税额

扣缴义务人向居民个人支付工资、薪金所得时，按照累计预扣法计算预扣税款。累计预扣法，是指扣缴义务人在一个纳税年度内预扣预缴税款时，以纳税人在本单位截至本月取得工资、薪金所得累计收入减除累计免税收入、累计减除费用、累计专项扣除、累计专项附加扣除和累计依法确定的其他扣除后的余额为累计预扣预缴应纳税所得额，按照个人所得税预扣率表，计算累计应预扣预缴税额，再减除累计减免税额和累计已预扣预缴税额，其余额为本期应预扣预缴税额。具体计算公式如下：

本期应预扣预缴税额＝(累计预扣预缴应纳税所得额×预扣率
－速算扣除数)－累计减免税额
－累计已预扣预缴税额

累计预扣预缴应纳税所得额＝累计收入－累计免税收入－累计减除费用
－累计专项扣除－累计专项附加扣除
－累计依法确定的其他扣除

其中：

(1) 累计减除费用，按照 5 000 元/月乘以纳税人当年截至本月在本单位的任职受雇月份数计算。

(2) 当期可扣除的专项附加扣除金额，为该员工在本单位截至当前月份符合政策条件的扣除金额。如老员工李某 2019 年 4 月份单位首次报送其正在上幼儿园的 4 岁女儿相关信息。则 4 月本单位发工资时李某可扣除子女教育支出 4 000 元(1 000 元/月×4 个月)。

假设上例中李某的女儿在 2019 年 4 月刚满 3 周岁，则 4 月本单位发工资时李某可以扣除子女教育支出 1 000 元(1 000 元/月×1 个月)。

假设李某为新员工，2019 年 3 月新入职本单位开始领工资，其 4 月首次向单位报送正在上幼儿园的 4 岁女儿相关信息。则 4 月本单位发工资时李某可以扣除的子女教育支出金额为 2 000 元(1 000 元/月×2 个月)。

2. 劳务报酬所得预扣预缴税额

扣缴义务人向居民个人支付劳务报酬所得时，按次或者按月预扣预缴个人所得税。具体预扣预缴方法如下：

劳务报酬所得以收入减除费用后的余额为收入额。劳务报酬所得每次收入不超过 4 000 元的，减除费用按 800 元计算；每次收入 4 000 元以上的，减除费用按 20%计算。

劳务报酬所得适用 20%～40%的三级超额累进预扣率（详见表 29－8)。计算公式如下：

劳务报酬所得应预扣预缴税额＝预扣预缴应纳税所得额×预扣率－速算扣除数

3. 稿酬所得、特许权使用费所得预扣预缴税额

扣缴义务人向居民个人支付稿酬所得、特许权使用费所得时，按次或者按月预扣预缴个人所得税。具体预扣预缴方法如下：

稿酬所得、特许权使用费所得以收入减除费用后的余额为收入额。其中，稿酬所得的收入额减按70%计算。稿酬所得、特许权使用费所得每次收入不超过4 000元的，减除费用按800元计算；每次收入4 000元以上的，减除费用按20%计算。

稿酬所得、特许权使用费所得适用20%的比例预扣率。计算公式如下：

$$\text{稿酬所得、特许权使用费所得应预扣预缴税额}=\text{预扣预缴应纳税所得额}\times 20\%$$

4. 扣缴义务人向保险营销员、证券经纪人支付佣金收入时，应按照累计预扣法计算预扣税款

保险营销员、证券经纪人取得的佣金收入，属于劳务报酬所得，以不含增值税的收入减除20%的费用后的余额为收入额，收入额减去展业成本以及附加税费后，并入当年综合所得，计算缴纳个人所得税。保险营销员、证券经纪人展业成本按照收入额的25%计算。

年度预扣预缴税额与年度应纳税额不一致的，由居民个人于次年3月1日至6月30日向主管税务机关办理综合所得年度汇算清缴，税款多退少补。

（二）非居民个人代扣代缴税额的计算

我国《个人所得税法》规定，扣缴义务人向非居民个人支付工资、薪金所得，劳务报酬所得，稿酬所得和特许权使用费所得时，在按月或者按次支付时，应当代扣代缴个人所得税，具体计算方法见表29－10。

（1）对于非居民个人的工资、薪金所得，以每月收入额减除费用5 000元后的余额为应纳税所得额，适用按月换算后的非居民个人月度税率表（详见表29－6）计算应纳税额。

$$\text{非居民个人工资、薪金所得应纳税额}=\text{应纳税所得额}\times\text{税率}-\text{速算扣除数}$$

（2）对于非居民个人的劳务报酬所得、稿酬所得、特许权使用费所得，以每次收入额为应纳税所得额，适用按月换算后的非居民个人月度税率表（详见表29－6）计算应纳税额。劳务报酬所得、稿酬所得、特许权使用费所得以收入减除20%的费用后的余额为收入额。稿酬所得的收入额减按70%计算。

$$\begin{aligned}&\text{非居民个人劳务报酬所得、稿酬所得、特许权使用费所得应纳税额}\\&=\text{应纳税所得额}\times\text{税率}-\text{速算扣除数}\end{aligned}$$

表 29-10　工资薪金所得、劳务报酬所得、稿酬所得、特许权使用费所得税款计算总结

<table>
<tr><th rowspan="3">应税所得项目</th><th colspan="3">居民个人</th><th colspan="3">非居民个人</th></tr>
<tr><th colspan="2">预扣预缴</th><th rowspan="2">汇算清缴</th><th colspan="2">预扣预缴</th><th rowspan="2">汇算清缴</th></tr>
<tr><th>基本内容</th><th>预扣率</th><th>基本内容</th><th>预扣率</th></tr>
<tr><td>工资、薪金所得</td><td>(1) 按月纳税；
(2) 按照累计预扣法计算预扣税款；
(3) 扣除基本费用、专项扣除、专项附加扣除及其他扣除。</td><td>七级累进年表</td><td rowspan="4">(1) 次年 3 月 1 日至 6 月 30 日内，按“综合所得”进行年度汇算清缴；
(2) 劳务报酬所得与特许权使用费所得以收入的 80%、稿酬所得以收入的 56%(80%×70%) 计入应纳税所得额；
(3) 扣除 6 万元费用、专项扣除、专项附加扣除及其他扣除；
(4) 七级累进年表。</td><td>(1) 按月纳税；
(2) 扣除基本费用 5 000 元。</td><td rowspan="4">七级累进月表</td><td rowspan="4">无汇算清缴</td></tr>
<tr><td>劳务报酬所得</td><td rowspan="3">(1) 按次纳税；
(2) 每次收入不超过 4 000 元的，减除费用 800 元；每次收入 4 000 元以上的，减除 20%的费用；
(3) 稿酬所得按减除费用后的 70%计算收入额。</td><td>三级累进表</td><td>(1) 按次纳税；
(2) 以每次收入的 80%为应纳税所得额。</td></tr>
<tr><td>稿酬所得</td><td rowspan="2">20%</td><td>(1) 按次纳税；
(2) 以每次收入的 56%为应纳税所得额。</td></tr>
<tr><td>特许权使用费所得</td><td>(1) 按次纳税；
(2) 以每次收入的 80%为应纳税所得额。</td></tr>
</table>

十二、个人所得税计算举例

了解了我国个人所得税应纳税额及预扣预缴税额的计算原理之后，以下进行举例说明。

实例 29-5　某歌舞团独唱演员王欢月工资 15 800 元，2019 年 3 月，王欢参加了本团在上海的 3 场演出，得到 3 600 元演出补贴。同月，王欢应一家娱乐公司的邀请，去广州参加了一场商业演唱会，获得 30 000 元报酬。假设王欢可享受子女教育专项附加扣除 1 000 元/月、赡养老人专项附加扣除 2 000 元/月。(不考虑三险一金) 王欢 2019 年 1 月、2 月的工资均为 15 800 元，公司已累计预扣预缴个人所得税 468 元，无其他减免事项。专项附加扣除事项均于 1 月已符合条件。请问王欢该月应该预缴的个人所得税款是多少?

解析

要计算该演员的预扣预缴税额，需厘清每笔所得是工资还是劳务报酬所得，这取决于她参加的演出是否由其供职单位安排。如果是，则这笔所得属于工薪所得，否则即为劳务报酬所得。

(1) 王欢的工资及参加其供职歌舞团组织的演出所得均为工资薪金所得。

当月其供职的歌舞团计算王欢的累计预扣预缴应纳税所得额＝累计收入－累计免税收入－累计减除费用－累计专项扣除－累计专项附加扣除－累计依法确定的其他扣除＝(15 800×3＋3 600)－5 000×3－1 000×3－2 000×3＝27 000(元)。

王欢“工资、薪金所得”本期应预扣预缴税额=（累计预扣预缴应纳税所得额×预扣率－速算扣除数）－累计减免税额－累计已预扣预缴税额=（27 000×3%－0）－468=342(元)。

(2) 王欢参加娱乐公司组织的演唱会取得的所得属于劳务报酬所得。该娱乐公司应预扣预缴税额=30 000×(1－20%)×30%－2 000=5 200(元)。

王欢 3 月预缴的个人所得税税额=342+5 200=5 542（元）。

以上计算出的应纳税额为当月预缴税额，在年度汇算清缴时按综合所得清算。

实例 29-6 假设中国居民纳税人李勇 2019 年每月在任职单位获得工资薪金 9 800 元，2019 年还取得了以下 6 项所得：

(1) 为外资企业进行形象策划，获得报酬 5 000 元。

(2) 出租家中富余的汽车一辆，取得租金 2 000 元。

(3) 向某矿务局提供一项非专利技术，取得收入 8 000 元。

(4) 出版一本书获得稿酬收入 5 000 元。

(5) 当月收到利息收入 24 000 元，其中，国债利息收入 4 000 元，银行存款利息收入 2 000 元，其余 18 000 元为借给某公司款项的利息收入。

(6) 当月中奖收入 40 000 元，抽奖支出 6 000 元。

李勇有 1 个儿子就读小学 1 年级，夫妻约定由李勇扣除子女教育支出；李勇夫妻在北京无住房，租金支出由李勇扣除；李勇本人为独生子女，父母年龄均超过 60 岁，李勇承担赡养父母义务。

请试算李勇 2019 年全年的应纳税额总额（不考虑三险一金）。

解析 (1) 自 2019 年 1 月 1 日起，居民个人取得的工资薪金所得、稿酬所得、劳务报酬所得、特许权使用费所得按“综合所得”申报个人所得税。其中，劳务报酬所得、稿酬所得、特许权使用费所得以收入减除 20%的费用后的余额为收入额。稿酬所得的收入额再减按 70%作为应纳税所得额。

综合所得按年收入额减去 6 万元基本费用后，再减除专项扣除及专项附加扣除后的余额，为年应纳税所得额。李勇的专项附加扣除包括子女教育支出（义务教育阶段每个子女 12 000 元/年）、租金支出（北京住房租金扣除 18 000 元/年）和赡养老人支出（独生子女赡养 60 岁以上父母扣除 24 000 元/年）。

因此，将 2019 年的工资薪金所得及第（1）、（3）、（4）项收入按“综合所得”计算个人所得税，应纳税所得额为：

$$
\begin{aligned}
& 9\,800 \times 12+5\,000\times(1-20\%)+8\,000\times(1-20\%)+5\,000 \\
& \times(1-20\%)\times 70\%-60\,000-18\,000-12\,000-24\,000 \\
= & 16\,800(\text{元})
\end{aligned}
$$

“综合所得”应纳税额为：16 800×3%=504（元）。

(2) 财产租赁所得，利息、股息、红利所得，偶然所得均分别计算应纳税额。其中：

1) 出租家中富余的汽车一辆，取得租金 2 000 元，其应纳税额为：(2 000－800)×20%=240(元)。

2）利息收入 24 000 元中 4 000 元是国债利息，可免税；储蓄存款利息 2 000 元可免征个人所得税；而 18 000 元属于一般利息，要征税。因此，应纳税额为：18 000×20%＝3 600（元）。

3）中奖收入 40 000 元属于偶然所得，不能扣除费用，因此，6 000 元抽奖支出不可扣除。应纳税额为：40 000×20%＝8 000（元）。

李勇 2019 年全年应纳税额为：504＋240＋3 600＋8 000＝12 344（元）。

实例 29－7 中国税务居民殷红 2019 年某月参加演出一次获得劳务报酬 40 000 元，她从此次报酬中拿出 10 000 元通过当地民政单位向贫困地区捐赠。殷红该月取得的收入应预缴的个人所得税为多少？（假设该月无其他收入）

解析 （1）扣缴义务人向居民个人支付劳务报酬所得时，要以每次收入额预扣预缴个人所得税。劳务报酬所得以收入减除费用后的余额为收入额，适用 20%～40%的超额累进预扣率。

殷红本月劳务报酬所得预扣预缴应纳税所得额＝40 000×(1－20%)
＝32 000(元)

（2）税法规定，个人将其所得对教育、扶贫、济困等公益慈善事业进行捐赠，捐赠额未超过纳税人申报的应纳税所得额 30%的部分，可以从其应纳税所得额中扣除。

本例中，殷红的捐赠扣除限额为：32 000 元×30%＝9 600 元＜10 000 元，因此只能扣除 9 600 元，可计算得到捐赠扣除调整后的预扣预缴应纳税所得额。

（3）殷红当月取得的劳务报酬所得应预扣预缴税额＝(32 000－9 600)×30%－2 000＝4 720(元)。

实例 29－8 中国税务居民夏某为专业作家，2019 年完成两部小说，两部小说均已出版。其中，第一部小说 2019 年 4 月取得出版收入 20 万元，同时在某报纸上连载，2019 年 6 月确认连载收入共计 8 万元；第二部小说 2019 年 11 月取得出版收入 15 万元。由于第一部小说比较受读者欢迎，某电视剧制作中心于 2019 年 10 月支付夏某剧本使用费 50 万元，拟拍摄电视剧。已知夏某 2019 年无其他收入。夏某为独生子女，父亲 65 岁，有一女儿在读小学，配偶因病无工作收入，基本医保目录范围内自付支出 3 万元。不考虑三险一金及其他税费，请计算夏某各月的预缴税款、2019 年应纳税额及汇算清缴应补退税金额。

解析 （1）夏某发表小说取得的连载收入及出版社收入，应按“稿酬所得”计算缴纳个人所得税。支付单位支付该部分款项时，应按规定预扣预缴税款。

2019 年 4 月，出版社应预扣预缴税款＝200 000×(1－20%)×70%×20%＝22 400(元)。

2019 年 6 月，报社应预扣预缴税款＝80 000×(1－20%)×70%×20%＝8 960(元)。

2019 年 11 月，出版社应预扣预缴税款＝150 000×(1－20%)×70%×20%＝16 800(元)。

（2）夏某取得的剧本使用费收入，应按“特许权使用费”计算缴纳个人所得税，支付单位支付该部分款项时，应按规定预扣预缴税款。

2019 年 10 月，电视剧制作中心应预扣预缴税款＝500 000×(1－20%)×20%＝80 000(元)。

(3) 夏某 2019 年取得的收入应按“综合所得”进行汇算清缴。进行汇算清缴时，稿酬所得按收入的 56%[(1－20%)×70%]计入应纳税所得额，特许权使用费所得按收入的 80%(1－20%) 计入应纳税所得额。除 6 万元费用外，夏某的赡养老人支出 2.4 万元、子女教育费 1.2 万元、配偶大病医疗支出 1.5 万元(3－1.5) 可以在税前扣除。

因此，夏某 2019 年应纳税额＝[(20＋8＋15)×56%＋50×80%)－(6＋2.4＋1.2＋1.5)]×10 000×30%－52 920＝106 020(元)。

(4) 夏某 2019 年应退税金额＝(22 400＋8 960＋16 800＋80 000)－106 020＝22 140(元)。

实例 29－9 马先生 2019 年某月转让 2016 年 3 月购买的住房，购买价及缴纳的契税共计金额 550 万元，转让价格为不含增值税价格 738 万元。不考虑其他相关税费，马先生转让房产应交多少个人所得税?

解析 马先生转让 3 年前取得的住房，应按“财产转让所得”计算并缴纳个人所得税，应纳税所得额为：738－550＝188 (万元)。

马先生的应纳税额为：188×20%＝37.6 (万元)。

实例 29－10 中国税务居民钱某、李某、孙某成立了合伙企业 M，合伙协议约定分配比例为 2∶1∶1。假设 2019 年合伙企业取得会计利润 100 万元，其中已扣除钱某工资 40 万元，李某、孙某工资各 30 万元。合伙企业 M 无其他纳税调整事项（不考虑三险一金)，也不存在以前年度未弥补的亏损。

其他已知事项如下：

(1) 钱某有两个孩子，一个就读本科，一个就读初中。有 70 岁父母需要赡养，钱某是家中长子，经与胞妹协商并书立赡养费分摊协议，每年 3 万元。

假设 2019 年钱某另取得商铺租金收入 50 万元。除此之外，无其他收入。

(2) 李某有一子，就读初中。2019 年李某本人参加某高校的 MBA 教育，学费支出 20 万元/年。李某为独生子女，有年满 60 岁父母需要赡养。

李某无其他收入。

(3) 孙某单身，独生子女。假设 2019 年通过司法考试并取得律师职业资格证书，在北京租房，房租支出 5 000 元/月，父亲 62 岁，母亲 58 岁。

孙某兼职撰写网络小说，假设 2019 年取得某读书网站的特许权使用费 20 万元。除此之外，无其他收入。

不考虑其他税费，根据上述情况，请分别试算钱某、李某、孙某 2019 年应缴纳的个人所得税。

解析 根据《关于个人独资企业和合伙企业投资者征收个人所得税的规定》，合伙企业的投资者按照合伙企业的全部生产经营所得和合伙协议约定的分配比例确定应纳税所得额。在计算应纳税所得额时，投资者的工资不得在税前扣除。

因此，2019 年合伙企业 M 的应纳税所得额为：

100＋40＋30＋30＝200 (万元)

钱某按比例分配的“经营所得”应纳税所得额＝200×50％＝100（万元）

李某按比例分配的“经营所得”应纳税所得额＝200×25％＝50（万元）

孙某按比例分配的“经营所得”应纳税所得额＝200×25％＝50（万元）

（1）钱某2019年个人所得税应纳税额的计算。

1）钱某从合伙企业M按比例分配的应纳税所得额100万元按“经营所得”计算缴纳个人所得税。

钱某取得的商铺租金收入50万元应按“财产租赁所得”缴纳个人所得税。

2）钱某两个子女分别接受高等教育及义务教育，因此，钱某2019年子女教育专项附加扣除额为2.4(1.2×2）万元，赡养老人专项附加扣除额只能扣除1.2万元。因此，钱某“经营所得”的各项扣除项目金额为

基本费用扣除额＋专项附加扣除额＝6＋2.4＋1.2＝9.6（万元）

3）我国税法规定，取得经营所得的个人，没有综合所得的，计算其每一纳税年度的应纳税所得额时，应当减除费用6万元、专项扣除、专项附加扣除以及依法确定的其他扣除。专项附加扣除在办理汇算清缴时减除。

钱某2019年经营所得应纳税额＝(100－6－3.6)×35％－6.55
＝25.09(万元)

钱某2019年财产租赁所得应纳税额＝50×(1－20％)×20％＝8(万元)

4）钱某2019年个人所得税应纳税额＝25.09＋8＝33.09（万元）。

（2）李某2019年个人所得税应纳税额的计算。

1）李某从合伙企业M按比例分配的应纳税所得额50万元，应按“经营所得”计算缴纳个人所得税。

2）李某的独生子女接受义务教育，因此，李某2019年子女教育专项附加扣除额为1.2万元；李某参加MBA教育，属于继续教育，2019年继续教育专项附加扣除额为0.48万元；李某为独生子女，父母超过60岁，因此2019年赡养老人专项附加扣除额为2.4万元。

因此，李某的各项扣除项目金额为：6＋0.48＋1.2＋2.4＝10.08（万元）。

3）我国税法规定，取得经营所得的个人，没有综合所得的，计算其每一纳税年度的应纳税所得额时，应当减除费用6万元、专项扣除、专项附加扣除以及依法确定的其他扣除。专项附加扣除在办理汇算清缴时减除。

李某2019年经营所得应纳税额＝(50－10.08)×30％－4.05
＝7.926(万元)

（3）孙某2019年个人所得税应纳税额的计算。

1）孙某从合伙企业M按比例分配的应纳税所得额50万元，应按“经营所得”计算缴纳个人所得税。

孙某取得的特许权使用费所得10万元应按“综合所得”缴纳个人所得税。

2）孙某通过司法考试并取得律师职业资格证书，2019年继续教育专项附加扣除额为0.36万元；孙某在北京租房，2019年住房租金专项附加扣除金额为1.8万元；孙某为独生子女，父亲超过60岁，2019年赡养老人专项附加扣除额

为 2.4 万元。

因此，孙某的各项扣除项目金额为：6＋0.36＋1.8＋2.4＝10.56（万元）。

3）我国税法规定，取得经营所得的个人，没有综合所得的，计算其每一纳税年度的应纳税所得额时，应当减除费用 6 万元、专项扣除、专项附加扣除以及依法确定的其他扣除。换句话理解，同时有“经营所得”与“综合所得”的个人，基本费用、专项扣除、专项附加扣除应在“综合所得”中扣除。因此，

孙某 2019 年经营所得应纳税额＝50×35％－6.55＝10.95(万元)

孙某 2019 年综合所得应纳税额＝[20×(1－20％)－10.56]×10％－0.252
＝0.292(万元)

4）孙某 2019 年个人所得税应纳税额＝10.95＋0.292＝11.242（万元）。

十三、课征方法

课征所得税有两种基本的方法：一是源泉课征法；二是申报纳税法。

源泉课征法是指所得税采用从源征收的方法，即在支付收入时，由支付单位依据税法规定，对其负责支付的收入项目代扣代缴所得税税款。一般来说，分类所得税制可以广泛采用这种方法。源泉课征法具有便于征管，税源不易流失，能保证税款及时足额入库等优点。其不足之处在于，建立在所得分类征税基础上的源泉课征法，使所得税的税基难以综合反映纳税人的纳税能力，因而不易实行累进税率，难以对收入分配进行调节。

申报纳税法是指由纳税人按税法规定自行申报纳税的方法。采用这种方法，应纳税额按年计算，分期预缴，年度终了再汇算清缴，多退少补。一般来说，综合所得税制适宜采用这种方法。申报纳税法能全面反映纳税人的纳税能力，为实行以按能负担为原则的累进税制创造了条件。其不足之处在于核实纳税人的综合所得很困难，如果没有现代化的征管手段，容易造成税额流失。

从各国的实践来看，征收所得税只采用一种方法的极少，一般将这两种方法结合起来使用。课税方法的选择，既要方便征收管理，防止税源流失，又要考虑核算与管理水平。我国现行个人所得税的征收采用的是源泉课征与申报纳税并重的课税方法。

（一）代扣代缴

代扣代缴是指按照税法规定负有扣缴义务的单位或者个人，在向个人支付应纳税所得时，应计算应纳税额，从其所得中扣除并缴入国库，同时向税务机关报送扣缴个人所得税报告表。

1. 扣缴义务人

我国《个人所得税法》规定以支付所得的单位或者个人为扣缴义务人。

按照税法规定代扣代缴个人所得税是扣缴义务人的法定义务，必须依法履行。扣缴义务人应当按照国家规定办理全员全额扣缴申报，并向纳税人提供其个

人所得和已扣缴税款等信息。

扣缴义务人可以接受纳税人委托代为办理汇算清缴。

2. 代扣代缴的范围

我国《个人所得税法》规定：居民个人取得综合所得，有扣缴义务人的，由扣缴义务人按月或者按次预扣预缴税款；非居民个人取得工资、薪金所得，劳务报酬所得，稿酬所得和特许权使用费所得，有扣缴义务人的，由扣缴义务人按月或者按次代扣代缴税款。

（二）自行申报纳税

个人所得税的自行申报是由纳税人自行在税法规定的纳税期限内，向税务机关申报取得的应税所得项目和数额，如实填写个人所得税纳税申报表，并按照税法规定计算应纳税额，据此缴纳个人所得税的一种方法。

1. 自行申报的情形

我国个人所得税法明确，有下列情形之一的，纳税人应当依法办理纳税申报：

（1）取得综合所得需要办理汇算清缴；

（2）取得应税所得没有扣缴义务人；

（3）取得应税所得，扣缴义务人未扣缴税款；

（4）取得境外所得；

（5）因移居境外注销中国户籍；

（6）非居民个人在中国境内从两处以上取得工资、薪金所得；

（7）国务院规定的其他情形。

实施自行申报个人所得税的纳税人，需要按照个人所得税法及实施条例的时间及填写要求，填报纳税申报表。

2. 汇算清缴申报

（1）纳税人取得综合所得属于下列情形之一的，需要办理汇算清缴：

1）从两处以上取得综合所得，且综合所得年收入额减去专项扣除的余额超过 6 万元；

2）取得劳务报酬所得、稿酬所得、特许权使用费所得中一项或者多项所得，且综合所得年收入额减去专项扣除的余额超过 6 万元；

3）纳税年度内预缴税额低于应纳税额；

4）纳税人申请退税。

纳税人申请退税，应当提供其在中国境内开设的银行账户，并在汇算清缴地就地办理税款退库。

（2）暂不能确定纳税人为居民个人或者非居民个人的，应当按照非居民个人缴纳税款，年度终了确定纳税人为居民个人的，按照规定办理汇算清缴。

纳税人有下列情形之一的，税务机关可以不予办理退税，并应当及时告知纳税人。

1）纳税申报或者提供的汇算清缴信息，经税务机关核实为虚假信息，并拒不改正的；

2）法定汇算清缴期结束后申报退税的。

(3) 纳税人所得为人民币以外货币的，按照办理纳税申报或扣缴申报的上一月最后一日人民币汇率中间价，折合成人民币计算应纳税所得额。年度终了后办理汇算清缴的，对已经按月、按季或者按次预缴税款的人民币以外货币所得，不再重新折算；对应当补缴税款的所得部分，按照上一纳税年度最后一日人民币汇率中间价，折合成人民币计算应纳税所得额。

(4) 居民个人取得综合所得，按年计算个人所得税；需要办理汇算清缴的，应当在取得所得的次年 3 月 1 日至 6 月 30 日内办理汇算清缴。

纳税人取得经营所得，按年计算个人所得税，由纳税人在月度或者季度终了后 15 日内向税务机关报送纳税申报表，并预缴税款；在取得所得的次年 3 月 31 日前办理汇算清缴。

(5) 非居民个人取得工资、薪金所得，劳务报酬所得，稿酬所得和特许权使用费所得，不办理汇算清缴。

实例 29-11 中国税务居民张先生每月取得工资收入 8 万元。假设 2019 年，张先生发明一项专利技术，分别在 4 月、7 月、10 月自瑞士某公司取得特许权使用费 2 万欧元，申报个人所得税时使用的汇率分别为 1 欧元＝7.955 元人民币、1 欧元＝8.012 元人民币、1 欧元＝8.008 元人民币。假设 2019 年 12 月 31 日汇率为 1 欧元＝7.968 元人民币。请试算张先生 2019 年个人所得税汇算清缴补退税金额（不考虑专项扣除、专项附加扣除及其他税费）。

解析 (1) 2019 年，张先生各月预缴个人所得税税额如下：

1—12 月工资薪金所得总计预缴税额＝(8×12－6)×35%－8.592 0
＝22.908(万元)

4 月特许权使用费预缴个人所得税税额＝2×7.955×(1－20%)×20%
＝2.545 6(万元)

7 月特许权使用费预缴个人所得税税额＝2×8.012×(1－20%)×20%
＝2.563 8(万元)

10 月特许权使用费预缴个人所得税税额＝2×8.008×(1－20%)×20%
＝2.562 6(万元)

张先生 2019 年已预缴个人所得税税额为

22.908＋2.545 6＋2.563 8＋2.562 6＝30.58（万元）

(2) 张先生 2019 年个人所得税汇算清缴时，全年应纳税额＝[8×12＋6×(1－20%)×7.968－6]×45%－18.192＝39.518 9(万元)。

因此，张先生 2019 年个人所得税汇算清缴时应补税(39.518 9－30.58)×10 000＝89 389(元)。

第三十章

个人所得税优化要点

本章提要

本章从征税范围、计税依据、税率和税收优惠的角度，介绍我国境内居民个人常用的个人所得优化方法，帮助读者了解合法合规的节税方式。

本章内容包括：

- 征税范围的考虑；
- 计税依据的优化；
- 税率的选择与优化；
- 税收优惠的利用。

通过本章学习，读者应该能够：

- 熟练掌握个人所得税的筹划方法。

自 2019 年 1 月 1 日起，新《个人所得税法》正式实施，我国个人所得税制度从分类所得税制转变为分类加综合所得税制，因此，个人所得税优化方法也发生了新的变化。作为 AFP 认证考试的参考教材，本书关注的是境内居民个人常用的个人所得税优化方法，非居民个人常用的个人所得税优化方法，将在 CFP 认证考试的参考教材中重点介绍。

第一节　征税范围的考虑

一、应税收入福利化

我国《个人所得税法》规定，工资、薪金所得是指个人因任职或者受雇取得的工资、薪金、奖金、年终加薪、劳动分红、津贴、补贴以及与任职或者受雇有关的其他所得。同时规定，列入企业员工工资、薪金制度，固定与工资薪金一起发放的福利性补贴，可作为企业发生的工资、薪金支出，不能同时符合上述条件的福利性补贴，应作为职工福利费。

企业管理层制定公司薪酬福利制度时，可以根据上述规定将货币形式的明补，改为非货币形式的暗补。通常的做法有：

(1) 企业提供住所，即由企业免费提供或收取部分租金提供住房；

(2) 企业提供集体福利设施，如职工食堂、班车服务等。

实例 30-1 北京某企业职工小王 2019 年每月从任职单位获得薪金 15 000 元，但是由于单位不能提供住房，不得不每月花费 4 200 元在外面租房居住，同时由于单位没有班车，每月上下班的交通费用为 700 元。试做出降低税负的筹划方案。（假设无其他收入，不考虑三险一金的缴存额、其他专项附加扣除等事项。）

解析　优化前：

2019 年小王应缴纳的个人所得税为

$$[(15\,000-5\,000-1\,500)]\times12\times10\%-2\,520=7\,680(\text{元})$$

小王 2019 年可自由支配的收入为

$$(15\,000-700-4\,200)\times12-7\,680=113\,520(\text{元})$$

优化后：

如果企业为小王等员工提供宿舍，并且在宿舍与单位之间提供班车，小王的工资每月调整为 12 000 元。则小王应缴纳的个人所得税为

$$(12\,000-5\,000)\times12\times10\%-2\,520=5\,880(\text{元})$$

小王可自由支配的收入为

$$12\,000\times12-5\,880=138\,120(\text{元})$$

优化后，小王 2019 年可以少交税 1 800(7 680－5 880) 元，年度可自由支配收入增加金额 24 600(138 120－113 520) 元。

运用此方法时，企业还要进行综合考虑，除了员工本身的收益外，还要充分考虑员工的心理需求及企业自身的负担。对员工个人而言，工资薪金的降低，意味着来年缴费基数的降低，进而使得二险一金（养老保险、医疗保险、住房公积金）个人账户金额有所降低，员工个人需要考虑是否愿意以长远利益换取眼前利益。对企业而言，降低员工工资支出，企业税前可扣除的员工工资总额有所降低；企业虽然可以获得社会保险费及住房公积金支出减少的好处，但增加福利费支出后，如果整体的福利费超过企业所得税法规定的扣除限额，则会增加企业所得税支出。

二、应税收入费用化

在实践中，个人取得收入，都要或多或少付出一定的成本费用。而我国个人

所得税制度只明确界定了各项应税所得的范围，没有对支付方承担成本费用支出是否属于所得方取得的经济利益给予明确规定。因此，这也给个人所得税优化带来了一定空间。

下面以稿酬所得为例进行说明。

实例 30－2　稿酬收入的优化方案

2019 年，某作家欲创作一本小说，需要到外地去体验生活，预计全部稿费收入 30 万元，体验生活等费用支出 8 万元。除稿酬所得外，该作家 2019 年无其他收入。2019 年，该作家可扣除子女教育费支出 1.2 万元，赡养老人支出 2.4 万元，除此之外，无其他扣除项目，也无其他收入。请做出优化方案。

解析　方案一：作家自己负担费用

如果该作家自己负担体验生活费用，则 2019 年个人所得税应纳税额为

[300 000×(1－20%)×(1－30%)－60 000－12 000－24 000]×10%
－2 520＝4 680(元)

该作家 2019 年净收入为

300 000－4 680－80 000＝215 320(元)

方案二：出版社承担费用

如果改由出版社支付体验生活费用，则实际支付给该作家的稿酬为 22 万元，则 2019 年个人所得税应纳税额为

[220 000×(1－20%)×(1－30%)－60 000－12 000－24 000]×3%
＝816(元)

该作家 2019 年净收入为

220 000－816＝219 184(元)

因此，方案二比方案一节税 3 864(4 680－816) 元。

需要说明的是，应税收入费用化，并不是仅靠单方意愿即可实现，还需要双方的沟通配合，承担费用的一方，收到的报销费用票据应符合税法及公司的财务规定。

第二节　计税依据的优化

一、工资、薪金所得的优化

（一）个人取得全年一次性奖金的规定及其优化

1. 全年一次性奖金的纳税规定

全年一次性奖金是指行政机关、企事业单位等扣缴义务人根据其全年经济效益和对雇员全年工作业绩的综合考核情况，向雇员发放的一次性奖金。上述一次

性奖金包括年终加薪、实行年薪制和绩效工资办法的单位根据考核情况兑现的年薪和绩效工资。

《财政部　税务总局关于个人所得税法修改后有关优惠政策衔接问题的通知》明确指出，居民个人取得全年一次性奖金，符合《国家税务总局关于调整个人取得全年一次性奖金等计算征收个人所得税方法问题的通知》规定的，在2019年1月1日至2021年12月31日，可以选择不并入当年综合所得，以全年一次性奖金收入除以12个月得到的数额，按照按月换算后的综合所得税率表，确定适用税率和速算扣除数，单独计算纳税；也可以选择并入当年综合所得计算纳税。

自2022年1月1日起，居民个人取得全年一次性奖金，应并入当年综合所得计算缴纳个人所得税。

2. 全年一次性奖金单独计税的计算思路

全年一次性奖金（年终奖）计税思路如下：

（1）先将雇员当月内取得的全年一次性奖金，除以12个月，按其商数确定适用税率和速算扣除数。

如某员工2020年1月发放年终奖金60 000元，拟作为全年一次性奖金单独计算个人所得税，则按60 000/12＝5 000（元）查找按月换算后的综合所得税率表，找到适用税率为10%，速算扣除数为210。

（2）将雇员个人当月取得的全年一次性奖金，按第（1）项确定的适用税率和速算扣除数计算征税，计算公式如下：

应纳税额＝雇员当月取得全年一次性奖金×适用税率－速算扣除数

依上例，该员工年终奖应纳税额为60 000×10%－210＝5 790（元）。

（3）上述全年一次性奖金计算纳税方法是一种优惠办法，在一个纳税年度内，对每一个纳税人，该计算纳税办法只允许采用一次。

雇员取得除全年一次性奖金以外的其他各种名目奖金，如半年奖、季度奖、加班奖、先进奖、考勤奖等，一律与当月工资、薪金合并，按税法规定缴纳个人所得税。

由于季度奖、半年奖要与当月的工资薪金所得合并预扣预缴，可能适用更高级次的税率而提前缴纳个人所得税；待到年终汇算清缴时，季度奖、半年奖需按“综合所得”纳税，可能会提高整体的适用税率。所以，为了减轻员工的税负，企业尽量不要发放季度奖、半年奖，最好改成年终奖。

3. 全年一次性奖金并入当年综合所得的考量

对于收入偏低的人员，在扣除基本费用、专项扣除及专项附加扣除后，应纳税所得额可能为负数。由于各项扣除都不能结转下年，因此，这部分人员在取得全年一次性奖金收入后，可以选择并入当年综合所得。这样一方面可以充分抵扣未抵扣完的扣除项目金额，另一方面可以扣除全年度速算扣除数，而非仅一个月的速算扣除数，达到更少地缴纳个人所得税的效果。

实例30－3　居民个人马某2019年每月工资薪金收入1万元，每月三险一金支出0.2万元，全年可扣除子女教育费支出1.2万元，房屋租金支出1.8万元，赡养老人支出2.4万元，马某配偶自付的目录内的大病医疗支出3万元，选择在马某收入中扣除。2019年12月，马某取得全年一次性奖金收入3万元。请问对全年一次性奖金收入，马某选择单独计税还是并入“综合所得”计税更划算？

解析：选择单独计税的个人所得税负担：

根据30 000/12=2 500（元）确定适用税率3%，速算扣除数为零。则

应纳税额=30 000×3%=900(元)

选择并入综合所得的个人所得税负担：

马某配偶自付的目录内的大病医疗支出3万元，其中1.5万元可以在马某的综合所得中扣除。则马某全年收入的扣除项目金额合计为

60 000+2 000×12+12 000+18 000+24 000+15 000=153 000(元)

马某全年工资薪金收入为12万元，远低于15.3万元，若将全年一次性奖金收入3万元并入2019年“综合所得”，马某依然不需要缴纳个人所得税。

因此，对马某而言，将全年一次性奖金选择并入“综合所得”，显然税负更低。

4. 全年一次性奖金单独计税适用税率临界点的税务优化

选择全年一次性奖金单独计税的，由于全年一次性奖金适用的税率相当于全额累进税率，如果全年一次性奖金除以12后的数值靠近不同税率的临界点，会出现获得奖金多税后收入反而少的情况。

例如，当全年一次性奖金为36 000元时，适用税率为3%，应纳个人所得税1 080元，税后收入为34 920元；当全年一次性奖金变为36 001元时，适用税率为10%，应缴个人所得税=(36 001×10%−210)=3 390.10(元)，税后收入为32 610.90（元），即全年一次性奖金增加1元，税后收入反而减少了2 309.10元。

造成员工奖金增加、税后收入反而减少的原因是，从全年一次性奖金的计税公式可以看出，虽然全年一次性奖金先除以12再确定适用税率，但是只扣除了1个月的速算扣除数，因此在对年终奖征收个人所得税时，实际上只有1个月适用了超额累进税率，另外11个月适用的是全额累进税率。

全额累进税率的第一个缺陷是税负重，第二个缺陷是在临界点附近各级税率和税负呈跳跃式上升，从而造成税负增长速度大于收入增长速度。

因此，在2019年至2021年，若员工全年一次性奖金数额略超过临界点，企业可以利用将奖金平均转入月工资等方式，让员工得到切实的实惠。

依上例，如果全年一次性奖金恰好为36 000元，适用税率3%，税后收入为34 920元；超过36 000元发放奖金，就会适用10%税率。假设用X表示企业超过36 000元发放全年一次性奖金金额，且该奖金金额计算的税后收入数等于34 920元，即全年一次性奖金为36 000元时的税后收入金额。则X−(X×10%−210)=34 920元，解得X=38 566.67元，即当员工的年终奖为36 000～38 566.67元时，超过36 000元的部分不应以奖金的形式发放，而应采取平均转入月工资等方式发放。

其他情况如表30-1所示。

表 30－1　　年终奖发放数额的临界点优化表　　（单位：元）

级数	奖金收入级距	适用税率	年终奖发放避免的收入区间
1	不超过 36 000	3%	
2	36 000～144 000	10%	36 000～38 566.67
3	144 000～300 000	20%	144 000～160 500
4	300 000～420 000	25%	300 000～318 333.33
5	420 000～660 000	30%	420 000～447 500
6	660 000～960 000	35%	660 000～706 538.46
7	960 000	45%	960 000～1 120 000

由于全年一次性奖金收入单独计税仅在 2019 年至 2021 年可选择适用，因此，表 30－1 的适用期间有限，用人单位在发放年终奖时，可以从员工利益出发，通过有效沟通，对全年一次性年终奖总额进行调整。

对于仅有工资薪金收入且扣除项目比较稳定的员工，调整好月工资总额与年终奖的分配关系，确实能够达到最大限度享受低税率的好处。但对于同时有两项及两项以上综合所得的员工，其专项附加扣除项目也可能不同，用人单位过分追求月工资总额与年终奖的平衡点，不仅会增加管理难度，还可能会带来不必要的税务风险，因此，本书将不再展开讲解此部分内容。

（二）工资、薪金分拆优化

按照我国《个人所得税法》的规定，居民个人取得工资、薪金所得，劳务报酬所得，稿酬所得，特许权使用费所得的，应当在取得所得的次年合并按“综合所得”办理汇算清缴。“综合所得”以每一纳税年度收入额减除费用 6 万元以及专项扣除、专项附加扣除和依法确定的其他扣除后的余额为应纳税所得额。

其中，劳务报酬所得、稿酬所得、特许权使用费所得以收入减除 20%的费用后的余额为收入额。稿酬所得的收入额减按 70%计算。

专项扣除是居民个人按照国家规定的范围和标准缴纳的基本养老保险、基本医疗保险、失业保险等社会保险费和住房公积金等。

《财政部　国家税务总局关于基本养老保险费　基本医疗保险费　失业保险费　住房公积金有关个人所得税政策的通知》规定，企事业单位和个人超过规定比例和标准缴付的基本养老保险费、基本医疗保险费和失业保险费，应将超过部分并入个人当期的工资、薪金收入，计征个人所得税。单位和个人分别在不超过职工本人上一年度月平均工资的 12%的幅度内，其实际缴存的住房公积金，允许在个人应纳税所得额中扣除。单位和职工个人缴存住房公积金的月平均工资不得超过职工工作地所在设区城市上一年度职工月平均工资的 3 倍，超过上述规定比例和标准缴付的住房公积金，应将超过部分并入个人当期的工资、薪金所得，计征个人所得税。

根据上述规定，对于月工资、薪金所得超过本设区市上一年度职工平均工资 3 倍的员工，用人单位可以采用将工资、薪金所得分拆为工资、薪金及劳务报酬

所得的方式，让员工少交个人所得税。

实例 30-4 居民个人马某在甲集团企业工作，2019 年每月工资、薪金收入 4.5 万元，2018 年本地区职工月平均工资的 3 倍为 2.5 万元。马某每月可扣除子女教育费支出 0.1 万元，赡养老人支出 0.2 万元。甲集团企业下设多家子公司，人力资源部门拟对公司中高收入员工的部分收入在下属子公司以劳务报酬的方式发放，以马某为例，在下属 A 公司发放 2 万元/月。请问能否实现员工个人少交个人所得税的目的？（假设马某 2019 年无其他收入，三险一金支出比例合计为 21%，除专项扣除及专项附加扣除外，马某无其他扣除项目。）

解析：分拆前：

马某 2019 年可扣除的社会保险费及住房公积金总额为

$$2.5\times21\%\times12=6.3\text{（万元）}$$

马某 2019 年个人所得税应纳税所得额为

$$4.5\times12-6-6.3-0.1\times12-0.2\times12=38.1\text{（万元）}$$

马某 2019 年个人所得税应纳税额为

$$38.1\times10\,000\times25\%-31\,920=63\,330\text{（元）}$$

分拆后：

马某 2019 年个人所得税应纳税所得额为

$$2.5\times12+2\times(1-20\%)\times12-6-6.3-0.1\times12-0.2\times12=33.3\text{（万元）}$$

马某 2019 年个人所得税应纳税额为

$$33.3\times10\,000\times25\%-31\,920=51\,330\text{（元）}$$

分拆后，马某可以少交个人所得税 12 000(63 330－51 330）元。

通过实例 30-4，我们可以确定，对中高收入人群来说，将工资、薪金收入分拆为工资、薪金所得和劳务报酬所得两部分，确实能够达到少交个人所得税的目的，这是因为劳务报酬所得有 20%的费用扣除，可以直接减少计税收入金额。

不过需要提醒的是，以上分拆只是从降低个税负担的角度出发。对个人而言，劳务报酬、特许权使用费等每次收入超过 31 500(30 000×1.05）元的需要交增值税。对企业而言，分拆工资、薪金所得最大的好处是降低公司的社会保险费负担。然而，分拆时企业需要考虑的问题也不少：一是其他成本费用的增加。工资、薪金分拆不能在同一家公司完成，因此，企业可能会面临增设公司、增加管理费用等实际问题。二是可能会引发纳税调增，增加企业所得税支出风险。由于公司的工资、薪金总额减少，一方面降低了发薪公司的福利费、职工教育费、工会经费等的计算基数，从而可能造成纳税调增而增加企业所得税支出；另一方面分拆成劳务报酬、特许权使用费扣除需要相应的合同与发票，无合规票据的，费用报销公司也需要纳税调增，并因此增加企业所得税支出。综上，运用此方法时一定要进行综合考量，不能唯个税论。

（三）将工资、薪金所得适度转化为利息所得

个人将资金借给企业使用而取得的利息所得同样可按20%的税率纳税；而个人取得的工资、薪金所得适用3%～45%的七级超额累进税率。因此，在适度范围内将工资薪金所得转化为利息所得，可以降低个人所得税的负担。

实例30-5 甲有限责任公司CEO月工资为8万元。经过市场调研和可行性分析，甲有限责任公司拟启用一套新的生产线，资金不足，需要借款，跟银行接洽后，确定借款利率为8%。CEO认为每月税负较重，希望财务部门提出降低税负的方法，财务经理经过考虑，建议2019年公司向CEO借款400万元，年利率8%，同时工资降为5.5万元/月。该CEO可扣除的专项附加扣除年度金额为子女教育费1.2万元，赡养老人支出1.2万元，可扣除的三险一金支出为6万元。除此之外，该CEO无其他扣除项目及收入项目。请做节税分析。

解析 甲有限责任公司向CEO支付的借款利息不超过同期银行贷款利率，因此，甲有限责任公司发生的利息费用可以在税前扣除；月利息金额为2.67（400×8%/12）万元，CEO不需要缴纳增值税，但需要以20%的税率按“利息、股息、红利所得”缴纳个人所得税。

优化前：

该CEO年度“综合所得”应纳税额为

(8×12－6－6－1.2－1.2)×10 000×35%－85 920＝199 680(元)

优化后：

该CEO收到利息时的应纳税额为

400×8%×20%×10 000＝64 000(元)

该CEO年度“综合所得”应纳税额为

(5.5×12－6－6－1.2－1.2)×10 000×30%－52 920＝101 880(元)

该CEO年度纳税总额为：

64 000＋101 880＝165 880(元)

优化后，该CEO节税金额为33 800(＝199 680－165 880）元。

通过以上拆分，我们发现，该CEO“综合所得”的适用税率切实下降，能够达到节税目的。但是，该CEO虽然节省了33 800元的个税支出，但需要拿出400万元的资金作为借款本金，这还没有考虑400万元本金可能的投资回报，因此在实务操作中会遇到障碍。此外，个人获得放款利息收入需要按3%的税率缴纳增值税，支付利息企业如果无法取得合法票据，也会面临企业所得税纳税调增风险。因此，工资、薪金所得分拆为利息所得是否可行，必须综合考虑，不能唯个税论。

需要提醒的是，利息所得需要按20%的税率缴纳个人所得税，因此，对“综合所得”适用税率不超过20%的人群，该方法也不具备可应用性。

（四）个人取得公务交通、通讯补贴收入的扣除规定

《国家税务总局关于个人所得税有关政策问题的通知》规定：个人因公务用车和通讯制度改革而取得的公务用车和通讯补贴收入，扣除一定的公务费用后，按“工资、薪金所得”项目计征个人所得税。按月发放的，并入当月“工资、薪金所得”计税；不按月发放的，分解到所属月份并与该月份“工资、薪金所得”合并后计税。扣除标准由各省（市、区）确定。

二、经营所得的优化

（一）计税依据的法律规定

经营所得是指：(1) 个体工商户从事生产、经营活动取得的所得，个人独资企业投资者、合伙企业的个人合伙人来源于境内注册的个人独资企业、合伙企业生产、经营的所得；(2) 个人依法从事办学、医疗、咨询以及其他有偿服务活动取得的所得；(3) 个人对企业、事业单位承包经营、承租经营以及转包、转租取得的所得；(4) 个人从事其他生产、经营活动取得的所得。

取得经营所得的纳税人，以每一纳税年度的收入总额减除成本、费用以及损失后的余额，为应纳税所得额。其中，成本、费用，是指生产、经营活动中发生的各项直接支出和分配计入成本的间接费用以及销售费用、管理费用、财务费用；损失，是指生产、经营活动中发生的固定资产和存货的盘亏、毁损、报废损失，转让财产损失，坏账损失，自然灾害等不可抗力因素造成的损失以及其他损失。但下列项目在计算个人所得税时不得在税前列支：

- 个人所得税税款；
- 税收滞纳金；
- 罚金、罚款和被没收财物的损失；
- 不符合扣除规定的捐赠支出；
- 赞助支出；
- 用于个人和家庭的支出；
- 与取得生产经营收入无关的其他支出；
- 国家税务总局规定不准扣除的支出。

取得经营所得的个人，没有综合所得的，计算其每一纳税年度的应纳税所得额时，应当减除费用 6 万元、专项扣除、专项附加扣除以及依法确定的其他扣除。专项附加扣除在办理汇算清缴时减除。

从事生产、经营活动，未提供完整、准确的纳税资料，不能正确计算应纳税所得额的，由主管税务机关核定应纳税所得额或者应纳税额。

（二）优化原理及方法

根据经营所得的计税原理，降低经营所得税务负担的方式就是通过降低经营所得应纳税所得额，以适用更低税率。作为正常的生产经营者，降低收入不是理性选择，因此，增加生产经营的成本费用是常用方法。

1. 增加配偶工资费用支出

通过给家庭人员支付工资或劳务报酬的办法，扩大工资等费用支出。

实例 30－6 张先生开办一家个人独资企业，2019 年经营利润为 100 万元。实际上，张先生一直与太太一起共同经营这家企业，且二人均未从企业领取工资，且无其他收入来源。二人育有 1 子，正处于义务教育阶段，二人均为独生子女，双方父母健在且均超过 60 岁。假设无其他纳税调整事项，不考虑三险一金支出，试从增加费用支出的角度做出降低税负的方案。

解析　优化前：

取得经营所得的个人，没有综合所得的，计算其每一纳税年度的应纳税所得额时，应当减除费用 6 万元、专项扣除、专项附加扣除以及依法确定的其他扣除。因此，张先生个人独资企业的应纳税额为

$$(1\ 000\ 000-60\ 000-12\ 000-24\ 000)\times 35\%-65\ 500=250\ 900(\text{元})$$

优化后：

假设张先生给妻子支付工资，每月工资 35 000 元，二人子女教育选择张先生 100%扣除。则张先生个人独资企业的应纳税额为

$$(1\ 000\ 000-35\ 000\times 12-60\ 000-12\ 000-24\ 000)\times 30\%-40\ 500$$
$$=104\ 700(\text{元})$$

张太太按工资、薪金所得项目纳税，故其应纳税额为

$$(35\ 000\times 12-60\ 000-24\ 000)\times 25\%-31\ 920=52\ 080(\text{元})$$

优化后夫妻合计纳税金额为 156 780（104 700＋52 080）元，节税金额为 94 210（250 900－156 780）元。

以上节税思路的关键点在于增加配偶工资之后，能够使得业主按“经营所得”及配偶按“综合所得”的税率，至少有一方税率切实低于原“经营所得”适用税率。

2. 选择合理的折旧方法和折旧年限

（1）选择合理的折旧方法。一般来说，盈利企业应该选择加速折旧法，前期多提折旧，后期少提折旧，相当于把成本费用往前移、利润往后移，可以推迟纳税；而在享受所得税优惠政策的企业，应尽量在优惠期间少提折旧，等优惠期结束后再多提折旧，所以，一般不宜采用加速折旧法，而应采用直线折旧法。同样，在亏损企业，由于企业亏损无须缴纳所得税，也就无须采用加速折旧法，采用直线折旧法即可。

由于经营所得适用的是累进税率，应让其各年的应纳税所得额尽量均衡，这会比其各年应纳税所得额忽高忽低要少缴纳税款，因为各年应纳税所得额不均衡，应纳税所得额高的年份可能会适用很高的税率，导致其税负加重。所以，纳税人应合理预计未来几年的收入情况，把尽可能多的折旧费用安排在收入较高的

年份，以降低边际税率，充分享受低税率所带来的税收利益。

（2）选择恰当的折旧年限。因为缩短折旧年限相当于加速折旧，与选择合理的折旧方法进行税务优化相一致。选择恰当的折旧年限的优化方法为：

- 在盈利企业，缩短折旧年限。
- 在享受所得税税收优惠政策的企业，延长折旧年限。
- 在亏损企业，延长折旧年限。

3. 选择合理的存货计价方法

存货计价方法一般有个别计价法、先进先出法、加权平均法和后进先出法等。选择存货计价方法的优化应立足于使成本费用的抵税效应得到最充分或最快的发挥。视企业不同情况，选择不同的计价方法，以发挥抵税效应。

在盈利企业，当物价下降时，尽量采用先进先出法；当物价起伏不定时，尽量采用加权平均法。

而在享受所得税优惠政策的企业，以及在亏损企业，当物价上升时，尽量采用先进先出法。

合理预计未来几年的收入情况，把尽可能多的成本费用安排在收入较高的年份，以降低边际税率，充分享受低税率所带来的税收利益。

三、利息、股息、红利所得的优化

（一）利润暂不分配

企业将税后利润向个人投资者即股东分配时，股东就得按照取得的全部股息依照20%的税率缴纳个人所得税。如果公司推迟税后利润的分配，股东也就可以暂时不纳税，将税负往后推迟。

对于公司的未分配利润，股东可以向公司借款，相当于将部分未分配利润拿走，但因为在法律上并不是分配，而是借款，因此，在借款时不需要缴纳个人所得税，但需要注意两个问题，一是借款期间不宜超过一个自然年度，二是避免零息借款。

（二）股息红利转化为年终奖的设计安排

对高收入人群来说，工资、薪金所得可以转化为利息等收入形式，实现节税目的。那么，公司股份制改革后，对普遍股东化的员工来说，也存在股息红利转化为年终奖的节税安排。

实例 30-7 某国有公司股份制改革后，原国有公司200名普通职工人人持有公司股份。假设200名普通职工的月工资薪金收入为0.8万元。2019年预计公司经营良好，每位员工可取得分红收入10万元。假设除6万元费用扣除外，每个员工需缴纳2万元三险一金，且均有2.4万元专项附加扣除。除此之外，各职工无其他收入与扣除项目。请为这些普通职工设计节税方案。

解析 普通职工取得工资薪金收入后，按“综合所得”计算年应纳税所

得额。

年应纳税所得额＝0.8×12－6－2－2.4＝－0.8（万元）

经过计算发现，普通职工的扣除项目，在“综合所得”中尚未扣除完毕。

同时，普通职工取得分红收入后，按“利息、股息、红利所得”计算应纳税额＝10×20％＝2（万元）。

经过分析，建议将普通职工的分红收入转化为年终奖单独计税，或并入“综合所得”计算应纳税额。

比如若选择并入“综合所得”，应纳税额＝[（0.8×12＋10－6－2－2.4）×10％－0.252]×10 000＝6 680(元)。

优化后，每位普通员工节约个人所得税支出 13 320(20 000－6 680) 元。

需要强调的是，股息、红利是企业的税后利润，而工资所得可以在企业税前扣除，因此，股息、红利转化为年终奖可以达到节约企业所得税支出的目的。但年终奖适用 5％～45％的累进税率，股息、红利适用 20％的税率，因此，股息、红利转化为年终奖后，若选择单独计税，年终奖总额适用税率以不超过 20％为限。

四、捐赠路径及对象的选择

我国《个人所得税法》规定，个人将其所得对教育、扶贫、济困等公益慈善事业进行捐赠，捐赠额未超过纳税人申报的应纳税所得额 30％的部分，可以从其应纳税所得额中扣除；国务院规定对公益慈善事业捐赠实行全额税前扣除的，从其规定。

需要明确的是，税法所说的捐赠，是指个人通过公益性社会团体或者县级以上人民政府及其部门，用于《中华人民共和国公益事业捐赠法》规定的公益事业的捐赠。如果纳税人直接向受赠人捐赠，就属于非公益性捐赠，在缴纳个人所得税时不能从应纳税所得额中扣除。因此，个人如有捐赠的想法，通过合理选择捐赠方式和捐赠对象，客观上也能达到节税的效果。

实例 30－8 谢先生 2019 年获得工资、薪金所得 20 万元，稿酬所得 10 万元，决定拿出 5 万元进行慈善捐赠。专项扣除金额为 4 万元，专项附加扣除金额为 3.6 万元，无其他扣除及收入项目。试做出降低税负的捐赠安排。

解析 谢先生 2019 年“综合所得”的应纳税所得额为

20＋10×(1－20％)×70％－6－4－3.6＝12(万元)

方案一：将 5 万元通过民政部门捐赠给灾区。

注意：此项目的捐赠额可以在应纳税所得额的 30％以内扣除，因此，可扣除的捐赠金额为 3.6 万元(12×30％)。

因此，应纳税额＝[(12－3.6)×10％－0.252]×10 000＝5 880(元)。

方案二：将 5 万元通过省教育厅捐赠给农村教育事业。

注意：此项目的捐赠额可以在税前全额扣除。

因此，应纳税额＝[(12－5)×10％－0.252]×10 000＝4 480(元)。

方案二比方案一少交税 1 400(5 880−4 480) 元。

第三节 税率的选择与优化

一、法律规定

按照税法的规定，居民个人应纳个人所得税的 9 项所得适用的税率分别为：

（1）综合所得：七级超额累进税率。

（2）经营所得：五级超额累进税率。

（3）财产租赁所得，财产转让所得，利息、股息、红利所得，偶然所得：20%。

二、税率优化常用路径

（一）合伙企业“先分后税”原则的运用

根据我国《个人所得税法》的相关规定，合伙企业以每一个合伙人为纳税义务人，按“先分后税”原则计算应纳税额。合伙企业的合伙人按照合伙企业的全部生产经营所得和合伙协议约定的分配比例确定应纳税所得额，合伙协议没有约定分配比例的，以全部生产经营所得和合伙人数量平均计算每个投资者的应纳税所得额。

合伙企业每一纳税年度的收入总额减除成本、费用以及损失后的余额，作为投资者个人的生产经营所得，比照《个人所得税法》的“经营所得”应税项目，适用 5%～35%的五级超额累进税率，计算征收个人所得税。

我们以实例来说明降低税负的优化方案。

实例 30－9 王某开设了一个经营水暖器材的商店，由其妻子负责经营管理，王某同时也承接一些安装维修工程，预计其每年销售水暖器材的利润为 80 万元，承接安装维修工程的利润为 10 万元，夫妻双方均不领取工资。夫妻二人均无其他收入。在个人所得税扣除项目方面，除每年 6 万元的扣除外，不考虑其他扣除项目。假设该商店无其他纳税调整事项。试做出降低税负的优化方案。

解析 优化前：

王某开设的商店按“经营所得”缴纳个人所得税，按税法规定，全年应纳所得税为

$$(80+10-6)\times 35\%-6.55=22.85\ (万元)$$

优化后：

如果王某和妻子成立合伙企业（出资比例为 2∶3），则

王某应纳税所得额为

[(80＋10)×40％－6]×20％－1.05＝4.95(万元)

妻子应纳税所得额为

[(80＋10)×60％－6]×30％－4.05＝10.35(万元)

筹划后夫妻应纳税额合计为

10.35＋4.95＝15.3（万元）

节税额为

22.85－15.3＝7.55（万元）

（二）“综合所得”转化为“财产转让所得”

综合所得适用七级超额累进税率，财产转让所得适用20％的比例税率，当“综合所得”适用税率超过20％时，可以考虑将“综合所得”转化为“财产转让所得”。

实例30－10　专利技术的优化方案

2019年，某企业技术人员赵某利用业余时间研发一项人工智能技术，获得专利权。该专利技术获得一高新技术企业赏识，与赵某接洽技术的使用方式，初步形成两个方案：一是该高新技术企业每年支付50万元特许权使用费给赵某，使用期为3年；二是以140万元一次性买断该技术。已知赵某2019—2021年工资薪金收入均为42万元，年可扣除子女教育费支出2.4万元，赡养老人支出2.4万元。不考虑三险一金、其他税费及扣除，也不考虑资金的时间价值。从个人所得税负担角度出发，请为赵某选择较优方案。

解析　方案一：取得特许权使用费

自2019年1月1日起，对于居民个人取得的特许权使用费，应并入“综合所得”计算个人所得税，因此，赵某2019年个人所得税应纳税额为

[420 000＋500 000×(1－20％)－60 000－24 000－24 000]×35％－85 920＝163 280(元)

同理，2020年、2021年，赵某应纳个人所得税税额均为163 280元。

因此，赵某2019—2021年个人所得税应纳税额为489 840(163 280×3) 元。

方案二：技术转让

高新技术企业一次性买断专利技术，应该按“财产转让所得”缴纳个人所得税，假设该专利权赵某无法提供财产原值等资料，税务机关按财产转让收入的15％核定财产原值。

2019年赵某按“财产转让所得”应缴纳的个人所得税税额为

1 400 000×(1－15％)×20％＝238 000(元)

2019—2021年，赵某按“综合所得”每年应缴纳的个人所得税税额均为

(420 000－60 000－24 000－24 000)×25％－31 920＝46 080(元)

因此，赵某2019—2021年个人所得税合计应纳税额为376 240(＝46 080×3＋238 000）元。

方案二比方案一节约税款113 600(489 840－376 240）元。仅从个人所得税负担角度看，方案二更优。

需要注意的是，“综合所得”转“财产转让所得”，必须要具备一定的条件，且应合法合规，不能生搬硬套。

（三）高管“工资、薪金所得”转为合伙企业“经营所得”

综合所得适用3％～45％的七级超额累进税率，经营所得适用5％～35％的五级超额累进税率，当高管“综合所得”适用税率超过35％时，可以考虑将高管的部分工资转化为合伙企业“经营所得”。

实例30－11　高管“工资、薪金所得”优化方案

甲企业为房地产开发企业，共有5位高管，每位高管年工资、薪金收入120万元。为降低高管个人所得税负担，经咨询相关中介机构，对高管的工资、薪金收入进行重新优化。于是，2018年年底，甲企业5位高管成立管理咨询合伙企业——乙企业，约定平均分配经营所得。自2019年起，甲企业支付高管工资、薪金收入各70万元，另外250(＝50×5）万元以咨询费方式，支付给乙合伙企业。假设合伙企业无其他税费支出。个人除6万元基本扣除外，不考虑其他扣除项目。请比较优化前后公司高管的个人所得税负担。

解析　优化前：

每位高管在2019年年终按“综合所得”计算缴纳个人所得税。

应纳税额＝(120－6)×10 000×45％－181 920＝331 080(元)

优化后：

在甲企业发放的工资、薪金，每位高管在2019年年终后按“综合所得”计算并缴纳个人所得税。

应纳税额＝(70－6)×10 000 ×30％－52 920＝139 080(元)

高管们在合伙企业分得的收入按“经营所得”计算并缴纳个人所得税。

应纳税额＝50×10 000 ×30％－40 500＝109 500(元)

每位高管的应纳税额合计＝139 080＋109 500＝248 580(元)

优化后比优化前节约税款金额＝331 080－248 580＝82 500(元)

需要注意的是，设立合伙企业需要设立成本、管理成本，合伙企业取得咨询服务费收入要依法缴纳增值税。因此，采用该方案时还要综合比较个人所得税节约金额与增值税缴税金额和年度费用金额。

此外，“综合所得”与“经营所得”均采用累进税率，该分拆技术对“综合所得”适用税率超过45％的人群比较有实践意义。

第四节 税收优惠的利用

税收优惠的利用是指在为个人进行税务优化时，应尽量使其充分利用国家的税收优惠政策合理合法地少纳税。

一、股票期权涉税规定及其优化

股票期权制度是一种新型的薪酬激励制度。股票期权制度作为富有成效的激励制度之一，在发达国家得到了广泛的应用，并已成为市场经济国家和地区的企业对员工进行长期激励的非常普遍的方式之一。

企业员工股票期权（以下简称股票期权）是上市公司按照规定的程序授予本公司及其控股企业员工的一项权利，该权利允许被授权员工在未来时间内以某一特定价格购买本公司一定数量的股票。上述“某一特定价格”被称为“授予价”或“施权价”，即根据股票期权计划可以购买股票的价格，一般为股票期权授予日的市场价格或该价格的折扣价格，也可以是按照事先设定的计算方法约定的价格。“授予日”，也称“授权日”，是指公司授予员工上述权利的日期。“行权”，也称“执行”，是指员工根据股票期权计划选择购买股票的过程。员工行使上述权利的当日为“行权日”，也称“购买日”。

（一）股票期权涉税规定

在我国，个人取得股票期权是要缴纳个人所得税的，具体涉税规定如下：

1. 一般性规定

（1）员工接受实施股票期权计划企业授予的股票期权时，除另有规定外，一般不作为应税所得征税。

（2）对因特殊情况，员工在行权日之前将股票期权转让的，以股票期权的转让净收入作为工资、薪金所得征收个人所得税。

（3）员工行权时，其从企业取得股票的实际购买价（施权价）低于购买日公平市场价（指该股票当日的收盘价）的差额，是因员工在企业的表现和业绩情况而取得的与任职、受雇有关的所得，在 2021 年 12 月 31 日前，不并入当年综合所得，全额单独适用综合所得税率表。

应纳税额＝股权激励收入×适用税率－速算扣除数

居民个人在一个纳税年度内取得两次及以上股权激励的，应按上述公式合并计税。

（4）员工将行权后的股票再转让时获得的高于购买日公平市场价的差额，是因个人在证券二级市场上转让股票等有价证券而获得的所得，应按照“财产转让所得”计算并缴纳个人所得税。

其中，个人将行权后的境内上市公司股票再行转让而取得的所得，暂不征收个人所得税；个人转让境外上市公司的股票而取得的所得，应按税法的规定计算应纳税所得额和应纳税额，依法缴纳税款。

（5）员工因拥有股权而参与企业税后利润分配取得的所得，应按照“利息、股息、红利所得”适用的规定计算并缴纳个人所得税。

持股期限在1个月以内（含1个月）的，其股息、红利所得全额计入应纳税所得额；持股期限在1个月以上至1年（含1年）的，其股息、红利所得暂减按50%计入应纳税所得额；持股期限超过1年的，其股息、红利所得暂免征收个人所得税。

（6）非上市公司员工行权后，在公司未上市前将股票期权转让的，应按“财产转让所得”计算并缴纳个人所得税。

2. 优惠性规定

《财政部　国家税务总局关于完善股权激励和技术入股有关所得税政策的通知》规定：

（1）符合条件的非上市公司股票期权、股权期权、限制性股票和股权奖励试行递延纳税政策。非上市公司授予本公司员工的股票期权、股权期权、限制性股票和股权奖励，符合规定条件的，经向主管税务机关备案，可实行递延纳税政策，即员工在取得股权激励时可暂不纳税，递延至转让该股权时纳税；股权转让时，按照股权转让收入减除股权取得成本以及合理税费后的差额，适用“财产转让所得”项目，按照20%的税率计算并缴纳个人所得税。

股权转让时，股票（权）期权取得成本按行权价确定，限制性股票取得成本按实际出资额确定，股权奖励取得成本为零。

享受递延纳税政策的非上市公司股权激励（包括股票期权、股权期权、限制性股票和股权奖励）须同时满足以下条件：

条件一：属于境内居民企业的股权激励计划。

条件二：股权激励计划经公司董事会、股东（大）会审议通过。未设股东（大）会的国有单位，经上级主管部门审核批准。股权激励计划应列明激励目的、对象、标的、有效期、各类价格的确定方法、激励对象获取权益的条件、程序等。

条件三：激励标的应为境内居民企业的本公司股权。股权奖励的标的可以是技术成果投资入股到其他境内居民企业所取得的股权。激励标的股票（权）包括通过增发、大股东直接让渡以及法律法规允许的其他合理方式授予激励对象的股票（权）。

条件四：激励对象应为公司董事会或股东（大）会决定的技术骨干和高级管理人员，激励对象人数累计不得超过本公司最近6个月在职职工平均人数的30%。

条件五：股票（权）期权自授予日起应持有满3年，且自行权日起持有满1年；限制性股票自授予日起应持有满3年，且解禁后持有满1年；股权奖励自获得奖励之日起应持有满3年。上述时间条件须在股权激励计划中列明。

条件六：股票（权）期权自授予日至行权日的时间不得超过10年。

条件七：实施股权奖励的公司及其奖励股权标的公司所属行业均不属于《股权奖励税收优惠政策限制性行业目录》范围。

（2）对上市公司股票期权、限制性股票和股权奖励适当延长纳税期限。上市公司授予个人的股票期权、限制性股票和股权奖励，经向主管税务机关备案，个人可自股票期权行权、限制性股票解禁或取得股权奖励之日起，在不超过12个月的期限内缴纳个人所得税。

（二）股票期权个人所得税优化思路

非上市公司赋予员工股票期权时，如果股票期权符合《财政部　国家税务总局关于完善股权激励和技术入股有关所得税政策的通知》规定的条件，若经税务机关备案可以按"财产转让所得"递延纳税；若未经税务机关备案，则按"工资、薪金所得"单独计算个人所得税；如果股票期权不符合《财政部　国家税务总局关于完善股权激励和技术入股有关所得税政策的通知》规定的条件，个人只能按"工资、薪金所得"单独计算个人所得税。上市公司赋予员工股票期权时，只能按"工资、薪金所得"单独计算个人所得税。

1. 按"工资、薪金所得"单独计税的优化思路

对于股票期权形式的工资、薪金所得可与所在月份的其他工资、薪金所得相区别，单独计算应纳税款。由于工资、薪金所得适用超额累进税率，应纳税所得额越大，税负越高；相同金额的应纳税所得额，如果将其中一部分以股票期权的形式发放，适用的税率就会降低，从而税负减少。

居民个人在一个纳税年度内取得两次及以上股权激励的，须合并计税。因此，员工行权最佳次数为一年一次。

股票期权的股票市价在行权有效期内是波动的，被激励对象可以在行权有效期内合理选择行权日，应尽可能选择在股票市价较低时行权，而待股票市价较高时卖出。因行权之前形成的收益属于应税收益；而行权后再转让形成的收益属于免税收益。"低价时行权，高价时转让"的策略实际上是尽量压低应税收益，提高免税收益，获得最大节税利益。

实例30－12　A公司为在我国境内沪市上市公司，2016年1月1日A上市公司授予张某10万份股票期权，授权价格为10元/股；每份股票期权授予后自授予日起2年内有效。2019年3月6日张某按10元/股购买10万股股票，当日该股收盘价格15元/股。2019年8月22日张某按市场价18.60元/股将10万股股票全部卖出。计算张某该笔股票期权应纳多少个人所得税。

解析　应纳税所得额为

(15－10)×100 000＝500 000(元)

行权日应纳个人所得税为

500 000×30%－52 920＝97 080(元)

2019年8月22日卖出股票差价收益免征个人所得税。

2. 按"财产转让所得"纳税的优化思路

非上市公司授予个人股票期权，对符合《财政部　国家税务总局关于完善股权激励和技术入股有关所得税政策的通知》规定的，如果对将来股票价格走势缺乏良好预期，可以经税务主管机关备案后按“财产转让所得”纳税，如果对股票价格走势有强烈信心，建议不办理备案手续，按“工资、薪金所得”纳税。

实例 30-13 B公司为境内科技创新型企业（非上市公司）。2016 年 1 月 1 日，经公司股东大会决议，决定对公司技术骨干和高级管理人员实施股票期权激励计划，授权价格为 5 元/股。公司技术总监李某获得 10 万股股票期权。

2019 年 1 月 1 日，公司技术总监李某在行权日行权取得 10 万股股票。

2020 年 3 月 5 日，李某按 12 元/股的价格将 10 万股股票全部卖出。计算李某该笔股票期权应纳个人所得税。

解析 B公司为境内公司，股票期权激励计划得到公司股东大会批准。从授予日到行权日，满三年，李某卖出日至行权日超过 1 年，满足延期纳税条件。李某行权时，B公司仍为非上市公司，无参考市价。

若B公司已办理股权激励备案，则李某可以享受递延纳税优惠，可在 2020 年 3 月 5 日按“财产转让所得”计算并缴纳个人所得税，应纳税额为

$$(12-5)\times 100\ 000\times 20\%=140\ 000(\text{元})$$

通过实例 30-13，我们可以看出，递延纳税可以推迟纳税人的计税时点，从而解决行权日资金不足不能按期纳税的问题。

二、利息收入免税规定及其优化

根据我国《个人所得税法》的规定，个人取得的国债、国家发行的金融债券利息和储蓄存款利息免交个人所得税。个人进行债券投资时，除了看名义收益率外，更应比较税后收益率。在不考虑其他税费的情况下，税后收益率＝名义收益率×(1－个人所得税适用税率)。在我国，由于“利息、股息、红利所得”适用 20%的比例税率，因此，税后收益率＝名义收益率×(1－20%)。也就是说，个人进行债券投资时，当企业债的利率超过同期国债利率 1.25 倍的时候，该企业债才具有投资价值。

实例 30-14 境内居民个人李某拟用 100 万元进行债券投资，他有两个选择：一是投资 3 年期票面利率为 6%的企业债，二是投资 3 年期票面利率为 4%的国债。仅从个人所得税负担角度分析，李某该投资哪一种债券?

解析 企业债的票面利率为国债票面利率的 1.5 倍（6%/4%），超过 1.25 倍，因此，仅从个人所得税负担角度看，李某投资 3 年期票面利率为 6%的企业债更合适。

由于国债的信用风险远远低于公司债、企业债的信用风险，因此，在实务操作中，还需综合考量多方面的因素。

延伸阅读

个人所得税专项扣除国际实践

我国《个人所得税法》第七次修订中，综合所得、经营所得扣除项目中除了专项扣除、其他扣除外，还增加了“专项附加扣除”的内容。在扣除项目上，我国个人所得税制度与发达国家或地区的个人所得税制度趋于接轨。本部分主要介绍美国、中国香港、加拿大、德国、中国台湾与日本的个人所得税扣除项目，便于广大读者学习比较。

一、美国个人所得税扣除项目

个人所得税既是美国财政收入的主要来源，又是调节收入分配的重要手段。个人所得税是美国第一大税种，在联邦税收中，个人所得税约占一半。

美国个人所得税法规定的纳税人分为美国公民、居民与非居民。其中，公民是指出生在美国的个人及后来加入美国国籍的个人；居民是指依据移民法拥有法律认可的永久居留权的人以及按实际居住法则确定为居民纳税人的外国人；非居民是指一段时间内在美国居住但按实际居住法则不能被认定为居民纳税人的外国人。美国公民和居民以其来源于世界范围内的所得申报个人所得税，非居民仅就在美国居住期间来源于美国境内的所得申报个人所得税。

根据美国个人所得税法规定，自2018年1月起，美国联邦个人所得税税率执行10%～37%的七级累进税率，具体如表30-2所示。

表30-2　美国个人所得税税率表

税率	应税收入（美元）	
	单身	已婚
10%	0～9 525	0～19 050
12%	9 526～38 700	19 051～77 400
22%	38 701～82 500	77 401～165 000
24%	82 501～157 500	165 001～315 000
32%	157 501～200 000	315 001～400 000
35%	200 001～500 000	400 001～600 000
37%	超过500 000	超过600 000

资料来源：美国国内收入署。

美国个人所得税的税前扣除分为分项扣除和标准扣除两种，纳税人可以择其一适用。一般来说，“分项扣除”适用于高收入纳税人，而中低收入者选择“标准扣除”比较有利。

1. 标准扣除

在美国，标准扣除限额每年都根据通货膨胀程度调整。美国公民、居民可适用标准扣除法，非居民不适用标准扣除。标准扣除包括基本扣除和额外标准扣除额，额外标准扣除额包括丧偶个人额外标准扣除额、65岁及以上额外标准扣除额、失明标准扣除额等。2017

年，还增加了因为哈维飓风、伊尔玛飓风或玛丽亚飓风受到损失的人的扣除额度。

以下人士不能适用标准扣除：

(1) 已婚人士选择分别申请税收扣除，并且一方选择分项扣除的人士；

(2) 因年度会计期间发生变化因而报税表报税期间少于12个月的人士；

(3) 申请者是非居民或双重身份的外国人。

美国现行的基本扣除额请参考表30－3。

表30－3　美国个人所得税基本扣除额

填报人身份	2017年基本扣除额（美元）	2016年基本扣除额（美元）
已婚合并申报	12 700	12 600
户主	9 350	9 300
未婚个人	6 350	6 300
已婚单独申报	6 350	6 300
受扶养人抵免额	以下二者之中的较大者：(1) 1 050；(2) 受扶养人年劳动所得与350之和，且不超过6 350	以下二者之中的较大者：(1) 1 000；(2) 受扶养人年劳动所得与350之和，且不超过6 300

资料来源：美国国内收入署（http：//www.irs.gov）.

美国总统特朗普税改后，自2018年起，标准扣除额个人单独申报提高到1.2万美元，夫妻联合申报和符合条件的丧偶人士申报提高到2.4万美元，户主申报提高到1.8万美元。同时，取消个人4 050美元免征额。

2. 分项扣除

分项扣除的主要项目包括扶养支出、资本亏损、迁移支出、经营亏损、符合扣除条件的个人退休账户等。

这些项目不得与标准扣除同时申报，也就是说，纳税人如果选择上述项目按实际支出扣除，就不再申报标准扣除。

另外一些项目如医疗支出、住房贷款利息、州或地方税收、雇工经营支出和慈善捐献等，则可以与标准扣除同时申报。美国税法中还有一种特别扣除，主要有教师和其他教育工作者的补课费、学生教育贷款利息支出、支付给合法教育机构的学费等，但以上几项数额较小且不具普遍性。

2017年12月22日通过的《减税与就业法案》，调整了部分专项扣除项目和免税额规定，主要有：

(1) 取消对高收入者分项扣除总额的限制。原调整后总收入达到一定金额时，分项扣除总额受限的规定，税改后停止执行。

(2) 修订医疗及牙科费用税前扣除比例。2018年，未报销的医疗及牙科费用，超过调整后总收入的7.5%的部分可以在税前扣除；2017年及以前，这一比例为10%，2019年，该比例将恢复至10%。

(3) 限制州和地方税扣除种类与金额。州和地方税由原来可全部扣除，改为仅允许扣除州和地方征收的所得税、销售税和财产税，夫妻共同申报扣除上限为1万美元，已婚人士单独申报扣除限额为5 000美元。但是，已缴纳的国外不动产相关税费不得扣除。

此外，与贸易和经营相关的财产税允许全额扣除。

(4) 修订住房抵押贷款利息扣除规定。纳税人使用住宅类房产抵押贷款，购买、建造或者大修主要住所或第二居所，所产生的利息支出可以扣除。

住房抵押贷款必须以纳税人符合条件的房产抵押，且不能超过房产成本。

相应地，贷款本金限额也有所调整。贷款发放日或推定发放日在2017年12月15日之前的，可以扣除的利息所对应的住房贷款限额为1 000 000美元（夫妻单独申报的为500 000美元）；在该日期之后的，可以扣除的贷款利息所对应的住房贷款限额为750 000美元（夫妻单独申报的为375 000美元）。计算住房贷款限额时，应将购买、建造或者大修主要住房及第二居所的贷款额合并计算。

(5) 调整慈善捐赠扣除比例。当年可扣除的现金捐赠额由调整后总收入的50%提高为60%。用于取得学校体育赛事席位权的捐赠，不得扣除。

(6) 意外及盗窃净损失扣除。只有联邦认定的灾难造成的意外和盗窃净损失才可以在税前扣除。税前可扣除的净损失还必须满足以下条件：

1) 每次净损失的发生额超过100美元；

2) 合计净损失的金额超过调整后总收入的10%。

对于意外及盗窃净损失，纳税人可以选择在损失发生的次年申报扣除。

(7) 取消部分杂项扣除。

与工作有关的费用（如工装费、工会费、商务餐饮费等）支出，以及其他多项杂项（如税务代理费、投资管理费等）支出，不得在税前扣除。税改前，该部分的扣除限额为调整后总收入的2%。

(8) 取消搬家费扣除。取消搬家费扣除，员工取得的搬家费补偿，应计入应税收入。但是，军人因执行基地搬迁命令而发生的搬迁费用可以扣除。

(9) 取消离婚赡养费扣除。2018年12月31日以后签署或修改的离婚协议及分居协议，离婚的赡养费不得扣除。同时，收到离婚赡养费的一方，不计入个人收入，无须做纳税申报。

(10) 提高替代最低税（alternative minimum tax）的免征额。替代最低税是独立计算的最低应纳税额，通过对税前减免额的限制，以确保高收入者缴纳他们应承担的最低税款。

计算替代最低税时，免征收入额自2018年起提高到70 300美元（夫妻联合申报/符合条件的丧偶者为109 400美元，已婚人士单独申报的为54 700美元）。适用该计税方法的收入门槛，提高到50万美元（夫妻联合申报的为100万美元）。

此次个人所得税变动的有效期仅至2025年年底。

3. 抵免项目

美国个人所得税法还规定了很多税收抵免项目，纳税人可以充分加以利用。主要抵免项目如表30-4所示。

表30-4　　美国个人所得税抵免项目表

个人所得税抵免项目	抵免的政策目标
勤劳所得税收抵免	鼓励勤勉劳动
儿童抚养附加抵免	社会救济的一种方式
工薪税额超缴抵免	减轻劳工税负

续前表

个人所得税抵免项目	抵免的政策目标
儿童税收抵免	尽量让儿童因自己的收入而受惠
依赖他人者抵免	减轻被依赖者税负，鼓励尊老爱幼
老人与残疾人的税收抵免	惠及老人与残疾人
退休计划捐助抵免	鼓励支助退休计划
收养费用抵免	鼓励收养
外国税收抵免	避免重复征税

根据《减税与就业法案》，自2018年起，取消个人、配偶与家庭成员4 050美元/人的免税额。同时，对于符合条件的儿童，免税额提高到2 000美元。符合条件的儿童，还可以享受1 400美元的儿童附加退税。

享受儿童免税额和获得儿童附加退税的纳税人，单独申报纳税额的，年收入额须在20万美元以下；夫妻联合申报纳税的，年收入额则须在40万美元以下。

此外，年收入额不超过20万美元的单独申报的纳税人，或者年收入额不超过40万美元的夫妻联合申报的纳税人，抚养子女以外的抚养人，可享受500美元/人的免税额。但是，受抚养人必须是美国公民、美国国民或居美外国人。

二、中国香港薪俸税扣除项目

中国香港采用属地原则征税，只有源自香港本地的所得才须在香港课税。在香港，个人所得需要缴纳的税项分为三类：薪俸税、利得税和物业税。其中，薪俸税是按照每个人从任何有收益的职位或受雇工作或退休金所取得的于香港产生或得自香港的入息而征收的税款。[①] 纳税人为在香港任职、受雇或享有退休金的个人，以及在香港受雇或提供服务超过60天的香港外人士。应课税额是按应评税入息（同我国个人所得税法中的应税所得）实额减去各项扣除，以标准税率（2017/2018课税年度为15%）计算，或按应课税入息实额以累进税率计算，以两者中的数额较低者为准。

（一）薪俸税扣除项目[②]

根据《香港税务条例释义及执行指引第9号》，在计算应缴薪俸税款时，纳税人可申索下列可扣除项目：

1. 为产生应评税入息而发生的支出和开支

可扣除的开支，是完全、纯粹及必须为产生该应评税入息而发生的所有支出及开支，不包括家庭性质或私人性质的开支以及资本开支。

以上必须符合下列准则：

（1）该项开支必须已经发生，包括已实际发生却未支付的金额确定的支出。

（2）该项开支必须是“完全及纯粹”为产生有关入息而发生。

① 刘麦嘉轩，黎嘉德．香港税务：法例与实施说明2010—2011．香港：香港中文大学出版社，2011.

② 资料来源于香港税务局。

（3）该开支是产生有关入息所“必需”的，即该项开支对受雇工作而言是必不可少的。

为了便于纳税人理解上述三原则，香港税务局特地列举了6个特殊开支项目加以说明，详见表30-5。

表30-5　香港薪俸税扣除特殊开支项目

序号	特殊开支项目	扣除说明
1	服装费	（1）雇员因受雇工作需要而要穿着特殊服装（如工作服）的，更换费用可以扣除。 （2）其他服装费用均不允许扣除。
2	佣金	赚取佣金的纳税人必须给其他人的佣金或者服务费支出，只要符合上述三原则，便可获准扣除。
3	应酬费	与业务洽谈有直接关系且必须发生的，要同时列出费用的详情和接受人的姓名，还要载明有关业务的性质。
4	支付给助手的款项	要能够清楚证明工作量确实繁重，必须由助手协助处理，且支付的金额合理，便可扣除。
5	专业学会会费	（1）拥有专业资格是受聘的必要条件，且保留会籍有利于执行职务，可以获准扣除； （2）扣除额只限用于一个专业学会的会费； （3）工会的会费不能扣除。
6	交通开支	（1）往返两个工作地点的合理交通开支可以获准扣除； （2）从居所到办事处的交通开支则不可以扣除； （3）因工作性质的关系而必须使用汽车来执行职务的，扣除交通开支时修理费用和日常开支应按公事和私人用途进行分摊。

2. 已支付的个人进修开支

个人进修开支涵盖各项与教育课程有关的费用（包括学费和考试费），以及由教育提供者、行业协会、专业协会或业务协会主办的考试而支付的费用。

（1）有关的教育课程或考试必须是为取得或维持在任何受雇工作中应用的资格而修读的课程或参加的考试。一般的兴趣班则不能当作个人进修开支扣除。

（2）已经或可以由雇主或其他人士发还的费用将不能扣除。

（3）开支只能在支付费用的课税年度扣除，与有关课程所跨期间无关。

（4）自2017/2018课税年度起，个人进修开支的最高扣除额，由80 000港元增加至100 000港元。

3. 根据《税务条例》第Ⅵ部就机械或工业装置的资本开支而计算的免税额，而该等机械或工业装置是产生应评税入息所必须使用的

4. 认可慈善捐款

认可的慈善捐款是指从应课薪俸税入息实额、利得税应评税利润或个人入息课税入息总额中捐赠给获豁免缴税的慈善团体，或捐赠给政府作慈善用途的捐款。

申请扣除认可捐款的总额须不少于100港元。而扣除额不得超过在该年度的入息减去

可扣除支出及折旧免税额后或应评税利润的35%。

并非所有支付给豁免交税的慈善团体的款项都可扣除，如购买奖券的款项、购买电影或慈善晚会的入场券等的款项、购买墓地的款项、在义卖活动中购买货物的款项等不可扣除。

5. 长者住宿照顾开支

个人或其配偶为本人或配偶的已满60岁的父母、祖父母或外祖父母向院舍缴付住宿照顾开支，便可申请在薪俸税或个人入息课税计算中扣除有关住宿照顾开支。可扣除额是在有关课税年度实际已缴付给安老院的住宿照顾开支，可获扣除的款额只包括提供照顾的费用（例如住宿、饮食、护理及杂项开支）。医药费、由院舍代支付并获得付还的私人费用（例如一些按个别人士的需要而支付的费用），均不获扣除。自2018/2019课税年度起，每位父母/祖父母/外祖父母在每个课税年度的扣除额以100 000港元为上限。每位父母/祖父母/外祖父母在每个课税年度的扣除额只可以由一位申请人作出扣除。

6. 居所贷款利息

纳税人可以从应课薪俸税入息或以个人入息课税方法计算的入息总额，扣除已缴付的居所贷款利息。按标准税率缴税的人士也有资格申请该项扣除。自2017/2018课税年度起，可申请扣除居所贷款利息的年期由15个课税年度再延长至20个课税年度，每个课税年度可扣除的居所贷款利息最高限额为100 000港元。

申请居所贷款利息扣除时需要提交以下文件资料：

（1）业权证明（作为住宅业主且住宅在香港境内的证明资料）。其中，联权共有人或分权共有人只能按指定比例扣除居所贷款利息。

（2）住宅用作其居住地方的证据。仅部分居住的扣除的居所贷款利息须作适当的扣减。

（3）贷款协议书或按揭契。

（4）偿还贷款收据。

7. 向认可退休计划支付的供款

在香港，向认可退休计划支付的供款包括参加强制性公积金计划（以下简称“强积金计划”）和认可职业退休计划（以下简称“职业退休计划”），除强积金计划下的豁免人士外，自2000年12月1日起，全职和兼职雇员，以及自雇人士，都必须参加强积金计划，在标准内的供款金额可以全额扣除。如果雇员选择不参加强积金计划，而参加已获强积金豁免的认可职业退休计划，其供款也可以扣除，扣除金额以实际缴纳的金额与按强积金计划应缴纳的供款金额孰低为限。自2017/2018课税年度起，每个课税年度可扣除的向认可退休计划支付的供款最高限额为18 000港元。

（二）薪俸税免税规定

依照香港税务条例及税务规则，符合规定条件的人士，可享有基本免税额或申请其他免税额。基本免税额无须申请即可享受，已婚且享受了已婚人士免税额的不能同时享有基本免税额。自2017/2018课税年度起，薪俸税基本免税额为132 000港元。可申请的其他免税额包括已婚人士免税额、子女免税额、供养兄弟姊妹免税额、供养父母/祖父母或外祖父母免税额、单亲免税额、伤残受养人免税额及伤残人士免税额（见表30-6）。

1. 已婚人士免税额

在课税年度内已婚且符合以下条件的可申请已婚人士免税额：

（1）未与配偶分开居住；或与配偶分开居住，但供养或经济上支持对方；

（2）配偶没有任何应课薪俸税入息；或与配偶已选择合并评税；或与配偶已选择各自申报入息课税。

需要注意的是，申请已婚人士免税额的配偶必须为异性。

2. 子女免税额

在课税年度内，如果供养的未婚子女符合下列条件，可申请子女免税额：

（1）未满 18 岁；

（2）年满 18 岁但未满 25 岁，并在大学、学校或其他类似的教育机构接受全日制教育；

（3）年满 18 岁，但因身体或精神问题无能力工作。

需要注意的是，子女包括本人、配偶或前配偶的亲生子女、领养子女或继子女。除非夫妇分开居住，否则全部子女免税额只可由丈夫或妻子其中一人申请。

3. 供养兄弟姊妹免税额

在课税年度内，本人或配偶供养的未婚兄弟姊妹符合下列条件，可申请供养兄弟姊妹免税额：

（1）未满 18 岁；

（2）年满 18 岁但未满 25 岁，并在大学、学校或其他类似的教育机构接受全日制教育；

（3）年满 18 岁，但因身体或精神问题无能力工作。

需要注意的是，对同一兄弟姊妹，若其他人士也可以申请供养兄弟姊妹免税额的，需要协商并确定一人申请免税额，不能达成一致的，则均不能申请此免税额。

4. 供养父母/祖父母或外祖父母免税额

在课税年度内，本人或未分居配偶供养的养父母/祖父母/外祖父母符合下列条件，可按人头申请供养父母及供养祖父母或外祖父母免税额：

（1）通常在香港居住；

（2）年龄已满 55 岁，或有资格按政府伤残津贴计划申索津贴；

（3）父母/祖父母/外祖父母与纳税人同住至少连续 6 个月，且老人不需自己完全承担付费；或者纳税人（或配偶）每年付出不少于 12 000 港元供养该名老人。

需要注意的是，对同一受养人，若其他人士也可以申请免税额的，需要协商并确定一人申请免税额。

5. 单亲免税额

单亲免税额是因父母照顾和监护子女的起居生活而给予的免税额。纳税人全年属单身、丧偶或分居，并且在该年度内曾独力或主力抚养子女，才可获得单亲免税额。

6. 伤残受养人免税额

在任何课税年度内，供养一名有资格根据“香港政府伤残津贴计划”领取津贴的家属，便可申请伤残受养人免税额。该免税额可在享受了已婚人士免税额、子女免税额、供养父母及供养祖父母或外祖父母免税额、长者住宿照顾开支扣除或供养兄弟姊妹免税额之外，另行享受。

7. 伤残人士免税额

根据“香港政府伤残津贴计划”领取津贴的人士，可自 2018/2019 课税年度起申索此项新设立的伤残人士免税额。

表 30-6　香港薪俸税免税额标准　（单位：港元）

计算薪俸税时可获得的免税额	2018/2019 课税年度	2017/2018 课税年度
基本免税额	132 000	132 000
已婚人士免税额	264 000	264 000
子女免税额		
第一至九名子女（每名计算）：		
出生年度	240 000	200 000
其他年度	120 000	100 000
供养兄弟姊妹免税额（不包括已被其父母申请子女免税额的兄弟姊妹）	37 500	37 500
供养父母/祖父母或外祖父母免税额		
年龄 60 岁或以上：		
不与纳税人同住	50 000	46 000
全年与纳税人同住	100 000	92 000
年龄 55 至 59 岁：		
不与纳税人同住	25 000	23 000
全年与纳税人同住	50 000	46 000
单亲免税额	132 000	132 000
伤残受养人免税额（伤残人士享受其他免税额，可同时享受该免税额）	75 000	75 000
伤残人士免税额	75 000	—

（三）其他优惠

1. 税款宽减

除扣除项目和免税额外，香港税务条例还规定了宽减额，如宽减 2017/2018 年度 75% 的薪俸税和个人入息课税，上限为 30 000 港元。

2. 保险费扣除

香港政府对为自己或受养人购买合资格自愿医保产品的市民，规定了保费扣除上限，允许每年每名受保人可作税务扣减的保费上限为 8 000 港元。

三、加拿大个人所得税扣除项目

加拿大有三级政府，具体为联邦政府、省级（地区）政府和市（镇）政府。其中联邦政府和省级政府有征收个人所得税的权限。因此，加拿大人缴纳的个人所得税又可分为联邦个人所得税和省/地个人所得税。除魁北克省外，各省已将其管理纳税人税务申报、申诉以及纳税申报评估、查税等方面的行政管理权委托给联邦税局（Canada Revenue Agency）。纳税人每年一次性向联邦税局合并申报省/地个人所得税与联邦个人所得税，各省应得的税款，再由联邦政府分配给它们。

通常，加拿大个人纳税人是指该人与加拿大之间有持续的关系。在确定一个人是否是加拿大税收居民时，必须考虑所有相关的因素，例如拥有适合于一年到头居住的住宅，信用卡、银行账户、社会和经营关系，以及个人财产等。但是与是否拥有其他国家的公民身份、户籍和居民身份无关。通常，在加拿大拥有自己和家庭固定住所的个人被视为加拿大税收居民。在一个公历年度内，在加拿大逗留 183 天以上的非居民，将被视为整个年度的税收居民，并在加拿大就其来自全世界的所得纳税。①

加拿大联邦个人所得税没有免征额，以个人或家庭为单位按课税金额的高低实施累进税率，自 2018 年起，联邦个人所得税适用 15%～33%的五级累进税率，详见表 30－7。每个纳税人的课税金额是其年收入减去各类抵扣金额后的实际应纳税金额。抵扣金额分为免税收入和减税项目等，加拿大政府还对青少年、学生、低收入阶层、老年人和残疾人士的个人所得税进行减免。

表 30－7　　加拿大联邦个人所得税税率表②

序号	年应纳税所得额	税率
1	不超过 46 605 加拿大元的部分	15%
2	超过 46 605 加拿大元到 93 208 加拿大元的部分	20.5%
3	超过 93 208 加拿大元到 144 489 加拿大元的部分	26%
4	超过 144 489 加拿大元到 205 842 加拿大元的部分	29%
5	超过 205 842 加拿大元的部分	33%

（一）个人所得税扣除项目

在加拿大，在计算纳税人的净收入和应纳税所得额的时候，通常根据个人的情况可以适用一定的税前扣除。加拿大的税前扣除项目种类繁多，有些扣除额要从总收入中扣除，用以确定纳税人的净收入，而另一些扣除额要从净收入中扣除，用以确定应纳税所得额。

计算联邦个人所得税时，以下项目允许从净收入中扣除：

1. 雇员商业扣除

在计算雇佣所得时，个人只能申请非常有限的、指定的扣除。所缴纳的各种税、利息（与取得经营收益和财产所得有关的利息除外）、大部分人寿保险费和意外损失不能扣除。允许的扣除包括：政府官员或者雇员工作时必需的旅行差旅费用和其他费用，和向雇主注册养老金计划缴纳的款项。这些扣除都有一定的限额。③

（1）注册养老金计划（registered pension plan）供款。实施养老金计划的雇主，在雇员全年薪酬的清单中列明的注册养老金计划供款金额，允许税前扣除。

（2）集资注册养老金计划（pooled registered pension plan）供款。雇主不实施养老金计划的雇员及自雇的个人，可以选择参加该计划作为退休储蓄计划，该供款当年可以从应税收入中扣除，待到实际支付时还应并入当年所得计算个人所得税。

（3）注册退休储蓄计划（registered retirement saving plan）供款。注册退休储蓄计划是指个人在加拿大建立并注册，为本人、配偶或同居伙伴支付的退休储蓄计划。该供款当

① 摘自国家税务总局编写的《中国居民赴加拿大投资税收指南》。

② 根据加拿大联邦税务局网站资料改编。

③ 同①。

年可以从应税收入中扣除，待到实际支付时还应并入领取当年所得计算个人所得税。

2. 非商业费用

可以扣除的非商业费用包括：向各种注册救助计划缴纳的款项，照顾子女的某些费用，离婚后支付的赡养费和扶养费（如果接受方纳税），在加拿大境内搬家产生的符合条件的搬迁费用（通常应是因工作发生变化而导致的搬迁）和投资所得的附加费用。[①]

(1) 托儿服务费。托儿服务费是指个人为取得收入而请他人或机构帮忙照看符合条件的孩童并支付的款项。通常情况下，仅允许扣除加拿大居民在加拿大境内提供的儿童看护服务支出。

(2) 搬迁费。搬迁后的新家必须在加拿大境内，且新家距离工作地点或者学校（必须是全职学生）超过 40 公里，方可在税前扣除。

(3) 其他雇佣支出。个人为获得就业收入而与他人签订雇佣合同并因此支付的某些费用。

(4) 慈善捐款。通常情况下可以申请全部或者部分扣除，最高扣除限额不得超过净收入的 75%。

(5) 工会或专业资格类年度会费。可申请扣除的年度会费不包括入会费、执照费、特别会费及协会组织日常运作费用以外的其他费用。

(6) 残障支出。为帮助身体或精神功能有障碍的人士更好地工作、上学或研究而支付的某些医疗费用（包括支付给境外非居民的服务支出），可以申请扣除。

(7) 教育费用。依照《加拿大学生贷款法案》《加拿大学生资助法案》《学徒贷款法案》或者类似的省或地区政府法律取得的贷款利息，可以在申报当年扣除本年及之前 5 年支付的利息。

成人基础教育费（包括初级、中级教育或其他形式的培训费）也可以申请税前扣除。

(8) 省及地区的地方扣除。除联邦政府规定的扣除项目外，各省、地区还规定了部分扣除项目。

（二）个人所得税免税项目

加拿大的免税项目主要包括：

1. 个人免税额

2017 年，加拿大个人免税额为 11 635 加拿大元。

2. 配偶免税额

2017 年，当配偶或者同居伴侣净收入少于 11 635 加拿大元时，个人可以申请配偶免税额。

3. 老年人免税额

在 2017 年 12 月 31 日年满或超过 65 岁的人士，净收入低于 84 597 加拿大元的可申请老年人免税额，其中，净收入不超过 36 430 加拿大元的，免税额为 7 225 加拿大元。净收入为 36 430～84 597 加拿大元时，免税额为 7 225 加拿大元与净收入超过 36 430 加拿大元部分的 15%之间的差额。

4. 伤残人士免税额

配偶、同居伴侣或者符合条件的受扶养人其净收入在 6 902 加拿大元至 23 046 加拿大

---

① 摘自国家税务总局编写的《中国居民赴加拿大投资税收指南》。

元之间的，个人可申请最多 6 883 加拿大元的看护费免税额。

5. 加拿大养老金计划支出

对于 60～70 岁的个人，为获得加拿大养老金计划（CPP）缴纳的款项予以免税。2017 年，居住在魁北克省的人士可免税的最高限额为 2 797.20 加拿大元，居住在其他省的人士可免税的最高限额为 2 564.10 加拿大元。

6. 职业保险保费（employment insurance premium）支出

职业保险保费是根据可保收入计算出来的，该金额每年都会发生变动。如 2017 年，非居住在魁北克省的人士可免税限额为 836.19 加拿大元，居住在魁北克省的人士可免税限额为 651.51 加拿大元。

7. 教育免税额

在政府核准教育机构修读全日制课程，全职学生每月免税金额 400 加拿大元，兼职学生每月免税金额 120 加拿大元。2017 年，取消课本费税前扣除。

8. 医疗开支免税额

可扣除超过净收入的 3%的医疗开支部分，包括医生、牙医诊疗费、配方药费、眼镜、假牙、义肢、助听器等 100 多项支出。

9. 联邦政治捐款

联邦政治捐款纳税人或其配偶（包括同居伴侣）向经注册的联邦政党或下议院的候选人提供的捐款。2017 年，捐款超过 1 275 加拿大元的，可予免税的金额为 650 加拿大元。

10. 牛奶金（Canada child tax benefit）

加拿大政府给所有未满十八岁的儿童提供牛奶金。牛奶金不需要交税。

11. 省及地方政府的免税项目

省及地方政府的免税项目包括省及地区支付给交通事故受害人的赔偿金等。

（三）其他税收优惠

在加拿大，以下收入无须申报个人所得税：

（1）彩票中奖所得，不包括中奖奖金产生的利息收入；

（2）因战争造成的残疾或死亡而获得的来自加拿大政府或者其他外国组织支付的款项；

（3）寿险保险金；

（4）从工会取得的所得或者罢工赔偿所得。

四、其他国家和地区的个税扣除项目

（一）德国的个人所得税扣除项目

德国的个人所得税纳税人分为无限纳税人和有限纳税人。在德国境内有住所或者有习惯性居所（连续居住超过 6 个月）的个人，以及在一个纳税年度内在德国境内连续停留超过 6 个月的个人，是无限纳税人，无限纳税人就其来源于德国境内外的全部所得承担纳税义务。在德国境内未保留住房或公寓，以及在德国没有习惯性居所的个人，是有限纳税人，仅就来源于德国境内的所得承担纳税义务。德国个人所得税税目划分为七类，包括雇佣所得、农林业所得、贸易或经营所得、独立个人劳务所得、租赁所得、资本投资所得和其他收入。个人所得税计算以所有类别项目的应纳税所得额的合计额减去扣除项后为计税依据。

1. 扣除项目

在计算不同类别所得时，个人纳税人可以扣除在取得或维持所得时直接发生的所有费用，但与免税所得有关的费用不得扣除。

在德国，计算个人所得税时，扣除基本免税额后，可扣除的费用包括一般费用和特殊支出扣除。2018 年，对于单身人士来说，基本免税额调整至 9 000 欧元，已婚者则调整至 18 000 欧元，子女免税额增至 4 788 欧元。

(1) 一般费用。

1) 利息费用。业主住房抵押贷款利息不可以扣除，业主房产用于出租的，抵押贷款利息可以在计算租赁应税所得时扣除。

2) 医疗费用。个人发生的医疗费用且未经第三方报销的部分，在一定限额内扣除。

3) 保险费。健康、意外和责任保险、残疾人和老年人保险、失业保险等强制性缴款保费可以扣除。此类保险扣除也有最高金额限制。

4) 捐赠。为慈善、宗教、科学或者公众利益目的捐赠可以扣除，但是，给第三方的赠予和捐款是不能扣除的。扣除金额以总所得的 20%或者营业额和薪水总金额的 0.4%为限。当年未扣完的部分，经申请可结转在以后年度扣除。

5) 其他特定费用。

—儿童保育费用。

对抚养年龄低于 14 周岁（某些残障儿童年龄限制到 25 岁）的抚养费可以扣除，每个孩子最高 4 000 欧元。需要注意的是，孩子必须与父母同住。

—教育费用。

纳税人的首次专业教育或学业教育的费用可以申请扣除，每年最高限额为 6 000 欧元。

在欧盟和欧共体成员国的私立学校和补习学校接受教育并缴款的，交款金额的 30%可申请税前扣除，扣除金额不得超过 5 000 欧元。

—配偶扶养费。

离婚或独居的配偶为德国居民或者欧盟成员国居民，且该配偶取得扶养费后申报个人所得税的，支付方可获得最高限额为 13 805 欧元的扣除。

(2) 特殊支出。

居民纳税人发生不可避免的特殊支出时，有权获得税收减免。

1) 受扶养者的生活费用和培训费用。纳税人对受扶养者有扶养义务，且未获得子女津贴和子女补助，当受扶养者没有资产或资产净值不超过 15 500 欧元时，可以申请该项扣除。

2) 家政服务费用。当纳税人本人或者其配偶年满 60 岁，或者纳税人及其配偶中的一个人生病或残疾，或者纳税人家中有受抚养小孩，需要家政服务时，可以申请扣除该费用。

3) 私人疗养院费用。纳税人本人或其配偶或其抚养的孩子需要且必须居住在私人疗养院接受护理服务的，纳税人可以申请该项扣除。

以上特殊支出扣除金额取决于纳税人的家庭状况、特殊支出金额、个人减免之前的总所得及抚养子女的人数，不是每个人都必须扣除的支出项目。

2. 个人所得税优惠

在德国，下列类型的所得可以免除交税：

(1) 健康保险、意外事故保险、残障和老年保险的赔偿金；

(2) 一定数量的社会分配资金；

（3）一次性给付的法定养老保险；

（4）从事研究活动、科学或艺术教育和培训方面的奖学金。

（二）中国台湾地区的个人所得税扣除项目

中国台湾地区的个人所得税在台湾“税法”中被称为综合所得税（consolidated income tax），台湾综合所得税采用综合所得税制的课税模式，以家庭为纳税单位，综合纳税人全年各种不同来源的所得，减去法定的减免税额及各项扣除，就净额按照5%～40%的五级（详见表30－8）累进税率课征所得税。

表30－8　台湾地区2018年度综合所得税税率表

级别	课税级距（新台币）	税率
1	0～540 000	5%
2	540 001～1 210 000	12%
3	1 210 001～2 420 000	20%
4	2 420 001～4 530 000	30%
5	4 530 001以上	40%

资料来源：国家税务总局网站公布的《中国大陆居民赴台湾地区投资税收指南》。

台湾地区综合所得税结算申报的各项减免扣除包括免税额和扣除额两项。免税额及扣除额每年都会视消费者物价指数变动程度不同而进行不同幅度的调整，在每个纳税年度实施前，台湾地区的财政部门会进行公告。扣除额分为标准扣除额、列举扣除额及特别扣除额，其中，标准扣除额与列举扣除额只能择一扣除。

1. 免税额

免税额是指依据纳税人家庭综合申报人数，计算出的对纳税人可以不予课税的数额。根据台湾“所得税法”第17条，综合所得税免税额为纳税人本人、配偶及符合规定的扶养亲属的免税额，其中，对年满70岁的直系亲属，免税额增加50%。免税额依据消费价格指数变动水平及基本生活变动情形，每3年评估一次。2018年度公告的每人免税额为8.8万新台币。

2. 标准扣除额

2018年度个人标准扣除额为12万新台币；有配偶者的标准扣除额为24万新台币。

3. 列举扣除额

（1）捐赠。根据台湾“所得税法”第17条，纳税义务人、配偶及受扶养亲属对教育、文化、公益、慈善机构或团体的捐赠，允许扣除的最高限额为不超过综合所得总额的20%。但对有关国防、劳军及政府的捐赠不受金额的限制，即可以全额扣除。

（2）保险费。根据台湾“所得税法”第17条，纳税义务人、配偶及受扶养亲属的人身保险、劳工保险、国民年金保险及军、公、教保险的保险费，每人每年扣除的金额以2.4万新台币为限，为全民健康保险支付的保险费不受金额限制，即可以全额扣除。

（3）医药及生育费。根据台湾“所得税法”第17条，纳税义务人、配偶及受扶养亲属的医药费及生育费，已给付公立医院、全民健康保险特约医疗院、所或经财政部认定其会计记录完备正确的医院，但受有保险给付的部分，不得扣除。

（4）灾害损失。根据台湾“所得税法”第17条，纳税义务人、配偶及受扶养亲属遭受不可抗力的灾害损失，但受有保险赔偿或救济金部分，不得扣除。

(5) 购屋借款利息。根据台湾"所得税法"第 17 条,纳税义务人、配偶及受扶养亲属购买自用住宅,向金融机构借款所支付的利息,其每一申报户每年扣除数额以 30 万新台币为限;但申报有储蓄投资特别扣除额的,其申报之储蓄投资特别扣除金额,应在上项购屋借款利息中减除。纳税义务人扣除购屋借款利息者,以一屋为限。

(6) 房屋租金支出。根据台湾"所得税法"第 17 条,纳税义务人、配偶及受扶养亲属在台湾区域内租屋供自住且非供营业或执行业务使用的,其所支付之租金,每一申报户每年扣除数额以 12 万新台币为限。但申报有购屋借款利息者,不得扣除。

4. 特别扣除额

(1) 财产交易损失。根据台湾"所得税法"第 17 条,纳税义务人、配偶及受扶养亲属财产交易损失,其每年度扣除额,以不超过当年度申报之财产交易之所得为限;当年度无财产交易所得可资扣除,或扣除不足者,可以自之后 3 个年度之财产交易所得中扣除。

(2) 薪资所得特别扣除。根据台湾"所得税法"第 17 条,纳税义务人、配偶或受扶养亲属之薪资所得,每人每年扣除数额以 12.8 万新台币为限。2018 年度每人每年扣除数额以 20 万新台币为限。[①]

(3) 储蓄投资特别扣除额。根据台湾"所得税法"第 17 条,纳税义务人、配偶及受扶养亲属于金融机构的存款利息、储蓄性质信托资金的收益及公司公开发行并上市的记名股票的股利,合计全年扣除数额以 27 万新台币为限。但依"邮政储金汇兑法"规定免税的存簿储金利息及该法规定的分离课税的利息不包括在内。

(4) 身心障碍特别扣除额。根据台湾"所得税法"第 17 条,纳税义务人、配偶或受扶养亲属为领有身心障碍手册或身心障碍证明者,及"精神卫生法"第 3 条第 4 款规定的病人,每人每年扣除数额以 12.8 万新台币。2018 年度每人可扣除 20 万新台币。[②]

(5) 教育学费特别扣除。根据台湾"所得税法"第 17 条,纳税义务人就读大专以上院校之子女之教育学费,每人每年扣除数额以 2.5 万元为限,但空中大学、专校及五专前三年及已接受政府补助者,不得扣除。

(6) 幼儿学前特别扣除。根据台湾"所得税法"第 17 条,纳税义务人 5 岁以下之子女,每人每年扣除 2.5 万新台币。但有下列情形之一者,不得扣除:

1) 经减除本特别扣除额后,纳税义务人全年综合所得税适用税率在 20%以上,或依第 15 条第二项规定,税额适用税率在 20%以上的。

2) 纳税义务人依所得基本税额条例第 12 条规定计算的基本所得额超过基本税额条例第 13 条规定的扣除金额的。

依"所得税法"第 17 条第一项,"台湾地区境内居住之个人",在年度中途离境而不再返台者,其免税额及标准扣除额,应按当年度在台湾地区境内居住日数占全年日数之比例换算减除。

(三) 日本的个人所得税扣除项目

日本个人所得税根据纳税人收入来源渠道的不同分为 10 大类,实行分类加综合所得税制。先对工资薪金收入、利息收入、分红收入、退职收入和一次性收入等收入,按适用的税率分别计算所得税,实行源泉征收和预定征收。然后在每个财政年度末计算年度

① 资料来源于国家税务总局网站公布的《中国大陆居民赴台湾地区投资税收指南》。
② 资料来源于国家税务总局网站公布的《中国大陆居民赴台湾地区投资税收指南》。

应纳税额。按有关规定进行扣除后，计算出总所得金额，再按照5%～45%的七级累进税率（详见表30－9）课以综合所得税，并扣除已按预定征收或源泉征收缴纳的税款，实行多退少补。

表30－9　　日本个人所得税税率表　　（单位：日元）

级别	课税级距	税率	速算扣除数
1	不超过1 950 000日元的部分	5%	0
2	超过1 950 000日元至3 300 000日元的部分	10%	97 500
3	超过3 300 000日元至6 950 000日元的部分	20%	427 500
4	超过6 950 000日元至9 000 000日元的部分	23%	636 000
5	超过9 000 000日元至18 000 000日元的部分	33%	1 536 000
6	超过18 000 000日元至40 000 000日元的部分	40%	2 796 000
7	超过40 000 000日元的部分	45%	4 796 000

资料来源：日本国税厅网站。

日本将所得扣除分为两大类共14项：一类是对人的扣除，包括所有人可享受的基础扣除，如配偶扣除、抚养扣除、残疾人扣除等；另一类是对事的扣除，包括针对突发事件的扣除，如杂项扣除、医疗费扣除和针对纳税人参加社会保险或有关商业保险等支出的扣除。[①] 具体扣除项目如下：

（1）基础扣除。日本永久性居民纳税人和非永久性居民纳税人均可享受基本生活扣除，扣除标准为每人每年38万日元。

（2）配偶扣除。根据纳税人的总所得金额及配偶的年龄情况，配偶扣除标准如表30－10所示。

表30－10　　日本配偶扣除标准表

纳税人总所得金额	配偶扣除标准	
	70岁（含）以下配偶	70岁以上配偶
不超过900万日元	38万日元	48万日元
超过900万日元且低于950万日元	26万日元	32万日元
超过950万日元且低于1 000万日元	13万日元	16万日元

说明：（1）在2018年以后，若纳税人的总所得金额超过了1 000万日元，则不能享受配偶扣除。

（2）若配偶有工作且工作收入所得额超过38万日元，则纳税人不适用于本表扣除标准。

资料来源：日本国税厅网站。

另外，配偶为残疾人的，除享受配偶扣除外，还可以享受残疾人扣除。

（3）配偶特别扣除。配偶特别扣除是针对配偶工作收入设置的，适用于配偶工作收入所得额超过38万日元且本人总所得金额不超过1 000万日元的纳税人。具体扣除标准如表30－11所示。

① 资料来源于国家税务总局网站公布的《中国大陆居民赴日本投资税收指南》。

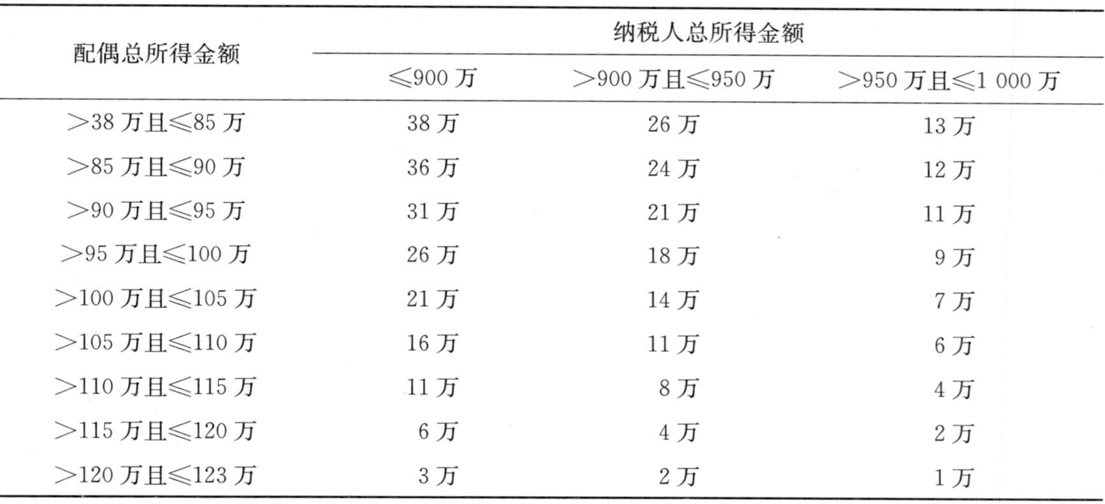

表 30-11　　日本配偶特别扣除标准表　　（单位：日元）

配偶总所得金额	纳税人总所得金额		
	≤900 万	>900 万且≤950 万	>950 万且≤1 000 万
>38 万且≤85 万	38 万	26 万	13 万
>85 万且≤90 万	36 万	24 万	12 万
>90 万且≤95 万	31 万	21 万	11 万
>95 万且≤100 万	26 万	18 万	9 万
>100 万且≤105 万	21 万	14 万	7 万
>105 万且≤110 万	16 万	11 万	6 万
>110 万且≤115 万	11 万	8 万	4 万
>115 万且≤120 万	6 万	4 万	2 万
>120 万且≤123 万	3 万	2 万	1 万

资料来源：日本国税厅网站。

（4）社会保险费扣除。纳税人为本人或配偶或其他亲属支付的社会保险费可以在实际支付年度进行扣除。可以扣除的金额为实际支付的金额，或者从工资和公共年金中扣除的金额。

（5）扶养扣除。纳税人扶养亲属且亲属符合税法规定条件的，可以根据亲属的年龄及同住情况按规定标准扣除扶养费。具体的扶养扣除标准如表 30－12 所示。

表 30-12　　日本扶养扣除标准表

类别		扣除金额
一般亲属扶养		38 万日元
特定亲属扶养		63 万日元
老年亲属扶养	非同住老人	48 万日元
	同住老人	58 万日元

说明：（1）一般亲属，是指扣除年度当年年龄超过 16 岁的亲属；
（2）特定亲属是指扣除年度当年年龄超过 19 岁但未满 23 岁的亲属；
（3）老年亲属是指扣除年度当年年龄超过 70 岁的亲属；
（4）同住老人是指纳税人或配偶的直系亲属（父母、祖父母等），或者与纳税人或配偶平时同住的老人。
资料来源：日本国税厅网站。

（6）勤劳学生扣除。勤劳学生扣除是指纳税人为符合税法规定条件的学生，其取得的工资收入等劳动所得在纳税申报时可扣除的金额。根据日本税法规定，该扣除金额为 27 万日元。

（7）人寿保险费扣除（最高限额为 12 万日元）。

（8）医疗费扣除（最高限额为 200 万日元）。

（9）杂损扣除。杂损扣除是指因灾害或被盗而发生的资产损失，允许得到一定金额的所得扣除。若损失金额较大，当年未扣除完，可向后结转 3 年。

（10）地震保险费扣除（每年可扣除最高限额为 5 万日元）。

（11）捐赠款扣除。纳税人对国家或地方公共团体、特定公益团体的捐赠，可以扣除。

可扣除金额为捐赠款合计金额与总所得金额的40%二者中的较低者。

(12) 鳏寡扣除。特别寡妇扣除金额为35万日元，其他鳏夫、寡妇扣除标准为27万日元。特别寡妇是指丈夫死亡或生死不明或者离婚未嫁，抚养子女且总所得金额低于500万日元的寡妇。

(13) 残疾人扣除。一般的残疾人扣除标准为27万日元，特别残疾人扣除标准为40万日元，同住的特别残疾人扣除标准为75万日元。[①]

(14) 小企业共济金扣除。纳税人根据小规模企业共济法支付的年金、共济金，允许扣除。

---

① 资料来源于日本国税厅网站。

第6篇

综合理财规划

第三十一章

综合理财规划原理

本章提要

根据 FPSB 制定的《金融理财执业标准》，CFP 执业者在提供金融理财服务时，应该帮助客户制订一个长期计划，而不是推销特定产品；应把客户的利益和需要放在第一位；所有 CFP 执业者都应该遵循一个考虑周全的理财程序，即金融理财执业操作规范。

FPSB 为这个包括 6 个步骤的规范流程专门制定了《金融理财执业标准》。

本章首先重点介绍上述综合理财规划的 6 大步骤，其次讲解 3 种综合理财规划方法的原理及运用。

本章内容包括：

- 综合理财规划的流程；
- 综合理财目标规划。

通过本章学习，读者应该能够：

- 熟练掌握综合理财规划各个流程的工作标准；
- 熟练掌握所介绍的 3 种综合理财规划方法。

第一节　综合理财规划的流程

《金融理财执业标准》所规定的个人理财规划执业操作流程包括以下 6 个步骤：

- 建立并界定客户关系；
- 收集客户信息；
- 分析和评估客户的财务状况；
- 制定并提交理财规划方案；

- 实施理财规划方案；
- 监督客户理财规划状况。

金融理财师应遵循以上6个步骤进行综合理财规划操作，下面我们分别就执业标准中的6个步骤展开讨论。

一、建立并界定客户关系

首先，理财师需要明确“客户在哪里”“如何选择客户”“准客户的标准”；其次，通过沟通技巧的运用与客户建立信任；最后，确定理财师对客户提供金融服务的类型，明确可能涉及的利益冲突。

（一）开拓客户

1. 客户在哪里

理财师通常可以从以下渠道发掘客户：从现有数据库中寻找、根据活期存款余额高低排序、最近定存到期的客户、理财产品即将到期的客户、买过基金的客户并按申购金额大小排序、开发附近高档小区、客户转介绍。

2. 如何选择客户

(1) 为什么要选择客户？

不是所有的购买者都能给我们带来收益，选择正确的客户是成功开发客户、维持客户忠诚的前提。没有选择客户可能造成定位的模糊，不利于在有限的时间、空间服务有效的客户。

(2) 选择什么样的客户？(ARK法则。)

- Asset：有能力理财，购买力强。
- Requirement：有理财需求，且需求强烈。
- Kindness：愿意且接受专业的服务。

(3) 选取意向客户后，征得客户同意安排需求面谈。

面谈前准备“6W1H”，如表32－1所示。

表31－1　　**事前准备“6W1H”法**

“6W1H”	说明
Why	为什么要听你说（跟你沟通）
Whom	接受方（客户）的背景
What	要传递什么信息（闲聊话题与议题资料的准备）
Which	何种模式（书面、电访、面谈、E-Mail……交互运用）
When	周一或周五？早上、下午或晚上？哪个时段比较好？
Where	请客户来，或者你去他办公室？或者家里？哪个地方较好？
How	如何表达：故事铺陈、简短扼要、专业展现、亲和力感染

(4) 自我介绍一定要提到的几件事：姓名（如何称呼）、为什么做（喜欢）这份工作、介绍所服务的机构、自己为什么选择服务所在机构、为什么自己可以提供帮助。

(二) 建立信任

建立信任关系，使客户相信你的能力与信誉。

1. 建立信任的重要性

(1) 建立信任和定义需求占整个客户访谈过程的 70%。

(2) 建立信任后客户才有可能提供规划过程中所需要的财务信息。

(3) 在建立信任之前一定不要销售，可通过面谈并利用相应的沟通技巧建立记忆性信赖感。

(4) 取得信赖感的目的是成交，成交＝客户感受到你的真诚＋客户对你产生信赖感＋你可以水到渠成地提出成交要求。

2. 赢得客户信任的策略

根据客户需求信息判定，在有限信任度的基础上，制定“如何赢得用户信任”的策略。通常在实务中，赢得客户的信任分为 5 个阶段，如图 31－1 所示。

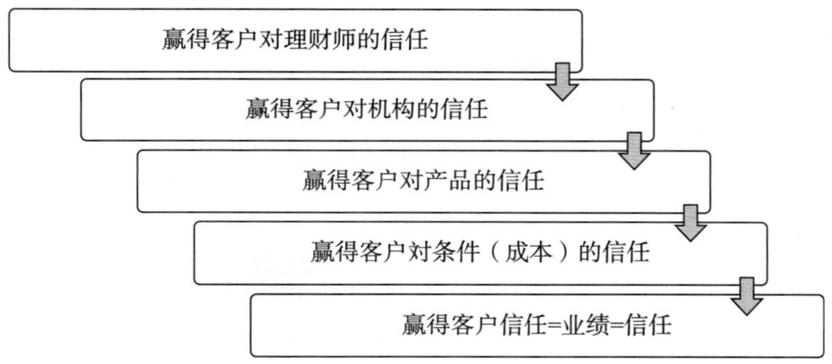

图 31－1 赢得客户信任的五个阶段

3. 如何建立客户信任关系

(1) 专业形象：仪容得体，注重商务礼仪。让客户感受到专业形象，可防止客户对你的信誉做出不利的判断。

(2) 办事能力：诚实介绍个人资历，事先了解客户相关背景和行业知识，让客户感觉到你有能力胜任其所托付的事项。

(3) 共同点：如有共同兴趣和共同朋友等，可提高客户的舒适度。

(4) 会谈意图：陈述会谈目的、说明会谈过程、点出会谈利益，让客户感到你有诚意也有能力解决其所关心的问题。

4. 是否获得客户信任的观察点

(1) 信任与不信任的肢体表现，如图 31－2 所示。

(2) 信任与不信任的语言表现，如图 31－3 所示。

表示信任的肢体信号

- 点头
- 身体前倾
- 配合语言的肢体动作
- 良好眼神接触
- 瞳孔放大
- ……

- 谈话无礼
- 面无表情
- 摇头
- 眼神游离
- 手掌紧握
- 皱眉
- ……

表示不信任的肢体信号

图 31－2　信任与不信任的肢体表现

表示信任的语言信号

- 详尽回答
- 良好的互动
- 主动发问
- 使用夸赞性词语
- ……

- 不断找借口
- 不发问/应答/说话
- 攻击、反驳
- 直接表达不满/不接电话
- ……

表示不信任的语言信号

图 31－3　信任与不信任的语言表现

5. 取得客户委托服务承诺的面谈

让客户认识到理财师有足够的专业能力，能够为其提供理财规划服务。

面谈时，向客户介绍自己的行业资历，包括展示金融理财师资质证明，说明金融理财服务帮助客户实现理财目标、服务时使用的方法，以及本人的服务经验和专业技术方面的情况。

（三）界定与客户的关系

1. 金融理财师与客户共同确定服务范围与类型

金融理财师和客户约定的服务范围可以涵盖一种、多种或全部金融理财服务

（即财务管理、资产管理、风险管理、税务优化、退休规划和遗产规划）。

服务的类型包括：

（1）理财顾问型服务，向客户提供的是财务分析与规划、投资建议、个人投资产品推介等专业化服务；

（2）综合理财型服务，是在向客户提供理财顾问服务的基础上，接受客户的委托和授权，按照与客户事先约定的投资计划和方式进行投资和资产管理的业务活动；

（3）如果客户要求的服务理财顾问因为专业或证照的问题无法提供，应介绍或与其他更适合的专业人士联合提供服务。

2. 确定金融理财师和客户的职责

（1）金融理财师的职责。

1）收集、分析和评估客户提供的所有家庭财务信息。

2）尽可能地了解客户的真实想法和期望，明确客户的目标，调整客户的预期。

3）为客户准备书面金融理财规划，并使其与所示范的理财规划书样本的结构相一致。

4）确定提供服务的时间期限，向客户提供所承诺的持续理财服务。

5）在提供以上服务的过程中遵守《金融理财师道德准则和专业责任》《金融理财执业标准》。

6）列明所提供的金融理财服务应收取的费用项目和支付方式。

7）提供其他有关确定或限制服务范围的信息。

（2）客户的职责。

1）提供金融理财师进行财务分析所需的信息和数据。

2）尽可能地让金融理财师了解其真实的想法和期望。

3）如有委托理财需要，及时安排资金到位。

4）配合理财服务的过程进行记账。

5）在金融理财师需要和为客户服务的其他专业人士（例如律师、银行经理）沟通时，从中协调和安排。

6）如期支付服务费用。

二、收集客户信息

理财师获得客户的初步信任后，需通过安排进一步面谈，实现收集客户理财信息、挖掘需求的目的，最终帮助客户确定理财目标。

（一）需收集的客户信息

1. 客户基本信息

客户基本信息包括客户本人的基本信息，家庭成员年龄、关系、职业、健康状况等；客户的财务信息，即家庭资产负债信息、家庭收入支出的现金流量信息、投资组合明细、社会保险和商业保险信息，以及税负状况等。

2. 客户理财属性信息

客户理财属性信息包括理财目标（何时达成、目标现值）、理财价值观（各目标优先顺序）、风险偏好（可接受最大损失）。详见表 31-2、表 31-3。

表 31-2　　收集客户的基本资料与理财属性信息

收集项目	包含内容
基本资料	客户与家庭成员年龄、职业与健康状况，家庭收支与资产负债资料，投资组合明细、社会保险和商业保险信息，以及税负状况等
理财性格	赚钱与用钱的态度，量入为出或量出为入，私密性，纪律性，冲动型或理智型消费者
理财目标	目标名称，何时实现，目标现金流支出现值，现金流增长率，目标的优先顺序
对风险的看法	纯粹风险——是否愿意买保险来转移风险损失 投资风险——风险承受能力与容忍程度的高低
理财知识与投入时间	依客户的理财知识水平，安排适当沟通模式 依客户可投入时间建议后续资产管理模式

表 31-3　　收集家庭财务的定量定性信息

收集项目	考虑因素
定量信息	家庭的资产种类与金额，负债期限与金额，收入支出的分类与金额，已有保单和投资组合
家庭财务决策管理	夫妻在财务决策上的角色，家庭支出分摊方式，用钱价值观的沟通
对负债的态度	是否尽量避免负债，是否积极管理债务以降低利息负担，资金充裕时是首选投资还是偿债
对目前工作的看法	收入的稳定性与成长性如何，有否考虑更换工作或自行创业
预算的纪律性	跟踪预算，对预算的差异进行分析

3. 收集信息的方法

（1）量化信息，可用问卷取得，包括：

1）家庭资产负债与收支状况；

2）现有投资与保单明细；

3）可量化的理财目标；

4）保费预算等。

（2）非量化信息，以问答方式沟通后取得，包括：

1）工作情况、家庭情况、现有理财状况；

2）目标详述与目标顺序；

3）理财价值观、对保险的认识；

4）投资经验、宗教信仰等。

（二）发掘需求

收集客户信息是下一步了解客户需求的前提，可以通过需求面谈，了解客户想得到什么？我们能提供什么？客户想得到的与我们能提供的是否契合？

1. 了解客户的动机，引导客户需求

有效的需求发掘从了解动机开始。动机来自目前状况与期待的落差：希望过更好的生活、解决目前家庭的财务困境、针对重要的财务决策寻求咨询。

2. 发掘需求的关键步骤

发掘需求从征求客户同意开始，根据所收集到的客户信息，了解其主观想法，反复沟通，取得客户认同，最终提出可行性方案。具体步骤如图 31－4 所示。

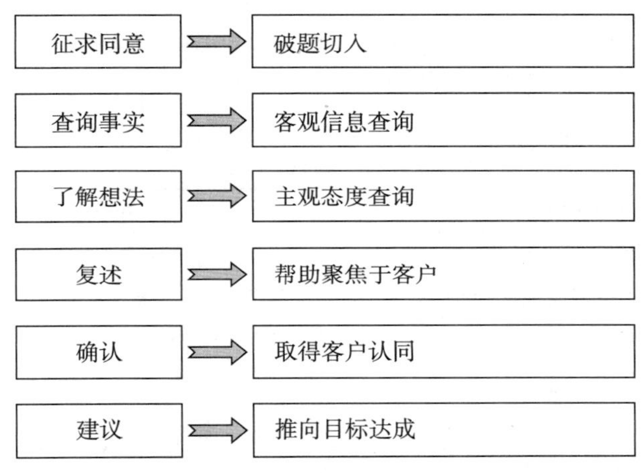

图 31－4　发掘需求的步骤

3. 客户的需求层次分析

理财师应根据收集的客户信息，帮助客户设定未来希望达到的理财目标。由于不同客户拥有的家庭财务资源存在差异性，理财目标的侧重点也会有所差异。因此，理财师一定要进行客户理财需求层次分析，方能制定出适合客户的理财方案。

通常家庭的生活水准大体可以划分为 4 个层级：基本生活水准、平均生活水准、满意水准和富足水准，如图 31－5 所示。

如果客户的资产已经达到一辈子都花不完的层次，也就是说，已经达到金字塔顶端——富足水准，那么理财规划的侧重点是财富传承；如果客户目前处于满意水准，但未来会达到富足水准，则理财规划主要考虑财产保护，并前瞻性地进行财富传承规划；如果客户目前处于平均生活水准，而未来希望达到满意水准，那么理财规划的重点是实现资产稳定增长；如果客户目前还处在基本水准，则提高人力资本和基本风险保障能力是当务之急。

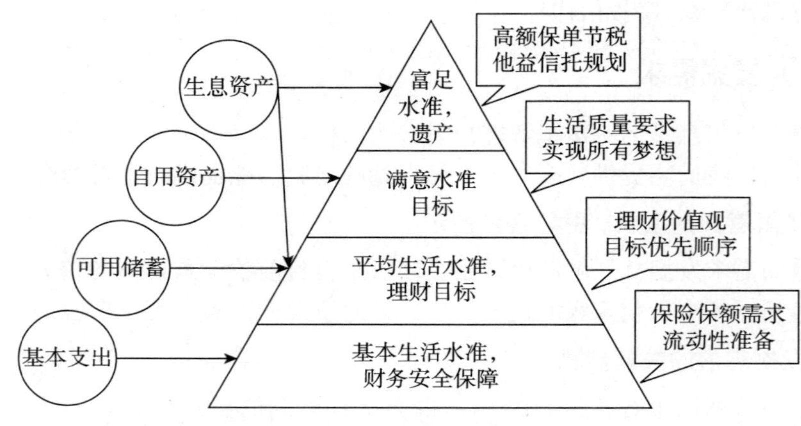

图 31-5　客户目标需求层级

（三）了解目标

理财师应充分了解客户的理财目标及优先级，并请客户分别量化确认各项目标的理想值与可接受值（见表 31-4）。

表 31-4　各项目标的理想值与可接受值

目标	理想值	可接受值
生活支出	期待的生活水平	不低于当地平均水平
购房	理想面积×期望居住地区单价	人均 30 平方米×家庭人口×当地平均房价
子女教育	出国留学费用	国内大学费用
购车	30 万元以上的进口车	10 万元左右的国产车
退休	维持目前生活水平＋退休后旅游	目前生活水平×70%
理想值达不到目标时，可测试可接受值能否达到		

确定目标必须遵循“聪明”（SMART）原则，即目标要明确（specific）、可衡量（measurable）、能达到（attainable）、具有现实性（realistic）、有时限性（time-binding）。

三、分析和评估客户的财务状况

在收集、整理客户理财信息的基础上，理财师需要对客户的财务状况进行分析和评估，包括：对客户财务状况进行诊断，提出改善建议；根据宏观经济状况，设定合理的基本假设参数；分析客户行为特性和风险属性；基于参数假设，分析评估如何由现状达到目标。

（一）诊断目前的财务状况，提出改善建议

帮助客户制作家庭财务报表后，即可进行初步的财务诊断。除可对资产结构、收入结构、负债结构和支出结构进行总体分析外，也可对资产的流动性、风

险性，负债的财务负担率，收入的稳定性和各项支出的调整弹性进行更加细致的分析。通常，理财师应对客户的财务状况进行指标分析，评估相关财务指标是否在合理的取值范围，并得出相应评估结果和提出改善建议（如表31-5所示）。

表31-5　　常用家庭财务指标

家庭财务指标	定义	合理范围	实际值	改善建议
流动比率	流动资产/流动负债	2%～10%	（略）	（略）
资产负债率	总负债/总资产	20%～60%	—	—
紧急预备金倍数	流动资产/月支出	3～6	—	—
财务自由度	年理财收入/年支出	20%～100%	—	—
财务负担率	年本息支出/年收入	20%～40%	—	—
平均投资收益率	年理财收入/生息资产	3%～10%	—	—
净值成长率	储蓄/期初净值	5%～20%	—	—
储蓄率	储蓄/总收入	20%～60%	—	—
自由储蓄率	自由储蓄/总收入	10%～40%	—	—

（二）基本假设与参数设定

（1）利率。应当关注长期利率水平的波动趋势，及其对理财目标所产生的影响。通常参考10年期国债利率变化来设定长期利率水平。

（2）汇率。应当关注长期汇率水平的波动趋势，及其对跨境资产配置和家庭理财目标所产生的影响。通常通过远期汇率交易水平来设定未来的汇率水平。

（3）通货膨胀率。规划时依照生活费用支出的类别考虑通货膨胀因素，可估算未来的生活费用水平。

（4）学费增长率。依照经验统计数据与未来趋势，学费增长受通货膨胀率影响，且其增长水平往往会高于通货膨胀率。因此，应估算与客户需求对应的公私立学校与留学的费用增长率。

（4）收入成长率。根据客户年龄与职业，从稳健的角度考虑，通常收入成长率设置较为保守。

（5）房屋折旧率与房价成长率。房屋未来价值＝当前房价×(1－折旧率×n)×(1＋房价成长率)^n（n＝居住年数或投资年数）。

（6）投资收益率。根据建议的资产组合，推算出经验投资收益率。

（7）折现率。将未来目标值折合为当前现值时，可使用“投资收益率－通货膨胀率”得到的折现率进行粗算。

（8）退休生活消费替代率。退休后的消费水平是退休前消费支出的一定比例，一般经验认为是70%～80%，如客户未明确其退休后所期望的生活消费水平，则可以此经验值进行估算。

（9）保险事故发生后家庭支出调整率。如客户未明确表示，可按保险事故发生前标准的80%估计。

需要注意的是，在每年对理财规划方案进行检视时，应对这些数据假设的合理性重新判断并相应调整。

（三）分析客户的行为特性和风险属性

金融理财是针对客户一生提供的综合金融服务。因此，理财师需要针对客户自身财务状况和特殊需求，并结合客户的个人生涯规划、家庭生命周期、理财价值观、客户类型及客户的风险属性"量身定制"理财规划。

1. 客户的一般财务状况与特殊需求

（1）一般财务状况包括生涯规划（事业、退休、家庭、居住）、理财计划（投资、保险、债务、节税）、家庭生命周期的规划。

（2）特殊需求包括家庭结构改变（结婚、离婚、再婚）、事业发展变化（就业、失业、创业）、居住环境变化（迁居、移民）、意外收支处理（遗产、保险金、中奖）等。

2. 个人生涯规划

如果把人生比喻为出国旅行，有两样东西是出国前一定要先准备妥当的，一样是行程表，另一样是资金。生涯规划好比是人生之旅的预订行程图，也是要预先规划何时停靠人生阶段的哪一站、从事什么职业、住哪里、拥有什么样的生活水平、有多少家庭成员等，才能把它转化为可以量化的理财目标，算出一生中要花多少钱，一生中又可能赚多少钱，如何平衡一生的收支差异。因此金融理财要从生涯规划开始。

生涯规划就大多数个人而言，重要的抉择包括学业规划、事业规划、退休规划。就大多数家庭来说，组成家庭、养育儿女以及伴随着家庭成员成长的居住需求是规划的重点。在此基础上确定的理财目标，必须通过投资、保险、信贷和税务筹划等方面的综合运用，形成具体的实施方案。用投资来累积资产；用贷款来提前实现置产的愿望；用保险来保障收入中断或身患重大疾病时的风险；税务筹划旨在增加可支配收入。

我们按年龄把个人的生涯规划简单分为 6 个阶段，不同阶段的理财活动重点示例如表 31－6 所示。

表 31－6　个人生涯规划阶段的理财重点

期间	学业事业	家庭形态	理财活动	投资工具	保险计划
探索期 （18～24 岁）	升学或就业 职业选择	以父母家庭 为生活重心	提升专业 提高收入	活期存款 定期存款 基金定投	意外险、寿险 受益人——父母
建立期 （25～34 岁）	在职进修 确定方向	择偶结婚 有学前小孩	量入为出 攒首付款	活期存款 定期存款 基金定投	寿险、子女教育金 受益人——配偶、子女
稳定期 （35～44 岁）	提升管理技能 进行创业评估	小孩上小学 中学	偿还房贷 筹教育金	自用房产 股票、基金	依房贷余额 保额递减的寿险
维持期 （45～54 岁）	中层管理 建立专业声誉	小孩上大学 或出国深造	收入增加 筹退休金	建立多元 投资组合	养老险或 投资型保单
高原期 （55～64 岁）	高层管理 专家顾问	小孩已独立 就业	负担减轻 准备退休	降低投资 组合风险	养老险或 长期看护险
退休期 （65 岁后）	名誉顾问 传承经验	儿女成家 含饴弄孙	享受生活 规划遗产	固定收益 投资为主	领终身年金 至终老

3. 家庭生命周期及理财重点

家庭生命周期（family life cycle）是多数家庭必然要经历的过程。家庭生命周期包括形成期、成长期、成熟期和衰老期。一对夫妻从结婚建立家庭生养子女（家庭形成期）、子女长大就学（家庭成长期）、子女独立和事业发展到巅峰（家庭成熟期）、夫妻退休走向终老（家庭衰老期），形成了一个家庭的生命周期。

以上家庭生命周期的 4 个阶段，是以一个独立的家庭历程来划分的，但不同世代家庭的周期阶段会交织在一起。例如当自己的家庭处于形成期时，父母的家庭已到成熟期；自己的家庭处于成长期时，父母的家庭则进入衰老期；当夫妻中一人过世后，若生存者独居则回归为个人，若和子女同住，则并入子女的家庭生命周期中。

了解客户在不同周期的需求有助于理财师帮助客户做出专业、恰当的理财规划方案。金融理财师可以帮助客户根据其家庭生命周期的流动性、收益性和安全性需求提供资产配置建议。不同家庭生命周期的理财重点见表 31－7。

表 31－7　家庭生命周期的理财重点

周期	夫妻年龄	保险安排	信托安排	核心资产配置	信贷运用
形成期 （筑巢期）	25～35 岁	随家庭成员增加 提高寿险保额	购房置产信托	股票 50%～60% 债券 20%～30% 货币 10%～30%	信用卡 小额信贷
成长期 （满巢期）	30～55 岁	以子女教育年金 储备高等教育金	子女教育金信托	股票 40%～50% 债券 30%～40% 货币 10%～30%	房屋贷款 汽车贷款
成熟期 （离巢期）	50～65 岁	以不同养老险或 年金产品储备退休金	退休养老信托	股票 20%～40% 债券 40%～50% 货币 10%～40%	还清贷款
衰老期 （空巢期）	60～90 岁	投保长期看护险 受领即期年金	遗产信托	股票 0～20% 债券 50%～60% 货币 20%～50%	无贷款

以表 31－7 中的保险安排为例，在家庭不同生命周期阶段，客户的保险保障需求亦不同。典型客户一生的寿险安排如图 31－6 所示。

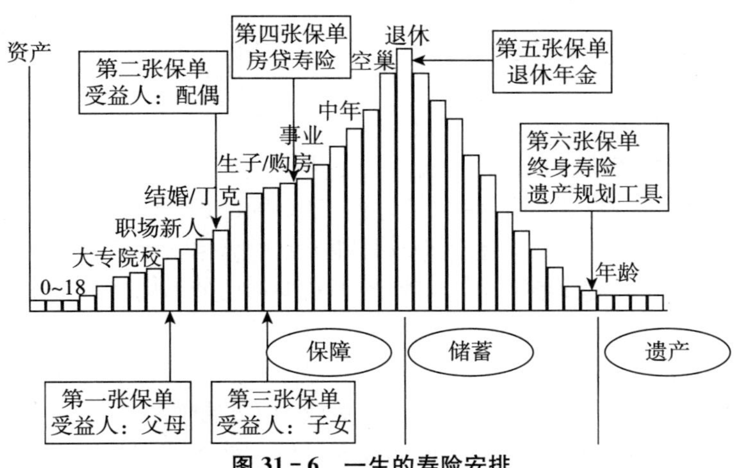

图 31－6　一生的寿险安排

4. 理财价值观

资源有限，欲望无穷，因此必须做出选择，决定资源的分配顺序。

经济学就是探讨如何选择的科学，决定的标准就在于每一个备选项目能带来的效用。然而效用对不同的人来说并不是常数，而是相当主观的。在理财规划上，我们把当前现有资源无法满足所有理财目标时，人们对个别理财目标间的相对重要性或实现顺序的主观选择，称为理财价值观。

价值观因人而异，没有对错标准，理财师的责任不在于扭转客户的价值观，而是让客户了解坚持极端价值观所花费的代价。

（1）家庭义务性支出。在家庭理财方面，最应优先满足的现金流量有三项：日常生活基本开销、已有负债的本利摊还支出、已有保险的续期保费支出。以上三种支出合计为当前的义务性支出。义务性支出也称为强制性支出，是收入中必须优先满足的支出。

（2）家庭选择性支出。收入高于义务性支出的部分就是选择性支出，哪些支出给个人带来的效用较高，人们就会增加这方面的消费。这就是以现金流量方向表述的理财价值观。选择性支出也称为任意性支出，不同价值观的客户因对不同理财目标实现后带来的效用有不同的主观评价，其任意性支出的选择顺序也会有所不同。

对于选择性支出，可以选择现在消费，提升当前的生活享受水平，也可以选择储蓄积累，用于未来消费。

（3）四种典型的理财价值观。根据对义务性支出和选择性支出的不同态度，人们往往持有不同的理财价值观，典型的有 4 种：偏当前享受型、偏购房型、偏子女型、偏退休型。

不同的理财价值观在理财规划的运用上有着不同的侧重点（见表 31－8）。

表 31－8　理财价值观在理财规划中的运用

偏当前享受型——建议适当储蓄 投资——优先考虑基金定投 保险——养老年金保险	偏购房型——优先安排购房规划 投资——短期流动性好的工具 保险——财产险、定期寿险
偏子女型——优先安排子女教育金规划 投资——中长期偏股型投资工具 保险——子女教育年金或投资型保险	偏退休型——优先安排退休规划 投资——长期股权类投资工具 保险——养老险或投资型保险

偏当前享受型客户，注重眼前的目标，如购车或国外旅游，而忽略离现在时间较久的退休金的筹措。他们往往会使用信用卡或消费型贷款提前消费。个人的价值观受成长背景的影响，并不容易改变，理财师的责任也不在于纠正客户的价值观，而是提醒客户完全忽视退休需求可能导致的后果，唤起提前储蓄退休后基本生活费用的意识，建议客户适当储蓄使得其退休后能够财务独立，避免依赖他人。可以考虑根据客户的风险属性定投相适宜的基金或者投资型保单，但基金和投资型保险的投资风险由客户自己承担。对保守的投资者也可建议购买储蓄型年金保险，以为其退休基本生活支出提供相对较确定的供给。

偏购房型客户以购置房产为首要的理财目标。然而若在此目标上耗用太多的

资源，将会降低其他目标达成的可能性。对此类型的客户，应帮其试算购房能力，设计最适合其现金流量的房贷，让其有机会在50岁以前将房贷还清，则至少可用10年时间准备退休金。购房规划首付的筹备时间多在5年以内，应选择短期流动性好的工具并做适时的转换来力争获利。偏购房型客户购房时可以抵押标的物投保财产险，并以家庭经济支柱为被保险人、以贷款金额为保险金额、以贷款期限为保险期限购买定期寿险。

偏子女型客户以子女教育抚养为最重要的人生目标，理财师同时也要提醒他们还是要留一点资源给自己。有些花费较大的目标，如送子女去国外留学，应以较长的时间准备或通过及早和子女沟通来共同准备。可与客户沟通选择子女教育年金保险或中长期偏股型投资工具。

偏退休型客户注重退休生活品质，把退休目标放在第一位。因此对偏退休型客户应该依其意愿顺水推舟，规划可让其顺利实现退休梦想的储蓄投资计划。由于偏退休型客户的储蓄率高且准备时间较长，会经历整个景气循环，故不宜太保守，可选择长期股权类投资工具。在保险方面，若储蓄额足够高，可借助养老寿险来让退休后的生活更有保障，也可以买投资型保单来达到增值的效果。偏退休型客户一般不常运用信贷产品。

5. 客户类型和金融服务方式

不管是银行、券商、基金公司、投资顾问公司，还是保险公司，如果能够通过问卷调查得知客户的私密性和依赖性程度，那么就可以参照图31－7提供客户易接受的理财服务方式。

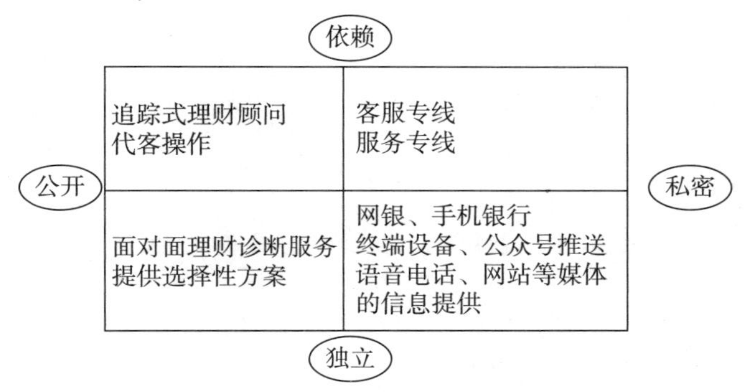

图31－7　客户类型和金融服务方式

（1）依赖性及私密性要求均高的客户。这种类型的客户希望能得到专家的建议，但又不希望透露自己的财务状况，通常自己先决定有多少钱可用来买股票或基金，再寻找理财师提供进场时间、选择何种股票或基金等方面的意见。这种客户不希望被电话行销打扰，但有需要时会打电话或在线咨询专家意见。

（2）私密性高但依赖性低的客户。这种类型的客户偏好自己投资，自行决定投资组合及进出时机。当有新的投资商品引起他们的兴趣时，他们会希望有足够的信息以供判断是否进入新的领域。理财师及金融机构可为这类客户提供个性化定制的产品资讯、自动化服务及交易系统。

（3）私密性低但依赖性高的客户。这种类型的客户愿意提供个人的财务数

据，愿意信任专家，接受专家帮助自己进行更有效的金融理财，甚至代做投资。理财师可为这类客户做全生涯金融理财，提供现阶段各项理财建议，并定期追踪建议的执行情况以达到改善的效果。

（4）私密性和依赖性均低的客户。这类客户愿提供个人数据，请理财师做面对面的理财诊断和分析，但往往会综合权衡后自主决策并执行理财方案。他们愿意和理财师坐下来谈并听取建议，但对何时进场、投资多少，仍有自己的主见，理财师应提供选择性理财方案并分析各方案的利弊得失，让客户自己做最后的决定；或是提供多种投资商品供其选择。

6. 客户风险属性分析

在理财规划方案设计中，投资规划及投资工具的选择与客户风险属性密切相关。

客户的风险属性一般分为风险承受能力与风险容忍态度两个层面，理财师需对客户的风险属性进行分析评估。具体内容详见本书第二十四章第二节。

（1）影响客户客观风险承受能力的因素（如图 31－8 所示）。

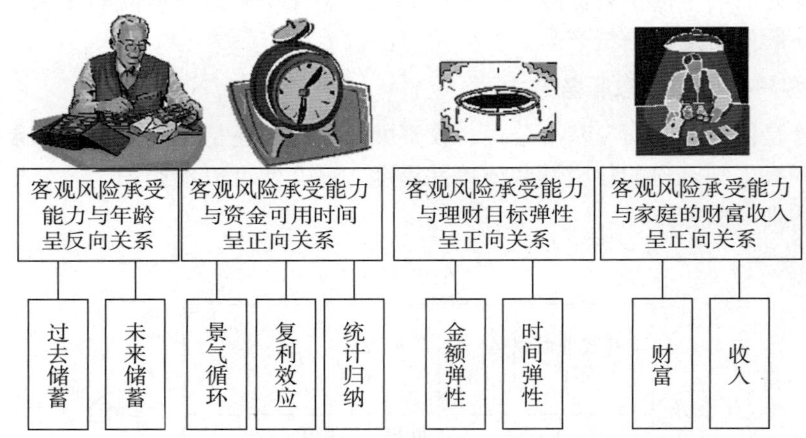

图 31－8　影响客户客观风险承受能力的因素

（2）主观风险容忍态度。根据客户对于风险的态度，可以将客户划分为风险中性型、风险厌恶型、风险追求型。

每个人主观上可以承受本金损失的程度往往不同，客户的主观风险偏好是决定投资工具选择或投资组合配置的关键因素之一。

（3）结合客户风险属性的风险资产投资比例分析。对投资者客观风险承受能力起重要作用的是年龄因素，在只考虑年龄和三种不同的主观风险偏好的基础上，结合以股票为代表的风险资产和以存款为代表的无风险资产，可以用“100－年龄”作为风险资产的投资比例，再根据主观风险偏好进行调整。例如，30 岁的投资者可以投资股票 70%，存款 30%；50 岁的投资者可以投资股票 50%，存款 50%。

风险追求型投资者可以在依照年龄算出的股票比率的基础上加上 10%～20%，风险厌恶型投资者可以在依照年龄算出的股票比率的基础上减去 10%～20%，风险中性型投资者则可以维持依照年龄算出的股票比率。例如，20 岁的风险追求型投资者可以 90%～100%投资股票，80 岁的风险厌恶型投资者的资产应该 90%～100%放在存款上。

在客户风险属性确定以后可以画出年龄和适当的股票投资比例图，如图 31－9 所示，40 岁的风险追求型投资者可投资的股票比例为 60%＋[10%，20%]＝[70%，80%]。

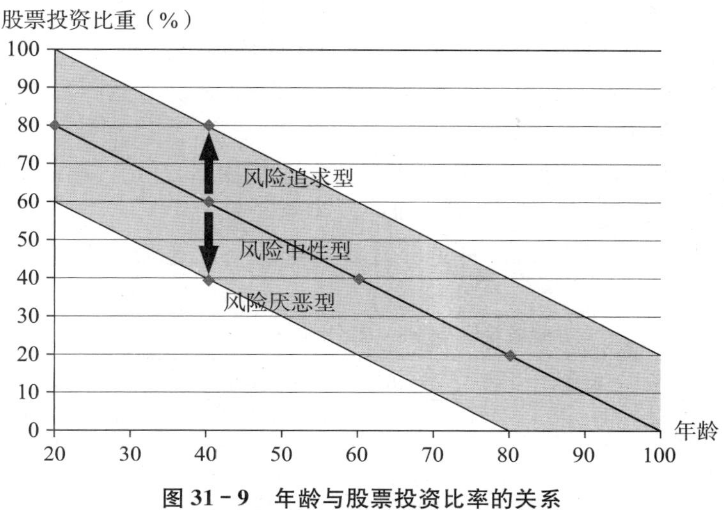

图 31－9　年龄与股票投资比率的关系

四、制定并提交理财规划方案

（一）个人理财规划方法

个人理财规划方法主要有以下三种（本章第二节会进行详细介绍）：

（1）目标并进法；

（2）目标顺序法；

（3）目标现值法。

（二）设计不同的理财方案

制定并向客户提交规划方案是综合理财规划的重要环节。金融理财师通常需要借助专业的理财分析软件来制作方案报告书。通常在实务中，理财师需要确认是设计单一需求规划还是复合需求规划；是单一产品推荐还是资产组合配置等。

1. 列出可选方案

在实务中，金融理财师在进行规划分析时，可采用树形图罗列出所有可能方案，进而筛选出各年度的现金流量能够满足客户理财目标者作为可选方案，并择优选出三个方案推荐给客户，供客户最后决策。

2. 比较不同方案

（1）单一决策，即只考虑该决策所涉及的现金流量，还原为净现值，净现值

高者优先考虑。

（2）生涯决策，即把所有的理财目标涉及的现金流量一起考虑，内部收益率越低者，则达成所有理财目标所需要的投资收益率越低，达成的可能性越高，应优先考虑。在设定同一个折现率的情况下，应优先考虑净现值高的方案。

（3）方案决策案例——创业资金筹措。

大学刚毕业的小张打算筹措 20 万元资金创业，有三个方案可供选择。

方案 1：向朋友借 20 万元，未来 3 年每年年底还 7 万元。

方案 2：向父母借 20 万元，以银行整存整取利率 1.5%计算，3 年后一次性还给父母 20.9 万元。

方案 3：以父母为担保人，申请大学生创业贷款 20 万元，第一年利息由政府补贴，后两年每年还本金 10 万元与利息，利率 4.35%。

结论：如表 31－9 所示，向父母借款 3 年后一次还清，内部收益率最低最划算。

表 31－9　　方案决策示范——IRR 比较法

现金流	方案 1：向朋友借款	方案 2：向父母借款	方案 3：申请创业贷款
期初 CF_0	200 000	200 000	200 000
第 1 年 CF_1	−70 000	0	0
第 2 年 CF_2	−70 000	0	−108 700
第 3 年 CF_3	−70 000	−209 000	−10 435
内部收益率	2.48%	1.48%	2.57%

3. 个人理财规划方案要点

（1）理财方案必须先解决客户当前面临的急迫问题，再协助客户达成全生涯的理财目标。

（2）应提出主要方案与备选方案，分别做定量分析与定性分析。

（3）可以运用软件中的现金流计算工具来做定量分析决策，但对于特殊事件规划，理财师仍要考虑现行法规与其他限制，另做补充规划。

（4）对于一般的全生涯规划，可以从一生现金流的角度判断目标可行性，并借助情景分析与敏感度分析，提出调整方案。

4. 理财方案的定性分析

利用 SWOT 方法对理财方案进行定性分析，从自身的优势和劣势、外部环境的机会与威胁角度进行分析，如图 31－10 所示。

自身	strength 优势	weakness 劣势
环境	opportunity 机会	threat 威胁

图 31－10　SWOT 分析

定性分析需要考虑各种规划的情况，包括居住规划、贷款规划、遗产规划、退休规划、子女教育金规划、保险规划、投资规划，如图 31－11 所示。

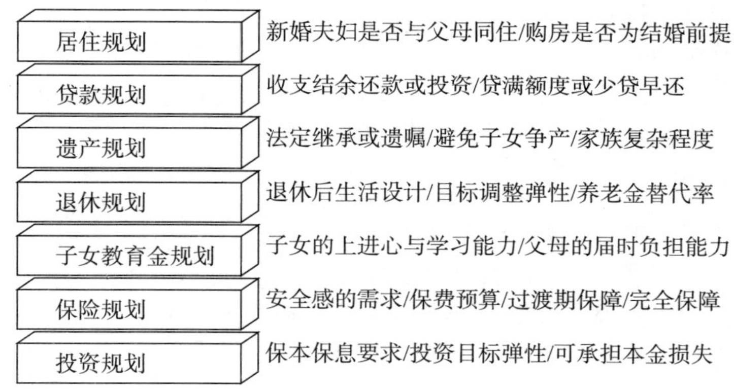

图 31－11　定性分析应考虑的因素

（三）理财规划报告书内容示例

理财规划报告书一般包括声明、摘要、规划分析、行动方案和产品推荐等几个方面。

1. 声明[①]

（1）规划目的。理财规划报告书是用来帮助客户明确财务需求及目标，对理财事务进行更好的决策，达到财务自由、决策自主与生活自在的人生目标。

（2）资料基础与定期评估。理财规划报告书做出的所有分析都是基于客户当前的家庭情况、财务情况、未来目标和计划，以及对一些金融参数的假设和当前所属的经济形势，以上内容都有可能发生变化，建议客户定期评估自己的目标和计划，特别是在人生阶段发生重大变化（如家庭结构变化、更换工作等）的时候。

（3）专业胜任声明。介绍理财师的学历经历、专业认证与专长等。

（4）保密条款。理财规划报告书将由金融理财师直接交与客户，充分沟通讨论后协助客户执行规划书中的建议方案。未经客户书面许可，金融理财师及其助理，不得透露任何有关客户的个人信息。

（5）应披露事项。理财规划报告书收取报酬为每份________元人民币，报告书完成后若要由理财师协助执行投资或购买保险产品，本单位根据与基金公司或保险公司签订的代理合同，收取代理手续费。所推荐产品与理财师个人投资没有利益冲突。

2. 摘要

编写报告摘要，描述以上各项分析与规划的结果。

报告摘要主要包括以下内容：

（1）综合财务诊断；

① 以金拐棍理财资讯平台中的理财规划报告书“声明”内容为例。

（2）理财目标达成可行性分析与调整说明；

（3）投资规划与投资组合建议；

（4）风险管理规划与保险组合建议；

（5）后续行动方案。

将仿真分析得出的结果整理成一两页的摘要，针对客户最关心的理财目标或亟待解决的特殊需求，给出明确的诊断结果与建议。

3. 规划分析

理财规划报告书的主要内容包括以下几点：

（1）客户的家庭资产负债表及财务结构。

（2）客户的家庭现金流量表及收支储蓄结构。

（3）对客户目前财务状况的诊断与建议。

（4）依照客户风险承受度设定合理的投资收益率。

（5）根据设定的投资收益率与理财目标达成年限，参考各种投资工具的历史收益率与风险，模拟出最有机会实现理财目标的核心投资组合，并提出相应的资产配置建议。可使用资产配置图强化说明效果。

（6）用各个时期的净现金流测算当期的资金缺口，提出应提高收入、降低支出或调整理财目标金额与年限的建议。

（7）依照生命价值法或遗属需求法，测算寿险保额需求。

4. 行动方案

行动方案包括解决客户特殊需求的行动方案、投资调整方案与保险调整方案。

（1）解决客户特殊需求的行动方案。当客户面临移民、离婚或分配财产，以及在现金流量非正常变化（大额流入或借贷需求）时，或者出于税收上的特别考虑，需要做出相应的特殊规划安排。

（2）投资调整方案。比较现有的投资组合及建议的投资组合，列出可行的投资组合调整比率、金额及调整时机。

（3）保险调整方案。评估客户目前已有的保险安排是否充分，评估家庭是否存在收入中断、费用激增等可能改变生涯现金流量的风险。以保费占收入的比例、保额为年支出的倍数等指标来衡量保险规划的合理性，提出保险规划调整方案。

5. 产品推荐

独立客观的理财师应该把理财规划与产品推荐严格分开，只有当客户要求理财师协助其执行规划方案时，理财师才能进行产品推荐。理财师可以在本机构提供或者代销的产品中寻找满足客户需要的产品，配置客户的资产。如果本机构没有满足客户需求的产品，本着以客户为中心的原则，应该尽可能客观地推荐其他金融机构的产品（见图 31－12）。

不同金融产品可以分别适应多目标的理财需求，表 31－10 至表 31－14 依次给出了紧急预备金与基本保障、购房规划、子女教育金规划、退休规划以及特殊规划的产品推荐示例。

图 31－12　产品推荐的原则

表 31－10　紧急预备金与基本保障的产品推荐

保障项目	紧急预备金	人身保障	财产保障
考虑因素	预留几个月的生活费才足够	丧失收入能力 遗属支出缺口	财产损失后的负债缺口
适合产品与服务	存款 货币市场基金	寿险/意外险/医疗险/失能险	房屋险/汽车险/责任险
本机构产品（讨论）			

表 31－11　购房规划的产品推荐

购房流程	准备首付款	购置房产	负担房贷
考虑因素	政策规定几年后可以购房	区位、面积	贷款成数、利率、年限
适合产品与服务	基金定投、房地产类信托	就房贷额加保寿险	传统房贷存抵贷/气球贷
本机构产品（讨论）			

表 31－12　子女教育金规划的产品推荐

教育金规划流程	子女出生到高中毕业	子女念大学或出国留学	子女婚嫁/创业/购房
考虑因素	负担较轻，储蓄高等教育金	支用高等教育金	视能力额外准备
适合产品与服务	混合基金定投、子女教育年金	外币卡/信用卡 境外教育金信托 留学贷款	投资连结险 股票基金
本机构产品（讨论）			

表 31－13　退休规划的产品推荐

退休规划流程	退休前	退休当年	退休后
考虑因素	几年后退休 自储养老金	社保养老金缺口/届时资产	各阶段开销、生活年数
适合产品与服务	股票、基金定投、养老年金、保险	两全险转年金、退休安养信托	债券型基金、保本浮动收益
本机构产品（讨论）			

表 31-14　　特殊规划的产品推荐

特殊规划项目	离婚状况	移民规划	遗产规划
考虑因素	离婚的成本 离婚财产分割	移民的方式 异地购换房	遗产移转方式 避免家庭纷争
适合产品与服务	联名账户处理 子女养育信托	移民税务规划 境外生活信托	终身寿险 遗产信托
本机构产品（讨论）			

6. 风险告知

理财师需要告知客户所建议的投资产品可能有流动性风险、市场风险、信用风险等，并说明这些产品所预估的投资收益率具有不确定性。

7. 定期审视

当出现如下情况时，可能影响客户实现理财目标，理财师应建议客户定期检查并重新评估理财规划报告，以便适时做出调整：

（1）报告书所采用的金融假设在现实生活中发生变化，如国家公布的通货膨胀率与实际生活地区的情况不同；

（2）理财报告书设定的投资收益率为预测数据，可能高于或低于实际收益；

（3）客户家庭财务状况可能发生变化，以至于不能按计划实施理财规划方案；

（4）在实际执行时，当地法律和经济环境可能有所变化。

根据客户的情况，建议定期审视的方式与频率，可预先设置下次检视日期，通常至少需一年审视一次。若家庭事业有重大变化，则需要重新制作理财规划报告书。

（四）确认并提交理财规划方案

金融理财师应向客户提交理财规划方案并提供其依据，以便客户能够在充分知情的情况下做出决策。

1. 理财师向客户提交理财报告之前，应确认报告与以下事项是否保持一致

（1）金融理财师和客户共同确定的合同关系，即双方责任、风险和费用。

（2）金融理财师和客户共同确定的客户生活的和财务的目标、需求及实现的先后顺序。

（3）客户提供的相关数据。

（4）有关个人或经济环境的预测。

（5）金融理财师关于客户当前财务状况的分析和评估。

（6）金融理财师提供的备选方案。

2. 面谈的重点

（1）先陈述报告书摘要，针对客户有疑问或想多了解的部分做详细的分析讲解。说明应通俗易懂，避免太专业的术语。

（2）针对客户当前的投资或保险组合，提出调整建议时应向客户做出客观、详尽的说明。

（3）依照客户所选定的方案，拟定投资或保险产品的配置建议；建议应具体、明了，便于客户直接操作或授权理财师执行。

（4）对所配置的产品需进行风险告知，切勿保证收益。

（5）约定是否定期追踪及下次检视的日期。

五、实施理财规划方案

理财规划方案只有付诸实施，才能产生应有的效果并达到预期的目的。金融理财师可根据双方达成的协议约定服务范围。

（一）就理财规划方案实施的职责达成一致

（1）确定方案的执行计划和内容。

（2）恰当和正确地划分金融理财师和客户在方案执行过程中的责任。

（3）在需要时，寻求其他相关专业人员的帮助，或向其他专业人员咨询。

（4）协调其他相关专业人员的工作。

（5）在授权范围内可与其他相关专业人员共享信息。

（二）选择金融产品和服务

金融理财师应在其服务范围内为客户寻找并推荐与其确认的理财规划方案相符的产品及服务。

金融理财师负责研究并推荐适合客户财务状况并能合理实现客户目标、需求及优先顺序要求的产品或服务。金融理财师在寻找上述产品和服务的时候应从客户利益出发并使用专业判断。专业判断包括定性信息和定量信息。由于符合客户需求的产品和服务不止一种，金融理财师设计的方案可能不同于其他专业人士。金融理财师应根据适用法规向客户披露所有相关信息。在推荐相关的产品和服务的同时，应展示理财规划策略及方案。

六、监督客户理财规划状况

随着时间的推移和环境的变化，原来制定的理财目标与理财方案可能与现实情况不完全相符。理财师应该定期检查并监督理财方案的执行情况，并根据执行情况与现实情况进行适当的修正和调整，从而确保理财目标的顺利实现。检查或调整理财规划方案的时间安排，可视不同客户、不同规划方案的具体情况，按年或按季进行。

需要注意的是，理财规划注重的是长期的策略性安排，切忌短期内随意改变方向或轻易放弃原来制定的目标或方案。

（一）检查应有储蓄与实际储蓄之间的差异

应有储蓄是为了实现理财目标，必须牺牲现有消费而换取未来消费的份额。应有储蓄可以根据理财目标测算出来。例如，阿明 30 岁，预计 65 岁退休，退休后生活 25 年，要实现购车 5 万元、购房 50 万元与退休后年生活费 3 万元的理财目标，不考虑货币时间价值，可计算出每年应有储蓄 3.71 万元，目前每年生活费 4 万元，则每年应有收入＝3.71 万元＋4 万元＝7.71 万元。应有收入是阿明努力的目标。如果收入无法达到 7.71 万元，那么可以通过削减支出来达到。收入－应有储蓄＝支出预算。如果阿明年收入只有 7 万元，应有年储蓄为 3.71 万元，那么年储蓄率为 53%，每个月的支出预算为（7 万元－3.71 万元）/12＝2 742 元。目前月支出为 4 万元/12＝3 333 元，即每月支出要削减 591 元。如果削减支出不能一蹴而就，可以采取逐月降低开支的办法。例如，每个月在前一个月的基础上削减开支 100 元，大约经过半年修正就可达到支出预算削减的目标。

（二）检查应累积生息资产与实际累积生息资产之间的差异

在阿明的简单示例中，没有考虑货币的时间价值。然而货币的时间价值对理财来说非常重要。在实际运作时，生息资产（*A*）的价值会随着时间的变化而变化。通常每个季度或每半年需要检查应累积生息资产与实际累积生息资产之间的差异。当两者之间差异过大且超过预期范围时，理财师应该考虑是否需要调整原来制定的理财目标（*R*）。例如，期初生息资产为 100 万元，预期收益率为 10%，半年后应到 105 万元。事实上客户将生息资产的 50%投资于股市，50%以现金形式保留，而股市这半年下跌了 20%，生息资产的价值也随之降到了 90 万元（*A*→*B*），与原来设定的累积目标之间相差 15 万元。在这种情况下，可以考虑通过降低理财目标金额（*R*→*D*）、推迟目标实现年限（*R*→*E*）或者增加储蓄额（*B*→*C*）等方式来弥补缺口。图 31－13 展示了资产累积较预期差时的调整方案。

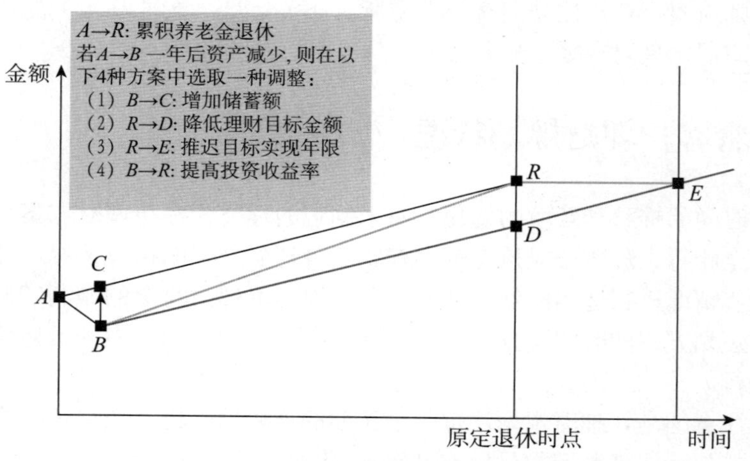

图 31－13　资产累积较预期差时的调整方案

（三）理财目标未能如期实现时的调整方案

1. 调整顺序

（1）在收入能力范围内提高每月储蓄金额，用来定期定额投资国内外基金。

（2）延后退休或延后购车、购房、创业等，让资产有更长时间进行财富积累。

（3）降低原定理财目标需求水准，使未来目标与当前能力匹配。

（4）提高投资收益率假设，调整至积极型的投资组合来增加目标达成的可能性。

2. 应注意事项

（1）调整后储蓄率一般不应超过 50%。

（2）子女教育无时间弹性，相比之下退休有一定的时间弹性，可根据客户具体情况而定。

（3）理财目标需求水准可降低空间有限，应充分与客户沟通。

（4）提高预期投资收益率应以客户的风险属性为前提。

（四）意外收支与到期资产处理

1. 意外收支的处理

在定期检查期间，如果存在预料之外的大额收入，产生了资产配置需求，或者出现大额支出，致使储蓄计划无法实现，那么理财师就要对这些情况进行调整并制订相应计划。

2. 到期资产的配置

在初次规划时，对于有些没有到期的资产，如定期存款、两全保险、大额应收账款，都要事先制定规划，安排这些资产在到期之后如何进行重新配置。在定期检查时，要检视这些资产是按原计划实施，还是需要与客户商讨做新的安排。

综上所述，金融理财服务是一套综合性的流程，六大步骤构成了金融理财业务的全过程（见图 31－14 的归纳小结）。

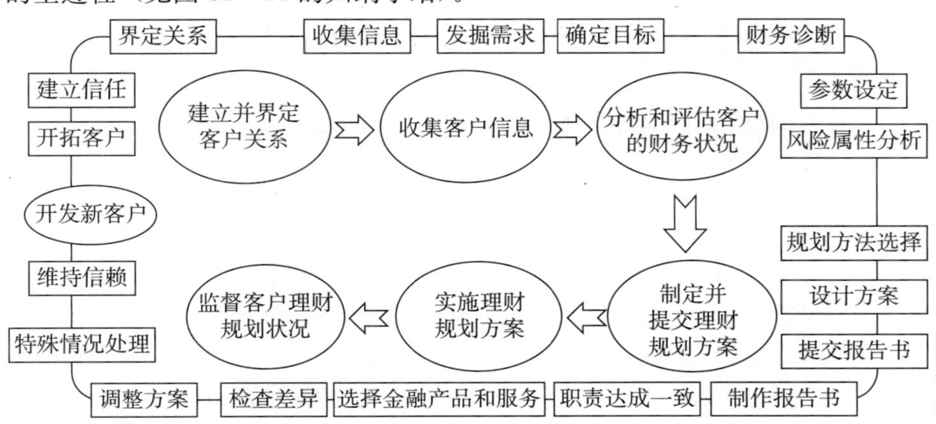

图 31－14　综合理财规划流程图

第二节　综合理财目标规划

在理财规划过程中，理财目标不可能是一成不变的，而是应该根据人生的阶段进行资源分配和动态调整，分析如何利用现在的资源逐步实现未来的目标，图 31－15 展示了在考虑货币时间价值的情况下，如何由现状实现理财目标。分析理财目标在这一期间已经达成的进度，分析实际达成情况与原计划之间的差异，分析在实现目标的过程中家庭可能面临的财务风险，从而根据目前的情况调整理财目标，或者以更积极的行动来达成原来制定的目标。

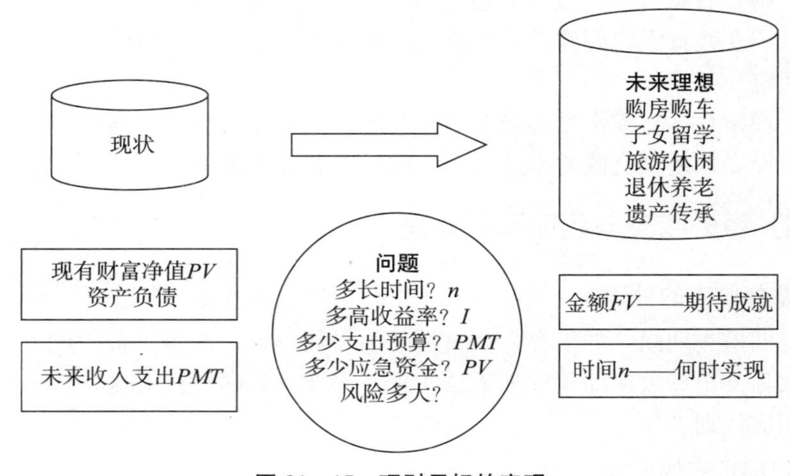

图 31－15　理财目标的实现

一、全生涯资产负债表的运用

从资产负债表的角度来考虑，我们可以将理财目标理解为一生需要承担的负债，将未来能够获得的现金流入理解为一生的资产，由此得到了全生涯资产负债表的平衡关系。

（一）考虑未来收支状况的全生涯资产负债表

一般地，我们可以把个人未来拥有的资源定义为营生资产，把个人对家庭的责任定义为养生负债。营生资产是家庭负担者在未来各年收入的折现值，以 H 表示。养生负债是家庭成员在未来各年理财目标的折现值，以 F 表示。当前拥有的资产被称为实际资产，以 A 表示。当前存在的负债被称为实际负债，以 L 表示。把未来的收入与理财目标折现之后，列入当期资产负债表，就可以编制全生涯资产负债表，如图 31－16 所示。在全生涯资产负债表中，总资产与总负债之间的差异就是净值，如果以 E 表示，那么 $E=(H+A)-(F+L)=$遗产或负

债。如果 E 为正，那么会给后代留下遗产；如果 E 为负，那么会给后代留下负债。

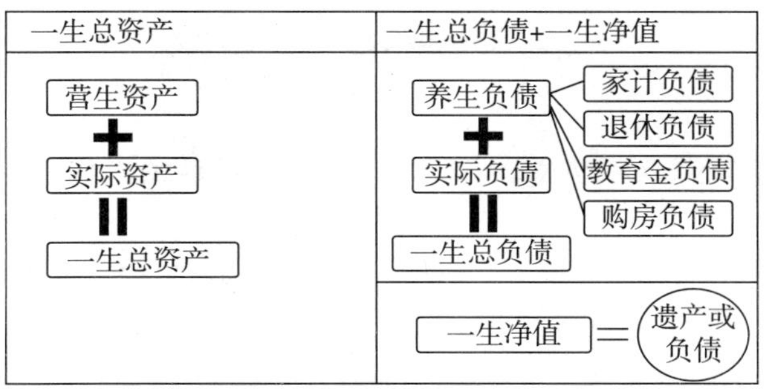

图 31－16　全生涯资产负债表

（二）理财目标负债化

一方面，如果把每一个理财目标当作一定要履行的责任，那么就可以按照养生负债的计算方式，把每一个理财目标负债化，计算客户的生涯需求。另一方面，根据客户的财务状况与储蓄能力，可以测算其生涯供给。然后可以将客户的生涯需求与生涯供给进行比较，分析客户实现各个理财目标的可能性。

具体步骤如下：

（1）确定各个理财目标的实现年限与目标金额。

（2）应用复利现值或年金现值的公式，计算各个理财目标的未来现金流量的现值。每一个现值实际上是各个理财目标当前的负债额，所有理财目标的现值之和是客户当前的生涯总需求金额。

（3）将目前的生息资产在各个理财目标之间进行分配。

（4）各个理财目标的现值减掉分配额，就是要用未来储蓄支付的部分。

（5）将未来的储蓄考虑投资收益率计算现值，加上目前的生息资产，就是客户当前的生涯总供给金额。

（6）将生涯总需求金额与生涯总供给金额进行比较，就可以测算客户目前与未来的财务状况是否可以实现各项理财目标。

（7）若无法实现所有的理财目标，则需要通过调整目标金额、推迟目标实现年限，或者改变投资收益率假设来实现生涯供需平衡。

（三）供需能力分析示例

1. 不考虑货币时间价值

客户张先生现有资产 20 万元，无负债，年收入 10 万元，预计未来可工作 20 年，每月开销 5 000 元。计划购房 100 平方米，每平方米 6 000 元。独生子未来大学 4 年每年学费 15 000 元。退休后余寿 20 年，每月开销 4 000 元。

（1）生涯总需求。

1）工作 20 年，每月开销 5 000 元，家计负债＝5 000 元×12×20＝120 万元。

2）购房 100 平方米，每平方米 6 000 元，购房负债＝6 000 元×100＝60 万元。

3）大学每年学费 15 000 元，上 4 年，子女教育金负债＝15 000 元×4＝6 万元。

4）退休后每月开销 4 000 元，余寿 20 年，退休负债＝4 000 元×12×20＝96 万元。

因此，生涯总需求金额＝96 万元＋6 万元＋60 万元＋120 万元＝282 万元。

（2）生涯总供给。

1）年收入 10 万元，工作 20 年，营生资产＝10 万元×20＝200 万元。

2）现有资产 20 万元，无负债。

因此，生涯总供给金额＝200 万元＋20 万元＝220 万元。

（3）供需缺口。

生涯总需求 282 万元－生涯总供给 220 万元＝需求缺口 62 万元。由于 62 万元/20＝3.1 万元，3.1 万元/10 万元＝31%，所以，年收入应在原来的基础上增加 31%。

2. 考虑货币时间价值

客户李女士希望 5 年后购置价值 50 万元的房子，10 年后一共需要子女教育金 20 万元，20 年后一共需要退休金 100 万元，投资收益率 5%，现有资产 10 万元，工作期年支出 6 万元，年收入 10 万元，那么供需缺口有多大？

（1）使用金融计算器计算生涯总需求。

1）工作期间的支出现值：$n=20$，$I=5\%$，$PMT=-6$，$FV=0$，期初年金，计算得出 $PV_1=78.5$ 万元，即支出现值为 78.5 万元。

2）同理，可以计算出购房现值为 39.2 万元、教育金现值为 12.3 万元以及退休金现值为 37.7 万元。

因此，生涯总需求金额＝78.5 万元＋39.2 万元＋12.3 万元＋37.7 万元＝167.7 万元。

（2）使用金融计算器计算生涯总供给。

1）收入现值：$n=20$，$I=5\%$，$PMT=10$，$FV=0$，期末年金，计算得出 $PV_2=-124.6$ 万元，即收入现值为 124.6 万元。

2）现有资产 10 万元。

因此，生涯总供给金额＝124.6 万元＋10 万元＝134.6 万元。

（3）供需缺口。

生涯总需求 167.7 万元－生涯总供给 134.6 万元＝供给缺口 33.1 万元。使用金融计算器计算每年应增加收入：$n=20$，$I=5\%$，$PV=33.1$，$FV=0$，期末年金，计算得出 PMT＝－2.66 万元，2.66 万元/10 万元＝26.6%，因此，每年收入要达到 12.66 万元，即在原来的基础上增加 26.6%才能实现所有理财目标。

（四）供需缺口的调整

当生涯总供给超过生涯总需求时存在供给剩余。供给剩余表明，目前的资产加上未来储蓄，可以实现未来各项理财目标，并且会留有遗产，做好遗产规划十分重要。当生涯总供给低于生涯总需求时存在供给缺口。供给缺口表明，目前的财富加上未来储蓄，不足以实现未来所有的理财目标，并且会给子女留下负担。此时，需要通过开源节流、提高投资收益率等手段实现理财目标，或者降低理财目标的期望值。

二、多目标理财规划的方法

1. 目标并进法

当有几个理财目标需要执行时，用目标并进法可算出要达成各个目标各自需要的储蓄额，或者要实现各个理财目标所需要的资产（见图 31－17）。目标并进法的基本思想是，从现在开始，同时为所有的理财目标投入资源，其计算规则可根据不同情形归纳如下。

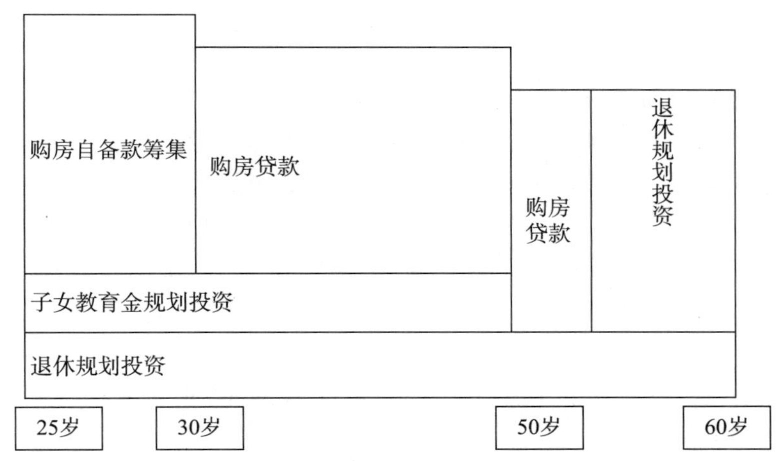

图 31－17　目标并进法图示

（1）储蓄的配置。如果目前完全没有资产可供投入，$PV=0$，把每一项目标的储蓄额相加，可得出要达成所有理财目标，在人生各阶段所需要的储蓄额。

实例 31－1　费先生 5 年后购房目标终值 50 万元，20 年后子女教育金目标终值 20 万元，30 年后退休金目标终值 100 万元，投资收益率 8%，房贷利率 4%，贷款 20 年，贷款七成。目前可投资额 7 万元，年储蓄 3 万元，如按目标并进法计算，在以后的人生阶段，各需要多少净现金流量投入额，才能完成所有目标？

解析　规划步骤如下（见表 31－15）：

购房首付款＝500 000×30%＝150 000（元），前 5 年为筹首付款每年储蓄额：

$$PMT(n=5,\ I=8\%,\ PV=0,\ FV=150\ 000)=-25\ 568\ （元）$$

购房贷款=500 000×70%=350 000（元），6～25年贷款年供额：

$PMT(n=20, I=4\%, PV=350\ 000, FV=0)=-25\ 754$（元）

前20年子女教育金每年应储蓄额$=PMT(n=20, I=8\%, PV=0, FV=200\ 000)=-4\ 370$（元）

工作期30年退休金每年应储蓄额$=PMT(n=30, I=8\%, PV=0, FV=1\ 000\ 000)=-8\ 827$（元）

目前的净值70 000元，可降低退休前应准备的现金流：

$PMT(I=8\%, n=30, PV=-70\ 000, FV=0)=6\ 218$（元）

表31-15　各阶段所需的净现金流投入额　（单位：元）

	0～5年	6～20年	21～25年	26～30年
购房目标	25 568	25 754	25 754	0
子女教育目标	4 370	4 370	0	0
退休目标	8 827	8 827	8 827	8 827
现有净值扣减	−6 218	−6 218	−6 218	−6 218
当前阶段合计	32 547	32 733	28 363	2 609
与现有储蓄相比较	+2 547	+2 733	−1 637	−27 391

如实例31-1所示，目标并进法一开始就同时为以后的各理财目标配置储蓄，因此早期所需的储蓄偏高，等到阶段性的目标满足后，往后的储蓄反而可能降低。虽然这不符合一般人储蓄随着收入增加的趋势，却是一种最保守的、最能兼顾所有理财目标的方式。以后收入的增加，可加到其他规划目标上。

（2）现有资产的配置。如果目前已有投资性资产可供运用，也可以将资产按照目标的重要性顺序配置，其他不足的部分再配置储蓄。

实例31-2　如实例31-1，若客户认为子女教育金最重要，目前已有5万元，可以把5万元当作子女教育金，这样可降低前20年的子女教育金储蓄。

解析　在金融计算器中依次输入：$n=20$，$PV=-50\ 000$，$PMT=0$，$FV=200\ 000$，期末年金，计算得出$I=7.18\%$，子女教育金所需的投资收益率为7.18%，与购房和退休所需的投资收益率相差不多。

（3）投资收益率。若每个目标的投资收益率不同，依照投资规划的原理，离目标时间越长，可假设越高的投资收益率。以退休目标为例，使用目标并进法，客户需在年轻时配置储蓄准备退休，这是一项长期的规划，可假设较高的收益率，并因此降低退休目标所需配置的储蓄额。

2. 目标顺序法

一般来说，目标顺序法是在同一时段将所有资源都用于一个理财目标，当该理财目标实现后再将资源投入到下一目标中，直至实现客户的全部理财目标（见图31-18）。由于一些理财目标没有时间弹性，如子女教育金规划，适用目标顺序法时，可能因客户的资源有限，在一定时期内会出现多目标同时配置资源的情形。

该方法的优点是同一个时间将所有的资源集中，达成时间上最迫切的理财目标；缺点是若对时间顺序在前的理财目标投入过多资源，等到完成此目标后，时间顺序在后的目标有可能已经没有足够的资源来达成。退休目标的时间顺序在后，往往会被忽视。投入过多资源在购房或送子女出国留学上，可能会导致无法安享晚年。

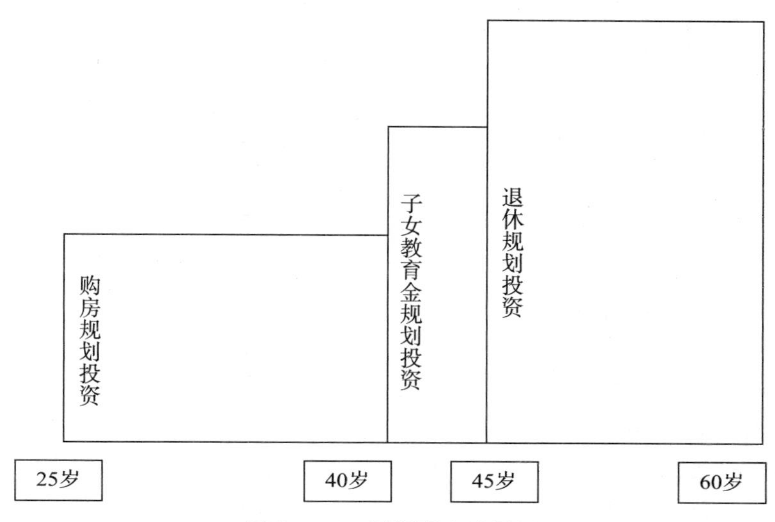

图 31 - 18　目标顺序法图示

实例 31 - 3　费先生 5 年后购房目标终值 50 万元，20 年后子女教育金目标终值 20 万元，30 年后退休金目标终值 100 万元，投资收益率 8%，房贷利率 4%，贷款 20 年，贷款七成，目前可投资金额 7 万元，预估未来年储蓄能力每年 3 万元，按目标顺序法，可否完成所有目标？

解析　规划步骤如下：

(1) 购房目标的顺序在前。

在金融计算器中依次输入 $n=5$，$I=8\%$，$PV=-70\ 000$，$PMT=-30\ 000$，期末年金，计算得出 $FV=278\ 851$，即 5 年后可累积 278 851 元。

再在金融计算器中输入 $n=20$，$I=4\%$，$PMT=-30\ 000$，$FV=0$，期末年金，计算得出 $PV=407\ 710$，即以每年 3 万元来还款，可借 407 710 元。

因为投资收益率高于房贷利率，可多利用借贷。

278 851+407 710=686 561（元），这是 5 年后可用于购房的金额上限，但是届时目标总价只有 500 000 元，因此还有 186 561 元剩余理财储备，可以投入到子女教育金目标上。

(2) 子女教育金目标在中间。

5 年后还有 15 年可完成子女教育金目标，第 6～20 年的储蓄都被用来还房贷，不能用于教育金目标，因此客户只能用整笔投资 186 561 元，来达成 15 年后 200 000 元的子女教育金目标。

在金融计算器中依次输入 $n=15$，$I=8\%$，$PV=-186\ 561$，$PMT=0$，期末年金，计算得出 $FV=591\ 803$，即届时可累积 591 803 元，超过原定的目

标 200 000 元，子女教育金目标可达成，剩余 591 803－200 000＝391 803（元）理财储备，可用于退休目标。

（3）退休金目标在最后。

15 年后，还剩下 10 年做退休规划，可用 391 803 元理财储备来累积退休金目标。

此外，因为工作期 30 年，为实现购房目标，需储蓄 5 年，之后房贷 20 年，因此第 6～25 年储蓄用于还贷，还剩下第 26～30 年 5 年的储蓄可用来准备退休金。

在金融计算器中依次输入 $n=10$，$I=8\%$，$PV=-391\ 803$，$PMT=0$，期末年金，计算得出 $FV_1=845\ 873$。

再在金融计算器中输入 $n=5$，$I=8\%$，$PV=0$，$PMT=-30\ 000$，期末年金，计算得出 $FV_2=175\ 998$。

$FV_1+FV_2=845\ 873+175\ 998=1\ 021\ 187$（元），即届时可准备 1 021 187 元的退休金。

由于原定的退休金目标是 100 万元，因此可以完成退休目标。

达成退休金目标后，理财储备资金剩余＝1 021 187－1 000 000＝21 187（元）。

与目标并进法相比较，目标顺序法是在客户完成一个目标后再关注下一个目标，每一个目标准备期都不长，可能不适宜假设太高的投资收益率。

3. 目标现值法

目标现值法的思路是，以现在的时间当作基准点，把所有的理财目标都折现为现值，称为总目标需求现值；再把所有的财务资源也折现为现值，称为总资源供给现值；比较总资源供给现值和总目标需求现值（见图 31－19）。前者大于或等于后者，意味着资源供给大于或等于目标需求，理财目标可以顺利实现，否则理财目标难以全部按时实现。

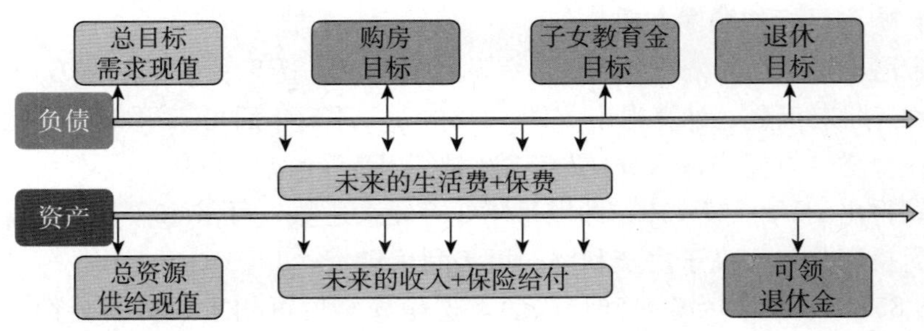

图 31－19　目标现值法图示

实例 31－4　费先生 5 年后购房目标终值 50 万元，20 年后子女教育金目标终值 20 万元，30 年后退休金目标终值 100 万元，投资收益率 8%，房贷利率 4%，贷款期限 20 年，现有净值 7 万元，年储蓄 3 万元，按目标现值法计算，可否完成所有目标？

解析　步骤如下：

(1) 使用金融计算器计算总目标需求现值。

$n=5$，$I=8\%$，$PMT=0$，$FV=50$，期末年金，计算得出 $PV_1=-34$。

$n=20$，$I=8\%$，$PMT=0$，$FV=20$，期末年金，计算得出 $PV_2=-4.3$。

$n=30$，$I=8\%$，$PMT=0$，$FV=100$，期末年金，计算得出 $PV_3=-9.9$。

34＋4.3＋9.9＝48.2（万元）。

即总目标现值为 48.2 万元。

(2) 使用金融计算器计算总资源供给现值。

$n=5$，$I=8\%$，$PMT=-3$，$FV=0$，期末年金，计算得出 $PV_4=12$。

$n=20$，$I=4\%$，$PMT=-3$，$FV=0$，期末年金，计算得出 $PV_5=40.8$。

$n=5$，$I=8\%$，$PMT=0$，$FV=40.8$，期末年金，计算得出 $PV_6=-27.8$。

$n=5$，$I=8\%$，$PMT=-3$，$FV=0$，期末年金，计算得出 $PV_7=12$。

$n=25$，$I=8\%$，$PMT=0$，$FV=12$，期末年金，计算得出 $PV_8=-1.8$。

储蓄的折现值＝12＋27.8＋1.8＝41.6（万元）。

41.6 万元＋净值 7 万元＝48.6 万元。

因此，总资源供给现值（48.6 万元）大于总目标需求现值（48.2 万元），说明可达成所有目标。

4. 三种方法的适用性

(1) 如果客户对理财目标的实现顺序有明确要求，那么应该采用目标顺序法。

(2) 如果客户只在乎目标本身，而不介意实现的先后顺序，那么应该采用目标并进法。

(3) 如果客户只考虑总目标需求和总资源供给的匹配，那么应该采用目标现值法。

第三十二章

综合理财规划案例示范

本章提要

本章通过模拟实务理财情景，综合所学的投资、保险、税务、福利等知识，借助金拐棍理财资讯平台（详见本书上册第四章）进行案例制作。通过剖析五个典型客户理财规划案例重点，从正确输入客户信息、进行财务诊断、分析目标可行性、资产配置与产品选择及定期检视等方面，全方位展现了理财规划流程和综合理财规划方法。

本章内容包括：

- 新婚夫妻规划案例；
- 中年企业主规划案例；
- 退休夫妻规划案例；
- 单亲妈妈规划案例；
- 年轻夫妻创业规划案例。

通过本章学习，读者应该能够：

- 熟练掌握由现有资源达成理财目标的计算方法；
- 针对不同类型的客户或同一客户的不同需求制定合理的理财方案。

以理财软件制作理财规划报告书的流程，见图 32－1。

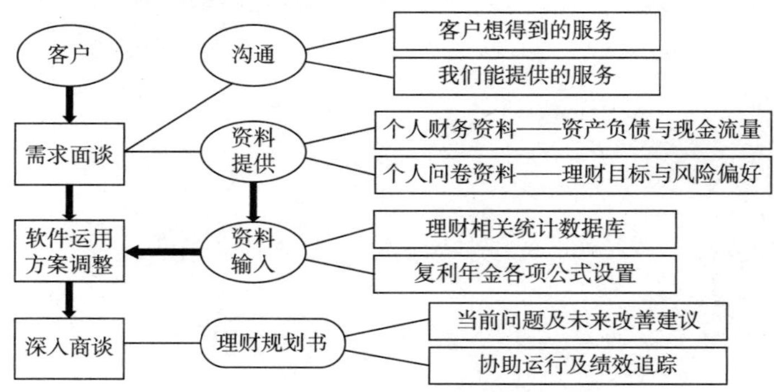

图 32－1　以软件制作理财规划的流程图

第一节　新婚夫妻规划案例

一、案例背景

（一）案例成员

小张，男，30 岁，银行职员，新婚妻子小李，28 岁，企业白领，两人本科毕业后都留在北京工作。目前正在筹备婚礼，希望理财师能够帮助他们一起规划未来的幸福生活。

（二）财务状况（规划时点：2018 年 12 月）

资产负债：婚前小张名下有活期存款 5 万元，某银行理财产品 50 万元，股票型基金 15 万元，混合型基金 15 万元，中国国航股票 2 万股；小李名下有“17 国债 15”1 000 份，华夏大盘精选混合基金 3 万份。两人均没有负债。

注意事项：客户资产市值会随着产品价格变动，可能影响规划结果。

收入支出：过去一年小张税后年薪 25 万元，小李税后年薪 15 万元。年支出各 3 万元。金融投资收益小张 3 万元，小李 1 万元。

（三）理财目标（现值）

（1）婚礼费用：婚礼费用预算 10 万元。

（2）购房购车：结婚后希望立即买房，面积 60 平方米左右的小两居。目前市区房屋均价 7 万元/平米，郊区均价 4 万元/平米。如果在市区买房，则可先不考虑买车；若资金不足，则可以在郊区买房以降低购房单价，但必须买车代步。希望购买一辆总价不超过 15 万元的汽车，买车不计划贷款，每年估计额外的养车费用 1.2 万元。

（3）养育子女：5 年后要小孩，孩子大学毕业前每年生活费现值 2 万元。

（4）子女高等教育：预计小孩一直在北京念到大学本科，幼儿园以私立全日制，其他以公立全日制做规划，22 岁去美国纽约读硕士 2 年，希望就读纽约大学。

（5）退休计划：预计小张 60 岁退休，小李 55 岁退休，两人希望维持现有生活水平，且小张希望退休后每年都能出国旅游，预算每年现值 4 万元，持续 10 年。

（四）社保和商保

小张和小李均有社保，缴费基数分别为 20 万元和 10 万元。小张住房公积金账户余额 8 万元，社保养老金账户余额 3 万元，已缴费 6 年；小李住房公积金账户余额 3 万元，社保养老金账户余额 1 万元，已缴费 3 年。医疗保险账户各

5 000元。小张公司为其购买团体定期寿险保额 20 万元，意外险保额 50 万元。

因为小张已有团险，商业保险的保费预算为工作收入的 5%，小李没有团险，商业保险的保费预算为工作收入的 10%。

（五）基本假设

（1）个人收入增长率：10%。

（2）个人社保养老金增长率：4%。

（3）社会平均工资增长率：8%。

（4）北京住房公积金贷款上限为 120 万元。

（5）其他假设运用理财软件系统中给出的信息。

二、收集客户信息并输入

需要录入的信息包括个人信息、理财目标、保险保障信息与投资风险属性测试等。

（一）录入客户基本信息

1. 新建客户

单击“理财规划”，进入理财规划模块。若想进行新客户规划，可以单击“新建客户”，进入客户信息编辑页面。若想对原有客户进行规划，可以单击客户姓名，直接进入规划列表。

在“客户识别”处，若是新建客户，单击“＋新建客户”。若是曾经输入过的旧客户，输入姓名即可，如图 32－2 所示。

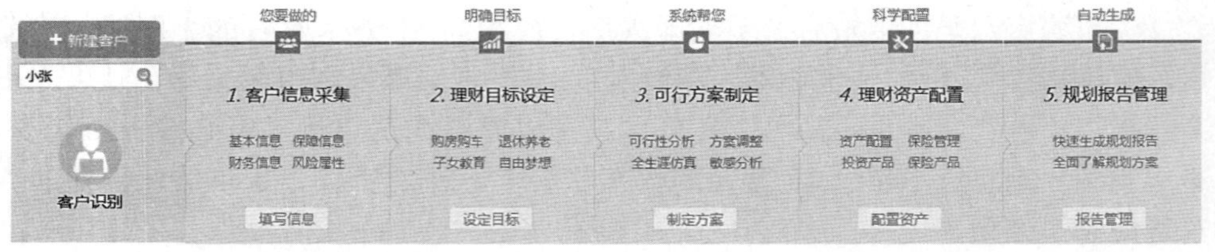

图 32－2　新建客户的录入

2. 录入客户基本信息

若单击“新建客户”，进入客户信息编辑页面，见图 32－3。

（1）必填项目：标“＊”的项目，如客户姓名、性别与出生年月日。

1）客户姓名：真实客户填写全名，作为客户关系管理的对象。潜在或模拟客户可以“小张”等代表。

2）性别：在计算保费或终老年龄假设时，性别是重要的依据。

3）出生年月日：按照实岁计算年龄，如 1989 年 3 月 5 日出生，输入资料日期为 2018 年 12 月 7 日，则年龄为 29 岁。如果二次规划时点为 2019 年 6 月 30

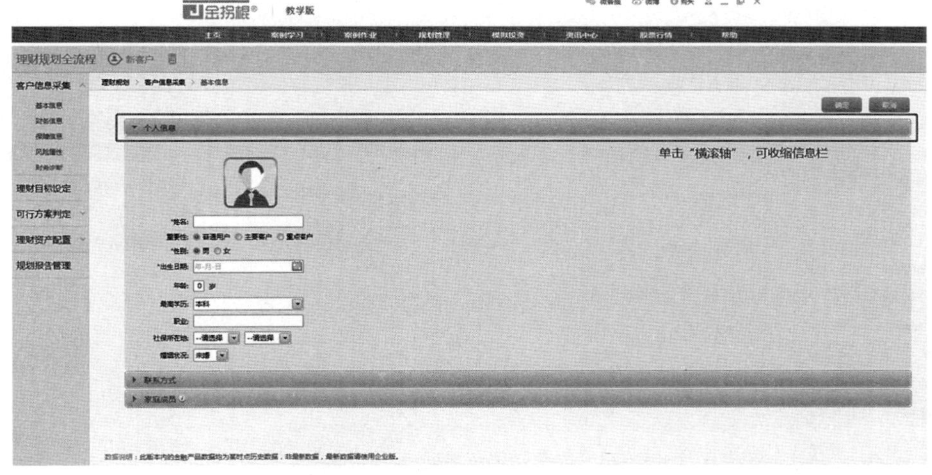

图 32-3　客户基本信息的录入

日，再打开个人资料时年龄自动更新为 30 岁。这在“客户关系管理”部分的生日问候时也会用到。

（2）选填项目。

1）重要性：分为普通客户、主要客户与重点客户。客户经理可以根据金融机构或自己设定的标准注明，用于分层次的客户关系管理。

2）最高学历：对于不同学历的客户，可能会有不同的沟通模式。

3）职业：是沟通的话题，也是判断收入稳定性的依据。职业的危险性与意外险的保费正相关。

4）社保所在地：如果填写，系统在财务信息中自动获取当地社保缴费比例、社会平均工资等。

5）婚姻状况：若选择“已婚”，则会出现配偶信息栏。

3. 录入客户家庭成员

家庭成员：以财务依赖关系来定位，已经独立的子女与不需要赡养的父母岳父母，不必放入家庭成员中。如本例计划 5 年后生小孩，可输入预定的出生日期列入未来的家庭成员中，输入理财目标时“抚养子女”和“子女教育”部分都会用到，见图 32-4。

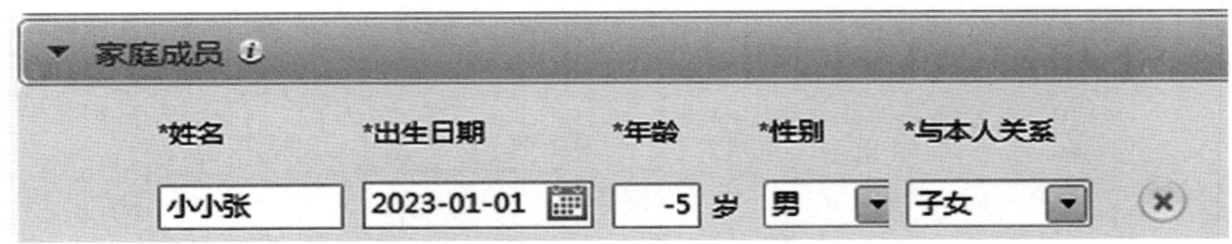

图 32-4　家庭成员的录入

（二）录入客户财务信息

单击“财务信息”，进入财务信息编辑页面，见图 32-5。

项目	本人名下	配偶名下	夫妻共同	合计
现金及活存	¥50,000.00	¥0.00	¥0.00	¥50,000
定期存款	¥0.00	¥0.00	¥0.00	¥0
债券	¥0.00	¥101,920.00	¥0.00	¥101,920
股票	¥159,800.00	¥0.00	¥0.00	¥159,800
基金	¥300,000.00	¥336,270.00	¥0.00	¥636,270
理财产品	¥500,000.00	¥0.00	¥0.00	¥500,000
信托	¥0.00	¥0.00	¥0.00	¥0
住房公积金个人账户	¥80,000.00	¥30,000.00	¥0.00	¥110,000
社会养老保险个人账户	¥30,000.00	¥10,000.00	¥0.00	¥40,000
社会医疗保险个人账户	¥5,000.00	¥5,000.00	¥0.00	¥10,000
保单现金价值	¥0.00	¥0.00	¥0.00	¥0
房产	¥0.00	¥0.00	¥0.00	¥0
汽车	¥0.00	¥0.00	¥0.00	¥0
实业投资	¥0.00	¥0.00	¥0.00	¥0
其他资产	¥0.00	¥0.00	¥0.00	¥0
总资产	¥1,124,800.00	¥483,190.00	¥0.00	

图 32－5　客户财务信息编辑页面

1. 录入资产负债信息

（1）按照所有者区分：本人、配偶和共同持有，采取分别财产制的夫妻可以按照财产登记在谁名下就归谁的原则处理；采取法定财产制的夫妻，婚前财产是个人财产，婚后财产是共同财产。

（2）按资产类别区分。

1）现金及活期存款、定期存款：可直接录入金额，见图 32－6。

图 32－6　现金存款录入

2）债券、股票、基金、理财产品与信托：单击“ ”，弹出明细，通过输入产品首字母或代码可以录入具体产品。录入份数自动计算现值，或录入现值自动计算份数，见图 32－7。

图 32－7　金融产品录入方式

2. 输入资产、负债注意事项

(1) 资产按照市值计价。

(2) 实业投资：指未上市股票或客户投入经营的中小企业，记录客户所持有的股权净值。

(3) 若能估计市值，以市值计算并说明估计方式。若无法估计市值，需说明是以账面价值计算。

信用卡循环信用：客户在宽限期内还款的刷卡额不计算在内。

(三) 录入社保信息

单击资产中社会养老保险个人账户“✎”弹出明细，单击“»”展开全部明细，录入本人、配偶的账户余额、年缴费基数、已缴费年限，并将社会平均工资增长率改为8%，养老金增长率改为4%，见图32-8。(住房公积金和医疗保险金比照输入。缴费基数含年终奖金，最高不得超过社会平均工资的3倍。)

社会养老保险明细

拥有者	账户余额	年缴费基数	个人缴费比例	年缴存额	已缴费年限	视同缴费年限	每年补偿金额	社平工资(年)	社平工资增长率	养老金增长率
本人	¥30,000.00	¥200,000.00	8.00%	¥16,000.00	6	0	¥0.00	¥101,599.00	8.00%	4.00%
配偶	¥10,000.00	¥100,000.00	8.00%	¥8,000.00	3	0	¥0.00	¥101,599.00	8.00%	4.00%
合计：	¥40,000.00			¥24,000.00						

确定 取消

图32-8 社会保险信息录入

(四) 录入商业保险信息

点击资产保单现金价值“✎”弹出明细，输入投保人、保险公司、保单名称、现金价值、被保险人、险种、保险金额。将保费分为储蓄型保费和保障型保费，设定缴费方式和缴费截止年度(见图32-9)。

保单现金价值

拥有者	公司	名称	现金价值	被保险人	险种	保险金额	保障型保费	储蓄型保费	缴费方式	缴费截止年度	返还现金流
本人	团险	团险	¥0.00	小张	定期寿险	¥200,000.00	¥0.00	¥0.00	年缴	2018	详细
本人	团险	团险	¥0.00	小张	综合意外保险	¥500,000.00	¥0.00	¥0.00	年缴	2018	详细
合计：			¥0.00			¥700,000.00	¥0.00	¥0.00			

确定 取消

图32-9 商业保险信息录入

一般说来，医疗险、意外险、财产险、责任险还有短期的定期寿险，没有现金价值，所有保费都是保障型保费。年金险、两全险与投资型保单有现金价值，大部分保费都是储蓄型保费。期缴终身寿险的保费兼具保险与储蓄的功能，在前面多数的年度储蓄型保费的比重高于保障型保费，在后面年度自然保费随着年龄增长而提高，保障型保费的比重才会高于储蓄型保费。

如果有现金返还，打开返还现金流输入。本案例只有投保团险，由企业付费，因此就个人来说只有保额没有保费支出。

（五）输入收入与支出

（1）输入年税后可支配工作收入，单击工作收入“»”弹出明细，单击“»”展开工作收入全部明细，录入本人、配偶的工作收入，并将收入增长率修改为10%，见图32-10。

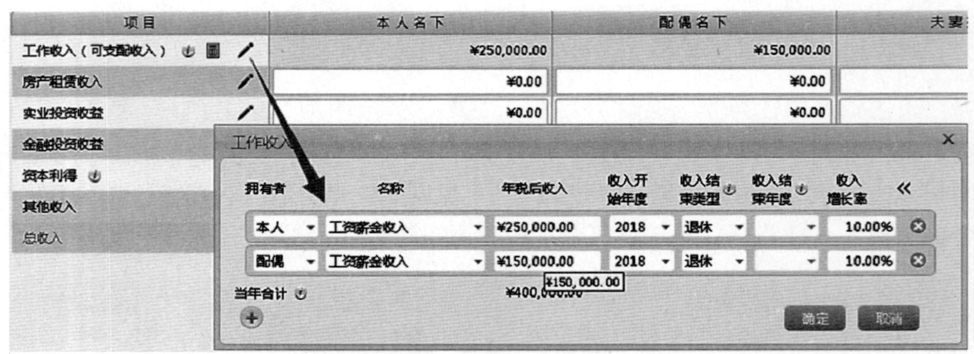

项目	本人名下	配偶名下
工作收入（可支配收入）	¥250,000.00	¥150,000.00
房产租赁收入	¥0.00	¥0.00
实业投资收益	¥0.00	¥0.00
金融投资收益		
资本利得		
其他收入		
总收入		

工作收入

拥有者	名称	年税后收入	收入开始年度	收入结束类型	收入结束年度	收入增长率
本人	工资薪金收入	¥250,000.00	2018	退休		10.00%
配偶	工资薪金收入	¥150,000.00	2018	退休		10.00%

当年合计 ¥400,000.00

确定 取消

图32-10　工作收入的录入

（2）小张家庭除了工作收入以外，还有金融投资收益，直接录入本人与配偶名下金额，见图32-11。

年收入（税后）　资产　负债　年收入　年支出　固定用途储蓄

项目	本人名下	配偶名下	夫妻共同	合计
工作收入（可支配收入）	¥250,000.00	¥150,000.00	¥0.00	¥400,000
房产租赁收入	¥0.00	¥0.00	¥0.00	¥0
实业投资收益	¥0.00	¥0.00	¥0.00	¥0
金融投资收益	¥30,000.00	¥10,000.00	¥0.00	¥40,000
资本利得	¥0.00	¥0.00	¥0.00	¥0
其他收入	¥0.00	¥0.00	¥0.00	¥0
总收入	¥280,000.00	¥160,000.00	¥0.00	

图32-11　家庭年收入的录入

（3）小张家庭夫妻各支出3万元，可在“日常支出”中录入金额，见图32-12。

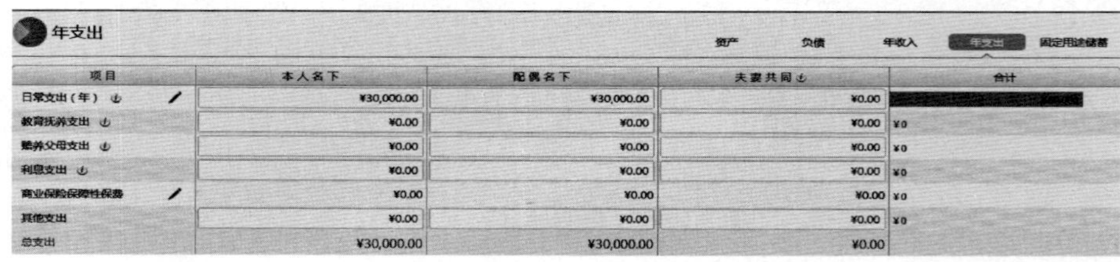

年支出　资产　负债　年收入　年支出　固定用途储蓄

项目	本人名下	配偶名下	夫妻共同	合计
日常支出（年）	¥30,000.00	¥30,000.00	¥0.00	
教育抚养支出	¥0.00	¥0.00	¥0.00	¥0
赡养父母支出	¥0.00	¥0.00	¥0.00	¥0
利息支出	¥0.00	¥0.00	¥0.00	¥0
商业保险保障性保费	¥0.00	¥0.00	¥0.00	¥0
其他支出	¥0.00	¥0.00	¥0.00	¥0
总支出	¥30,000.00	¥30,000.00	¥0.00	

图32-12　家庭支出的录入

注意事项：

1）收入开始年度为输入当年，收入结束类型对工作收入来说主要是退休，也可能是养老金收入在终老时结束。如果有换工作或创业的打算，也可以自定义目前的工作收入在哪一年结束。

2）若无法区分是丈夫还是妻子名下的收入、支出，可归为“共同”。

3）日常支出项记录的现金流默认持续至目标退休年龄，退休后的日常支出为退休目标的金额。可点击“”进入支出明细。若现在租房但一年后要买房，可将房租支出结束类型设为自定义，此时将日常支出分项录入，其中房租支出6 000元，结束年度为2019年，房租支出就只会显示在收支储蓄表，不会显示在未来的生涯仿真表中，见图32－13。

日常支出（年）

项目	本人	配偶	共同	结束类型	结束年度
食品支出	¥15,000.00	¥15,000.00	¥0.00	退休	
衣着支出	¥4,000.00	¥4,000.00	¥0.00	退休	
家庭服务支出	¥1,000.00	¥1,000.00	¥0.00	退休	
交通通讯支出	¥1,000.00	¥1,000.00	¥0.00	退休	
社交娱乐支出	¥2,000.00	¥2,000.00	¥0.00	退休	
医疗保健支出	¥1,000.00	¥1,000.00	¥0.00	退休	
房租等其他支出	¥6,000.00	¥6,000.00	¥0.00	自定义	2019

备注：共同支出是子女的各项支出

确定 取消

图32－13　日常支出分项的录入

4）子女教育支出、赡养父母支出项记录仅为当前年度开支，未来支出需另设目标。

5）每笔贷款区分本利，利息支出项记录为利息部分加总，系统默认根据当前负债金额、利率与剩余年数推算过去一年利息合计，可修改。

（六）固定用途储蓄输入

在资产中社保公积金账户信息的资料输入后，系统会自动算出过去一年社保中养老、医疗和住房公积金缴存额。保单现金价值信息的资料输入后，系统会导入储蓄型保费。负债信息输入后，系统会导出还贷本金，若有已经在进行的基金定投或教育储蓄存款，才需另外输入。需注意房贷本金与商业保险储蓄型保费都算是固定用途储蓄，不是支出，见图32－14。

注意事项：

（1）住房公积金缴存额包含个人与企业缴存。

（2）个人养老金缴存额指个人缴存。

（3）医疗保险缴存额包含个人与企业缴存。

（4）还贷本金：每笔贷款区分本利，该项记录为本金部分加总，系统默认根据当前负债金额、利率与剩余年数推算过去一年还贷本金合计，可修改。

（5）基金定投指已经在定期扣款投资的金额。

固定用途储蓄　　资产　负债　年收入　年支出　固定用途

项目	本人名下	配偶名下	夫妻共同	合计
住房公积金个人账户年缴存额	¥48,000.00	¥24,000.00	¥0.00	¥72,000
社会养老保险个人账户年缴存额	¥16,000.00	¥8,000.00	¥0.00	¥24,000
社会医疗保险个人账户年缴存额	¥4,036.00	¥2,036.00	¥0.00	¥6072
还贷本金	¥0.00	¥0.00	¥0.00	¥0
基金定投	¥0.00	¥0.00	¥0.00	¥0
商业保险储蓄性保费	¥0.00	¥0.00	¥0.00	¥0
教育储蓄存款	¥0.00	¥0.00	¥0.00	¥0
总固定用途储蓄	¥68,036.00	¥34,036.00	¥0.00	

图 32－14　固定用途储蓄的录入

（6）储蓄型保费＝总保费－该年龄自然保费与保单费用，储蓄型保费可累积到保单现金价值。

（7）教育储蓄存款指按照约定每年需存款的部分。

（七）设定基本假设

（1）社会平均工资（年）：在社保、住房公积金个人账户明细中录入，默认数据为客户社保所在地的当年社会平均工资。

（2）收入增长率：在工作收入明细中录入，默认数据为客户社保所在地的历年国民收入增长率的平均值。

（3）社会平均工资增长率：在社保、住房公积金个人账户明细中录入，默认数据为客户社保所在地的历年社会平均工资增长率的平均值。

（4）养老金增长率：在社保养老金个人账户明细中录入，默认数据为客户社保所在地的历年国民收入增长率的平均值。

以上比率会影响工作收入现金流、社保养老金现金流的分析结果。

（5）根据统计局的相关数据，各地社会平均工资增长率、国民收入增长率的平均值一般都在 7%～10%，远高于 CPI 增幅。考虑到统计局限性和未来假设保守的原则，建议将增长率调整至 5%～8%。

（八）新建理财规划

从规划列表新建理财规划：

（1）若新建客户，保存完客户信息后跳至“主页”，点击“新建客户”。

（2）若要选择老客户，在主页搜索栏中搜索老客户姓名或点击搜索栏右侧图标进入客户列表。以“小张”为例，直接跳至小张的基本信息列表。

（3）单击“新建理财规划”，创建新的理财规划，见图 32－15。

（4）单击“查看历史规划”，进入查看过去创建的理财规划。

（5）若希望在某理财规划基础上进行新的规划，可单击“ ”复制规划。

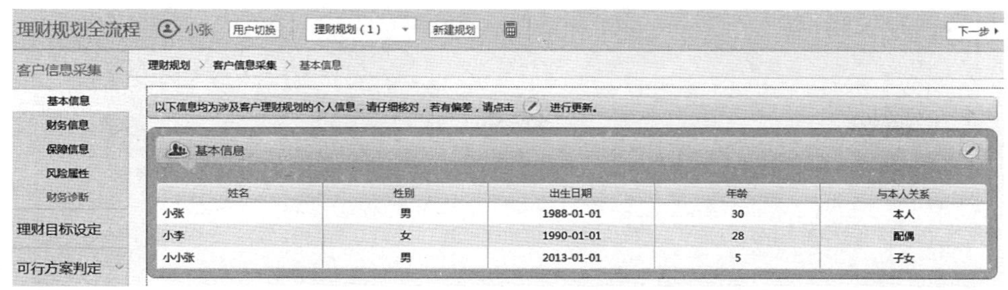

图 32-15　新建理财规划页面

（九）个人信息概览

（1）点击初始规划，进入客户信息采集页面，见图 32-16。

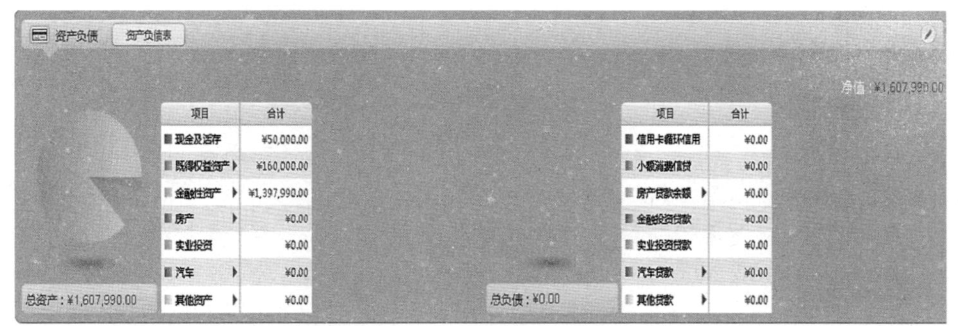

图 32-16　个人信息采集页面

（2）可更改规划名称，如将初始规划设定为市区买房不买车，通常初始规划是按照客户原定的理财目标做规划方案。

（3）若客户信息有误，单击“ ”，返回客户信息编辑页面，修改客户信息。

（4）个人信息概览注意事项：

1）既得权益资产＝社保与公积金账户余额＋保单现金价值。

2）金融性资产＝定存＋债券＋股票＋基金＋理财产品。

3）工作收入＝可支配收入＋两险一金个人账户缴存额（单位和个人）。

（十）录入保险保障信息

（1）默认进入本人保障信息页面，单击“配偶”进入配偶保障信息页面，见图 32-17。

（2）选择寿险、意外险需求测算方法，若选择遗属需要法，勾选考虑因素，见图 32-18。

（3）选择客户职业类别，该类别将影响意外险费率，见图 32-19。

（4）根据客户医疗需求，录入重大疾病保险、医疗费用保险应有保额。

（5）按照工作收入（个人信息概览中的工作收入）的比例得出保费预算。

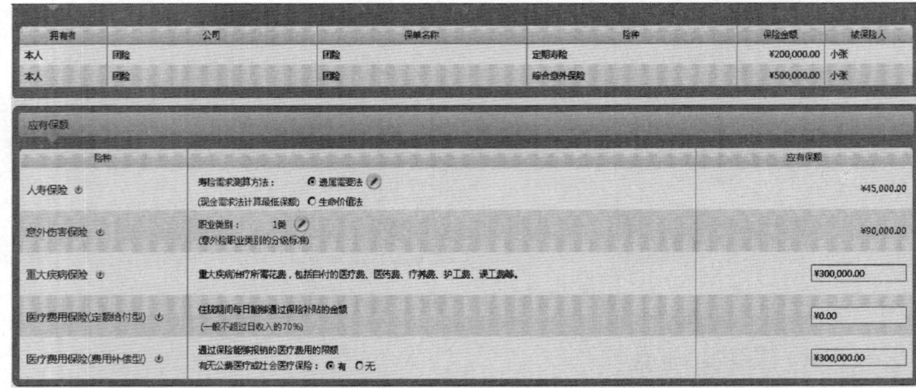

图 32-17　保障信息页面

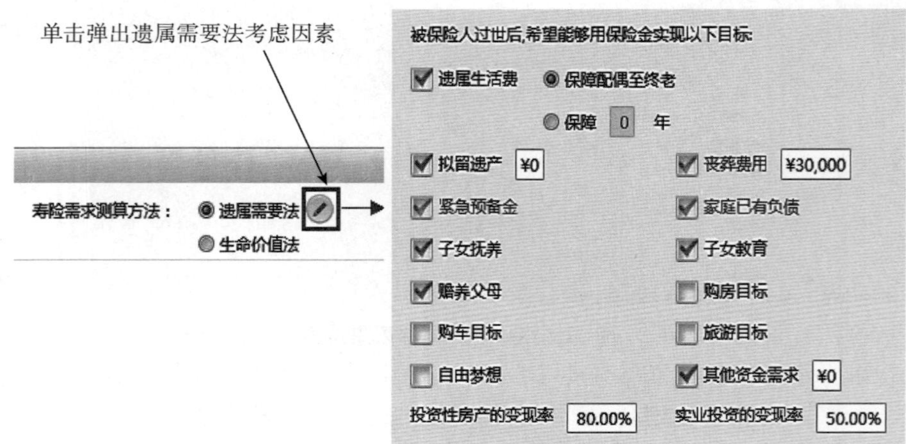

图 32-18　遗属需要法的考虑因素

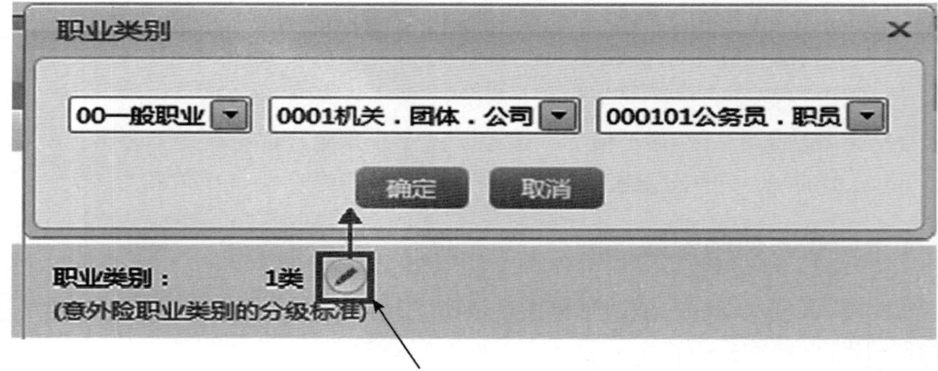

图 32-19　意外伤害保险职业类别

（6）调整投保顺序，定期寿险默认第一，终身寿险默认第六，其他险种可以根据客户优先级拖拽排序，见图 32-20。

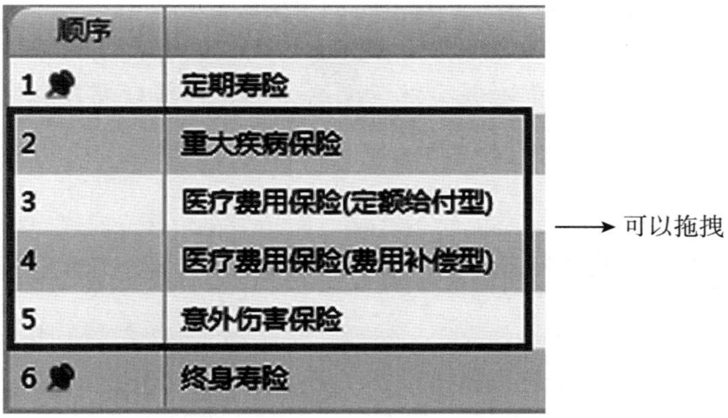

顺序	
1	定期寿险
2	重大疾病保险
3	医疗费用保险(定额给付型)
4	医疗费用保险(费用补偿型)
5	意外伤害保险
6	终身寿险

→可以拖拽

图 32－20　投保顺序排列

（7）已有保单：客户本人与配偶已有的定期寿险、意外伤害保险、医疗费用保险、重大疾病保险保单。

拥有者：保单投保人，已有保单是按照被保险人是谁来进行归属的。

（8）遗属需要法的考虑因素：

1）保障程度：到配偶终老或设定保障年数。

2）刚性目标：紧急预备金、还负债、子女抚养、子女教育、赡养父母、其他资金需求。

3）拟留遗产与丧葬费用。

（9）测算寿险需求时，应考虑将“不幸”发生后家庭所需要的现金需求作为最低保额，最低保额＝紧急预备金＋丧葬费用＋个人负债额＋应承担的家庭负债额。

（10）应承担的家庭负债额＝家庭总负债额×家庭债务承担比率。

家庭债务承担比率的取值设定：

1）当个人收入与家庭总收入之比＞50％时，家庭债务负担比率取值为100％（家庭主要收入者承担家庭全部债务）；

2）当个人收入与家庭总收入之比≤50％时，家庭债务负担比率取值为 50％（婚后家庭的共同债务，共同承担）；

3）当个人收入与家庭总收入之比为 0 时，家庭债务负担比率为 0（没有工作收入，没有能力承担家庭债务）。

（11）意外伤害保险按残疾比例赔付，通常考虑意外伤害保险保额是寿险保额的 2 倍。

（12）医疗费用保险（定额给付型）：该险种保额为客户住院时每日能够通过保险补贴的金额，默认保额为客户日均收入的 70％。

（13）医疗费用保险（费用补偿型）：选择有无社保医疗或公费医疗，会影响该险种费率。

（14）保费预算可设置为工作收入的一定比率，预设值为 10％，也可设定固定的费用预算。

（15）险种顺序：在保费预算一定的情况下，按照险种的优先顺序安排投保。

保额不足时先以定期寿险补足。终身寿险的保费较高，当意外伤害保险与医疗费用保险的保额都满足之后，剩余的保费预算才用来投保终身寿险。重大疾病保险、意外伤害保险、医疗费用保险（定额给付型）与医疗费用保险（费用补偿型）可按投保人的主观需求排序选择。

（十一）风险测试

（1）测试结果影响“资产配置”中基于风险的资产配置比例，见图 32－21。

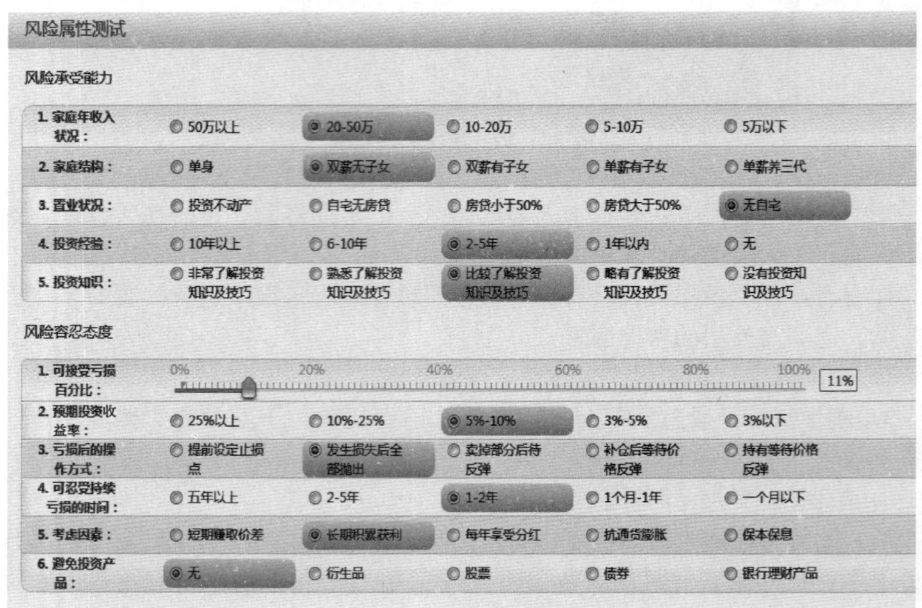

图 32－21　风险属性测试页面

（2）若曾经测试过，则直接显示最近一次测试结果。

（3）回答完所有问题后，自动生成测评结果，见图 32－22。

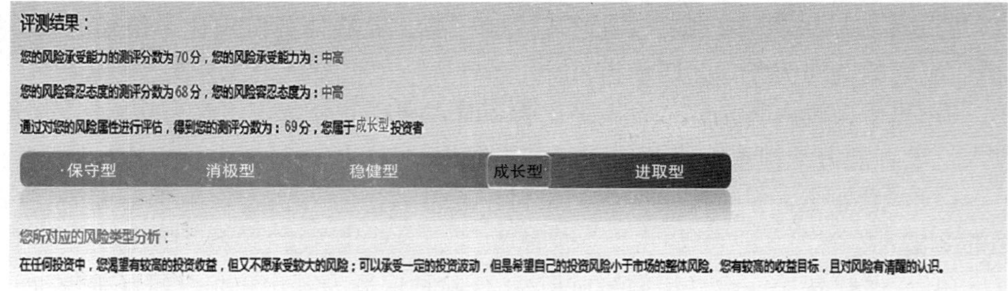

图 32－22　风险属性测评结果

（十二）财务诊断

（1）单击“财务诊断”选项，查看当前财务能力评估结果及对应指标各项数据，见图 32－23。

（2）表盘指针指向绿色区域，表示指标在合理范围；若指向红色区域，表示

指标在不合理范围。①

(3) 单击“查看所有”可得到所有指标的详细情况，在新页面中可选择“导出报表”将详细报告导出，见图 32－24。

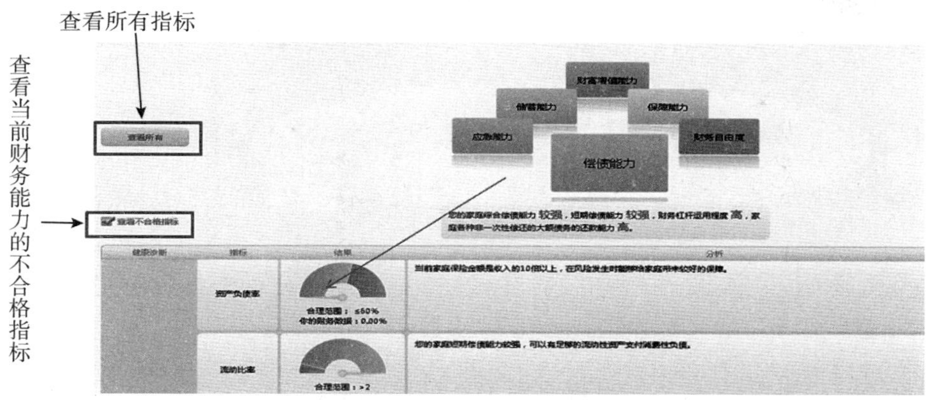

图 32－23　财务分析页面

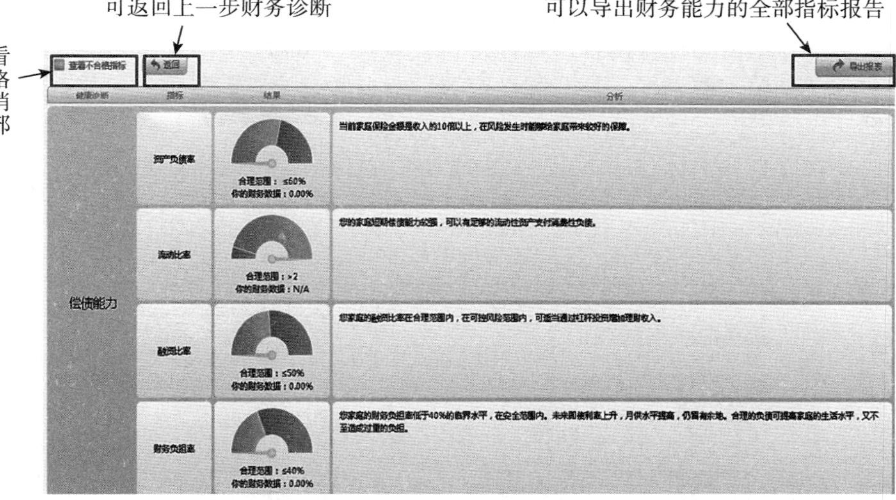

图 32－24　全部财务诊断页面

(4) 本案例的财务分析总结：

1) 没有负债，储蓄率高，年轻，有一定的风险承受能力，可适当利用财务杠杆加速资产成长。

2) 流动性资产可覆盖 9 年的生活支出，资产的流动性充足。

3) 可运用的投资性资产占总资产的 65%，以年龄来看，比重适当。

4) 除了公司付费的团体险以外，没有任何商业保险，保障明显不足，应该列支保费预算，增加寿险保额。

(十三) 制定理财目标

点击“展开”可看各理财目标的数值，见图 32－25。

---

① 因本书为单色印刷，故不能显示对应颜色区域，读者可自行打开软件相应界面查看。后文不再一一说明。

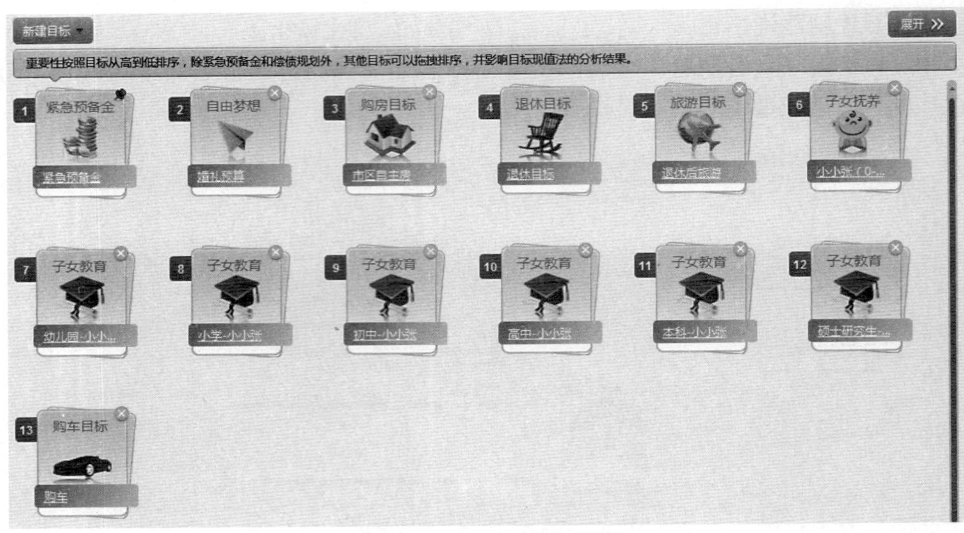

图 32－25　理财目标页面

（1）紧急预备金、退休目标自动生成，可修改但不能删除。

（2）单击图标弹出各个目标编辑页面。

（3）单击假设栏，打开假设明细，所有假设均有默认值，可修改，也可恢复默认。

（4）打开退休目标，录入退休年龄与退休后生活水平，见图 32－26。

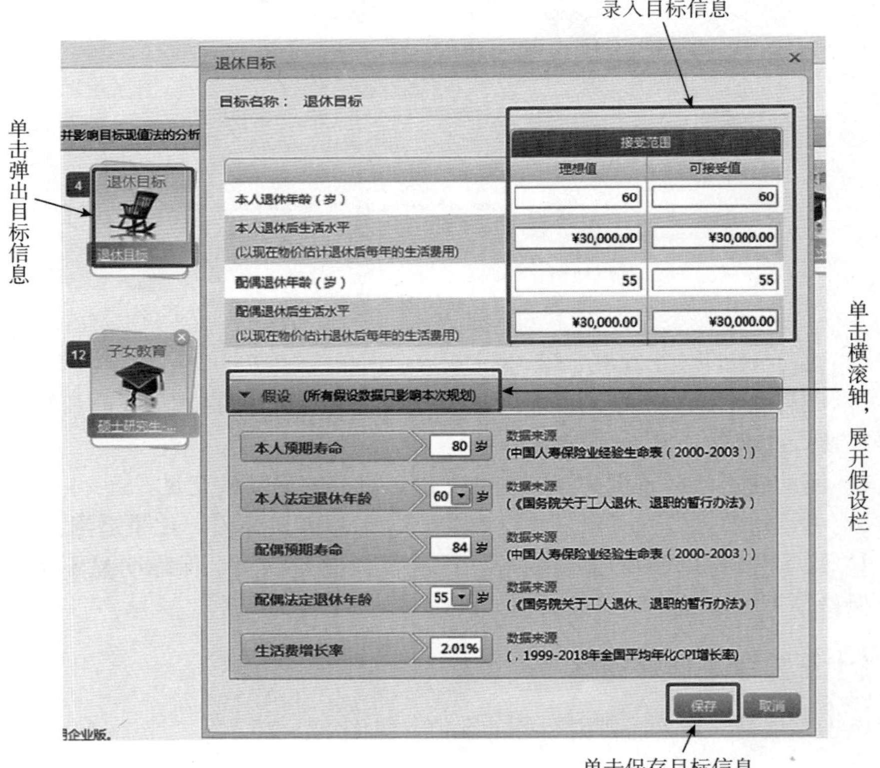

图 32－26　退休目标页面

（5）单击“新建目标”弹出下拉框，选择目标，弹出新目标编辑页面，见图 32 - 27。

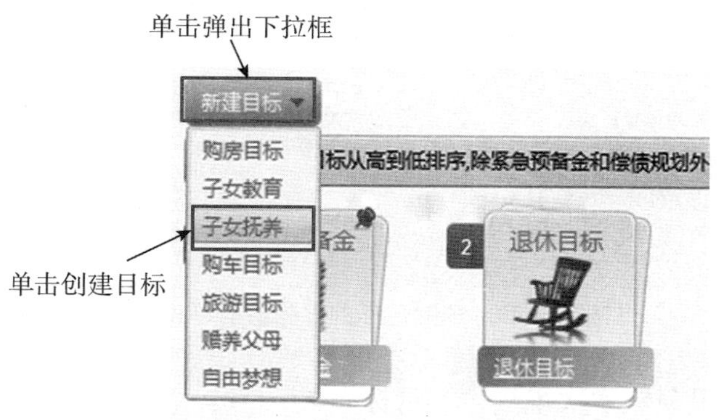

图 32 - 27　新目标编辑页面

（6）根据目标重要性，按住鼠标左键拖动，对目标重新排序，见图 32 - 28。

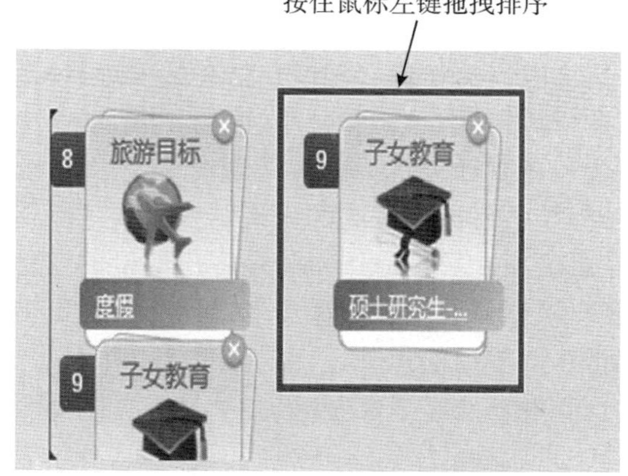

图 32 - 28　按目标重要性排序

注意：目标数字越小，表示目标越重要。

（7）理财目标注意事项。

1）理想值：理财目标的上限。

2）可接受值：理财目标的下限。

3）接受范围：理想值和可接受值之间是动态调整的范围。“情景分析”将在接受范围内调整。例如，预计小张 60 岁退休，退休后希望每年出国旅游，预算每年 4 万元，持续 10 年。若资金不足，只能国内旅游，每年预算 2.4 万元。则旅游目标的目标金额理想值为 4 万元，可接受值为 2.4 万元，见图 32 -29。

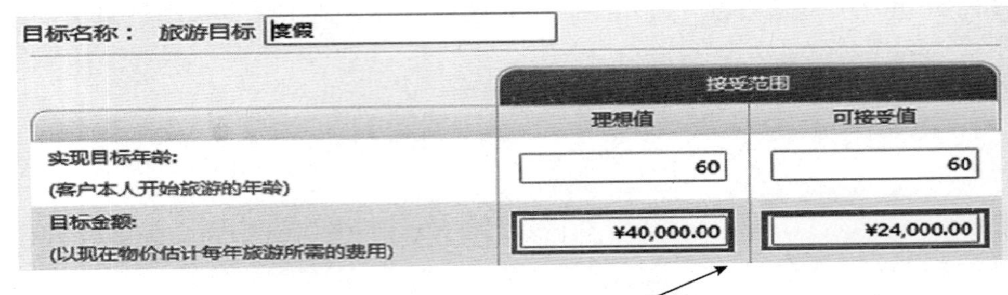

图 32-29 理财目标的理想值与可接受值

4）每个假设只跟本次规划、本目标有关。

5）实现目标年龄。购房目标、购车目标、自由梦想、旅游目标涉及实现目标年龄，它是指本人在什么年龄买房、买车等，该年龄是本人的年龄。

6）目标开始年龄。子女抚养、子女教育、赡养父母中涉及目标开始年龄。它是指子女或父母在什么年龄开始被抚养、教育或赡养，该年龄是子女或父母的年龄。

7）目标金额，是指以当前物价（现值）估计的实现目标每年所需费用。

8）持续年限，是指从目标开始到目标结束的年限。

9）因紧急预备金和还款计划优先级高于其他目标，系统默认排序靠前，排序结果影响“情景分析”中目标现值法的分析结果。

（8）退休目标注意事项：目标退休年龄是客户期望的退休年龄，而假设中的法定退休年龄是指客户根据目前国家社保养老金的相关规定能领取社保养老金的年龄。例如，客户期望 50 岁提前退休，但是只有到 60 岁才能领取社保养老金，则目标退休年龄设为 50 岁，法定退休年龄为 60 岁，见图 32-30。

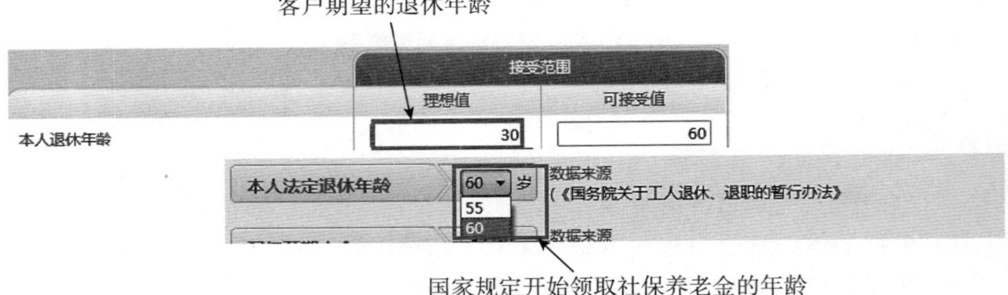

图 32-30 理想退休年龄与法定退休年龄

（9）子女教育目标注意事项：

1）子女教育目标分阶段创建，最好从低学历往高学历规划；通过“下一阶段”快速创建下一阶段子女教育目标。

2）规划学历：下拉框选择需要规划的学历阶段。

3）目标开始年龄：子女开始接受规划学历的年龄。

4）持续年限：子女在当前规划学历阶段的就读年数。

例如，小张预计小孩18岁上大学，未规定具体学校，则规划学历选择“本科”，目标开始年龄“18”岁，持续年限“4”年，表示孩子18岁上大学，大学读4年，见图32－31。

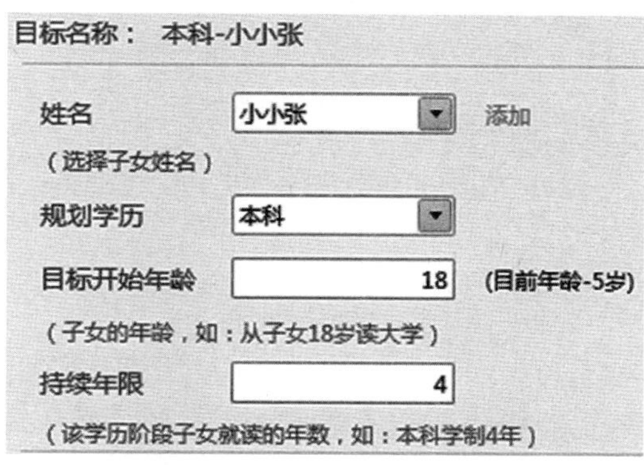

图32－31 子女教育目标录入

5）学费的选择方式。

①自定义：自己录入学费。

②地区：选择学校所在的省份（直辖市）和教育制度。

③具体学校：选择国内“211”、“985”、国外的名校（世界排名100以内），见图32－32。

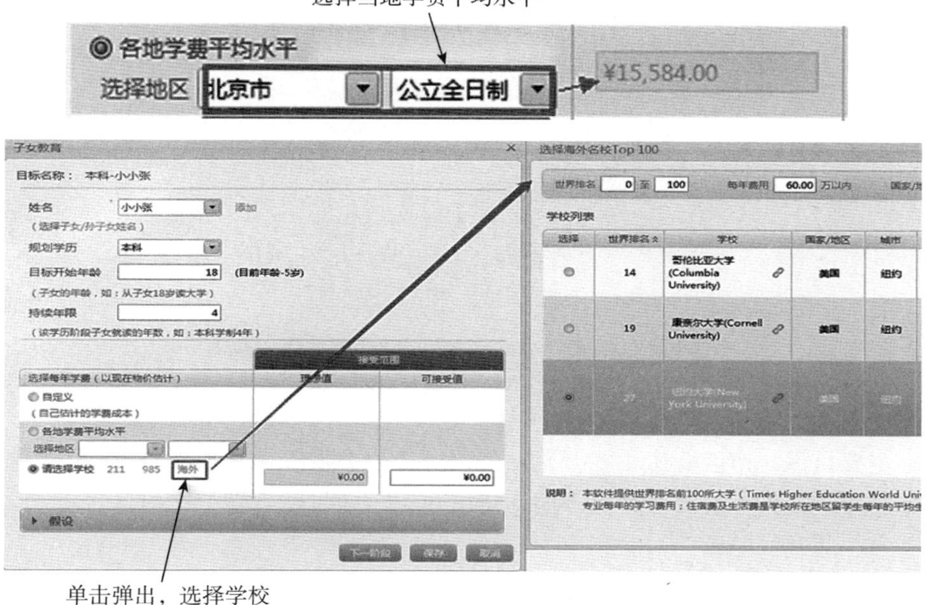

图32－32 学费的选择方式

（10）案例1的购房目标设定，见图32－33。

（11）若非100%首付，进入“制订还款计划”，按照贷款类型，录入还款方式、频率、贷款年数和利率，见图32－34。

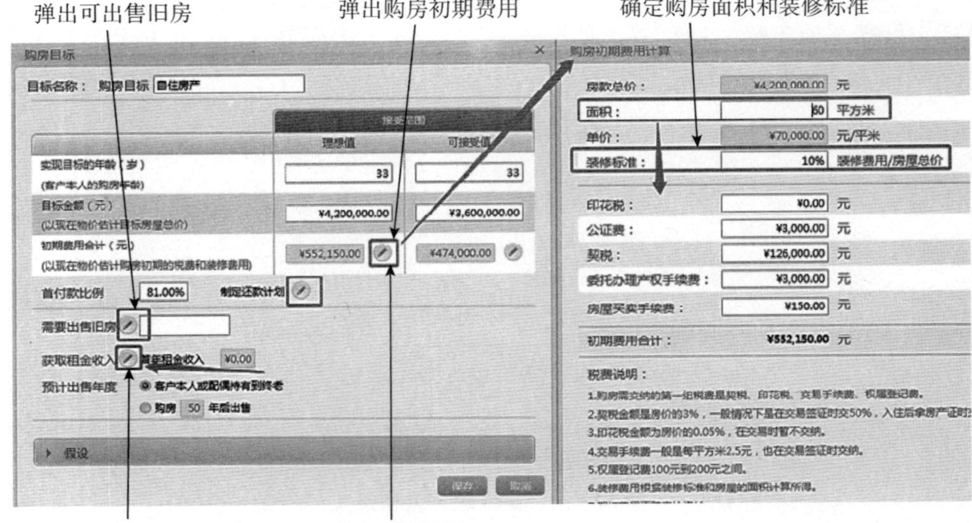

图 32-33　购房目标页面

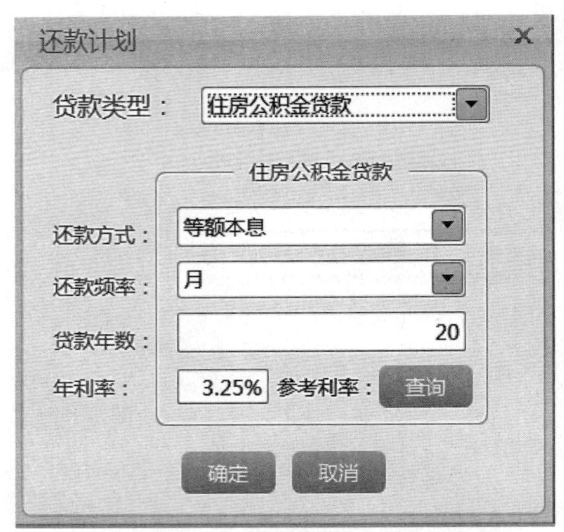

图 32-34　还款计划页面

主要目标：市区购房 420 万元，公积金贷款上限 120 万元，利率 3.25%，20 年本利摊还，另考虑装修和税等期初费用 55.2 万元。

（12）购车计划。

1）初期费用。购车目标中的初期费用是指购车初期的各项税费和保险费用，购车后通常还要考虑养车费用。

2）首付款比例：默认 100%，若低于 100%，则弹出还款计划。

3）需要出售旧车：是指在本目标之前没有被出售的汽车，来源包括财务信息中的汽车和已经创建的购车目标。可以实现购车、换车、多次换车规划。

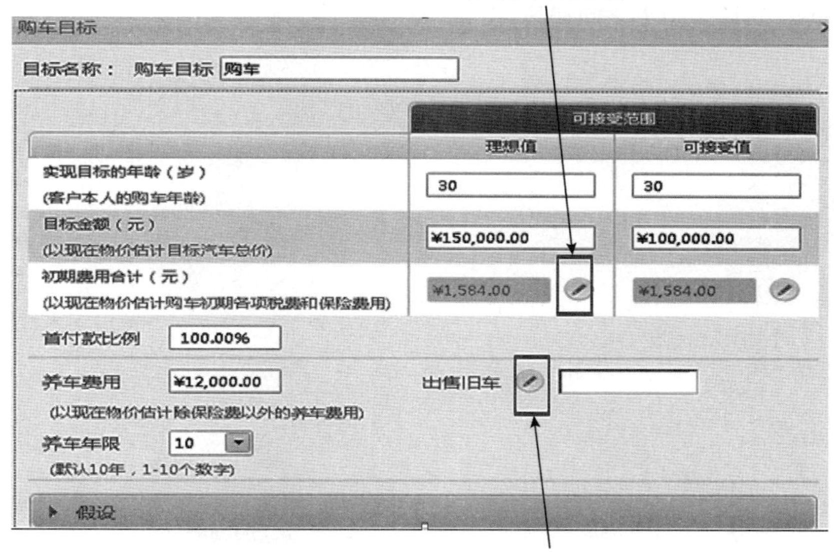

图 32－35 购车规划

三、解读分析结果

理财软件会列出 8 项分析结果，每项分析结果的意义见表 32－1。

表 32－1 理财软件分析结果及其意义

分析结果	意义
财务信息	编制家庭财务报表，了解家庭财务结构
财务诊断	测算各项财务指标，诊断家庭财务状况
资产配置	根据风险测试结果进行资产配置
投资产品	根据资产配置情况为客户推荐投资产品
保险管理	在保费预算范围内，按照投保顺序，提出加保建议
保险产品	根据保险管理情况为客户推荐保险产品
可行性分析	以内部收益率或净现值法进行方案可行性分析
敏感度分析	（包含在可行性分析中） 观察改变假设参数对目标达成的影响

（一）制作家庭财务报表

（1）单击“财务信息栏目”，返回家庭财务信息页面，见图 32－36。
（2）单击“资产负债表”或“收支储蓄表”可进入财务报表页面。
（3）单击“统计表/统计图”，切换统计图和统计表，统计图见图 32－37。
（4）单击“一级分类/二级分类”，可以在一级表图与二级表图之间切换。

（5）单击“资产负债表/收支储蓄表/储蓄运用表”，可以在资产负债表、收支储蓄表、储蓄运用表之间切换。

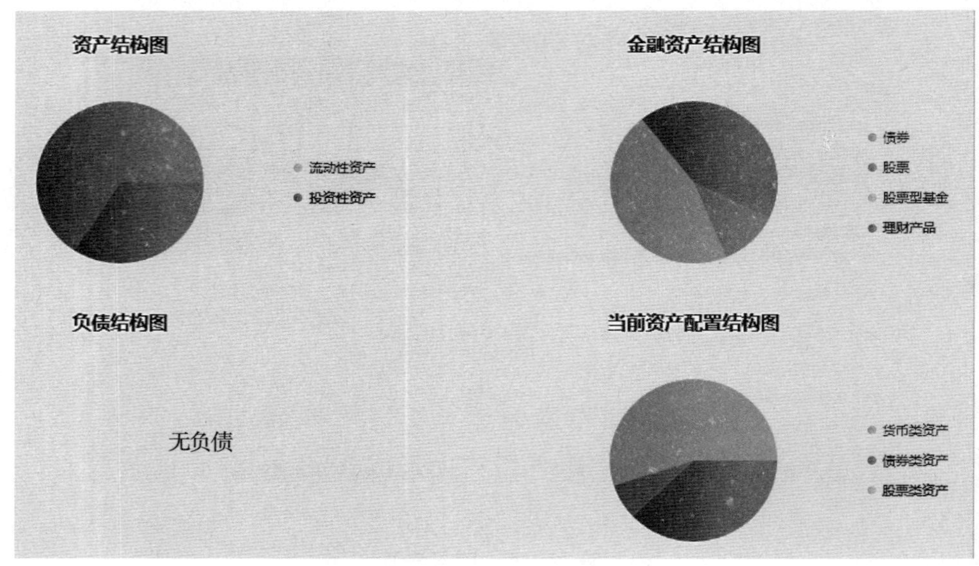

图 32-36 资产结构图示

资产负债表

统计时间： 2018.12.5

资产	本人	配偶	共同	合计	比重
总资产	¥1,124,800.00	¥483,190.00	¥0.00	¥1,607,990.00	100.00%
流动性资产	¥550,000.00	¥0.00	¥0.00	¥550,000.00	34.20%
现金及活存	¥50,000.00	¥0.00	¥0.00	¥50,000.00	3.11%
货币类理财产品	¥500,000.00	¥0.00	¥0.00	¥500,000.00	31.09%
投资性资产	¥574,800.00	¥483,190.00	¥0.00	¥1,057,990.00	65.80%
债券	¥0.00	¥101,920.00	¥0.00	¥101,920.00	6.34%
股票	¥159,800.00	¥0.00	¥0.00	¥159,800.00	9.94%
股票型基金	¥300,000.00	¥336,270.00	¥0.00	¥636,270.00	39.57%
住房公积金个人账户	¥80,000.00	¥30,000.00	¥0.00	¥110,000.00	6.84%
社会养老保险个人账户	¥30,000.00	¥10,000.00	¥0.00	¥40,000.00	2.49%
社会医疗保险个人账户	¥5,000.00	¥5,000.00	¥0.00	¥10,000.00	0.62%
负债	**本人**	**配偶**	**共同**	**合计**	**比重**
总负债	¥0.00	¥0.00	¥0.00	¥0.00	0.00%
净值	**本人**	**配偶**	**共同**	**合计**	**比重**
总净值	¥1,124,800.00	¥483,190.00	¥0.00	¥1,607,990.00	100.00%
流动性净值	¥550,000.00	¥0.00	¥0.00	¥550,000.00	34.20%
投资性净值	¥574,800.00	¥483,190.00	¥0.00	¥1,057,990.00	65.80%

图 32-37 家庭财务信息页面

（6）财务报表时间与计价基准。

1）资产负债表。

①时间：以制订规划当日为基准日。

②计价：以市值为计价基准。

2）收支储蓄表（见图 32-38）与储蓄运用表（见图 32-39）。

①时间：以制订规划当日往前推 1 年为基准期间。

②基础：以收付实现制为计算收支期间的基础。

3）统计图表。

①可导出一级分类与二级分类的报表。

②可对本人、配偶与共同的资产负债或收支进行分析。

收支储蓄表

统计时间： 2017.12.05 - 2018.12.05

收入	本人	配偶	共同	合计	比重
◢ 收入合计	¥348,003.00	¥194,003.00	¥0.00	¥542,006.00	100.00%
▷ 工作收入	¥318,003.00	¥184,003.00	¥0.00	¥502,006.00	92.62%
▷ 理财收入	¥30,000.00	¥10,000.00	¥0.00	¥40,000.00	7.38%
支出	**本人**	**配偶**	**共同**	**合计**	**比重**
◢ 支出合计	¥30,000.00	¥30,000.00	¥0.00	¥60,000.00	11.07%
▷ 生活支出	¥30,000.00	¥30,000.00	¥0.00	¥60,000.00	11.07%
总储蓄	**本人**	**配偶**	**共同**	**合计**	**比重**
◢ 总储蓄	¥318,003.00	¥164,003.00	¥0.00	¥482,006.00	88.93%
工作储蓄	¥288,003.00	¥154,003.00	¥0.00	¥442,006.00	81.55%
理财储蓄	¥30,000.00	¥10,000.00	¥0.00	¥40,000.00	7.38%

图 32-38　收支储蓄表

储蓄运用表

统计时间： 2017.12.06 - 2018.12.05

储蓄	本人	配偶	共同	合计	比重
◢ 总储蓄	¥318,003.00	¥164,003.00	¥0.00	¥482,006.00	100.00%
▷ 固定用途储蓄	¥68,036.00	¥34,036.00	¥0.00	¥102,072.00	21.18%
自由储蓄	¥249,967.00	¥129,967.00	¥0.00	¥379,934.00	78.82%

图 32-39　储蓄运用表

（7）本案例的财务报表总结。

在 2018 年 12 月 5 日，小张家庭的总资产为 160.8 万元，其中流动性资产 55 万元，投资性资产 105.8 万元，没有负债。总收入 54.2 万元，其中工作收入 50.2 万元，理财收入 4 万元。总支出 6 万元，全部为生活支出。总储蓄 48.2 万元，其中固定用途储蓄 10.2 万元，自由储蓄 38 万元。

（二）资产配置

1. 查看当前资产配置的收益率、标准差及各项资产配比（见图 32-40）

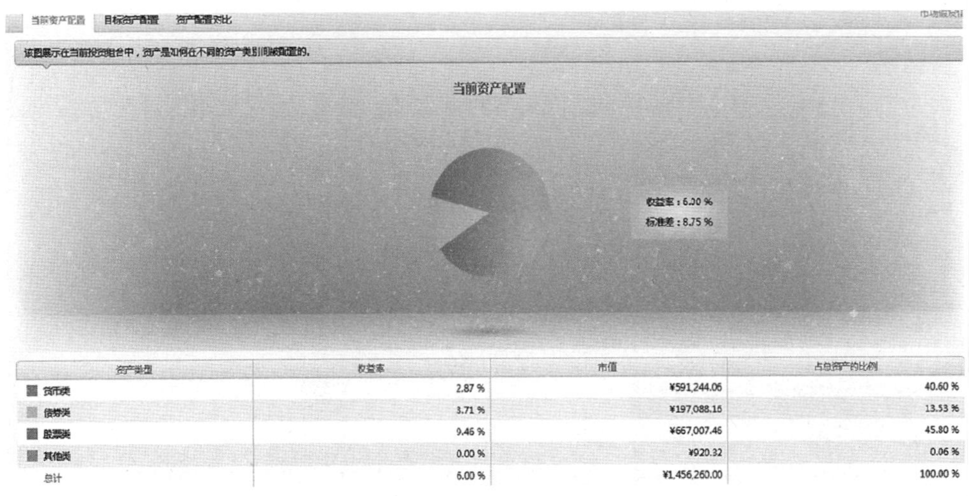

资产类型	收益率	市值	占总资产的比例
货币类	2.87 %	¥591,244.06	40.60 %
债券类	3.71 %	¥197,088.16	13.53 %
股票类	9.46 %	¥667,007.46	45.80 %
其他类	0.00 %	¥920.32	0.06 %
总计	6.00 %	¥1,456,260.00	100.00 %

图 32-40　当前资产配置页面

2. 查看市场假设

市场假设用于生成有效前沿和财富预测数据，若修改某个规划的市场假设数据，仅影响该规划，见图 32－41。

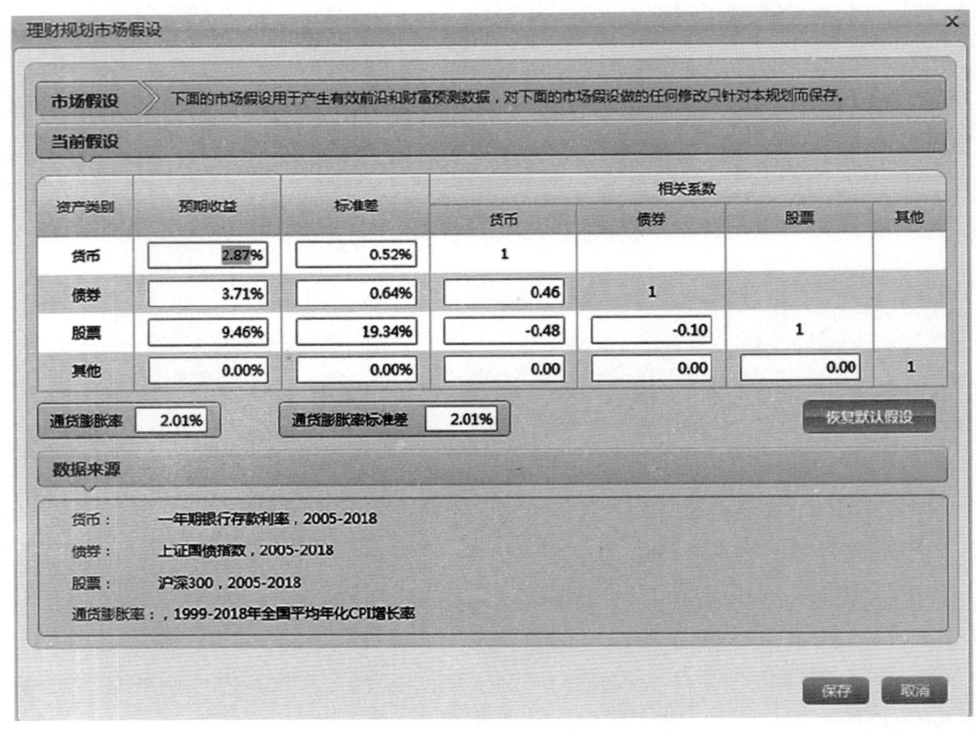

图 32－41 市场假设页面

3. 选择目标资产配置

（1）单击“目标资产配置”，进入目标资产配置的选择页面，见图 32－42。

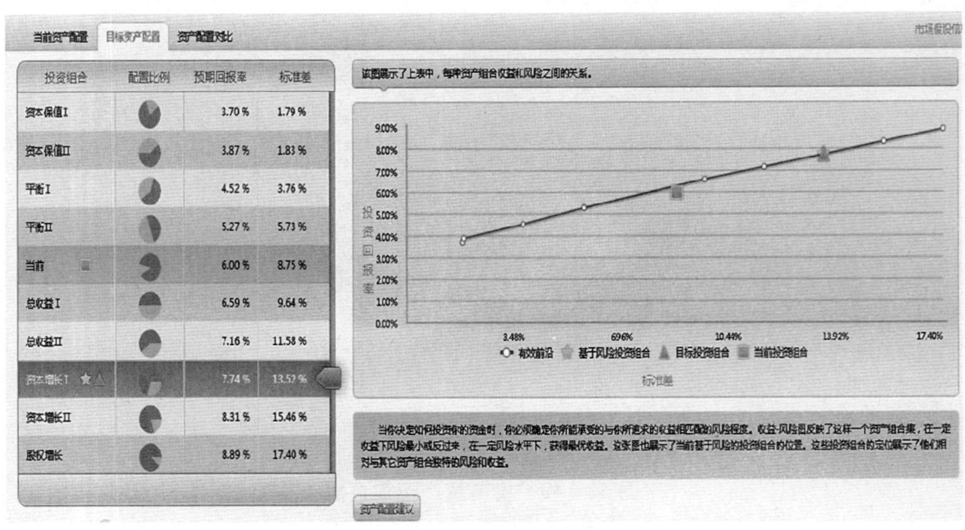

图 32－42 目标资产配置页面

（2）系统提供 9 种默认的投资组合与客户的风险属性相匹配。初始默认目标投资组合为客户基于风险的投资组合。

（3）当前投资组合，指客户当前持有的投资组合，用“■”表示。

（4）基于风险的投资组合，指根据客户的风险属性测试得分，基于风险矩阵得到的与其风险属性相匹配的投资组合，用“☆”表示。

（5）目标投资组合，指客户基于自己的风险属性和个人状况而选择的，系统初始默认目标投资组合就是基于风险的投资组合，用“▲”表示。

4. 对比资产配置

单击“资产配置对比”，比较当前资产配置与目标资产配置收益率、标准差，各项资产配比及调整情况，见图 32－43。

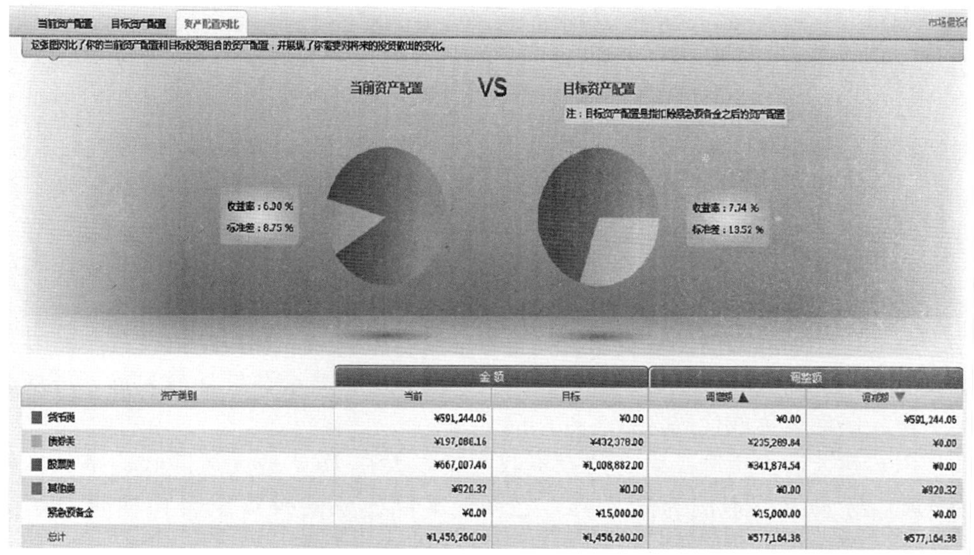

资产类别	金额 当前	金额 目标	调整额 调增额 ▲	调整额 调减额 ▼
货币类	¥591,244.06	¥0.00	¥0.00	¥591,244.06
债券类	¥197,088.16	¥432,378.00	¥235,289.84	¥0.00
股票类	¥667,007.46	¥1,008,882.00	¥341,874.54	¥0.00
其他类	¥920.32	¥0.00	¥0.00	¥920.32
紧急预备金	¥0.00	¥15,000.00	¥15,000.00	¥0.00
总计	¥1,456,260.00	¥1,456,260.00	¥577,164.38	¥577,164.38

图 32－43　资产配置对比页面

5. 本案例的资产配置分析结果

（1）原有的资产配置，债券类资产偏多，虽然风险较低，标准差只有 8.75%，但是预期投资收益率也较低，只有 6%，不大符合该年轻夫妻应该有的较大风险承受能力。

（2）依据风险属性测试，客户夫妻应属于成长型投资者，可配置资本增长 I 型组合，股票类资产可配置 70%，债券类可配置 30%，根据市场假设，预期收益率可达到 7.74%，标准差达到 13.52%。

（3）比较目标资产配置与目前资产配置，建议降低债券类资产与货币类资产的比重到合计 30%，提高股票类资产的比重到 70%。

（三）投资产品

如图 32－44，选择 5 只基金，其中 2 只偏债券型、3 只偏股票型，配置资产总额为 144 万元，配置后的产品大类比率应与资产配置中的目标差距不大，如本例债券类目标为30%，建议29%，股票类目标为70%，建议64%。

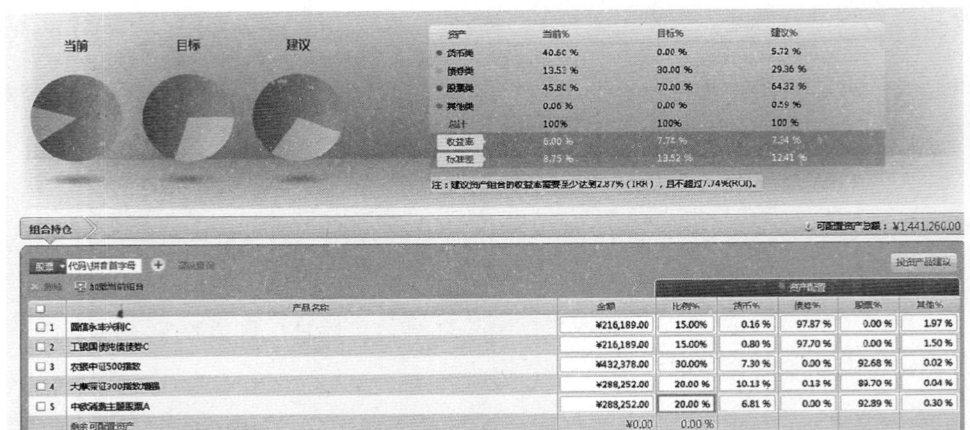

图32-44　投资产品建议

投资产品建议注意事项：

(1) 可根据目标资产配置进行投资产品的选择，软件内的金融产品数据为某一时点的数据。

(2) 如果当前资产小于或等于紧急预备金，则可配置资产总额为0，无法进行投资产品的选择。

(3) 可先加载当前的投资组合，再考虑是否要删除，替换其他投资产品时先选大类别，包括股票、基金、债券、银行理财、券商集合、信托与私募。再从大类中输入产品名称或代码选择各部产品。

(4) 建议后投资产品组合的投资收益率，要在*IRR*或无风险收益率（本例为6%）与*ROI*（本例为7.74%）之间，本例建议的投资组合预期收益率为7.34%，符合规定。

点击"投资产品建议"，出现画面如图32-45，若有原有的产品，不会列入。若替换产品，建议出售的原产品可输入减持理由与减持方式，建议新买入的产品可输入推荐理由与推荐方式。

投资产品建议

通过买卖证券来实现建议投资组合，系统会显示理财师录入过的最新推荐或减持理由。

序号	名称	当前	建议	操作	金额	推荐/减持理由	增持/减持方式建议
1	农银中证500指数	¥0.00	¥432,378.00	买入	¥432,378.00	看好未来绩效表现	增持方式建议
2	国信永丰兴利C	¥0.00	¥216,189.00	买入	¥216,189.00	看好未来绩效表现	增持方式建议
3	工银国债纯债债券C	¥0.00	¥216,189.00	买入	¥216,189.00	风险收益适中	增持方式建议
4	大摩深证300指数增强	¥0.00	¥288,252.00	买入	¥288,252.00	看好未来绩效表现	增持方式建议
5	中欧消费主题股票A	¥0.00	¥288,252.00	买入	¥288,252.00	成长性好	增持方式建议
6	17国债15	¥103,000.00	¥0.00	卖出	¥-103,000.00	转换为收益更高的债券标的	减持方式建议
7	中国国航	¥162,400.00	¥0.00	卖出	¥-162,400.00	调整为股票型基金	减持方式建议
8	华夏大盘精选混合	¥340,860.00	¥0.00	卖出	¥-340,860.00	调整为绩效更好的	减持方式建议

图32-45　增持与减持理由

（四）保险管理

（1）理财资产配置中的“保险管理”页面可以查看本人和配偶的人寿保险、意外伤害保险、重大疾病保险、医疗费用保险的应有保额、规划前保额保费、规划后保额保费情况的图形和表格，下拉滚动轴可看到详细保险配置，见图32-46。

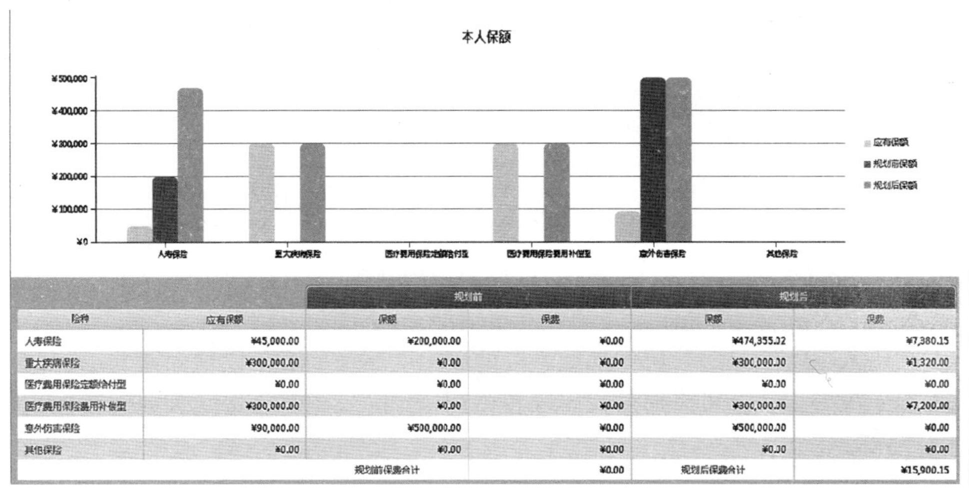

险种	应有保额	规划前		规划后	
		保额	保费	保额	保费
人寿保险	¥45,000.00	¥200,000.00	¥0.00	¥474,355.02	¥7,380.15
重大疾病保险	¥300,000.00	¥0.00	¥0.00	¥300,000.00	¥1,320.00
医疗费用保险定额给付型	¥0.00	¥0.00	¥0.00	¥0.00	¥0.00
医疗费用保险费用补偿型	¥300,000.00	¥0.00	¥0.00	¥300,000.00	¥7,200.00
意外伤害保险	¥90,000.00	¥500,000.00	¥0.00	¥500,000.00	¥0.00
其他保险	¥0.00	¥0.00	¥0.00	¥0.00	¥0.00
		规划前保费合计	¥0.00	规划后保费合计	¥15,900.15

图 32-46　保险管理页面

（2）保险管理注意事项：

1）应有保额来源于保障信息的需求测算。

2）规划前保额保费来源于已有保单信息。

3）规划后保额保费＝已有保单＋各险种加保计划。

4）各险种加保计划：

①按照应加保额计算保费，应加保额＝应有保额－已有保额，选择某公司样本产品测算应加保额对应的参考保费。

②在保费预算一定的情况下，按照险种的优先顺序安排投保，计算加保保额和加保保费。

③规划后保额＝规划前保额＋加保保额。

④规划后保费＝规划前保费＋加保保费。

⑤加保计划仅以某公司的险种为例，缴费期限默认为该险种在客户当前年龄下允许的最长缴费期限，缴费期限与保障期限相同。

（五）保险产品

如图 32-47 所示，选择保险产品时建议保额尽量与规划后的保额保持一致，且按规划后的保额所要交的保费，应该不高于原来设定的保费预算。若保费预算有剩余可以加保终身寿险。本例中按规划后的保额配置后，应交保费与预算保费相差不大，可按原规划建议投保，即新增 27.4 万元寿险、30 万元重大疾病保险、30 万元医疗费用保险（费用补偿型）。年交保费以当时年龄可以交费的最高年数计算，本例得出保费为 15 070 元，在保费预算 15 900 元之内。

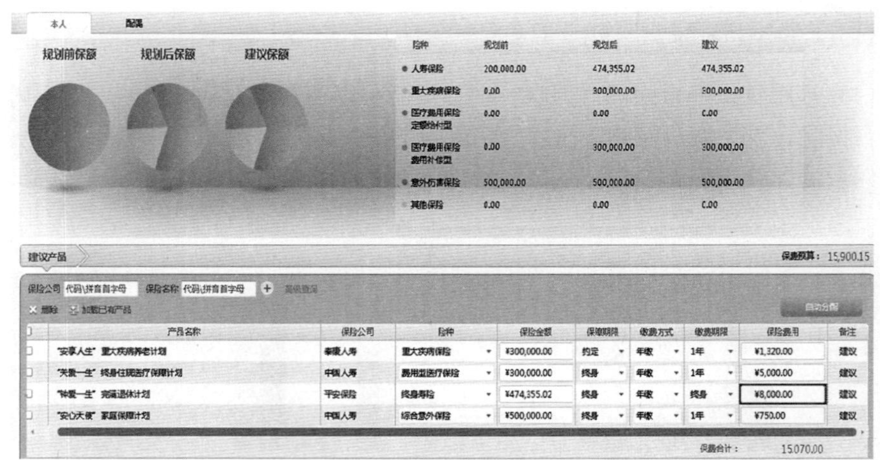

图 32－47 保险产品建议

在输入保险产品时，可先加载现有的保险产品，一般是以加保而非退保的方式增加到应有保额。可以通过代码或名称选择保险公司及该保险公司的各保险险种的产品。

（六）可行性分析

1. 可行性分析流程

根据内部收益率法和净现值法，对理想目标进行可行性分析，依据无风险收益率、*ROI*、*IRR* 画出全生涯期末理财准备图，可导出生涯仿真表。

2. 本案例可行性分析结果

根据以上分析，*IRR* 大于 *ROI* 且利用 *ROI*（7.74%）计算从 2019 年到 2023 年的期末理财准备为负，说明利用 *ROI* 也无法实现所有理财目标，在市区买房买车的规划不可行（见图 32－48），需要对方案进行调整。

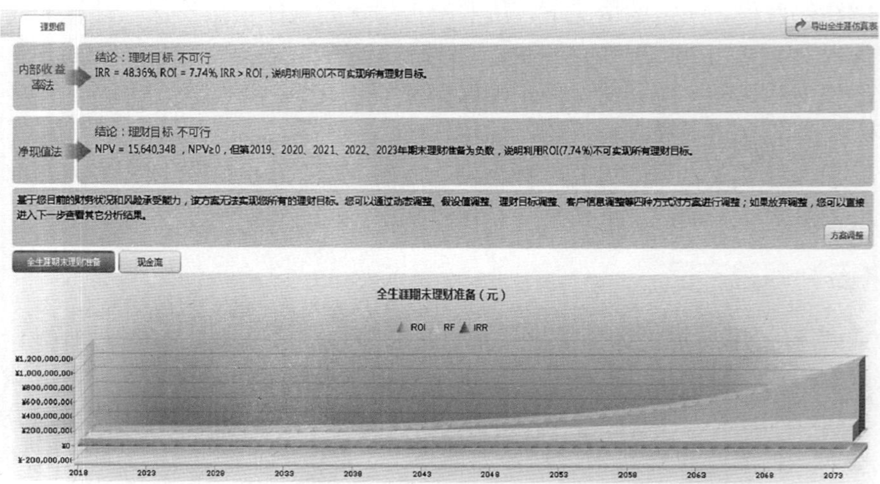

图 32－48 目标可行性分析页面

3. 可行性分析注意事项

(1) 内部收益率法。

1) 算出内部收益率(*IRR*),与目标资产配置的投资收益率(*ROI*)相比较。如果 $IRR \leqslant ROI$,表示理财目标可行;如果 $IRR > ROI$,表示理财目标不可行。

2) 若算不出内部收益率,以无风险收益率计算理财准备,若理财准备均为正数,表示在保守的投资收益率假设下,理财目标可行。以 *ROI* 计算理财准备,若理财准备均为正数,表示在目标资产配置的投资收益率假设下,理财目标可行。

(2) 净现值法。以 *ROI* 计算净现值 *NPV*,如果 $NPV \geqslant 0$,且期末理财准备均为正数,说明理财目标可行。

4. 生涯仿真表

(1) 单击"导出生涯仿真表",可导出生涯仿真表,此时可存档后打开。

(2) 如果在方案调整中有动态调整,生涯仿真表可显示理想值与调整值两张表,便于做对照分析。

(3) 生涯仿真表的原理与运用在 CFP 认证课程中会有更详尽的说明。

(七) 方案调整

1. 动态调整

若理想目标不可行,而可接受目标实现概率非常高,则可以单击"动态调整"进行目标调整。

滑动"[滑块]",在理想值和可接受值之间调整各个目标,直至目标可行,保存调整值。滑块绿色表示可动,滑块灰色表示不可动。情景分析动态调整的方式见图 32-49。

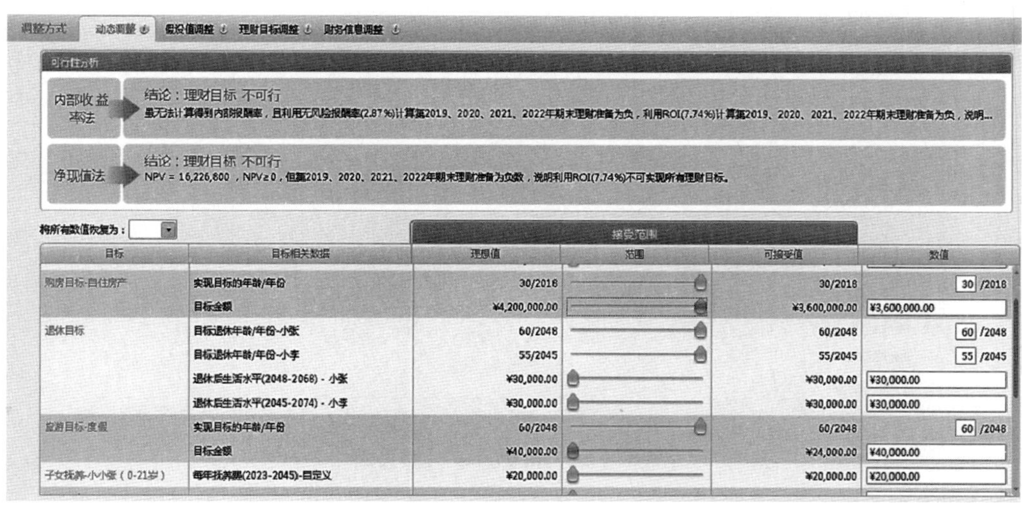

图 32-49 动态调整页面

2. 方案调整注意事项

分别对各理财目标设定理想值与可接受值,动态调整后列出调整值。

本案例即使将所有的目标都调降到可接受值，理财准备也仍有缺口，目标仍不可行。

（八）现金流分析

（1）通过财务信息、目标信息和各项基本假设，了解客户各生涯阶段的现金流，分别是全生涯现金流入（见图 32－50）与全生涯现金流出。

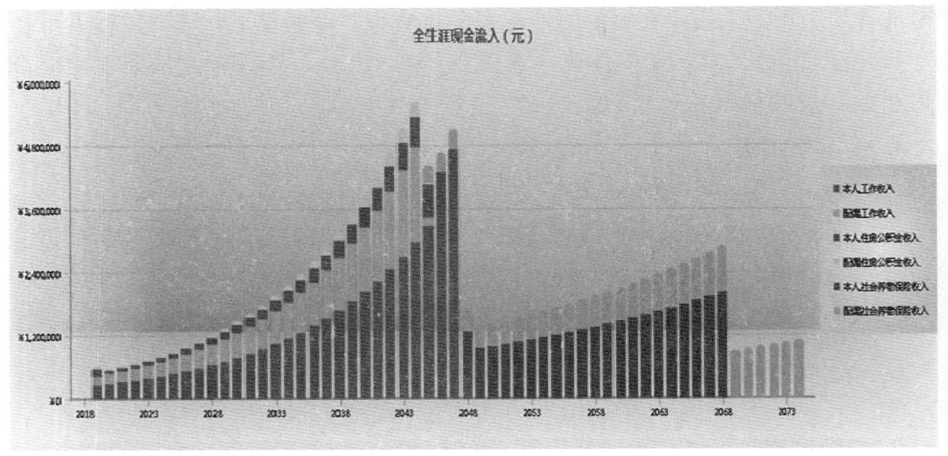

图 32－50　现金流入分析

（2）目标持续时间图是在时间轴上列出各目标持续时间，见图 32－51。

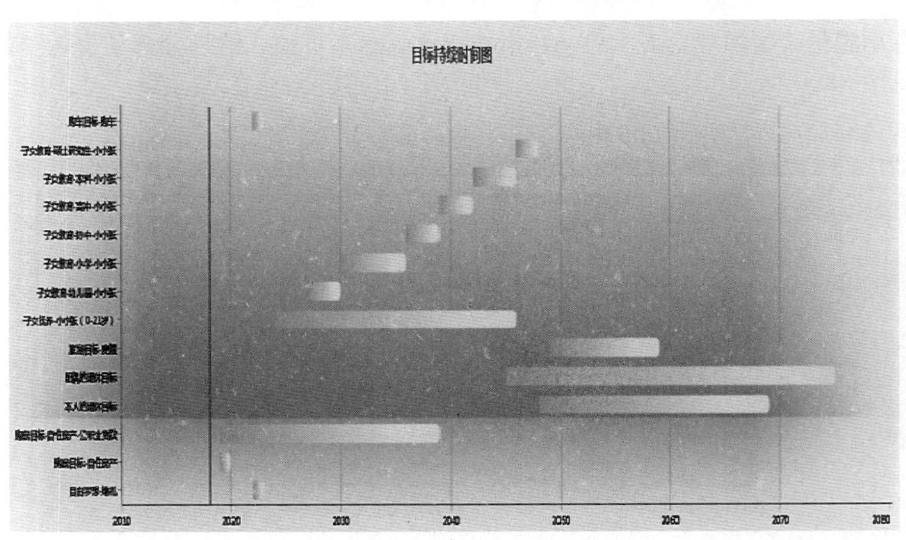

图 32－51　目标持续时间页面

（3）若在方案调整中进行了目标调整，则单击“理想值/调整值”，可切换至调整目标后的现金流量图和目标持续时间图。

（4）单击“导出全生涯仿真表”，也可由此处导出全生涯仿真表的 Excel 文件。

（九）敏感度分析

（1）敏感度分析的原理：改变一个参数假设，看对目标可行性的影响如何。

（2）敏感度分析注意事项：

1）各项假设的上下限默认为历史数据的最高值、最低值。

2）在上下限范围内调整各项假设的数值，观察其变动对理财目标可行性的影响。

3）可调整的数据如下：

①费用增长率：生活费、赡养费、学费。

②收入增长率：本人、配偶。

③居住：房租增长率、房价增长率、房屋折旧率。

④贷款：住房公积金贷款年利率、商业住房贷款年利率。

⑤投资：投资收益率。

（十）问题讨论

基于本案例的分析工具，回答以下问题：

（1）小张家庭财务结构是否合理？有哪些指标存在问题？

（2）小张是否应该加买保险？是否要调整现有投资组合？

（3）小张的理财目标是否能够实现？若不能实现，应该如何调整？

（4）哪些假设数据的变动对于目标可行性影响较大？

四、调整规划方案

方案一：郊区买房和买车。

方案二：市区买房不买车。

（一）调整说明

（1）将调整前的规划命名为“市区买房买车”，然后在规划列表中复制。

（2）在复制的“市区买房买车”基础上根据方案一进行调整，并保留调整结果，规划更名为“郊区买房买车”。

（3）再次复制“市区买房买车”，在此基础上根据方案二进行调整，并保留调整结果，规划更名为“市区买房不买车”。

（二）方案比较

1. 方案一：郊区买房买车

（1）复制“市区买房买车”规划，降低理财目标中的购房目标，从市区的420万元调整至240万元。

（2）首付款比率调至50%（公积金贷款上限120万元）。

（3）其他目标保持不变，无论是内部收益率法还是净现值法，方案均可行，见图32-52。

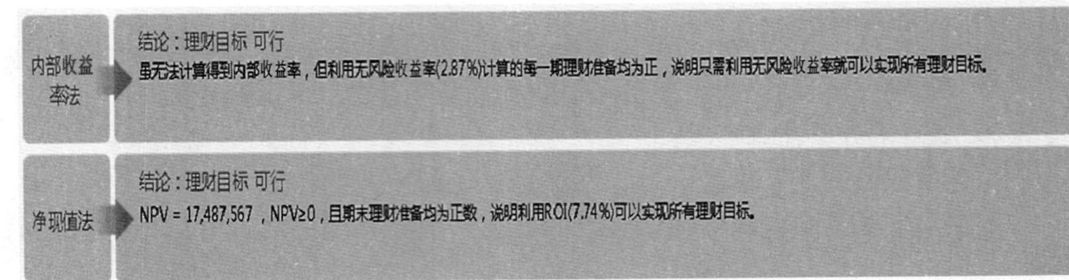

图 32－52　郊区买房买车的调整方案

2. 方案二：市区买房不买车

（1）复制“市区买房买车”规划，单击“理财目标”，删除购车目标。

（2）单击“方案调整”中的动态调整。

（3）“市区买房不买车”的调整方案：购房目标从 420 万元调整至 270 万元，公积金贷到上限，取消买车目标，无论是内部收益率法还是净现值法方案均可行。可先买 40 平米左右的一居室，生小孩以后再由小换大。调整后结果见图 32－53。

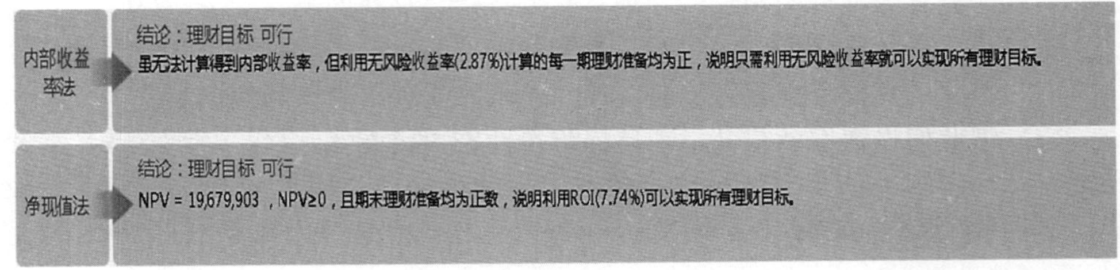

图 32－53　市区买房不买车的调整方案

3. 规划列表比较结论

（1）初始规划“市区买房买车”的构想不可行。

（2）如要在市区买房，只能买 40 平米的一居室，且不能买车，公积金贷款到上限，理财目标可达成。

（3）如果在郊区买房，可买 60 平米的房和 15 万元的车，其他目标不变。

五、提交规划报告及监控规划

（一）生成报告书流程

（1）单击规划报告管理，可生成新报告。

（2）可选择使用标准模板、简版模板或个性化模板。

（3）若因理财师信息不完整而影响报告书质量，可以编辑理财师信息。

（4）可选择导出报告书的格式（Word 版本或 PDF 版本），可先预览，见图 32－54。

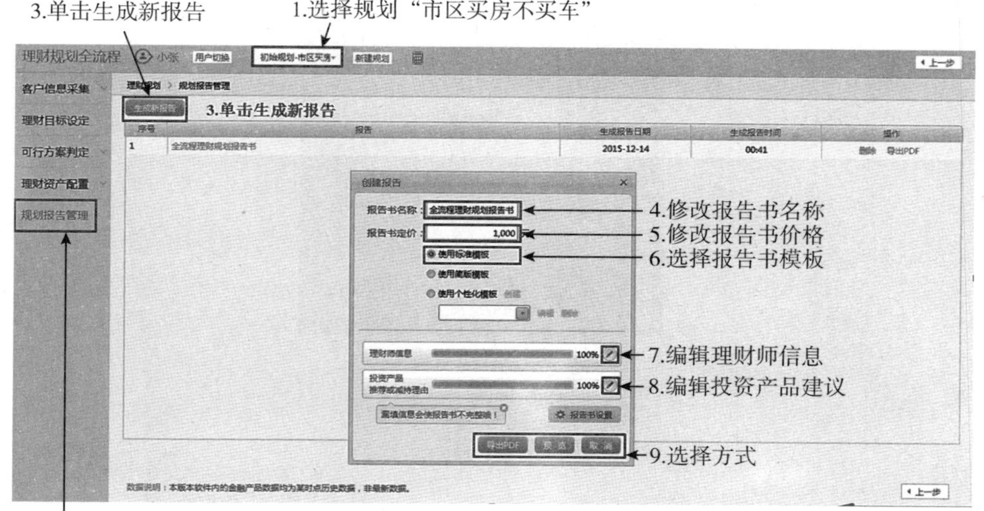

图 32-54 导出规划报告书的方式

（二）本案例的报告书生成

（1）选择调整方案，若客户优先考虑买房，则可选方案二。

（2）单击规划名“市区买房不买车”中的规划报告。

（3）单击“生成报告书”，弹出创建报告书页面，可以修改报告书名称和定价，补充理财师信息（包括理财师姓名、最高学历、服务公司、岗位、专业认证、工作经历、专长、联系方式），见图 32-55。生成的报告书的封面见图 32-56。

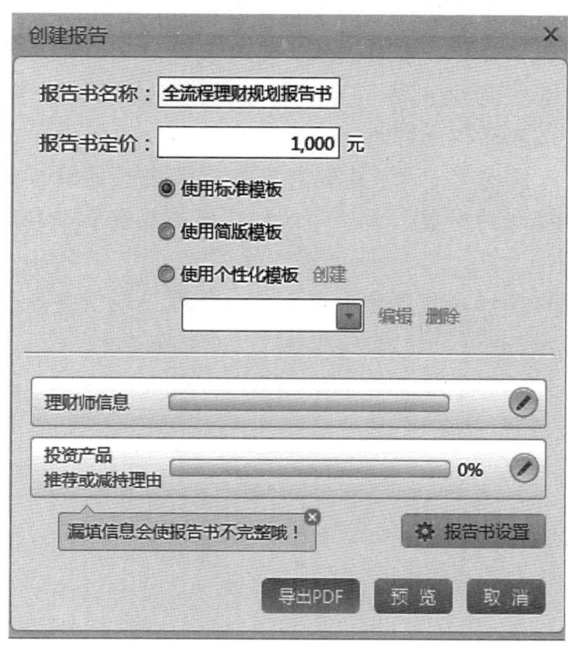

图 32-55 创建报告书选项

全流程理财规划报告书

客　　户：小张
金融理财师：
完成日期：2018年11月30日
服务公司：安本标准-分公司

图 32－56　全流程理财规划报告书封面

（三）报告书目录

（1）声明。

尊敬的张先生：

非常荣幸有这个机会为您提供全方位的理财规划服务。首先请参阅以下声明：

本理财规划报告书是用来帮助您明确财务需求及目标，对理财事务进行更好的决策，达到财务自由、决策自主与生活自在的人生目标。

本理财规划报告书是在您提供的资料的基础上，基于通常可接受的假设、合理的估计，综合考虑您的资产负债状况、现金收支状况和理财目标而制定的。

本理财规划报告书所做出的所有分析都是基于您当前的家庭情况、财务状况、生活环境、未来目标和计划以及对一些金融参数的假设和当前所处的经济形势，以上内容都有可能发生变化。建议您定期评估自己的目标和计划，特别是在人生阶段发生较大变化的时候，如家庭结构转变或更换工作等。

专业胜任说明：

本公司金融理财师×××先生为您制作此份理财规划报告书。

其经验背景介绍如下：

学历：

专业认证：

工作经历：

专长：

保密条款：

本规划报告书将由金融理财师直接交予客户，充分沟通讨论后，协助客户执行规划书中的建议方案。

未经客户书面许可，本公司负责的金融理财师及其助理人员，不得透漏任何

有关客户的个人信息。

应揭露事项：

本规划报告书收取报酬为每份 1 000 元人民币，报告书完成后若要由理财师协助执行投资或购买保险产品，本公司根据与基金公司及保险公司签订的代理合同，收取代理手续费。

推介专业人士时，该专业人士与理财师的关系："相互独立"，如顾问契约。

所推荐产品与理财师个人投资是否有利益冲突："经确认无利益冲突"。

与第三方签订书面代理或者雇佣关系合同："仅收取顾问咨询费，未与第三方签订书面代理或者雇佣关系合同"。

(2) 宏观经济与基本假设。

(3) 基本状况介绍。

(4) 家庭财务报表与财务诊断。

(5) 客户的理财目标与风险属性测试。

(6) 理财目标可行性。

(7) 现金流分析。

(8) 敏感度分析。

(9) 资产配置。

(10) 投资产品。

(11) 保险管理。

(12) 保险产品。

(13) 风险告知与定期审视。

就所建议的投资产品，可能的风险如下：

1) 流动性风险：急需变现时可能的损失。

2) 市场风险：市场价格可能不涨反跌。

3) 信用风险：个别标的的特殊风险。

4) 就预估的投资收益率，提出说明：调整前需要的内部收益率为____%；调整后需要的内部收益率为______%。

5) 估计平均收益率的依据：依据风险属性分析表与内部收益率法。

6) 预估最高收益率与最低收益率的范围：______%到______%。

7) 过去的绩效并不能代表未来的趋势。

定期审视：

请注意，当出现如下情况时可能影响您的财务目标实现，所以我们建议您定期检查并重新评估本计划，以便适时地做出调整。

(1) 本计划所采用的金融假设在现实生活中发生变化。如国家公布的通货膨胀率与实际生活地区的情况不同。

(2) 未来的投资收益率为预测数据，可能高于或低于实际收益。

(3) 您的家庭财务状况可能发生变化，以至于不能按预计情况实施本计划。

(4) 在实际执行时，当地法律和经济环境可能有所变化。

(5) 本计划是应您的家庭特定情况而制定，不适合其他任何人士作为财务或投资的指引。

金融理财师的职责是准确评估客户的财务需求，并在此基础上为您提供高质量的财务建议和长期的定期检查服务。

客户如果有任何疑问，欢迎随时向金融理财师进行咨询。

根据客户的情况，建议一年定期检查一次。暂时预约________年______月底为下次检查日期，届时若家庭事业有重大变化，需要重新制作理财规划报告书。

理财软件生成的报告书目录，见图 32－57。

目录
CONTENTS

图 32－57 理财规划报告书目录

第二节 中年企业主规划案例

一、背景资料

规划时间为 2018 年 12 月。

（一）家庭状况

金先生，42 岁，经营一家小型金属加工有限公司，拥有 100%股权。金太太，40 岁，经营一家超市（个体户）。儿子小金 12 岁，即将上初中。全家在南京市生活、工作。

（二）财务状况

资产负债方面，金先生名下有活期存款 5 万元，实业投资账面价值 100 万元，自用房产价值 150 万元，股票价值 10 万元；金太太名下有活期存款 3 万元，实业投资账面价值 10 万元，债券型基金价值 15 万元，股票型基金价值 13 万元。投资性房产价值 100 万元，公积金贷款 50 万元，还有 10 年还清。

（三）收入支出状况

金先生公司的实业投资年税后分红 240 000 元，另在公司领工资，税后可支配收入 13 万元。金太太超市的年税后收入 106 350 元。前一年的金融投资收入 1 万元，房产税后租赁收入 2 万元，家庭年生活支出 10 万元，儿子学费 1 万元。

（四）保险状况

1. 社会保险

金先生住房公积金账户余额 10 万元，社保养老金账户余额 5 万元，已缴费 10 年，年缴费基数 15 万元；医疗保险金账户 1 万元。金太太未加入社保。

2. 商业保险

金先生投保一份缴费 20 年终身寿险，保额 30 万元，年缴保费 1 万元，其中保障型保费 2 000 元，还要交 10 年，寿险现金价值 8 万元。金太太投保一份重大疾病保险，保额 20 万元，年缴保费 2 000 元，还要交 20 年。另外为小金投保教育年金险，年缴保费 5 000 元，缴费 6 年后，上大学的 4 年每年可领回 1 万元。目前现金价值 3 000 元。

（五）理财目标（现值）

（1）换房：为了儿子上学，打算尽快换购 250 万元的学区房，考虑同时出售自住房和投资房，办理住房公积金贷款。

（2）儿子教育：中学 6 年每年 1 万元，大学 4 年每年 2 万元。

（3）退休计划：20 年后夫妻同时退休，每年生活费各 4 万元，公司交儿子经营，超市预计届时转让价格为 20 万元。

（六）假设条件

（1）公司税前收入增长率 8%。

（2）超市税前收入增长率 8%。

（3）金先生个人工资增长率 7%。

（4）个人社保养老金增长率 7%。

（5）社会平均工资增长率 7%。

（6）房价增长率 5%。

（7）当地住房公积金贷款上限每户 50 万元。

（8）第二套房首付款比率 70%。

（9）其他按照系统设定值。

二、录入信息

（一）实业投资

（1）定义：未上市的公司、独资企业或合伙企业。

（2）资产负债录入方式：若客户的投资标的为公司企业，如果可以估值，资产栏中的实业投资记录估计市值；若无法估值，记录账面价值。若是独资企业，记录的是该企业的资产；若是合伙企业，记录的是该企业资产×合伙份额。

（3）本例中金先生企业账面价值 100 万元，金太太独资企业无负债计入资产 10 万元。

实业投资收益来自税后收益，开始年度都是当前年度，收益增长率假设为 8%，金先生退休时公司交给儿子，不用计算出售价值。金太太退休时超市届时转让价值 20 万元需输入，出售类型都是退休，见图 32－58。

实业投资

拥有者	名称	现值	贷款余额	预计出售价格	出售类型	出售年度	实业投资收益	收益开始年度	收益增长率
本人	公司	¥1,000,000.00	¥0.00	¥0.00	退休		¥240,000.00	2018	8.00%
配偶	超市	¥100,000.00	¥0.00	¥200,000	退休		¥106,350.00	2018	8.00%
合计：		¥1,100,000.00	¥0.00	¥200,000.00			¥346,350.00		

确定 取消

图 32－58　实业投资录入页面

（二）录入保障信息

（1）终身寿险保费 1 万元中保障性保费 2 000 元与储蓄型保费 8 000 元分别输入，还要交费 10 年（到 2028 年）。

（2）重大疾病保险属保障型寿险，缴到 2038 年，见图 32－59。

保单现金价值

拥有者	公司	名称	现金价值	被保险人	险种	保险金额	保障性保费	储蓄性保费	缴费方式	缴费截止年度	返还现金流
本人	代码\拼音首字母	代码\拼音首字母	¥80,000.00	金先生	终身寿险	¥300,000.00	¥2,000.00	¥8,000.00	年缴	2028	详细
配偶	代码\拼音首字母	代码\拼音首字母	¥0.00	金太太	重大疾病保险	¥200,000.00	¥2,000.00	¥0.00	年缴	2038	详细
本人	代码\拼音首字母	代码\拼音首字母	¥3,000.00	小金	年金保险	¥10,000.00	¥0.00	¥5,000.00	年缴	2024	☑ 详细
合计：			¥83,000.00			¥510,000.00	¥4,000.00	¥13,000.00			

确定 取消

图 32－59　保单现金价值录入页面

(3) 子女教育年金保费 5 000 元都是储蓄型，保额是届时每年领回的年金，缴费 6 年，截止年度 2024 年，勾选返还现金流，在对话框内输入返还开始年度 2025 年，持续 4 年，第一次返还为 0 时点，$CF_0=10\ 000$，$CF_1=10\ 000$，$N_1=3$，见图 32-60。

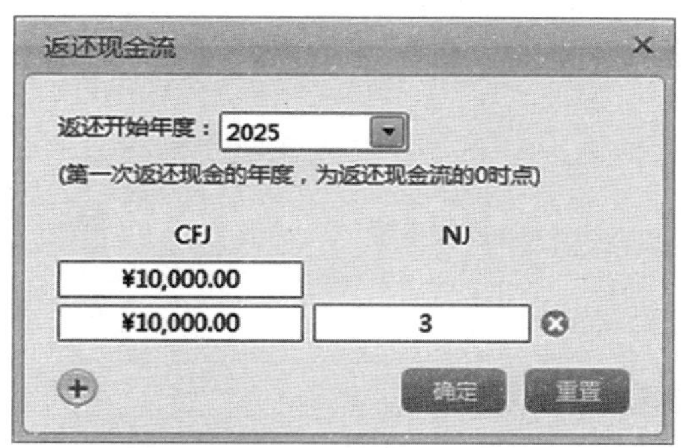

图 32-60　返还现金流录入页面

三、输出结果分析

(一) 换房理财方案

1. 方案 1：出售自住房和投资房、公积金贷款

新房 250 万元，自住房 150 万元，投资房 100 万元一贷款 50 万元＝净值 50 万元，出售两房要点击“需要出售旧房”后勾选“房产 1”（自住房）与“房产 2”（投资房），见图 32-61。

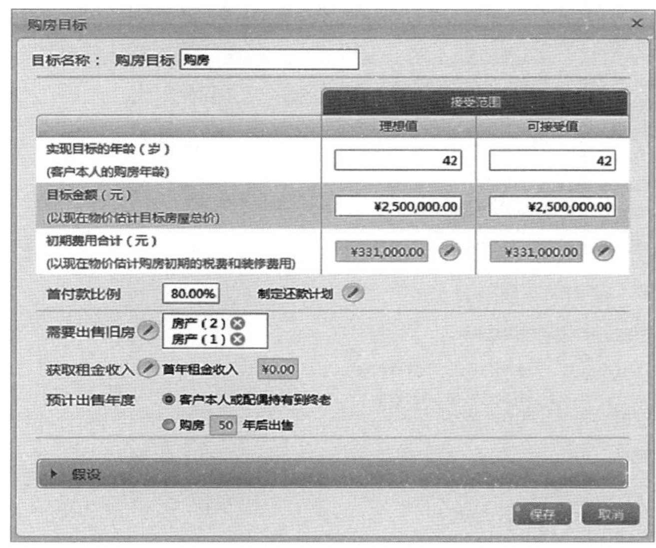

图 32-61　出售两房购学区房方案

250－150－50＝50（万元），贷款比率＝50/250＝20%，住房公积金上限50万元，可贷到上限，满足需求（见图32－62）。

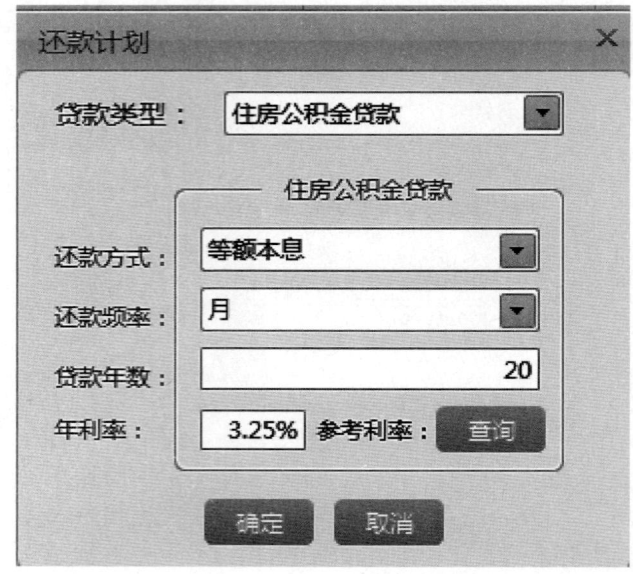

图32－62　运用住房公积金贷款方案

2. 方案2：出售自住房，全部用商业贷款

自住房净值100万元，还差150万元。但二套房首付70%，可贷75万元。因为投资房的公积金贷款未还，只能全部用商业贷款，见图32－63与图32－64。

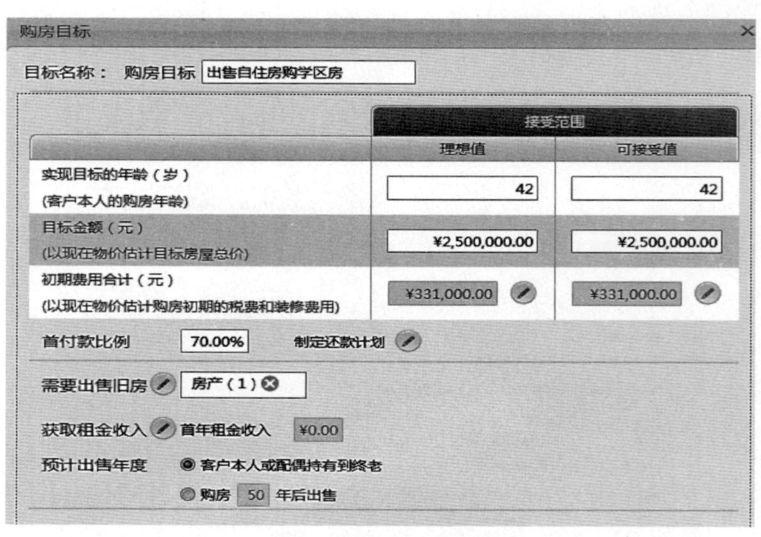

图32－63　出售自住房购学区房方案

图 32-64　运用商业贷款方案

3. 方案分析

列出两方案的优缺点做定性分析，以内部收益率（*IRR*）与净现值（*NPV*）做定量分析，得出结果见表 32-2。

表 32-2　　定性分析与定量分析汇总表

方案	优点	缺点	*IRR*	以 *ROI* 计算的 *NPV*
出售自住房和投资房	只需要办理利率低的公积金贷款	房租收入减少 无法获得投资房价的差价利益	−8.96%	845 万元
出售自住房	可期待投资房涨价收益	需要用到利率高的商业贷款	−10.42%	788 万元

结论：两个方案都可以达到所有的理财目标。比较两个方案，*NPV* 差距有限，如果金先生预估房价上涨率超过 5%，可以选择只出售自住房，如果认为未来房价上涨率很难超过 5%，应同时出售投资房。

（二）目标可行性分析和情景分析

（1）在目前的假设下目标都可以达成，可用敏感度分析检验成长率假设，见图 32-65。

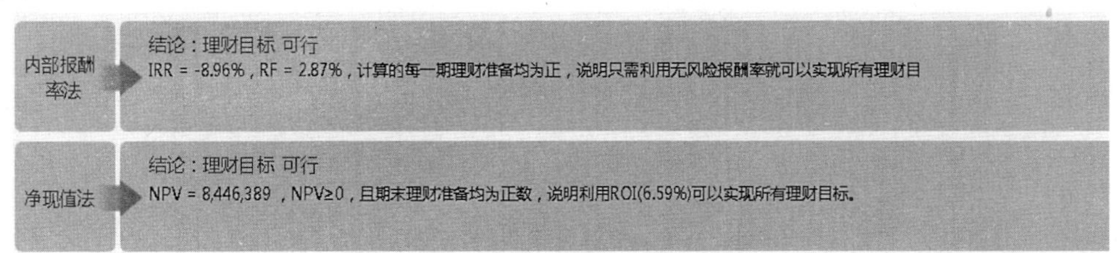

图 32-65　运用商业贷款方案

（2）另可增加目标或调高目标水平，如提前退休、儿子留学、国外旅游或提高退休后的生活水平。

（三）敏感度分析

当所有的收入增长率都降为0，所有的支出增长率都上升到6%时，内部收益率为2.39%，还是低于无风险收益率，表示在极端不利的情况下，目标依然可行，见图32-66。

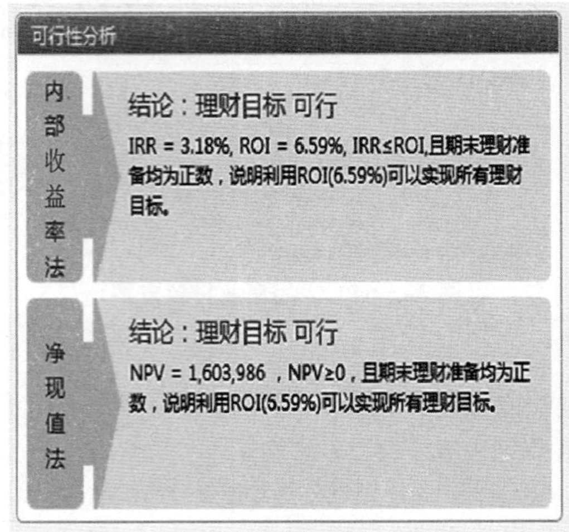

图32-66　敏感度分析结论

（四）改善方案：提高理财目标

（1）退休前生活费用现值提高到每年12万元。

（2）儿子到美国留学2年取得MBA学位，年学费现值30万元人民币。

（3）从第2年开始每年去国外旅游，持续30年，每年费用现值3万元人民币。

（4）退休计划提早2年，退休后生活费由每人4万元提高到5万元。

（5）加入购车计划，预算现值20万元，不贷款，养车每年2万元。

（6）10年后换购现值800万元的房产，如需贷款要10年内还清。

将原来的规划定义为原目标方案，在规划列表中复制该规划，改名为增加目标方案，再去更新该规划的理财目标，探寻目标可行性。输入软件试算后，目标仍然可行，见图32-67。

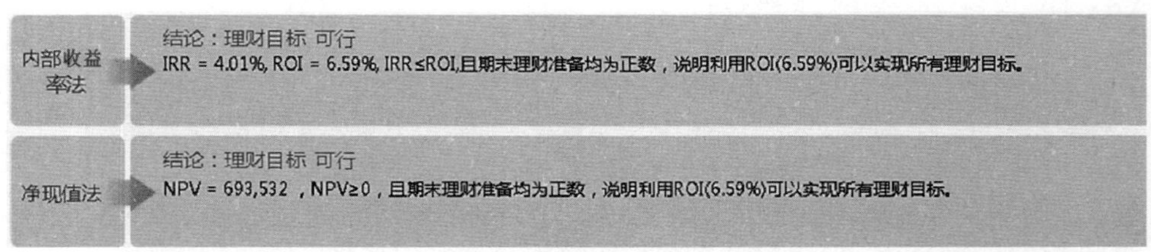

图32-67　提高目标后的可行性分析

（五）保险规划注意事项

（1）在保障信息输入时，保费预算按比率时以税后可支配工作收入比率为基准，没有计算实业投资收入，相对偏低，因此可改为按金额计算，如金先生改为 3 万元，金太太改为 1 万元。

（2）以遗属需要法计算，金先生原有的寿险已经足够，可投保重大疾病保险 30 万元，其他预算投保医疗费用保险，见图 32－68。

		规划前		规划后	
险种	应有保额	保额	保费	保额	保费
人寿保险	¥67,746.69	¥300,000.00	¥10,000.00	¥300,000.00	¥13,116.76
重大疾病保险	¥300,000.00	¥0.00	¥0.00	¥300,000.00	¥4,680.00
医疗费用保险定额给付型	¥0.00	¥0.00	¥0.00	¥0.00	¥0.00
医疗费用保险费用补偿型	¥300,000.00	¥0.00	¥0.00	¥300,000.00	¥12,000.00
意外伤害保险	¥135,493.38	¥0.00	¥0.00	¥135,493.38	¥203.24
其他保险	¥0.00	¥0.00	¥0.00	¥0.00	¥0.00
		规划前保费合计	¥10,000.00	规划后保费合计	¥30,000.00

图 32－68　遗属需要法下的寿险保额需求

（六）投资规划的个别调整

资产配置时还要考虑到家庭紧急预备金。金先生家庭是做生意的，预备金的需求比一般工薪家庭高，可设定为 1 年的生活费 10 万元，因此目前的货币类资产不需要调整，以债券 50%、股票 50%的比例来重新分配风险资产即可，见图 32－69。

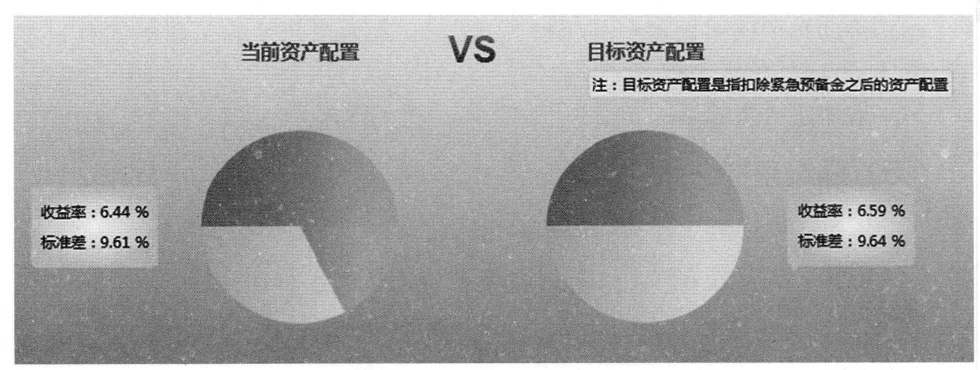

图 32－69　投资规划的调整建议

第三节　退休夫妻规划案例

一、背景资料

（一）家庭状况

李兵 60 岁，李太太 55 岁，规划时点为 2018 年年底两人退休当日。李兵夫妻有一儿一女，女儿 30 岁，刚离婚，在外地工作，收入不高，打算把一个 5 岁的儿子托付给退休后的李兵夫妻照顾。儿子 28 岁，准备一年内结婚。

（二）收支状况

李兵夫妻过去 1 年的税后可支配收入分别为 5 万元与 4 万元，过去 1 年的存款利息收入 2 万元，两人的年生活费现值各需要 3 万元。

（三）资产状况

本来居住的乡村因为最近 10 年来城市建设的扩大和发展，变为城中村。不久前该村被列入城市改造计划，开始拆迁。李兵原来的房子即将被拆除，按市价补偿得到 200 万元的补偿金。除了刚领到的拆迁款暂时放活期存款以外，还有定期存款 50 万元，退休后可以领取住房公积金账户余额分别为 5 万元和 4 万元，没有投资股票或基金的经验。

（四）理财目标

（1）购房规划：拆迁在即，尽快买一套市价 200 万元的房子居住，不贷款。

（2）抚养外孙：女儿只能每年给保姆费 1 万元，预计每年外孙生活费开销要 2 万元，学费以当地公立全日制的平均标准计算，到大学毕业为止。

（3）协助儿子购买婚房：一年后要拿出 50 万元当儿子购买新房的首付款。贷款由儿子自己负担。

（4）退休生活费规划：夫妻年生活费现值各 3 万元。

（五）假设条件

（1）夫妻薪资收入、社会平均工资和社保养老金收入的增长率均为 6%。

（2）退休后的收入替代率分别为丈夫 40%、妻子 35%。

（3）其他比照系统的假设。

二、资料录入

（一）收入栏

（1）规划时点为 2018 年 12 月底届龄退休时。

（2）收支储蓄表为过去一年资料，必须填写退休前收入。开始年度输入 2018，结束年度也输入 2018。

（3）养老金收入＝退休前一年收入×收入替代率，丈夫为 20 000 元，妻子为14 000 元，开始年度输入 2019 年，结束年度为终老，可忽略当年合计的数字，见图 32－70。

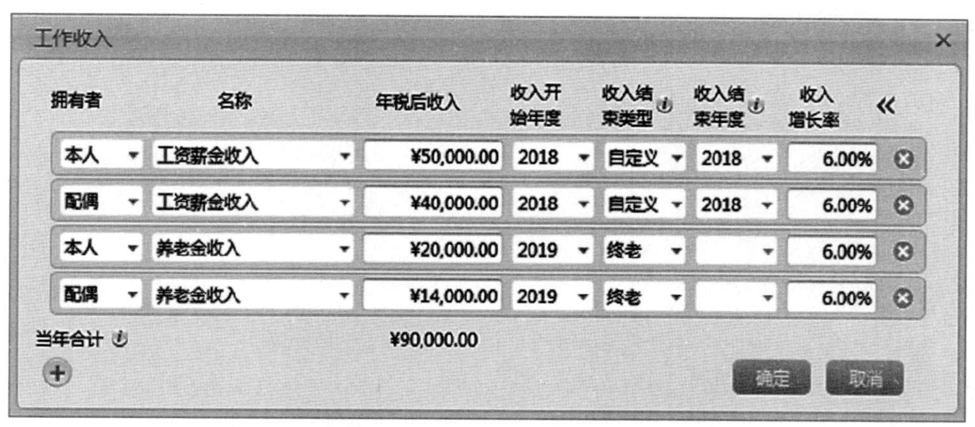

拥有者	名称	年税后收入	收入开始年度	收入结束类型	收入结束年度	收入增长率
本人	工资薪金收入	¥50,000.00	2018	自定义	2018	6.00%
配偶	工资薪金收入	¥40,000.00	2018	自定义	2018	6.00%
本人	养老金收入	¥20,000.00	2019	终老		6.00%
配偶	养老金收入	¥14,000.00	2019	终老		6.00%
当年合计		¥90,000.00				

图 32-70　退休家庭的工作收入页面

（二）资产栏输入

（1）原房产即将拆除，已拿到 200 万元的补偿金，新房尚未购买，因此资产中房产为 0，转为 200 万元的活期存款准备购房。

（2）住房公积金丈夫 5 万元，妻子 4 万元，可领出购房用。

（3）已知可领多少养老金，养老金账户可忽略。资产录入见图 32-71。

项目	本人	配偶	共同
现金及活存	¥0.00	¥0.00	¥2,000,000.00
定期存款	¥0.00	¥0.00	¥500,000.00
债券	¥0.00	¥0.00	¥0.00
股票	¥0.00	¥0.00	¥0.00
基金	¥0.00	¥0.00	¥0.00
理财产品	¥0.00	¥0.00	¥0.00
信托	¥0.00	¥0.00	¥0.00
住房公积金个人账户	¥50,000.00	¥40,000.00	¥0.00
社会养老保险个人账户	¥0.00	¥0.00	¥0.00
社会医疗保险个人账户	¥0.00	¥0.00	¥0.00
保单现金价值	¥0.00	¥0.00	¥0.00
房产	¥0.00	¥0.00	¥0.00
汽车	¥0.00	¥0.00	¥0.00
实业投资	¥0.00	¥0.00	¥0.00
其他资产	¥0.00	¥0.00	¥0.00
总资产	¥50,000.00	¥40,000.00	¥2,500,000.00

图 32-71　拆迁户的资产录入

（三）风险属性测试

理财软件对客户进行的风险测试问卷见图 32-72。

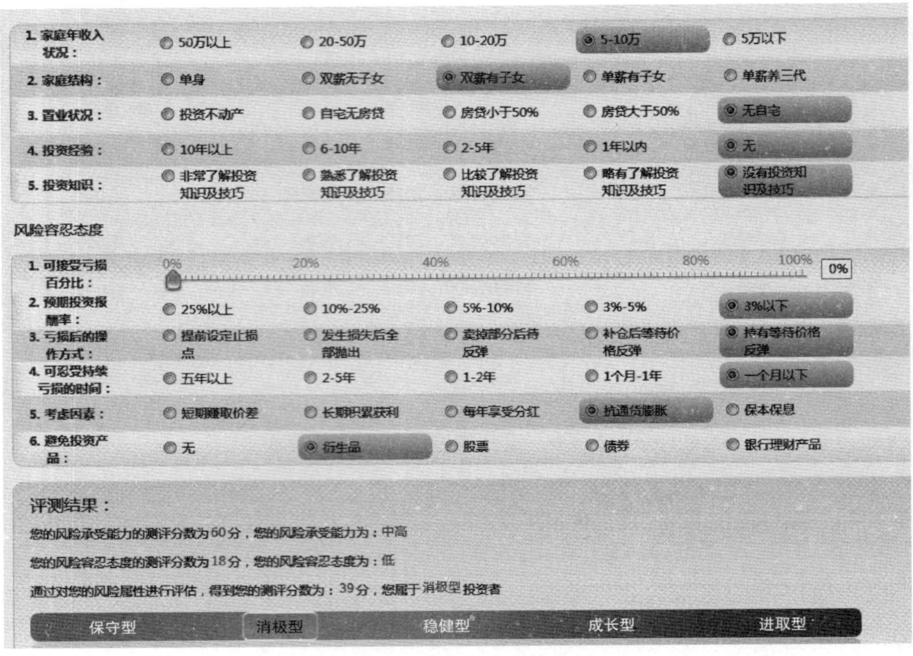

图 32－72　届龄退休家庭的风险测试

三、输出结果分析

（一）目标可行性和情景分析

（1）原目标可行性结论：在理想值下目标不可行（见图 32－73），但在可接受值下达成概率达到 100%。

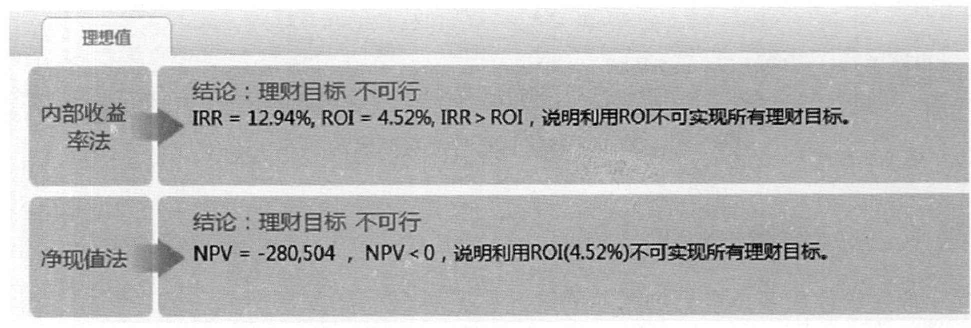

图 32－73　退休家庭的目标可行性分析

（2）调整方向：此时必须按照李兵夫妻的价值观做目标取舍，根据是以夫妻自身的需求优先，还是以照顾外孙和儿子购房的目标优先。如果要满足子女的要求，就必须牺牲自己的居住和生活水平。

（3）调整方法：可以动态模拟出不同的调整方案来供李兵夫妇做抉择。

（二）生涯仿真表的养老金收入

（1）对于还没有退休的人而言，养老金收入在生涯仿真表中会另列表示。

（2）对于已经退休的人而言，在工作收入栏输入养老金收入，生涯仿真表中也会显示在夫妻的工作收入栏内。

（3）但与养老金收入一样，持续年限会到预计终老年龄为止。

（4）虽然是 2018 年年底退休，但如果是在 2019 年 1 月 1 日才把资料输入，那么生涯仿真表中 2019 年的数字代表 2018 年 1 月 1 日到 2019 年 1 月 1 日，所以养老金收入会增加 6%。

（三）夫妇优先的调整方案

若不抚养外孙，也不负担其教育费，不为儿子负担购房首付，则可以将退休后生活费目标提高 10%，即夫妻每年各 33 000 元的现值，内部收益率 2.8%低于风险属性收益率 4.52%，理财准备都是正数，可以达成理财目标，见图32－74。

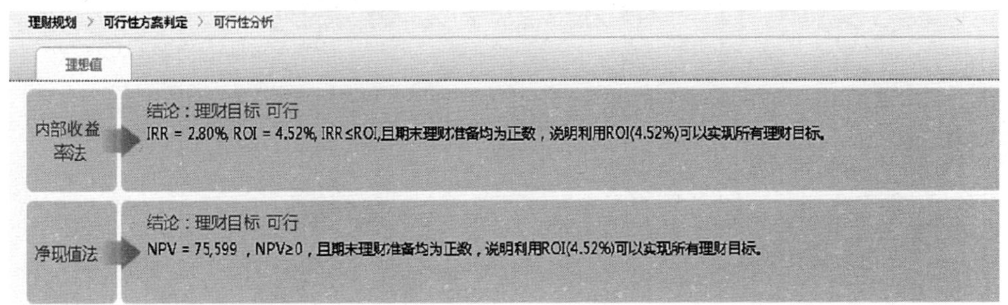

图 32－74　夫妻优先方案的目标可行性

（四）子女优先的调整方案

抚养外孙，负担其教育费，为儿子负担购房首付 50 万元，夫妻自己的购房目标调低 14.5%到 171 万元，此时到终老前不论以无风险利率 3.8%还是以 *ROI*＝4.52%计算，理财准备都没有缺口，足以实现所有理财目标，见图32－75。

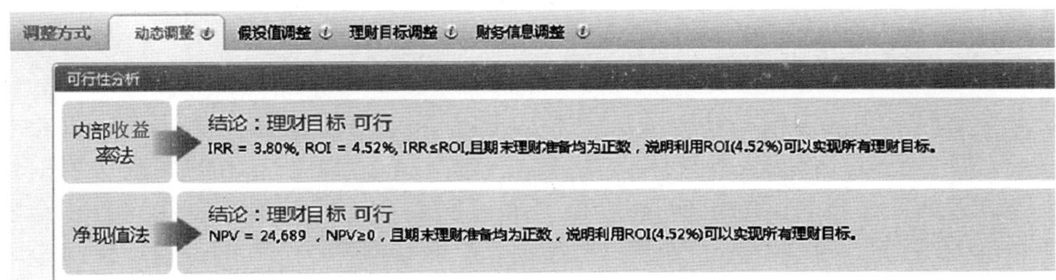

图 32－75　子女优先方案的目标可行性

（五）投资和保险规划

1. 投资规划

购房 200 万元，目前活期存款 200 万元，住房公积金 9 万元可领出购房用，其余可投资金额为活期存款 9 万元、定期存款 50 万元，保留 6 个月的生活费 3 万元当紧急预备金，剩下的 56 万元以债券平均收益率 3.71%、股票收益率 9.46%计算，80%投资债券型基金，20%投资股票型基金，有机会达到应有的投资收益率来实现调整后的理财目标。

2. 保险规划

退休后的李兵夫妇目前没有任何商业保险，两人退休后没有工作收入，还有社保医疗，加上资金不宽裕，不用在退休后加买保险。

第四节　单亲妈妈规划案例

一、背景资料

（一）基本状况

住在上海市的曾女士今年 38 岁，3 年前离婚，离婚协议中房子归前夫，目前 10 岁的女儿归曾女士抚养。曾女士的父亲 1 年前过世，曾母没有收入来源，需要曾女士赡养。

（二）收支状况

曾女士在上海市担任某出版社的总编辑，年税后可支配薪资收入 15 万元。退休后为某杂志社撰写专栏，税后稿酬收入固定在每年 1 万元，可持续到 70 岁止。曾女士的年生活费支出 4 万元，女儿 1 万元，另有房租支出 5 万元，女儿学费支出 1 万元，赡养母亲支出 2 万元。过去一年的信托和定期存款收益合计 16 万元。

（三）资产状况

离婚时运用前夫给的 100 万元补偿金投资某 3 年期信托产品，年化收益率 12%，目前到期 140 万元刚转入活期存款。曾父留下 50 平方米的房改房目前价值 100 万元，曾母名下的定期存款 30 万元可归曾女士统筹运用。住房公积金账户余额 10 万元，养老金账户余额 15 万元，已缴费年限为 12 年，医疗保险金账户余额 2 万元，缴费基数为 15 万元。

（四）保险状况

年初刚趸交终身寿险保费 9 万元，保额 20 万元，现金价值 8 万元，同时期缴重大疾病保险，保费 2 000 元，保额 20 万元，缴费 20 年。

（五）理财目标

（1）购房：打算尽快购买一处期房，两年后交房，100 平方米，总价 300 万元。可以出售房改房，把母亲接过来住。

（2）抚养子女：除了教育费以外，每年支出 1 万元，到 25 岁为止。

（3）子女教育：小学和中学按上海市私立寄宿制规划。大学 4 年和研究生 3 年以上复旦大学规划。

（4）赡养母亲：每年 2 万元，持续 30 年。

（5）退休：55 岁退休，每年生活费 5 万元。

（6）旅游：70 岁以前每年国外旅游一次，预算每年 2 万元。

（六）假设条件

（1）上海市一人申请住房公积金贷款的，最高贷款额为 50 万元，首次购房首付款最低 40%。

（2）薪资收入年增长率为 7%。

（3）社会平均工资年增长率为 7%，退休后养老金年增长率为 5%。

（4）曾女士与曾母预计终老年龄 85 岁。

（5）其他比照系统的设定。

二、资料录入

（一）收入栏输入

曾女士的工作收入分为两个部分：

第一部分是退休前的工资薪金收入，税后是 15 万元，开始年度是 2018 年，收入结束类型为退休；

第二部分是退休后撰写专栏的稿酬收入，税后是 1 万元，开始年度是 55 岁退休时，即 2035 年，收入结束年度为曾女士 70 岁时，即 2050 年，因为该收入固定不变，所以收入增长率为 0。

图 32－76　曾女士的工作收入页面

（二）支出栏输入

（1）曾女士年生活支出 4 万元，如果有分类记账者可按支出项目分类输入，未记账者可不细分，填入食品支出即可。

（2）房租支出需要另外输入。本例买期房 2 年后交房，目前的年房租支出 5 万元，还要持续交到 2020 年，按设定的房租增长率增长，见图 32－77。

日常支出（年）

项目	本人	配偶	共同	结束类型	结束年度
食品支出	¥40,000.00	¥0.00	¥0.00	退休	
衣着支出	¥0.00	¥0.00	¥0.00	退休	
家庭服务支出	¥0.00	¥0.00	¥0.00	退休	
交通通讯支出	¥0.00	¥0.00	¥0.00	退休	
社交娱乐支出	¥0.00	¥0.00	¥0.00	退休	
医疗保健支出	¥0.00	¥0.00	¥0.00	退休	
房租等其他支出	¥50,000.00	¥0.00	¥0.00	自定义	2020

备注：共同支出是子女的各项支出

确定 取消

图 32－77　日常支出中房租支出自定义结束年度录入

（3）教育抚养支出与赡养父母支出为过去一年的实际开销，与未来的目标不见得一致，见图 32－78。

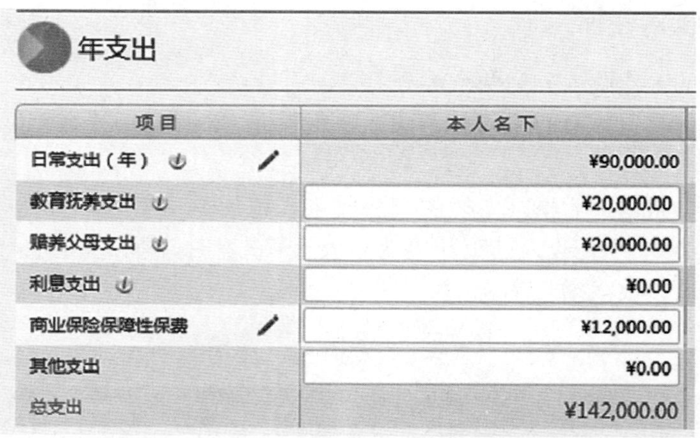

年支出

项目	本人名下
日常支出（年）	¥90,000.00
教育抚养支出	¥20,000.00
赡养父母支出	¥20,000.00
利息支出	¥0.00
商业保险保障性保费	¥12,000.00
其他支出	¥0.00
总支出	¥142,000.00

图 32－78　教育抚养支出与赡养父母支出录入

（三）社保和公积金输入

曾女士所交的养老保险、医疗保险和住房公积金见图 32－79 至图 32－81。

住房公积金明细

拥有者	账户余额	年缴费基数	个人缴费比例	单位缴费比例	年缴存额	提取方式	社平工资（年）	社平工资增长率
本人	¥100,000.00	¥150,000.00	5.00%	5.00%	¥15,000.00	购房提取	¥85,582.00	7.00%
合计：	¥100,000.00				¥15,000.00			

确定 取消

图 32－79　住房公积金录入

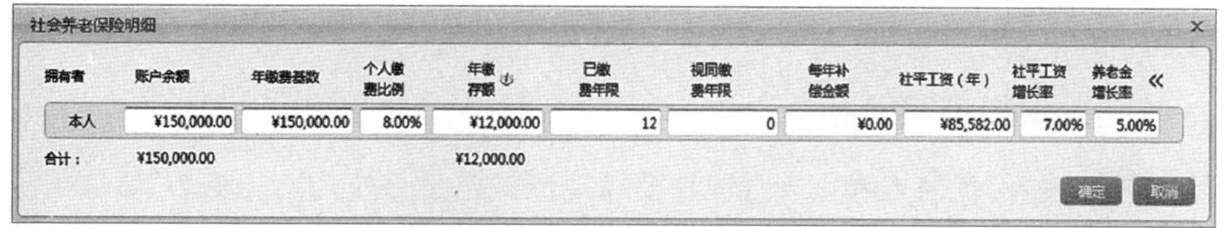

社会养老保险明细

拥有者	账户余额	年缴费基数	个人缴费比例	年缴存额	已缴费年限	视同缴费年限	每年补偿金额	社平工资（年）	社平工资增长率	养老金增长率
本人	¥150,000.00	¥150,000.00	8.00%	¥12,000.00	12	0	¥0.00	¥85,582.00	7.00%	5.00%
合计：	¥150,000.00			¥12,000.00						

确定 取消

图 32－80　社会养老保险录入

社会医疗保险明细

拥有者	账户余额	年缴费基数	个人缴费比例	其他入账金额	年缴存额
本人	¥20,000	¥150,000.00	2.00%	¥0.00	¥3,000.00
合计：	¥20,000.00				¥3,000.00

确定 取消

图 32－81　社会医疗保险录入

（四）已有保单输入和保费预算

过去一年趸缴终身寿险保费 9 万元，保额 20 万元，现金价值 8 万元。趸缴保费即一次性把保费缴清，费率上有优惠。其中 1 万元作为保险公司费用和纯保费，8 万元作为储蓄型保费累积现金价值，因为刚缴完保费，因此现金价值也是 8 万元，见表 32－82。

保单现金价值

拥有者	公司	名称	现金价值	被保险人	险种	保险金额	保障性保费	储蓄性保费	缴费方式	缴费截止年度	返还现金流
本人	代码\拼音首字母	代码\拼音首字母	¥80,000.00	曾女士	终身寿险	¥200,000.00	¥10,000.00	¥80,000.00	趸缴	2018	详细
本人	代码\拼音首字母	代码\拼音首字母	¥0.00	曾女士	重大疾病保险	¥200,000.00	¥2,000.00	¥0.00	年缴	2038	详细
合计：			¥80,000.00			¥400,000.00	¥12,000.00	¥80,000.00			

确定 取消

图 32－82　保单现金价值录入

三、输出结果分析

（一）目标可行性分析

（1）在目前的假设下目标都可以达成。

（2）目标能实现，但净现值不高，投资不能太保守，见图 32－83。

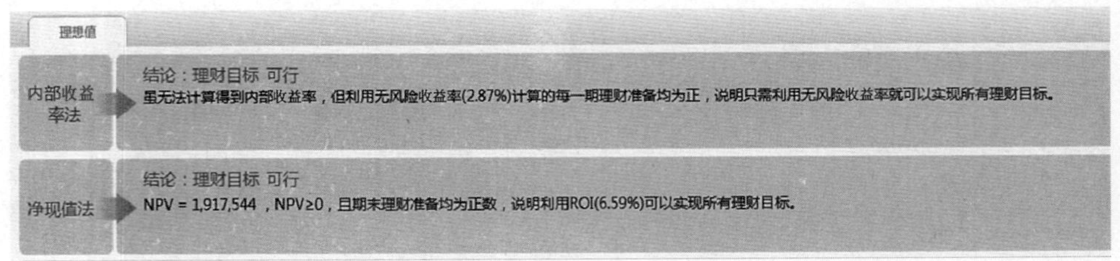

图 32－83　目标可行性分析（贷款 180 万元）

（二）房贷方案分析

定性分析的优缺点和以现金流量及净现值做定量分析的结论见表 32－3。使用住房公积金贷款虽然利率低于商业贷款，但本案例的 $ROI=6.59\%$ 高于商业贷款利率 4.9%，还是应该多利用商业贷款，使目标更容易达成。

表 32－3　　房贷方案分析表

方案	优点	缺点	无风险利率时现金缺口	净现值
只用公积金贷款 50 万元，20 年还清	只需要办理利率低的公积金贷款	没有多余的现金流用来投资	无缺口	192 万元
贷款 60%（180 万元），20 年还清	可有多余的现金流用来投资	需要用到利率高的商业贷款	无缺口	177 万元

（三）两方案的投资规划比较

（1）如果选择第一种方案，即只用公积金贷款，那么所有的现金都要拿来当首付款，没有余钱可供投资，资产累积速度较慢，无法继续投资高门槛高收益的信托产品。如果判断最近 3 年没有好的投资机会，可以采取此方案。

（2）如果选择第二种方案，即尽量多用商业贷款，那么前 3 年都还有 100 万元以上的理财准备可投资高门槛高收益的信托产品，如果判断最近 3 年有好的投资机会，那么可以采取此方案。

（四）两方案的保险规划比较

本案例以现金需求法计算，最低保额＝负债＋紧急预备金＋最终费用，紧急预备金为 3 个月总支出 35 500 元，最终费用以 30 000 元计算，那么未贷款的情况下应有寿险保额 65 500 元，贷款后第二种方案比第一种方案的应有保额高出 130 万元。

已有保单

拥有者	公司	保单名称	险种	保险金额	被保险人
本人			终身寿险	¥200,000.00	曾女士
本人			重大疾病保险	¥200,000.00	曾女士

应有保额

险种		应有保额
人寿保险	寿险需求测算方法：(现金需求法计算最低保额) ◉遗属需要法 ○生命价值法	¥65,500.00

图 32-84　第一种方案下应有寿险保额

第五节　年轻夫妻创业规划案例

一、案例背景（规划时点：2018 年 12 月）

方先生 30 岁，在重庆市一家大型超市担任店长，过去 1 年税后收入 12 万元。方太太 26 岁，任职于当地一家私营企业，从事会计工作，过去 1 年税后收入 6 万元，过去 1 年家庭生活开销 6 万元，两人新婚不久，目前还住在方先生父母家。

资产方面目前有股票型基金市值 20 万元、债券型基金市值 20 万元、活期存款 5 万元。过去一年的金融投资收益为 1 万元。夫妻两人都有三险一金，目前方先生养老金账户余额为 4 万元，住房公积金账户余额为 12 万元，已缴费 8 年，年缴费基数 12 万元。方太太养老金账户余额为 2 万元，住房公积金账户余额为 6 万元，已缴费 4 年，年缴费基数 6 万元。夫妻两人都没有投保商业保险。

二、理财目标

(1) 筹资创业规划：方先生打算创业，设立一家超市。方太太也打算辞去工作，帮助方先生经营管理超市。需投入资金 50 万元，预计设立第 1 年将有 25 万元的税后收入。在退休时准备将超市出售，届时的出售终值为 50 万元。

(2) 子女养育准备：打算 2 年后生育一个小孩，大学前每年学费及生活费现值为 2 万元，大学学费及生活费现值为 4 万元。

(3) 购房规划：预计 4 年后购买 100 万元的自住房产，装修费用预计为房价的 10%。

(4) 退休规划：方先生预计 30 年后即 60 岁时与方太太一同退休。退休后年生活费现值夫妻各 3 万元。

三、基本假设

（1）超市成立后的税后收入增长率为 7%。

（2）当地住房公积金贷款上限为 60 万元，购房时只办理住房公积金贷款，利率 3.25%，贷款期限 20 年。

（3）创业贷款利率 6%，最多可贷款 50%，贷款期限 5 年，本利平均摊还。

（4）可接受的最大本金损失为 10%。

（5）其他假设采用软件系统给出的假设数据。

四、输入信息

（一）收入输入

过去 1 年未创业时的薪金收入，开始与结束年度都是 2018 年，收入增长率可设为 0%。

工作收入

拥有者	名称	年税后收入	收入开始年度	收入结束类型	收入结束年度	收入增长率
本人	工资薪金收入	¥120,000.00	2018	自定义	2018	0.00%
配偶	工资薪金收入	¥60,000.00	2018	自定义	2018	0.00%
当年合计		¥180,000.00				

确定　取消

图 32－85　创业前 1 年收入输入

（二）公积金与社保养老金输入

住房公积金明细

拥有者	账户余额	年缴费基数	个人缴费比例	单位缴费比例	年缴存额	提取方式	社平工资（年）	社平工资增长率
本人	¥120,000.00	¥120,000.00	5.00%	5.00%	¥12,000.00	购房提取	¥70,889.00	8.21%
配偶	¥60,000	¥60,000.00	5.00%	5.00%	¥6,000.00	购房提取	¥70,889.00	8.21%
合计：	¥180,000.00				¥18,000.00			

确定　取消

社会养老保险明细

拥有者	账户余额	年缴费基数	个人缴费比例	年缴存额	已缴费年限	视同缴费年限	每年补偿金额	社平工资（年）	社平工资增长率	养老金增长率
本人	¥40,000.00	¥120,000.00	8.00%	¥9,600.00	8	0	¥0.00	¥70,889.00	8.21%	8.57%
配偶	¥20,000.00	¥60,000.00	8.00%	¥4,800.00	4	0	¥0.00	¥70,889.00	8.21%	8.57%
合计：	¥60,000.00			¥14,400.00						

确定　取消

图 32－86　公积金与社保养老金输入

（三）理财目标输入——创业目标

如图 32－87 所示，立即创业的话，实现目标的年龄就是当前年龄，投资金额为终值不是现值，这是与其他理财目标的不同之处。全部用自有资金创业的话首付款就是 100%；也可以申请创业贷款（如图 32－88 所示），若创业时需要出售房产，可选择可出售的房产。创业后第几年开始有收入，有多少收入可在图 32－87中输入，创业投资收益增长率与房价增长率则以假设数值输入。

图 32－87 创业目标输入

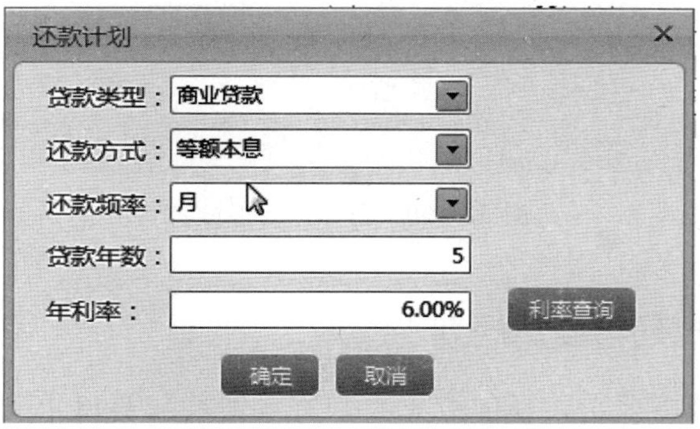

还款计划

贷款类型：商业贷款

还款方式：等额本息

还款频率：月

贷款年数：5

年利率：6.00% 利率查询

确定 取消

图 32－88 创业贷款

子女抚养、子女教育的输入比照前述案例输入。购房目标 100 万元，首付 40%，贷款 60 万元，运用住房公积金贷款，如图 32－89 所示。

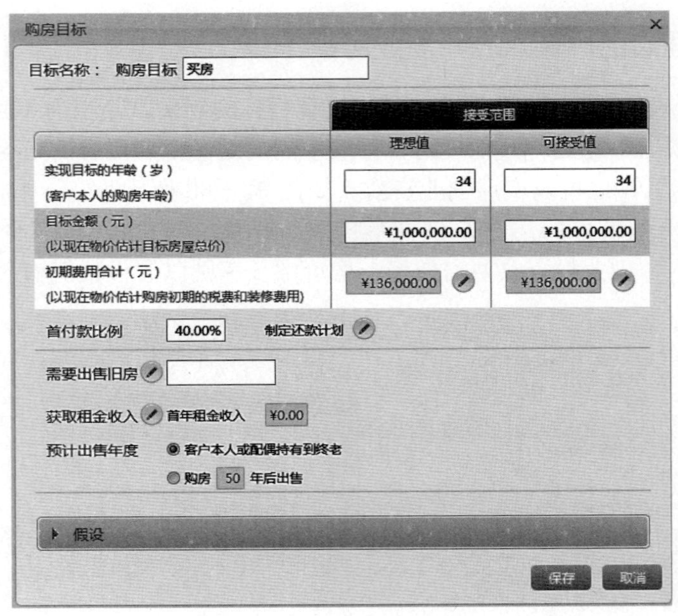

图 32 - 89　购房目标输入

五、输出结果

（一）目标可行性分析

如图 32 - 90 所示，由于创业后的预期收入比夫妻创业前合计的收入高，以无风险利率投资就可以让往后的理财准备都成为正数，表示所有的理财目标可以顺利达成。可以适度提高理想房产价值或退休后生活费。

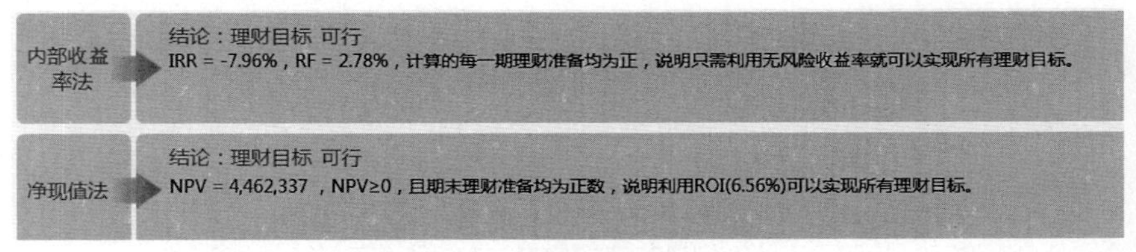

图 32 - 90　目标可行性分析

（二）保险规划与投资规划

（1）按照遗属需要法，目前方先生和方太太均需要投 45 000 元的寿险，但是二人目前均无任何商业保险保障，建议夫妻加买定期寿险各 45 000 元与意外伤害保险各 90 000 元。

（2）有子女后根据抚养费与教育费现值，购房后根据新增房贷额加保定期寿险保额。

（3）目前的投资组合收益虽然较高，但是风险也较大，基于方先生及方太太均辞去工作，贷款进行创业，并有子女抚养及购房需求，建议减少股票投资，增加债券及基金投资，降低投资风险。

专栏 32－1

案例练习题：张先生的案例

1. 基本状况与财务信息

张鑫先生，30 岁，在成都市某软件公司担任技术部经理，年税后收入 35 万元；妻子李媛，29 岁，担任某公司主办会计，年税后收入 9 万元。女儿张丽 3 岁，正准备上幼儿园。家庭日常支出 12 万元（已含养车支出），其中张先生和妻子各 4.5 万元，小孩 3 万元。家庭有活期存款 8 万元、定期存款 15 万元、股票市值 50 万元，过去一年金融投资收益 2 万元。家中自有住房一套，目前价值 150 万元，房屋贷款余额 60 万元，商业贷款剩余期限 15 年，贷款利率 4.9%。家有自用车一辆，目前市值 15 万元。夫妻都有社会保险，缴费年限分别为 4 年和 6 年，社保年缴费基数分别为 15 万元和 8 万元，两人的社保个人账户养老金余额分别为 6 万元和 3.2 万元，个人医疗保险账户分别为 1 万元和2 000 元，公积金账户余额提取用于偿还房贷，目前账户为零。张鑫单位为其购买了团体意外伤害保险，保额 50 万元。张鑫给自己投保了一份定期寿险，保额 60 万元，保险期限 20 年，已缴费 4 年，每年保费 1 550 元。妻子无商业保险。

2. 理财目标（未特别说明时，理想值与实际值一致）

二胎计划：计划 1 年后生二胎，抚养年限老大 21 年，老二 24 年，年抚养费现值 3 万元。妻子在生二胎后辞职三年，待老二上幼儿园时再重新择业，届时的年收入现值 9 万元。

子女教育规划：每个小孩的教育金从幼儿园至硕士为止，其中幼儿园至小学，学费现值 3 万元；初中至高中，学费现值 4 万元；本科选择全国公立寄宿制；硕士选择国外硕士教育，期限 2 年，年学费现值 35 万元。

创业决策：张先生计划在 1 年后创业，与其做软件市场营销的朋友组建软件技术类有限责任公司，各出资 50 万元，张先生 35 年后退休时转让该企业，张先生出资部分转让价预估终值为 150 万元。创业后第一年税后收入 25 万元。

换房目标：张先生 40 岁时换房（四居室），购房支出理想值 300 万元，可接受值 250 万元，出售旧房。

换车目标：1 年后全款换购现值 25 万元的车子，旧车残值率 40%。

旅游目标：从现在起每年的旅游预算现值为 3 万元，持续 40 年。

退休目标：张先生夫妻分别于 65 岁和 60 岁退休，退休后生活开销现值各 6 元。

3. 基本假设

（1）张先生在目前公司受雇的薪资增长率 10%，张先生创业的收入增长率 15%，妻子薪资增长率 7%。社会平均工资和养老金增长率 7%，学费与生活费增长率都是 3%。

（2）购房首付 40%，贷款期限 20 年。成都市公积金贷款上限为 70 万元，利率为 3.25%；商业贷款利率为 4.9%。

（3）张先生投资时可忍受的本金损失为 12%，属于成长型投资者。

（4）其他指标假设参照软件的数据。

4. 练习要求

（1）方案分析：对张先生创业和在原软件公司受雇进行比较分析。

（2）财务诊断：编制家庭资产负债表和家庭收支储蓄表并做财务诊断。

（3）目标可行性分析：依前项方案决策对上述理财目标可否实现，提出结论或调整建议。

（4）产品推荐：请以目前市场上可提供的投资、保险与信贷产品做推荐。

（5）编制包含上述内容的理财规划报告书。

参考文献

财政部注册会计师考试委员会办公室．税法．北京：中国财政经济出版社，2004．

［美］查理斯·P．金德尔伯格．经济过热、经济恐慌及经济崩溃：金融危机史：第三版．朱隽，叶翔，译．北京：北京大学出版社，2000．

陈工孟，郑子云．个人财务策划．北京：北京大学出版社，2003．

仇雨临，陈姗．员工福利概论：第二版．北京：中国人民大学出版社，2011．

董潘，王家庭，王锋．房地产金融．大连：东北财经大学出版社，2001．

［美］弗兰克·J．法博兹．债券市场分析和决策．袁东，译．上海：百家出版社，2002．

［美］G．维克托·霍尔曼，杰利·S．诺森布鲁门．个人理财计划：第六版．何自云，何永晨，译．北京：中国财政经济出版社，2003．

［美］凯莉·坎贝尔．财务减压365课：美国历史上最重要的个人理财书．姜文波，田小满，译．北京：中国商业出版社，2003．

［加］夸克·霍，克里斯·罗宾逊．个人理财策划．陈晓燕，徐克恩，等，译．北京：中国金融出版社，2004．

Maureen Tsu．从美国角度论述CFP资格认证制度．第二届中美金融策划论坛发言稿汇编，2002．

李君．我国个人银行业务的发展现状及趋势探讨．金融论坛，2002（10）．

李颖，冉茂洋，刘中斌．人寿保险个人财务策划规划服务研究．保险研究，2003（3）．

林功实．个人投资理财．北京：清华大学出版社，2003．

刘钧．员工福利与退休计划．北京：清华大学出版社，2009．

Patricia Houlihan．从国际角度论述CFP资格认证制度．第二届中美金融策划论坛发言稿汇编，2002．

孙智．FP（注册金融理财师）在世界各国的情况介绍．www.IFPC.org.cn，2003．

［美］特瑞斯·普雷切特等．风险管理与保险．北京：中国社会科学出版社，1998．

魏华林，林宝清．保险学．北京：高等教育出版社，1998．

许洪语．浅析我国证券市场做市商制度的构建．中国证券，2013（8）．

［美］亚瑟·梅丹．金融服务营销学．王松奇，译．北京：中国金融出版社，2002．

杨满沧．论国有商业银行个人业务的拓展．金融理论与实践，2003（2）．

于富荣，宋桂红．100个成功的理财规划．北京：机械工业出版社，2005.

［美］约翰·马歇尔，维普尔·班赛尔．金融工程．宋逢明，朱宝宪，张陶伟，译．北京：清华大学出版社，1998.

［美］约翰·诺夫新格．理财路上的前车之鉴．马苏芹，达兵，译．上海：上海人民出版社，2004.

张剑宇．个人财务策划．中国城市金融，2003（11）.

赵威．经济法：第四版．北京：中国人民大学出版社，2012.

中国金融业教育培训中心．银行理财产品行销实战手册（上），2005.

中国金融业教育培训中心．银行理财产品行销实战手册（下），2005.

中国就业培训技术指导中心．高级黄金投资分析师．北京：中国劳动社会保障出版社，2013.

中国就业培训技术指导中心．黄金投资分析师（基础知识）．北京：中国劳动社会保障出版社，2013.

中国就业培训技术指导中心．黄金投资分析师．北京：中国劳动社会保障出版社，2013.

中国就业培训技术指导中心．助理黄金投资分析师．北京：中国劳动社会保障出版社，2013.

中国证券监督管理委员会．证券期货业统计指标标准指引，2013.

中国证券业协会．证券发行与承销．北京：中国金融出版社，2013.

中国证券业协会．证券交易．北京：中国金融出版社，2013.

中国证券业协会．证券市场基础知识．北京：中国金融出版社，2013.

中国证券业协会．证券投资分析．北京：中国金融出版社，2013.

中国证券业协会．证券投资基金．北京：中国金融出版社，2013.

中华人民共和国国家工商行政管理总局．股份有限公司设立登记提交材料规范.

中华人民共和国证券法.

周宇，张名贵．房地产营销与管理．大连：东北财经大学出版社，2000.

朱崇实．经济法：中国版．北京：北京大学出版社，2007.

最高人民法院关于修改关于适用《中华人民共和国公司法》若干问题的规定的决定，2014.

Alan J. Miller，*Standard & Poor's* 401（*K*）*Planning Guide*，McGraw-Hill，1995.

Butler，K. C. and Domian，D. L.，"Long-run Returns on Stock and Bond Portfolios：Implications for Retirement Planning"，*Financial Services Review*，1993，2（1）.

CFP Board of Standard，"1999 Survey of CFP Practitioners"，www. CFP-Board. org，1999.

CFP Board of Standard，"CFP Board Mission & History"，www. CFP-Board. org，2003.

CFP Board of Standard，"Consumer Mistakes Survey 2003"，www. CFP-Board. org，2003.

CFP Board of Standard，"Consumer Survey"，www. CFP-Board. org，2002.

CFP Board of Standard，"Financial Planning Practice Standard"，www. CFP-Board. org，2003.

CFP Board of Standard，"Media Guide 2001"，www. CFP-Board. org，2001.

CFP Board of Standard, "Media Guide 2002", www. CFP-Board. org, 2002.

CFP Board of Standard, "Media Guide 2003", www. CFP-Board. org, 2003.

Chang, Y. R., Hanna, S. and Fan, J. X., "Emergency Fund Levels: Is Household Behavior Rational?", *Financial Counseling and Planning*, 1997, 8 (1).

Dalton, Michael A., James F. Dalton, *Personal Financial Planning: Theory and Practice*, Dalton Publications, 2001.

David and Tom Gardner, *The Motley Fool*, *Personal Finance Workbook*, Touchstone, 2003.

Davis, E. P. and Carr, R. A., "Budgeting Practices over the Life Cycle", *Financial Counseling and Planning*, 1992 (3).

Debbie Harrison, *Personal Financial Planner*, Prentice Hall, 1997.

Deboran McNaughton, *Managing Your Credit*, Dearborn Trade, v. s., 1999.

Ernst and Young, *Personal Financial Planning Guide*, 3rd edition, Wiley, 2000.

Fevurly, K. R., "Personal Financial Planning: How to Provide for the Cost of a College Education", *Journal of Accountancy*, 1991 (2).

Gitman, Lawrence J., and Joehnk, Michael D., *Personal Financial Planning*, 8th ed, FortWorth, TX: Dryden Press, 1999.

Gray, W. S., "Historical Returns, Inflation and Future Return Expectations", *Financial Analysts Journal*, 1993, 49 (4).

G. Victor Hallman and Jerry S. Roseenbloom, *Personal Financial Planning*, 7th edition, McGraw-Hill, 2003.

Hensel, C. R., Ezra, D. D., and Ilkiw, J. H., "The Importance of the Asset Allocation Decision", *Financial Analysts Journal*, 1991, 47 (4).

Ho, K., Perdue, G., and Robinson, C., *Personal Financial Planning*, The U. S. edition. North York, ON: Captus Press Inc., 1999.

Huston, S. J. & Chang, Y. R., "Adequate Emergency Fund Holdings and Household Type", *Financial Counseling and Planning*, 1997, 8 (1).

Jack R. Kapoor, Les R. Dlabay, Robert J. Hughes, *Personal Finance*, 7th edition., McGraw-Hill, 2004.

James Steamer, *Wealth on Minimal Wage*, Dearborn Trade, v. s., 1998.

Jeffrey H. Rattiner, *Getting Started as a Financial Planner*, Bloowberg Press, 2000.

Jim Ainsworth, *How to Become a Successful Financial Consultant*, Wiley, 1997.

John C. Bogle, *Common Sense on Mutual Funds*, Wiley, 1999.

John Eckblad and David Kiel, *If Your Life Were a Business*, *Would You Invest in It?*, McGraw-Hill Education, 2003.

Kapoor, J. R., Dlabay, L. R. and Hughes, R. J., *Personal Finance and Personal Financial Planner Package*, 5th ed, Boston: Irwin-McGraw-Hill, 1999.

Keown, A. J., *Personal Finance: Turning Money into Wealth*, NJ: Prentice-Hall, Inc., 1998.

Lawrence J. Gitman and Muchael D. Joehnk, *Personal Financial Planning*, 9th edition, South-Western College Pwb, 2002.

Leimberg, S. R. and MeFadden, J. J., *The Tools & Techniques of Employee Benefit and Retirement Planning* (6th Ed), USA: NU Law Services, 1999.

Leonard B. Goodstein, Timothy Nolan, J. William Pfeiffer, *Applied Strategic Planning*, McGraw-Hill Education, 1993.

Mack Hanan, Consultative Selling, 7th edition, Amacom, 2004.

Markham, J. W., *Financial History of the United States*, Volume 1, 2 and 3, Armonk, N. Y.: M. E. Sharpe, 2002.

Modigliani, F. and Ando, A., "The Life Cycle Hypothesis of Saving: Aggregate Implications and Tests", *The American Economic Review*, 1963 (53).

Napoleon Hill, *The Master Key to Riches*, Ballantine Books, 1965.

Pahl, Dede, "An Emerging Partnership: AFS and the CFP Board", *Financial Services Review*, 1996, 5 (1).

Ramaglia, J. A. and MacDonald, D. B., *Personal Financial Management*, Cincinnati: South-Western College Publishing, 1999.

Richard A. Ferri, *Protecting Your Wealth in Good Times and Bad*, McGraw-Hill, 2003.

Rosefsky, R. S., *Personal Finance*, 6th ed. New York: John Wiley, 1996.

Studenski, P. & Krooss, H. E., *Financial History of the United States: Fiscal, Monetary, Banking, and Tariff, Including Financial Administration and State and Local Finance*, New York: McGraw-Hill, 1963.

Thomas Fitch, *Dictionary of Banking Terms*, Barrons Educational Series, 1997.

Winger, B. J. and Frasca, R. R., *Personal Finance: An Integrated Approach*, 5th ed., NJ: Prentice Hall, 1996.

图书在版编目（CIP）数据

金融理财原理．下/北京当代金融培训有限公司组织编写．—北京：中国人民大学出版社，2019.5
ISBN 978-7-300-26847-7

Ⅰ.①金… Ⅱ.①北… Ⅲ.①金融投资-资格考试-自学参考资料 Ⅳ.①F830.59

中国版本图书馆 CIP 数据核字（2019）第 055216 号

金融理财原理（下）
现代国际金融理财标准（上海）有限公司　指导
北京当代金融培训有限公司　组织编写
Jinrong Licai Yuanli（Xia）

出版发行　中国人民大学出版社
社　　址　北京中关村大街 31 号　　**邮政编码**　100080
电　　话　010－62511242（总编室）　010－62511770（质管部）
010－82501766（邮购部）　010－62514148（门市部）
010－62515195（发行公司）　010－62515275（盗版举报）
网　　址　http://www.crup.com.cn
经　　销　新华书店
印　　刷　涿州市星河印刷有限公司
规　　格　185 mm×260 mm　16 开本　　**版　　次**　2019 年 5 月第 1 版
印　　张　34.5　插页 1　　**印　　次**　2021 年 2 月第 7 次印刷
字　　数　758 000　　**定　　价**　98.00 元